汽车行业卓越人才培养丛书

汽 车 转 向

(中文版·原书第2版)

[德] 彼得·普费尔 (Peter Pfeffer)
曼弗雷德·哈尔 (Manfred Harrer) 著
李旭东 译

机 械 工 业 出 版 社

本书涵盖了汽车转向系统、汽车转向感觉和汽车行驶动力学三个方面的内容，从汽车转向运动学和汽车行驶动力学的基础知识入手，详细介绍了转向系统零部件的结构、设计原则和试验方法。本书主要内容包括：导言和历史、转向基础、转向系统的要求概览、转向运动学、车辆横向动力学基础、声音和振动、转向感觉和人—车相互作用、转向设计、转向盘、转向管柱和转向中间轴、机械转向和液压助力转向、转向横拉杆、液压动力源、电动液压助力转向系统（EPHS）、电动助力转向系统（EPS）、叠加转向、四轮转向、线控转向、驾驶人辅助系统功能概况和汽车转向展望等。

本书既可作为汽车转向系统设计、开发等工程人员的参考读物，也可作为高等院校车辆工程专业的教材。

图书在版编目（CIP）数据

汽车转向：原书第 2 版/（德）彼得·普费尔（Peter Pfeffer），（德）曼弗雷德·哈尔（Manfred Harrer）著；李旭东译. —北京：机械工业出版社，2018.12（2025.1 重印）
（汽车行业卓越人才培养丛书）
ISBN 978-7-111-61778-5

Ⅰ.①汽… Ⅱ.①彼… ②曼… ③李… Ⅲ.①汽车-转向装置-研究 Ⅳ.①U463.4

中国版本图书馆 CIP 数据核字（2019）第 007413 号

机械工业出版社（北京市百万庄大街 22 号 邮政编码 100037）
策划编辑：宋学敏 责任编辑：宋学敏 段晓雅
责任校对：陈 越 封面设计：张 静
责任印制：邓 博
北京盛通数码印刷有限公司印刷
2025 年 1 月第 1 版第 4 次印刷
184mm×260mm · 24 印张 · 593 千字
标准书号：ISBN 978-7-111-61778-5
定价：64.80 元

电话服务	网络服务
客服电话：010-88361066	机 工 官 网：www.cmpbook.com
010-88379833	机 工 官 博：weibo.com/cmp1952
010-68326294	金 书 网：www.golden-book.com
封底无防伪标均为盗版	机工教育服务网：www.cmpedu.com

前言

2011年5月，《汽车转向》第1版出版，该书在德语地区迅速成为汽车转向领域的权威著作，并且成为Springer Vieweg出版社著名的ATZ/MTZ技术丛书中的重要组成部分。由于兼顾了汽车生产者、零部件生产者以及科研院校师生的不同兴趣点，该书受到广泛好评，取得巨大成功。近40名来自汽车工业界和高等院校的德国专家参与了该书的编写工作，他们丰富的专业知识为该书的成功奠定了基础。

《汽车转向》第2版进行了全面更新和补充。感谢所有的作者以及提出建设性改进建议的广大读者，特别要衷心感谢Springer Vieweg出版社卓越的合作精神。今后同样希望得到读者提出的改进或补充的意见和建议，我们的联系方式：mail@ Lenkungshandbuch.de。

本书研究的内容为汽车转向系统、汽车转向感觉和汽车行驶动力学。书的开始部分为汽车转向运动学和汽车行驶动力学的基础知识，讨论影响转向时底盘参数的概念和意义。后续章节中着重研究了驾驶人和车辆之间的关联，并详细阐述了转向感觉的概念和意义。转向系统零部件的结构、设计原则和试验方法也是本书的重点内容，涉及的零部件有转向盘、转向管柱、转向中间轴、转向器。对于特殊的转向系统，如叠加转向系统和四轮转向系统，本书也做了详尽的介绍。本书的另一个重点是介绍当前转向系统的各种技术状态，阐述它们与整车的相互作用，力图使复杂的内容变得简单易懂。当然，其他方面，如噪声性能、能量需求和安全功能，本书也有所涉及。本书的最后章节介绍了现代驾驶人辅助功能转向系统。

本书的读者定位为从事汽车转向系统设计、开发、试验、制造和维修工作的工程师和工程技术人员。本书也适合于普通高等院校车辆工程专业的广大师生阅读。

斯图加特/费尔达芬格　2013年5月

曼弗雷德·哈尔

彼得·普费尔

序

转向系统给驾驶人的触觉反馈能够让驾驶人精细地感知车辆的状况以及车辆的安全余量。同时，在相同底盘的车辆上通过转向系统匹配可以大幅度提高车辆的安全性。但是关于转向的不论是试验报告还是学术文献都还很少。

目前情况发生了转变，原因有以下几点：

1）转向性能越来越处于用户最终性能的核心位置。转向精确已经成为全世界汽车销售中的卖点。

2）转向系统的制造工艺在不断进步，人们对车辆的控制能力也在不断提高。

3）电动助力转向已经取代电液助力转向，成为标配。机械的转向性能在电动助力转向系统中变得可调，转向系统成为："底盘中最根本的系统，它可以完全体现车辆的品牌特点；它是底盘网络化的核心，是当今和未来许多辅助系统的根基。"

转向功能的设计会从根本上性影响底盘其他部件的设计，在未来会是所有底盘部件设计的起点。

电动助力转向和控制系统网络化会让汽车变得更加安全、灵敏、舒适和高效。但是，这也意味着汽车会变得更加复杂，对成本、质量、开发进度的要求也会更高。汽车生产商、汽车零部件供应商和院校有关研究人员需要用新的汽车知识、方法、工具，在整个系统设计和生产过程中去设计和改进汽车的功能和可靠性。

时至今日，还没有一本书来阐述未来的转向系统及其辅助系统的有关知识。在我看来，本书是第一次全面研究转向和网络化，是转向技术和底盘技术以及辅助功能技术的必备工具书。

在此，我向本书的作者们卓越的工作表示敬意。坚信本书将陪伴开发者和学员，为车辆的安全化和环保化做出贡献。

拉文斯堡，2011 年 5 月

沃尔夫·冈朗格　博士

作者介绍

曼弗雷德·哈尔（Manfred Harrer）博士毕业于慕尼黑专科学校汽车技术专业。1997—1999年，在奥迪公司（Audi AG）研发总部（英戈尔施塔特，Ingolstadt）从事底盘开发工作。1999—2007年，在宝马（BMW）总部（慕尼黑）担任试验工程师、项目负责人和转向预开发经理。2003—2007年，获得英国Bath大学博士学位，其论文研究汽车转向感觉、行驶性能的主观评价与汽车行驶动力学客观参数的联系。2007年开始在德国保时捷公司（Porsche AG）从事底盘开发，负责转向系统、车轮、弹簧减振器系统以及能量供给系统的开发工作。目前担任行驶动力学及性能研发部门的负责人。

多年来，曼弗雷德·哈尔博士积极推进工业、科研以及院校之间的合作项目，发表和出版了大量底盘研发方面的论文和专著，并成功组织了多次底盘技术研发国际会议。

彼得·普费尔（Peter Pfeffer）博士毕业于维也纳工业（Tu Wien）大学和亚琛大学（RWTH Aachen）机械制造专业。1995年就职于奥迪公司（Audi AG），从事底盘和噪声的研究工作，工作重点为动力总成悬置系统、振动舒适性及其项目开发。2002—2007年，任英国巴斯（Bath）大学讲师，从事“转向系统对行驶动力学的影响”的研究，并获得博士学位。从2007年开始任慕尼黑专科学校教授，研究的重点为汽车行驶动力学、振动舒适性、减振件以及转向系统。2010年起任机械制造、车辆技术、飞机技术副主任。彼得·普费尔是德国工程师协会（VDI）慕尼黑区域的执行主席代表。

参与编写作者及工作单位

Adamczyk, Dirk	ZF Friedrichshafen AG
Braess, Hans-Hermann, Prof. Dr.-Ing. Dr.-Ing. E.h.	ehemals BMW AG
Brosig, Stefan, Dr.	Volkswagen AG
Brunner, Sina	Dr. Ing. h.c. F. Porsche AG
Gaedke, Alexander	ZF Lenksysteme GmbH
Gessat, Jochen, Dr.	TRW Automotive
Grüner, Stefan, Dr.	ZF Lenksysteme GmbH
Harrer, Manfred, Dr.	Dr. Ing. h.c. F. Porsche AG
Hauhoff, Jörg, Dr.	Willi Elbe GmbH
Heger, Markus	ZF Lenksysteme GmbH
Herold, Peter	BMW Group
Hintersteiner, Rupert, Dr.-Ing.	Audi AG
Höll, Manuel	Universität Duisburg-Essen, Lehrstuhl für Mechatronik Dr. Ing. h.c. F. Porsche AG
Holtschulze, Jens, Dr.-Ing.	BMW Group
Huang, Pei-Shih, Dr.-Ing.	BMW Group
Hullmann, Johannes	TRW Automotive
James, David	Bishop Steering Technology GmbH
Kleiner, Wolfgang	ZF Friedrichshafen AG
Lienkamp, Markus, Prof. Dr.-Ing.	TU-München
Lunkeit, Daniel	Dr. Ing. h.c. F. Porsche AG
Maehlmann, Dirk	ZF Friedrichshafen AG

Pfeffer, Peter, Prof. Dr.	Hochschule München
Pruckner, Alfred, Dr.-Ing.	BMW Group
Reuter, Mirko	Audi AG
Saal, André	Audi AG
Sedlmeier, Ralf	Willi Elbe GmbH
Seewald, Alois, Dr.	TRW Automotive
Semmel, Dieter	Dr. Ing. h.c. F. Porsche AG
Sentpali, Stefan, Prof. Dr.	Hochschule München, BMW Group
Span, Eduard, Dr.	TRW Automotive
Sprinzl, Michael	ZF Lenksysteme GmbH
Trzesniowski, Michael, Prof.	FH Joanneum
Ulrich, Hartmut, Prof. Dr.-Ing.	Hochschule Ruhr West
Vähning, Alexander	ZF Lenksysteme GmbH
Wallbrecher, Markus	BMW Group
Walters, Markus	Dr. Ing. h.c. F. Porsche AG
Wiertz, Alexander	TRW Automotive
Zimmermann, Dirk, Dr.	TRW Automotive

参与编写作者编写章节

Adamczyk, Dirk — ZF Friedrichshafen AG
Kapitel **L**

Braess, Hans-Hermann, Prof. Dr.-Ing. Dr.-Ing. E.h. — ehemals BMW AG
Kapitel **B5, E2, G8**

Brosig, Stefan, Dr. — Volkswagen AG
Kapitel **S**

Brunner, Sina — Dr. Ing. h.c. F. Porsche AG
Kapitel **C**, **H1**

Gaedke, Alexander — ZF Lenksysteme GmbH
Kapitel **O**

Gessat, Jochen, Dr. — TRW Automotive
Kapitel **N**

Grüner, Stefan, Dr. — ZF Lenksysteme GmbH
Kapitel **O**

Harrer, Manfred, Dr. — Dr. Ing. h.c. F. Porsche AG
Kapitel **C**, **G**, **H1**, **T**

Hauhoff, Jörg, Dr. — Willi Elbe GmbH
Kapitel **J**

Heger, Markus — ZF Lenksysteme GmbH
Kapitel **O**

Herold, Peter — BMW Group
Kapitel **Q**

Hintersteiner, Rupert, Dr.-Ing. — Audi AG
Kapitel **F4**

Höll, Manuel — Universität Duisburg-Essen, Lehrstuhl für Mechatronik; Dr. Ing. h.c. F. Porsche AG
Kapitel **H1**

Holtschulze, Jens, Dr.-Ing. — BMW Group
Kapitel **B3**

Huang, Pei-Shih, Dr.-Ing. — BMW Group
Kapitel **R**

Hullmann, Johannes — TRW Automotive
Kapitel **K1 bis K4, K6 bis K7**

James, David — Bishop Steering Technology Gm
Kapitel **K5**

Kleiner, Wolfgang — ZF Friedrichshafen AG
Kapitel **L**

Lienkamp, Markus, Prof. Dr.-Ing. — TU-München
Kapitel **S**

Lunkeit, Daniel — Dr. Ing. h.c. F. Porsche AG
Kapitel **H2**

Maehlmann, Dirk — ZF Friedrichshafen AG
Kapitel **L**

Pfeffer, Peter, Prof. Dr. — Hochschule München
Kapitel **A1 bis A2, B1 bis B2, B4, B6, E, G (außer G8), T**

Pruckner, Alfred, Dr.-Ing. — BMW Group
Kapitel **R**

Reuter, Mirko — Audi AG
Kapitel **P**

Saal, André — Audi AG
Kapitel **P**

Sedlmeier, Ralf — Willi Elbe GmbH
Kapitel **J**

Seewald, Alois, Dr. — TRW Automotive
Kapitel **K, N**

Semmel, Dieter — Dr. Ing. h.c. F. Porsche AG
Kapitel **M**

Sentpali, Stefan, Prof. Dr. — Hochschule München, BMW Group
Kapitel **F1 bis F3**

Span, Eduard, Dr. — TRW Automotive
Kapitel **K1 bis K4, K6 bis K7**

Sprinzl, Michael — ZF Lenksysteme GmbH
Kapitel **O**

Trzesniowski, Michael, Prof. — FH Joanneum
Kapitel **D**

Ulrich, Hartmut, Prof. Dr.-Ing. — Hochschule Ruhr West
Kapitel **A3**

Vähning, Alexander — ZF Lenksysteme GmbH
Kapitel **O**

Wallbrecher, Markus — BMW Group
Kapitel **Q**

Walters, Markus — Dr. Ing. h.c. F. Porsche AG
Kapitel **I**

Wiertz, Alexander — TRW Automotive
Kapitel **K1 bis K4, K6 bis K14**

Zimmermann, Dirk, Dr. — TRW Automotive
Kapitel **N**

目录

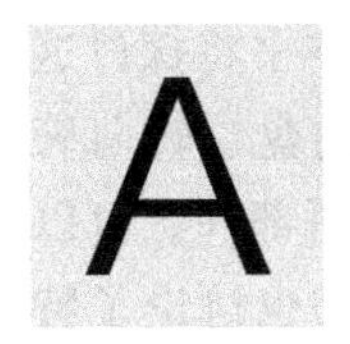

导言和历史

汽车和有轨车辆的最大区别就是汽车的行驶路线由驾驶人来决定，换句话说，汽车可以转向，没有固定不变的路线。汽车转向系统属于底盘的范围。底盘承受车身和路面间所有的力，当然车身另外还承受风阻力。通常把底盘的任务分成三个方向上的动力学问题，即垂直方向、纵向和横向。其中，横向动力学性能除了直接受转向系统影响外，还在很大程度上取决于车轮悬架和轮胎的特性。

转向系统由转向盘、转向管柱、转向器以及转向横拉杆（转向传动机构）组成，如图A-1所示。驾驶人对转向盘施加指令，该指令通过转向管柱传递到转向器。转向器目前来说大多是齿轮齿条结构。转向器把旋转运动转变成直线运动，直线运动通过带有球接头的转向横拉杆传递到车轮托架（转向节柱）。由于转向横拉杆和车轮托架的连接点不在转向轴（转向主销）的轴线上，车轮产生围绕转向轴的转动。车辆通过轮胎的侧偏角建立侧向力进入弯道行驶。为了减小驾驶人施加到转向盘的力，通常会在转向器上施加辅助力。这种具有辅助力的转向，称为助力转向系统或者伺服转向系统。转向系统应该使转向变得轻便，而且不抑制有用的反馈，又能将路面和车轮的干扰隔离掉。

本书是针对底盘领域的专业人士以及高等院校师生编写的，覆盖转向系统的基本知识，并进一步阐述了当今技术状态以及未来的发展方向。本书得到了来自工业界和高校的诸多专家的褒奖。

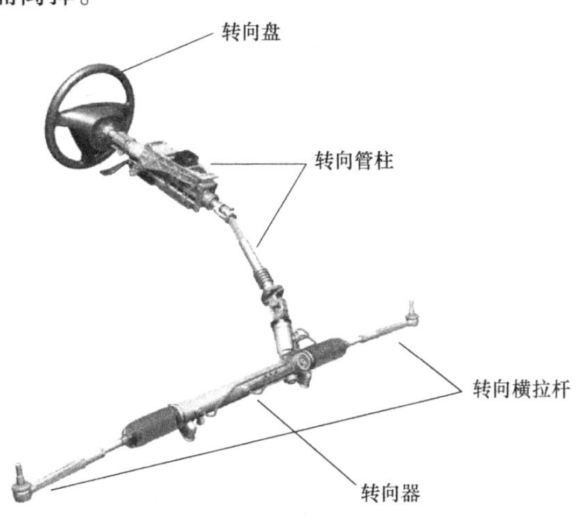

图 A-1　转向系统部件（Porsche 997）

本书首先介绍了转向的历史、基础知识、结构形式以及对转向系统的要求，并仔细探讨了转向运动学和行驶动力学的要求、转向振动、转向感觉、转向系统的布置（第A～H章）等内容。另外，本书的I～O章讨论了转向系统，从转向盘到转向横拉杆的组件。不同的转向系统形式，如机械转向、液压助力转向（HPS）和电动助力转向（EPS）等都将逐一介绍。转向功能明显得到拓展的转向系统形式将做单独介绍，如叠加转向系统在第P章，四轮转向系统在第Q章，线控转向系统在第R章。本书以转向系统驾驶人辅助系统第S章和未来技术展望第T章结束。

本书的定义和限制

转向是指驾驶人对车辆的横向运动进行干预，也就是说，驾驶人对车辆的横向动力进行

操控。驾驶人通过转向系统来操控汽车的转向轮，通常的方式是通过转动转向盘带动转向轮绕转向轴转动。转向轮的转动导致轮胎上产生侧向力，车辆绕垂直轴线转动。本书将探讨这种转向过程中的动力学问题，涉及整车以及转向系统部件。这些部件包括转向盘、转向管柱、转向器、转向横拉杆、转向助力以及转向助力的控制与助力来源。至于车桥部件，可以参看其他文献（见 Heising 和 Ersoy，2007，或 Reimpell 和 Betzler，2005）。本书也讨论了特殊的转向系统结构形式，如叠加转向，以及与转向相关的驾驶人辅助系统。本书的范围仅限于轿车。赛车、货车、摩托车、飞机以及有轨车辆的转向在本书中不做详细讨论。

1 转向系统的任务和意义

汽车转向是完全通过转向系统来实现的，转向系统对于交通安全具有重要意义。驾驶人根据道路以及交通情况选择行驶线路，并对车辆实施转向。首先，驾驶人必须始终具有安全意识，即车辆的转向过程是可靠的、可预判的。其次是转向系统的转向输入以及车辆迅速进入驾驶人期望的路线。这样，驾驶人能够迅速识别车辆路线的改变，以确定是否需要重新校正。

对于开发者来说，转向系统有很多要求和任务：

- 转向盘力矩足够小，在泊车时转向盘转角较小。
- 轻便性、灵敏性、精准性、良好的直线保持能力、足够的直接性、反应敏捷性。
- 良好的路面附着性、良好的路面/轮胎力反馈。
- 自动回正到中位，良好的中位感，在所有工况下均保持稳定的特性。
- 抑制路面不平以及驱动、制动、轮胎动不平衡产生的转向干扰。
- 足够的阻尼来衰减车辆的固有振动。
- 满足碰撞要求和碰撞法规，保护乘员。
- 低能耗。
- 低噪声。
- 振动稳定（没有自激振动）。
- 车辆生命周期内免维护。

1.1 基本结构类型

两轴或多轴车辆的转向一般都是通过改变车辆纵轴线与某些或者全部车轮的中心平面的夹角来实现的（Matschinsky，2007）。最早的转向结构形式为转盘转向，图 A-2a 所示为刚性车桥围绕其中心点转动的形式，这种转盘转向一般用在马车和拖车上。通过转动车辆前面部分同样可以实现转向，这种转向称为转折转向（图 A-2b），多用于工程机械和特种机械。这两种转向形式的缺点是，总布置很困难，干扰力的力臂很大，其干扰力力臂大到等于半个轮距。

现代轿车的转向几乎全部是在前车轮上通过转向节柱来实现的，即转向节转向。在刚性车桥上是一根转向横拉杆横穿整个车桥（图 A-2c），在独立车桥上则是一根分开的转向横拉杆（图 A-2d）。

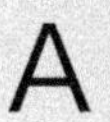

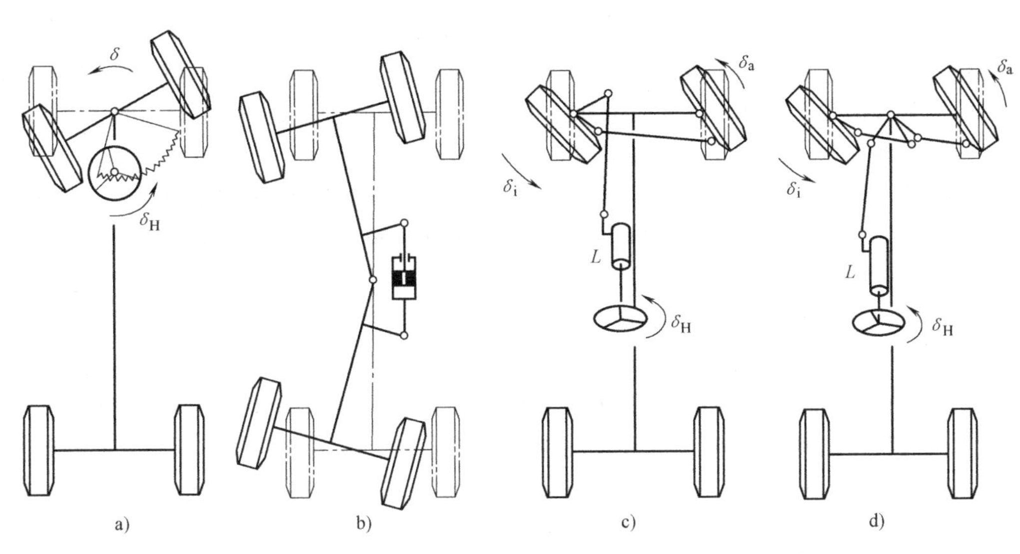

图 A-2 车辆转向的基本结构形式（Matschinsky，2007）

1.2 结构形式

机械转向的两种标准结构形式为循环球转向和齿轮齿条转向，齿轮齿条转向进一步的分类情况如图 A-3 所示。齿轮齿条转向在轿车上的应用最为广泛。由于轿车重量的增加，单纯的机械转向被液压助力转向所替代。齿轮齿条液压助力转向（HPS）也取代了循环球液压助力转向，因为前者更加经济。

HPS 的助力是通过油液的流动产生的，油液的流动大多由叶片泵产生，叶片泵由内燃机驱动。不依赖内燃机而工作的泵是电液助力[⊖]转向（EPHS）。在某些 HPS 中以及 EPHS 中，油液的流量是可以控制的，这样在泊车的时候可以提供很轻便的转向；当车速升高时，流量减少，转向盘力矩升高，行驶安全性提高。除了液压助力转向外，现在越来越多地采用电动助力转向（又称机电转向 EPS）。这种转向系统的助力是由电动机产生的，电动机由整车电源来提供能量。根据电动机的安装位置，EPS 可分成多种形式（见第 O 章）。

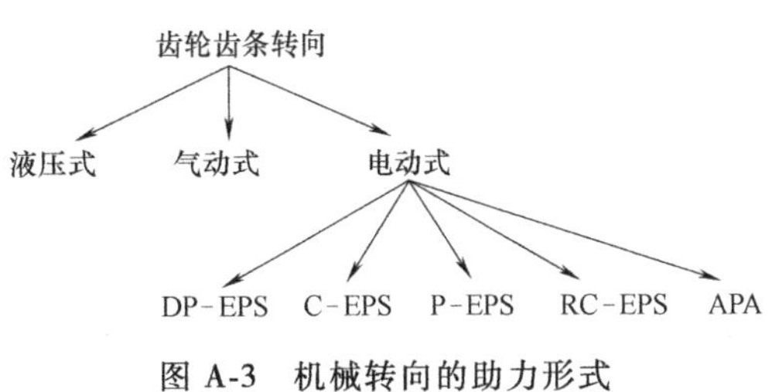

图 A-3 机械转向的助力形式

在叠加转向中，转向系统对驾驶人施加的转向角进行增加或者减少，形成合成转向角。相比于通常的液压助力转向系统或者电动助力转向系统，叠加转向系统中增加了一个转向角作动器（见第 P 章）。

2 横向动力学的历史

最初的车辆都是单轴的，借助人力或者畜力并利用很长的牵引杆来牵拉车辆。只有当驾

⊖ 电动液压助力转向，本书中简称电液助力转向。

驶人坐在车上，他才能感受到绕转向轴的力矩，当然这个力矩是由于路面不平或者不同的车轮滚动阻力引起的。最早的车辆（通常是很重的蒸汽机）有三个车轮，转向轮仅有一个。单个前轮作为转向轮时，其干扰力矩会变得小很多，驾驶人完全可以校正干扰的影响。也就是说，第一个转向系统是部分自校正结构。

Gottlieb Daimler 和 Carl Benz 深刻地改变了汽车。Gottlieb Daimler 把重点放在发动机上。Carl Benz 在开始时就把注意力集中在转向问题上，在他 1886 年的专利内燃机车（图 A-9）上，通过转向叉使得转向回转半径（主销偏移距）为 0，从而大大减小了干扰的影响。这就意味着，路面不平产生的纵向力波动对操纵力不会产生影响。在转盘式转向形式中，转向回转半径等于半个轮距，操纵力受到很大的影响，因此这种转向形式只用在拖车、马车和特种机械。现代车辆的转向是在 Carl Benz 1893 年转盘式转向专利的基础上发展而来的（参见第 A 章第 3 节）。

很早人们就注意到转向对汽车行驶性能的影响。在 VII 到 X 年度（从 1904 年起）的《汽车》上，发表了汽车侧滑的理论（Zomotor，1991）。工程师面对的核心问题是“汽车到底需要多少个以及哪些车轮来进行驱动和转向”。现将 Fritz Huth 博士在 1907 年柏林汽车技术协会的报告总结如下：

1）让地面摩擦力增大的所有措施不仅有利于驱动，也对转向有利，同时会减少打滑。

2）所有*四个车轮*来转向是有利的。

3）四轮驱动始终是有利的。

4）在两轮驱动中，前轮驱动并不是明显比后轮驱动有利，由于还要承担转向，增加了复杂性，因此前轮驱动的优点并不突出。

5）车辆的重心应尽可能设在车辆中心。

6）建议仔细研究轮胎和路面之间的摩擦和载荷之间的联系。

在汽车发展的早期，人们就知道四轮转向（全轮转向）可以优化汽车的行驶性能，在同期，《汽车工程师协会》（IAE）发表了一篇 Lanchester 的论文，他在研究侧滑中第一次使用了“过多转向”的概念。

为了产生侧向力，轮胎需要一定的侧偏角。这个观点由 Georges Broulhiet 首次提出，对于进一步理解弯道行驶尤其重要。1925 年，Georges Broulhiet 在“法国土木工程师协会”发表了题为《汽车悬架和转向运动》的报告。这项研究无疑加快了 Michilin 公司的低压轮胎在 Citroen 上的首次量产应用。这种轮胎会在转向轮上带来摆振的新问题，降低了安全性。随后不久，1931 年 Becker、Fromm 和 Maruhn 发表了《汽车转向振动》论文，深入分析并提出了新的转向形式（图 A-4），这种转向形式在那个年代被大量应用。在研究过程中，第一次使用转鼓试验台来测量轮胎参数。在巴黎，几乎同一时间，Sensaud de Lavaud 从数学理论的角度阐述了摆振和侧倾之间的耦合关联。Sensaud de Lavaud 指出，要避免车辆摆振，车轮必须从车桥上解耦，并于 1982 年发明了独立悬架并申请了专利。这种悬架几乎统治了后轮驱动的悬架形式，直至 20 世纪 60 年代，代表车型为 VW 甲壳虫和 Tatra 87。有一个原则也源于 de Lavaud，即侧倾轴线应该向下倾斜。也就是说，前桥的侧倾中心应该很低，后桥的侧倾中心应该位于弹簧位置的高度，其缺点是会加剧汽车的过多转向性能。但是，这在当时是人们所期望的。1933 年，人们在 Mercedes-Benz Typ380 车型上采用了独立前桥，侧倾轴向前倾斜。这是第一次前车轮弹性支撑在横摆臂上，并悬挂在螺栓弹簧上。通过这种挠性，车轮经过障碍时会向后运动，弹性运动学开始体现出来。

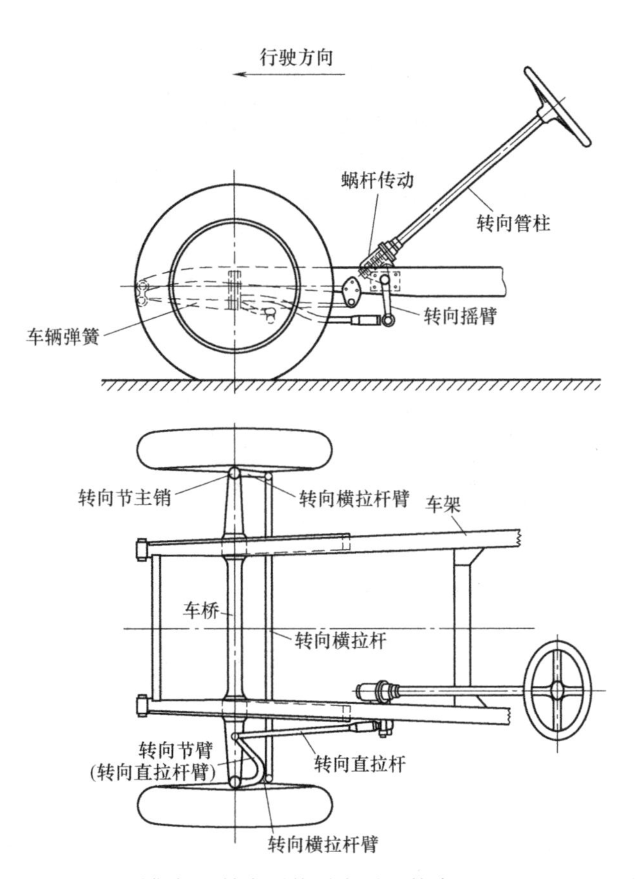

图 A-4 1930 时期标准转向系统示意图（摘自 Becker et al. 1931）

在 20 世纪 30 年代，人们开始系统研究汽车行驶动力学和汽车固有转向特性，并由此产生了 Lanchester 引入的“不足转向特性”“中性转向特性”和“过多转向特性”的概念。这些概念由 Maurice Olley 在 1938 年正式发表（图 A-5），之前他在 General Motor 从事了多年汽车动力学方面的研究。在 1931 年，他已经阐明侧倾转向的概念以及轮胎气压对行驶稳定性的影响。之后，他以前后桥车轮的侧偏角为基础来定义不足转向特性和过多转向特性。如果前桥的侧偏角大于后桥侧偏角，称为不足转向特性，反之则称为过多转向特性。如果前后桥的侧偏角相等，则为中性转向特性。目前，这种定义方法已不再使用，而是通过转向盘转角梯度和横向加速度之间的关系来定义（参见第 E 章）。

上面定义的不足转向和过多转向的概念基于车辆的稳态回转性能，但是在当时，人们也开始关注车辆的非稳态性能（Stonex，1941）。Stonex 引入了“棋盘试验”（Checkerboard Test），类似于转向角阶跃试验。

20 世纪末，汽车稳态性能的理论基本成型。在非稳态性能方面，Riekert 和 Schunck 在 1940 年发表了《橡胶轮胎车辆的运动学》论文，具有里程碑意义。他们第一次使用了现在广为人知的汽车单辙模型，并对运动方程进行求解。他们两人使用的自由度为横摆和质心侧偏角，也考虑了风阻。引人注意的是，他的分析结果表明，那时的车辆在低速时就不稳定。这种不稳定是由于在大的侧向加速度时轮胎的侧向附着力达到了极限。这种与事实不符的错误结论直至 1960 年 Fiala 引入转向刚度这个概念才得以澄清。其实，在 1956 年，Fujii 就指

A

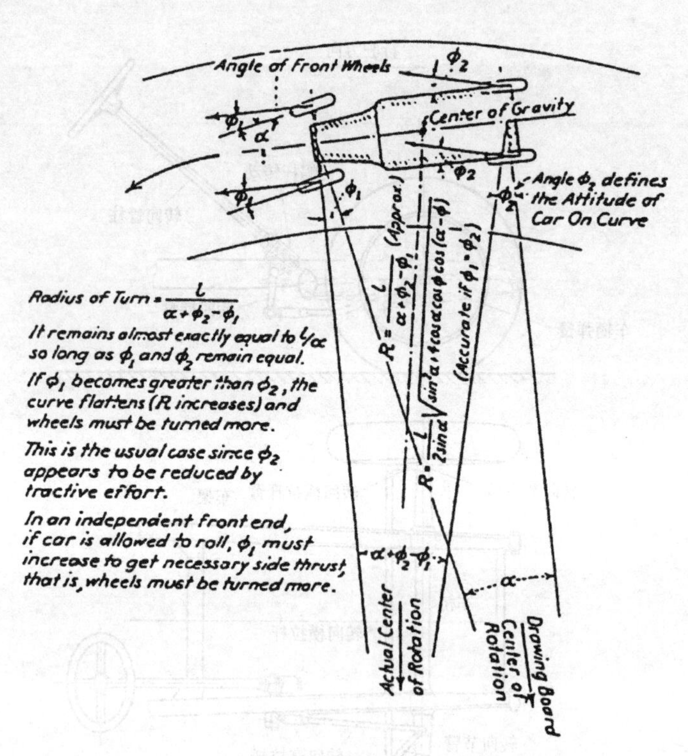

图 A-5 1934 年 Olley 第一次研究行驶动力学

出转向刚度会降低侧偏角刚度。20 世纪 40 年代，人们进行了大量的试验和理论研究。1942 年，Schlippe 和 Dietrich 第一次给出充气轮胎的基本理论。他们的理论描述了侧偏角刚度、轮胎侧向刚度以及侧向力与侧偏角之间的联系。

英国机械工程师协会的 Milliken、Whitcombe 和 Segel 在 1956 年发表了一系列飞机行驶性能的研究成果，开拓了稳定性研究。他们拓展了 Riekert 和 Schunck 的汽车模型，增加了侧倾自由度。行驶稳定性并不等同于行驶方向稳定性，也不等同于弯道稳定性。这种观点可以在 Boehm（1961）、Schmid（1961）和 Mitschke（1968）的著作中找到。在这个时期，人们开始研究车辆的转向感觉。那时，车辆的区别很大程度上表现在转向性能和所需要的转向盘力矩上。人们也认识到，人作为控制者也必须被一同考虑进去。Segel 在 1964 年第一次给出了理想的转向盘力矩梯度以及转向系统的阻尼和摩擦的标准值。这里必须提及的是，1956 年 Milliken 和 Whitcomb 通过大量的试验得到了丰富的数据，促进了汽车动力学的发展。另外做出特别历史贡献的是 1996 年的 Dixon 和 1991 年的 Zomotor。第一次把汽车动力学在理论上进行系统总结的是 Mitschke，在 1972 年他出版了《汽车动力学》专著。现在这本专著已经出版到第 4 版，享誉世界。

1966 年，Ralf Nader 出版了《任何速度都不安全》（Unsafe at any Speed）一书。书中描述了当时的车辆在极限状态下会遇到何种危险，该书谴责了 Chevrolet Corvair 车型严重的过多转向特性而导致大量的致命的交通事故。随后，引发了巨大的政治压力，迫使实施严格的汽车工业安全法规，并加强汽车动力学研究。进一步的成果是美国交通部下属的 NHTSA 制定了《汽车安全检测》标准（ESV：Experimental-Safety-Vehicle），其目的是对一部车辆的安全性给出客观评价。这些要求促进了大量行驶试验方法的产生。当然，没有一种方法可以对

汽车所有的安全极限工况以及转向性能进行统一的评价。

人们对汽车行驶性能的不满，促使人们去研究更好的悬架形式以及更安全的汽车布置形式。摆动式悬架从市场消失，取而代之的是具有不足转向性能的车辆。通过前轮驱动来让前桥受载，从而实现不足转向。最具代表性的是 1974 年的 VW Golf 车型。在这个车型上开始出现独立悬架的发展趋势，这样一来，一些相互矛盾的要求得以很好地解决。为了提高转向—制动性能，采用了负的主销偏移距，20 世纪 70 年代出现了 Weissach 悬架。人们更多地关注车辆运动学产生的效应，比如侧倾转向、弹性运动学。

其他的里程碑为，20 世纪 70 年代引入了 ABS 防抱死制动系统，80 年代量产使用四轮转向（参见第 Q 章）。不久引入的 ESP（电子稳定控制程序）相比于四轮转向来说，把稳定性推上了一个更新的台阶，大受市场欢迎。但是，近年来，四轮转向重新得到重视。叠加转向目前为止还仅仅应用在高档车上。通过驱动力矩来影响横摆力矩，即所谓的力矩控制。这几年，驾驶辅助系统研究走向前沿，其大量技术是基于转向或者是把转向当成执行机构的（参见第 S 章）。在这里只是提及转向盘力矩叠加和泊车辅助系统。对于未来技术的展望可参见第 T 章。

3 汽车转向的历史

车辆从被拉着行驶发展到靠驱动行驶，底盘的悬架从刚性悬架发展到独立悬架，以及车速的不断提高，交通状况越来越复杂，这些都对车辆的转向提出了越来越高的要求。

以前马车上的转盘式转向在内燃机车辆上被转向节转向所替代。为了减小转向力，几十年中，人们开发了很多种机械转向器，直到 20 世纪 50 年代才发明了液压助力的伺服转向系统并用在轿车上，20 世纪 90 年代出现了电动助力的伺服转向系统。机电一体化技术的进步，最终使主动转向系统进入量产车辆。

3.1 转盘式转向

在凯尔特人和罗马人时代，人们就发明了转盘式转向。在图 A-6 所示的罗马马车上，前

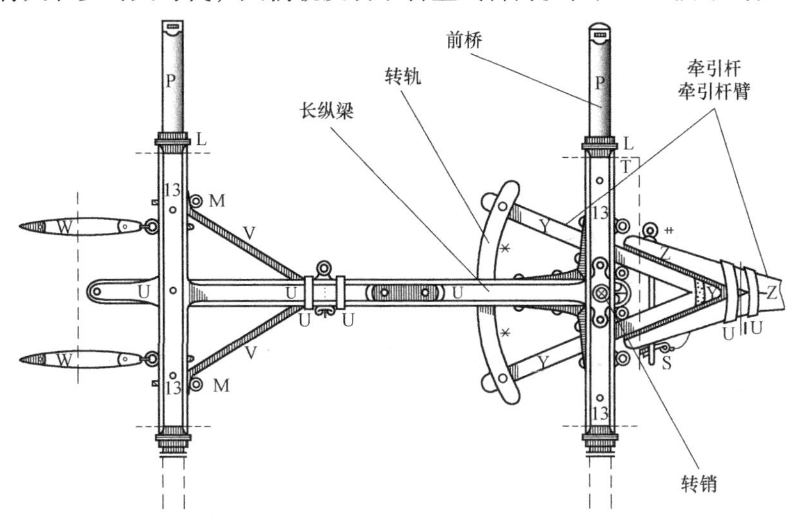

图 A-6 罗马马车的转盘（Eckermann，1984）

A

桥和牵引杆以及牵引杆臂连接，并且可以围绕转销转动。整个车辆的前部通过转轨支撑在长纵梁下，这样可以保持水平。

转盘式转向可以实现很大角度的转向，车辆的转向性能很好。当然，如果前桥转向角度太大，在弯道中行驶时车辆很容易侧翻。对于牵引式车辆来说，转盘式转向是合适的，路面不平对转向的影响很小，因为在转向方向产生的拉力和路面阻力正好是反向作用的。

受到约束的只是材料以及速度，但是对于以马作为动力的车辆来说，这都不是问题。因此，转向系统的发展在几百年的时间内都很缓慢。转盘式转向一直保持着，只是从转轨和转销逐渐演变为球轴承。

3.2 转向节转向

交通运输业的发展，以及人们对舒适性和快速性要求的提高，促进了马车底盘的发展。在 1816 年，皇家拜仁马车制造商 Georg Lankensperger 获得使用转向节转向的权利。

这种转向形式的特点是，某个车桥的车轮支撑在转向节上，车轮围绕着几乎是垂直的转动轴转动。这样一来，弯道内侧的车轮比外侧车轮必须转动更大的角度。此外，转向时前轮左右车轮轴线的延长线必须和后桥的延长线相交于一点，如图 A-7 所示。

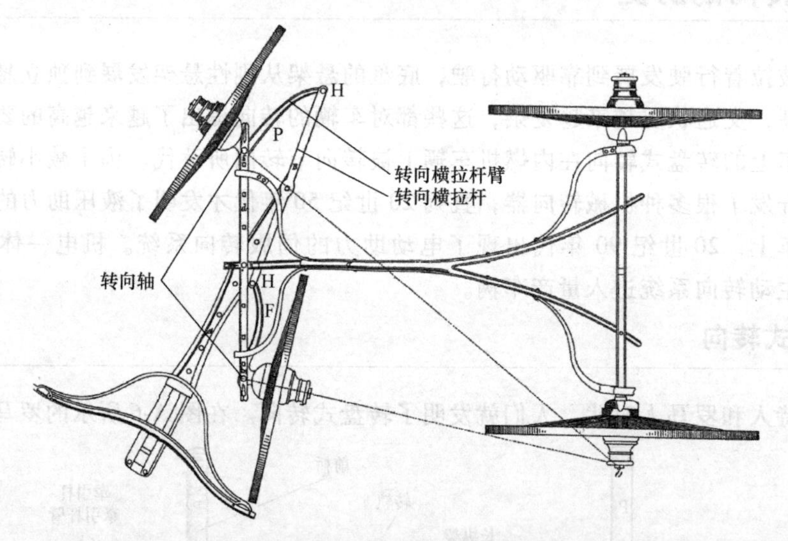

图 A-7 Lankensperger 的转向节转向，转向横拉杆是整体贯穿式（Ecketman，1998）

1818 年，Georg Lankensperger 通过他在英国的好朋友 Rudolf Ackermann 为他的发明申请了专利，专利号为 3212，即历史上的“阿克曼转向”。

3.3 第一部汽车的转向

随着更轻更快的汽油发动机日趋成熟，以及 Gottlieb Daimler 和 Karl Benz 的第一部汽车的诞生，转向系统在随后几年得到新的发展。

Daimler 在 1886 年开发的第一部汽车是以马车为基础的（图 A-8），可以看到发动机通过传动带来驱动后桥。

这里的转向为转盘式转向，驾驶人借助转向手柄进行操作，通过手柄带动转向管柱转动，通过小齿轮和转环前桥围绕中心销转动。尽管当时的车速很低，只有 10km/h 左右，这

种转向形式也只是勉强适用。最大的问题是，由于车轮和转动轴之间的力臂很大，在车辆单轮越过障碍时，驾驶人必须在转向手柄上施加很大的力来控制方向。

图 A-8 Daimler 发动机马车，转盘式转向（Walz，1983）

Benz 在 1886 年的专利发动机汽车（图 A-9）上通过在前桥单个车轮上使用转向叉，如同两轮自行车那样，来解决这个问题。

操作转向手柄使转向管柱转动，小齿轮和齿条把转动转化成转向直拉杆的移动，带动转向节臂转动，这样转向叉可以带动前轮转动。

其缺点是侧翻稳定性不好。1889 年，Wilhelm Maybach 开发了图 A-10 所示的钢车轮汽车，它的底盘源于马车，和 Benz 一样采用了自行车的转向结构。

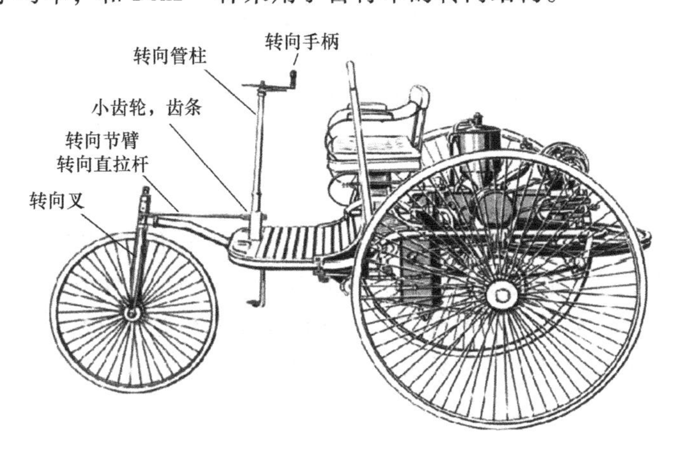

图 A-9 Benz 的发动机汽车专利，转向叉转向

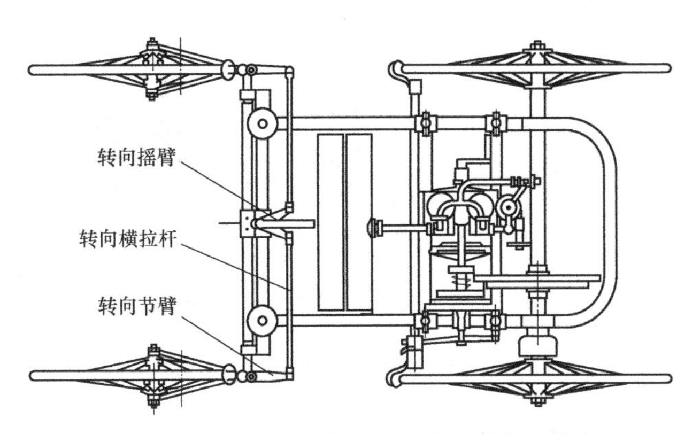

图 A-10 Maybach 钢制车轮汽车，转向叉转向

Maybach 通过转向手柄的转动带动 V 形转向摇臂运动，两根转向横拉杆臂与前车轮转向叉连接。由于缺乏已经在 1818 年注册的阿克曼转向知识，带橡胶轮胎的两个钢制车轮在弯道中还是保持平行的。

在 Ackermann 之后，法国人 Bollee 申请了转向节转向专利，1893 年 Benz 申请了相同功能的第 3 个专利。他第一次在他的 Victoria 车上使用了这个专利。虽然转向灵活性大为改善，但是转向力很大，因此，在接下来的时间里，人们大量研究转向器。约从 1990 年开始，在所有的新车上都装备有转向器，如图 A-11 所示。

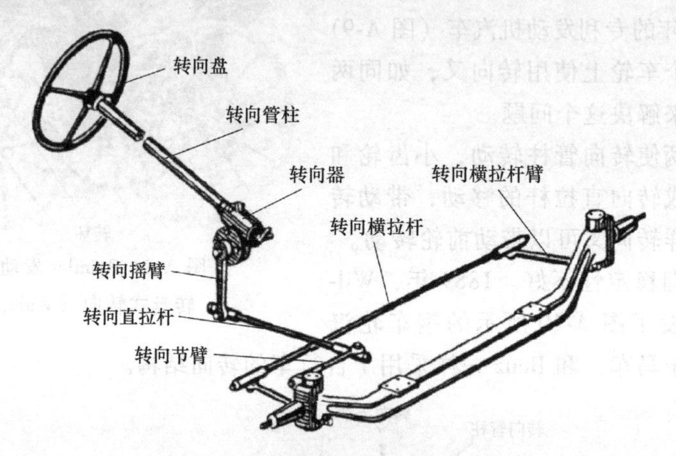

图 A-11　某刚性悬架车辆的转向系统

3.4　机械转向器

转向器是把转向盘的运动传递到转向杆系，进而转动车轮的机构。另外，车轮上的力也通过转向器传递到转向盘，作为手作用力和转向力矩。转向灵活性或者车辆的机动性很大程度上由转向器决定。转向器传动比的确定，应保证驾驶人在任何行驶工况下都能够承受转向力矩，同时在弯道中转向盘转过的圈数又不能太多。

机械转向器经过了不同的发展阶段。首先在美国取得突破，开始是电动车公司，后来是汽车生产者致力于转向器的革新。根据圆柱齿轮和螺栓-螺母原理产生了很多种蜗杆传动形式，如图 A-12 所示。

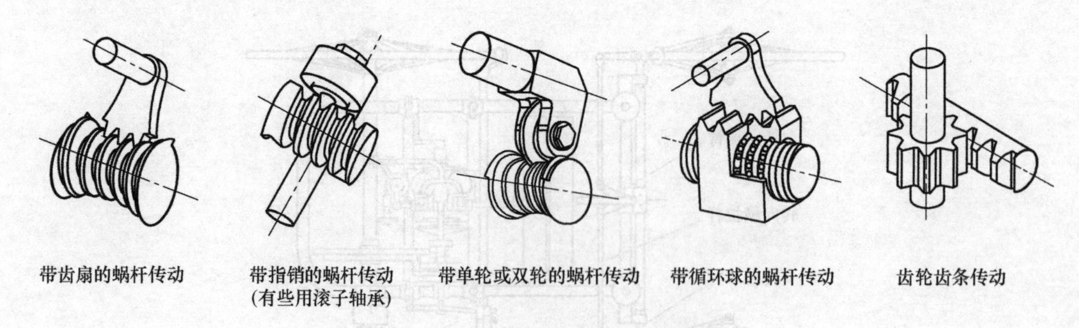

图 A-12　转向器的理论传动形式

P. W. Northey 发明了蜗杆转向器。转向盘带动蜗轮转动，与蜗轮配合的蜗杆转动，并带动转向摇臂一起转动。

Henry Marles 根据这一原则进一步改进，在 1913 年设计出 Mitnehmerwellenlenkung。一个固定的或者是由滚动轴承支撑的指销与转向蜗杆啮合，蜗杆带动转向摇臂转动。

10 年后 Robert Bishop 申请了锥形轮蜗轮蜗杆转向专利。

接着出现了循环球转向，螺杆套在圆螺母中，钢球填充在螺母的螺纹中。螺母上的齿轮带动转向杆系运动。

所有的革新几乎都是源于减小转向器的摩擦和提高效率，当然耐磨性和可调节性也是关注的重点。

对于指销式转向器，在德国更多人熟悉的是 Ross 转向，如图 A-13 所示。ZF Friedrichhafen 齿轮厂从 20 世纪 30 年代开始为轿车和商用车生产这种转向器。

齿轮齿条转向器（参见图 A-12）是转向器演化的一大进步。齿轮齿条转向器在成本上更为经济，并且把转向力直接传递到转向横拉杆上，整个系统的刚度更大，这一点对于转向精准性特别重要，尽管转向冲击会大一些。通过在转向器壳体上采用橡胶支撑以及在转向管柱上采用弹性连接，可以减小传递到驾驶人的转向冲击和振动，当然也会降低转向精准性。

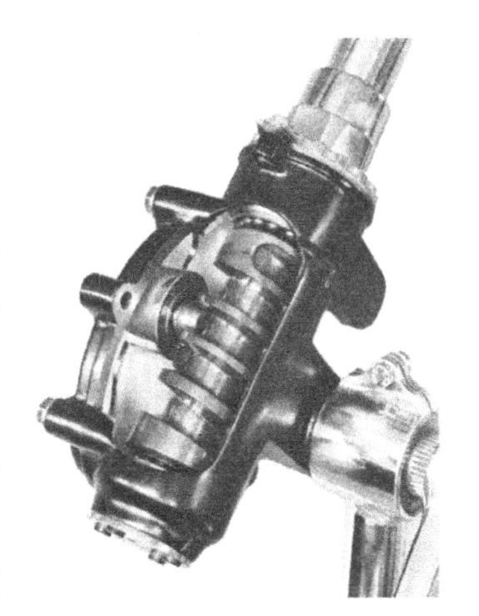

图 A-13 ZF Ross 转向器

减小转向器摩擦的同时，人们通过采用转向减振器来减小转向冲击和振动。在旋转副的转向器中，减振器通常布置在转向节臂或者转向中拉杆上。对于齿轮齿条转向器，可以装在与齿条端部相连的转向横拉杆上，减振器和转向器齿条平行，或者减振器集成在转向器中。

3.5 伺服转向（助力转向）

尽管机械转向得到了很大的发展，但是仍然需要助力转向，以便在不影响转弯通过性的前提下减小转向力，获得最大的转向轻便性。车辆变得越来越重，再加上低压充气轮胎的使用，转向变得越来越沉重。在 20 世纪 40 年代中期，美国大型轿车尽管采用了 24∶1 这一很大的转向传动比（Davis，1945），但在干燥水泥路面上的转向力矩仍达到 80N·m。

1951 年，Chrysler 成为第一个在 New Yorker 和 Imperial 车型上使用助力转向的汽车制造商。这种转向采用了 Francis W. Davis 的专利。Davis 在 1930 年就开发了这种转向方式，他被视作助力转向的发明者。

1906—1910 年，Davis 在 Harvard 学习机械制造，随后在 Buffalo 的 Pierce-Arrow（皮尔斯箭头）公司开启了职业生涯，刚开始在生产部门工作，随后在货车的行驶测试以及销售部门工作。他开发的第一个产品是在转向管柱上采用橡胶块来隔离路面冲击传到转向盘。但是，他认为最终的解决方案是使用助力转向。当时在轮船和摩托车上有了第一个助力转向的专利，但是在汽车上还没有助力转向的应用。

1922 年，Davis 离开 Pierce-Arrow 公司，开始独立开发。在初始阶段，他凭借经验决定在 Pierce-Arrow 车上采用油液的压力来开发助力转向。他尝试采用传统的液压驱动系统，即由高压管、泵、转向油罐以及阀体组成的系统。只有当转向系统需要助力时，阀体才会打开，供给高压油液。但是由于高压产生的密封性和泄漏问题不能解决，最终失败。

油液在整个环路中一直是没有压力地流动，只有当需要助力即转向时阀体才会关闭建立油压，为什么转向系统不能换个方式进行工作呢，Davis 在思考。

后来，Davis 开发了中位开启的阀体的转向。其基本结构是转向器上带有心轴和螺母。Davis 和他的技工以及模具制造者 George W. Jessup 制造出了第一个助力转向器。由于在市场上没有合适的液压泵，Davis 特地开发了由内燃机驱动的三柱塞泵。

1925 年，Davis 用助力转向改装了他自己的 1921 Pierce-Arrow 汽车，并进一步优化。1926 年，他为自己的助力转向原理申请了美国专利，如图 A-14 所示。

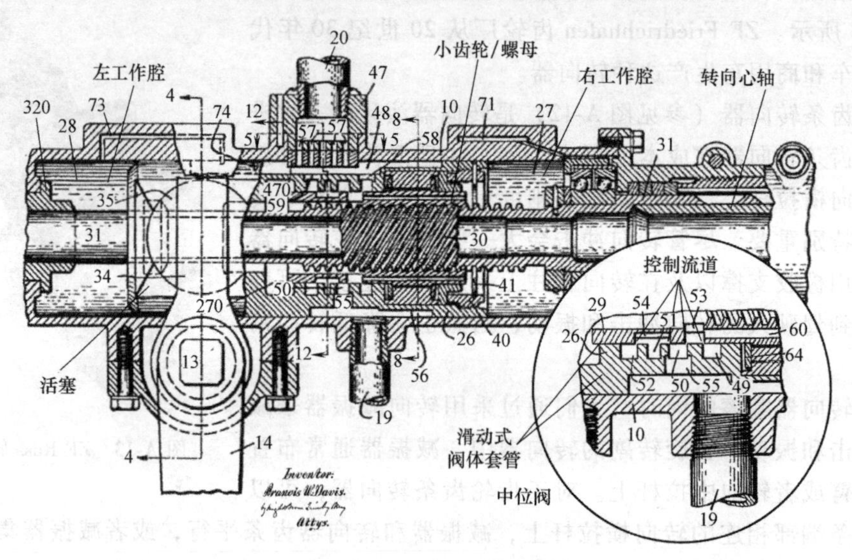

图 A-14　F. W. Davis 液压助力转向器专利图（US 1, 790, 620）

注：本图为专利中的原图。

转向心轴的转动通过小齿轮螺母转换为阀体套管（29）的线移动。中位阀控制流道开口截面的变化，在工作腔（27，28）中产生压力差，使活塞以及阀体的外部件（26）产生移动，直到重新达到平衡位置为止。

Davis 的转向器在很大程度上是一套通过位移比较来进行控制的液压机械系统。不过这套系统几乎不需要多大的操作力，应用在助力转向上则意味着驾驶人得不到路面作用在车轮上的力和力矩的反馈，即没有路感。

Davis 也认识到了这一缺点，转向盘只需要一个手指就能操作，完全丧失路感。他继续开发了有预紧弹性的机械装置，集成在转向阀中。为了使转向阀运动，必须施加一个力来克服弹性装置的力。借助控制流道的设计、弹性装置的刚度和预紧力匹配，Davis 开发出了一套可调节驾驶感觉的转向系统。

Davis 想要用他的这套助力转向系统征服美国汽车。1926 年 10 月，Davis 向汽车界 General Motor、Packard 和 Chrysler 以及零部件供应商 Gemmer、Saginaw 和 Timken 展示了他的技术。所有的人都很振奋，在很低的转向传动比 8∶1 的车辆上，转向非常舒适，没有转向冲击振动。

General Motor 确定了与 Davis 的合作，在 4 年内开发了用于商务车和大型轿车的助力转向。引人注意的是，Davis 在接下来的几年里开发了很多专利，例如带 C 形弹簧的转阀，如图 A-15 所示，转向阀（控制阀、样条阀）随着转向心轴转动，利用两个转动的阀套之间的角度差来控制流道关闭或打开。同时，角度差使得扭转预紧的 C 形弹簧产生转向力矩，为

驾驶人所感知。这种转动阀的原理直至今天仍然在现代液压助力转向器中使用（见第 K 章）。

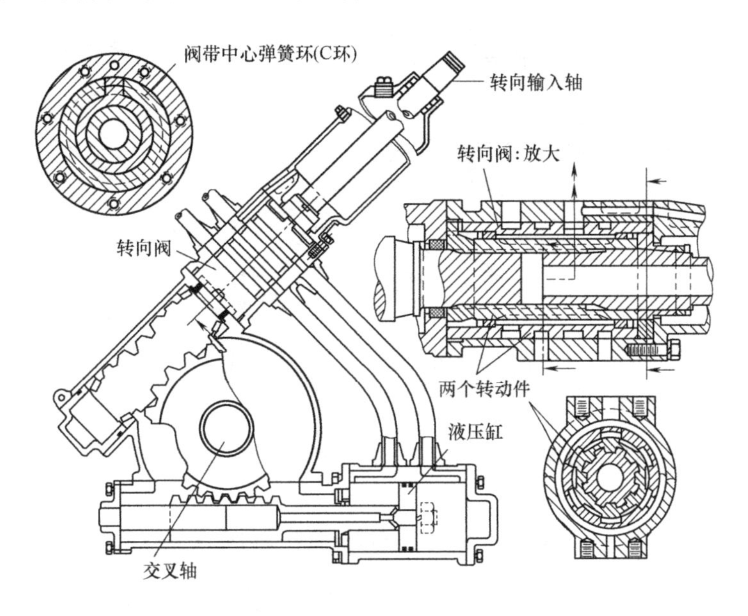

图 A-15 转阀带 C 形弹簧的转向器（Davis，1945）

助力转向的技术发展到 1933 年时，已经完全可以大量使用到量产车上，本来计划投产到 Cadillac 车型上，但是由于经济危机，Cadillac 每年只生产 15000 辆汽车，因此模具和生产成本相对太高，最终 General Motor 终止了该项目。就这样，助力转向重新倒退到 20 年前。

Davis 与 General Motor 结束合作后，重新寻找新的客户。1936 年，Davis 开始与 Bendix 公司合作。Bendix 开始在各种车上进行液压助力转向试验，有趣的是，Buick 是 General Motor 的子公司，其有意引入液压助力转向系统，但第二次世界大战突然中断了民用汽车工业的制造研发工作。

但这却为 Davis 打开了另外一扇门。美国和英国军方的车辆装备了 Bendix-Davis 转向系统。超过 10000 辆这样的车辆投入到了二战中。就这样逐步打开了农耕车、拖拉机、公共汽车和货车的市场。

可是 Davis 继续致力于助力转向在轿车上的应用，却没有成功。时机还不够成熟。

1951 年，Chrysler 首次在量产车上使用助力转向。转向系统为 Gemmer 生产，其采用了 Davis 过期的专利，如图 A-16 所示。

这种转向系统的转向管柱由两部分组成，两部分之间弹性耦合在一起。下面部分由自动调心摆动球轴承和阀体支撑，这样可以绕摆动球轴承在小角度范围内摆动。转向管柱的下端与驱动小齿轮连接，小齿轮与蜗杆上面的齿轮啮合。

如果在转向盘施加转向力矩，转向管柱下部转动，阀体中的四个阀运动零点几毫米，流道开口的变化会导致活塞中产生压差。

尽管 Davis 在 Chrysler 的助力转向使用中没有获得经济利益，但是他依然很平静。不久，正如他所期待的那样，General Motor 求助于他，希望立即使用助力转向。现在的问题是到底能多快投入助力转向，到底能为多少辆车装备助力转向。

这是助力转向的新纪元，两年内每年有 100 万辆车装备助力转向系统。在 1956 年，美

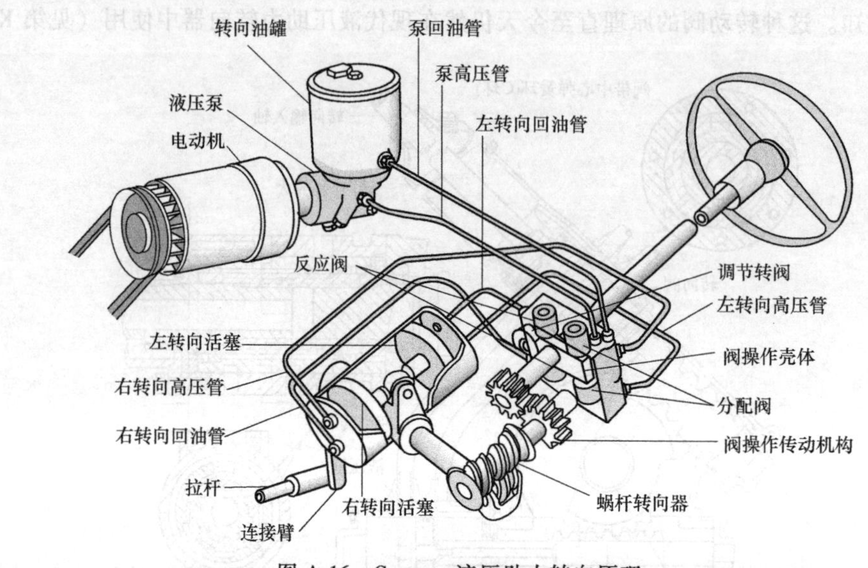

图 A-16　Gemmer 液压助力转向原理

国每四部新车就有一部是助力转向。德国的助力转向系统由位于 Friedrich 港的 ZF 齿轮厂生产，ZF 从 1953 年起得到 Gemmer 转向（图 A-17）的生产许可。

液压助力转向最初几乎全部由泵提供压力，而泵是由内燃机通过传动带来驱动的，只有极个别情况下由于空间布置原因泵是由电动机来驱动的。在 20 世纪 90 年代末，这种电动泵动力单元由于低能耗的优点，开始量产应用。随着电动机和泵的效率的提高，以及泵的转速可以根据需要来控制，这种电液助力转向系统比传统的带驱动泵的系统要明显节省能源（见第 N 章）。

图 A-17　ZF-Gemmer 液压助力转向

在转向系统的发展历史中，在液压助力转向和电液助力转向走向市场以前，人们早就有了电动助力甚至线控转向的想法和专利，但是很晚才出现可行方案，例如 Gemmer 公司 1972 年申请的电动助力转向专利，如图A-18所示。

扭矩传感器可以获知驾驶人手上的力矩。计算元件可以算出需要的助力大小，调节电动机。电动机直接或者通过变速机构把力矩施加到机械转向器上。专利中值得注意的是，车速也作为输入量被考虑了。这样可以根据行驶速度来调整人的手感。

电动助力转向直到 1988 年才首次在日本小型车公司 Suzuki Servo 使用（Stoll，1992），如图 A-19 所示。尽管当时电动机的功率只有 240W，由于前桥载荷较轻，可以采用电动助力转向。

现代的电动助力转向原则上的结构都没有改变，由扭矩传感器、带变速机构的电动机、控制器和机械转向器（见第 O 章）组成。由于空间布置便利、电动机功率的提升以及控制器运算能力的提高，再加上功能上的优势，目前可以把电动助力转向作为车辆的标准装备。

Lenkensperger 发明的转向节转向是在车辆开始采用内燃机时产生的，液压助力转向在经

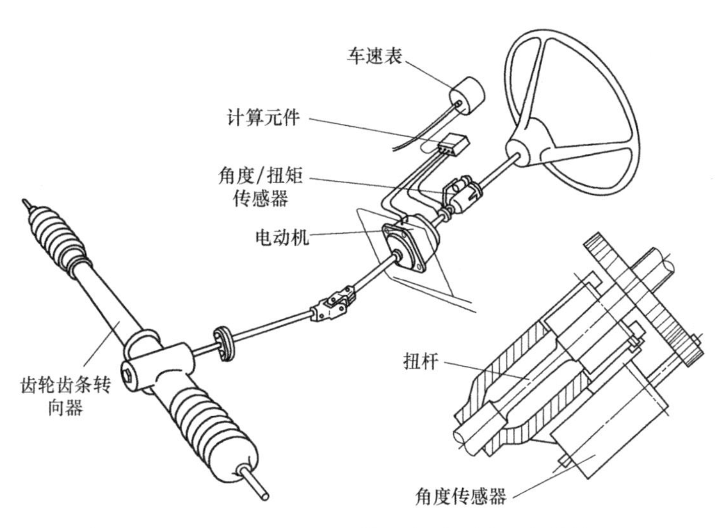

图 A-18 Gemmer 1972 年电动助力转向专利图样（专利号 DE 2237166）

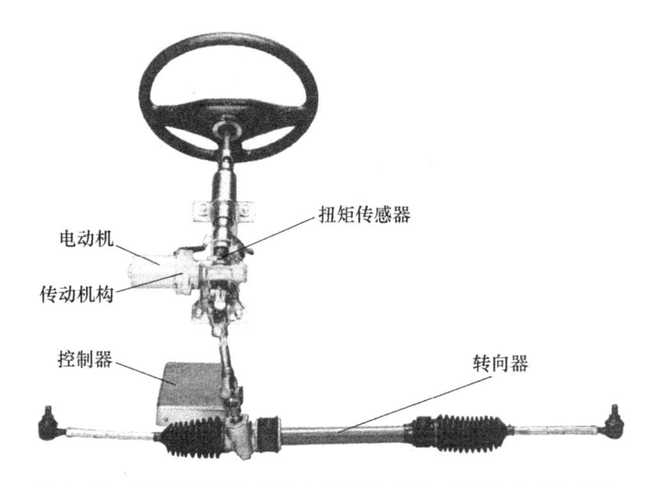

图 A-19 驱动转向管柱的电动助力转向（摘自 Stoll 1992）

济危机和世界大战后才应用到轿车上。油耗和环保要求的日益提高促进了电动助力转向的繁荣。发明必须满足时代的需要。只有在适当的技术、经济、政治环境中，天才的创意才能够进入到汽车工业的量产产品中。

参考文献 A

BECKER, G., FROMM, H. und MARUHN, H. (1931): Schwingungen in Automobillenkungen („Shimmy“). Bericht der Versuchsanstalt für Kraftfahrzeuge der Technischen Hochschule zu Berlin. Krayn Verlag: Berlin 1931

BÖHM, F. (1961): Fahrtrichtungsstabilität des Kraftwagens, ATZ Jahrg. 1963, Heft 5, Mai 1961

BRAESS, H.-H. und SEIFFERT, U. (2007): Vieweg Handbuch für Kraftfahrzeugtechnik, 5. Auflage. Vieweg+Teubner Verlag: Wiesbaden 2007

BRANCH, H. und SMITH, W. (1968): The Unreasonable American. Acropolis Books: Washington 1968

BRENKEN, G. (1971): Der Weg zum Sicherheitsautomobil. ATZ 73, S. 170–178

BROULHIET, G. (1925): La Suspension de la Direction de la Voiture Automobile: Shimmy et Dandine-

A

ment („The Suspension of the Automobile Steering Mechanism: Shimmy and Tramp“). Société des Ingénieurs Civils de France, Bulletin 78

DAVIS, F. W. (1945): Power Steering for Automotive Vehicles. SAE Paper 450181

DIXON, J. C. (1996): Tires, Suspension and Handling. 2nd Editition, Society of Automotive Engineers. Warrendale, Pa 1996

DUDZIŃSKI, D. (2005): Lenksysteme für Nutzfahrzeuge. Springer Verlag: Berlin, Heidelberg 2005

ECKERMANN, E. (1984): Vom Dampfwagen zum Auto, Motorisierung des Verkehrs. Rowohlt Taschenbuch Verlag GmbH: Hamburg 1984

ECKERMANN, E. (1998): Die Achsschenkellenkung u. a. Fahrzeug-Lenksysteme. Deutsches Museum: München 1998

FERSEN, O. von (1986): Ein Jahrhundert Automobiltechnik, Personenwagen. VDI Verlag: Düsseldorf 1986

FIALA, E. (1960): Zur Fahrdynamik des Straßenfahrzeugs unter Berücksichtigung der Lenkelastizität. ATZ Automobiltechnische Zeitschrift 62 (1960) 3, S. 71–79

FUJII (1956): The Influence of Elasticity of the Steering Mechanism on the Motion of the Vehicle. Trans. Jpn. Soc. Mech. Eng. Vol. 22, No. 119

HEIDER, H. (1970): Kraftfahrzeuglenkung, VEB Verlag Technik, Berlin, 1970

HEISSING, B. und ERSOY, M. (2007): Fahrwerkhandbuch, 1. Auflage. Vieweg+Teubner Verlag: Wiesbaden 2007

HENDRY, M. (1979): The man who made it work, Journal Special-Interest Autos

MILLIKEN, W. F. und WHITCOMB, D. W. (1956): General introduction to a programme of dynamic research. Proc. Auto. Div. Instn Mech. Engrs, 1956 (7), S. 287–309

MITSCHKE, M. (1968): Fahrtrichtungshaltung – Analyse der Theorien. ATZ 70, 1968, Heft 5

MITSCHKE, M. und WALLENTOWITZ, H. (2003): Dynamik der Kraftfahrzeuge, 4th edition. Springer Verlag: Berlin, Heidelberg, New York 2003

MOTSCHNSKY, W. (2007): Radführungen der Straßenfahrzeuge, 3. Auflage. Springer Verlag: Berlin, Heidleberg 2007

NADER, R. (1966): Unsafe at Any Speed – Designed-In Dangers of the American Automobile. PB Special: New York 1966

REIMPELL, J. und BETZLER, J. W. (2005): Fahrwerktechnik: Grundlagen: Fahrwerk und Gesamtfahrzeug. Radaufhängungen und Antriebsarten, 5. Auflage. Vogel Buchverlag: Würzburg 2005

RIEKERT, P. und SCHUNCK, T. E. (1940): Zur Fahrmechanik des gummibereiften Kraftfahrzeugs. Ingenieur Archiv, Band 11, Heft 3, 6. 1940, S. 210–224

SCHLIPPE, B. von und DIETRICH, R. (1942): Zur Mechanik des Luftreifens. Zentrale für wissenschaftliches Berichtswesen: Berlin Adlershof 1942

SCHMID,C. (1964): Fahrsicherheit durch Konstruktion. Fisita 1964

SEGEL, L. (1956): Theoretical prediction and experimental substantiation of the response of the automobile to steering control. IMechE, Proceedings of Automobile Division, Research in Automobile Stability and Control and in Tyre Performance, 1956–1957, pp. 310–330

SEGEL, L. (1964): An investigation of automobile handling as implemented by a variable-steering automobile. Human Factors, 6(4), pp. 333–341, 1964

STOLL, H. (1992): Fahrwerktechnik: Lenkanlagen und Hilfskraftlenkungen. Vogel Buchverlag: Würzburg 1992

STONEX, K. A. (1941): Car control factors and their measurements, SAE-Paper 410092. Society of Automotive Engineers: Warrendale, Pa 1941

TREUE, W. (1986): Achse, Rad und Wagen, Fünftausend Jahre Kultur- und Technikgeschichte. Vandenhoek & Ruprecht: Göttingen 1986

WALZ, W. (1983): Daimler-Benz, Wo das Auto anfing. Verlag Friedr. Stadler: Konstanz 1983

WHITCOMB, D. W. und MILLIKEN, W. F. (1956): Design implications of a general theory of automobile stability and control. Proc. Auto. Div. Instn Mech. Engrs, 1956 (7), S. 367–391

YAMAMOTO, M. (2007): History and Future of Vehicle Dynamics. Toyoty Technical Review Vol. 55., No. 1, Mar. 2007

ZOMOTOR, A. (1991): Fahrwerktechnik: Fahrverhalten. Herausgeber: Reimpell J., 2. Auflage. Vogel Buchverlag: Würzburg 1991

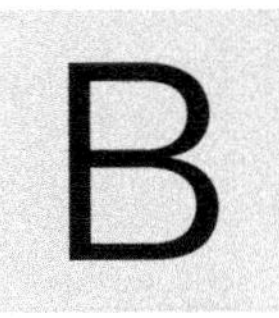

转向基础

车辆的驾驶毫无疑问是通过转向过程以及车辆的侧向附着来实现的，这是自然而然的事情。在孩提时代，我们就在三轮车或者儿童警车上有所体验了。在开车时几乎是条件反射一样地操控车辆。但是，现代车桥运动学和助力转向却是百余年逐步发展和完善的结果。尽管如此，汽车专业媒体还经常指责汽车的转向性能。

1 转向——车辆横向控制

车辆行驶可以分为两大主要任务，加速踏板和制动踏板用来控制车辆的速度，即纵向方向的运动；转向盘则控制车辆的横向运动。也就是分为摆动（绕垂直轴转动）和移动（在侧向方向的平动），详细的定义可以参见标准 DIN 7000 以及 ISO 8855。侧向力还会影响其他的自由度，特别是侧倾（车辆绕纵轴转动）。侧向力会通过转向轮传到转向系统并被驾驶人感知到。

驾驶过程可以看成是一个控制系统。驾驶人是控制器，车辆是控制目标，整个系统如图 B-1 所示。在闭环控制系统中，驾驶人通过视觉和触觉感知车辆的行驶状态，即车辆的行进轨迹，驾驶人通过转向盘来修正行驶轨迹，使之跟随道路轨迹。通过手上操作力的变化，驾驶人可以知道路面状况或者摩擦因数的变化。驾驶人转动转向盘改变行进轨迹，且这种改变可以再次被驾驶人感知，这样的控制系统为闭环系统。在控制系统中，还存在干扰，如侧风、路面不平、驱动力影响。这些因素也是驾驶人需要控制的因素。

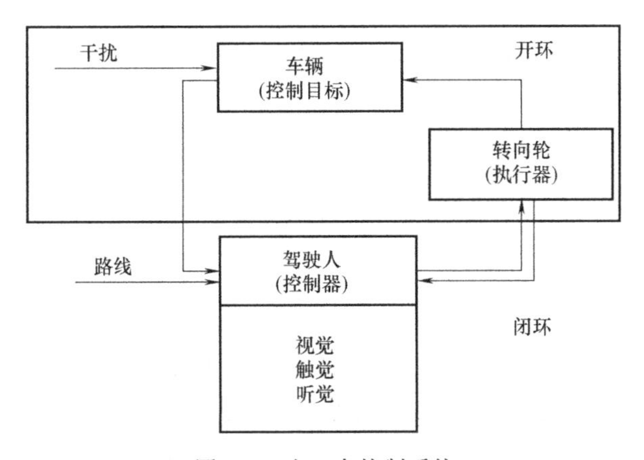

图 B-1 人—车控制系统

在人—车控制系统中，车辆和转向系统是车辆开发者关注的重点，人们开发了许多汽车动力学评价试验方法。施加给汽车一定的转向盘转角或者力矩，测量车辆的响应，如横向加速度、侧倾角度、横摆角度和转向盘力矩。根据 DIN 70000，转向方式有下面几种：

- 位移控制转向：在转向系统（转向盘、转向管柱、转向器）的某点施加一定的运动。
- 锁定转向：在转向系统的某点进行锁定，通常是锁定转向盘。
- 力控制转向：在某点施加一定的力，这个力不随点的运动而发生变化。
- 自由转向：没有力施加到转向系统中，它是特殊方式的力控制转向。

2 弯道行驶

这里，将对弯道中行驶的车辆即控制目标进行分析。弯道行驶分为低速弯道行驶和高速弯道行驶。在低速弯道行驶中，侧向加速度很小，轮胎在自己的中心平面上滚动。高速弯道行驶则相反，侧向加速度很大，引起向外的离心力，这个离心力必须由轮胎来平衡。

2.1 低速弯道行驶

低速弯道行驶中，车轮在车轮中心平面滚动，没有轮胎侧偏角产生。也就是车轮中心面的垂线会相交到一点，即瞬心，如图 B-2 所示。由此可以推导出前桥车轮的阿克曼转向角（参见第 D 章）。这就是所谓的阿克曼法则，即内侧的车轮必须比外侧的车轮转向角更大。这种条件必须在转向运动中满足，至少是近似满足（参见第 D 章）。

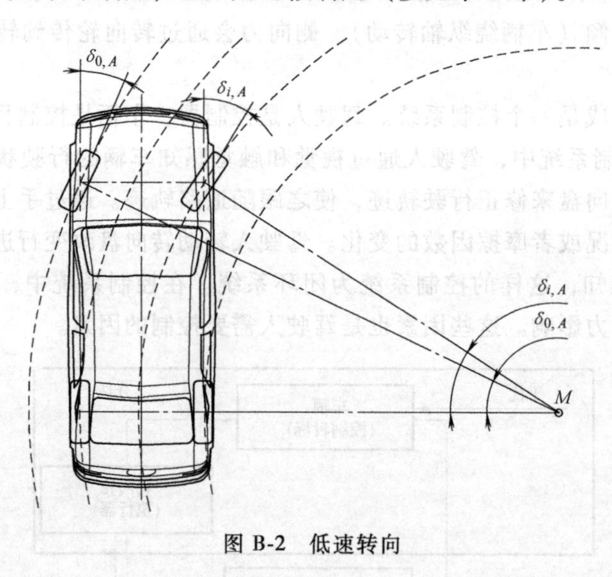

图 B-2 低速转向

2.2 高速弯道行驶

在高速弯道行驶中，车辆也是围绕瞬心转动（图 B-3）。车辆产生一定的侧向加速度，引起轮胎侧向力，在弯道行驶中轮胎的侧向力显得尤为重要。车轮接地中心点不再在车轮中心平面运动，车轮中心平面与车轮接地中心点的夹角就是轮胎侧偏角 α。后桥车轮同样也产生侧向力，在前轮转向的车辆中，瞬心向前移动，如图 B-3 所示。

在转向过程中，首先在前轮产生侧偏角，从而建立侧向力，引起车辆的摆动。然后产生侧向加速度，转动瞬心向前移动导致后轮产生侧偏角。假如驾驶人保持转向盘转角不变，车辆会进入到稳态回转状态。侧向加速度等于角速度的平方与转弯半径的乘积。转弯半径是通

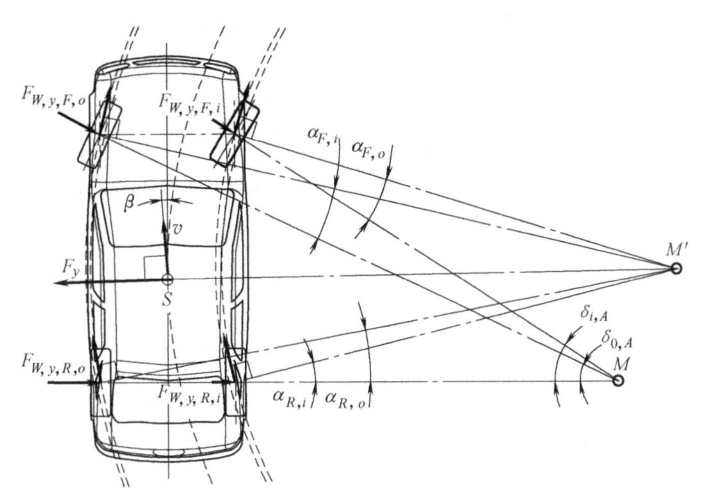

图 B-3 高速转向

过车辆瞬心的。

轮胎力是作用在路面上的，而离心力则是作用在质心上的，因此产生侧倾力矩，使车辆向弯道外侧倾斜。即外侧的弹簧压缩，内侧的弹簧拉伸，产生侧倾转向。这种运动学效应也会导致悬架产生转向角。通过前桥向弯道外侧转向以及后桥向弯道内侧转向来加强车辆的不足转向特性。车轮外倾的改变会增加侧向力。当然车轮定位参数的变化也常常通过弹性运动学来实现，也就是车轮悬架的变形应该使车轮定位参数向有利的方向变化。例如在弯道中制动时，要求前外轮明显向外转向，来抑制车辆产生的摆动（Matschinsky，2007）。只有对轮胎、悬架、转向三者进行细致的匹配，才能达到现代车辆要求的行驶性能。

3 轮胎侧向性能

对于车辆转向性能，首先要研究的是轮胎侧向力的建立过程。车轮轮胎不平衡、制动或者不平路面都会在轮胎上产生纵向力和垂直力的变化，当然会对转向产生干扰，在转向盘上可以感知力矩的波动和振动。这种现象是轮胎、悬架和转向相互作用的结果，在第 F 章将进行讨论。

3.1 垂直力传递对胎面接地长度的影响

轮胎在垂直方向力的传递在很大程度上影响着胎的侧向特性。现代轿车的子午线轮胎粗略地说由五个部分来传递力：

- 胎圈：由环绕在两个胎圈座中的钢丝形成。
- 胎体：把两个胎圈芯径向连接在一起，由帘线或者钢丝组成。
- 带束层：钢丝在滚动面范围沿圆周方向缠绕在胎体之上。
- 胎面：由橡胶组成，在带束层之上，另外一面与路面直接接触。
- 轮胎中的高压气体。

还有其他一些组件，如用于密封的内衬层（Innerliner），用于性能优化的胎圈填充物（三角胶 Kernreiter /Apex，Seitenbandagen），用于保护胎体和轮辋肩的胎侧，用于增加强度布置在带束层上面的补强层。如果是防爆胎还可能有内置支撑环。

B

在带束层的整个圆周上作用着很高的内压。轮胎从外面承受着车轮载荷，带束层在轮胎接地面（轮胎印痕）处压缩，和带束层相连的胎体不能承受压力，胎体只是包覆了很少的橡胶。因此车轮载荷是通过气压来传递的，在轮胎接地面处气压向上拉扯胎体，这个拉力最终作用在胎圈座的胎圈上（图 B-4）。若车轮载荷增大，轮胎印痕面积一定扩大。

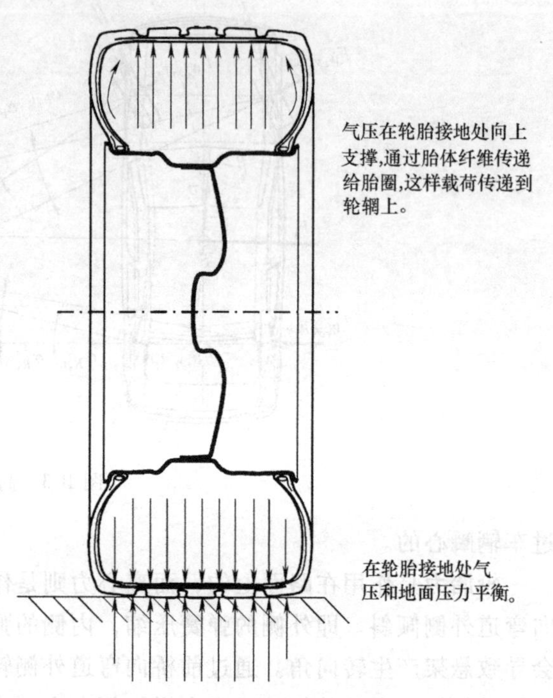

气压在轮胎接地处向上支撑，通过胎体纤维传递给胎圈，这样载荷传递到轮辋上。
在轮胎接地处气压和地面压力平衡。

图 B-4　轮胎借助充气的气压来传递载荷

因此，轮胎气压决定了轮胎印痕。假如我们忽略轮胎组件的刚度，粗略计算可以认为轮胎印痕面积等于车轮载荷除以气压。

胎面接地长度对于随后描述的车辆侧向动力学性能有很大影响，在此有以下关联：

- 车轮载荷增加，胎面接地长度增加。
- 充气压力下降，胎面接地长度增加。
- 轮胎宽度增加，胎面接地长度减小。

上述因素对胎面接地长度的改变程度，由轮胎各组成部分的刚度来确定。这也是轮胎制造商匹配轮胎特性的一种方法。

3.2　轮胎侧向力、轮胎拖距和轮胎回正力矩

3.2.1　小的侧向加速度范围（轮胎线性特性）

轮胎侧向力是由路面和胎面之间受压橡胶的侧向变形而产生的（图 B-6）。侧向变形会导致胎体与路面之间的侧向相对运动，即形成轮胎侧偏角。轮胎侧偏角是轮胎圆周方向与车轮运动方向之间的夹角（图 B-5）。

胎体和路面之间存在相对侧向运动，只要轮胎花纹（橡胶块）与路面中间有足够的附着力，轮胎花纹块从印痕接入处到印痕脱离处的变形量就会逐步增大。在干燥路面上，车辆侧向加速度为 3~4m/s^2 时，轮胎与路面的附着力总是足够的。如果带束层有足够的弯曲刚度（比较图 B-9，上），那么我们可以看到这个变形量的形状是个三角形。轮胎花纹的变形通过橡胶块的切变模量、橡胶块的高度和面积产生一个力作用在橡胶块上（图 B-6）。

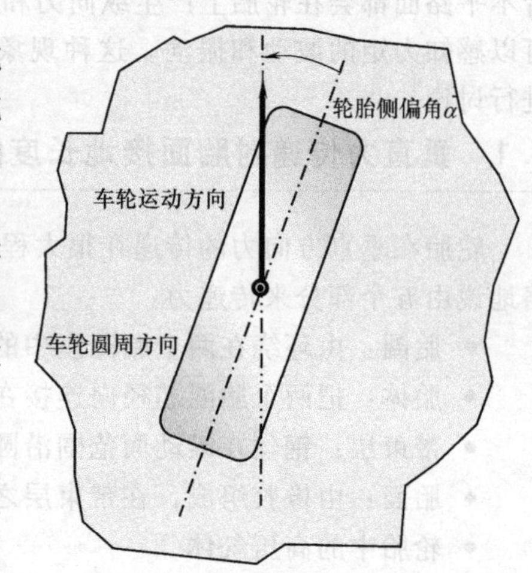

图 B-5　通过车轮圆周方向和车轮运动方向来定义轮胎侧偏角

轮胎印痕的纵向和横向的橡胶块会形成合力。这个合力除以侧偏角得到轮胎的侧偏刚度 C_α。轮胎侧偏刚度是车辆行驶性能中的一个重要参数。在轮胎的线性工作区域，即车辆在干燥路面侧向加速度不超过

3~4m/s²，轮胎的侧向力 F_Y 可以通过轮胎侧偏刚度乘以侧偏角 α 得到。

$$F_Y = C_\alpha \alpha$$

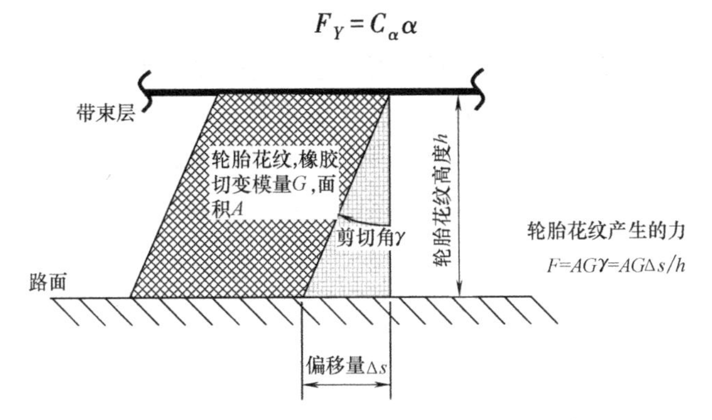

图 B-6 轮胎花纹在接地处的移动产生力

从简化模型中可以看出有三个因素改变轮胎的侧偏刚度：

- 橡胶切变模量，其受温度影响很大。
- 橡胶高度（花纹有效部分），当然与轮胎磨损状态有关。
- 花纹块的面积（花纹有效部分），与花纹的形状以及磨损状态有关。

不管是温度还是花纹高度都会使轮胎侧偏刚度产生20%或更多的偏差。这说明，在车辆动力学匹配时关注轮胎的状态（温度、磨损量）是非常重要的。

轮胎花纹在胎面接地长度范围内向侧向变形，在理想情况下变形量呈三角形。这意味着，所有单个花纹的合力的作用点并不在轮胎印痕中心，而是向后偏移在理想三角形形状的形心（参见图B-9，上）。这种轮胎印痕中心和侧向力作用点的偏移，我们称之为轮胎拖距。轮胎回正力矩就是侧向力和轮胎拖距作用形成的。这种力矩在弯道行驶中会显著增大，必须由转向系统来支撑。

已经确定，车轮载荷增加或者轮胎充气压力减小会使轮胎印痕加长。在图B-9中描述的三角形会变大，侧向力会变大，也就是侧偏刚度变大（图B-7）。轮胎拖距变长，因为近似三角形的形心离印痕中心的距离变大了（图B-8）。也就是随着车轮载荷增加或者充气压力下降，回正力矩会迅速增加。这种结论只适合于常规气压下具备高承载能力的现代轮胎。对于高宽比很大的窄轮胎则不适用，其作用机理明显不同。

上面对于带束层假定为刚度很大的理想模型当然不是完全准确的。由于作用在轮胎花纹上的力，在轮胎接地处的带束层会产生弯曲，再加上回正力矩的作用，带束层还会进一步向轮辋扭转。这两种效应都会使实际的轮胎花纹变形减小，这样实际的侧向力也会减小。回正力矩随着轮胎印痕的加长会非线性显著增大，带束层相对轮辋的扭转也就更厉害。即若车轮载荷增加或者气压下降，则车轮的回正效应会特别明显。也就是轮胎侧偏刚度随着车轮载荷并不是线性增加，而是缓增，在较高的车轮载荷下会达到最大值。什么时候取得最大值和轮胎有关，首先是与带束层绕垂直轴线的弯曲刚度有关。轮胎制造者可以通过带束层结构来影响带束层的弯曲刚度，同时带束层弯曲刚度也特别受带束层宽度（惯性矩）也就是轮胎宽度的影响。

这就是说，较宽的轮胎有两种效应：一个效应是使轮胎印痕减小，从而减小了实际的力臂，也就是回正力矩减小，另外一个效应是带束层会变硬。这两个效应都会使带束层的弯曲和扭转变小，这样宽轮胎的侧偏刚度一般比相同结构相同气压的窄轮胎的侧偏刚度更高，而且随着车轮载荷的增加缓增。

带束层宽度增加，则带束层越是接近上面描述的高刚度理想模型，所以增加轮胎宽度来提高侧偏刚度是有限的。轿车轮胎的侧偏刚度在车轮静载荷作用下，在通常的充气压力下，一般在 1250~2500N/(°) 之间，因轮胎和车辆而异；轮胎拖距通常在 20~40mm。

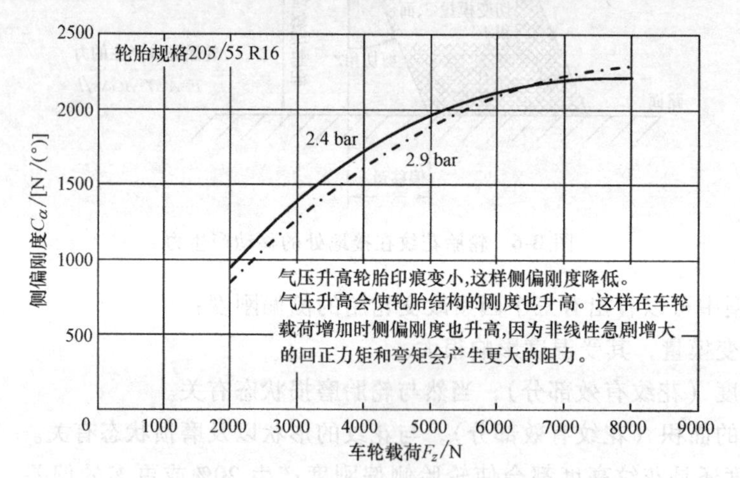

图 B-7　两种充气压力下车轮载荷与侧偏刚度的关系

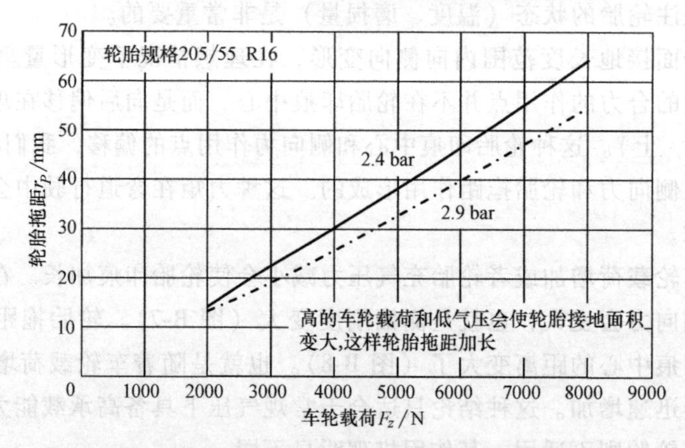

图 B-8　两种充气压力下车轮载荷与轮胎拖距的关系

3.2.2　大的侧向加速度范围（轮胎非线性特性）

上面所使用的“三角形模型”通常称为卡曼模型。在这个模型中，轮胎花纹是通过单个齿来描述的，在大的侧向加速度范围时也应用这种模型，只是轮胎花纹在印痕开始区域滑动。

轮胎花纹侧向变形产生的力终究必须由路面和花纹之间的摩擦来支撑。随着侧偏角和变形的增大，印痕后面区域的轮胎花纹首先开始滑动。一般来说，橡胶相对路面的滑动摩擦力比之前达到的最大附着摩擦力（静摩擦力）要小，花纹的变形轻微恢复（图 B-9，下）。在轮胎的线性工作范围内，侧向力随着侧偏角线性增加，随着侧偏角的继续增加，侧向力只是缓增，到一定程度几乎达到最大值。在侧偏角很大时，轮胎滑动的范围已经扩展到接近轮胎印痕起始处，侧偏角再增大，侧向力也不会增大，而是相反，因为此时侧偏角增大会导致轮

胎花纹与路面间滑动的速度增大，轮胎接地处的橡胶温度急剧升高，其滑动摩擦因数随之下降。

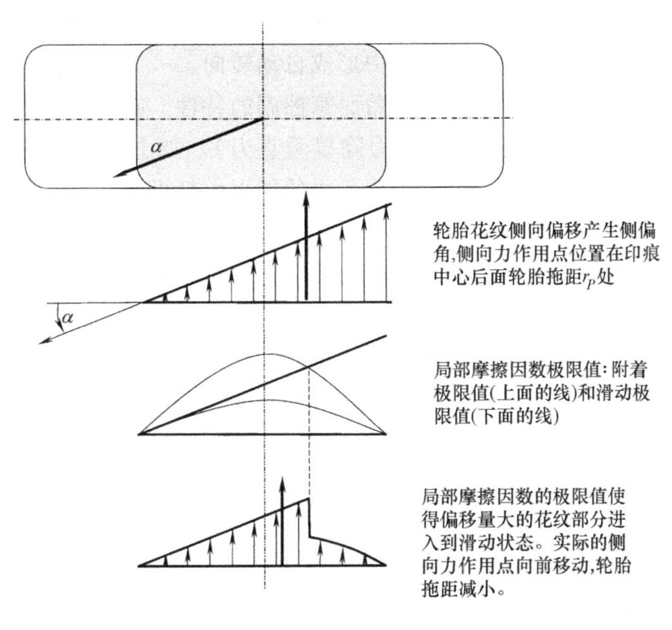

α
α
轮胎花纹侧向偏移产生侧偏角,侧向力作用点位置在印痕中心后面轮胎拖距r_P处
局部摩擦因数极限值:附着极限值(上面的线)和滑动极限值(下面的线)
局部摩擦因数的极限值使得偏移量大的花纹部分进入到滑动状态。实际的侧向力作用点向前移动,轮胎拖距减小。

图 B-9 轮胎接地处花纹的偏移以及局部摩擦因数，不考虑带束层弯曲

轮胎拖距在轮胎线性区域几乎保持不变。当轮胎印痕的末端开始滑动，轮胎花纹上力的作用点向前移动，也就是侧偏角增大则轮胎拖距减小（图 B-9，下）。同时，侧向力不再显著增加，所以回正力矩随着侧偏角的增加表现出很明显的缓增特性。侧偏角进一步增大，侧向力作用点向轮胎印痕中心移动，这样在侧向力达到最大值时，回正力矩急剧下降（图 B-10）。通过转向助力设计可以让驾驶人通过转向盘力矩来明显感觉到这一点，以便让他知道车辆已经接近极限状态。假如侧偏角再进一步增大，侧向力的实际作用点最终会在轮胎印痕中心的前面，也就是轮胎拖距值前的符号要变为相反的。但是再增大侧偏角，会在轮胎印

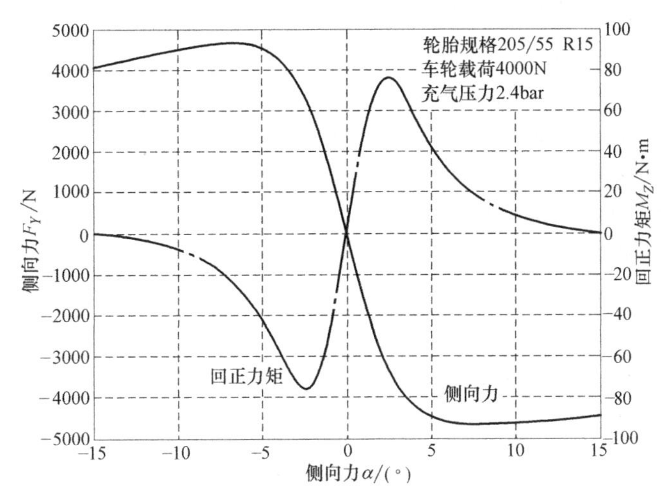

图 B-10 侧向力和回正力矩与侧偏角的关系

痕的前面区域和后面区域之间产生一个平衡力，也就是轮胎拖距重新回到印痕中心。轮胎拖距的这种特性对于泊车转向运动学很重要，为了得到小的转弯半径，前车轮必须几乎是平行转向，这样车桥会受到挤压产生较大的轮胎侧偏角，它使轮胎拖距减小，再加上运动学上的后倾变化，可以在泊车这种最恶劣的工况中形成自动转向。

可以承受的最大侧向力取决于路面和胎面摩擦副的特性。在干燥的沥青路面上，轮胎花纹局部的附着摩擦因数可以达到2（水平力除以垂直力）。如上所述，轮胎印痕区域总是由附着区域和滑动区域组合而成，所以轮胎传递力的能力大打折扣。在良好的沥青路面上，当今高承载能力轮胎的摩擦因数可以达到1.3，通常在1.1，但是在1以下一点也不足为奇。

轮胎能够传递的最大力也可以通过轮胎的结构刚性来调整。在大的车轮载荷和大的侧向力下，轮胎印痕会明显向轮辋移动，在极端情况下轮胎一侧会脱离地面。这样还在与地面接触的胎面的局部压力会升高，对于橡胶，局部压力的升高并不能带来等幅的摩擦力提高，这样一来，轮胎附着力潜能是下降的。特别是在大的车轮载荷下，轮胎这种“打折”特性很明显，轮胎附着力“储存量”随着车轮载荷增加而下降，因此轮胎最大水平力随着车轮载荷增大缓增。这点尤其适用于侧向力。轮胎结构在圆周方向的刚度明显较大，因此在纵向力作用下变形较小。

带束层变硬或者变宽，胎侧变厚或者充气压力提高，轮胎的高宽比减小，轮辋宽度变大，这些措施都会提高轮胎结构刚度。所有增加刚度的措施也会导致轮胎接地处的压力分布更加不均匀，或者说，轮胎印痕由于刚度增加而减小，会导致轮胎印痕中心的压力更大。因此在轮胎开发中往往要根据车辆来寻找最优方案。

3.2.3 外倾角的影响

如果轮胎直线行驶，或者在轮胎线性工作范围以很小的侧偏角行驶，那么轮胎花纹会由于外倾角而变形，产生侧向力。侧向力与外倾角的比值（外倾侧向力刚度）大约为侧偏刚度的1/10，假如不考虑侧偏刚度对外倾侧向力刚度的影响。外倾侧向力作用的方向是支撑住轮胎的方向（图B-11）。

外倾角也会引起围绕轮胎垂直轴的力矩，这是在外倾的作用下轮胎接地处的花纹扭曲以及轮胎花纹在侧向不对称引起的。侧偏回正力矩的作用方向总是试图使侧偏角重新回到零位，也就是侧偏回正力矩总是抵抗侧向力。与此类似，外倾力矩的作用是使轮胎转动，产生地面作用到轮胎上的侧向力。

通过给轮胎一定的外倾角可以扩展轮胎特性的线性区域。在侧向力的作用下，偏向轮辋的轮胎印痕可以通过车轮的外倾角来进行部分抵消，这样可以提高轮胎的侧向力“储存量”。

外倾角不仅仅可以通过轮胎倾斜来产生，还可以通过横向弯曲的路面来产生。由于路面不平，即使在直线行驶中，轮胎上也会产生与前束无关的侧向力和绕垂直轴的力矩，这些力和力矩必须由转向系统来承受。

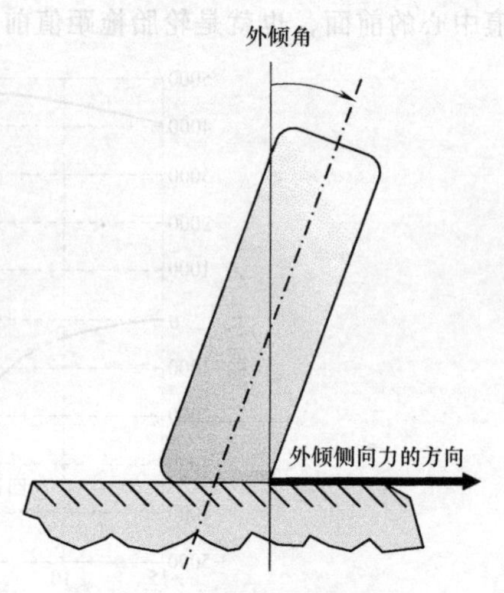

图 B-11　外倾角和外倾侧向力的方向（路面作用到轮胎）

3.3 轮胎侧向力的瞬态特性

轮胎的侧向力和纵向力是通过与路面接触的胎面橡胶花纹的变形来产生的。胎面花纹支撑在带束层上。

胎面的变形是很快就产生的（前提是带束层是刚性的）。具体地说，假如有一个侧偏角，我们来看轮胎接地处的花纹块从前面跑到后面所需要的时间。对于车速为 20m/s、胎面接地长度为 15cm 的汽车来说，这个时间就是 1/100s 多一点。这么短的时间对于行驶动力学来说没有什么意义。只有在速度很慢时，考察轮胎接地处力的形成过程才有意义，特别是在泊车时，计算转向力矩时必须考虑扭转力矩部分（Bohrmomentanteil）。

带束层必须把轮胎接地处产生的力通过胎体传递给轮辋。这样，在印痕区域带束层相对于轮辋会发生移动。移动量的大小则是由接地处的刚度与轮辋的刚度来确定的。在侧向力作用下，轮胎印痕相对于轮辋移动的最大速度为 $v_{yL}=\alpha V_x$。对于一个侧向刚度 $c_{yL}=200\text{N/mm}$，侧偏刚度 $C_\alpha=200\text{N/(°)}$ 的轮胎车辆速度 $v_x=20\text{m/s}$，根据 Boehm（1966）理论，轮胎侧向力的第一阶减速度分量的特征频率大约为 $f_e=5\text{Hz}$。这个特征频率对于行驶动力学性能很重要。由于这个频率和速度成正比，速度较高时其意义就会突显出来：

$$\frac{1}{2\pi f_e}=T_e=\frac{C_\alpha}{c_{yL}v_x}$$

从公式中可以看到，特征频率与轮胎的侧向刚度直接相关，而轮胎侧向刚度在很大程度上由轮胎宽度/轮辋宽度、胎侧高度、充气压力以及胎侧刚度决定。

3.4 轮胎特性总结

对转向特性影响很大的轮胎特性是侧偏刚度和轮胎拖距。在侧向加速度为 $3\sim4\text{m/s}^2$ 以下时，可以通过侧偏角和侧偏刚度来直接计算侧向力，且假设车轮载荷不变。侧偏刚度是随车轮载荷的增大而增大的，在小的侧向加速度范围内，轮胎拖距和车轮载荷的比值基本不变。

在侧向加速度较大时，侧向力达到最大值，随后缓慢下降。在这个范围内，轮胎拖距明显下降，甚至会反向，这就是说，轮胎回正力矩在最大侧偏角时会改变方向。

给定轮胎，则可以通过气压来改变轮胎特性。提高轮胎气压通常效果如下：

- 在静态车轮载荷下侧偏刚度会下降（对于窄胎或者很低的气压侧偏刚度也可能提高）。
- 轮胎侧偏刚度随车轮载荷的增加而缓增（在轮胎气压较低时，要把车轮载荷增大很多才能得到较大的轮胎侧偏刚度）。
- 轮胎最大侧向附着力随车轮载荷的增加而缓增。
- 轮胎拖距减小，则轮胎回正力矩减小。
- 轮胎侧向力的建立在瞬息之间。

轮胎温度和轮胎磨损状况同样对轮胎性能影响明显，特别是在轮胎的线性工作区域。

4 转向盘力矩

除了车辆反应以外，对驾驶人驾驶感觉影响最大的是转向盘力矩（参见第 G 章）。在开发阶段，转向盘力矩会通过试车来反复优化，可以通过改变转向助力的大小、悬架运动学、轮胎特性来获得最优的驾驶感觉。这个过程要求试验工程师有丰富的经验，另外还要花大量时间。Mitschke（2003）对转向盘力矩随着汽车横向加速度的变化进行了理论分析和总结。转向盘力矩变化在现代车辆上依然区别明显（Bartenheier，2004）。

有助力转向的车辆上，随着横向加速度的增大，转向盘力矩梯度减小。在中位附近，转向助力很小，这样可以获得明显的中位感。横向加速度增大，相应的侧向力增大，则转向助力迅速增大，这样使得转向盘力矩缓增。图 B-12 是不同运动型车辆的转向盘力矩范围。从图中可以看出，即使是一种类型的车辆，其转向盘力矩也是在很大的范围内分布的。于是，在汽车开发中可以提出这样一个问题：要获得和谐的转向感觉，“理想”曲线应该“长”什么样？（Heissing and Brandl，2002）。本章会讨论在稳态转向中怎样计算转向盘力矩，并由此介绍一种方法来设计转向助力使驾驶人获得和谐的转向感觉。分析的基础是稳态转向或准稳态转向，不考虑摩擦和动态。在车辆开发中，摩擦特性和动态特性当然也是很重要的，但是稳态转向是其他精细研究的基础（Braess，2001）。

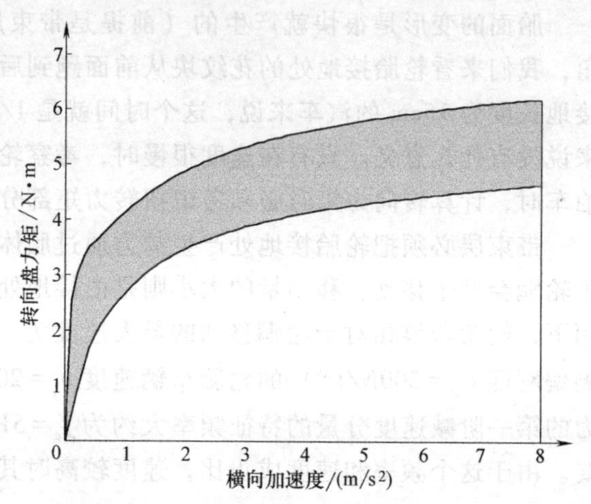

图 B-12 在运动型车辆上测量的转向盘力矩（Pfeffer and Harrer，2007）

4.1 转向盘力矩计算

当车速超过 60km/h 时，转向感觉特别重要，在高速时转向角一般较小。在这里转向运动学传动比假定为定值。由于转角很小，由重力产生的回正力矩在这里也忽略不计。由于横向加速度大小适中，轮胎拖距也可以假定为定值。当然，转向系统的摩擦也忽略不计。

围绕转向轴（转向主销）的转向力矩 M_S 等于左轮和右轮的轮胎侧向力 F_{YF} 乘以主销后倾拖距 r_τ 与轮胎拖距 r_P 之和（图 B-13）。

式（B.1）适用于小的转向角，也就是通常高速行驶出现的情况。

$$M_S = F_{YF}(r_\tau + r_P) \quad \text{(B.1)}$$

由于转向传动比 i_S 和转向助力系数 A_S，驾驶人必须施加较小的转向盘力矩 M_H（Mitschke，2003）。

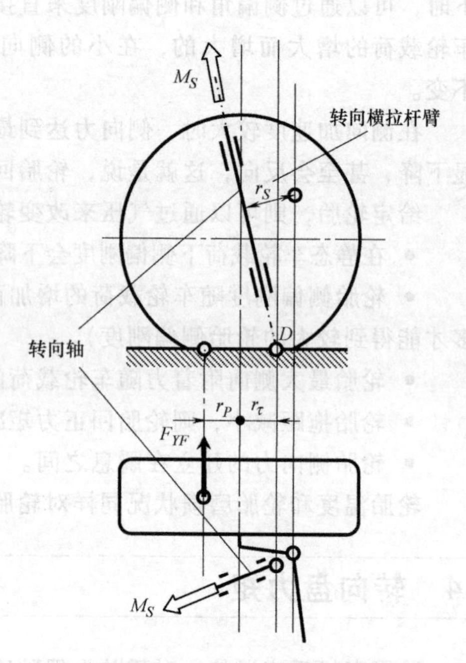

图 B-13 左前轮的转向力矩

$$M_H = \frac{M_S}{i_S A_S} \tag{B.2}$$

这个关系式同样也适用于转向助力系数 A_S 的定义。

在稳态圆周运动中，前桥轮胎上的侧向力也等于前桥质量 m_F 乘以横向加速度 a_Y。

$$F_Y = m_F a_Y = m_F \frac{v^2}{\chi} \tag{B.3}$$

综合式（B.1）~式（B.3），可以得到下面的转向力矩：

$$M_H = \frac{m_F(r_\tau + r_P)}{i_S A_S} a_Y = \frac{m_F r}{i_S A_S} a_Y = \frac{m_S}{i_S A_S} \tag{B.4}$$

r 在这里指总的拖距。

假定总的拖距 r 和转向传动比不变，可以得出转向盘力矩—侧向加速度梯度如下：

$$\frac{\mathrm{d}M_H}{\mathrm{d}a_Y} = \frac{m_F \cdot r}{i_S} \frac{\left(A_S - a_Y \dfrac{\mathrm{d}A_S{}^2}{\mathrm{d}a_Y}\right)}{A_S{}^2} \tag{B.5}$$

如果没有助力转向，则转向助力系数 $A_S = 1$，这样转向盘力矩—侧向加速度梯度为定值，和侧向加速度无关，即

$$\frac{\mathrm{d}M_S}{\mathrm{d}a_Y} = \frac{m_F r}{i_S} \tag{B.6}$$

这个值的目标范围将在第 G 章中讨论。

4.2 转向助力系数

通过引入回正系数 C_A 可以从式（B.4）中得出：

$$A_S = \frac{m_F r}{i_S M_S} a_Y = C_A \frac{a_Y}{M_S} \tag{B.7}$$

回正系数等于前桥质量乘以总拖距除以转向传动比，它表示了车辆的回正能力或回到中位的能力。其在数值上等于侧向加速度为 $1\mathrm{m/s^2}$ 时没有转向助力下的转向盘力矩。其单位可以是 kg · m，也可以是 $\mathrm{N \cdot m/(m/s^2)}$。由于回正系数反映了车辆的特性，与侧向加速度无关，可以通过测量转向盘力矩和侧向加速度来确定转向助力系数与侧向加速度的关系（图 B-14）。

从不同车辆的转向助力系数可以看出，车辆的转向助力系数 A_S 随侧向加速度的增加而近似线性增加（图 B-14）。主观评价非常和谐的车辆都有一个明显的线性特性的转向盘力矩。因此，下面的理论都以此为出发点，理想的转向助力系数和侧向加速度呈线性关系（Pfeffer and Harrer，2007）。

因此可以表示为：

$$A_S = C_A(D_A + K_A a_Y) = \frac{m_F r}{i_S}(D_A + K_A a_Y) \tag{B.8}$$

参数 D_A 为基本助力量，称之为梯度系数。缓增系数 K_A 表示随着侧向加速度的增加转向盘力矩增大的程度。这个转向助力系数函数适用于纯粹的机械转向（也就是没有助力转

B

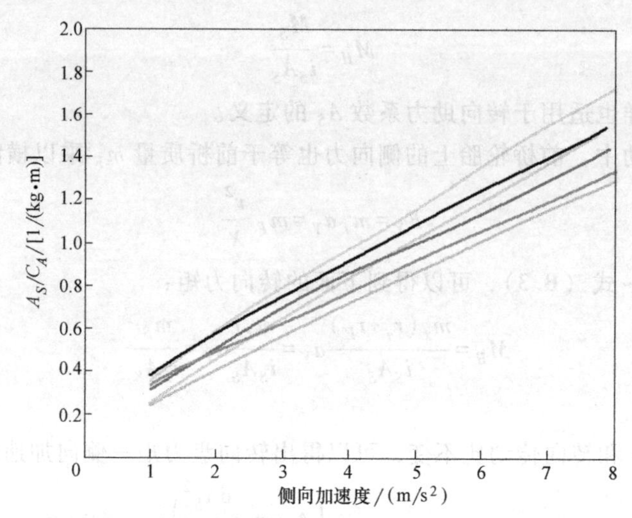

图 B-14　在不同车辆上转向助力系数 A_S 与回正系数 C_A 的比值与侧向加速度的关系

向，即 $D_A=i_S/(m_F r)=1/C_A$，$K_A=0$)，不同的缓增参数 K_A 可以参看图 B-15。

通过式（B.4）和式（B.8）可以得出转向盘力矩与侧向加速度的关系：

$$M_H=\frac{m_F r}{i_S A_S}a_Y=\frac{m_F r}{i_S\dfrac{m_F r}{i_S}(D_A+K_A a_Y)}a_Y=\frac{1}{\dfrac{D_A}{a_Y}+K_A} \tag{B.9}$$

式（B.9）的关系反映在图 B-16 中。如果没有助力转向，则线形为上升直线，由于助力转向线形表现出缓增趋势。这种特点当然也体现在实际测量值中（图 B-12)。

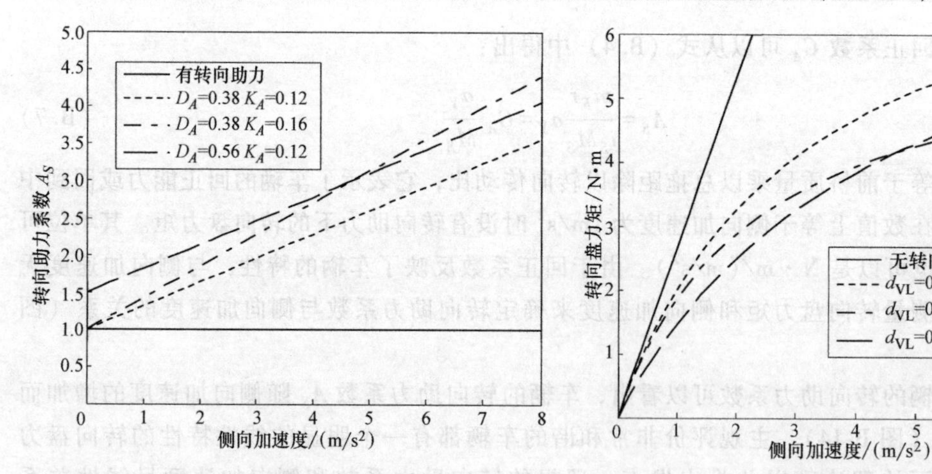

图 B-15　转向助力系数与侧向加速度的关系

图 B-16　转向助力系数 A_S 为线性，转向盘力矩与侧向加速度的关系

缓增系数 K_A 的值越大，则转向盘力矩线形越平缓。通过选择线性的转向助力系数可以保证转向盘力矩的变化和谐，只是必须确定梯度系数 D_A 和缓增系数 K_A。在实际中，转向盘力矩与侧向加速度的关系曲线是通过两点或多点的目标值来确定的，这样可以避免逐点优化耗费时间。

4.3 转向助力矩

围绕前桥转向轴的总转向力矩是由驾驶人施加的转向盘力矩和转向助力矩组成的（图B-17）。

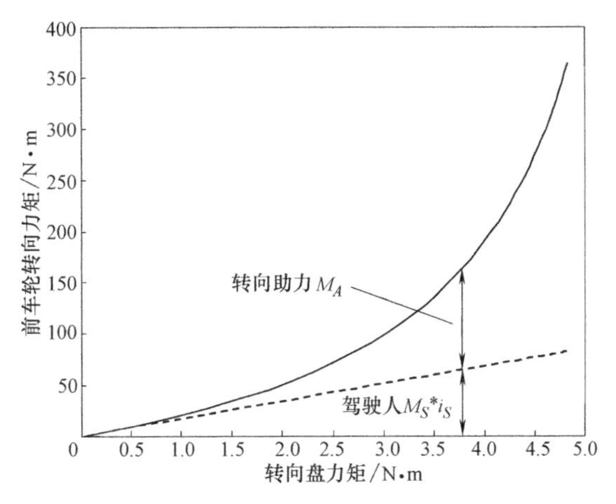

图 B-17 转向力矩、转向助力矩与转向盘力矩的关系

在匹配转向系统时，常常使用转向助力矩和转向盘力矩的关系线。转向助力矩就是在车轮上的转向力矩和驾驶人施加的力矩之差。

$$M_A = M_S - M_H i_S \tag{B.10}$$

通过应用式（B.2）、式（B.7）和式（B.9），转向助力矩可以表示为侧向加速度或者转向盘力矩的关系式。

$$M_A = \frac{a_Y(m_F r D_A + m_F r K_A a_Y + i_S)}{D_A + K_A a_Y} = \frac{M_H(m_F r D_A + i_S M_H K_A - i_S)}{1 - K_A M_H} \tag{B.11}$$

通过这样的关系式，转向助力特性可以用梯度系数 D_A 和缓增系数 K_A 这两个参数随着转向盘力矩或者侧向加速度的变化来表达。在液压助力转向中，助力来自液压缸左右工作腔的压差，电动助力转向的助力来自电动机电流。压差可以按照如下计算方法得到：

$$\Delta p = \frac{M_A}{r_S A_P} \tag{B.12}$$

电动助力转向所需要的电动机电流 I_E 可以借助电动机常数 K_T 和电动机输出轴到车轮转向角的传动比 i_E 来计算：

$$i_E = \frac{M_A}{i_E K_T} \tag{B.13}$$

通过保证转向助力系数与侧向加速度的线性关系，可以获得和谐稳定的转向盘力矩曲线。通过转向助力系数的关系式可以看到，只要确定两个参数就可以确定需要的转向助力矩。要确定和速度的关系，只需要确定每个速度对应的梯度系数和缓增系数。梯度系数 D_A 表达的是转向盘力矩从中位开始增加的剧烈程度；缓增系数 D_A 表达的是转向盘继续转向时其转向盘力矩缓增的剧烈程度。通过这样的解析，转向助力大小的确定变得更加便捷，不再需要对转向助力进行逐点确定。通过转向助力的目标值，可以直接推导出液压助力转向所需要的压差曲线和电动助力转向所需要的电流大小，保证转向盘力矩曲线平顺和谐。

B

5 四轮转向

我们知道，在特种车辆上，为了改善汽车行驶动力，后桥通过机械构件和前桥连接并共同转向。代表车型为日本车 Sano 等（1985 年和 1987 年）。

如图 B-18 所示，转向系统这样设计：大角度转向（低速）时提高转向灵敏性；在小角度转向（高速）时则是减小质心侧偏角（横摆角）和侧向加速度与横摆角速度之间的相位差，以便提高行驶稳定性。

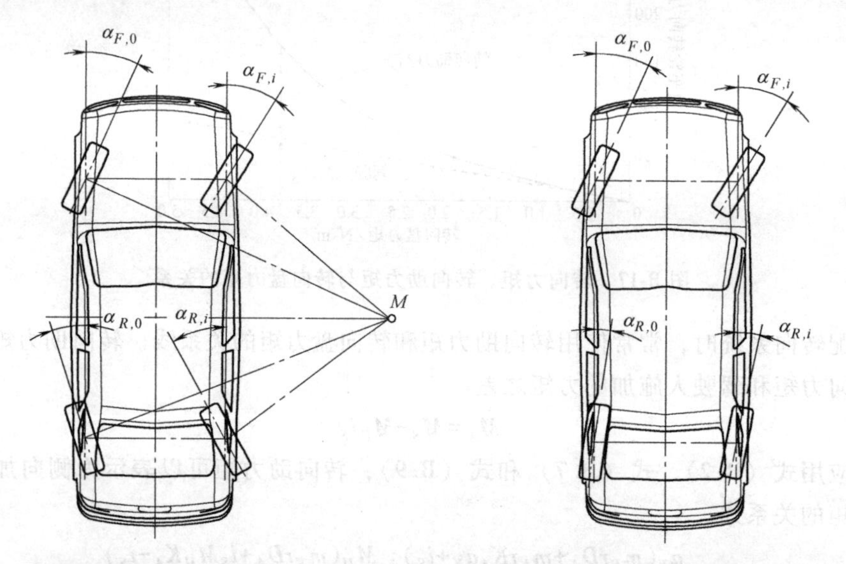

图 B-18 四轮转向策略：在低速时反向转向（左图），在高速时同向转向（HeiBing and Ersoy，2007）

此后一个重要的进步是 BMW 的电控后桥转向，其控制值取决于车速和转向角度。在危险工况下，比如二次换道，这种转向在转向需求、横摆角和横摆角速度方面显示出明显的优势。其他的转向系统会在章节 Q 中详细介绍。

6 载荷变化转向

所有用来影响车辆侧向力的措施都可以用到转向上。对于“侧倾控制”这个概念我们可以理解为，车辆的侧倾运动以及弹性运动导致车轮前束角和车轮外倾角变化，从而引起车辆的转向运动。但是这种“侧倾控制”只是在弯道行驶时才被用来影响车辆的固有转向特性。没有驾驶人会接受，侧倾运动直接导致车辆转向。因此，尽管“侧倾控制”能够产生横摆角速度，但是不会被使用。

另外一种效应是“车轮载荷控制”，经常在“载荷变化转向”中使用。一部车辆在静态时四个车轮载荷是确定不变的，在动态时车轮载荷却是随时变化的。通过悬架设计，车轮具有前束角和外倾角。在正常行驶中车辆的左右侧向力是平衡的，因为左右垂直载荷是近似相等的。在动态中车轮载荷不相等，会导致侧向力不相等，从而导致车辆转向，即使驾驶人没有转动转向盘（见图 B-19）。这种效应只是在车轮垂直载荷对角改变时才会起作用，而车身不会运动。

在侧向加速度比较大时，“前束/外倾效应”的影响减弱，横摆角速度的改变主要是由“车轮载荷缓增”产生的。在这种效应中，随着车轮垂直载荷的增加，侧向力平缓增加，这就是说，内外车轮的载荷差越大，总的侧向力就越小，侧向力的“储存量”同样也越小（参见第 B 章第 3 节）。这样可以通过载荷变化来影响固有转向特性（不足或过多转向）。通过增大前桥侧倾刚度可以增加车辆的不足转向趋势，通过加强后桥的侧倾刚度则可以增加过多转向趋势。

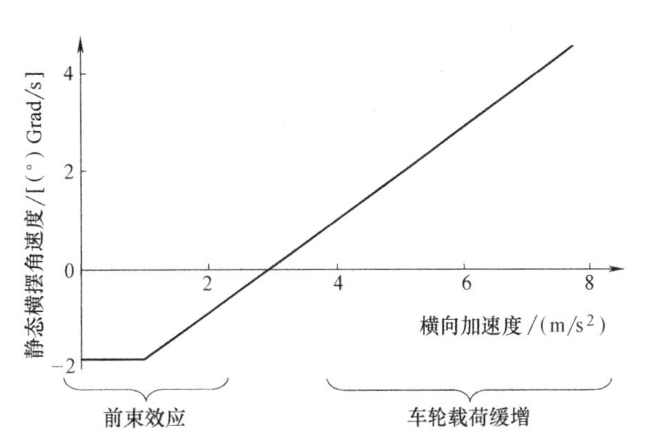

图 B-19　预紧产生的转向与侧向加速度的关系

这种效应可以通过主动稳定杆来加以应用（通常稳定杆的主要作用是减小车辆侧倾），来影响固有转向特性（不足和过多转向）。通过主动施加力来产生载荷变化转向效应，从而进行转向，例如 Daimler 公司的 ABC 系统。载荷变化转向取决于车速大小以及前束和外倾角的大小。这种转向效应是明显的，不容忽视（图 B-20）。Rau 在 2007 年给出，在车速为 80km/h 时，载荷变化每轮 2500N 相当于转向盘转角 10°。

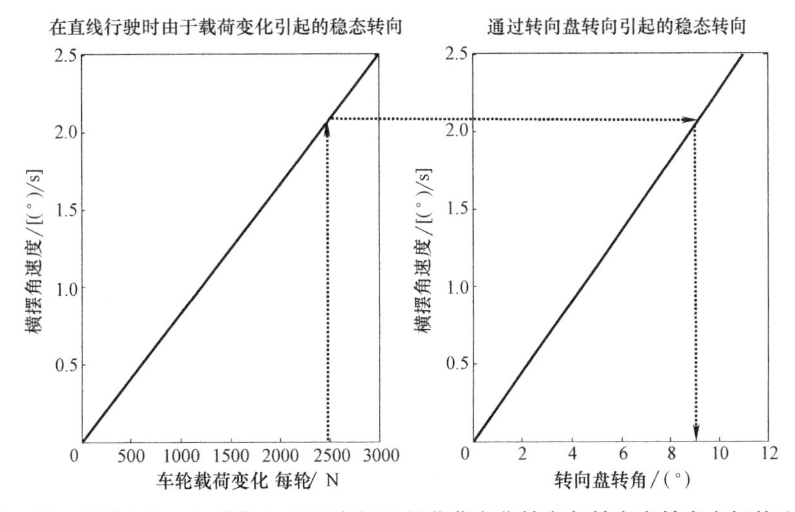

图 B-20　车速 80km/h 前束 0.5°的车辆上的载荷变化转向与转向盘转向之间的比较

我们可以利用载荷变化进行转向，一方面可以提高行驶舒适性，另一方面可以提高行驶安全性或者说提高灵敏性。由此可以实现以下功能：

- 减小侧向风影响。
- 减小路面横向不平的影响。
- 保证路线稳定。
- 横摆角速度增益（转向灵敏度）变化，提高稳定性或灵敏性。

- 对开路面制动稳定。
- 在极限范围稳定。

B

因为载荷变化转向随着车速的降低而减小，所以载荷变化转向只是普通转向的一个补充，即使在未来也不可能取代普通转向。但是，随着底盘上越来越多地应用主动控制系统，载荷变化转向会发挥越来越多的用途。

参考文献 B

BARTENHEIER, T. (2004): Potenzial einer fahrertyp- und fahrsituationsabhängigen Lenkradmomentgestaltung. VDI Fortschritt-Berichte, Reihe 12, Nr. 584. VDI Verlag: Düsseldorf 2004

BECKER, G., FROMM, H. und MARUHN, H. (1931): Schwingungen in Automobillenkungen („Shimmy“). Bericht der Versuchsanstalt für Kraftfahrzeuge der Technischen Hochschule zu Berlin. Krayn Verlag: Berlin 1931

BECKER, M. (2008): Wankstabiliserung für zukünftige Premiumfahrzeuge. 17. Aachener Kolloquium Fahrzeug- und Motorentechnik 2008

BLUE, D. W. (2011): The Role of Tire Overturning Moment in Steering. Tire Science and Technology: September 2011, Vol. 39, No. 3, pp. 162-167

BÖHM, F. (1966): Zur Mechanik des Luftreifens, Habilitationschrift. Technische Hochschule Stuttgart 1966

BRAESS, H.-H. (2001): Lenkung und Lenkverhalten von Personenkraftwagen – Was haben die letzten 50 Jahre gebracht, was kann und muss noch getan werden? VDI-Berichte Nr. 1632. VDI Verlag: Düsseldorf 2001

HEISSING B. und BRANDL H. J. (2002): Subjektive Beurteilung des Fahrverhaltens, 1. Auflage. Vogel Buchverlag: Würzburg 2002

HOLTSCHULZE, J. (2006): Analyse der Reifenverformungen für eine Identifikation des Reibwerts und weiterer Betriebsgrößen zur Unterstützungvon Fahrdynamikregelsystemen Schriftenreihe Automobiltechnik. fka Verlag: Aachen 2006

HOLTSCHULZE, J. und KVASNICKA, P. (2006): Interaction Between Vehicle and Tyre in Straight Line Driving, ATZ autotechnology Edition: 2008-06

FIALA, E. (2006): Mensch und Fahrzeug. Vieweg Verlag: Wiesbaden 2006

MATSCHINSKY, W. (2007): Radführungen der Straßenfahrzeuge, 3. Auflage. Springer: Berlin 2007

MILLIKEN, W. F. und WHITCOMB, D. W. (1956): General introduction to a programme of dynamic research. Proc. I.Mech.E. (A.D.), S. 287–309

MITSCHKE, M. und WALLENTOWITZ, H. (2003). Dynamik der Kraftfahrzeuge, 4th edition. Springer Verlag: Berlin, Heidelberg, New York 2003

PACEJKA, H. B. (2006): Tyre and Vehicle Dynamics, 2nd Edition. Butterworth-Heinemann

PFEFFER, P. E. und HARRER, M. (2007): Optimaler Lenkradmomentenverlauf bei stationärer Kurvenfahrt. VDI-Tagung Reifen-Fahrwerk-Fahrbahn, Hannover, 23.–24. Oktober 2007

RAU, M. (2007): Koordination aktiver Fahrwerk-Regelsysteme zur Beeinflussung der Querdynamik mittels Verspannungslenkung. Dissertation, Institut für Flugmechanik und Flugregelung der Universität Stuttgart

SANO, S. et al. (1985): Modification of Vehicle Handling Performance by Four-Wheel-Steering System 10. ESV-Konferenz, Oxford, UK, 1985, S. 248–261

SANO, S. et al. (1987): Operational and Design Features of the Steer Angle Dependent Four-Wheel-Steering System, 11. ESV-Konferenz, Washington DC, 12.–15. Mai 1987

TRZESNIOWSKI, M. (2008): Rennwagentechnik, 1. Auflage. Vieweg+Teubner Verlag: Wiesbaden 2008

ZOMOTOR, A. (1991): Fahrwerktechnik: Fahrverhalten. 2. Auflage, Vogel Buchverlag: Würzburg 1991

转向系统的要求概览

顾客在购买一部新车时，对车辆行驶性能的第一印象非常关键。在这里，影响车辆行驶性能的主要是底盘，在底盘开发过程中我们特别关注汽车的动力学性能、舒适性和安全性。而汽车动力学性能的关键影响因素是转向系统。转向系统的主要任务是由驾驶人通过给定的转向盘转角来适当改变车辆的行驶方向。驾驶人改变转向盘的角度，引起车轮转动，从而改变车辆行驶轨迹。在这个过程中，驾驶人对于车辆的反应必须完全能够预见。

在这一章节，我们将对汽车转向系统各方面的要求进行简短的介绍，涉及功能、转向感觉、总布置、重量、成本、质量、能耗和环境、噪声和振动、系统安全以及法规要求。

1　功能和转向感觉

驾驶感觉是指驾驶人通过转动转向盘对汽车动态性能的主观感觉。驾驶感觉分成操控性能和反馈性能。

操控性能是指车辆响应驾驶人对转向系统发出的指令，迅速改变行驶轨迹，而这种响应又能够被驾驶人预判。转向盘的转角必须和转向角始终相互关联，也就是装置的传动比在转向过程中不允许有突变。

反馈性能是指车辆的车轮载荷、滚动阻力、侧向力的变化引起转向盘上力矩的变化，从而让驾驶人认知路面信息。通过转向系统传递的信息分为有用信息和干扰信息。有用信息是指有益于了解车辆导向状况的信息，如车轮附着极限的反馈信息。干扰信息是指周期性的激励，如制动力波动。干扰信息应该在它的转向系统传递路径中尽可能被抑制。

除了受轮胎和悬架运动学影响外，转向感觉还强烈依赖于转向系统的结构形式。每种结构形式都有其优缺点，如液压助力转向系统的反馈性能就比电动助力转向系统的更加明显，而电动助力转向系统却有更好的抑制干扰信息的能力。相比液压助力转向系统，电动助力转向系统有更多的控制参数来影响操控性能，例如，速度相关的助力转向、主动回正，转向盘角速度相关的阻尼。

2　总布置

总布置是要把所有零部件在几何形状上和在功能上合理地安排在一部车上，而某些零部件的安装空间和功能无法匹配。

在很长时间里，转向系统几乎都是齿轮齿条转向系统。根据发动机的安装形式不同，形成不同的转向系统布置方案。当今前驱车辆上广泛使用横置发动机，其转向系统几乎只能布置在发动机后面，只有这样才可能布置转向传动轴。这样一来，转向横拉杆的连接一定在车轮中心的后面，因此转向器大多通过橡胶套管和副车架弹性连接，以便在侧向力作用下的弹性运动学产生有利的车轮前束变化。如果发动机纵置（通常是在后桥驱动的高档车），大多倾向于把转向器布置在车桥前面，因为转向横拉杆的连接在车轮中心前面会在弹性运动学上带来很多的匹配潜力。在这种情况下，转向器和副车架通过螺栓刚性连接，与前桥横摆臂的弹性前束变化组合起来，进而得到敏捷的直接转向。假如由于空间原因转向横拉杆不得不布置在车轮中心后面，那么转向器和横置发动机相似，必须和副车架弹性连接，这样转向器大多位于发动机和变速箱之间，在离合器壳体下面，如图 C-1 所示。

车辆的转向器布置在发动机变速箱单元的上方是一种特例。转向器不可避免地被固定在前围板上，这种连接会带来刚度问题，也就是出现不希望的转向弹性。另外，转向器内的液体噪声也会引起前围板共振，加剧噪声。

图 C-1　Porsche Cayenne 的转向器位置

除了受发动机和变速箱的位置影响外，车桥运动学在很大程度上也会影响转向系统的位置。最大转向角时转向横拉杆的有效力臂长度以及位置决定了转向器的位置。另外还必须注意的是，在行驶中转向横拉杆并不是停留在安装位置，而是随着转向齿条和车轮托架的运动而运动，产生一个所谓的运动包络线。在转向横拉杆的运动过程中，其必须和周围零件至少保持大约 15mm 的间距，同时球接头的曲折角不能超过允许值。

除了典型的总布置问题，如转向柱和踏板机构支撑之间的安装空间矛盾或者转向传动轴穿过前围板的密封问题，转向助力不同的结构形式会在前车头布置上带来一些特殊的问题。对于液压助力转向系统，伺服泵、转向软管和硬管的布置是个挑战。在一个车辆平台上应用不同的动力总成往往需要数十种软管。在电动助力转向系统中，电动机、控制器和减速机构必须布置在有限的空间内，应该注意的是，它们必须离汽车蓄电池尽可能地近，使线路损失尽可能地小。在叠加转向系统中，应该把产生叠加角度的助动器集成在现有的结构中。为了缓和前车头的空间矛盾，产生叠加角度的助动器越来越多地被移到转向柱上部。

转向器和转向柱布置在发动机舱内，也会使热力学情况变得不利，尤其是汽车空气动力学优化的趋势，会使得空气流量减小，发动机舱的热力学情况变得更加严峻。越来越多的转向系统零部件必须承受 100℃ 的持续温度。在转向器以及转向柱内的塑料件、橡胶件表面保护层和润滑油脂以及电器件，几乎达到了它们的性能极限范围，因此必须越来越多地考虑某些区域的隔热措施。热力学性能较好的结构是发动机横置（排气管和三元催化转化器在前面）、转向器布置在后面，或者是发动机纵置、转向器布置在前面靠近冷却风管。相对于布置在后面的转向器，布置在纵置发动机和变速箱之间的转向器必须承受最高的温度负荷。

3　重量

汽车轻量化和 CO_2 排放要求对重量的要求越来越高。由此转向系统的重量下降也具有一定意义。

转向系统的重量随着其复杂程度的增加而增加。因此，转向系统的功率和重量之间的关系是一个重要的衡量指标。这个衡量指标就是比功率，即单位重量的功率，单位为 W/kg。在这里介绍的转向系统中，液压助力转向系统的比功率最高。液压助力转向系统的重量根据车型级别在 12~16kg 之间，包括转向器、伺服泵、管路、油液。电动助力转向系统（EPS）相比液压助力转向系统（HPS）更重。EPS 转向的重量在很大程度上取决于要求的机械功率，也就是首先取决于车辆前桥载荷。在小型汽车上，电动助力转向需要的功率小，与液压助力转向相比重量几乎相当。原则是，所需要的功率越大，电动助力转向系统就越重。

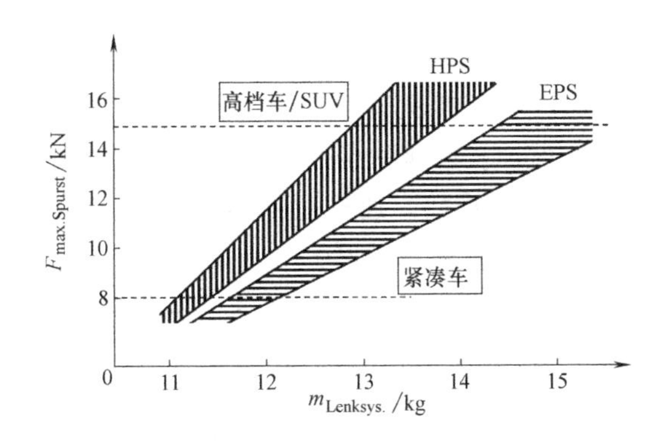

图 C-2 重量比较 HPS 与 EPS

电动助力转向由于能够节省燃料消耗并且能够拓展转向性能，电动助力转向系统增重的弊端才变得可以接受。但是我们依然可以明显看到这个趋势，所有的转向系统厂家都在致力于减小电动助力转向系统的重量。

4 成本

从 20 世纪 50 年代以来液压助力就应用于助力转向中，在这期间液压助力转向的生产技术发展已经十分成熟，就像我们今天看到的，它已经成为一种标准化技术。已经标准化生产的叶片泵和液压助力转向器每年以数百万的数量进行生产，其高成熟度使得几乎没有降低成本的空间。

所有 OEM（Original Equipment Manufacture）厂家都面临一个挑战，传统的液压助力转向过渡到电动助力转向。这种转型首先意味着成本的增加。成本的主要来源是无电刷的直流电动机、控制器、传感器以及将电动机的旋转运动转变为齿条移动的变速机构。

因此，对于 OEM 来说，对标准化部件进行定义、开发和投产具有决定性的意义。规模经济的效应会大大降低成本。目前汽车厂商和供货商进行的模块化开发正是基于这种原因。

5 质量

当今的汽车转向系统必须满足严格的质量要求。例如在车辆的使用寿命中，转向系统的功能必须保证可靠，无须维护保养。定量描述，就是在 30 万 km 里程以内或者 10 年时间以内，转向系统的典型故障投诉率仅为 500ppm（500×10^{-6}百万分之一）。

尽管液压助力转向系统的生产技术非常成熟，但是其投诉率却仍然值得一提。首先是由于部件之间通过管路连接而引起的泄漏，还有内部的杂质引起的磨损和泄漏，以及流体噪声（参见第C章第7节）。

电动助力转向系统的故障率明显较低，主要原因是对噪声和车载网络的负荷进行了改进。其缺点是维修成本很高，在维修中不能像HPS那样更换单个零部件，集成的控制器以及固定式的电动机大大提高了EPS的复杂性，大多数情况下更换转向器必须连带更换电器元件，这无疑提高了售后市场的成本。

6 能量和环境

人们越来越多地关注气候保护，近些年来汽车工业受到越来越多的批评。其结果是，欧洲汽车生产商承诺减少车辆的 CO_2 排放。通过适当的轻量化，减小风阻系数，混合驱动形式以及电动辅助驱动可以使得 CO_2 的排放下降。

在转向系统上呈现出两种发展方向，一种是在液压助力转向系统中采用变排量的伺服泵，以减少泵的流量消耗；另外一种是在紧凑车型和中级车上用电液助力或者电动助力转向来代替液压助力转向。

这种技术的转变在不久的将来一定会出现在高级车和SUV车上。通过这种技术转变可以实现节约能源的目标。也就是说，只有在驾驶人给出转向指令时，车载网络才会提供必需的电能。另外，这种转向系统（EPS）能够在混合驱动形式车辆的电动驱动模式中仍然保持助力转向。

7 噪声和振动

人们在生活中对舒适度的要求越来越高，在汽车领域中我们同样可以看到这种趋势，整车噪声因此显得尤为重要。随着辅助驱动的大量涌现，新的车辆的声压在不断下降。在开发转向系统时，人们必须面对各种噪声问题。

电动助力转向系统的噪声主要为由电动机和变速机构的振动产生的固体噪声。而在液压助力转向系统中主要为流体噪声，例如阀的噪声、泵的噪声和系统不稳定产生的振动噪声。

8 系统安全

DIN EN 61508规定，安全是指不允许对人身健康、货物和环境造成损伤的不当风险存在，这种损伤不管是直接还是间接产生。涉及转向系统的要求分为这样几个方面：法律要求、机械要求、执行器的安全、功能安全（图C-3）。

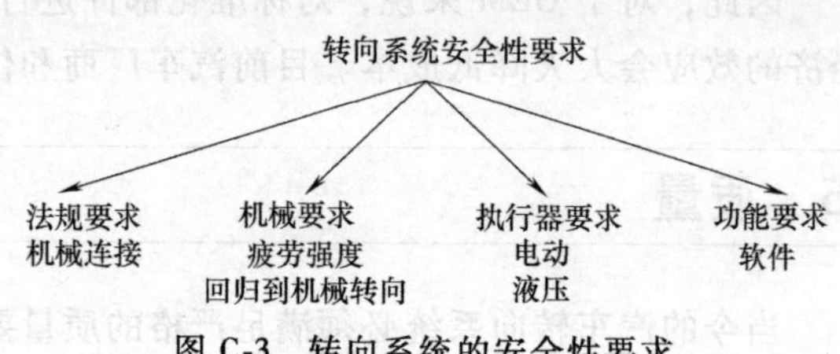

图 C-3 转向系统的安全性要求

不同系统的安全性要求也有所不同。因为转向系统是对安全性要求很高的系统，所以在法规上对转向进行了强制规定（参见

第 C 章第 9 节）。

机械上的要求首先是静态和动态强度。例如在车辆停泊或者车轮靠着马路台阶这种恶劣工况下，转向横拉杆的静态力可以达到 15kN 甚至更大。但是又不可以让其无限坚硬，因为在滥用工况下与车轮托架螺栓连接的转向横拉杆应该产生一定的变形，这样可以保护转向器，使之避免损害。滥用的结果应该是，驾驶人甚至注意到转向盘和车轮的位置偏斜，但是车辆还能够开动并前往附近的维修站，当然前提条件是车内乘员的安全得到保障。

根据执行器的不同形式，转向系统安全要求可分为电动助力转向系统要求和液压助力转向系统要求。在液压助力转向系统中存在一种严峻情况，就是转向助力突然消失，如伺服泵失灵。这时转向力会陡然增加，由于转向器和转向盘是机械连接的，因此车辆还是可以通过转向盘来控制。这时所需要的转向力不能超过驾驶人的能力范围。

在转向系统安全性要求上更加复杂的是主动转向系统，例如电动助力转向或者叠加转向。简单地说就是要在系统产生严重错误时依然能够避免执行器产生不适当的操作。因此，不仅是在执行器的控制功能上要进行最为苛刻的开发和测试，而且外在的干扰，如传感器信号错误、电磁兼容错误、能量供给不足等，都必须在系统安全性上考虑进去。

9 法规要求

转向系统是与安全直接相关的，在法规上对其有严格的要求。法规要求，车辆在所有的运行状况下都必须保证能够转向。在法规上有许多相应的具体条例，例如 StVZO §38 和欧洲法规 70/311 EWG，后者在 2014 年被 ECE-R 79 代替。

StVZO §38 规定，车辆必须保证轻便可靠的转向，也就是必要时必须配备助力转向。在助力转向失效时车辆仍然保留转向功能。

在法规 70/311 EWG 中规定了允许的转向力。车辆在允许载荷下驾驶人施加的肌肉力量（也就是不包含转向助力）最大不允许超过 250N（ECR-R 79：150N），可以把速度为 10km/h的车辆从直线行驶状态驶入半径为 12m 的弯道中。在有助力转向的车辆上，当助力转向失灵时最大的操作力不得大于 600N（ECR-R：300N，转弯半径 20m）。这个法规另外还要求，车辆的转向车轮可以不仅仅是后桥车轮。对于四轮转向车辆，在平整的路面上驾驶人能够以 80km/h 的速度保持直线行驶而不需要对转向进行特别修正。

对于转向管柱的要求则体现在法规 ECE R 116 中。法规 ECE R116 规定了防盗安全性的检测方法。防盗装置是安置在转向管柱上的。安全系统必须保证转向盘在锁止机构闭合下转动转向盘，转向盘力矩增大到 300N · m 时没有任何损坏；或者是转向盘力矩增大到超过 100N · m 时，只有锁止机构窜动损坏，但是转向机构的其他部件不得损坏。

其他法规 FMVSS（Federal Motor Vehicle Safety Standard）和 ECE（Economic Commission for Europe）包含了交通事故中乘员保护的规定，在这里只是简要提及：

- FMVSS 208：与转向管柱相关的碰撞性能和乘员保护。
- FMVSS 204：转向侵入驾驶区。
- FMVSS 203/ECE 12：在头部或身体撞击中转向盘以及转向管柱的能量吸收。
- FMVSS 302：裹覆件易燃性规定。
- FMVSS 107：表面反射限制。

参考文献 C

BRAESS, H. H. und SEIFFERT, U. (2007): Handbuch Kraftfahrzeugtechnik, Vieweg Verlag: Wiesbaden 2007

HARRER, M., SCHMITT, T. und FLECK, R. (2006): Elektromechanische Lenksysteme – Herausforderungen und Entwicklungstrends, 15. Aachener Kolloquium Fahrzeug und Motorentechnik, Aachen 2006

HEISSING, B. und ERSOY, M. (2007): Fahrwerkhandbuch, Vieweg Verlag: Wiesbaden 2007

MÄDER, W. (2002): Nationale und internationale Vorschriften für Lenkanlagen, http://www.tuev-sued.de/uploads/images/1134987333697909288761/Lenk_Vor.pdf, Stand März 2011

WALLENTOWITZ, H., FREIALDENHOVEN, A. und Olschewski, I. (2009): Strategien in der Automobilindustrie, Vieweg + Teubner: Wiesbaden 2009

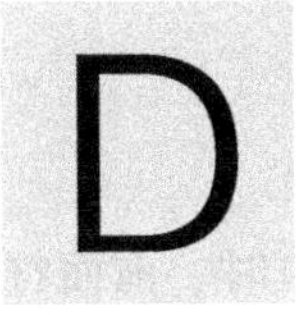

转向运动学

1 引言

从根本上来讲，影响车辆的行驶方向有很多种方式。在多辙充气轮胎车辆上可以看到转盘转向、转折转向和转向节转向这些转向方式。前两种转向方式都有以下缺点：转向过程中车辆在地面上的支撑面在减小；干扰力矩的力臂长度等于半个轮距。此外，转向轮可以是前轮或者后轮，或者是四个车轮。但是，高速运动的车辆上只有一种转向方式，即在前轮上的转向节转向方式。因此，随后的内容只介绍转向节转向方式。在纯转向过程中，车轮托架或者转向节柱的转动轴（即转向轴、转向主销）相对于车轮悬架来说通常保持位置不变（车轮托架作纯转动）；当然在轿车上现在也有转动轴改变的车轮悬架，即所谓的“虚拟”转向轴。

2 转向运动的几何特征参数

假设车辆在弯道中缓慢行驶，也就是可以假定侧向力为零，那么所有车轮的方向应该和弯道相切，即所有车轮都围绕同一个中心点运动，这个中心点就是车辆的瞬心。

由此可以推导出阿克曼条件，如图 D-1 所示。根据阿克曼条件，弯道外侧和弯道内侧的车轮的理论转向角关系为（这里忽略车轮纵向位置的改变）：

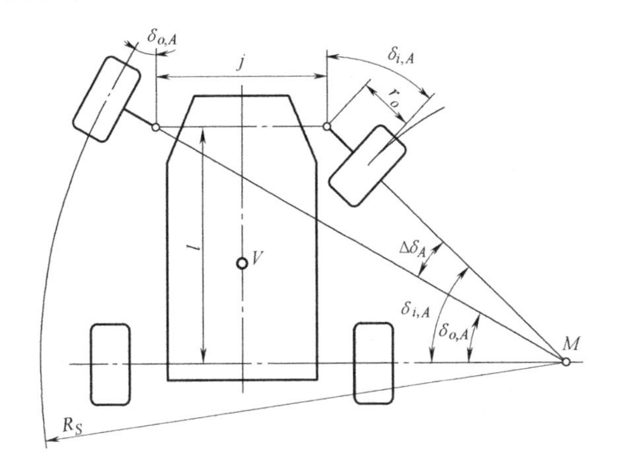

图 D-1 弯道行驶（阿克曼条件）中的几何关系辆绕瞬心 M 作纯转动

j—转向轴在地面上的间距，见图 D-2 $\delta_{o,A}$—弯道外侧车轮的转向角 $\delta_{i,A}$—弯道内侧车轮的转向角 $\Delta\delta_A$—转向角差 R_S—车轮转弯半径 l—轴距 V—车辆质心

$$\cot\delta_{o,A}=\cot\delta_{i,A}+\frac{j}{l} \quad (D.1)$$

式中 $\delta_{i,A}$，$\delta_{o,A}$——符合阿克曼条件的车轮转向角，单位为（°）；

l——轴距，单位为 mm；

$j=b_F-2r_o$——转向轴间距（图 D-2），单位为 mm（当主销偏移距 r_o 为负值时，前面符号为正）。

外轮和内轮转向角的差值就是转向角差：

$\Delta\delta_A=\delta_{i,A}-\delta_{o,A}$

车轮转弯直径 D_S 是车辆可以通过时外侧车轮的最小圆弧直径，为：

$$D_S=2R_S=2\left(\frac{l}{\sin\delta_{o,\max}}+r_o\right) \quad (D.2)$$

式中 D_S——车轮转弯直径，单位为 mm；

$\delta_{o,\max}$——外侧车轮的最大转向角，单位为（°）。

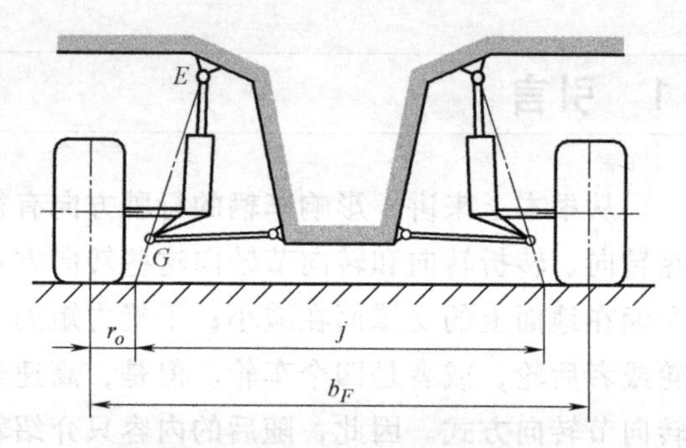

图 D-2 图 D-1 中距离参数的含义

EG—转向轴（转向主销） j—转向轴在地面上的间距 b_F—前轮距 r_o—主销偏移距（转向回转半径，图示为正值）

可以看出，通过性好的车辆轴距必须较小，且转向角应较大。但是，转向角的最大值受到车轮悬架结构、车轮上下跳动空间和驱动轮的传动轴弯折角限制。小的轴距意味着不良的行驶动力性能以及较小的车辆轴向空间。

底盘的主要参数即轴距和轮距直接影响着需要达到的转弯直径和转向角。这种关联在车辆开发早期就必须考虑进去。

这些几何参数可以在图 D-3 中进行图解（静态转向设计）。

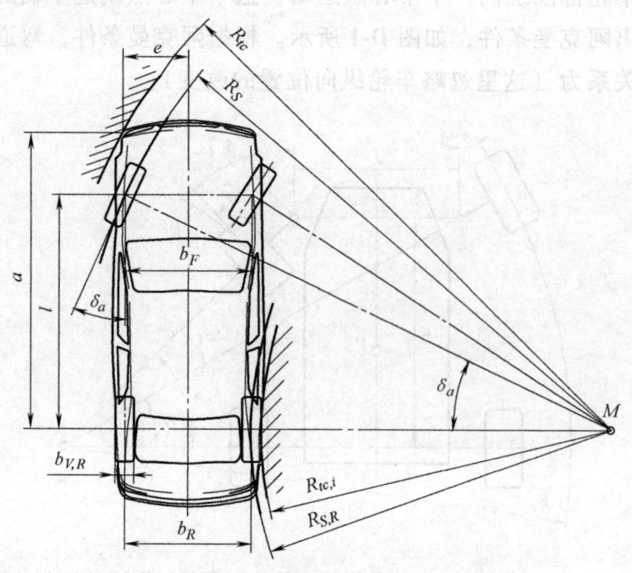

图 D-3 轴距、轮距和转弯直径的几何关联

车轮作纯滚动（也就是没有轮胎滑转和悬架弹性的影响）时，车辆的轴距、轮距和转弯直径在几何上存在关联。在车辆开发的方案设计阶段，就可以根据法规要求（路面最小

的半径）以及设计目标来对车辆参数做一个整体设计。车速较小时，车轮侧偏角很小，车辆的瞬心 M 位于后桥上（图 D-3）。随着车速的增大，轮胎侧向力也会增大，轮胎侧偏角也同样增大，车辆的瞬心向前桥方向移动，如图 D-4 所示。

从几何尺寸关系中可以得出：

$$\delta_o = \arcsin \frac{l}{R_S} \tag{D. 3}$$

式中 R_S——前车轮转弯半径，单位为 mm；

R——后车轮转弯半径，单位为 mm；

δ_o——外轮转向角，单位为（°）。

$$R_{tc,i} = \sqrt{R_S^2 - l^2} - 0.5(b_F + b_R + b_{V,R})$$

式中 $R_{tc,i}$——车辆内侧转弯半径，单位为 mm；

b_F，b_R——前轮距，后轮距，单位为 mm；

$b_{V,R}$——后轮宽度，单位为 mm。

$$R_{tc} = \sqrt{a^2 + \left(R_S \cos\delta_o + e - \frac{b_F}{2}\right)^2}$$

式中 R_{tc}——车辆外侧转弯半径（也称车辆转弯半径），单位为 mm。

a，e——距离，单位为 mm。

轴距 3000mm，前轮距和后轮距为 1490mm、1540mm 的车辆，如果车轮转弯半径为 7500mm，则外轮的转向角需要 23.6°。假如轮胎宽度为 346mm，车辆内侧转弯半径 $R_{tc,i}$ 的最小值为 5186mm。

车轮转弯半径是一个理论值，实际中对于驾驶人来说更直观的是车辆转弯半径。因此反映在车型数据或者测量报告中的通常是车辆转弯半径，不是车轮转弯半径。这个值（车辆转弯直径）的最小范围通常在 11m 左右。

实际上车辆在弯道中行驶是有侧向加速度的，轮胎上必定会产生侧偏角来建立侧向力。车辆围绕瞬心转动，瞬心由车轮运动方向的垂线交点产生，如图 D-4 所示。相对于阿克曼条件的理想瞬心，瞬心位置向前移动了。从图中也可以看到，弯道外侧轮胎的侧偏角比弯道内侧轮胎的侧偏角要小。

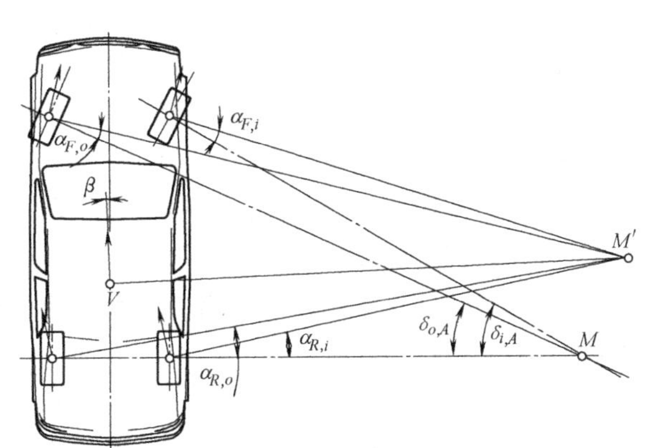

图 D-4 有侧向加速度的弯道行驶

$\alpha_{F,i}$，$\alpha_{R,i}$，$\alpha_{F,o}$，$\alpha_{R,o}$—前内、后内、前外、后外侧偏角

β—质心侧偏角 M—阿克曼条件的瞬心 M'—实际的瞬心

最大转向角的设计还必须考虑轮胎在弯道行驶中的实际特性。若按照阿克曼条件进行设计，则在快速弯道行驶中轮胎的侧向力能力并没有完全被利用。因为外侧车轮承受较大的车轮载荷，可以提供更大的侧向力，侧偏角的特性却是相反的。如果外侧车轮的转向角大于内侧车轮的转向角（图 D-5），那么车轮轮罩的空间被充分利用（这个对于慢速弯道行驶有意义），转向响应会变快，车轮载荷较高的外侧车轮被迫产生更大的侧偏角（动态转向性能设

计）。这样车辆前桥的侧向附着能力会提高。但是这个优点只是体现在能够快速行驶的弯道中，在那些狭窄的弯道中根本不可能完全利用轮胎的侧向附着力。这样的优点通常体现在弯道半径大于 20m 的弯道中，车辆的转向角约为 5°~10°。在大的转向角时，转向角差的实际值重新和理想值（根据阿克曼条件得到的）接近，这样在狭窄弯道中可减小轮胎的变形，从而降低滚动阻力，减少轮胎磨损。图 D-6 所示为转向角差的变化曲线。

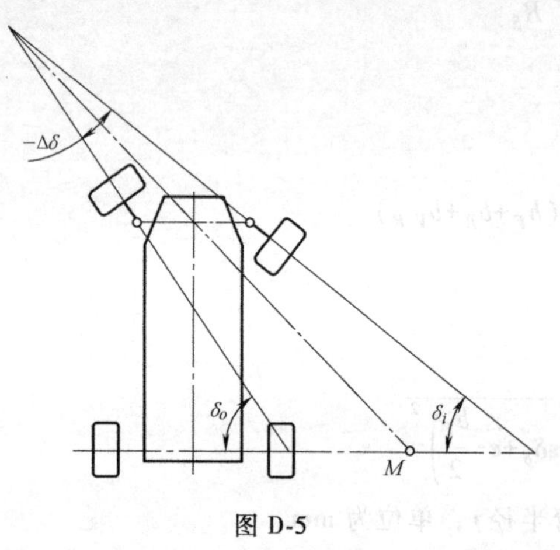

图 D-5

在宽阔的弯道中，也就是转向角较小时，提高前轮侧向力外道外侧的转向角明显增大了，转向角差 Δδ 变成了负值。

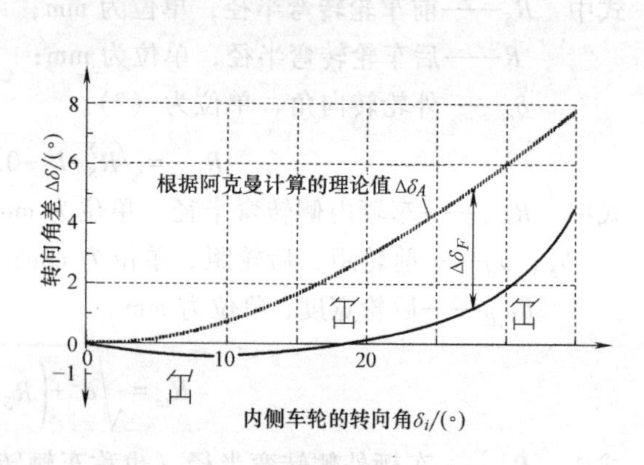

图 D-6

理想的转向角差 Δδ 的变化曲线

同时把理想曲线的前轮位置展示出来。

实际的转向角差曲线与理论转向角差曲线之间的差值称为转向误差，为：

$$\Delta\delta_F=\delta_o-\delta_{o,A}=\Delta\delta_A-\Delta\delta \tag{D.4}$$

式中　$\Delta\delta_F$——转向误差（最好称为我们期望得到的转向偏差）单位为（°）；

δ_i，δ_o——内侧、外侧转向角，单位为（°）；

$\Delta\delta_A$——根据阿克曼算出的转向角差，$\Delta\delta_A=\delta_{i,A}-\delta_{o,A}$，单位为（°）；

$\Delta\delta$——实际的转向角差，$\Delta\delta=\delta_i-\delta_o$，单位为（°）。

实际的转向角差曲线是按照图 D-6 进行变化的。图 D-6 所示为转向角差随内侧车轮转向角的改变而变化，同时也给出了根据阿克曼算出的转向角差的曲线。在图中标出了一个转向角的转向误差 $\Delta\delta_F$。

实际上，当转向角较小时，弯道外侧的车轮比弯道内侧的车轮转过更多的转向角，随着转向角增大，车轮逐步过渡到平行转向，在很大的转向角时，实际转向角差接近阿克曼理论的转向角差的一半。

有时候也把与阿克曼之间的误差用百分比来表示：

$$\text{阿克曼百分比}=\frac{\Delta\delta}{\Delta\delta_A}\times 100\% \tag{D.5}$$

0%　阿克曼：平行转向

100% 阿克曼：转向角差完全符合阿克曼条件

车轮转向不按照阿克曼条件来设计有一个好的“副作用”：车轮转弯直径会减小。大量的实际测量表明，每 1°转向误差可以减小约 0.1m 车轮转弯直径。下面的公式就是以这个经验为基础建立的：

$$D_S = 2\left(\frac{1}{\sin\delta_{o,A,\max}} + r_o\right) - 0.1\Delta\delta_F \quad (D.6)$$

式中 $\Delta\delta_F$——转向误差，单位为（°）；

D_S——车轮转弯直径，单位为 m；

r_o——主销偏移距，单位为 m；

l——轴距，单位为 m。

在轿车上，车轮的最大转向角在 45°~50°之间。因此中级轿车的车轮转弯直径典型范围约为 8m。

D

3 车轮定位参数

前轮的姿态是由多个参数来确定的，这些参数部分将在第 E 章中介绍，还有一些参数是不能够通过看得见的结构量来描述的，而是通过一些结构几何量计算得到的。这些参数可以用来进行转向运动学设计及评价。

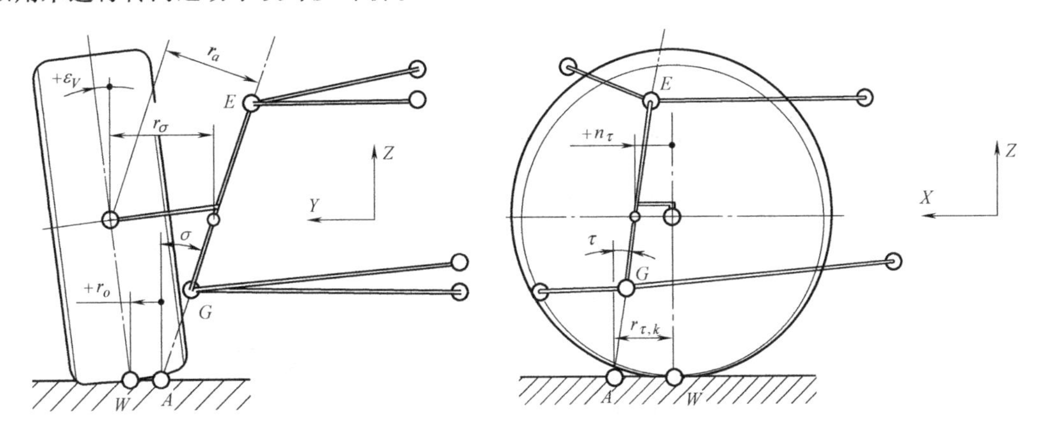

图 D-7 转向运动学的几何参数：左侧为 YZ 平面的后视图，右侧为 XZ 平面的侧视图
σ—主销内倾角，设计位置的典型值范围：5°~16° τ—主销后倾角，设计位置的典型值范围：1°~5° r_o—主销偏移距，图示交点 A 的位置记为正值。设计位置的典型值范围：-20~80mm
r_σ—主销内倾偏心距 r_a—干扰力臂 $r_{\tau,k}$—主销后倾拖距，设计位置的典型值范围：15~45mm
n_τ—主销后倾偏心距，如果车轮中心在主销轴线 EG 的后面记为正值，设计位置的典型值范围：-5~18mm ε_V—车轮外倾角，车轮向外记为正值，设计位置的典型值范围：-2°~0°

车轮转向时，车轮外倾角 ε_V 的变化主要受主销内倾角 σ 和主销后倾角 τ 的影响。转向轴或者说是主销轴 EG 和地面相交于点 A，在后视图中车轮接地点 W 和 A 之间的水平距离称为主销偏移距或转向回转半径 r_O，但是车轮转向时车轮接地点 W 通常并不是以这个值为半径进行转动的，实际上这两点的空间间距要比转向回转半径大一些（可以和图 D-9 对比）。主销轴相对于垂线向后倾斜的角度就是主销后倾角。车轮中心的投影并不是一定要通过主销轴，反而通常是位于主销轴的前面或者后面，这个间距称为主销后倾偏心距 n_τ（车轮中心在主销轴后面为正）。W 和 A 两点在侧视图上的间距称为主销后倾拖距 $r_{\tau,k}$。假如主销后倾偏心距 n_τ 为负值（即 EG 在车轮中心后面），那么主销后倾拖距 $r_{\tau,k}$会减少相应大小，转向时车轮外倾角的变化会变得有利些。

和主销后倾偏心距一样，我们称主销内倾偏心距为 r_σ，它表示在后视图中车轮中心到主销轴的水平间距。驱动力产生的纵向力对于转向的影响为车轮中心到转向轴的垂直距离 r_a，这个间距又叫纵向力力臂或者干扰力臂，因为在纯滚动车轮上所有来自轮胎的力都是通过车轮中心的车轮轴承传递到车轮托架上，并进一步传递给转向的。

图 D-8 列举了轿车开发中一些参数的目标值。

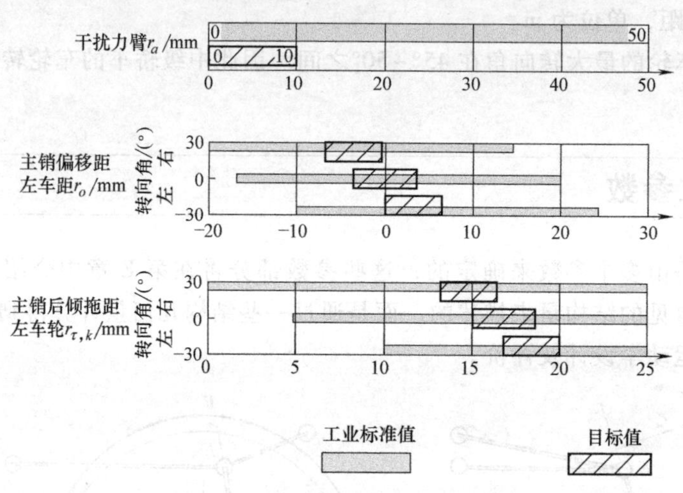

图 D-8　轿车前桥参数的目标值范围

借助这些车轮定位参数可以算出轮胎力。

制动力 $F_{W,X,b}$ 在 X 方向作用在轮胎上，这个力和转向回转半径形成一个围绕 Z 轴的空间力矩：

$$M_{A,Z,b}=F_{W,X,b}r_o \tag{D.7}$$

式中　$M_{A,Z,b}$——制动力围绕转向轴交点 A 的力矩，单位为 N·m，这个力矩围绕 Z 轴而不是转向轴转动；

$F_{W,X,b}$——轮胎的制动力，单位为 N；

r_o——转向回转半径，单位为 m。

围绕转向轴的力矩通过下面公式进行力矩向量投影：

$$M_{A,b}=F_{W,X,b}r_o\cos\sigma\cos\tau \tag{D.8}$$

式中　$M_{A,b}$——绕转向轴的制动力矩，单位为 N·m。

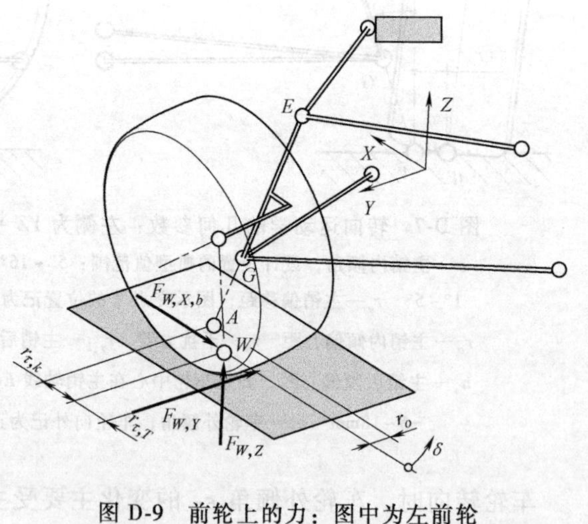

图 D-9　前轮上的力：图中为左前轮

W—车轮接地点　A—转向轴与地面交点　EG—转向轴或主销轴　δ—转向角　$F_{W,X,b}$—制动力　$F_{W,Y}$—侧向力　$F_{W,Z}$—车轮载荷　$r_{\tau,k}$—主销后倾拖距　$r_{\tau,T}$—轮胎拖距

可以看到，随着转向回转半径增大，绕转向轴的制动力矩也会增大。因此，转向回转半径要尽可能小，这样制动时不同的摩擦因数影响转向的程度会减小。在轿车上常采用负的转向回转半径（即转向轴与地面的交点位于车轮接地点外面），目的是当左右车轮的制动力不相同时引起的车辆转向使车辆趋于稳定。要获得负的转向回转半径，意味着车轮托架铰点 E 的位置必须布置

得更加靠近车轮中心，这样制动盘位置也必须往外移，对于较窄的深槽轮辋来说意味着，如果要保持轮辋的直径不变，制动盘直径必须减小 25mm 左右。这种矛盾可以通过把三角摆臂拆成两个摆杆来解决，这两个摆杆在车轮托架上各有一个铰点，也就是两根摆杆共有四个铰接点。通常情况下运动学点 E、G 是实实在在存在的铰点，但是在双摆杆中却是摆杆形成的虚拟的铰点。相对于实实在在的转向轴，虚拟铰点可以落在制动盘上，甚至可以位于制动盘外。

侧向力 $F_{W,Y}$对于转向的影响则是通过力的作用点到转向轴与地面交点 A 之间的纵向距离来进行的。这个距离为主销后倾拖距 $r_{\tau,k}$与轮胎拖距 $r_{\tau,T}$之和。

由于转向轴并不是垂直于路面的，因此车轮中心到路面的距离在转向过程中是变化的，也就是车头会下沉或者抬升。车轮载荷也会影响转向力矩，而这个转向力矩有一部分必须是驾驶人施加的。这种现象在计算中是通过车轮载荷力臂 q 来进行表述的，这个力臂在图中很难进行确定。分解到 Z 垂直轴的车轮载荷力臂为

$$q=r_o\tan\tau+r_{\tau,k}\tan\sigma \tag{D.9}$$

式中 q——车轮载荷力臂，单位为 mm；

角度和长度参见图 D-7 和图 D-9。

假如转向轴垂直于地面或者车轮载荷与转向轴相交，那么车轮载荷对转向轴不产生力矩。

如果车轮载荷产生的力矩让车轮回正，也就是使转向角减小，那么我们定义车轮载荷力臂为正值。因为在这种情况下车轮要往车轮笔直的状态运动，称之为转向的重量回正效应。

车轮载荷力臂 q 也可以由前车头的位置高度相对转向角的变化来定义：

$$q=-\frac{\mathrm{d}z}{\mathrm{d}\delta} \tag{D.10}$$

车轮载荷力臂 q 为正，则在正的转向角 δ（弯道内侧车轮转向角）时车身抬高。车轮载荷力臂应该尽可能小，这样车轮载荷变化不至于对转向产生干扰。

实际上重量回正效应只是在慢速行驶或者泊车时才有意义。而在高速行驶时，侧向力的回正效应要强烈得多，如图 D-10 所示。

通常在高速时转向角比低速时的转向角要小，因此前轮的转向角差可以忽略，也就是阿克曼转向或平行转向影响均不大。

作用在转向器上的回正力矩可以根据下式计算：

$$\begin{aligned}M_G=&[F_{W,Y,F,o}(r_{\tau,k,F,o}+r_{\tau,T,F,o})-F_{T,Y,\varepsilon,F,o}r_{\tau,k,F,o}-F_{W,Z,F,o}q_{F,o}-\\&F_{W,X,a,F,o}r_{\alpha,F,o}]/i_{T,o}+[F_{W,Y,F,j}(r_{\tau,k,F,i}+r_{\tau,T,F,i})+\\&F_{T,Y,\varepsilon,F,i}r_{\tau,k,F,i}+F_{W,Z,F,i}q_{v,i}+F_{W,X,a,F,i}r_{\alpha,F,i}]/i_{T,i}\end{aligned} \tag{D.11}$$

$$M_H=\frac{M_S/i_S}{A_S}$$

式中 M_G——转向器上的力矩，单位为 N · m；

$r_{\tau,k}$——主销后倾拖距，单位为 mm；

$r_{\tau,T}$——轮胎拖距，单位为 mm；

$F_{W,Y}$——由轮胎侧偏角产生的侧向力，单位为 N；

$F_{T,Y,\varepsilon}$——由车轮外倾角产生的侧向力，单位为 N；

$F_{W,Z}$——车轮载荷，单位为 N；

$F_{W,X,a}$——在一个车轮上的驱动力，单位为 N；

r_a——驱动力臂（干扰力臂），单位为 mm，见图 D-7；

i_T——转向杆系传动比，见图 D-17；

M_H——转向盘力矩，单位为 N·m；

i_S——转向器传动比，$i_S=\delta_H/\delta_G$，δ_H为转向盘转角，δ_G为转向摇臂转角；

A_S——转向助力系数。

在大多数的车轮悬架中，弯道内侧车轮主销后倾拖距 $r_{\tau,k}$ 随着转向角 δ 的增大而增大，弯道外侧车轮的主销后倾拖距会减小。随着横向加速度的增加，轮胎拖距 $r_{\tau,T}$ 会减小。因此弯道外侧的侧向力 $F_{W,Y,F,o}$ 的影响会越来越小，最后甚至会出现作用反转，即侧向力反而会增大转向角。当然这种作用的影响程度通常并不大，因为弯道外侧转向车轮的转向杆系传动比是增大的，而弯道内侧的是减小的，因此弯道外侧轮胎侧向力的影响相比于弯道内侧减弱了。

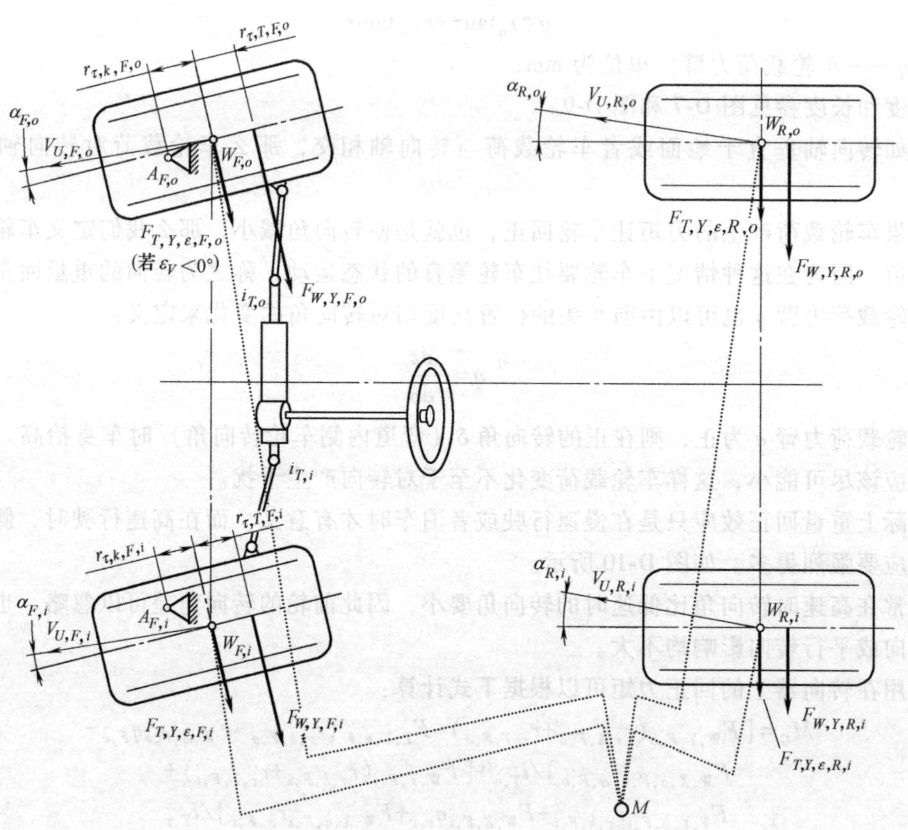

图 D-10 在侧向力作用下的转向回正

A—转向轴与地面的交点 W—轮胎接地点 α—侧偏角 M—弯道中心

尾标：

i，o—内，外

F，R—前，后

由于转向轴相对于路面位置是空间倾斜的（后倾角和内倾角），车轮外倾角会随着车轮转向角而变化。通过下面的考察我们可以看出变化趋势。假设转向轴没有后倾角（$\tau=0°$）并且车轮外倾角为 0°，这样在转向盘转角 δ 为 90°时车轮外倾角和主销内倾角相同。更为详

细的分析如图 D-11 所示。车轮中心 U_F 在转向时绕着转向轴 EG 进行圆弧运动。车轮中心在侧视图中的运动轨迹却是椭圆弧线，该弧线在车轮直线行驶位置（即 $\delta=0°$）处的切线与水平线夹角为主销后倾角 τ（当 $n_\tau=0$），其曲率半径 ρ 可以通过瞬心 P 来确定。瞬心为转向轴与通过 U_F 的垂直面的交点，大小为

$$\rho=r_o/(\tan\sigma\ \cos\tau) \tag{D. 12}$$

弧线 ε_V（δ）的曲率正比于主销内倾角 σ。在转向时，正的主销内倾角会让车轮外倾角往正的方向变化。外倾角相对于转向角的变化率取决于主销后倾角和主销内倾角。

$$\frac{d\varepsilon_V}{d\delta}=\frac{\tan\tau\ \cos\delta+\tan\sigma\ \sin\delta}{\tan\varepsilon_V(\tan\tau\ \sin\delta-\tan\sigma\ \cos\delta)+1} \tag{D. 13}$$

式中 ε_V——车轮外倾角，单位为（°）；

δ——转向角，单位为（°）。

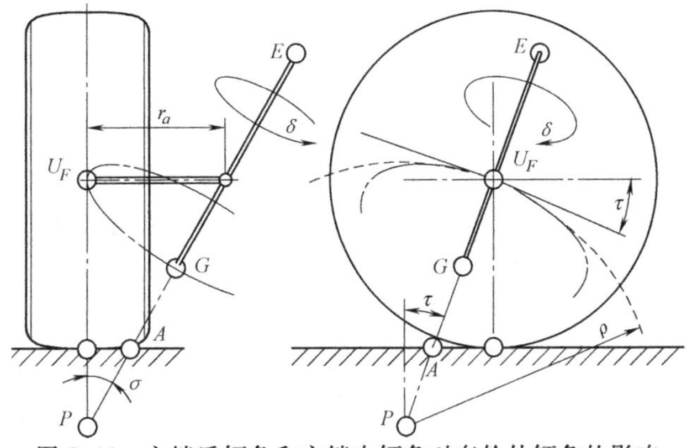

图 D-11 主销后倾角和主销内倾角对车轮外倾角的影响

U_F—前车轮中心 δ—转向角 P—车轮中心 U_F 的瞬心 ρ—U_F 运动轨迹的曲率半径

在图 D-12 中对比了不同的转向几何形状设计。设计 a 中主销内倾角和主销后倾角很小，结果是主销到车轮接地点的距离很大，也就是主销偏移距 r_o 和主销后倾拖距 $r_{\tau,k}$ 较大。设计 c 和设计 d 的主销内倾角和主销后倾角较大，它们只是主销偏移距不同。

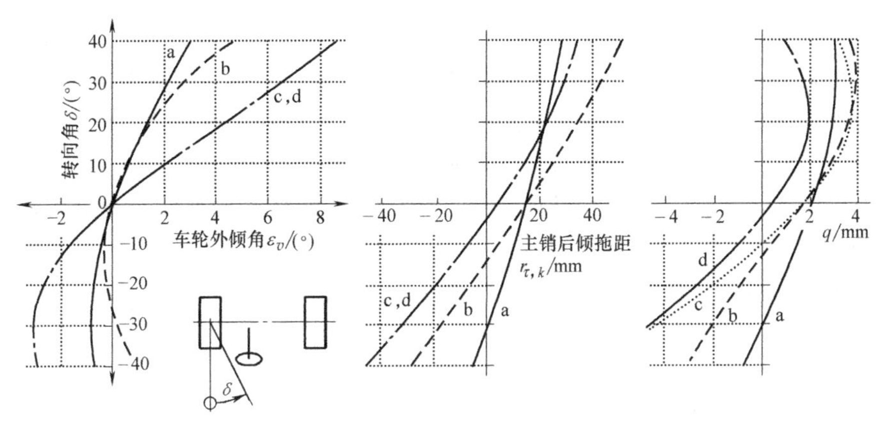

图 D-12 车轮外倾角、主销后倾拖距和车轮载荷力臂 q 随着转向角的变化，内侧车轮的转向角为正，外侧转向角为负

	σ	τ	r_o	$r_{\tau,k}$
a	5°	3°	50	16
b	12°	3°	0	60
c	12°	9°	15	5
d	12°	9°	0	5

$\varepsilon_V(\delta=0°)=0°$
轮胎半径 300mm

在设计 c 和设计 d 中，转向角为 0°时车轮外倾角变化曲线的切线明显比其他的平，设计 a 和设计 b 的切线斜率大约是其他的三倍，其斜率比例关系基本上和它们的主销后倾角 τ 的比例关系相同。设计 b 的主销内倾角较大，设计 b 的变化曲线比设计 a 的曲线弯曲程度更大。在外侧车轮从转向角 30°开始（即-30°）车轮外倾角开始成为正值。通常外侧车轮应该是负的车轮外倾角，或者至少是往负的方向增加；内侧车轮应该是正的车轮外倾角，或者至少是往正的方向变化。设计 c 和设计 d 的车轮外倾角变化就比较合理。

弯道内侧车轮的主销后倾角在所有的设计中都变大，同样弯道外侧车轮的主销后倾角在所有的设计中都变小，直至出现负值，也就是主销前倾。

在所有的设计中，车轮笔直位置处都有重力回正效应，因为在转向角 $\delta=0°$时，车轮载荷力臂 q 都是正的。在弯道内侧车轮上（即转向角为正）车轮载荷力臂为正值，在外侧车轮上从某一转向角开始为正值。在这里，设计 d 的车轮载荷力臂变化曲线最为合理。设计 a 中从较大的转向角开始出现正的车轮载荷力臂，这个角度为 $\delta=30°$。

如果主销后倾拖距 $r_{\tau,k}$不等于零，那么转向时车轮接地点相对于车辆就会有侧向运动。假如前面两个车轮的主销后倾拖距相同，前车头就会产生侧向移动。在车轮笔直时，所有车辆的前面两个车轮的主销后倾拖距相同。当车轮不是笔直时，如果主销后倾拖距不一样，则两个车轮之间会产生侧向相对运动。这样会加剧轮胎变形，加重泊车时的转向力。相对来说，设计 a 的内外车轮的主销后倾拖距更接近相同，设计 c 和设计 d 的泊车应该更加费力。

设计 b 和设计 d 的主销偏移距为 0，但是在转向时车轮接地点还是会移动，因为主销后倾拖距并不等于 0。假如想要车轮在转向时在原地转动，那么转向轴必须和车轮接地点 W 相交，这样不仅是主销偏移距为零，主销后倾拖距也为零。

3.1 转向传动比

确定了所需的最大转向角，接着就必须确定转向盘与前车轮之间所需要的传动比。直到今天法规上要求路面车辆在转向盘和转向轮之间必须永久存在机械连接。转向盘的转向运动通过转向器驱动转向杆系（转向横拉杆、转向直拉杆等）传递给转向轮（图 D-13）。在转向器中也有一个传动比 i_G，来减小转向盘力。转向杆系的传动比通常也是随着转向角的变化而变化的。

传动比可以通过转向盘的转角和转向轮转角来计算得到。

$$i_S=\delta_H/\delta_m \tag{D.14}$$

式中 i_S——转向传动比；

δ_H——转向盘转角，单位为（°）；

δ_m——车轮平均转向角，单位为（°），$\delta_m=(\delta_o+\delta_i)/2$。

转向传动比在整个转向角范围内通常并不是保持不变的。因此上面的算式仅适用于转向盘转角的某些范围。

车辆高速行驶时，希望转向响应不能太直接，因此总的转向传动比不能太小，对于轿车转向传动比很少有小于14的。转向传动比的上限通常是由泊车时的转向盘转角来确定的，也与伺服助力大小直接相关，通常这个上限不会超过20（这个对应的转向盘转角为，从一端打到另外一端4~5圈，通常是3~4圈）。从结构上来说，总的转向传动比是由转向杆系和转向器的传动比确定的。转向杆系传动比必须考虑内外车轮转向角的平均值。在知道了有效转向节臂（转向节臂在和转向轴垂直的面上的投影）后，通过转向节臂到转向摇臂之间的比例关系就可以确定转向杆系传动比。

图 D-13　转向节转向简图

转向盘上的转角 δ_H 通过转向器的传动比 i_G 和杆系转化成外轮和内轮转向角 δ_o 和 δ_i

所有与传动比相关的部件都有弹性和间隙，因此几何转向传动比和实际的是不同的。转向盘转动，车轮可以不转动。在原地上这种间隙可以达到多大，在图 D-14 中可以看到一辆齿轮齿条转向器的测量结果。

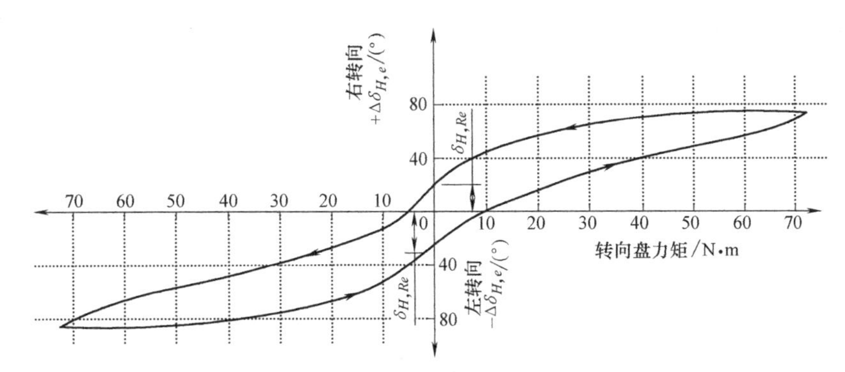

图 D-14　轿车在原地的转向刚度测量

在测量中车轮固定，在转向盘上施加力矩。转向盘的挠度 $\Delta\delta_{H,e}$ 随着力矩增大而增大，转向的刚性在增加，曲线变得越来越平缓。转向盘往左右两个方向转动，可以得到一条迟滞回线，在转向盘不受力矩的中位存在残余角度 $\Delta\delta_{H,Re}$。

实际上有效的转向传动比是车辆行驶中确定的动态转向传动比，为几何转向传动比叠加各个部件的弹性变形而成。

$$i_{dyn}=i_S+\frac{\Delta\delta_{H,e}}{\Delta\delta_H} \tag{D.15}$$

式中　i_{dyn}——动态转向传动比；

$\Delta\delta_{H,e}$——转向盘的弹性挠度，单位为（°）；

$\Delta\delta_H$——在产生 $\Delta\delta_{H,e}$ 时转向盘的转角范围，单位为（°）。

也就是说，由于转向系统的弹性驾驶人感受到的转向传动比变大。为了达到某一车轮转向角，转向盘上要施加比理论转向盘转角更大一些的转向盘转角。由于转向助力、空气升力或者旷野路面等导致转向力矩增加，挠度也会随之增大。

齿轮齿条转向轿车上许多铰接点的共同作用也会产生一些不希望出现的几何转向传动比变化。前轮驱动车辆的发动机变速器在车头，其车头空间自然要比标准驱动车辆的车头要拥挤。前轮驱动车辆从直行位置到打满转向盘转向传动比会下降 17%~30%，而后轮驱动的车辆转向传动比下降只有 5%~15%。

能够弥补固定转向传动比转向器缺点的是变传动比的转向器。转向传动比 i_S 即 δ_H/δ_M 在中心位置较大，只有在转向角较大时转向传动比才变得更加直接些，如图 D-15 所示（也可见第 K 章）。

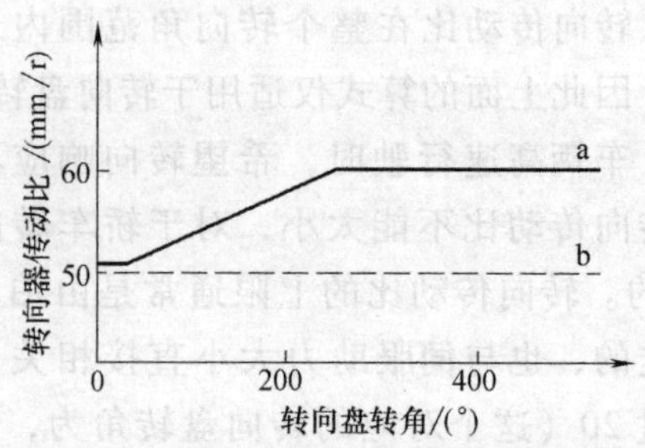

图 D-15 液压助力齿轮齿条转向器的变传动比，运动型轿车（Porsche 911 Carrera）

a—2005 年车型。在转向盘转角较小时，转向传动比和上一代车型相近，为 17.1：1。在转向盘转角超过 30°开始，传动比变得直接，最小为 13.8：1

b—上一代车型，固定传动比转向器

4 转向传动结构

不管是齿轮齿条转向器还是其他转向器，转向器产生的运动都必须通过传动结构传递到车轮托架的转向节臂上。在独立车轮悬架上，通常采用连杆机构（可以相对运动的杆系）来实现转向运动。这个连杆机构除了转向运动外还能够进行车轮跳动运动。图 D-16 所示为一些可以考虑的连杆机构的转向杆系结构形式。

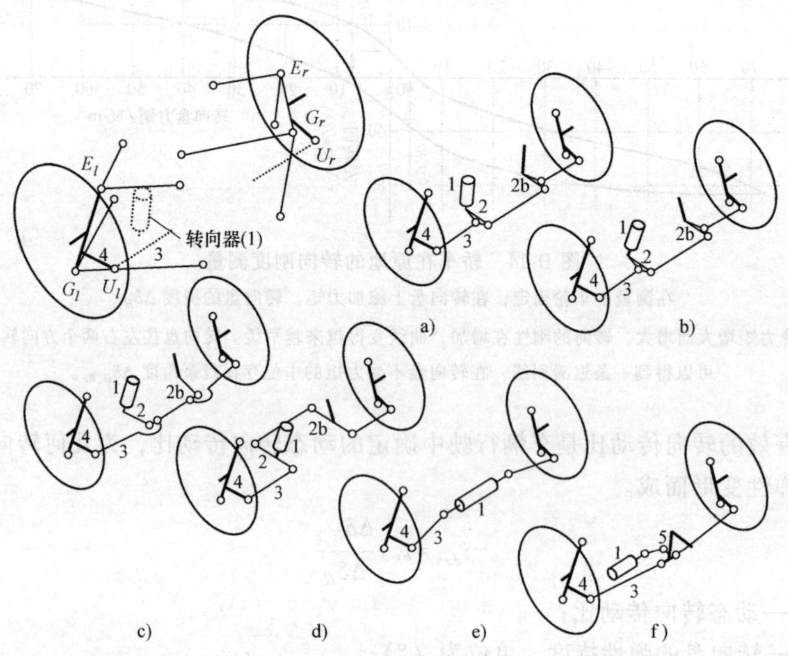

图 D-16 独立悬架的转向杆系左右转向节臂的连接点 U_l 和 U_r 必须和转向器合适地连接

a）转向器垂直 b）转向器平行于转向轴 EG c）转向横拉杆中间带有球接头

d）中间杆为摇杆 e）转向器齿条与转向横拉杆连接 f）转向器齿条与中间杆连接

在结构 a（图 D-16a）中转向器的转动轴 1 和对面的导向臂 2b 平行。转向摇臂和导向臂、三段式的横拉杆 3 的中间部分连接在一起形成一个平行四边形多连杆。这两个臂带动横拉杆的外面部分。这种结构的缺点是有摩擦，杆系中的六个铰链在转向中转动几乎整个转向角角度；另外一个缺点是铰点中有间隙，它们叠加在一起时会较大。结构 b（图 D-16b）在整体上接近结构 a，只是转向器 1 与导向臂 2 的轴与转向轴 EG 的倾斜角度相匹配，即平行于转向轴。这一点在主销内倾角较大时是必要的，否则在车轮跳动时自转向会太大。结构 c（图 D-16c）中，横拉杆的中间部分支撑在球接头中，这样杆就多了一个自由度，也就是可以绕着杆转动，因此横拉杆外端的球接头中心必须位于横拉杆中间部分的轴线上，这样就不会出现转动。结构 d（图 D-16d）中，转向器 1 的转向运动通过两个导臂 2、2b 传递给转向横拉杆 3。其优点是在车辆中间可以腾出很多空间用于发动机布置，缺点是杆系存在很大的弹性变形，要很大的作用力才有转向反应。结构 e（图 D-16e）为齿轮齿条转向，其结构简单，部件数量少。结构 f（图 D-16f）中齿条不是直接带动横拉杆 4，而是通过一个杠杆 5 来带动。通过比较可以得出这些结构的缺点，相对于简单的齿条结构其他结构更加复杂，增大了杆系的间隙和弹性。

在设计转向节臂和转向横拉杆位置时，必须考虑传递角度的范围大小，这一点对于转向安全至关重要，如图 D-17 所示。

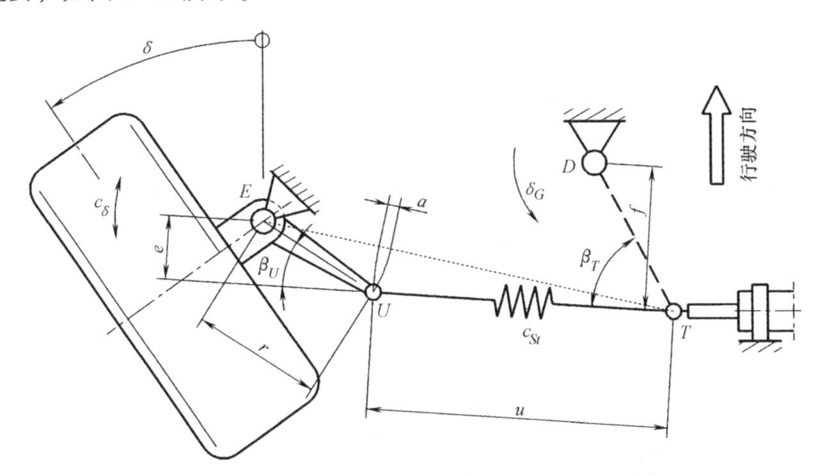

图 D-17 转向杆系的传递角度前桥左轮，齿轮齿条转向，或者在 D 点有转向摇臂（虚线示意）

β_U，β_T—传递角 u—横拉杆长度 a—横拉杆和转向节臂的重叠长度

r—转向节臂的长度 c_{St}—横拉杆的刚度 c_δ—车轮绕转向轴的转动刚度 e—横拉杆的有效作用力臂 f—转向摇臂的有效作用力臂

如果 β_U 或者 β_T 为 0°，杆系卡死失去稳定。在齿轮齿条转向中取消了转向摇臂以及转动点 D，但是转向节臂还是保留着。特别是角度 β_U 不允许小于一个最小值，避免转向杆系卡死。因为杆系中存在间隙和弹性，因此必须定义一个最小值，通常传递角不应该低于 25°。转向杆系传动比为：

$$i_T = \frac{\mathrm{d}\delta_G}{\mathrm{d}\delta} = \frac{e}{f} \tag{D.16}$$

式中 i_T——转向杆系传动比；

δ_C——转向摇臂的转动角，单位为（°）；

δ——车轮的转向角，单位为（°）；

e, f——有效的作用力臂，单位为mm。见图 D-17。

转向节臂的长度 r 也是评判转向安全性的一个参数。图 D-18 为以横拉杆长度 $u = 300$mm 为例，几个参数随着传递角 β_U 而变化的曲线。

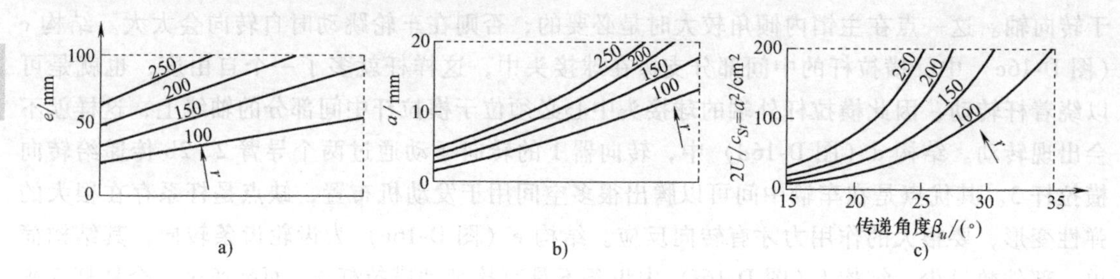

图 D-18　传递角度对于转向安全性的影响，参见图 D-17。

$u = 300$mm

a）转向节臂对于转向轴 E 的有效作用力臂 e 随着传递角和转向节臂长度 r 的增大而增大

b）转向节臂和转向横拉杆的重叠长度 a 为离卡死点的距离量。a 越小，表示卡死的风险越大。从这点来说，希望转向节臂的长度和传递角大一些　c）转向横拉杆是杆系中唯一的弹性件，其刚度为 c_{St}，因此车轮绕转向轴的扭转刚度 $c_\delta = c_{St}e^2$。这样整个杆系的能量消耗为 $U = c_{St}a^2/2$

接下来我们详细讨论齿轮齿条转向器的情形。转向器的位置（在桥的前面或者后面）确定了转向器小齿轮连接转向器齿条的位置以及转向节臂的方向。驾驶人的转向运动通过转向管传递到转向器小齿轮上，并进一步传递给转向器齿条。这个传递路径必须保证，转向盘向右转动引起的车轮转动必须也是朝右的，如图 D-19 所示。

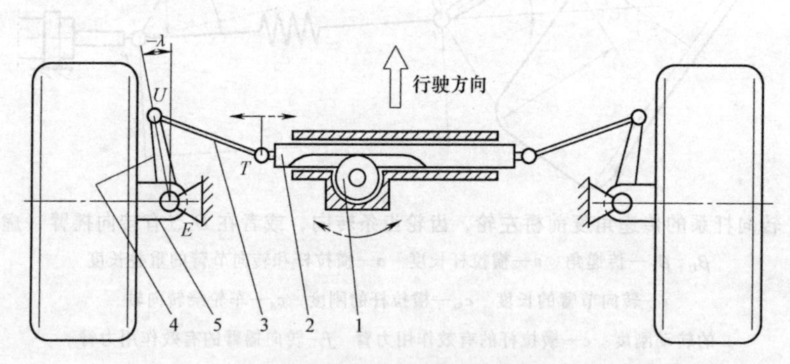

图 D-19　转向器位于车桥前面

转向运动通过转向管上的齿轮 1 传给齿条 2，在齿条两端的转向横拉杆 3 与转向节臂 4 相连。齿条的移动带动车轮托架 5 绕着点 E 转动。要想转向盘和车轮同向转动，转向器小齿轮必须位于转向器齿条的下面。为了满足阿克曼条件，转向节臂必须向外延伸（角度 λ 为负）。

转向节臂可以朝前也可朝后，与转向器的位置无关。但是，为了满足阿克曼条件，转向节臂必须朝车辆纵向中心平面倾斜，如图 D-20 所示。

转向杆系的组件（转向横拉杆和转向节臂）和前桥在俯视图中必须构成一个梯形，而不是平行四边形，因此人们称这种布置为“转向梯形”。假如转向节臂向外延伸，转向横拉

杆就要长一些（假如转向器相同）。在车轮跳动时，转向横拉杆的相对运动通常会小一些，因此其固有转向特性会轻微一些。

但是这些转向节臂的布置原则并没有保证我们所期望的转向角差（参见图D-6）。转向横拉杆的铰点 T 和 U 在转向时的运动是不一样的，如图 D-21 所示。齿条铰点 T 是沿着一条垂直于车辆行驶方向的直线运动的，在转向节臂上的铰点 U 的运动是绕转向轴 EG 的转动运动，也就是一个空间圆弧运动。

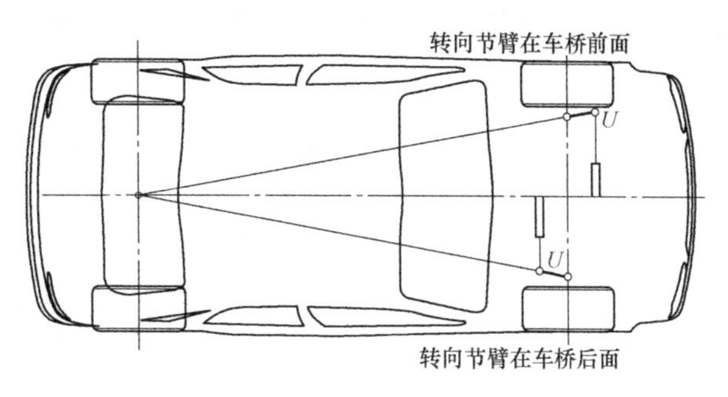

图 D-20 满足阿克曼条件下的转向节臂布置

如果转向节臂的连接点 U 在车桥前面，转向节臂必须向外延伸。相反，如果连接点 U 在车桥后面，则转向节臂必须向内延伸。理想的阿克曼条件要求转向节臂向后的延长线与后桥中心点相交。

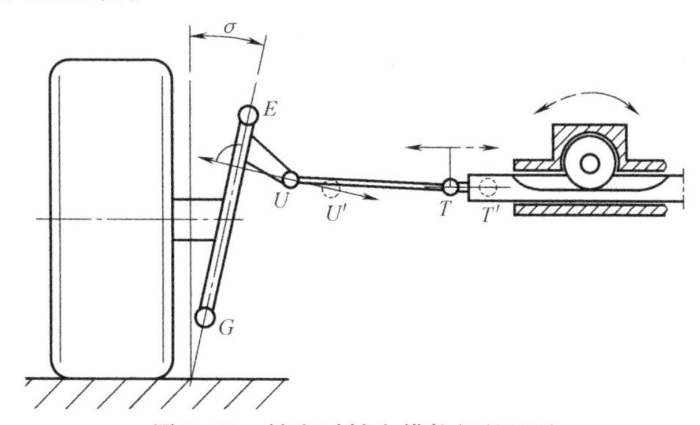

图 D-21 转向时转向横拉杆的运动

转向时，点 T 随着齿条平行于路面运动到 T'，外铰点 U 绕着转向轴 EG 转动到 U'。在这个例子中没有主销后倾角，因此在后视图中运动轨迹垂直于转向轴。

在转向结构设计时，必须借助下面的原则仔细确定连接铰点位置，保证转向时转向角的实际变化与我们期望的变化尽可能接近。

转向器和转向杆系相对于前桥可以有不同的布置方式。转向器可以在车桥前面也可在后面，转向节臂可以向前也可以向后延伸。转向器小齿轮可以位于转向器齿条上面或者下面。图 D-22~图 D-24 所示为布置的基本原则，以期达到相同的转向运动方向。转向横拉杆通过

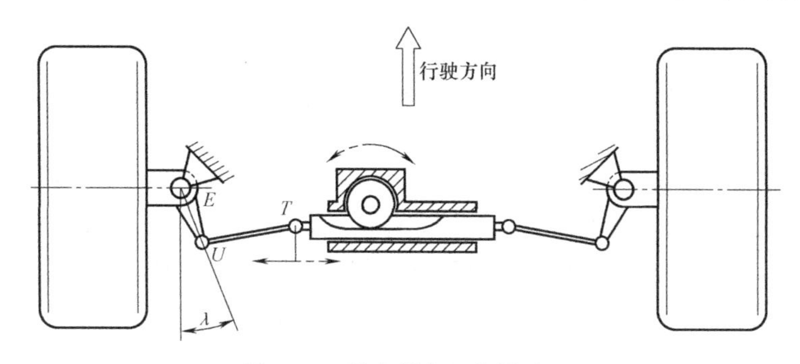

图 D-22 转向器位于车桥后面

如果转向器在车桥后面，转向节臂必须向内延伸。转向器的结构是不对称的，这在两座车辆上很常见（左驾驶）。转向器小齿轮在齿条上面，在齿条两端与转向横拉杆连接。

球接头与齿条和转向节臂相连，传递拉力和压力。

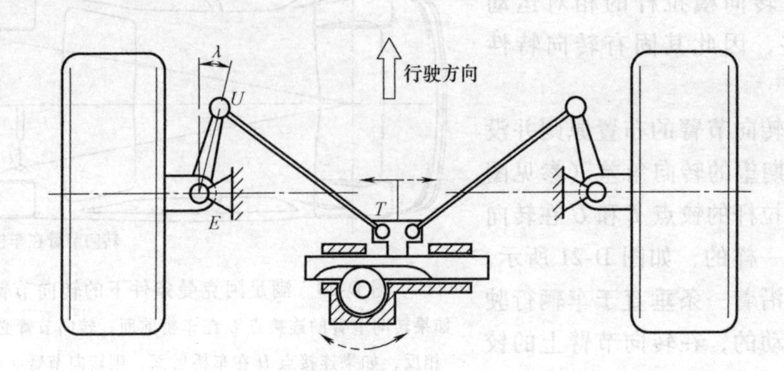

图 D-23　转向器位于车桥后面

转向器位于车桥中心线的后面，并且在车桥中心线的上面。转向节臂向前延伸。通过转向横拉杆在齿条中心连接来使得转向横拉杆的长度更长，以获得期望的转向运动学，这种连接方式称为“中间输出式”。如果转向横拉杆太短，就会出现我们不期望的车轮跳动自转向特性。必须注意的是，在这里转向节臂方向并不符合图 D-20 中的方向，而是与之相反，转向节臂向内延伸。但是这种转向布置能够得到我们期望的转向角差。

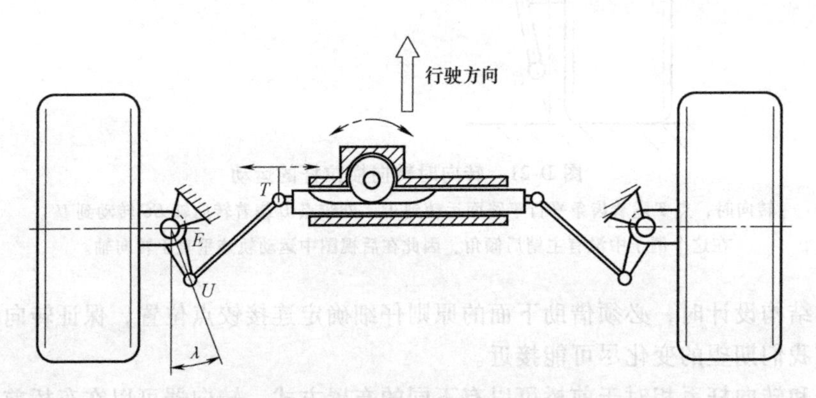

图 D-24　转向器位于车桥前面

在这种布置中转向器在车桥前面，转向节臂向后向内延伸。转向器小齿轮位于转向器齿条上面。

最理想的车轮跳动是车轮前束不发生改变，也就是不会出现转向运动，这取决于转向横拉杆的连接点 T 和 U 相对于车身和底盘的位置。假如在车轮上下跳动时连接点的相对位置发生变化，那么车轮转向运动就无法避免。

在考察运动学前必须确定转向节臂，如图 D-25 所示。通常转向节臂长度 r 为 100mm 左右。

另外一种布置是转向节臂在前，即利用车轮的内部空间。在大的车轮转向角时不允许转向横拉杆与车轮干涉，甚至要求还应该留有安全间隙，这样尽管转向杆系中有弹性，零件之间总是能够保持间隔，如图 D-26 所示。如果转向角很大，要求转向节臂往垂直于车轮中心的方向移动，在那里车轮的纵向有很大的空间。

如果转向节臂点 U 确定了，那么可以借助瞬心来确定转向横拉杆的第二连接点 T，如图 D-27～图 D-31 所示。如果确定了连接点 T，转向器的位置也随之确定，因为另一侧对应的点

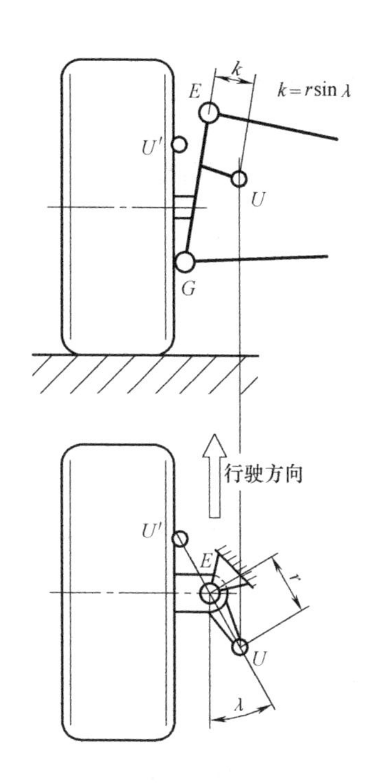

图 D-25 确定转向节臂点 U

在确定转向器和转向横拉杆的位置之前，使用转向节臂上的连接点。转向节臂往外延伸（U'）或者往内延伸（U），对比图 D-20，也就是在后视图中位于转向轴 EG 的左边或者右边。通过角度 λ 和转向节臂长度 r 可以算出距离 k。

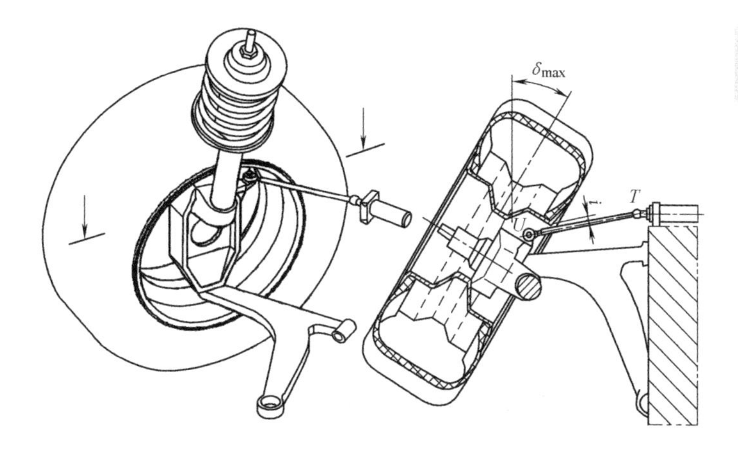

图 D-26 转向杆系所需要的间隙

图示为左前车轮。即使在最大转向角 δ_{max} 的情况下转向横拉杆 UT 也必须与车轮之间留有间隙。能够利用的空间往往受到限制，我们认识到，转向节臂在车轮内的位置越高，给转向节臂的空间就越小。

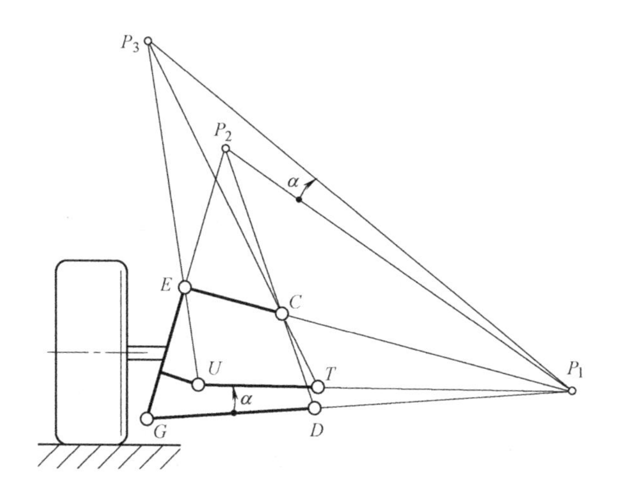

图 D-27 转向横拉杆位置的确定（1）

已知横摆臂的铰点位置 E、C、G、D，并且已知转向节臂的连接点 U 的位置，这样可以确定瞬心 P_1。瞬心 P_2 是直线 GE 和直线 DC 的交点。接着可以确定角度 α，该角度由直线 UP_1 和下横摆臂直线 GD 形成，角度的起始线为下横摆臂，这一点尤为重要。连接 P_1P_2，以 P_1P_2 为起始边沿着与 α 相同的方向转动角度 α。也就是如果点 U 在横摆臂 GD 下面，那么线 P_1P_2 必须往另外一个方向转动。转向横拉杆瞬心 P_3 点为直线 EU 和前面确定的夹角线的交点。直线 P_3C 与直线 P_1U 的交点即为转向横拉杆的连接点 T。

可以通过对车轮中心平面作镜像得到。

如果转向器必须布置在较高的位置，那么也可以把转向节臂布置在上横摆臂的上面，如图 D-28 所示。

如果在设计位置横摆臂相互平行，转向横拉杆也应该与之平行布置，如图 D-29 所示。

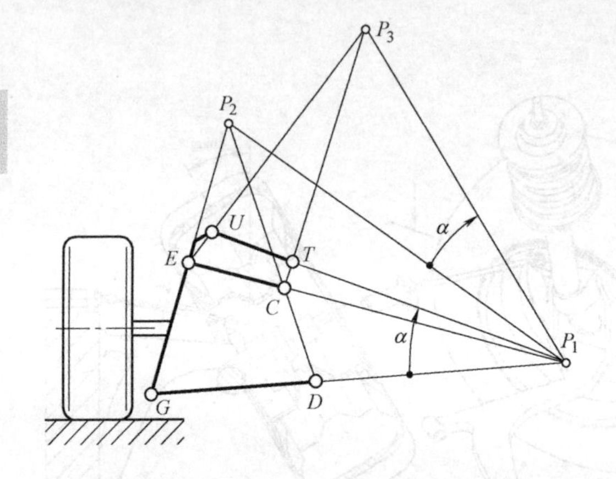

图 D-28　转向横拉杆位置的确定（2）

方法和图 D-27 中的一样，只是 *UE* 的位置不同。转向节臂 *UE* 在上横摆臂 *EC* 的上面，向后向内延伸。所得到的齿条连接点 *T* 也在横摆臂的上面。

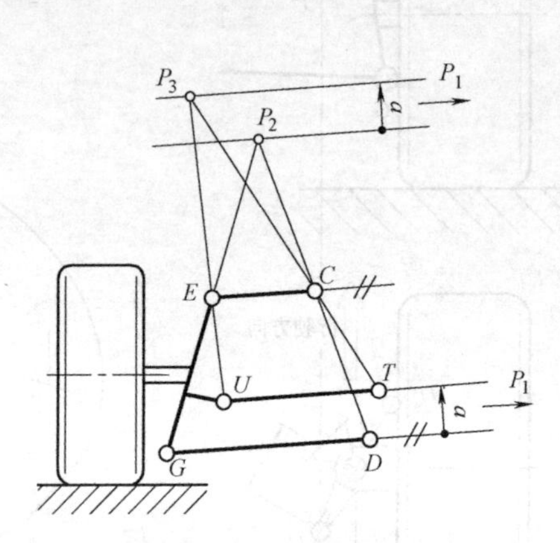

图 D-29　转向横拉杆位置的确定（3）

方法依旧和图 D-27 中的一样。连接点 *E*、*C*、*G*、*D* 以及 *U* 的位置已知。只是这里横摆臂相互平行，因此瞬心 P_1 在无穷远处。点 P_3 是通过直线 *EU* 和间距为 *a* 的平行线的交点来确定（间距 *a* 在上还是在下很重要，可以参见图 D-27）。通过转向横拉杆的瞬心 P_3 的直线 P_3C 与过 *U* 点的平行线的交点即为转向器齿条的连接点 *T*。

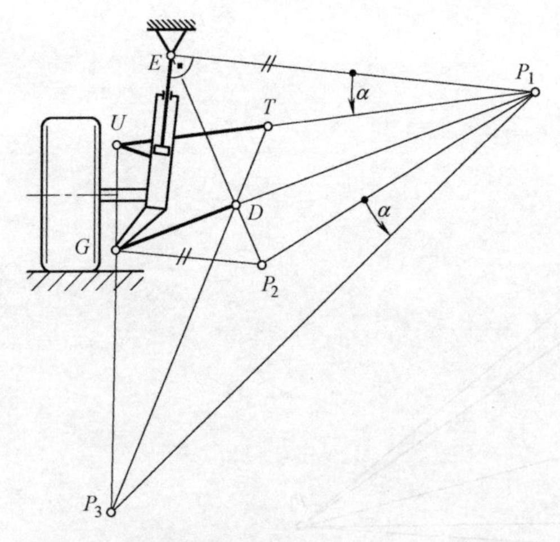

图 D-30　麦弗逊悬架转向横拉杆位置的确定（1）

以转向节臂连接点 *U* 在前桥上面和前面的麦弗逊悬架为例。转向节柱附件的铰点 *E* 和 *G* 以及横摆臂 *GD* 也是已知的。通过车身上的点 *E* 以及横摆臂可以确定瞬心 P_1 点。过 *E* 点作减振器活塞杆的垂线，与直线 *GD* 的交点即为 P_1。过 *G* 点作 P_1E 的平行线，与直线 *ED* 的交点即为瞬心 P_2。直线 P_1P_2 绕 P_1 点以与 P_1E 到 P_1U 的夹角相同的方向转动角度 α，直线 *UG* 的延长线与这条直线的交点即为转向横拉杆瞬心 P_3。直线 P_3D 与直线 P_1U 的交点即为转向横拉杆的第二个连接点 *T*。

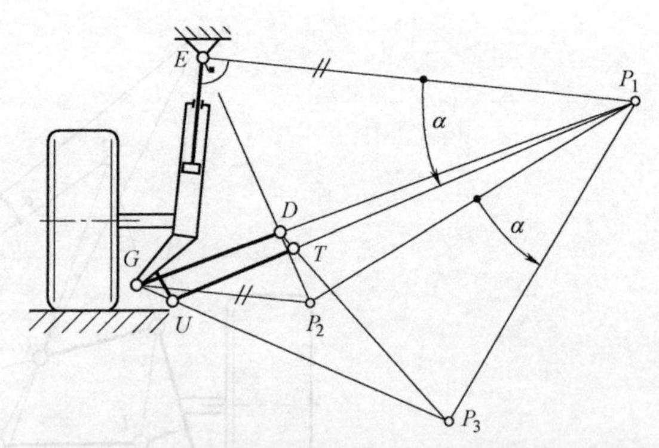

图 D-31　麦弗逊悬架转向横拉杆位置的确定（2）

确定转向横拉杆的第二连接点 *T* 的步骤和上图一样，只是转向节臂的位置和上图不同，在图中转向节臂是朝内延伸的，转向节臂与转向横拉杆的连接点 *U* 在下摆臂连接点 *G* 的下面。

对于双横摆臂悬架可以这样来布置转向器，转向横拉杆落在上三角横摆臂平面内，或者落在下三角横摆臂平面内，并且转向横拉杆与转向器齿条的连接点 T 布置在三角横摆臂的转动轴上，这样至少在直线行驶时车轮上下跳动不会产生车轮转向运动，如图 D-32 所示。

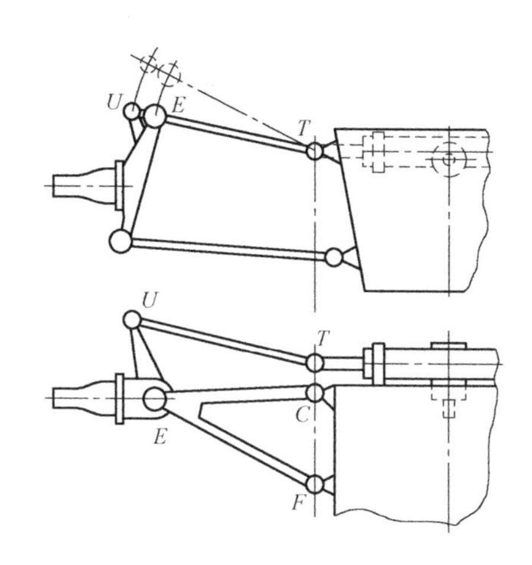

图 D-32 没有自转向的转向横拉杆位置

俯视图（下图）和后视图（上图）。在车轮直行姿态时，转向横拉杆的连接点 U 和 T 位于上三角横摆臂的平面内，上三角横摆臂的铰点为 C、F 和 E。转向器齿条连接点 T 位于转动轴 CF 的延长线上。转向横拉杆和转向节臂的连接点 U 同样也在横摆臂的平面内。

上面介绍的方法的前提条件是有一个平的结构，这一点在实际车辆中几乎不存在。因此这种方式确定的点只能作为参考点。转向杆系的最终确定是通过设计者在图纸上或者在计算机中“试”出来的。这比那种通过考虑转向和底盘的空间特性的辅助结构来确定要快得多，也经济得多（Matschinsky，1998）。

假如在制造出的样车上，车轮跳动时出现了转向运动，那么可以通过移动转向器或者改变转向横拉杆的长度来进行改善，见表 D-1。

表 D-1 车辆出现车轮跳动自转向的解决措施

转向运动		解决措施	
车轮上跳	车轮下跳	移动转向器	转向器齿条的长度
车轮前束	车轮后束	在车桥前面:上抬 在车桥后面:下沉	—
车轮后束	车轮前束	在车桥前面:下沉 在车桥后面:下沉	—
车轮后束	车轮后束	—	在车桥前面:加长 在车桥后面:缩短
车轮前束	车轮前束	—	在车桥前面:缩短 在车桥后面:加长

参考文献 D

ACHLEITNER, A. (2005): Der neue Porsche 911 Carrera, Vortrag im Rahmen der ÖVK (Österr. Verein für Kraftfahrzeugtechnik)-Vortragsreihe. Wien 2005

HEIDER, H. (1970): Kraftfahrzeuglenkung, VEB Verlag Technik, Berlin, 1970

HEIßING, B. (2004): Moderne Fahrwerksauslegung, Vortrag im Rahmen der ÖVK (Österr. Verein für Kraftfahrzeugtechnik)-Vortragsreihe. Graz 2004

MATSCHINSKY, W. (2007): Radführungen der Straßenfahrzeuge, 3. Auflage. Springer Verlag: Berlin 2007

REIMPEL, J. (Hrsg.) und BETZLER, J. (2000): Fahrwerktechnik Grundlagen, 4. Auflage, Vogel Buchverlag: Würzburg 2000

STANIFORTH, A. (1999): Competition Car Suspension, 3. Auflage. Haynes Verlag: Sparkford 1999

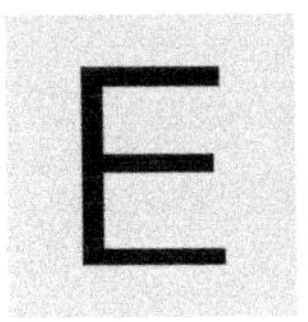

E 车辆横向动力学基础

本章将阐述稳态圆周行驶中的横向动力学问题。首先通过模型分析一些重要的参数，这些参数将影响车辆的横向动力性，也会影响驾驶人施加的转向盘转角和转向盘力矩。为了准确分析低速以及高速弯道行驶的关联性，必须仔细对模型进行分析，从线性单轨模型出发分析稳态回转，进一步分析动态回转。这些分析都是通过传统的公式来进行的，其优点是其中的关联性可以很明确地看出。为了考虑车轮载荷变化的情况，单轨模型必须扩展为双轨模型。通常这种分析必须借助数字化模型来进行模拟，因为要把之间的联系表达成公式几乎是不可能的。

1 整车模型——线性单轨模型

汽车动力学中最重要的问题是为什么一部车辆必须转向精确、行驶稳定、在受到干扰时不会明显偏离路线，特别是弯道高速行驶性能，是20世纪初直至60年代的中心课题。如第A章第2节介绍的，理论上的研究可以追溯到Riekert和Schunck（1940），他们应用了所谓的单轨模型，其自由度相对较少。利用单轨模型就能够对汽车动力学中重要的问题进行分析，并予以解答。

假定下面的两个简化成立：

• 所有的力都作用在水平路面上。质心的高度将忽略，因为质心处会产生离心力。由于忽略了离心力，内外侧车轮的载荷不会有区别，也就是内外侧车轮所受的载荷完全相同，可以合并成一个车轮。在这种假定下，车辆也不会侧倾，即侧倾自由度也可以忽略掉。

• 系统的关系式为线性的。轮胎力和轮胎侧偏角呈线性关系。轮胎拖距相对于轴距来说很小，可以忽略。假定角度（轮胎侧偏角、质心侧偏角等）都很小，因此角度函数为线性关系。

这些假定在正常行驶（加速度$\leqslant 4\mathrm{m/s^2}$）情况下还是适合的。在极限行驶范围，附着力接近极限，这些假定则不再适用，因为此时动态车轮载荷转移以及轮胎滑移的影响很大。但是普通驾驶人大多数在行驶线性范围内，因此线性范围的性能对于他们来说更为重要。

在图E-1中标记了所使用的坐标系统。$X_E Y_E$为与地面固定的地面坐标系。另外一个坐标系$X_V Y_V$则为与车辆的质心固定（ISO 8855）的车辆坐标系。车辆中心面与X_E轴形成的角度称为横摆角ψ。质心的速度为v。速度矢量v的方向通常不在车辆中心平面上，而是与其形成质心侧偏角β。弯道的角度由横摆角和质心侧偏角合成得到。车辆绕瞬心ICM转动，瞬心在车辆速度方向的垂线延长线上。在稳态转弯中瞬心到质心的距离就是转弯半径R。速度很慢时，后轮没有转向，并且忽略侧向力，那么速度矢量的方向落在车轮中心平面，瞬心则位于后桥的延长线上。前轮的转向角为δ_A，这个角度也称为阿克曼转向角（见第D章第2节）。图E-1中所画的位置定义为正，对于驾驶人来说这是一个左转弯。

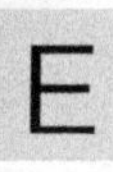

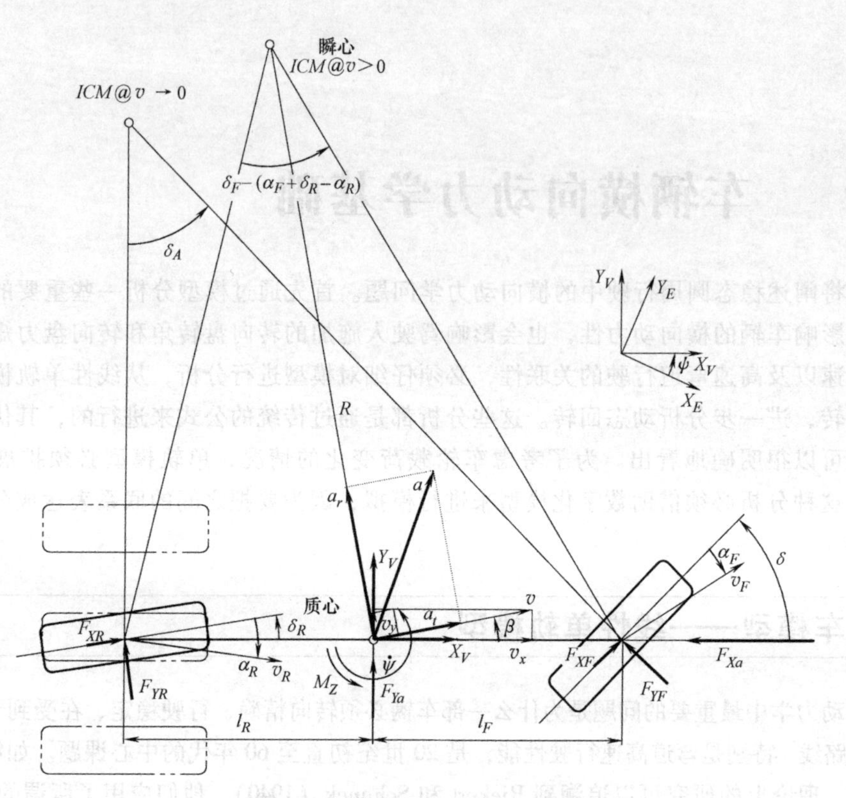

图 E-1 单轨模型上的力和几何量

1.1 运动方程

在图 E-1 中标出了轮胎力和空气阻力。在车辆坐标系中，车辆质心在纵向可以得出

$$m_V a_t \cos\beta - m_V a_r \sin\beta = F_{YF}\sin\delta + F_{XF}\cos\delta + F_{YR}\sin\delta_R + F_{XR}\cos\delta_R + F_{Xa} \tag{E.1}$$

在横向可以得出

$$m_V a_t \sin\beta + m_V a_r \cos\beta = F_{YF}\cos\delta + F_{XF}\sin\delta + F_{YR}\cos\delta_R + F_{XR}\sin\delta_R + F_{Ya} \tag{E.2}$$

前桥车轮的转向角记为 δ，后桥车轮的转向角为 δ_R。前后车轮的侧向力记为 F_{YF}、F_{YR}。F_{Ya} 为侧向风阻力。如第 B 章介绍的，轮胎侧向力作用点偏离中心的距离为轮胎拖距。相对于轴距来说轮胎拖距的值很小，在这里忽略。

绕质心处垂直轴 Z_V 的角动量为

$$I_Z\ddot{\psi} = (F_{YF}\cos\delta + F_{XF}\sin\delta_F)\,l_F - (F_{YR}\cos\delta_R + F_{XR}\sin\delta_R)\,l_R + M_{Za} \tag{E.3}$$

其中 M_{Za} 为风产生的力矩。

假定侧向力较小，并且忽略变化的轮胎特性，认为轮胎侧向力与侧偏角（前侧偏角 α_F，后侧偏角 α_R）是线性关系：

$$F_{YF} = C_{\alpha F}\alpha_F \quad 和 \quad F_{YR} = C_{\alpha R}\alpha_R \tag{E.4}$$

其线性系数 C_α 称为侧偏角刚度。

侧偏角、前桥车轮转向角 δ、后桥车轮转向角 δ_R 以及质心侧偏角 β 之间的关系可以从图 E-2 中推导得出。车辆是刚性的，因此车辆上任何一点的轴向速度分量必然相等。应用到质心和前后桥上，则有

$$v_{XR}=v\cos\beta=v_R\cos(\delta_R-\alpha_R)$$
$$v_{XF}=v\cos\beta=v_F\cos(\delta_F-\alpha_F) \tag{E.5}$$

沿车辆纵向方向，车辆横向速度的变化为横摆角速度与距离的乘积，即

$$v_{YR}=v_R\sin(\delta_R-\alpha_R)=v\sin\beta-\psi l_R$$
$$v_{YF}=v_F\sin(\delta_F-\alpha_F)=v\sin\beta+\psi l_F \tag{E.6}$$

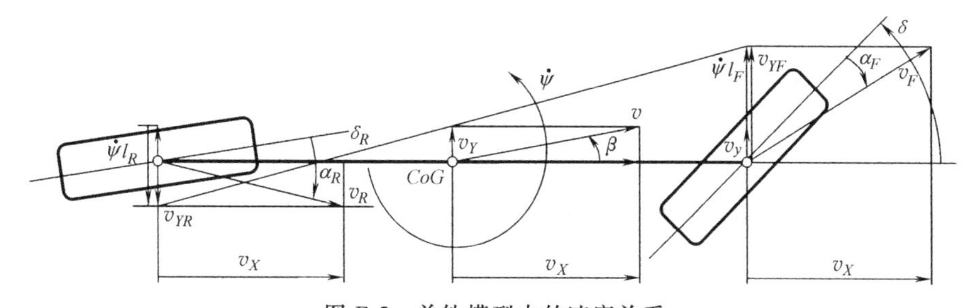

图 E-2 单轨模型中的速度关系

由式（E.5）和式（E.6）可以得出

$$\tan(\delta_R-\alpha_R)=\frac{v\sin\beta-\dot{\psi}\,l_R}{v\cos\beta},\tan(\delta-\alpha_F)=\frac{v\sin\beta+\dot{\psi}\,l_F}{v\cos\beta} \tag{E.7}$$

假定角度很小，式（E.7）对于前桥可以简化为

$$\alpha_F=-\beta+\delta-\frac{\dot{\psi}\,l_F}{v} \tag{E.8}$$

对于后桥可简化为

$$\alpha_R=-\beta+\delta_R+\frac{\dot{\psi}\,l_R}{v} \tag{E.9}$$

质心侧偏角在较小角度下为横向速度与纵向速度的比值，即

$$\beta=\frac{v_y}{v_x} \tag{E.10}$$

通过小角度的线性化、轮胎侧向力简化公式（E.4）以及侧偏角公式（E.8）和式（E.9），方程组（E.1）~（E.3）可以简化，得到车辆线性运动方程：

$$m_V a_t=F_{XF}+F_{XR}+F_{Xa} \tag{E.11}$$

$$m_V a_t\beta+m_V a_r=C_{\alpha F}\left(-\beta+\delta_F-l_F\frac{\dot{\psi}}{v}\right)+C_{\alpha R}\left(-\beta+\delta_R+l_R\frac{\dot{\psi}}{v}\right)+F_{Ya} \tag{E.12}$$

$$I_Z\ddot{\psi}=C_{\alpha F}\left(-\beta+\delta_F-l_F\frac{\dot{\psi}}{v}\right)l_F-C_{\alpha R}\left(-\beta+\delta_R+l_R\frac{\dot{\psi}}{v}\right)l_R+M_{Za} \tag{E.13}$$

运动方程描述了车辆在其自由度允许下的运动特性。但是转向角、驱动力、空气阻力，甚至速度、横摆角度、质心侧偏角和向心加速度都未知，还需要从 Mitschke 和 Wallentowitz（2003）的专著中借用辅助方程来对车辆轨迹进行分析。弯曲半径 R 可以用轨迹角度 $\beta+\psi$ 以及轨迹长度 u 来表示，即

$$\frac{1}{R}=\frac{\mathrm{d}(\beta+\psi)}{\mathrm{d}u} \tag{E.14}$$

速度也可以从轨迹长度推导出

$$v=\frac{\mathrm{d}u}{\mathrm{d}t}, 以及\frac{1}{R}=\frac{\mathrm{d}(\beta+\psi)}{v\mathrm{d}t}=\frac{\dot{\beta}+\dot{\psi}}{v} \tag{E.15}$$

向心加速度为

$$a_r=\frac{v^2}{R}=v^2\frac{\dot{\beta}+\dot{\psi}}{v}=v(\dot{\beta}+\dot{\psi}) \tag{E.16}$$

这样，缺失的关系式都找到了。假如知道前后驱动力 F_{XF}、F_{XR}，空气阻力 F_{Xa} 和 F_{Ya}，及其力矩 M_{Za}，前轮转向角 δ，后轮转向角 δ_R，借助式(E.11)~式(E.13) 和式(E.16) 就可以模拟车辆的运动。

E

1.2 转向角、转向盘转角和转向助力系数

驾驶人并不是直接操控车轮的转角，而是通过转向盘上的转角来控制车轮。本节将分析转向角、转向盘转角、转向盘力矩以及转向助力系数。这里有个简化的假设，即左右车轮的转向角相同，因为对于单轨模型来说是没有办法考虑左右车轮不同的转向角的，研究的也是小角度，这样三角函数可以线性化。摩擦、助力以及间隙在这里忽略，不予考虑。

图 E-3 所示为简化的齿轮齿条转向。在转向盘上施加转向盘转角 δ_H 或者转向盘力矩 M_H，这个输入量将通过转向管柱传到扭转刚度为 C_T 的扭杆上。转向器小齿轮把转角 δ_H^* 转化为齿条平动 s_R。通过转向节臂长度 r_L 平动再次转化为转动 δ^*。转向横拉杆和悬架的弹性考虑在扭转刚度 C_R 中，这个数值影响传递到车轮上的转向力矩和转向角 δ。但是在描述运动学关系时常不考虑扭转变形，也就是说不考虑任何力和力矩的作用。转向角可以通过转向传动比 i_S 得出，即

$$\delta=\frac{\delta_H}{i_S} \tag{E.17}$$

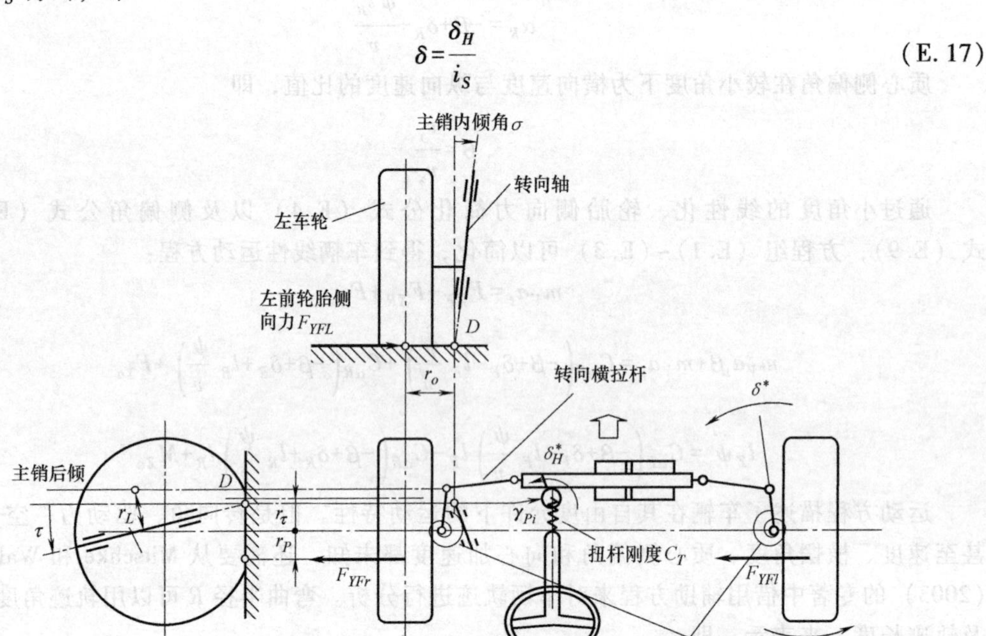

图 E-3 单轨模型的转向关联

齿条的移动量 s_R 可以借助转向器小齿轮半径 r_{Pi} 算出，即

$$s_R = \delta_H r_{Pi} \tag{E.18}$$

如果不考虑力产生的变形，车轮转向角和转向节臂转角 δ^* 是相等的。它们与齿条移动量、小齿轮转动或者转向盘转角的关系为

$$\delta = \delta^* = \frac{s_R}{r_L} = \delta_H \frac{r_{Pi}}{r_L} \tag{E.19}$$

也就是说，运动学转向传动比也可以由转向节臂长度与小齿轮半径的比值得出，即

$$i_S = \frac{r_L}{r_{Pi}} \tag{E.20}$$

但是毕竟存在力和力矩，必须考虑它们的影响。由于在单轨模型中假定速度是个定值，因此纵向力可以被忽略。也就是纵向力和主销偏移产生的力矩可以被忽略。左右轮产生的侧向力 F_{YFr} 和 F_{YFl} 必须考虑，不能被忽略，因为它们对转向轴会产生力矩。转向力矩 M_S 为侧向力之和乘以总拖距 r，总拖距为结构上的主销后倾拖距 r_τ 与轮胎拖距 r_P 之和（见第 B 章第 4.1 节）。

$$M_S = (F_{YFl} + F_{YFr})(r_\tau + r_P) = F_{YF} r \tag{E.21}$$

这个转向力矩试图使车轮重新回到笔直状态，因此这个力矩也称为车轮回正力矩。由驾驶人施加的力矩 M_H 由于转向传动比和转向助力系数而减小，即

$$M_H = \frac{M_S}{i_S A_S} \tag{E.22}$$

也就是说，转向传动比和转向助力系数越大，则转向盘力矩越小。转向盘力矩也能表达成转向盘转角和小齿轮转角的差值形式，即

$$M_H = C_T(\delta_H - \delta_H^*) \tag{E.23}$$

转向力矩会引起悬架扭转变形，因此有

$$M_S = C_R(\delta^* - \delta) \tag{E.24}$$

因为小齿轮转角和转向节臂转角之间没有弹性变形，因此有

$$\delta_H^* = \delta^* i_S \tag{E.25}$$

转向盘转角和转向角之间的关系可以借助式（E.22）~（E.25）得出，即

$$\delta_H = \delta i_S + \frac{M_S i_S}{C_S} = \delta i_S + \frac{F_{YF} r i_S}{C_S} \tag{E.26}$$

到转向轴上相关的总转向系统刚度 C_S 为

$$\frac{1}{C_S} = \frac{1}{C_R} + \frac{1}{C_T i_S^2 A_S} \tag{E.27}$$

对于总转向系统，若刚度无穷大或者没有转向力矩，那么转向盘转角就等于车轮转向角乘以运动学的转向传动比。因为转向系统刚度是由扭杆刚度和悬架扭转刚度串联形成的，转向系统刚度的提高受到刚度较低部件的限制。大的转向传动比或者大的转向助力系数可以提高转向系统刚度，相当于使扭杆变硬。

转向盘转角和转向角之间的联系在式（E.26）中没有考虑转向系统的质量（转动惯量）。对于快速转向运动或者转向盘脱手（“Free Contral 自由控制”，见第 E 章第 2.6 节）来说，转动惯量很重要的。系统的特征参数以及目标值在第 E 章第 2 节中阐述。

转向系统刚度的作用相当于降低侧偏刚度，这可以用有效侧偏刚度 $C_{\alpha,eff}$ 来表示。根据 Mitschk 和 Wallentowitz 2003 年的专著可以得出

$$\frac{1}{C_{\alpha F,eff}}=\frac{1}{C_{\alpha F}}+\frac{r}{C_S} \tag{E.28}$$

从式(E.28) 可以看出，有效侧偏刚度是侧偏刚度和转向系统刚度除以总拖距串联产生的。车辆运动方程(E.11)~(E.13) 和式(E.16) 中的侧偏刚度可以用有效侧偏刚度来代替，这样就考虑了转向系统对行驶性能的影响。这种影响在后桥上常常可以被忽略，只是在前桥上降低了侧偏刚度。

对图 E-3 中所示的转向模型转向性能的进一步研究可以参见第 E 章第 1.7 节。

1.3 稳态圆周行驶

经常把车辆以固定速度进行圆周行驶称为稳态圆周行驶。车辆的许多横向动力学概念，例如固有转向梯度，都可以通过这种行驶工况来阐述。ISO 4138：2004 明确了试验方法和评价方法。以单轨模型作为基础可以推导出相关公式。圆周行驶计算公式的详细推导可以参看 Mitschke 和 Wallentowitz 2003 年的专著。在圆周行驶中，弯道中心也是车辆的瞬心，也就是车辆绕着弯道中心转动。纵向加速度为零，只有横向加速度。因为没有质心侧偏角，横摆角速度为定值，这样式(E.16) 可以简化为

$$a_Y\approx a_r=\frac{v^2}{R}=v\dot{\psi} \tag{E.29}$$

转向盘转角正比于横向加速度，对于前轮转向的车辆来说，有

$$\delta_H=\frac{i_S l}{R}+mi_S\,\frac{C_{\alpha R,eff}l_R-C_{\alpha F,eff}l_F}{C_{\alpha F,eff}C_{\alpha R,eff}l}a_Y=\delta_{H0}+\frac{i_S l}{v_{ch}^2}a_Y \tag{E.30}$$

特征车速为

$$v_{ch}^2=\frac{C_{\alpha F,eff}C_{\alpha R,eff}l^2}{m(C_{\alpha R,eff}l_R-C_{\alpha F,eff}l_F)} \tag{E.31}$$

特征车速表达的是在线性特性的单轨模型中，在该速度下需要施加两倍的静态转向盘转角，这时横摆反应为最大值。在实际中我们还必须验证在这个速度下线性单轨模型是否有效，通常情况是线性单轨模型不再适用。

在很低的速度下，横向加速度接近零，转向盘转角等于所谓的阿克曼转向盘转角。

$$\delta_H(a_Y=0)=\delta_{H0}=\frac{i_S l}{R} \tag{E.32}$$

对于前轮转向，所需要的转向角为

$$\delta_D(a_Y=0)=\frac{l}{R} \tag{E.33}$$

这个角度称为阿克曼角或者动态标准转向角。

在稳态圆周行驶中可以测量不同的车辆反应的梯度，或者从单轨模型中推算出不同的梯度。表 E-1 罗列出标准 ISO 8855 以及 DIN 70000 中定义的参数，以及单轨模型的计算量。

表 E-1 根据 DIN 70000/ISO 8855 定义的以及单轨模型计算得出的稳态圆周行驶重要参数

参数	定义	单轨模型①
转向灵敏度	$\frac{\partial a_Y}{\partial \delta_H}$	$=\frac{v_{ch}^2}{i_S l}$
转向角梯度	$\frac{\partial \delta}{\partial a_Y}$	$=\frac{l}{v_{ch}^2}$
动态标准转向角梯度（中性固有转向）	$\frac{\partial \delta_D}{\partial a_Y}$	$=0$
转向盘转角梯度（转向灵敏度的倒数）	$\frac{\partial \delta_H}{\partial a_Y}$	$=\frac{i_S l}{v_{ch}^2}$
转向盘力矩梯度	$\frac{\partial M_H}{\partial a_Y}$	$=\frac{m_F r}{i_S}=\frac{m l_R r}{l i_S}$
转向盘力矩-转向盘转角梯度	$\frac{\partial M_H}{\partial \delta_H}$	$=\frac{m l_R r}{l^2 i_S^2 A_S}\frac{v^2}{1+\left(\frac{v}{v_{ch}}\right)^2}$
侧倾角梯度	$\frac{\partial \varphi_Y}{\partial a_Y}$	n/a
质心侧偏角梯度	$\frac{\partial \beta}{\partial a_Y}$	$=\frac{m l_F}{l C_{\alpha R,eff}}$
转向盘转角-质心侧偏角梯度	$\frac{\partial \delta_H}{\partial \beta}$	$=-\frac{i_S l C_{\alpha Re,ff} l_R}{v_{ch}\quad m l_F}$
固有转向梯度 EG	$\frac{\partial \delta_H}{\partial a_Y}\frac{1}{i_S}-\frac{\partial \delta_D}{\partial a_Y}=\frac{1}{i_S}\frac{\partial \delta_H-\partial \delta_{H0}}{\partial a_Y}$	$=\frac{l}{v_{ch}^2}$
稳定系数	$\frac{\text{固有转向梯度}}{\text{轴距}}$	$=\frac{1}{v_{ch}^2}$
方向系数	$\frac{\text{稳定系数}}{\text{质心侧偏角}}$	$=\frac{1}{v_{ch}^2\left(\frac{l_R}{R}-\frac{m\cdot l_F}{C_{\alpha R}\cdot l}\cdot a_y\right)}$

① 没有转向助力（转向助力系数=1），转向传动比恒定，前轮转向。

1.4 不足转向和过多转向

不足转向和过多转向经常会被用来表达汽车的转向特征。不足转向通常是指车辆在弯道中前轮“滑动”，转弯半径变大。相反，假如车辆后部向外滑动，则称为过多转向。这两个概念也经常应用在瞬态行驶特性中，但是在标准 DIN 7000/ISO 8855 中这两个概念只是在稳态圆周行驶中进行了定义。

固有转向梯度为正值称为不足转向。这意味着转向盘转角与运动学转向传动比的比值随着侧向加速度增加而增加的程度大于动态标准转向角增加的程度（图 E-4）。

$$\frac{\partial \delta_H}{\partial a_Y}\cdot\frac{l}{i_S}\cdot\frac{\partial \delta_p}{\partial a_Y}>0 \tag{E.34}$$

固有转向梯度为零的稳定状态称为中性转向。这意味着转向盘转角与运动学转向传动比的比值随着侧向加速度增加而增加的程度等同于动态标准转向角增加的程度。

$$\frac{\partial\delta_H}{\partial a_Y}\frac{1}{i_S}-\frac{\partial\delta_D}{\partial a_Y}=0 \tag{E.35}$$

固有转向梯度的值小于零称为过多转向。这意味着转向盘转角与运动学转向传动比的比值随着侧向加速度增加而增加的程度弱于动态标准转向角增加的程度。

$$\frac{\partial\delta_H}{\partial a_Y}\frac{1}{i_S}-\frac{\partial\delta_D}{\partial a_Y}<0 \tag{E.36}$$

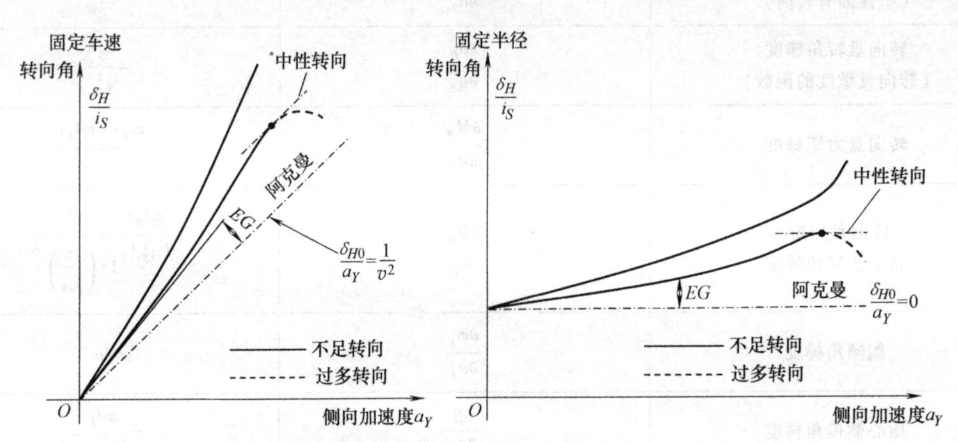

图 E-4　固定车速和固定弯道半径条件下不足转向和过多转向的定义

在过多转向的车辆上固定转向盘，转弯半径随侧向加速度的增加而减小。在弯道半径固定的行驶工况中，彼此间的联系会简单些，因为动态标准转向角不改变，这种圆周运动在图 E-4 的右图中体现。

在标准中，对于固有转向特性的两种定义都是假定转向角等于转向盘转角除以运动学转向传动比的商（图 E-4）。由于转向系统和悬架系统存在弹性以及变转向传动比，实际上转向角并不等于这个商。因此，对于变传动比的车辆来说，固有转向特性应该考虑不同速度和不同弯道半径的影响。

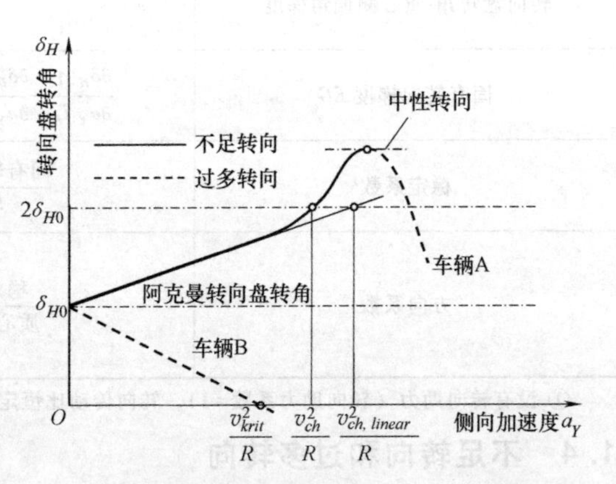

图 E-5　固定车速、固定弯道半径、转向传动比为定值车辆的不足转向和过多转向定义

图 E-5 所示为两部车在半径一定的稳态圆周行驶中的转向盘转角。车辆 A 在低速下表现为线性并且不足转向。随着侧向加速度的增大，过多转向的趋势增加。然后转折点随之而来，这个转折点就是中性转向特性，接着就是过多转向特性。在某个车速下，其转向盘转角等于两倍阿克曼转向盘转角，这个车速就是所谓的特征车速。

通常固有转向梯度不是个定值，实际的非线性的特征车速和理论的线性的特征车速有偏差。现代车辆只会设计成完全的不足转向，以保证稳定性。要避免过多转向的趋势。车辆 B 则相反，是完全的过多转向，在速度增加也就是侧向加速度增大的情况下，要反向转动转向

盘。当转向盘转角为零时，就是临界车速，车辆处于稳定极限。

1.5 瞬态特性——转向盘转角阶跃输入的响应时间

为了评价瞬态特性，可以根据标准 ISO 7401 的规定采用不同的转向盘角输入，经常使用的是转角阶跃输入。在这里，理论上施加一个阶跃角位移，在测量中的表现就是，转向盘转角经过一个很陡的斜坡达到恒定的转向盘转角（图 E-6）。

汽车的横摆角速度不能立即达到稳态横摆角速度，这个响应时间特别重要。车辆的反应不应该太快，也不能太慢，响应时间需要仔细匹配。经常应用的响应时间是 T_A，它是指横摆角速度上升至横摆角速度稳态值 63.2%的时间。

这个时间按照 Mitschke 和 Wallentowitz（2003）的专著可以计算得出，即

$$T_A = \frac{2mv}{C_{\alpha F,eff}+C_{\alpha R,eff}} \frac{\frac{K_I^2}{l_F l_R}}{1+\frac{K_I^2}{l_F l_R}} \quad \text{(E.37)}$$

式中 T_A——稳态值 63.2%的响应时间；

K_I——车辆绕垂直轴的惯性回转半径。

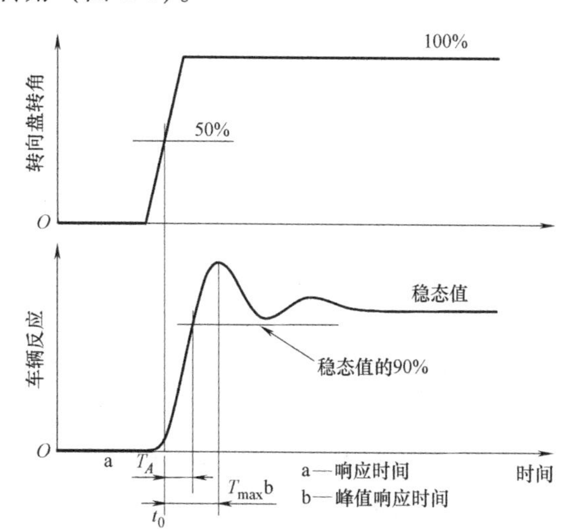

图 E-6 在转向盘角阶跃输入下，转向盘转角变化和车辆反应（ISO 7401）

响应时间 T_A 相当于 Weir & DiMarco 图（参见图 G-10）中的等效响应时间（滞后时间）的近似值。当车速为 80km/h 时，当代车辆的 T_A 理想值<0.15s。当然，也有其他不同定义的响应时间得到广泛使用，比如响应时间为稳态值的 90%（Pacejka，2006），或者第一次达到横摆角速度峰值的时间（Decker，2009）。

1.6 横摆频域特性

在驾驶人可以施加的转向频率范围内，动态响应与稳态的横摆角速度增益应该不能有明显差别。通过式（E.38）可以得出与车速相关的车辆横摆固有频率（图 E-7）。

无阻尼的横摆固有圆频率反映了频率特性（Mitschke 和 Wallentowitz，2003）。

$$\omega_\psi^2 = \frac{C_{\alpha F,eff}C_{\alpha R,eff}l^2+mv^2(C_{\alpha R,eff}l_R-C_{\alpha F,eff}l_F)}{I_z mv^2} \quad \text{(E.38)}$$

横摆阻尼（图 E-8）为

$$D_\psi = \frac{C_{\alpha F,eff}l_F^2+C_{\alpha R,eff}l_R^2}{2I_z v^2\omega_\psi}+\frac{C_{\alpha F,eff}+C_{\alpha R,eff}}{2mv\omega_\psi} \quad \text{(E.39)}$$

目标是振幅特性在共振区不能太大，相位差在一定范围内，横摆固有频率不要太低，横摆阻尼不能太小也不能太大。

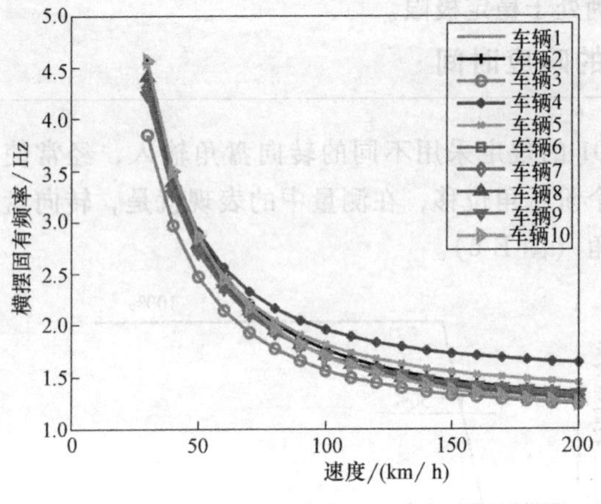

图 E-7　不同车辆设计的横摆固有频率（转向模型分析）

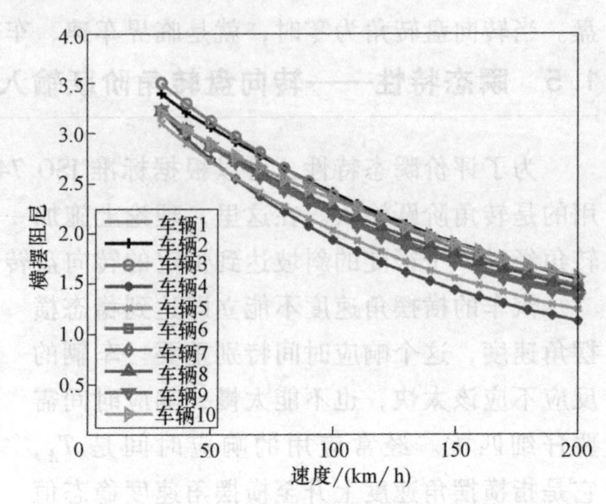

图 E-8　不同车辆设计的横摆阻尼（转向模型分析）

E

1.7　转向模型

转向系统在很大程度上决定着车辆的行驶和转向性能。第 E 章第 1.2 节中描述的转向模型已经包含了转向系统和悬架系统中的主要的弹性性能。对于精细分析特别是计算转向盘力矩和传递特性，转向模型还必须扩展。图 E-9 所示为几种供选择的转向模型。在 Braess（2001）和 Zschocke（2009）的专著中可以看到更为丰富的转向模型。

转向模型的扩展取决于研究的问题。例如，研究机械、液压或者电动转向需要很精细地建模，研究转向抖动以及转向系统的传递特性往往需要三个或者更多自由度的转向模型（Pfeffer，2006）。行驶动力学研究大多需要两个自由度的模型，此外还要考虑以下问题：

- 在双轨模型中，前面两个车轮使用分开的自由度，这样可以考虑左右车轮载荷的差异。
- 轮胎力的偏移和拖印的影响。
- 摩擦、惯性和阻尼。
- 前驱车辆的驱动力矩，假如有差速锁和电子控制系统，如 ABS，还要考虑它们的作用。
- 助力转向。

对液压和电子部件进行很精细的建模对于动力学研究来说往往是不必要的，因为它们的影响很小，而计算时间却会明显加长。

1.8　考虑助力转向和摩擦影响的转向模型

考察带转向的单轨模型的基础是，忽略助力转向和摩擦，并假定转向传动比固定不变。为了能够获得完整的表达式，这种简化是必需的。表 E-2 列出了这种解析模型与考虑转向助力和摩擦的模型的对比。

解析模型与简单模型的区别是惯量，惯量在时间域的模拟是必需的，在准稳态工况（例如圆周行驶）结果是相同的。在复杂模型中，根据 Pfeffer 的论著（2008），在齿轮齿条

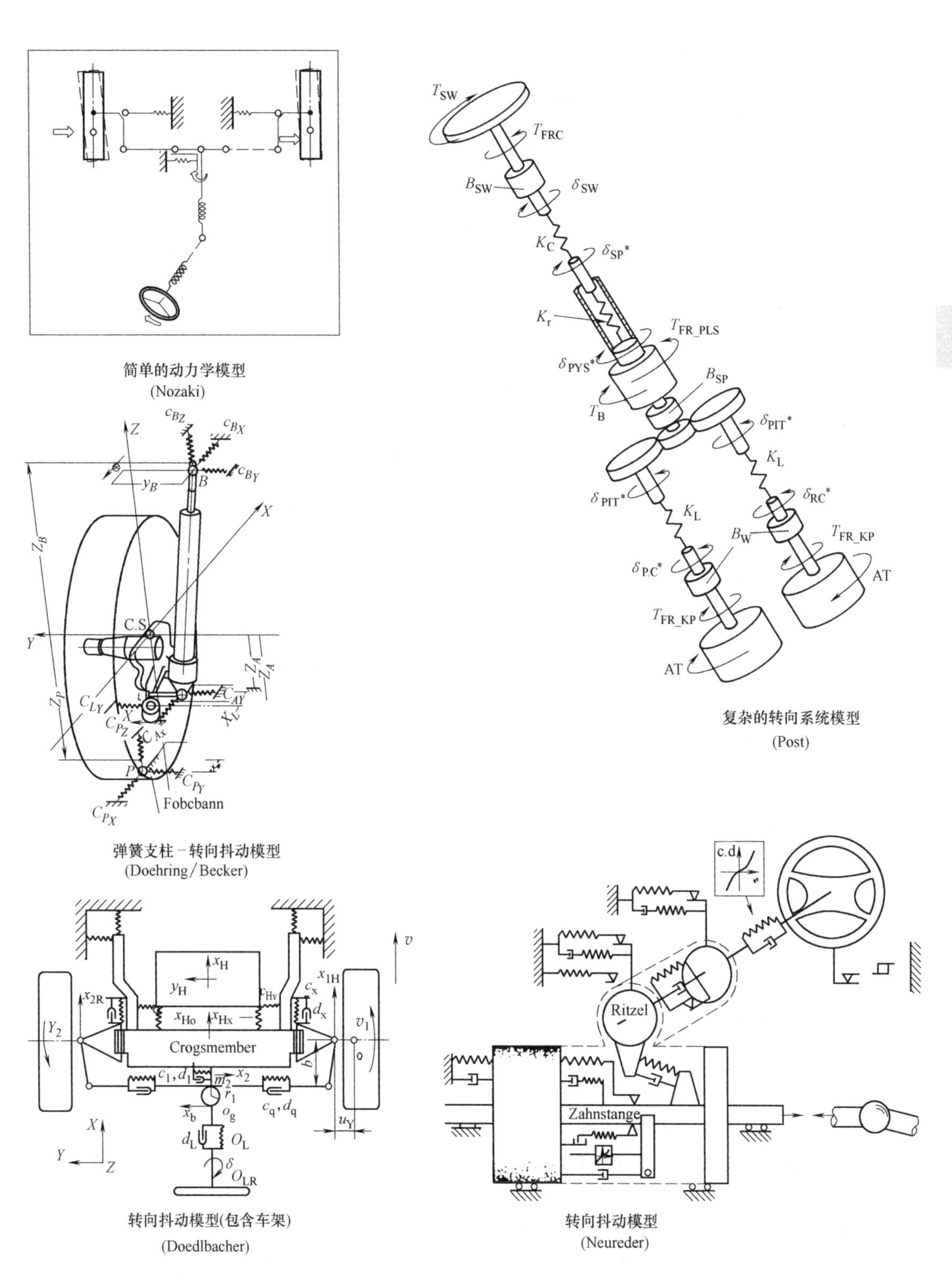

图 E-9 转向系统不同的模型，摘自 Braess（2001）

和转向管柱的摩擦中使用所谓的 ESF 摩擦单元。在带有助力转向的复杂模型中还必须考虑转向助力系数。在实际中，转向助力系数不是恒定值，随着转向盘力矩的增加以及侧向加速

度的增加，转向助力系数增大（参见章节 B）。

表 E-2　不同转向模型的参数

参数	符号	单位	解析模型	简单转向模型	复杂模型	复杂模型带助力转向
车辆质量	m	kg	1700	1700	1700	1700
轴距	l	m	2.8	2.8	2.8	2.8
质心距离，前桥	l_F	m	1.4	1.4	1.4	1.4
质心距离，后桥	l_R	m	1.4	1.4	1.4	1.4
车辆摆动惯量	J_z	kg·m^2	2600	2600	2600	2600
侧偏刚度，前轮	$C_{\alpha F}$	N/rad	220000	220000	220000	220000
侧偏刚度，后轮	$C_{\alpha H}$	N/rad	220000	220000	220000	220000
有效侧偏刚度①，前轮	$C_{\alpha F.eff}$	N/rad	119438	119438	119438	138715
有效侧偏刚度①，后轮	$C_{\alpha R.eff}$	N/rad	220000	220000	220000	220000
车轮后拖距	r_τ	m	0.02	0.02	0.02	0.02
轮胎拖距	r_P	m	0.04	0.04	0.04	0.04
总拖距	r	m	0.06	0.06	0.06	0.06
运动学转向传动比	i_S		15	15	15	15
转向器传动比	I_G	mm/U	50	50	50	50
小齿轮半径	r_{Pi}	m	0.007958	0.007958	0.007958	0.007958
转向节臂长度	r_L	m	0.1194	0.1194	0.1194	0.1194
扭杆扭转刚度	C_T	N·m/°	2	2	2	2
悬架扭转刚度	C_R	N·m/rad	40000	40000	40000	40000
转向刚度	C_S	N·m/rad	15678	15678	15678	22526
转向助力系数	A_S		1	1	1	2
转向盘和转向管柱的转动惯量	J_C	kg·m^2		0.04	0.04	0.04
扭杆阻尼	d_T	N·m·s/rad		0.1146	0.1146	0.1146
前桥非簧载质量	m_{uF}	kg		45.7	45.7	45.7
前桥+非簧载质量的垂直转动惯量	J_{uF}	kg·m^2		1.7	1.7	1.7
转向刚度	k_{Frrack}	N/m			1600000	1600000
静态摩擦力上下限值	F_{Frrack}	N			±150	±150
转向管柱摩擦模型刚度	k_{FrC}	N·m/°			12	12
整个转向管柱静态摩擦力上下限值	M_{FrC}	N·m			±0.2	±0.2

① 指每个车桥的两个车轮。

图 E-10 表明了不同的模型以及转向助力的影响。

1.9　车辆参数和转向参数对行驶性能和转向性能的影响分析

车辆参数和转向参数直接决定车辆的行驶和转向性能。表 E-3 为改装一部中级车后得到的不同参数的车辆。其改变的参数落在常规设计值范围内，按照经验这些参数对车辆行驶性能的影响应该很大。

图 E-11～图 E-14 中的曲线为应用表 E-3 中的参数在单轨模型上模拟得到的。从图 E-11～图 E-14 中可以看出车辆和转向参数对行驶性能的影响有多大。

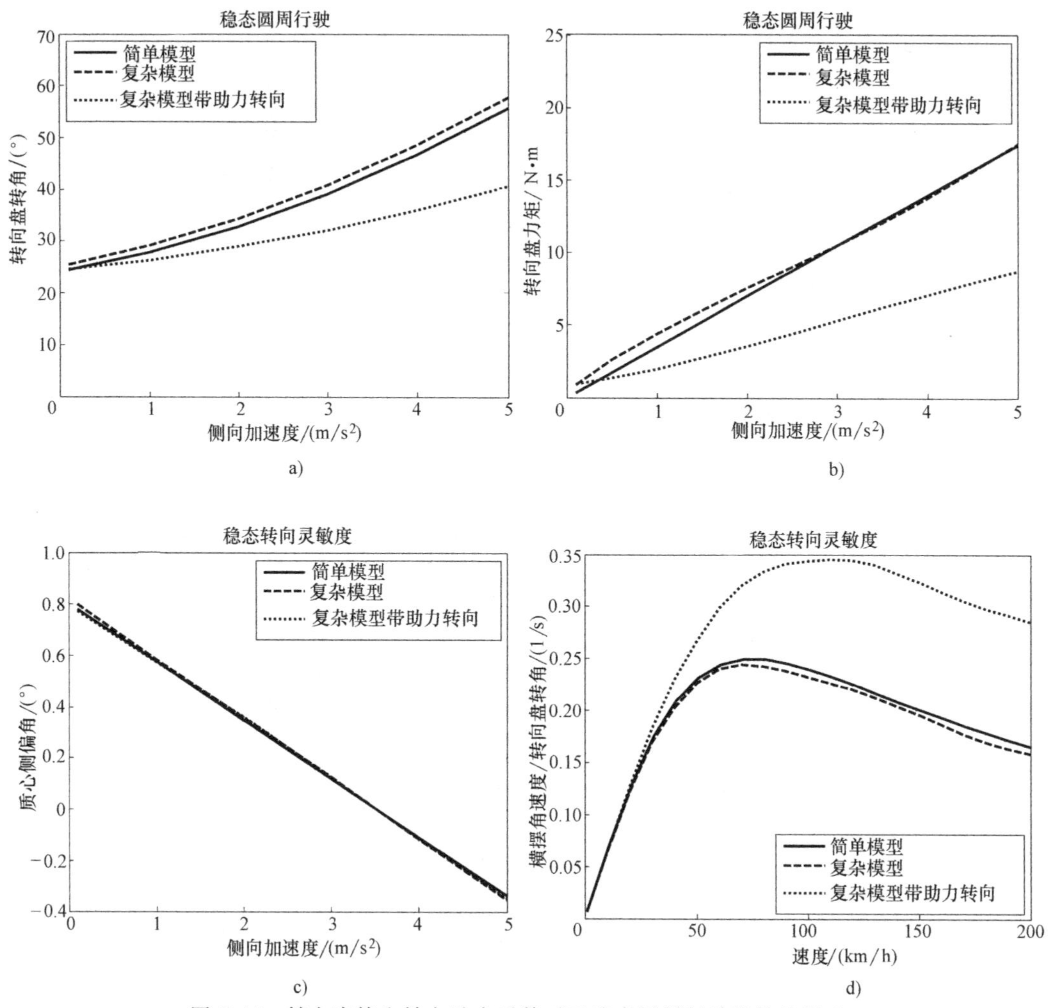

图 E-10 转向摩擦和转向助力系数对于稳态圆周行驶性能的影响

a) ~c) 弯道半径恒定，$R=100\mathrm{m}$ d) 侧向加速度为 $4\mathrm{m/s^2}$

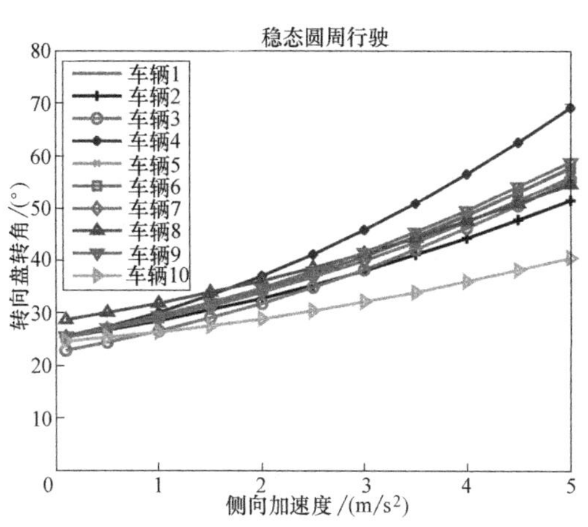

图 E-11 转向盘转角和侧向加速度的关系（定半径 $R=100\mathrm{m}$）

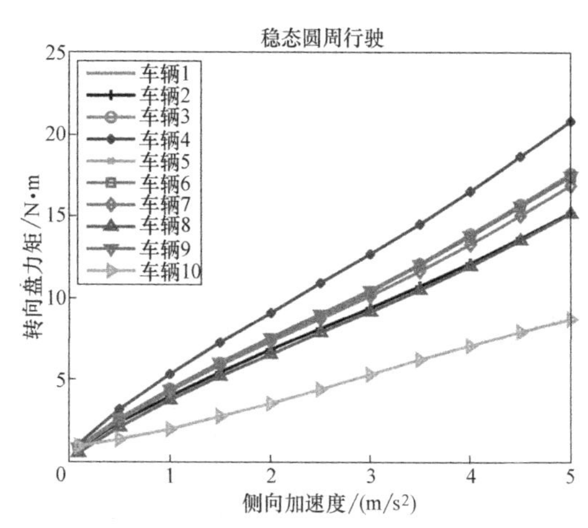

图 E-12 转向盘力矩和侧向加速度的关系（定半径 $R=100\mathrm{m}$）

表 E-3 车辆和转向参数

参数	符号	单位	车辆 1	车辆 2	车辆 3	车辆 4	车辆 5	车辆 6	车辆 7	车辆 8	车辆 9	车辆 10
车辆质量	m	kg	1700	1500	1700	1700	1700	1700	1700	1700	1700	1700
轴距	l	m	2.8	2.8	2.5	2.8	2.8	2.8	2.8	2.8	2.8	2.8
质心距离，前桥	l_F	m	1.4	1.4	1.25	1.12	1.4	1.4	1.4	1.4	1.4	1.4
质心距离，后桥	l_R	m	1.4	1.4	1.25	1.68	1.4	1.4	1.4	1.4	1.4	1.4
车辆摆动惯量	J_z	kg·m²	2600	2600	2600	2600	2300	2600	2600	2600	2600	2600
侧偏刚度，前轮	$C_{\alpha F}$	N/rad	220000	220000	220000	220000	220000	200000	220000	220000	220000	220000
侧偏刚度，后轮	$C_{\alpha H}$	N/rad	220000	220000	220000	220000	220000	220000	220000	220000	220000	220000
有效侧偏刚度①，前轮	$C_{\alpha F.eff}$	N/rad	119438	119438	119438	119438	119438	110063	121286	127615	115860	138715
有效侧偏刚度①，后轮	$C_{\alpha R.eff}$	N/rad	220000	220000	220000	220000	220000	220000	220000	220000	220000	220000
主销后倾角	r_τ	m	0.02	0.02	0.02	0.02	0.02	0.02	0.018	0.02	0.02	0.02
轮胎拖距	r_P	m	0.04	0.04	0.04	0.04	0.04	0.04	0.04	0.04	0.04	0.04
总拖距	r	m	0.06	0.06	0.06	0.06	0.06	0.06	0.058	0.06	0.06	0.06
运动学转向传动比	i_S		15	15	15	15	15	15	15	17.1	15	15
转向器传动比	I_G	mm/rev	50	50	50	50	50	50	50	50	50	50
小齿轮半径	r_{Pi}	m	0.007957747	0.007957747	0.007957747	0.007957747	0.007957747	0.007957747	0.007957747	0.007957747	0.007957747	0.007957747
转向节臂长度	r_L	m	0.119366207	0.119366207	0.119366207	0.119366207	0.119366207	0.119366207	0.119366207	0.136077476	0.119366207	0.119366207
扭杆刚度	C_T	N·m/(°)	2	2	2	2	2	1.8	2	2	1.8	2
扭杆扭转刚度	C_T	N·m/rad	115	115	115	115	115	103	115	115	103	115
车轮连接件扭转刚度	C_R	N·m/rad	40000	40000	40000	40000	40000	40000	40000	40000	40000	40000
转向刚度	C_S	N·m/rad	15678	15678	15678	15678	15678	14685	15678	18234	14685	22526
转向助力系数	A_S		1	1	1	1	1	1	1	1	1	2

① 指每个车桥的两个车轮。

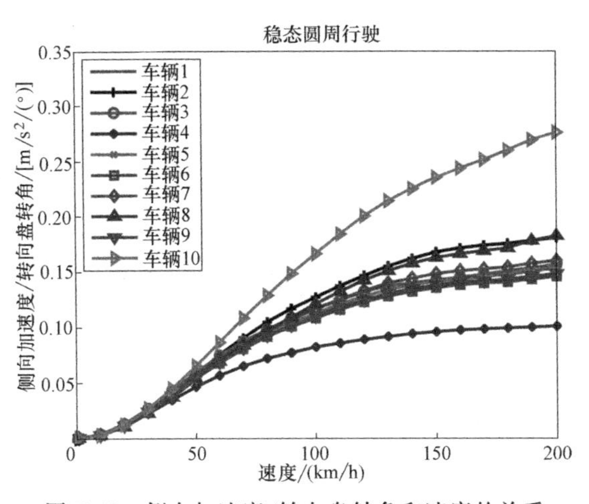

图 E-13　侧向加速度/转向盘转角和速度的关系（侧向加速度约 $4m/s^2$）

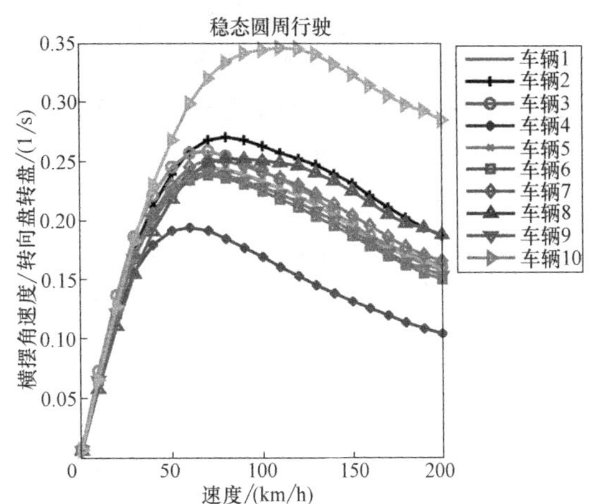

图 E-14　横摆角速度/转向盘转角和速度的关系（侧向加速度约 $4m/s^2$）

2　转向系统的行驶动力学基础

前轮转向车辆的早期开发阶段可以应用线性单轨模型，这个模型到加速度为 0.4g 时依然是有效的，进而可以确定重要的转向参数，例如转向传动比。在设计初始阶段，轴距、质量以及侧偏刚度在前后桥上的分配都应该大致定下来了。

2.1　转向轴的布置和稳态回正力矩

转向轴是前桥在没有纵向力和侧向力的情况下转向时的转动轴（参见第 D 章）。假定在力较小时，转动轴的改变很小，这样前桥上的静态回正力矩（转向力矩 M_S）根据 Mitschke（1972）的专著可以计算得出，即

$$M_S = m_F g\delta[r_0'\tan\sigma - (r_\tau - f_R r_{dyn})\tan\tau] \tag{E.40}$$

其中，

$$r_0' = r_{stat}(\tan\sigma + \varepsilon_V) + r_0 \tag{E.41}$$

借助转向力矩、转向轴和转向系统的摩擦只能够估算出转向角的稳态范围，也就是在车速很低、无侧向力、车轮可以自动回正的工况下的转向。

2.2　稳定系数的确定（稳定性因子）

稳定系数为固有转向梯度除以轴距，即

$$K = m\frac{C_{\alpha R,eff}l_R - C_{\alpha F,eff}l_F}{C_{\alpha R,eff}C_{\alpha F,eff}l^2} \tag{E.42}$$

前桥的有效侧偏刚度具有特别的意义，车桥结构的特性、转向系统、弹性系统的侧倾刚度和侧倾转向共同对前桥有效侧偏刚度产生影响。

$$C_{\alpha F,eff} = \frac{C_{\alpha F}}{1 + \frac{l}{l_R}(\varepsilon_{\phi,F}C_{\alpha F} + \Delta\varepsilon_{v,\phi,F}C_{\alpha F})\frac{h}{C_\phi} + (r_\tau + r_P)\frac{C_{\alpha F}}{C_S}} \tag{E.43}$$

式中　h——车身质心到侧倾轴的距离；

$\varepsilon_{v,\phi,F}$——前桥的侧倾转向系数；

$\Delta\varepsilon_{v,\phi,F}$——侧倾引起的车轮外倾角变化；

C_{ϕ}——侧倾刚度；

$r_{\tau}+r_{P}$——总拖距；

C_S——从下至上的转向系统刚度。

对于当今的车辆结构而言，有效侧偏刚度的近似值可以通过下式计算［也可参见式(E.28)］：

$$C_{\alpha F,eff} \approx \frac{C_{\alpha F}}{1+(r_{\tau}+r_{P})\dfrac{C_{\alpha F}}{C_S}} \tag{E.44}$$

这样，主销后倾拖距、前桥侧偏刚度以及“从下至上”的转向弹性的作用就一目了然。不同固有转向特性车辆的有效侧偏刚度可以相差至一半。在窄轮胎的备用车轮上，侧偏刚度甚至会下降到普通值的三分之一。

2.3　稳态横摆角速度增益和转向灵敏度

车辆对于转向盘转角不应该反应剧烈也不应该反应迟缓。我们常用横摆角速度增益这个参数来评价车辆反应。

$$\frac{\dot{\psi}}{\delta_H}=\frac{1}{i_S l}\frac{v}{1+Kv^2}=\frac{1}{i_S l}\frac{v}{1+\dfrac{v^2}{v_{ch}^2}} \tag{E.45}$$

现代车辆的横摆角速度增益在车速为100~120km/h时达到最大值（图E-15）。根据Weir和diMarco（1980）的专著，横摆角速度增益的理想值是，当速度为80km/h时，横摆角速度增益为0.3s^{-1}左右。这样可以确定所希望的固有转向特性在中间位置的转向传动比［式（E.45）］。

通过选择适当的横摆角速度增益，可以保证车辆在高速行驶时不至于产生过大的侧向加速度。侧向加速度除以转向盘转角即为转向灵敏度：

$$\frac{a_Y}{\delta_H}=\frac{1}{i_S l}\frac{v^2}{1+\dfrac{v^2}{v_{ch}^2}}=\frac{\dot{\psi}}{\delta_H}v \tag{E.46}$$

图E-16所示为侧向加速度增益和速度之间的关系。可以看出，在横摆角速度增益随车速增加而下降的情况下，侧向加速度增益（转向灵敏度）却在继续增加。

2.4　转向盘力矩-侧向加速度增益（稳态）

车辆在速度较低时产生静态回正力矩，在高速时产生动态回正力矩。回正力矩在转向盘上产生的增量对于转向感觉具有特别重要的意义，它不可以太大，也不能太小。

稳态的转向盘力矩-侧向加速度增益可以按照下面的公式计算：

$$\frac{\mathrm{d}M_H}{\mathrm{d}a_Y}=\frac{m_F r}{i_S}\frac{\left(A_S-a_Y\frac{\mathrm{d}A_S^2}{\mathrm{d}a_Y}\right)}{A_S^2} \tag{E.47}$$

其在零位的理想值为 2~3N·m/(m/s²)。此外还须考虑转向盘和转向管柱上大约 0.1~0.5N·m 的摩擦力矩。

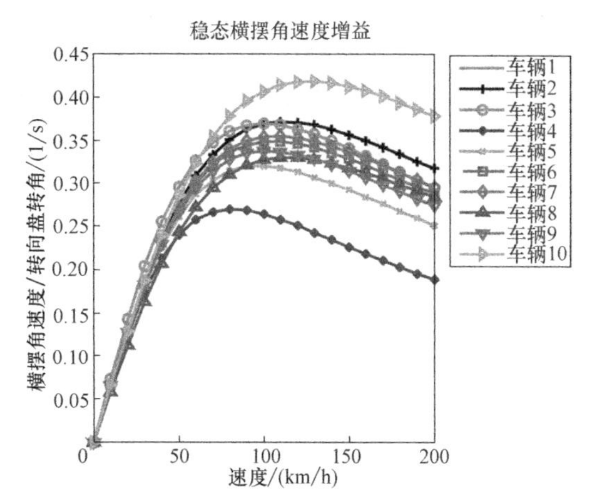

图 E-15 不同车辆的稳态横摆角速度增益（解析转向模型）

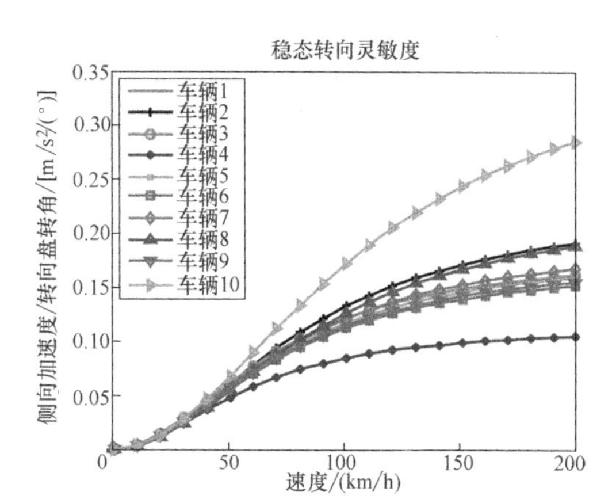

图 E-16 不同车辆的稳态转向灵敏度（简单转向模型）

2.5 转向盘力矩-转向盘转角的频域特性

除了最佳转向行程以及转向盘力矩的增加对于侧向加速度有影响外，还有其他的特征值对于理想的转向性能具有重要意义。首先是转向盘力矩-转向盘转角梯度，这个梯度值常称为转向硬度：

$$F(s)=\frac{\text{转向盘力矩}(s)}{\text{转向盘转角}(s)}=\left(\frac{M_H}{\delta_H}\right)_{stat}\frac{1+T_{z1}s+T_{z2}s^2}{1+\frac{2\sigma_f}{v_f^2}s+\frac{1}{v_f^2}s^2} \tag{E.48}$$

其中：

$$T_{z1}=\frac{ml_R^2+I_Z}{mvl_R} \tag{E.49}$$

$$T_{z2}=\frac{I_Z}{C_{\alpha R}l_R} \tag{E.50}$$

$$\left(\frac{M_H}{\delta_H}\right)_{stat}=\frac{ml_R r}{i_S^2 l^2}\frac{v}{1+(v/v_{ch})} \tag{E.51}$$

如同车辆对转向盘转角的响应一样，通常的转向频率下的转向盘力矩变化和准稳态的转向盘力矩变化不应该有明显的差别。

明显的相位偏差在主观评价中将被视为缺点。根据 Hill（1987）的观点，在转向频率为 0.5Hz 时，相位偏差达到 20°，评价分值将相差两个点。

2.6 自由控制的稳定性

行驶稳定性通常是在把持转向盘（所谓“固定控制”）的情况下进行。但是安全可靠的行驶性能还要求，在驾驶人松开转向盘（即所谓的“自由控制”）或者是在转向盘上施加转向后放开转向盘时，车辆不应该出现转向振荡，要能够抵抗干扰。

最简单的计算模型为单轨模型（两个自由度），复杂一点的就是 Braess（1967）论文中所介绍的在转向轴上增加转向的力矩平衡。更加精确的模型可以参见 Segel（1966）。图E-17 展示了在 $4\mathrm{m/s^2}$ 的稳态圆周行驶中，若突然松开转向盘，车辆会如何反应。振动过程受转动惯量、阻尼以及摩擦的影响很大。在简单模型中没有考虑摩擦，振荡时间明显较长。这表明在匹配过程中必须考虑摩擦、阻尼和惯量。在电动助力转向系统中可以通过特殊功能获得最优的振动过程。

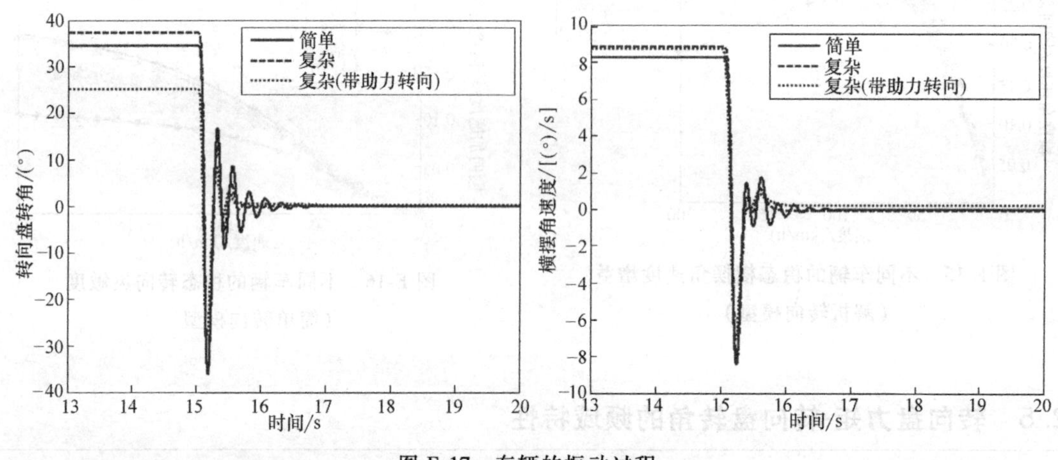

图 E-17 车辆的振动过程

2.7 转向的固有频率和阻尼

Döhring 在 1961 年就阐明，转向角锁定时的转向弹性以及转向系统的固有频率对于车辆转向精准性和转向抖动具有重要意义。在 Mouri et al.（2007）的论文中对这一问题进行了拓展，可以根据所期望的转向感觉来优化转向盘运动。如图 E-18 所示，固有频率为 6~7Hz，阻尼为 0.8~0.9 之间的有较好的转向感觉。

2.8 制动跑偏的抑制

转向系统设计首要考虑的是车辆的横向动力学的影响，此外也附带考虑纵向动力学的影响。例如，在对开路面上制动会在前桥上产生大小不同的制动力，负的主销偏移距会自动产生一个转向角来抑制横摆力矩，减少车辆跑偏。Braess 在 1965 年对其原理进行了简略分析，在 1970 年进行了详细分析。

图 E-18 转向感觉与固有频率、阻尼的关系（数值是在转向角锁定下计算得到）

在前桥驱动上通常采用负的主销偏移距，另外也有把主销偏移距设计得很小的方案。在 EPS 转向系统中可以实现，

转向系统会产生一个转向盘力矩提醒驾驶人反转转向盘来纠正跑偏（参见第 S 章）。在叠加转向系统中，这种反转转向盘的操作会自动完成，不需要驾驶人来完成（参见第 P 章）。

2.9 转向稳定的制动系统

制动回路分开布置提高了制动装置失效的安全性。如果制动回路呈对角线布置，那么前桥总是有一个车轮有制动力，产生的横摆力矩可以通过负的主销偏移距来抑制（Heißing 和 Ersoy，2007）。当今零件系统的电子网络化布置原理就是从制动回路布置方式发展来的。

2.10 空气动力学对行驶性能的影响

产生空气升力的空气动力学现象在现代轿车上非常普遍，大多数情况下空气升力对前后桥的作用不同，会影响桥荷和平衡位置（Hucho，2005）。通常空气升力会导致侧向加速度极限值的改变，并且改变固有转向特性，也就是会产生不足转向趋势或者过多转向趋势。过大的后桥升力会降低高速行驶稳定性，同时前桥的升力使得车辆只要很小的转向盘力矩就能“轻便转向”，这样会导致转向精准性下降。通常在大功率车辆上，其最高车速下的空气升力系数不能大于 0.1。

2.11 前轮驱动车辆

前轮驱动的车辆与后轮驱动的车辆在固有转向特性上有明显的不同（参见 Krummel 等 1981 年、Gillerspie 和 Segel 1983 年的文献）。

- 前桥载荷过大的问题更加突出。
- 车身俯仰时驱动力矩会影响转向，不对称的左右驱动轴影响直线行驶能力。
- 在转向时驱动力矩直接影响车辆的横摆力矩。
- 驱动力矩间接影响侧向力和车轮回正力矩。

这些影响涉及横向动力学（固有转向特性、弯道载荷转移、低附着路面等）和转向性能（转向力、转向回正等），必须予以考虑（Krummel 等，1981）。在最近几十年里，前驱车辆的数量明显增加。在车桥设计中，减小干扰力臂会带来很大帮助（Heißing 和 Block，2001；Simon 等，2009）。其他的措施包括，可调节的差速锁以及力矩辅助控制系统（Frömming 等，2009；Wakamatsu 和 Nishimori，2010）。

参考文献 E

BRAESS, H.-H. (1967): Beitrag zur Stabilität des Lenkverhaltens von Kraftfahrzeugen. ATZ 1967, S. 82–84

BRAESS, H.-H. (1965): Beitrag zur Fahrtrichtungshaltung des Kraftwagens bei Geradeausfahrt. ATZ Jahrgang 67, S. 218–221

BRAESS, H.-H. (1970): Theoretische Untersuchungen des Lenkverhaltens von Kraftfahrzeugen. FISITA-Kongress 1970, Paper 17.1.B

BRAESS, H.-H. (1975): Ideeller negativer Lenkrollhalbmesser. ATZ Jahrgang 77, S. 203–207

BRAESS, H.-H. (2001): Lenkung und Lenkverhalten von Personenkraftwagen – Was haben die letzten 50 Jahre gebracht, was kann und muß noch getan werden? VDI-Bericht Nr. 1632

BRAESS, H.-H. und SEIFFERT, U. (2007): Handbuch Kraftfahrzeugtechnik. Vieweg+Teubner Verlag: Wiesbaden 2007, S. 581

DECKER, M. (2009): Zur Beurteilung der Querdynamik von Personenkraftwagen. Dissertation, Technische Universität München 2009

DIN 70000 (1994): Fahrzeugdynamik und Fahrverhalten. Berlin: Deutsches Institut für Normung e.V.

DÖHRING, E. (1961): Über Wirkungsgrad und Elastizität von Automobil-Lenkgetrieben, ATZ, Jahrgang 63, Heft 3, S. 75–77

DÖHRING, E., BECKER, J. F. (1973): Die Lenkunruhe der McPerson-Achsen. ATZ Automobiltechnische Zeitschrift 75 (1973) 5, S. 155–162

DÖDLBACHER, G. und GAFFKE, H.-G. (1978): Untersuchung zur Reduzierung der Lenkungsunruhe. ATZ Automobiltechnische Zeitschrift 80 (1978) 7/8, S. 317–322

FRÖMMING, L., HENZE, R. KÜCÜKAY, F. und APEL, A. (2009): Querverteilung des Antriebsmoments bei Frontantrieb. VDI-Bericht 2086, S. 335–348

E

ISO 4138 (2004): Passenger cars – Steady-state circular driving behaviour – Open-loop test Methods. 3rd edition 2004-09-15

ISO 7401 (2003): Road vehicles – Lateral tranisient response test methods – Open-loop test methods

ISO 8855 (1991): Terms for road vehicle dynamics and road holding ability

GILLERSPIE, T. D. und SEGEL, L. (1983): Influence of front-wheel drive on vehicle handling at low levels of lateral acceleration. IMechE, Road Vehicle Handling, No. C114/83, pp. 61–68

HEISSING, B. und BLOCK, M. (2001): Fahrwerk und Antriebstrang. Der neue A4, Sonderausgabe ATZ/MTZ, S. 84–96

HEISSING, B. und ERSOY, M. (2007): Fahrwerkhandbuch Grundlagen, Fahrdynamik, Komponenten, Systeme, Mechatronik, Perspektiven

HILL, R. (1987): Correlation Of Subjective Evaluation And Objective Measurement of Vehicle Handling, EAEC, Strasbourg 1987

HUCHO, W.-H. (2005): Aerodynamik des Automobils, 5. Auflage. Vieweg Verlag: Wiesbaden 2005

KRAAIJEVELD, R., WOLFF, K. und VOCKRODT, T. (2009): Neue Testprozeduren zur Beurteilung des Fahrverhaltens von Pkw mit variablen Lenksystemen. ATZ Automobiltechnische Zeitschrift 111 (2009) 3, S. 124–129

KRUMMEL, J. et al. (1981): Fahrverhalten und Lenkung bei Frontantrieb. 50 Jahre Frontantrieb, VDI-Bericht 418, S. 245–252

MITSCHKE, M. (1972): Dynamik der Kraftfahrzeug. Springer Verlag: Berlin 1972

MITSCHKE, M. und WALLENTOWITZ, H. (2003): Dynamik der Kraftfahrzeuge, 4th edition. Springer Verlag: Berlin, Heidelberg, New York 2003

MOURI, H., KUBOTA, M. und HORIGUCHI, N. (2007): Study on Effects of Transient Steering Efforts Characteristics on Driver’s Steering Behavior. SAE-Paper 2007-01-0823, Warrendale 2007

NEUREDER, U. (2001): Modellierung und Simulation des Lenkstranges für die Untersuchung der Lenkungsunruhe. ATZ Automobiltechnische Zeitschrift 103 (2001) 3, S. 216–224

NOZAKI, H. (1985): The Effects on Steering System Rigidity on Vehicle Cornering Characteristics in Power-Assisted Steering Systems. JSAE-Review, 4/1985

PACEJKA, H. B. (2006): Tyre and Vehicle Dynamics. Second Edition, Butterworth Heinemann

PFEFFER, P. E. (2006): Interaction of Vehicle and Steering System Regarding On-Centre Handling. Thesis University of Bath, UK

PFEFFER, P. E. und HARRER, M. (2007): On-Centre Steering Wheel Torque Characteristics during Steady State Cornering, SAE-Paper 2008-01-0502, Warrendale 2007

PFEFFER, P. E., HARRER, M. und JOHNSTON, D. N. (2008): Interaction of vehicle and steering system regarding on-centre handling. Vehicle System Dynamics, Volume 46, Issue 5 May 2008 , p. 413–428

POST, J. W. (1995): Modeling, simulation and testing of automobile power steering systems for the evaluation of on center handling. Thesis Clemson University, USA

RIEKERT P. und SCHUNCK T. E. (1940): Zur Fahrmechanik des gummibereiften Kraftfahzeugs. Ingenieur Archiv, Band 11, Heft 3, 6.1940, S. 210–224

SEGEL, L. (1966): On the Lateral Stability and Control of the Automobile as Influenced by the Dynamics of the Steering System, Transactions of the ASME, Journal of Engineering for Industry, Aug. 1966, pp. 283–295

SIMON, M., FRANTZEN, M., GERHARDS, T., DAVID, W. und JAGT, P. v.d. (2009): Front Wheel-Drive with 300 PS – Is it Possible? RevoKnuckle – Development of a Driven Front Suspension for a 300 PS Sports Car. Chassis.tech. München 2009

WAKAMATSU, K. und NISHIMORI, T. (2010): Driving Torque Transfer System for FWD with Steering Wheel Compensation. FISITA Paper F2010D022

WEIR, D. H. und DiMARCO, R .J. (1980): Correlation and evaluation of driver/vehicle directional handling data. SAE Paper 780010, Warrendale 1980

ZSCHOCKE, A. (2009): Ein Beitrag zur objektiven und subjektiven Evaluierung des Lenkkomforts von Kraftfahrzeugen. Dissertation, Karlsruher Institut für Technologie

F 声音和振动

近些年来，汽车开发领域中的“声学和振动技术”越来越突显出其重要的意义，并取得了显著的进步。在车辆上对声品质、噪声强度，以及振动的频率和强度等提出了不同的要求。在车辆开发之初就拟定了相关的措施来解决不同的问题，也就是不舒服的噪声要尽可能地减小，对于一些警示性的噪声，只要强度能够引起人们安全警觉就可以。此外，特别是在中高级车辆上，“噪声”还应该按照客户的期望来进行设计，振动也类似。驾驶人持续把持转向盘感知转向盘上的振动，转向盘的振动设计（包含转向盘部件以及车身）对于整车的振动舒适性具有重要的意义。人们对于一部车的声音和振动的印象直接决定了他们的购买意愿。

转向系统（包括机电部件）具有重要地位，对于驾驶感觉有决定性影响。转向系统一方面属于功能性很强的机电系统，同时也是最大的噪声源之一。声功率 $P_{akustisch}$ 和机械功率 $P_{mechanisch}$ 接近于线性关系，可以用声效率 $\zeta_{akustisch}$ 来预估。

$$\zeta_{akustisch}=\frac{P_{akustisch}}{P_{mechanisch}} \tag{F.1}$$

对于大多数机电系统，其范围值为 $10^{-8}\leqslant\zeta_{akustisch}\leqslant10^{-4}$。如果知道声效率，就能算出声功率级 L_W，单位为 dB。

$$L_W=10\lg\left(\frac{P_{akustisch}}{P_0}\right)=10\lg\left(\frac{\zeta P_{mechanisch}}{P_0}\right)=10\lg(\zeta)+10\lg\left(\frac{P_{mechanisch}}{P_0}\right)[\mathrm{dB}] \tag{F.2}$$

其中，$P_0=10^{-12}$，基准声功率，单位为 Watt。

准确的计算可以通过声压级公式，或者根据 VDI 法规由声源辐射能量（ETS 值）来进行。

1 操作噪声和功能噪声

声学研究中把转向系统噪声分为操作噪声和功能噪声。划分的依据是驾驶人对噪声的影响程度和噪声持续的时间。二者的区别是，转向系统的噪声是由驾驶人干预产生的还是由系统自动产生的。由驾驶人干预产生的噪声为操作噪声，例如操作点火开关、调节转向盘产生的噪声；不是由驾驶人直接或者间接操作产生的噪声归为功能噪声，例如车辆驶过坏路面或者入库泊车时产生的噼啪声音。相对于功能噪声，驾驶人更容易接受操作噪声。操作噪声终归是由于驾驶人的有意行为而引发的，不会感到意外，另外驾驶人还可以由这种噪声获知车辆的反馈，车辆反馈往往属于车辆的开发目标之一。为了获得高品质的声学特性，这种操作噪声允许驾驶人听到，但是不能干扰驾驶人。而功能噪声最好是一点也听不到。从声学的角

度来看，不同汽车品牌的区别体现在声音上，尤其是操作噪声的声学。转向系统噪声特征分类见表 F-1。

表 F-1 转向系统噪声特征分类

	操作噪声 （有意和直接的影响）	功能噪声 （无意和间接的影响）
持续时间（高）	转向管柱调节（摩擦声）	卷簧（摩擦声） 泊车（啸叫、轰鸣、嘶嘶声、颤抖）
持续时间（低）	转向锁（咔哒声） 限位（撞击声）	转向器压块（吧嗒） 转向器间隙（啪啪声） 液压回油管（气穴爆破声）

1.1 转向系统的声源

转向助力可以通过液压、电液或者电动的方式来实现。在液压助力转向系统中会产生各种液压噪声和振动噪声。噪声的大小大多与负载有关，噪声的分类可以如图 F-1 所示。图 F-1中分类是以结构组件来进行的，按照转向助力的方式和转向机构进行划分。噪声分为“机械”“液压”“电动”和“运动学”噪声，反映了其相应的噪声源。系统噪声不仅与噪声源有关，还跟传递到乘客舱内的路径以及激励的方式有关。

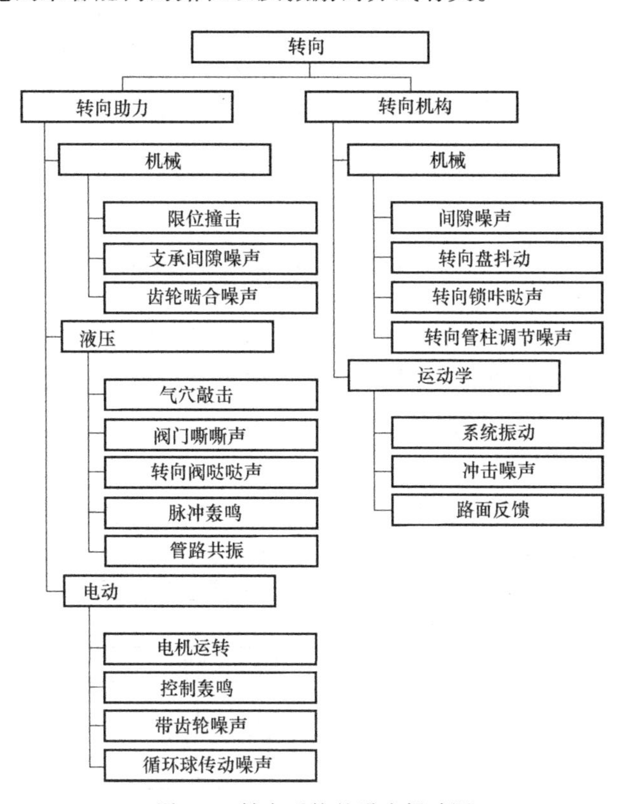

图 F-1 转向系统的噪声振动源

声音的强弱、音调的高低由动态的载荷以及物理特性来决定。所有的转动声音都是由每

转动一周而循环变化的力 Z、转速 U、阶次 n（高阶谐波）组合而成的，噪声特性明显与阶次相关。典型的阶次噪声由转向助力泵的压力脉动和电子系统的磁力波动产生。

$$f_{n\ Ord} = Zn\frac{U}{60} \quad [\mathrm{Hz}] \tag{F.3}$$

U 的单位为 1/min

各个阶次的振幅随着转速的改变成比例地扫过所有频率。宽频噪声来自橡胶支撑、罩盖的磨损或者液压阀的特别敏感的压力下降。操作噪声往往是多种噪声的叠加。

1.2 电动助力转向系统

人们把电动助力转向过程的声压级记录下来，并且根据频率组成将其拆分成时间-振幅关系，描绘成图 F-2 所示的特征图。

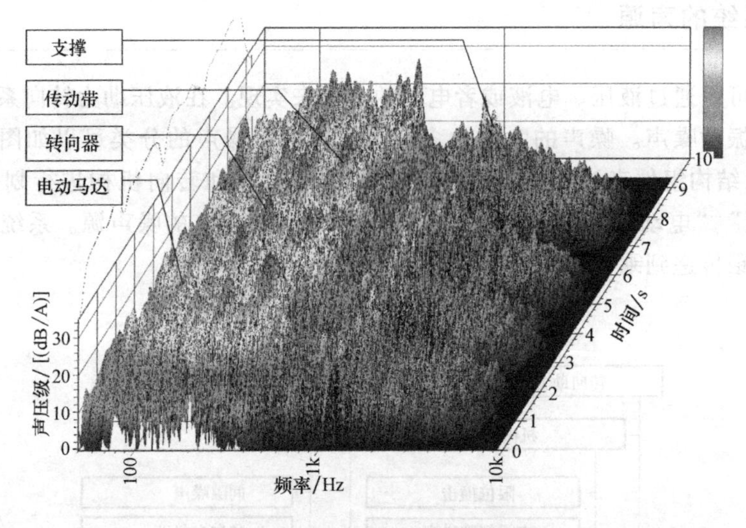

图 F-2 电动助力转向系统的声谱图

图零件声源由几部分组成，如图 F-3 所示。按照阶次进行分类，电动机和变速机构的传动比产生阶次。要想在技术上借助隔音结构来降低噪声，必须知道噪声的实际状况。根据噪声声压和频率可以把噪声源列出优先级，同样也可以列出结构优化措施的优先级。结构设计时必须考虑噪声的传递路径，如图 F-3 所示。原则上来说，在每个部件边沿都应该分析是否可以采取辅助措施。这些辅助措施包括增加黏性阻尼、进行弹性解耦，或者在零件表面增加局部质量。主要措施是通过更改零件直接减小激振源的激励，例如，避免电流测量不精确、控制不稳定或者出现控制死点。

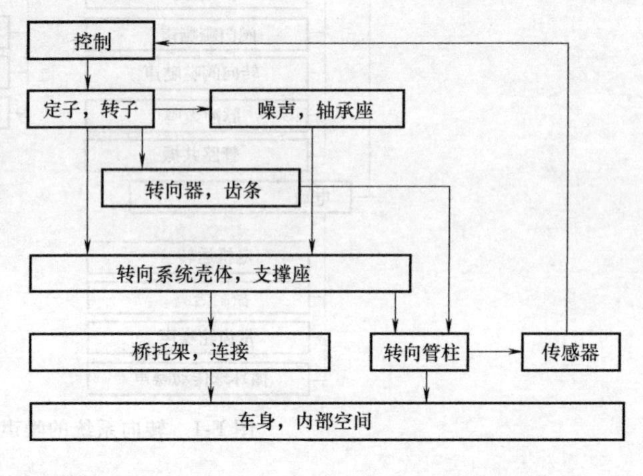

图 F-3 电动助力转向系统的电机驱动噪声传播途径

1.3　液压助力转向系统

液压助力转向系统的噪声源主要是液体本身。能够导致可以听到或者感知到的振动的是静态压力叠加动态压力，也称为压力波动，如图 F-4 所示。

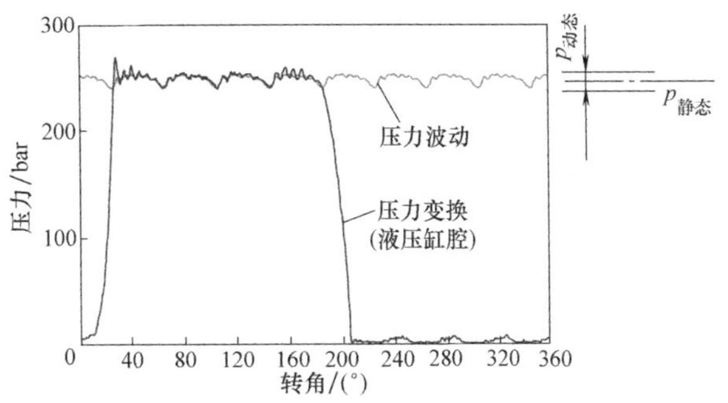

图 F-4　液压泵的动态压力波动和静态压力的叠加

压力波动的原因是流量波动以及流量波动与液压阻抗之间的相互作用。这种相互作用是由管路的局部流量质量和流量储存能力以及管路系统的共振区域来决定的。声学匹配和声学优化工作是在转向系统总成上来进行的（图 F-5）。这个完整的子系统搭建在一个专门的试验台上。必须保证这个子系统在声学评价上和整车之间具有关联性。此外，还要保证所有的接口处都能够测量动态载荷或者固体声振动加速度。与车身相连处的连接阻抗可以通过计算来得到，或者测量不同位置的相位，通过彼此间的相位关系得到连接阻抗。对部件的测量值和虚拟车身进行计算来评价声学影响。如果有与时间相关的数据，可以把这些数据做成可以听到声音，并在静音室中播放让评审团来进行主观评价。声学优化可以在空气声传播、固体声激振源泵、液压管路的传递特性（固体声传递、液压声传递、管声传递）、齿轮啮合和齿轮轴支撑的间隙以及系统支撑中的减振设计形式等方面来进行。

高压管的匹配特别重要，具体地说就是与连接高压泵和转向阀的膨胀管内的谐振器管的匹配。高压管的匹配同样必须在总成试验台架上检验。这种试验台架的结构必须保证液压总成以及几何位置与实车一致。在设计时，高压管内的谐振器可以取不同长度、不同直径和不同位置的节流阀的塑料管。噪声可以通过谐振器管降低 40dB 以上。节流阀位置的影响在 20dB 以下，如图 F-6 所示。

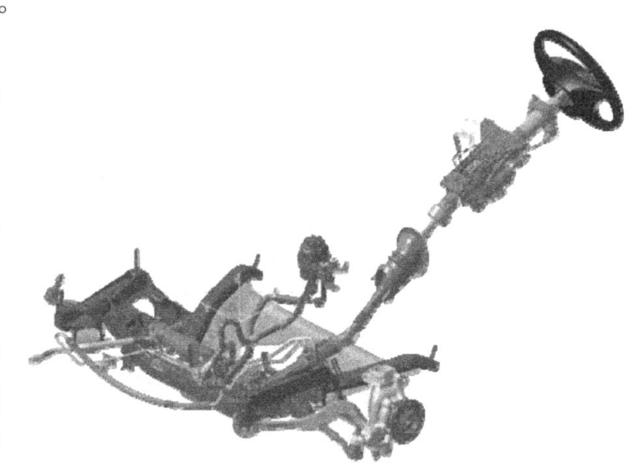

图 F-5　转向系统总成安装在系统试验台架上

表 F-2 中对一些典型噪声进行了对比，并列出了解决措施。在泊车时，除了可以听到液压泵噪声外，还可以听到在接近转向极限时的转向嘶嘶声，其原因为转向阀的控制棱边处产生了很大的压力下降，压力下降会导致转向阀的控制棱边处的液体流速达到声音速度，从而产生压力波，产生声音。提高回油管内的背压可以明显降低噪声，或者通过多个节流板来逐级降低油压。通过安置一个或多个节流板可以完全消除嘶嘶声。多个节流板的优点是，横截面的形状可以分级。

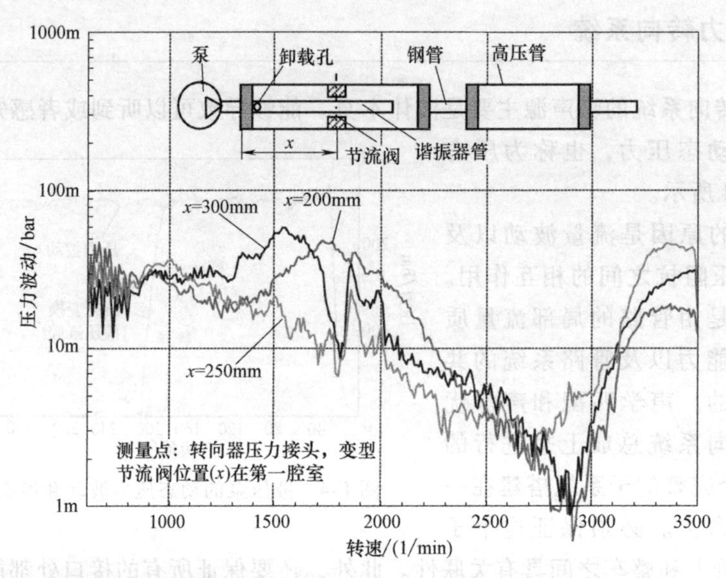

图 F-6　在匹配台上测量节流阀位置不同的高压管变形的结果

表 F-2　转向系统的噪声分类

现象	原因和措施
液压泵噪声	通过匹配高压管中的谐振器管和节流板来减少转向器上的压力波动
转抽抖动	由于对转向角速度和转向压力的高要求导致控制回路不稳定，可以优化转向阀梯度和回油管的体积增大量
转向啪嗒声	液压啪嗒声是由于坏路面行驶产生的气穴，可以优化节流板的位置和通往转向油罐的回油管的背压
转向嘶嘶声	转向阀对压力下降特别敏感，可通过回油管中的节流板直径来匹配背压
固体噪声传播	支架的橡胶止位块在静载荷很大时产生声学"短路"，可优化橡胶硬度，最好在连接位置采用高声学阻抗的材料

要注意的是，节流板和节流阀会提高流动压力，这会导致更大的能量损失。车轮在低附着路面上快速转向产生转向抖动声。转向啪嗒声是由于在转向阀后形成气穴，例如在弯道中驶过沟坎。

2　稳定性

液压系统以及零部件是否产生噪声取决于具体的问题以及激励。对于液压系统来说，最大的问题是由于助力的不稳定性而产生的液压吧嗒噪声和转向抖动。与这两个问题首要相关的是转向阀梯度，通过回油管路的结构优化可以加以改善。当然，匹配工程师不得不经常采取妥协或者折中方案，来满足相互矛盾的目标。所以，液压系统的稳健性往往体现在转向抖动或者液压噪声不敏感上，反过来说，不稳健的液压系统更容易产生转向抖动和液压噪声。

2.1 液压转向啪嗒噪声

车辆在坏路面行驶或者越过沟坎时，在车轮上产生脉冲式激励，并经过齿条进一步传递到转向系统的整个液压回路中。这会导致噪声，其根源为齿条上存在的机械间隙，当然还有在转向阀之后通向转向油罐的回油管中的气穴。这种噪声就是液压啪嗒噪声。在主观感觉上无法区分这种液压啪嗒噪声与机械啪嗒噪声，而且它是偶尔出现，驾驶人在手感上察觉不出异样。这种噪声明显属于干扰噪声，其目标是让它不要被听到。在车轮冲击激励作用下，机械运动和液压运动过程之间的联系错综复杂，其声音传递途径可以参见图 F-7。

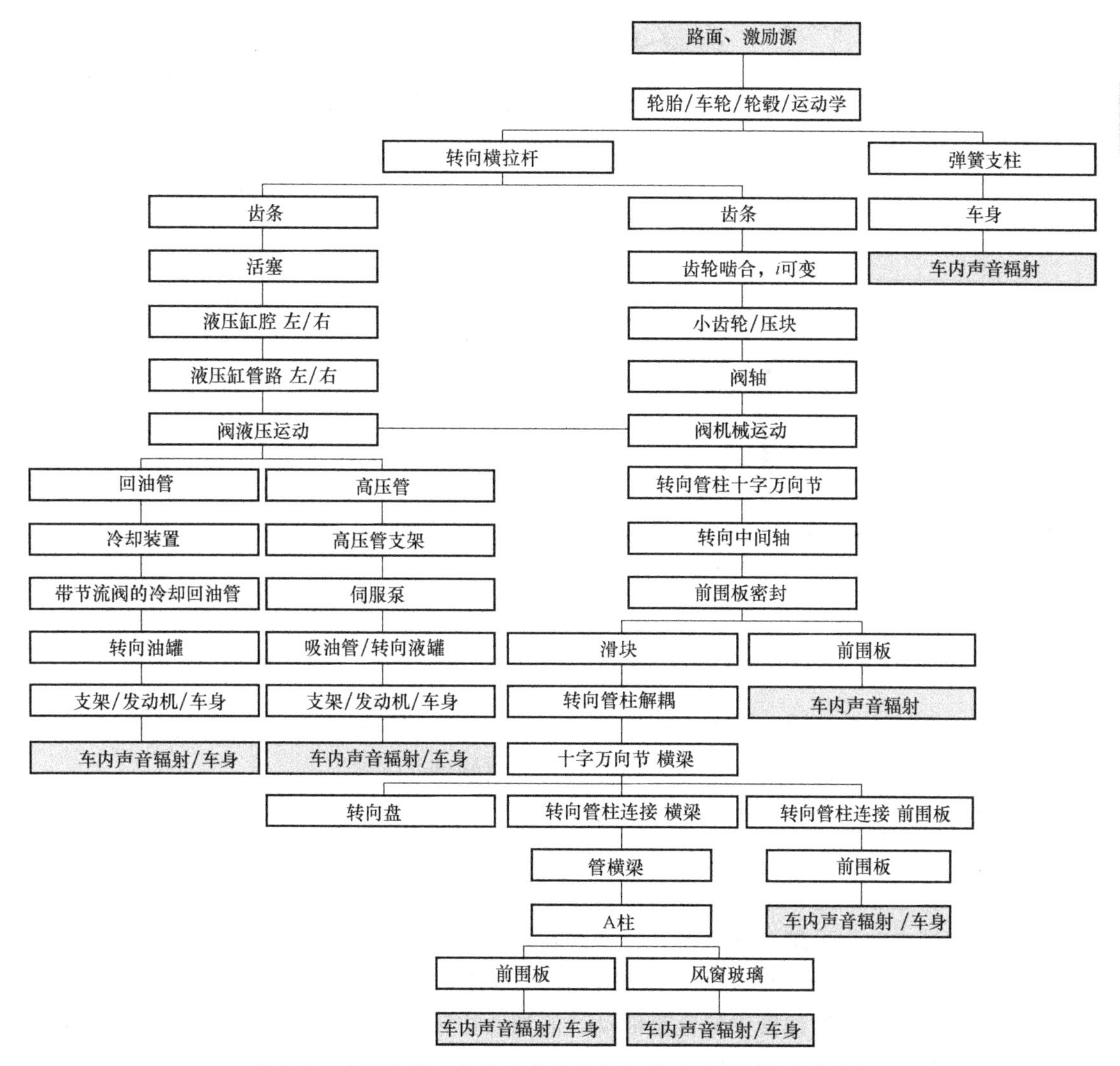

图 F-7 在坏路面上行驶或者越过沟坎行驶时声音的传递途径

车辆在弯道行驶中通过波状路面，速度从 5 到 20 km/h 时会产生液压啪嗒噪声。在激励作用下，液压运动和机械运动相互影响，造成管路中特别是回油管中的压力波动和流量波动很大（图 F-8）。

当车辆通过沟坎时，仅仅气穴的作用就可以使压力脉冲峰值达到 100bar。从图 F-9 中可

以看到，在低压区域直至汽化压力区域有很快的压力下降，紧接着就是脉冲高压，这样在车辆中就能听到啪嗒声。流量下降会导致转向器输出压力急剧下降，液体在很短的时间内冲击式汽化和冷凝，导致整个部件振动。通过匹配流量动态变化以及回油管中的背压可以避免这种噪声。在这里是在转向阀后面增加了一个液压声学容量器。

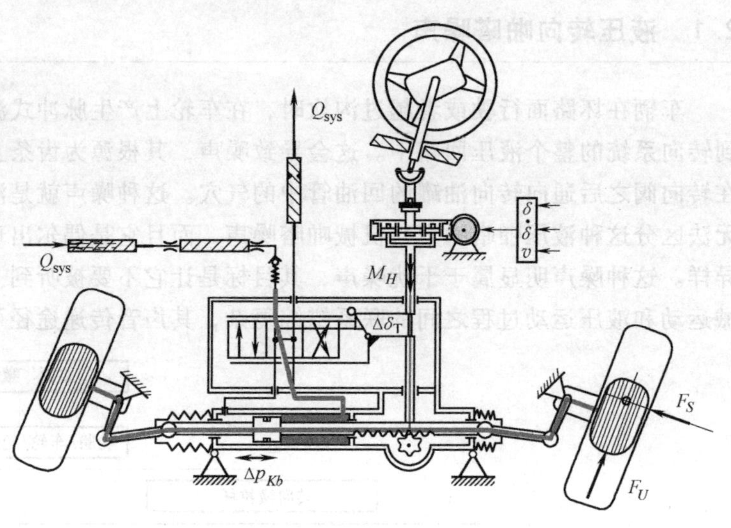

图 F-8　转向系统的液压回路作用示意图

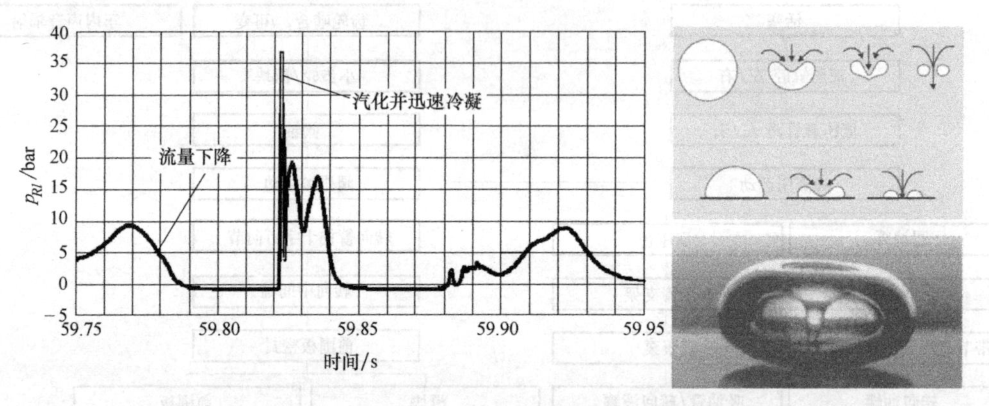

图 F-9　液压啪嗒声中气穴冲击引起的压力变化以及图示气穴冲击过程

在大功率的转向系统中，例如运动型豪华车上，这种液压噪声产生的障碍会使控制系统失去稳定，这可以在转动转向盘时从转向盘的抖动感知到。

2.2　转向抖动

在泊车时，轮胎一直在滚动摩擦和滑动摩擦之间反复不连续地过渡，与路面间产生侧向力波动，从而冲击转向系统引起抖动。特别是在阻尼较小的转向系统以及路面附着系数较小时，这种抖动更容易出现。在这里，引起抖动的是整个转向系统的液压以及机械部件。主要的影响因素是在弹性的回油管中的流量波动。假如通往转向油罐的液压回油管中的动态储油能力小的话，则管路中的波动幅值会明显下降（图 F-10）。

尽管如此，回油管还是必须保证要有足够的动态储存容积，以避免由于气穴的蒸汽压力导致的压力下降，从而避免转向液压啪嗒噪声。图 F-11 给出了回油管上的优化措施范例。在行驶试验中采用了储存容积最优化的长度的回油管。通过匹配橡胶管的材料和形状刚度，可以得到体积增加与背压呈非线性增加的特性。材料刚度可以通过橡胶管的橡胶和编织层的弹性模量 E 来改变，形状刚度则是通过椭圆形的横截面来实现。

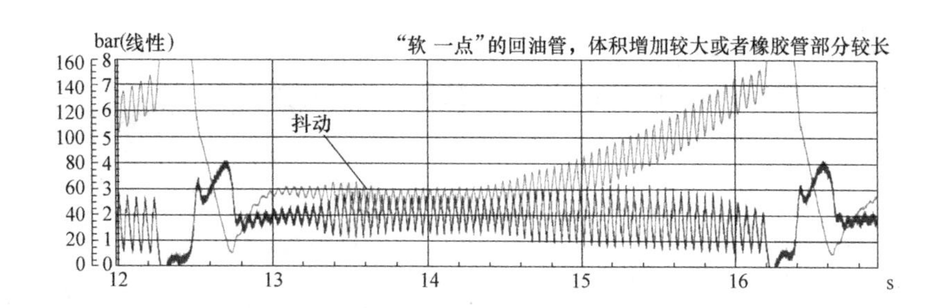

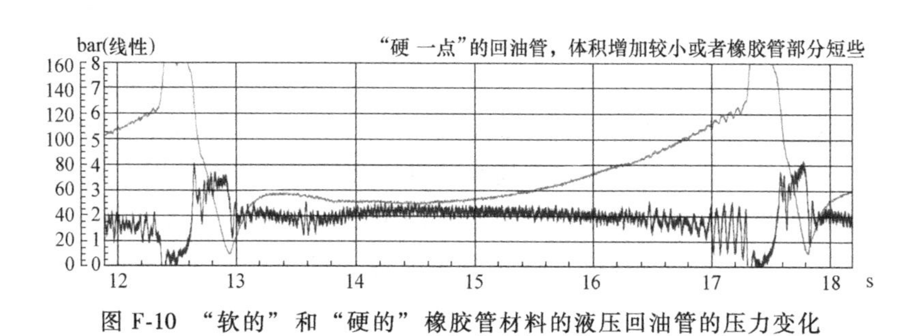

图 F-10 “软的”和“硬的”橡胶管材料的液压回油管的压力变化

2.3 转向盘转动振动（LDS）

类似于表 F-1 中把主观感觉到的噪声分为操作噪声和功能噪声，转向盘上的振动或抖动也可以进行区分。在这里，假如转向盘上的振动与驾驶人施加的转向或其他操作相关的话，那么这种振动反映了驾驶人所需要的反馈信号。在运动型车辆上，这种反馈对于驾驶人很重要。而与此相反的是转向盘转动振动（LDS）。转向盘转动振动是车辆速度中等时出现在转向盘上频率为 10～30Hz 的转动振动。整个转向系统包括转向盘、转向管柱、转向器、横摆臂和纵摆臂以及整个悬架，共同形成一个振动系统。对于转向盘处的转动振动，一旦激励出现在共振频率上，驾驶人会感受到特别大的干扰，并感到很不安全。振动的幅值会受到系统阻尼以及车轮与路面摩擦的限制。车轮上的微小振动不会产生车辆导向能力损失，也不会出现伤及安全的振动。尽管如此，LDS 一旦出现问题，用户会马上向售后服务部门投诉，从而增加汽车生产厂家的售后服务成本。根据不同的行驶方式划分两种不同的 LDS：

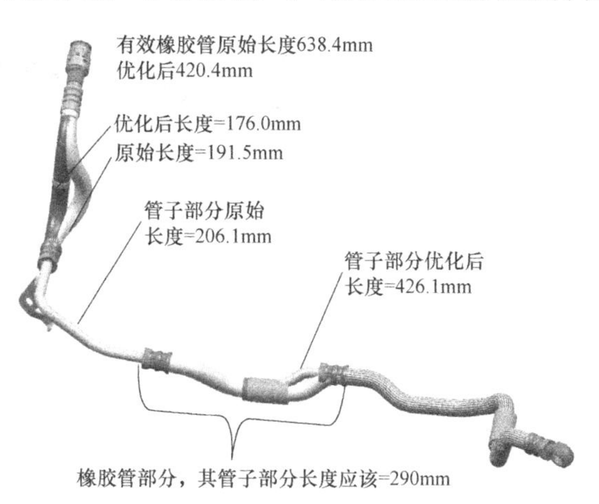

图 F-11 回油管优化，减小液压啪嗒噪声和转向抖动

- 由于车轮缺陷产生的在直线行驶中出现的自由转动的 LDS。原因是车轮不平衡，例如偏心，以及车轮附着力波动。

- 制动产生的 LDS，即中等车速时制动车辆。原因是制动盘厚度不均匀。这会导致制动力波动，通过转向机构传递形成转向盘的转动振动。

在测量转动振动中必须消除横向运动。这是通过两个相切布置的加速度传感器形成的相

位差来进行测量的（图 F-12）。

转动振动加速度振幅 a_{LDS} 可以通过下面的复数向量计算得出：

$$a_{LDS}=\left|\frac{\underline{a}_1-\underline{a}_2}{2}\right| \quad [\mathrm{m/s^2}] \qquad (F.4)$$

转向盘转角对于 LDS 的振幅影响很大。LDS 的幅值最大可达到 5m/s² （图 F-13）。其原因是转向机构的运动学和弹性运动学，在不同的位置传动比是不一样的。

图 F-12　传感器布置方式，测量转动振动 LDS

通过匹配相关的系统零部件以及相互间的运动关系可以避免 LDS。最高目标是，在中等速度下避免激振频率与系统固有频率重合。外界激励在扫过系统共振频率时，转向系统必须有足够的阻尼进行抑制。阻尼和固有频率的大小，在某些转向系统中是通过不同刚度的横摆臂来实现的。图 F-14 说明了不同刚度的横摆臂的放大系数与激振频率的关系。

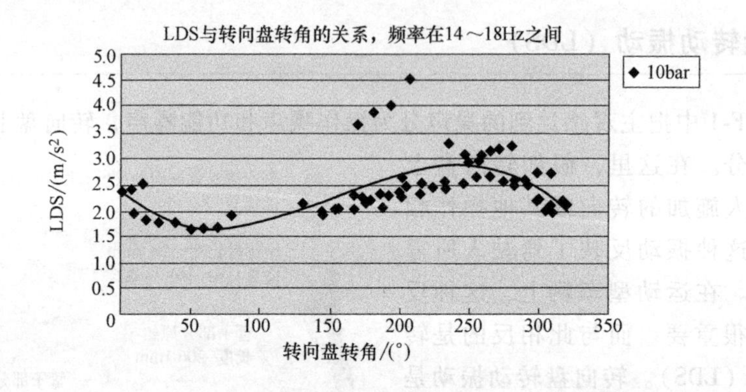

图 F-13　LDS 与转向盘转角的关系，制动压力为 10bar

（来源：D. Nowicki，D. Bestle，G. Strasser，Tu，Wien 2005 轮胎行驶道路论文集）

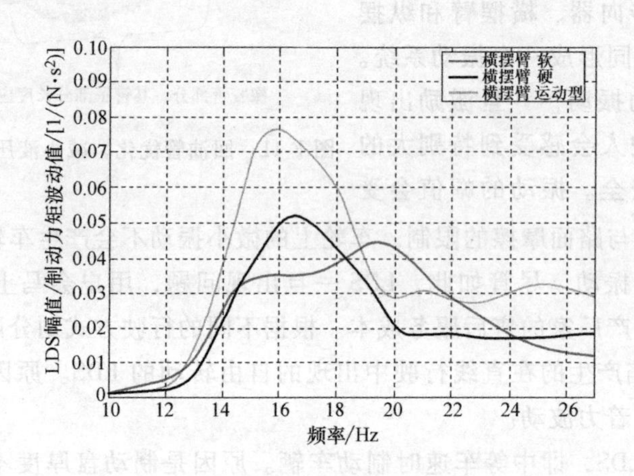

图 F-14　制动力矩波动值的传递函数

（来源：D. Nowicki，D. Bestle，G. Strasser，Tu Wien 2005 轮胎行驶道路论文集）

3　软管和管路传递的固体声音

弯管成型的管路在液压助力转向的高压管中得到了广泛的应用，一方面是因为它能够传递压力，另一方面是因为其声学特性。需要说明的是，声学方面本章节只是讨论管路中传递的固体噪声。除了液压泵本身的噪声外，泵和发动机连接，泵还接受从发动机传来的固体噪声，这些噪声将通过高压管传递到车身。

3.1　固体声波的叠加

固体声音传递的方式为伸缩波、扭转波和弯曲波的叠加（图 F-15）。

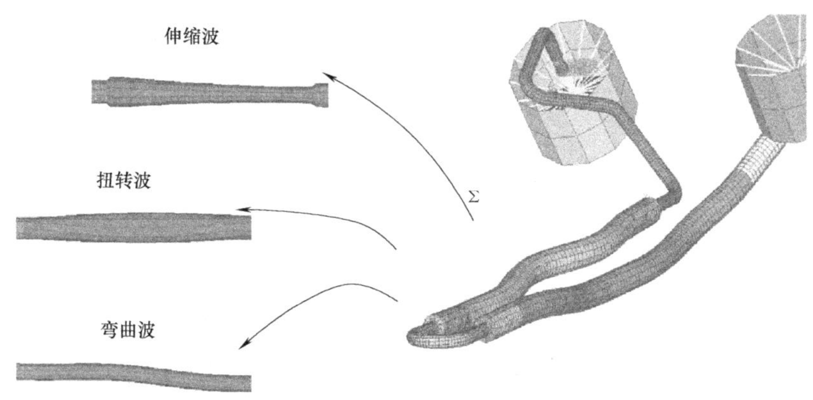

图 F-15　主要的叠加波形

人们在技术上最感兴趣的是伸缩波。这种准纵向波由于横向收缩，会损耗橡胶管材料在纵向、径向以及切向方向的弹性特性。通过软管管路静音结构设计，噪声衰减可以达到40dB，因此作为整车车内噪声传递的第二通道的管路所传递的噪声可以忽略不计。

3.2　材料声学特征参数

管路壁的弹性在很大程度上决定了固体声波速度和阻尼。除了结构上的尺寸、形状、布置外，复合弹性模量

$$\underline{E}=E+iE\eta \qquad (F.5)$$

是个很重要的声学特征参数。

高压管在 30bar 的油压下还能保持稳定。只有在更高的压力下，弹性模量才会因方向和位置的不同随压力的增大而增大。径向方向的弹性模量与切向方向的弹性模量只是在伸缩波传递中通过油液相互关联在一起。在中等油压和中等温度下，弹性模量可以近似认为是线性的（图 F-16）。

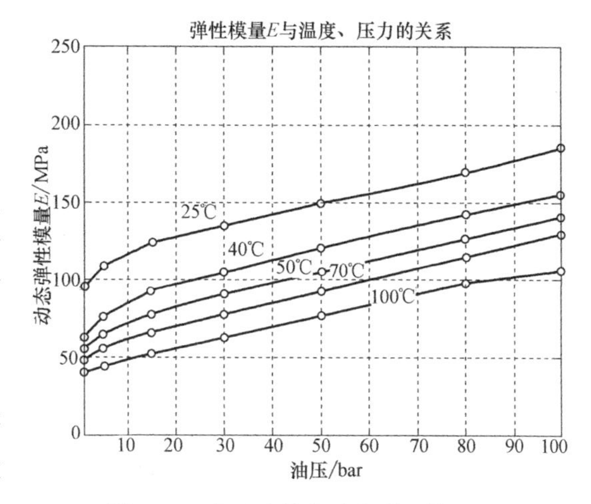

图 F-16　高压油管的动态弹性模量 E

3.3 通过弯折减少声音传递

油管通常可以用来连接两个位置不同（角度差、高度差）或者相对运动的物体。在弯曲布置中，管道外侧受到拉力（材料延伸），内侧受到挤压（材料压缩）。这种载荷形式会使管壁的有效弹性模量增大（图 F-17）。

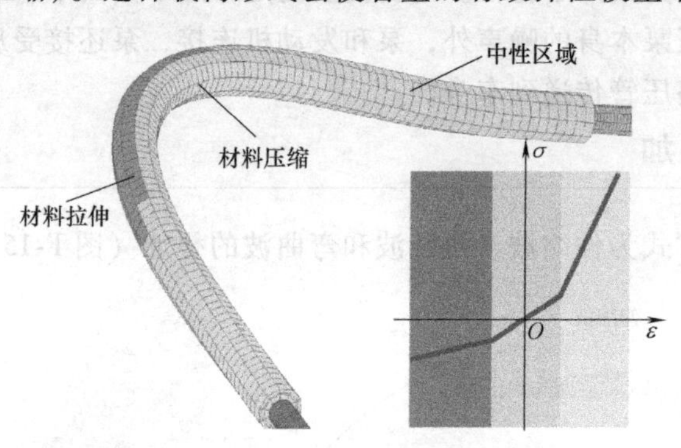

图 F-17 弯管上的应力分布

在弯曲半径较小的地方声波速度增大，固体声的固有频率也相应成比例增大（图F-18）。

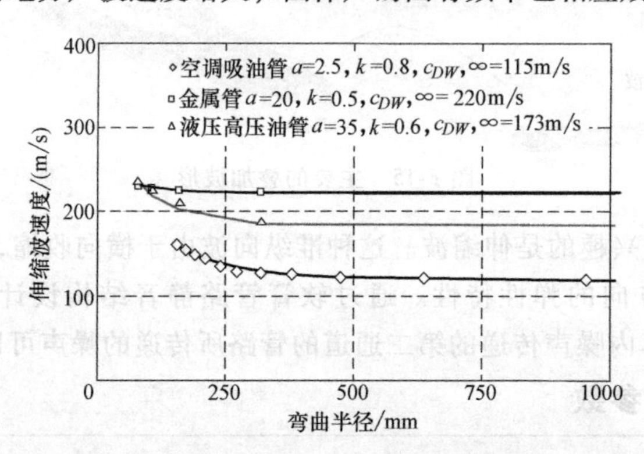

图 F-18 金属管和软管的弯曲对伸缩波速度的影响

式（F.6）为伸缩波速度的经验公式。式中的系数 a，指数 k 以及伸缩波速度 c_{DW0} 可以在管路试验台上测得。

$$c_{DW}(R)=\sqrt{c_{DW,\infty}^{2}+\left(\frac{a\cdot c_{DW,0}}{\left(\frac{R}{R_0}\right)^{k}}\right)^{2}} \tag{F.6}$$

$$c_{DW,\infty}=\lim_{R\to\infty}c_{DW}(R)$$

$$c_{DW,0}=1\mathrm{m}/s, R_0=1\mathrm{m}$$

另外，弯曲半径较大时，由于弯曲在纵向激励中还有横向力作用。横向力变化引起弯矩变化，由此引起弯曲波模态。如此类似，横向激励也会激发扭转波。

4 转向管柱和转向盘振动舒适性设计

转向盘是转向链中最后也是很重要的一环，转向盘被驾驶人握在手中，成为振动舒适性的评价点。本节阐述转向系统以及相关零部件设计中，怎样减小转向管柱的垂直和侧向振动引起的转向盘抖动。从车辆怠速到最大车速过程中，必须把车辆激励和路面激励传递到转向盘的抖动限制在很小的范围内。如图 F-19 所示，发动机的振动通过发动机支撑传递到车身，车轮不平衡或者路面不平产生的振动通过前后“炮弹筒”传递到车身。在仪表板总成中承载的结构件横梁和转向管柱把振动传递给转向盘。

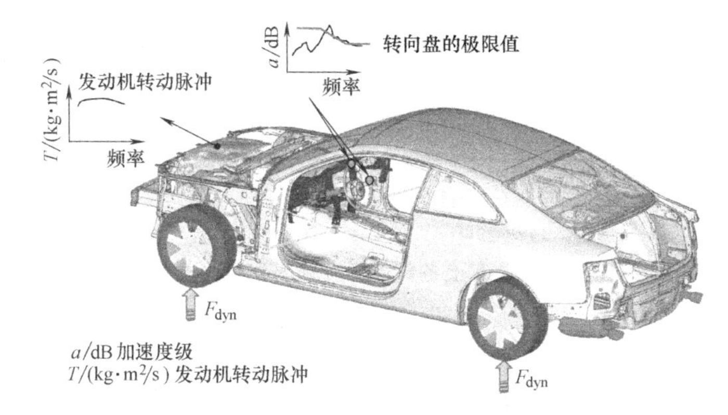

图 F-19 车辆激励和路面激励

4.1 设计策略

对于振动舒适性好的设计来说，和车身集成在一起的仪表板的散件，如仪表板横梁、转向管柱、转向盘、空调等，必须注意以下几点：

- 通过绘制模态表来避免重要的零部件的频率重叠。
- 零部件的固有频率必须在整车中确定。

转向系统设计策略中特别重要的部件是转向管柱和转向盘。

高端品牌车辆制造商对转向管柱固有频率的设计要求很苛刻，也就是说，发动机怠速下的激振频率和在高车速下车轮不平衡的激振频率都必须在转向管柱的固有频率以下，这样才能避免共振。部件的结构刚度高，则转向盘上的振动幅值就较小。在某些特别敏感的发动机变速箱动力总成组合上，可以在转向盘上安装吸振块来减小转向盘抖动，详细的阐述见第 F 章第 4.5 节。

也有一些车辆制造商并不在意转向管柱的固有频率，在发动机起动中就会“扫过”转向管柱的结构固有频率。大多数情况下必须在转向盘中安装吸振块。

如果很注重发动机怠速情况下的转向盘抖动，那么转向管柱的固有频率必须大于 40Hz。图 F-20 所示为常见的 4 缸和 6 缸发动机的模态表。

在整车上，可以使其他部件的固有频率不落在对转向盘抖动不利的区域。模态表上各部件在整车上固有频率的分布就是设计者追求的目标。

例如，有些汽车制造商采用仪表板模块战略，即整个仪表板会作为一个模块预先装配

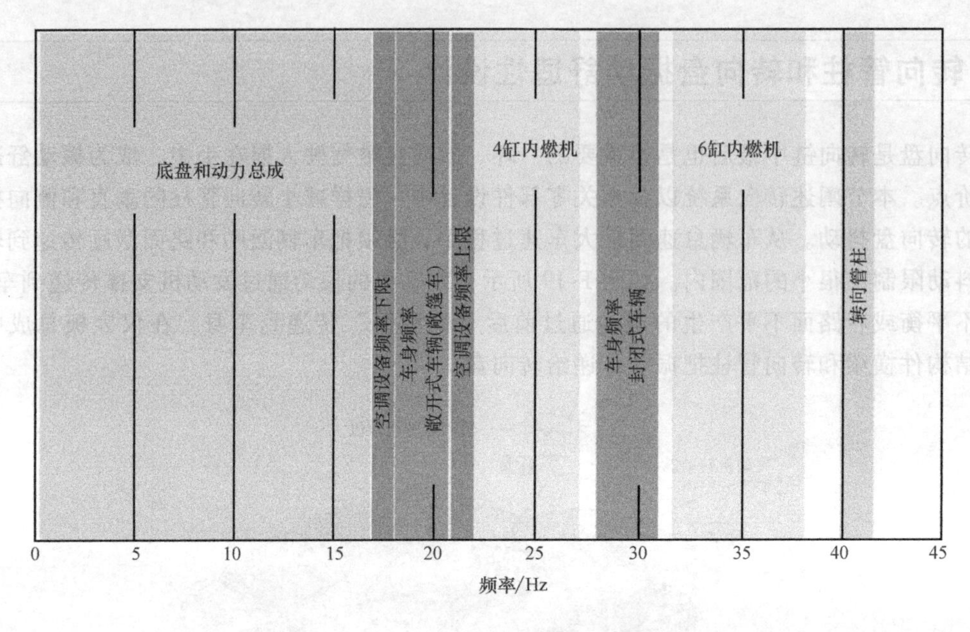

图 F-20　整车上各部件固有频率分布的模态表

好，和空调设备连接后会在整车上产生一个 15～22Hz 的固有频率。而敞篷车的车身频率通常也落在这个区域。车身的扭转振动激励会让空调设备共振，结果是整车在这个频率段的噪声明显加大，转向盘上的抖动也明显。因此空调设备的频率定位要么比扭转振动频率范围的下限还要低（频率下限），要么比扭转振动频率范围的上限还要高（频率上限）。

8 缸柴油内燃机的发动机激励为 4 阶频率，并且其怠速转速比汽油机高，可达 620r/min 左右，因此转向管柱的固有频率 40Hz 不再高于发动机怠速激励频率，通常必须在转向盘中安装吸振块。

在图 F-21 中反映了 4 缸、6 缸和 8 缸内燃机在怠速情况下相应的阶次激振频率范围，以及车轮不平衡激励与车速的关系。

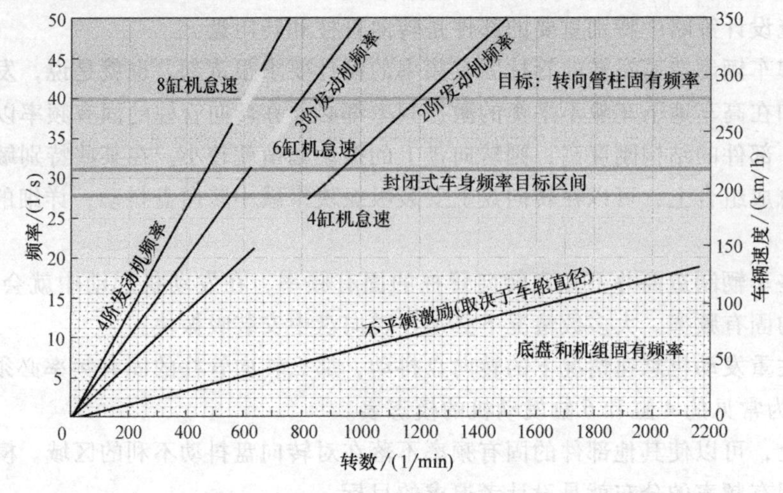

图 F-21　发动机转速与激励频率和车速的关系

4.2 部件和整车的固有频率目标

本节讨论的是固有频率≥40Hz、无须在转向盘中增加吸振块的转向管柱。图 F-22 展示了仪表板中的主要结构件，它们直接影响转向管柱在整车上的固有频率。除了仪表板横梁外，转向管柱、支撑座、转向盘、车身，还有它们的连接托架都会影响转向管柱的固有频率。

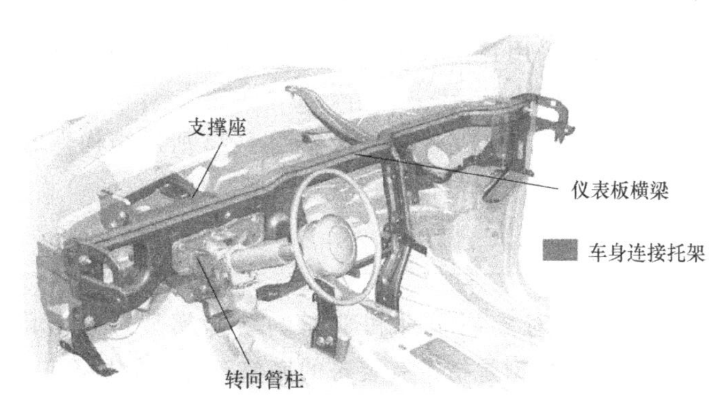

图 F-22 和转向管柱固有频率相关的部件及其螺栓连接位置

除了车身是个例外，这些部件都是供货商和整车制造商共同开发的。如第 J 章第 3.4 节所述，供货商必须仔细考量转向管柱固有频率，尽可能研究更多竞争车型的转向管柱在整车上和在刚性台架上的固有频率，并借助有限元计算工具。图 F-23 列举了部件及其下级部件的频率要求。

	安装状态	频率/Hz	备注
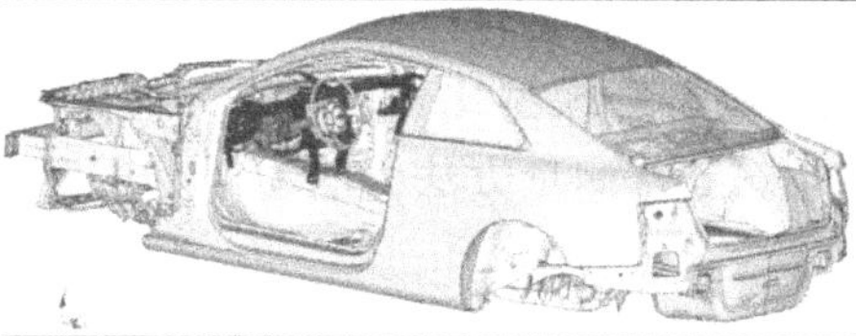	车辆安装状态 (装饰车身)	40	带装备的白车身， 带转向盘的整车状态
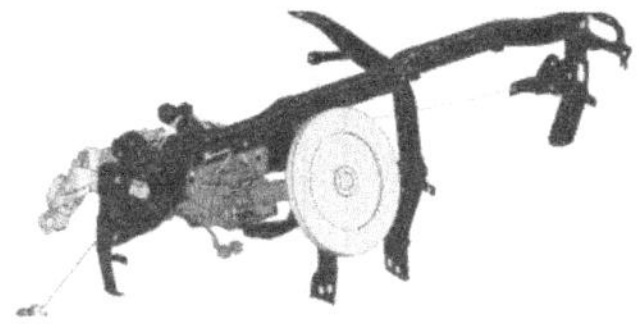	系统安装状态 (仪表板)	47	刚性车身，仪表板装备完整，转向盘替代件
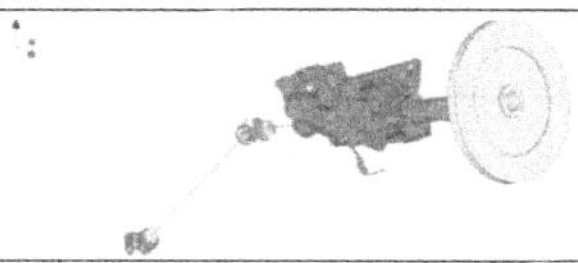	子系统安装状态 (转向管柱)	50	转向管柱装转向盘替代件，固定在刚性台架上
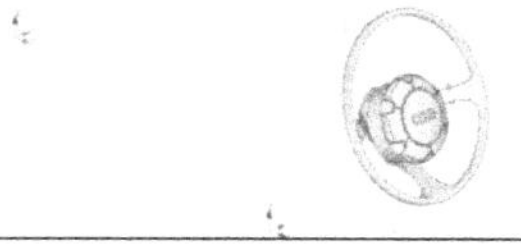	部件安装状态 (转向盘)	80	转向盘固定在刚性台架上

图 F-23 部件及其下级部件的固有频率目标值

通过大量测量结果可以知道，转向管柱在整车上的固有频率会比在刚性基座上的转向管柱的固有频率小10Hz左右（参见第J章第3.4节）。这个下降量的50%是由于仪表板模块横梁的弹性产生，50%是由仪表板模块与车身的螺栓连接处的车身局部刚度产生。这种比例分配可以从大量的计算模拟结果中得到印证。

图F-23中的系统安装状态中，转向盘是由替代件（试验盘）来代替的，这样在研发初期可以找到基点，对于转向管柱和仪表板横梁开发商来说可以缩短开发时间和下降采购费用。对于真正的转向盘在各种安装状态下的影响的认识，对于实现固有频率的目标具有重要意义。在子系统安装状态中，采用真正的转向盘而不是刚度大得多的转向盘替代件，计算或者测量得到的固有频率会明显变小。

为了达到固有频率目标，整车开发者必须计算图F-22所示结构件的螺栓连接处的局部车身刚度（静刚度和动刚度），使之与目标值均衡。

4.3 计算模型和载荷工况

在整车开发过程中，常常对装饰车身和整车的结构模型进行有限元FEM计算，如图F-24所示。装饰车身有限元模型是指带有装备的完整车身，但是不包含底盘部件、车轮、发动机变速箱以及排气管。

在开发的早期阶段，整车有限元模型是通过装饰车身有限元模型来近似代替的。开发商在装饰车身有限元模型中设计部件，如转向管柱、转向盘和仪表板横梁，并与开发任务书中定义的整车中的转向管柱固有频率目标值进行校验。整车有限元模型分析还需另外添加动力总成和底盘模型，其影响是很小的。

在整车上评估转向管柱固有频率分8种工况。工况“驾驶点响应”（Driving Point Response）仅用来测量转向管柱固有频率。等价测量方法为用脉冲锤敲击转向盘环圈的垂直方向和侧向。

工况“频率响应”用来评价传递函数。这种方法借助计算模型比较，可以分析在转向盘垂直方向和侧向方向的频率为0~50Hz的加速度响应。等价测量方法为电动申克试验台，或者四作动头液压试验台。

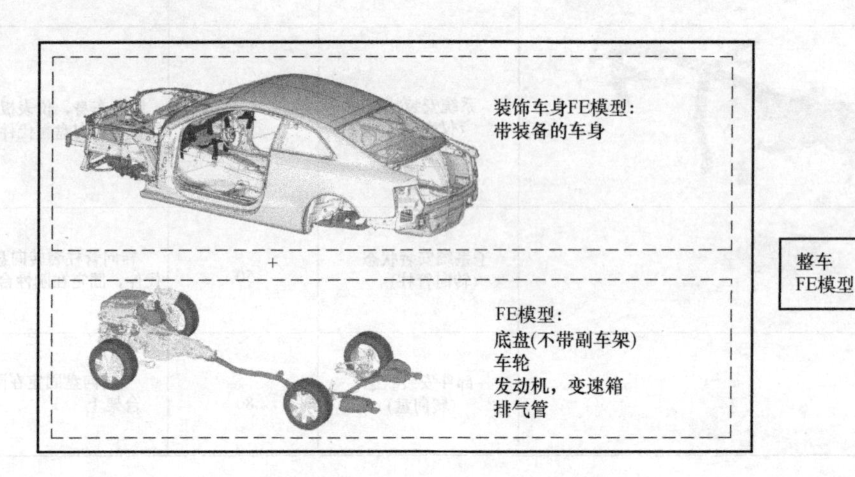

图F-24 装饰车身和整车有限元模型

图 F-25 为工况“频率响应”的一个结果，在左右发动机支承上的动态载荷为单位力 1N，前后减振器同相和反相。曲线为转向盘垂直方向加速度响应，单位为 mm/s^2，同时也可以和计算模型的加速度级（单位为 dB）进行对比。

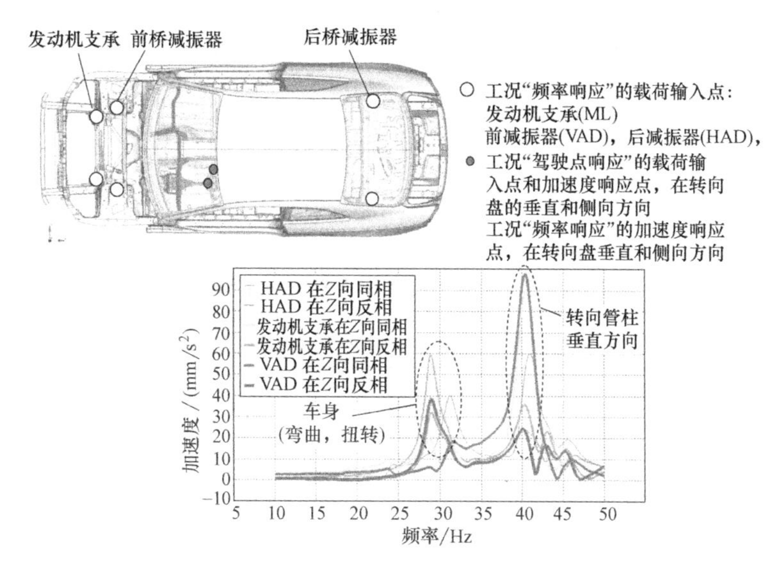

图 F-25 标准载荷工况，用来评价转向管柱固有频率以及传递函数

4.4 参数研究

本节将通过计算来阐述转向管柱和转向盘的不同参数对于整车转向管柱固有频率的影响。整车上的转向管柱固有频率目标值是就所谓的“最糟工况”而言的，也就是转向管柱在纵向长度调节中全部抽出。转向管柱的可调长度范围一般在中点位置纵向方向大约±30mm，在垂直方向大约±25 mm。转向管柱固有频率在 4 个极端位置进行评价；在计算模型中则总是取最大长度和一个高度位置，即固有频率最低的转向管柱位置（最糟工况），进行转向节柱固有频率计算。表 F-3 列出了转向管柱位置以及转向管柱的总质量对于转向管柱固有频率的影响。

表 F-3 转向管柱参数对整车转向管柱垂直固有频率的影响

转向管柱参数	对整车转向管柱固有频率的影响
转向管柱的质量	-0. 15Hz/kg
转向管柱的位置(长度调节)	-0. 8Hz/10mm

图 F-26 表明了转向管柱固有频率在刚性台架上和在整车上的数值关系。在同一仪表板横梁和车身结构下得出的这条曲线表明，当刚性台架上的转向管柱固有频率在 57Hz 以上时，在整车上的固有频率达到“饱和”。再提高刚性台架上的固有频率，在整车上的提高效果不明显，这就是说，要进一步达到整车上固有频率目标值 40Hz，提高刚度的措施必须在仪表板横梁和车身托架上进行。

表 F-4 表明了转向盘的质量参数对整车中的转向盘管柱垂直方向的固有频率的影响。

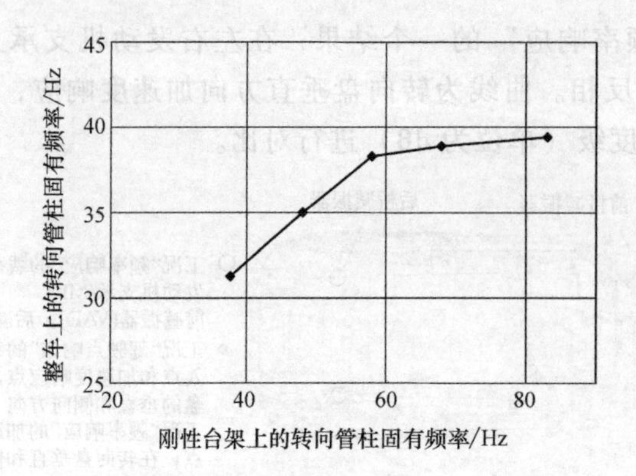

图 F-26　动态转向管柱垂直固有频率在整车和在刚性台架上的关系

表 F-4　转向盘质量参数对整车转向管柱垂直固有频率的影响

转向盘参数	对整车转向管柱固有频率的影响
安全气囊的质量	-0.4Hz/100g
转向管柱环圈的质量	-0.7Hz/100g

转向盘环圈质量的影响为每 100g 0.7Hz，因此其构成质量的发泡材料、转向盘加热器以及开关按钮对于整车转向管柱固有频率非常敏感。

从图 F-27 可以看出在刚性台架上的转向盘刚度（部件安装状态）与整车转向管柱固有频率的关系。在刚性台架上的转向盘固有频率从 60 提高到 80Hz，可以提高整车转向管柱固有频率 1.3Hz，但是从 90Hz 开始增长变得平缓，也就是对整车转向管柱固有频率的贡献不再明显。

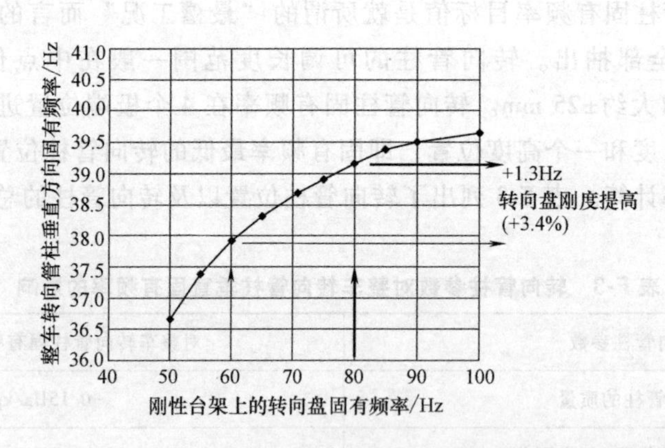

图 F-27　刚性台架上的转向盘固有频率对整车转向管柱固有频率的影响

4.5　转向盘减振器

正如第 F 章第 4.1 节所介绍，在动力总成很敏感的车辆上，必须在转向盘中安装减振器来减小转向盘抖动。在柴油内燃机车辆或者自动变速箱车辆，以及对转向盘抖动要求高的车辆上，可以在转向盘中安装减振器。在怠速工况下，柴油发动机较高的燃烧压力，以及在有自动变速箱的汽车上踩住制动踏板并挂上档位，使动力与变速箱相连接，这些都会导致转向盘抖动加剧，也是采用转向盘减振器的原因所在。

图 F-28 所示为不同汽车生产商使用的两种带减振器的转向盘。在图 F-28a 中为以一个重量为 440g 的质量块为减振器的常规结构，而图 F-28b 中则是把重量为 400g 的安全气囊气体发生器作为减振器质量，这样就不用另外增加减振器质量。

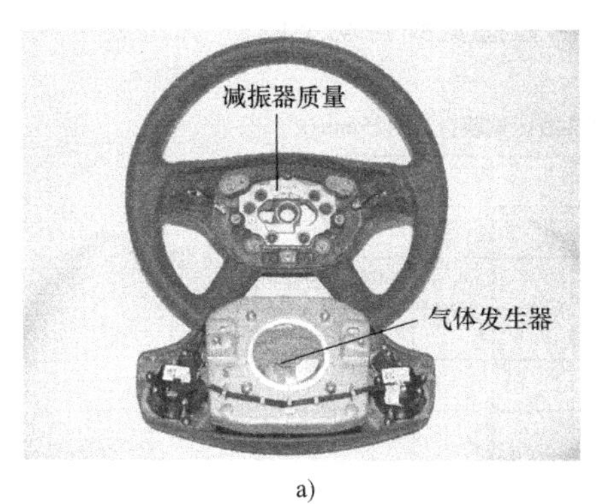

a)

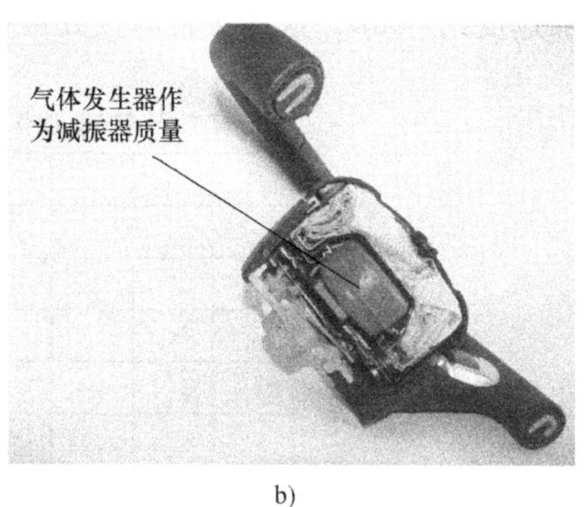

b)

图 F-28 转向盘中的减振器类型

a) Daimler 转向盘，单独的减振器质量 b) Audi 转向盘，安全气囊气体发生器作为减振器质量

在图 F-28b 中，气体发生器支撑在一块径向布置的橡胶块上，在没有减振器功能的转向盘上则是通过螺栓刚性连接。图 F-28a 中的减振器质量是通过 4 个圆柱形或者棱柱形的橡胶连接到转向盘本体中的。

转向盘减振器在整车上的匹配是通过测量系列来进行的。典型的减振器测量系列的频率为 24~36Hz。加速度响应的测点为“12 点钟”的垂直方向和“3 点钟”的侧向方向。工况为发动机怠速，以及车辆在一个四作动头液压脉冲试验台上，同相（产生弯曲激励）和反相（产生扭转激励），转向管柱的位置为完全拉伸和完全收缩。图 F-29 所示为这种测量系列的一个例子，转向管柱为完全拉伸状态。

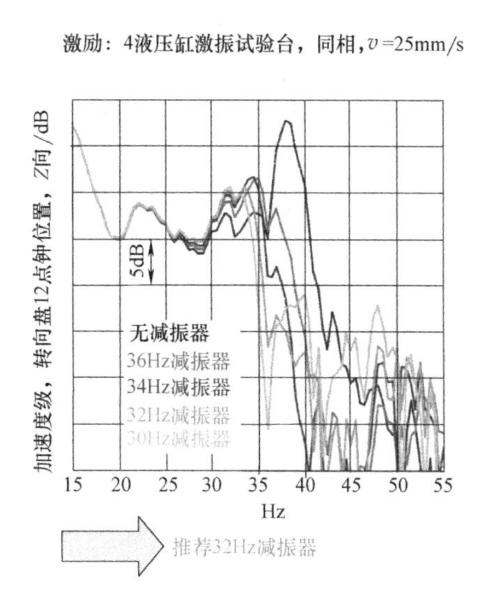

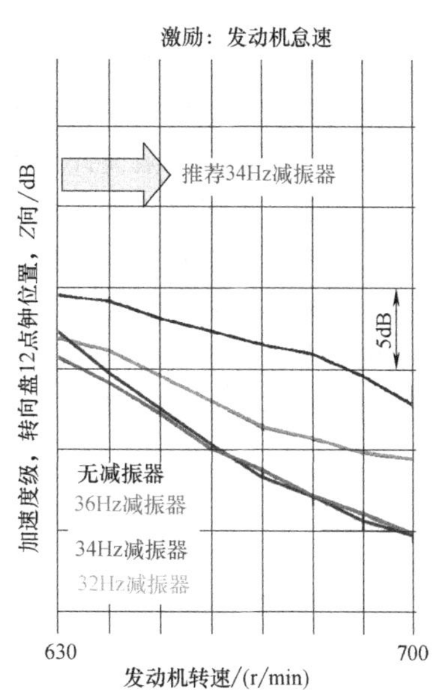

图 F-29 转向盘 12 点钟位置 Z 方向的振动加速度级

从这些测量系列中可以知道，减振器频率应该取 32Hz 或者 34Hz。通过图 F-30 所示的加速度级可以看出，在整车模拟计算中采用 34Hz 的减振器可以降低转向盘的加速度级，大约为 5~10dB。

采用转向盘减振器能够降低车辆怠速（发动机激励）以及行驶工况（车桥激励）中转向盘处的加速度约 10dB，这样在转向盘处可以明显感觉到抖动下降。

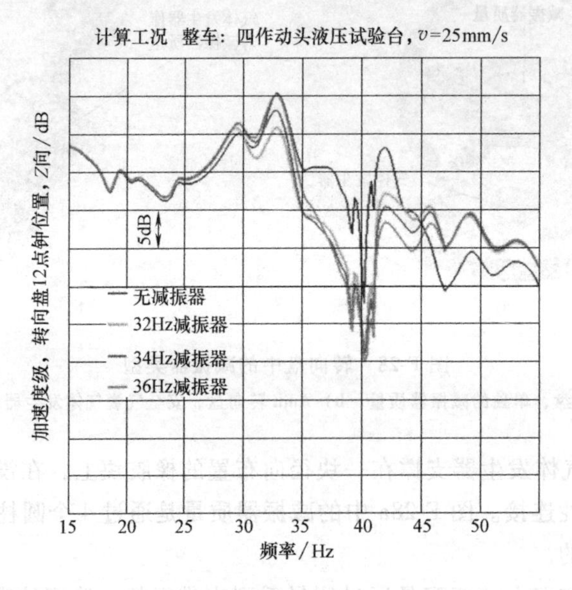

图 F-30 转向盘加速度级计算值，“12 点钟”位置的垂直方向，带减振器和不带减振器对比

4.6 小结

转向管柱、转向盘、仪表板横梁、仪表板与车身螺栓连接的托架，这些零部件的设计对于整个车辆的振动舒适性影响很大。驾驶人始终把握转向盘，时刻在感知转向盘的抖动。

相对于怠速时发动机激励频率和行驶时路面激励的频率，车辆中转向管柱的固有频率设计分为频率上限设计和频率下限设计两类。为了避免仪表板中的部件（例如空调装置）激振转向管柱，必须确定零部件的频率表，使激励频率和零部件的固有频率分开。

车辆开发除了要确定带有完整质量的装饰车身整体固有频率外，还必须确定与仪表板横梁螺栓连接的车身托架的局部刚度。

假如车辆的转向盘抖动引起抱怨，可以在转向盘中安装减振器来减小转向盘抖动。在某些发动机与变速器敏感组合的车型上，减振器能够减小转向盘抖动。

参考文献 F

HINTERSTEINER, R. (2008): Steering Wheel Vibrations – From the Requirements in the vehicle to the Requirements of the individual Components. Steering Tech. München 2008

HINTERSTEINER, R. et al. (2008): Funktionale Auslegung der Karosserie. Der neue Audi Q5, ATZ Sonderheft

KICHANG, K. und INHO C. (2007): A study on the advanced technology analysis process of steering system for idle performance. SAE 2007-01-2339

NOWICKI, D., BESTLE, D. und STRASSER, G. (2005): Symposium Reifen Fahrbahn der TU Wien

PLANK, E. (1994): Optimierung des Schwingungskomforts mit Hilfe der Finite-Element-Methode am Beispiel eines frontgetriebenen Pkws. VDI Reihe 11, Nr. 208

SENTPALI, S. (2006): Ingenieur der Zukunft, lärmarme Konstruktion in der Fahrzeugmechatronik, Vorlesung an der TU Kaiserslautern 2005

SENTPALI, S. (2008): Geräuschminderung an Fahrzeuglenk- und Stabilisierungssystemen, Fachtagung im Haus der Technik, Essen 2008

SENTPALI, S. (2008): Körperschallübertragung gerader und gebogener Schlauchleitungen im Fahrzeugbau, Dissertation, TU Kaiserslautern 2008

SENTPALI, S. (2009): Akustische Wertigkeit in der Fahrzeugqualität, Vorlesungsreihe Ingenieur der Zukunft, TU Kaiserslautern 2009

SENTPALI, S. (2009): Körperschallnebenwegübertragung durch Schlauchleitungen im Fahrzeugbau, Wissenschaftssymposium Automobiltechnik (WISAU), Tagungsband, Magdeburg 2009

SENTPALI, S., PIES, K., FALLEN, M. und EBERT, F.(2007): Ermittlung von Kennwerten zur Beschreibung der akustischen Übertragungseigenschaften biegeschlaffer Bauteile, Tagungsbeitrag der 33. Jahrestagung für Akustik DAGA, Stuttgart 2007

G 转向感觉和人—车相互作用

转向感觉是驾驶人在车辆转向过程中的主观感觉。转向感觉包含了驾驶人对于车辆转向性能以及车辆行驶性能的感觉和评价，是人和车之间相互作用关系的总和。车辆行驶性能通常是指车辆对驾驶人指令的反应以及车辆对于干扰（例如侧向风、不平路面）的反应。转向性能属于行驶性能的一部分，描述的是车辆对于转向指令和干扰的反应。优良的转向感觉是行驶动力学研发的中心任务之一。虽然20世纪30年代人们就开始定量研究车辆的操控性能，特别是固有转向性能（Olley，1938），但是转向感觉几乎只能被经验丰富的试车员来进行感知和评价。原因之一是（曾经是，现在依然是）转向感觉和行驶性能以及操控性能紧密相关。将转向感觉客观化一直是人们追求的目标，特别是在数字仿真技术应用的背景下，这种客观化越来越有现实意义。尽管最近某些评价标准已经完成，但是对其所进行的讨论依然是热点。其中一个原因是存在不同的设计策略；另外一个原因是，真实的驾驶感觉和人造的驾驶感觉的界限还不清楚，特别是随着驾驶人辅助系统的应用，这种界限变得更加模糊不清。

本章将阐述驾驶感觉的基本概念。研究转向操作和反馈性能，并介绍转向感觉的主观评价以及客观测量的要点，并阐述主观的转向感觉和客观的转向性能之间的关联。

1 转向性能和转向感觉

极限行驶工况下的汽车性能也许只有少数驾驶人有所体验，但是中小值横向加速度时的转向感觉却几乎是所有驾驶人每天都能体会的。底盘匹配的趋势是，车辆反应越来越灵敏，转向越来越精准，让驾驶人能够体会到车辆的运动型风格。好的转向感觉要求转向盘力矩、转向盘转角以及车辆反应之间相互协调。

底盘开发流程必须能够保证行驶性能和转向性能的协调。许多专业人士根据他们对于驾驶过程的理解和感觉从事这方面的匹配工作，他们的工作包含一系列具体的主观评价和匹配过程。为了验证和辅助主观评价，他们也使用客观测量评价。

一部车的性能在很大程度上由转向性能来决定，与之相关的就是转向感觉。完美的转向性能开发目标是，针对不同的车辆定位在行驶安全性、舒适性和运动性方面达到平衡。优异的人机互动、操作感觉和明晰的反馈，同样非常重要。

在弯道中行驶时，车辆对侧向力的反应最能体现转向性能的优劣。这种工况下驾驶人可以明显感受车辆的动力学特性。弯道行驶分成三个阶段：中点位置转向，在动力学线性区域内进一步转向，进入到车辆极限非线性区域。追求的目标是，在很大的侧向加速度下转向盘转角和车辆反应呈线性关系，并且当车辆过渡到极限区域时，车辆能够有明显但是可控的反馈，从而让驾驶人识别车辆状态。车辆进入极限区域的过渡性能应该是，驾驶人输入的转向盘转角急剧增加，车辆的反应为不足转向和转向盘力矩的下降。这样发出明确的信号可以让

驾驶人知道车辆已经进入到极限区域。

在日常行驶中，车辆产生的纵向和侧向加速度数值范围称之为“行驶动力学工作区域”。这种工作区域与驾驶人、车辆以及路面相关。图 G-1 所示为普通驾驶人在不同路面上出现的车辆加速度的相对分布百分比。

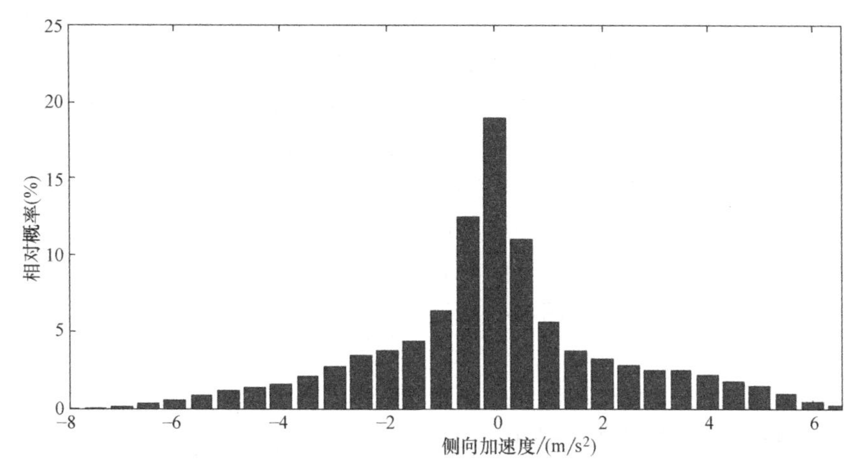

图 G-1 车辆侧向加速度分布，累计高速公路、城市和国家公路（普通驾驶人）

从图 G-1 中可以看出，经常出现的侧向加速度小于 $2\mathrm{m/s^2}$。在高速公路上的侧向加速度最小，紧接着是城市路面。在这样一个范围内，驾驶人形成对车辆动力学的评价，包括安全感觉和舒适性感觉。在干燥路面上车辆的稳定性备量是很高的，对于转向性能的定量评价来说，最感兴趣的侧向加速度范围是 $0\sim4\mathrm{m/s^2}$。这个范围覆盖了普通驾驶人日常行驶的范围。

从图 G-2 中可以看到，在不同路面上转向盘转角频率一般低于 0.5Hz，在极端情况下，例如避让车辆或者二次变道时，频率会明显高很多，当代的转向系统至少需要设计到和试验到 3Hz。而对于普通驾驶人，在日常行驶中是不可能达到这么高的频率的。可以看出，人们特别关注的是低频的转向盘运动过程中的转向感觉。

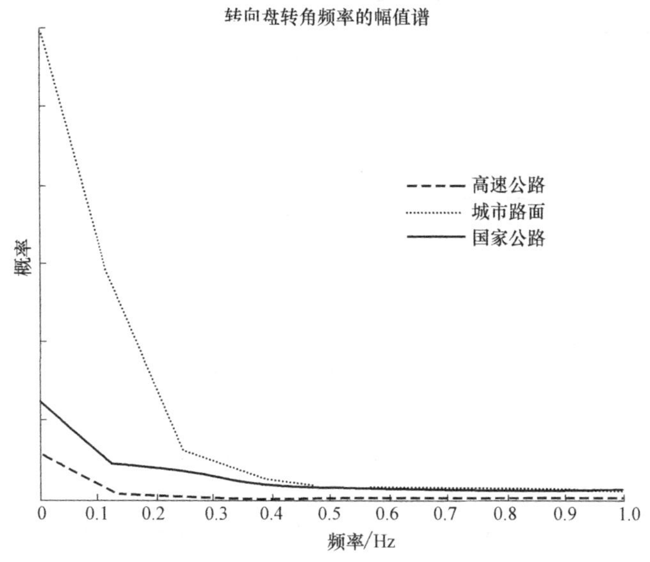

图 G-2 在不同路面上的转向盘转角频率（普通驾驶人）

2 转向感觉

转向感觉是通过转向盘产生的驾驶人和车辆之间的相互影响。驾驶人一方面是执行器，通过转向盘对车辆发出指令并改变行驶轨迹；另一方面，驾驶人也是最重要的触觉感知器，感知车辆状态。转向感觉是指驾驶人对转向指令、车辆反应和触觉反馈的主观感觉。也就是说，转向感觉是车辆在转向过程中驾驶人对车辆动力学性能的感觉，可以有如下定义：

转向感觉是车辆在转弯时驾驶人的视觉、动觉和触觉的主观感受的总和。

在一些文献中经常把转向感觉与转向性能、行驶性能以及操控性能混淆。不能把转向感觉解释成心理情绪，如害怕和开心（Wolf 2008）。可以把行驶轨迹控制看成一个闭环控制回路，称之为人—车控制回路，图 G-3 描述了这种相互作用。

车辆
（调节对象）
行驶轨迹
（调节量）
车辆反馈
转向盘
（执行元件）
驾驶人
（调节器）
触觉反馈
路面走向
转向盘输入
力矩/角度
视觉
触觉
听觉
动觉

图 G-3 人—车控制回路

为了使控制回路的稳定性和灵敏性达到最优，车辆必须根据驾驶人的特点来进行匹配。其中，转向系统特性、底盘特性和轮胎特性起着关键作用。控制回路的任务就是使驾驶人能够感受车辆的状态并对车辆进行主动控制。

2.1 导向性能

一部车的导向性能是指，驾驶人给出合理的转向动作，车辆能进入路线并保持沿路线行驶的能力。换句话说，好的导向性能意味着车辆的路线改变是通过驾驶人有意在转向盘上施加的指令来进行的，并且这种路线改变在任何速度下都不会让驾驶人感觉意外，措手不及。这种要求当然在任何路面、装载量和气候下都必须满足。导向性能和与之相关的转向感觉可以分成狭义感官转向感觉和广义感官转向感觉，其定义如图 G-4 所示。

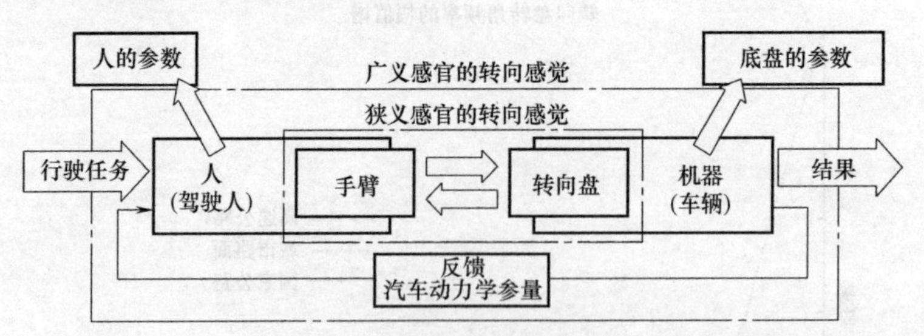

图 G-4 狭义感官和广义感官的转向感觉定义，Wolf（2008）

狭义感官的转向感觉主要关注施加在转向盘上的角度和感受到的转向盘力矩，以及这两个量与车速之间的联系。核心的感觉是人在转向盘上的触觉感觉。

广义感官的转向感觉除了关注转向盘上的感觉外，还关注所有与转向相关的汽车动力学性能。车辆响应除了通过触觉感知外，还通过视觉和动觉来感知。

重要的是，转向盘转角和转向盘力矩必须和期望的车辆响应相匹配，从而实现在整个车速范围内都有良好的转向感觉，在高速时行驶性能依然稳定。另外，必须避免过于强烈的非

线性效果，例如在转向中点附近，或者是从稳定区域过渡到非稳定区域的范围太窄。

2.2 反馈性能

反馈性能是指车辆传递车轮载荷、滚动阻力系数、纵向力和侧向力等参数变化量信息的能力。传递给驾驶人关于轮胎、前桥、转向器和转向管路的反馈信息分为有用信息和干扰信息。

有用信息对于驾驶人控制车辆帮助很大。其中一个很重要的反馈信息是前桥进入路面附着极限，这个时候驾驶人能够感觉到由于摩擦因数的变化所导致的明显的轮胎回正力矩变化，从而影响转向盘力矩。

干扰信息（例如车轮上的滚动阻力变化）是由路面不平引起的，通过干扰力臂产生绕转向轴（即转向主销）的干扰力矩。干扰力矩通过转向器和转向轴管传递给驾驶人。这种效应如果在一定的量级（频率、幅值）上是受欢迎的，可以建立驾驶人和路面之间的联系。在运动型车辆上这种联系比舒适型车辆上应该要强烈得多。在舒适型车辆上，设计者致力于隔绝干扰信息传递。周期性的干扰（例如，制动力波动和车轮不平衡）不会给驾驶人带来任何有用的信息，应该尽可能去抑制或者隔绝，不要影响驾驶人控制车辆。

2.3 对理想的转向性能和转向感觉的要求

理想的转向性能和转向感觉，应该是车辆对于转向指令的反应滞后难以察觉，在转向盘离开中点后人们可以从转向盘上的回正力清晰地感觉到，回正力随着侧向加速度的增大而持续增大并且能够被掌控。另外，精确的直线行驶还需要非常明晰的中位感觉，在出弯道后车辆能够以适当的回正速度自动回正，车辆不会出现过激反应。在紧急状况下快打转向盘时，车辆的反应应该很迅捷。车辆对行驶状况和路面状况的反馈必须明确，不能在转向盘上产生冲击和振动。在泊车时要求转向盘力矩和转向盘转角较小，以满足舒适性要求。

这些要求可以体现在下述目标中：

- 转向精确：要求中位感觉明显；对转向输入反应灵敏；转向盘力矩增加、车辆反应与转向盘转角输入量同步。
- 转向舒适：在任何工况下转向盘力矩大小合适；在泊车、转弯和多弯道时转向盘转角较小；转向回正能力强，并且回正速度合适。
- 转向反馈：以适当的方式反馈车辆状态和路面状态的信息，但是又不至于产生干扰或者过大干扰。
- 转向动力学：急打转向盘时，例如快速躲避，车辆反应灵敏。

要实现理想的转向性能，必须考虑很多部件的特性以及相互作用，例如轮胎、悬架运动学和弹性运动学、侧倾稳定性和车身刚度，还有周边条件，例如空气动力学。

3 转向感觉客观评价方法

根据对理想驾驶感觉的口头描绘，人们可以用以下几种评价方法来对车辆哪些特性与转向感觉主观评价结果相关联（Schimmel 和 Heißing，2009）进行描述。转向感觉客观评价方法是人们通过车辆的客观参数来反应主观的转向感觉。

参数关联分析评价方法

参数关联分析评价方法是应用最为广泛的一种方法，在许多专著中都有所应用。这种方法是从标准驾驶工况中测量客观参数值。主观评价通常由专业驾驶人在几个不同的驾驶工况中应用不同的评价标准进行，并把所得到的客观参数值和主观感觉借助关联分析来进行比对。在这里必须借助专家和专著的经验。重要结论已经由 Norman（1984）、Dettki（2005）、Harrer（2007）和 Zschocke（2009）发表。这种方法的优点是透明度高，可信度可以检验。缺点是为了获得高质量的测量数据和主观评价，需要很大花费。

车辆模型仿真评价方法

基于车辆模型的车辆模型仿真评价方法的基础和参数关联分析评价方法一样，都是客观参数与主观评价之间的关联分析。但是这里的客观参数不是在车辆测量中获得，而是通过车辆模型获得，或者是从车辆模型参数直接推导而来。这个车辆模型必须事先根据不同的驾驶工况进行数字化。这种数字化分析已经得到应用，来获得试车员的主观评价，这样省去了昂贵的车辆测量费用。较高的费用是用在车辆模型的标定上，必须对车辆模型进行检验，看它仿真的车辆性能是否足够准确。在 Kobetz（2004）、Mayer-Tuve（2009）以及 Schimmel 和 Heißing（2009）的论文中都对这种方法进行了研究。

驾驶人模型仿真评价方法

在驾驶人模型仿真评价方法中不再标定车辆模型，而是标定驾驶人模型。这种方法用仿真驾驶人的控制来反映车辆性能，将驾驶人模型的标定量和驾驶人的主观评价进行关联分析。这种试验也可以在驾驶人模拟器和非标准驾驶工况中进行，因为模拟的不是车辆性能而是驾驶人。这种试验方法在 Henze（2004）以及 Schimmel 和 Heißing（2009）的专著中进行了介绍。根据 Schimmel 和 Heißing（2009）的专著，只能粗略模拟驾驶人的人体能力，不能对车辆性能和车辆进行深入分析。

目前，以特征值为基础的关联分析能够确定转向感觉和车辆性能的客观参数的大致范围。

4 转向感觉主观评价

几十年来，在汽车工业中已经建立了主观评价方法，直至今天，车辆性能和驾驶感觉依然是最重要的环节之一。另外，为了与客观评价进行关联分析，也必须对驾驶感觉进行主观评价。驾驶人的任务是对车辆进行控制并观察车辆。根据心理学理论，人们在进行车辆主观评价时总是按照自己独特的喜好和大众共同的喜好来进行权衡评判。在主观评价转向感觉中，对于众多评价者来说，行驶条件保持恒定至关重要。因此转向性能评价应该首先由有经验的试验工程师来进行，他们拥有超常的感觉，能够捕获整车生产厂家所需要的典型行驶性能，并且他们可以重复再现驾驶工况，其评判明了清晰，令人信服（Pfeffer 和 Scholz，2010）。

图 G-7 展示了主要的转向感觉评价标准。前面提到的理想的转向性能特性，如转向精准、转向舒适、转向反馈和转向动力学，在这里可以找到单独的评分。评分是借助所谓的 10 分刻度尺来进行操作的，这种方法在汽车生产厂已经成为标准。分值 8 是研发人员的目

标值。分值9和10一般仅仅应用在行驶性能特别卓越的车型上。也就是说，技术状态先进的车辆可以明显提高主观评价分值。一般来说，与技术状态相关的主要是车桥形式和底盘控制系统。在图G-6中描述了这种评价体系。

为了在主观评价中提高区分度，评价总是要考虑车辆的定位。这是可以理解的，例如对于豪华车来说最优的响应特性在一部地道的运动车上却是完全不合适的。图G-5表明理想的评分是与车辆类型相关的，会发生偏移。

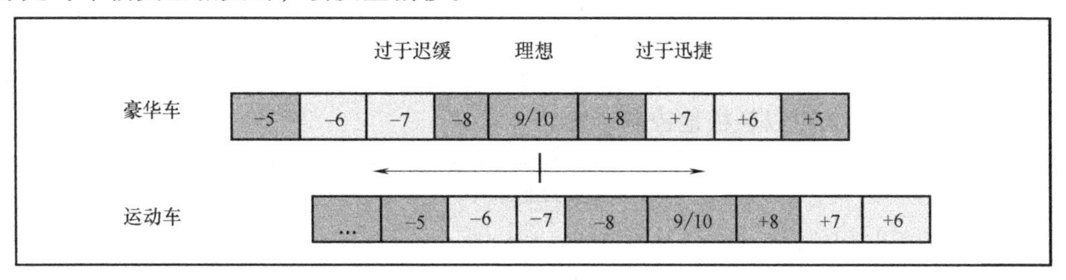

图G-5 在不同类型的车辆上理想值是不同的，以响应特性为例

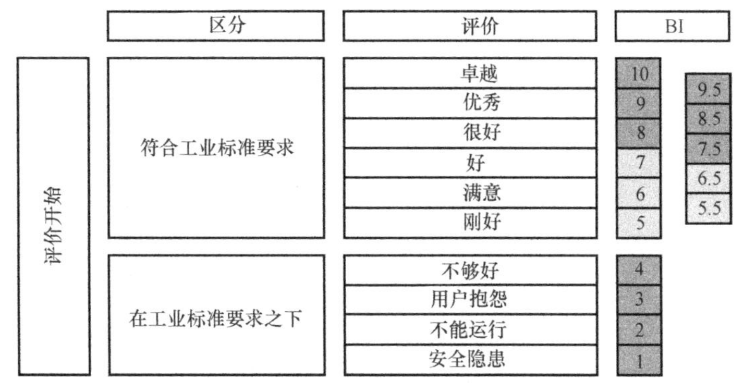

图G-6 评价表格—评价分值BI（Heißing和Brandel 2002）

具体的评价标准如图G-7所示，通过评分和评价来进行。通过评语可以了解单个评价项与最优理想值的差别。

下面就图G-7中列举的评判标准进行详细的讨论。

泊车时的转向盘力矩大小

通常驾驶人希望泊车时转向盘力矩较小，这样比较省力舒适。转向盘力矩在整个转动角度范围内应该保持在相同的水平。

泊车时的转向盘力矩变化

评价转向盘力矩是否随着转向盘转角而振荡变化。这种现象往往是由于转向中间轴的十字万向节效应引起的，称之为“转向盘力矩波动性”。

中心位置的转向盘力矩

从直线行驶进入弯道时，转向盘转角输入量是随行驶速度而变化的。这里要评价的是，在较小的车辆横向加速度下，不同车速下的转向力矩以及保持力矩。目标是，转向盘力矩应该和速度相关，这个力矩要保持在一个适当的水平，以便驾驶人得到这样的感觉，车辆能够自动回到转向中位。

中位感觉

在直线行驶中评判车辆的中位能力。在直线行驶的车辆中，施加很小的转向盘转角激励，评价从多大的转向盘转角和转向盘力矩开始车辆会开始反应，并且转向盘是否可以完全回到起始位置（手松开转向盘的状态）。目标是明晰的中位，不应该感觉到有游隙或者黏滞。

转向盘力矩变化—起动转向

在弯道中或者施加转向盘正弦转角或者无规则的转角，对转向盘力矩的大小进行评价。要密切关注转向盘力矩变化与转向盘转角以及车辆反应之间的联系。转向盘力矩应该随着侧向加速度的增大而适度但是持续增大，直至预警区域和极限区域。另外转向盘力矩随车速升高而增大，但是驾驶人可以轻松地控制车辆。

转向主观评价

评价者：________ 车辆里程：________ 日期：________

车型：________

转向结构形式：________ 助力形式：________

轮胎：________ 气压：________ bar(前轮) ________ bar(后轮)

桥荷：________ kg(前桥) ________ kg(后桥)

备注：________

	评价项	评分	评判		
泊车	1. 转向力矩大小		太轻		太重
	2. 转向力矩的变化		波动		
中位的转向力矩	3. 80~120km/h,±10°~15°		太轻		太重
转向力矩变化,小幅转向	4. 80~120km/h,±30°~50°		太平缓		太陡
保持力矩	5. 80~120km/h		太轻		太重
中位感觉	6. 80~120km/h,<5°		太模糊		过于明显
转向摩擦	7. 80~120km/h		太低		太高
响应	8. 80km/h		太迟缓		太急促
直线行驶/修正量	9. 80~120km/h				太大
目标精准性	10. 80~120km/h		太不精确		
反馈/转向感觉	11. 80~120km/h		不够		太急促
转向振动	12. 所有行驶工况				太急促
转向盘转角输入量	13. 泊车		太少		太多
	14. 80~120km/h		太少		太多
转向回正	15. 从转向盘打到底开始		太慢		太快
残留转角	16. 从转向盘打到底开始				太大
	17. 低速(50km/h)				太大
	18. 高速(80km/h)				太大
最大转向角速度	19. 泊车		不够		

图 G-7 转向主观评价问卷（Harrer 2007）

弯道中的转向盘力矩

评判稳态圆周行驶中的转向盘力矩。转向盘力矩必须随着车速和侧向加速度的变化保持在合适的水平。另外，必须明显感觉到有一个“把持点”，也就是再进一步打转向盘会感觉到转向盘力矩明显增加。

直线行驶中的响应特性

在直线行驶中，给予转向盘一个小的转角，评价车辆车身和车辆运动（横摆运动和侧向运动）的反应。这里最为重要的是车辆在转向盘转角输入后的起始阶段，在这个阶段车辆开始反应，并向准稳态过渡。转向盘转角输入可以是正弦波或者无规则。目标是建立车辆反应与转向盘转角之间的联系。驾驶人应该感觉不到存在弹性、间隙和大的迟滞。

在侧向加速度下的响应特性

在稳态圆周行驶中，通过进一步施加一个附加转向角（正的或者负的）来获得更大或者更小的弯道半径。评价在附加转向角施加以后车辆反应随时间的变化。同样，这里最为重要的是附加转向角施加后的起始时间段内车辆反应的变化过程。要求是车辆反应的建立和消退过程中不能有滞后现象，应该随转向盘转角呈线性变化。驾驶人应该感觉不到存在弹性、间隙和大的迟滞。

直线行驶

评价在不同的速度区域车辆方向的稳定性，车辆对于干扰的敏感性，以及弯道保持所需要的转向盘转角修正量。这里的干扰敏感性首先是指轮胎滚动阻力和侧向力改变，以及悬架运动和空气动力学对车辆的影响。开发目标是，方向的稳定性很好，在弯道中保持线路所需要的转向盘转角修正很少。

目标精准性

评价在所有的速度区域车辆反应与转向角是否同步，以及在弯道中保持路线所施加的转向盘转角修正。开发目标是，精确的操控，只需少量的转向盘转角修正就能使得车辆顺畅地跟随路面的走向。

有用信息和干扰信息的反馈

车辆的有用信息和干扰信息是通过转向盘力矩和转角的轻微变化来反馈给驾驶人的。这种触觉反馈的强弱程度根据车型级别而不同（这也是驾驶人和路面间的联系）。运动型的车辆应该让驾驶人尽可能多地获得人和路面之间的信息。而高频率的转向盘振动以及任何形式的冲击都会影响驾驶人对车辆的正常控制，均被视作干扰信息，应该尽可能地抑制其传递。

泊车时转向盘转角大小

开发目标是泊车时所需要的转向盘转角尽可能小。也就是说，应该花费尽可能少的转向盘转动圈数来达到车轮的最大转向角。

变道时转向盘转角大小

获得中等强度的侧向加速度所需要的转向盘转角应该根据车型级别而变得小一些。

转向回正

在转弯过程中应该有适当的回正速度，转向盘的回正是持续的、没有间断，并且最后残留角（中位和实际转向盘位置转向盘转角差）要很小。

弯道行驶后的残留角

评价在不同的速度下，在完成转向后转向盘最后的位置与转向盘中位的角度差。在不同的速度下，双手脱开转向盘，车辆从弯道行驶过渡到直线行驶。

液压助力灵敏性

评价在连续施加脉冲转向或者正弦交替转向时转向盘力矩的陡增，即转向助力的连贯性。这种效应称之为“转向超前”(catch up)。目标是转向助力的建立应该尽可能迅捷且均匀。

5 转向性能客观评价

现代汽车开发越来越强调汽车行驶性能以及转向性能的评价必须明确并且具有再现性。汽车客观评价的目标是，汽车行驶性能以及转向性能的评判可以撇开驾驶人的因素，从客观参数中就可以评价车辆的客观性能。有许多文献研究了客观评价方法，必须注意的是，每种行驶工况都只是反映了某种特别行驶条件下的转向及行驶性能，需要对很多的行驶工况进行考察才能给出全面的评价。

5.1 测量装备

车辆测量要求转向盘可以输入一定的角度，并测量车辆运动量。转向盘转角输入可以通过驾驶人试验进行，但是更多的是通过转向机器人来实施，特别是在开环工况下。

重要的测量参数是转向盘转角和转向盘力矩，它们可以通过测量转向盘或者转向机器人上的传感器来得到。车辆反应的物理量如横摆角速度和横向加速度是借助一个带有陀螺的平台来获得的。除了这些基本的测量参数外，还常常另外测量一些转向系统参数，如齿条位移量、转向横拉杆力。表 G-1 给出了车辆转向特性的测量范围，并给出了建议的测量精度要求。

表 G-1 转向性能测量范围及精度

测量设备	测量参数	测量范围	测量精度
测量转向盘	转向盘转角/(°)	-500~+500	±0.1°
	转向盘力矩/N·m	-15~+15	±0.01
激光测距	齿条位移/mm	-100~+100	±0.1
DMS(应变片)	转向横拉杆力/kN	-25~+25	±0.25
Correvit 传感器	纵向速度/(m/s)	0~70	±0.01
	横向速度/(m/s)	-20~20	±0.01
带陀螺的平台	纵向加速度/(m/s^2) 横向速度/(m/s)	-25~+25	±0.01
	垂直加速度/(m/s^2)		
	侧倾角度/(°)	-90~+90	±0.1
	俯仰角度/(°)	-90~+90	±0.1
	横摆角度/(°)	-180~+180	±0.1
	横摆角速度/[(°)/s]	-300~+300	±0.1

5.2 驾驶工况

转向性能的客观评价中，驾驶工况原则上分为闭环工况和开环工况。在闭环工况中，例如换道工况，驾驶人要对车辆进行控制和观察，通过驾驶人个性化的反应和操控，完成预订的任务。相反，在开环工况中，驾驶人或者驾驶机器人施加一个给定的转向盘转角，与车辆的反应没有关系，只有这样才能得到客观的与驾驶人无关的车辆参数。图 G-8 所示为推荐的开环工况列表，用来评价转向性能。

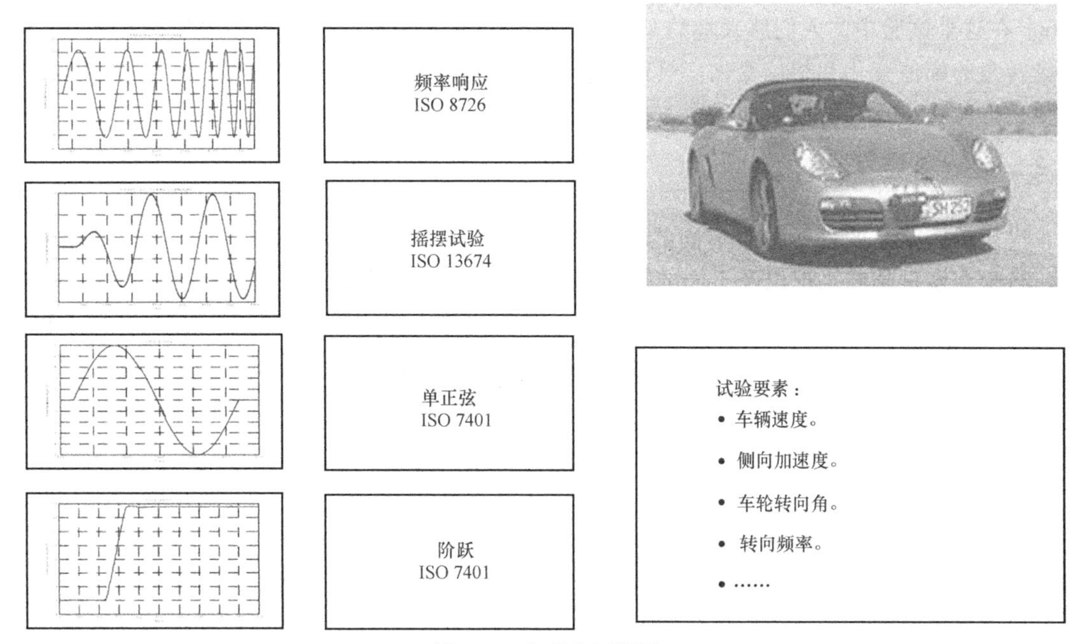

图 G-8 客观车辆测量

摇摆试验——连续正弦

连续正弦试验可以用来评价中位附近的转向感觉和转向精准性。这种试验的方法是，从速度一定的车辆直线行驶开始，在转向盘上施加连续的正弦角度，正弦角度的幅值和频率保持不变。首要关注的车辆反应物理量是侧向加速度和横摆角速度以及转向盘力矩、转向盘转角。具体的细节可以参见标准 ISO 13674-1。这种试验方法推荐采用转向机器人，保证转向盘转角的幅值和转向频率恒定不变。最典型的中位转向特性，我们推荐转向盘转角幅值在 2.5°~10°，频率在 0.2~0.5Hz 之间。

阶跃输入试验

转向角阶跃试验是用来评价车辆从直线行驶进入稳态弯道行驶的过渡性能的。车辆在直线行驶中，在转向盘上施加台阶形状、大小一定的转角，使车辆进入弯道。对于这个过程中的车辆反应量，如横摆加速度、侧向加速度、响应时间和稳态值，都必须进行分析评价。具体的试验方法和评价指标可以参见标准 ISO 7401。根据标准中的推荐可以采用不同的转向盘转角，以获得不同的稳态侧向加速度。

单正弦试验

单正弦试验的目的是借助转向盘转角的一个正弦输入来评价瞬态的行驶性能。这种试验方法的标准为 ISO/TR 8725。这种试验方法是模拟二次换道。人们最感兴趣的是转向盘转角输入和车辆反应物理量之间的时间滞后量。当然，转向盘转角达到最大值（绝对值）的时刻、转向盘力矩达到最大值和车辆反应物理量达到最大值之间的时间差同样也是反映车辆转向性能的重要参考值。如前面的试验项中所述，转向盘转角输入量可以改变。

频率响应试验——扫频试验

扫频试验用来在频域中考察车辆的瞬态行驶性能。车辆按照给定的速度直线行驶，在转向盘上施加正弦角度输入，转向盘转角的幅值保持不变，转向频率从约 0.1Hz 上升到约 3Hz。在这个试验中，人们感兴趣的车辆反应物理量包括横摆角速度和侧向加速度相对于转向盘转角的幅值变化和相位变化。具体的评价方法可以参看标准 ISO 7401。转向盘转角可以变化，以便获得不同的侧向加速度。

5.3 自动数据处理

进行动态测量的目的是对不同的车辆或者配置进行客观的比较。对车辆性能的全面评价，必须在多种驾驶工况以及不同的转向盘转角、转向频率和行驶速度下进行。此外，每种工况下都应该进行多次测量，保证其再现性，随后要对大量的测量数据进行分析。为了得到正确的评价，必须注意测量系列中不同的时间滞后量和测量传感器位置。在必要情况下必须对数据进行过滤处理，消除其偏移量。由于处理的数据庞大复杂，建议采用自动数据处理方式。

注意时间滞后量

不同的测量参数通过预过滤、传感器和放大器会产生不同的信号偏移。特别要注意的是较快的和较慢的测量通道之间的时间差异。这种差异往往出现在高频率的转向盘转角输入工况中，必须注意要消除其相位扭曲变形。如果测量数据用来校核模拟模型，则务必对信号时间进行校正。

换算到参考点

根据标准 ISO 15037-1，车辆运动量的测量点应该是不受装载量影响的车辆参考点。建议这个点选在车辆对称平面上，即轮距中心，高度为标准定义的空载重量的质心高度。通常来说，传感器无法布置在这个参考点上，而是在测量点进行测量。如果要比较不同车辆则必须换算到参考点。

5.4 客观参数

通过处理测量信号或者从模拟计算中可以得到一些表征客观参数的特征值，例如幅值、梯度、时间滞后量等。下面以摇摆试验为例来阐述客观参数的定义。开环试验的客观参数的定义是类似的。

摇摆试验主要用来反映中位特性。在试验中施加给转向盘的角度是固定的正弦形式，使车辆处于摇摆的状态。为了能够从转向盘转角、转向盘力矩、侧向加速度等时域信号中计算客观参数，将几组不同的数据展示在一个坐标系中进行比较。从每组数据中可以产生一组迟滞回线，通过它们可以推导出客观参数（图 G-9）。在摇摆试验标准 ISO 13674 中介绍了许多客观参数。

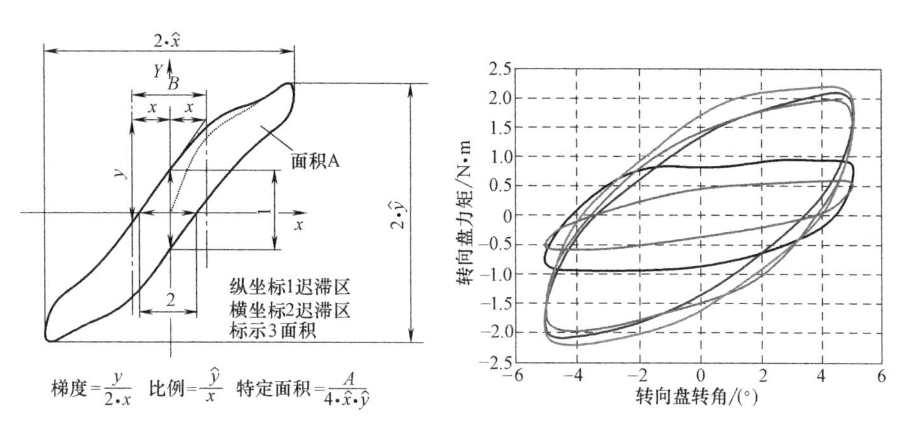

图 G-9 客观参数—例子为摇摆试验 0.25Hz，80km/h

为了保证测量数据的可靠性，至少要保证一定数量的重复测量，这样可以得到客观参数的离散度，从而反映客观参数的可信度。离散度是指在同一条件下测量系列的客观参数相对于平均客观参数的分布情况，或者是离散状况。离散度通常以百分数表示，数值越小，表示测量的再现性越高。通过变条件测量可以确定所变的条件对客观参数是否会产生差异，或者只是由于偶然因素产生的差异。从统计学角度来看，变条件测量对于客观参数确定来说是必不可少的。

6 相关分析和回归分析

为了把主观评价结果和计算的客观参数联系起来，需要应用统计学方法，例如相关分析和回归分析。相关分析是研究相关变量和不相关变量之间的联系。对于行驶动力学分析来说，相关变量就是主观评价结果，不相关变量可以用客观参数来表达。相关系数则是表达相关变量和不相关变量关联程度强弱的系数。回归分析是借助数学方法来确定两个变量之间的联系。

在汽车动力学线性范围内，简化的相关分析和回归分析证明是有效的。在这个范围，主观评价结果与客观参数的关系是线性的。但是分析有效的前提条件是要保证不同的数学边界条件（例如样本为正态分布），借助虚拟变量技术可以把相关分析和回归分析进一步扩展，这样分析的不仅仅是一个类型中的几部车，甚至可以延伸到不同类型的车辆。借助这种回归分析模型可以证实，转向盘力矩的评价标准与车辆类型无关（Harrer，2007）。这就意味着，不同类型车辆的理想评价标准所对应的客观参数物理量几乎是一样大的。但是车辆对于转向输入的反应的评价标准却与车型强烈相关。这就是说，为了获得理想的转向性能，车辆的客观参数物理量的大小是因车辆类型不同而不同的。

7 理想的转向性能的目标范围

2013 年，Zong 和其他人做了大量工作，研究一系列参数对中心点的转向性能影响的重要性。汽车底盘工程师大量的精力是花在行驶性能和转向性能的提高上的。摇摆试验和频率响应试验是转向性能客观评价中很具有说服力的试验项目。

表 G-2 列举了为了达到理想的转向性能在摇摆试验中的数值范围。其评价标准和相应的客观参数在很多参考文献中表现出很高的一致性。评价标准将在第 G 章第 4 节中阐述。数值范围如果和车辆类型有关，则分为舒适型和运动型。

表 G-2　理想的转向特性在摇摆试验中的数值范围（Norman 1984，Dettki 2005，Harrern 2007，Zschocke 2009）

评价标准	客观参数	理想转向性能的数值范围
中位附近的转向盘力矩	在转向盘转角=0°的转向力矩梯度	0.3~0.5N·m/(°)
	在 $1m/s^2$ 的侧向加速度时的转向盘力矩	2.5~3.5N·m
中心点的中位感	在转向盘转角=0°的转向力矩梯度	0.35~0.45N·m/(°)
中位附近的转向摩擦	在 $0m/s^2$ 的侧向加速度时的转向盘力矩梯度	2.5~3N·m/(m/s^2)
	在转向盘转角=0°的迟滞回线高度	0.5~1.5N·m
换道工况中的转向盘转角	在转向盘转角=20°时的横摆角速度	舒适车型:0.25°~0.28°/s 运动车型:0.30°~ 0.32°/s
中位附近的响应(灵敏性)	转向盘转角=0°时的横摆角速度增益	舒适车型:0.20~ 0.301/s 运动车型:0.30~0.351/s

在频率响应试验中，可以确定转向盘转角输入与车辆横摆响应之间的传递函数。通过这个试验，可以评价在转向盘转角低频范围内车辆反应量大小和时间域的响应性能。从频率响应试验中我们可以得到 Weir&DiMarco 图（Weir 和 DiMarco，1978）。这个图反映了等效滞后时间与稳态横摆角速度增益之间的关系。这个等效滞后时间是从横摆角速度和转向盘转角的相位图中 45°相位角对应的频率计算而来的。下面的 Weir & DiMarco 图（图 G-10）为当前量产车的数值范围。

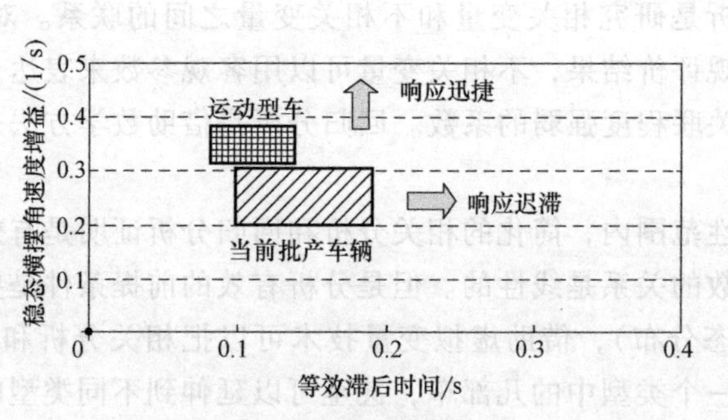

图 G-10　Weir & DiMarco 图

从图中可以看出，对于稳态和非稳态的转向性能已经有很多的目标数值范围。但是，车辆过渡到预警区域和极限区域的性能，以及如何区分有用信息和干扰信息，都还没有定量描述。

8　自然的还是不自然的转向感觉——可客观评价的课题？

直到第二次世界大战（部分甚至持续到二战后）大多数车辆的转向还非常沉重，间隙很大，不精确。从 20 世纪 50 年代开始，车辆的发动机功率不断提升，车速也随之提高，这

不仅促进了行驶性能和转向性能的提高，整个底盘性能都得到显著改善，出现了新的转向器和新的转向系统。通过转向车轮的主销后倾角、主销内倾角以及主销偏移距的优化设计，不仅仅在静态工况中而且在动态工况中转向盘上会产生回正力矩：在车速较低时准静态的回正力矩可以保证车辆运动稳定，并且随着转向盘角度的增大回正力矩也会升高。随着车速增加和弯道行驶中侧向力的增大，动态回正力矩产生。人们应用“路感”这个概念，让驾驶人知道轮胎和路面之间的状态。但是首先必须保证在泊车工况中驾驶人能够操控转向盘。因此从20世纪60年代开始人们就开始在较重的车辆上使用伺服助力转向。

在很长一段时间，车辆转向性能和横向动力学性能主要是靠主观评价来进行评判。因此产生了不同的设计和匹配策略，这里仅举两个例子：CitroenDS（自1955年）设计了所谓的“中点转向”，即主销偏移距和内倾角都为零：在CitroenSM（自1970年）上转向传动比非常直接，在车轮任何位置，即使是泊车工况中，助力转向都能够让车轮自动回正。AMS在H. 24/1971中对此的评价是：“没有一个人在第一次驾驶SM车辆时能够适应它的转向性能”。另外一个例子是Renault，从20世纪50年代开始在多个车型上借助弹簧力来增大静态回正力矩。

随着电动助力转向系统的应用，人们越来越多地讨论自然和不自然的转向感觉，但是又不能对其进行明确定义。之后人们接受了这样一个观点，每个汽车制造商都应该有自己的特色，并且多年的液压伺服开发经验能够使他们的特色得到充分发挥。因此评价的标准变得非常宽泛。

能源节约和转向相关的驾驶人辅助系统促进了电动伺服助力转向的发展。人们致力于车辆操控性能在各种行驶工况中的改善，例如变传动比的转向系统。但是其最初结构由于其更大的摩擦和惯量而遭到诟病。

为了更加深入讨论，我们提出几个问题，并比较其区别：

在起动转向和收回转向的过程中存在哪些问题？

在“从下向上的路径”中的车辆状态反馈信息过程中，哪些特性会被抱怨？前轮和路面之间的物理过程应该以怎样的形式体现在转向盘上？

把路面和车轮的接触状态真实地体现在转向感觉中就足够了吗？还是应该把关于整车动态性能更多的信息反馈到转向盘上？

通常情况下，当人们对一个系统施加一个输入，总是预料系统会做出一定的反应，人们预料之外的系统反应称之为不自然的反应。另外，在车辆行驶过程中，不允许驾驶人完全没有感觉，即驾驶人和车辆行驶完全没有关联，就像计算机驾驶游戏中的转向盘那样。从这两种基本要求出发可以引申出很多的转向性能评价方法。

特别重要的是“中位区域”的转向感觉。车辆行驶中转向盘的工作区域大多数在中心位置附近，在这个区域转向盘力矩为零的“死区”应该很小，接着就是转向盘力矩线性增大，这样才可以获得好的转向感觉。只有驾驶这样“中位感觉”的车辆，驾驶人才能够在整个车速范围内都能很轻松地保证车辆直线行驶，只要没有外界干扰；并且在弯道行驶中也能够正确地转动转向盘，不会转过头。好的中位感觉的前提是，转向系统的摩擦力矩和弹性变形需要限 制到很小，并且助力系统在中位区域的响应必须精确。但是这种设计又不能“过分”，否则车辆反应会过于敏感，驾驶人会疲于进行转向修正，转向感觉差，直线行驶能力下降。有助力转向的中位区域转向特性不应该让驾驶人感觉怪异。在弯道行驶中，如果弯道半径变得越来越小或者速度升高，转向盘力矩应该尽可能线性增大，而不应该让驾驶人感觉转向盘时轻时重。也就是转向盘转角、弯道半径、车速和回正力矩之间必须有明确的关联。转向传动比也只允许在一定范围内变化，例如在长时间高速公路行驶后突然转弯进入出口会产生转向过多的危险，如果大的转向传动比（有利于高速时的安全性）很快过渡到小的转向传动比（有利于低速时的灵敏性）。

至此我们得出第一个结论：转向系统几何的特性曲线和力的特性曲线只允许逐渐变化。

另外，快打转向盘时车辆的动态反应性能是影响转向感觉的重要因素。车辆反应应该多快和多精确？是否需要转向修正？不同的车辆运动（横摆、侧向加速度、侧移、侧倾）和转向盘转角以及转向盘力矩之间的关系该如何匹配？这些问题涉及整个车辆横向动力学，并且对转向感觉影响巨大。这里列举一些评价不好的例子：车辆在转向开始时反应迅捷，然后反应迟缓，或者转向开始时迟缓，然后反应剧烈；在快速转向时转向变得沉重。评价好的车辆总是尽可能地把转向力矩直接、不滞后地反馈到转向盘上。

如前所述，在极限工况中驾驶人能够驾驭车辆的前提是，驾驶人能够获知路面状况，即转向系统要有好的“告知性”，但是这种“告知性”不能过头，不应该把路面的所有信息，如路面不平、路面冲击、路面振动，都“告知”转向盘，否则会严重损害转向舒适性。也就是说，这种告知性必须限制在驾驶人能够接受的程度内，但是又要让驾驶人能够确定路面状况的变化。

另外一个基本要求是，车辆在驶出弯道时车辆可以自动回到直线行驶状态，这个过程不允许特别快，车辆不能出现摆动或振动，也不允许这个过程很迟缓。整个过程驾驶人要能够充分掌控。

至此我们总结出第二个结论：在人-车-环境控制回路中，驾驶人借助对于转向盘力矩的触觉感知以及对于整个车辆的动觉和视觉感知来获得转向力矩的变化信息，保证驾驶人能够操控车辆。

在本章节总结的观点的基础上，结合横向动力学的评价方法产生了一系列的转向感觉评价方法（参见表 G-2）。转向感觉评价数值明显依赖于车辆定位是运动车型还是舒适车型。

这样我们就可以定性和定量地评价一部车辆的转向感觉是自然的还是不自然的，并能确定其极限范围。

最后还应该指出，汽车制造商通过特有的设计特性来影响车辆自然的转向感觉，驾驶人即使闭上双眼也能够识别出所驾驶的是哪个汽车制造商生产的哪款车型。

参考文献 G

BRAESS, H. H. (2001): Steering Systems, Steering System Properties, Vehicle Dynamics The progress of the Last 50 Years, an Outlook into the Future. VDI Berichte Nr. 1632

BRAESS, H. H. (2004): Die schwierige Übung des richtigen Kurses. Frankfurter Allgemeine Zeitung, 11.5.2004, Frankfurt am Main

DECKER, M. (2008): Zur Beurteilung der Querdynamik von Personenkraftwagen, Dissertation TU München 2008

DETTKI, F. (2005): Methoden zur objektiven Bewertung des Geradeauslaufs von Personenkraftwagen. Dissertation Universität, Fakultät Maschinenbau, Stuttgart 2005

GIES, S., MARUSIC, Z. und SEEMANN, M. (1999), Das Lenkgefühl – Merkmale der subjektiven und objektiven Beschreibung. Haus der Technik: Essen 1999

GROLL von, M. (2006): Modifizierung von Nutz- und Störinformationen am Lenkrad durch elektromechanische Lenksysteme. Dissertation, Universität Duisburg-Essen 2006

HARRER, M. (2007): Characterisation of Steering Feel. Thesis, University of Bath, Department of Mechanical Engineering. Bath UK 2007

HARRER, M., STICKEL, T. und PFEFFER, P. (2005): Automatisierung fahrdynamischer Messungen. 10. Internationaler Kongress Reifen-Fahrwerk-Fahrbahn, Hannover 2005

HEISSING, B. und BRANDL, H. J. (2002): Subjektive Beurteilung des Fahrverhaltens. Vogel Buchverlag: Würzburg 2002

HENZE, R. (2004): Beurteilung von Fahrzeugen mit Hilfe eines Fahrermodells. Braunschweig, Universität (TU), Dissertation (Schriftenreihe des Instituts für Fahrzeugtechnik, Bd. 7). Shaker Verlag: Aachen 2004

KOBETZ, C. (2004): Modellbasierte Fahrdynamikanalyse durch ein an Fahrmanövern parameteridentifiziertes querdynamisches Simulationsmodell. Wien, Universität (TU), Dissertation. Shaker Verlag: Aachen 2004

MEYER-TUVE, H. (2008): Modellbasiertes Analysetool zur Bewertung der Fahrzeugquerdynamik anhand von objektiven Bewegungsgrößen, Dissertation. TU München 2008

NEUKUM, A., KRÜGER, H. P. und SCHULLER, J. (2001): The driver as a Measuring Instrument for Vehicle Dynamic Reactions? VDI Berichte Nr. 1613, 2001

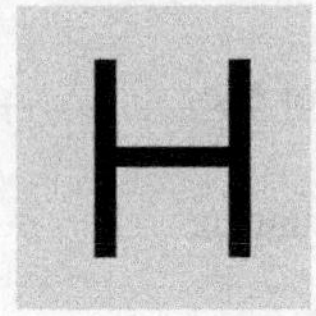

转向设计

1　转向器的基本设计

良好的行驶性能和转向感觉只能在精准的转向系统中获得。转向器的结构设计必须做到：一方面能够传递足够大的力，另一方面运动件的间隙、变形和摩擦必须很小，更重要的是包含伺服助力单元在内的转向器要有足够的响应速度。车辆只有满足这些要求才有可能获得精准、迅捷的转向性能。本章将讨论转向系统设计的基本知识，详细讨论转向功能以及转向器摩擦。

1.1　齿条力

泊车时的齿条力决定了转向系统的尺寸大小。齿条力的大小为左右横拉杆力之和。影响泊车齿条力大小的重要因素有悬架运动参数、前桥载荷、轮胎规格、轮胎气压和路面摩擦因数。

图 H-1 所示为一部车泊车时的实测数据。在这个例子中，最大的齿条力为 15 kN，在最大的齿条行程，即最大的转向盘转角时齿条力达到最大值。显然，车辆越重，齿条力也越大。图 H-2 所示为不同车辆类型的齿条力范围。

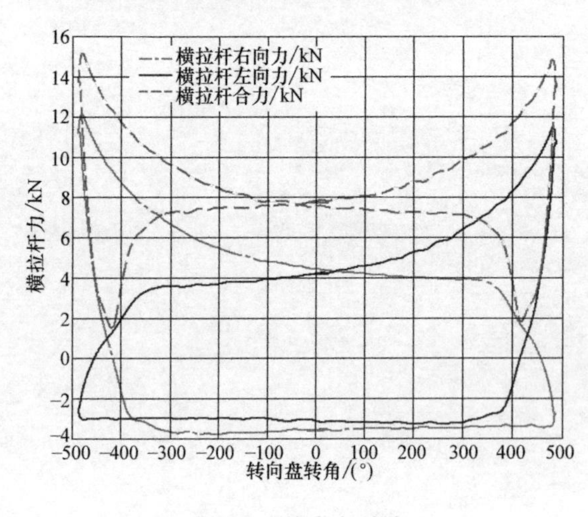

图 H-1　泊车力测量

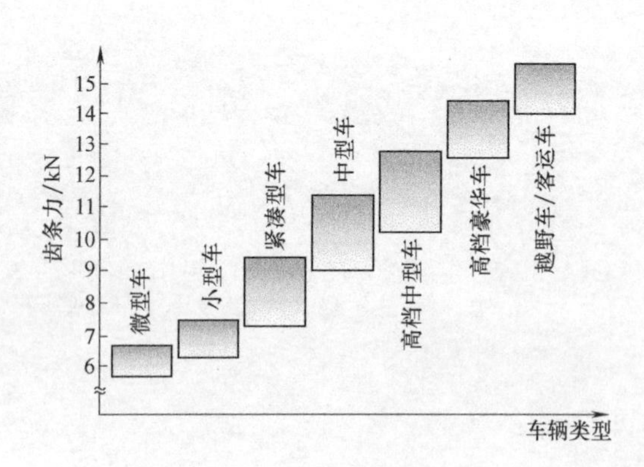

图 H-2　齿条力与车型的关系

1.2　转向盘力矩

转向盘上的转向盘力矩在很大程度上取决于液压助力转向的转向阀特性或者电动助力转

向中的软件参数。转向助力大小的确定应该保证车辆在静止状态转向时，转向盘力矩的大小在整个转向角范围内保持在同样的水平，并考虑齿条上出现的最大力。这个转向盘力矩水平在当今的车辆上取决于采用的转向系统形式以及转向匹配，一般为 2.5~6.0N·m。在“较小”的转向系统上，转向助力不够大，驾驶人不能在整个转向角范围内保持轻松转向。这一点体现在图 H-3 中，从转向盘转角的绝对值大于 350°开始，伺服转向助力太小，驾驶人必须施加更大的力，转向盘力矩明显增大。

1.3 转向动力学

转向器施加到齿条上的力的动力学要求是，在转向角速度很大时转向盘力矩不允许有明显的增大。在“较小”的转向系统中施加快速转向会明显感到转向盘力矩增大。原则上，转向动作越快，就会感觉到施加在转向盘上的力（力矩）越大。在一部静止的车辆上施加正弦形式的转向盘转角输入，可以很容易地得到最大转向角速度即极限转向角速度。这里施加给转向盘的角度范围为±60°。转向频率应该逐步增大直至 3Hz。转向角速度和转向盘力矩随着转向频率的增大而增大。只要转向盘力矩比起始值高出大约 50%，可以认为已经达到极限转向角速度（图 H-4）。

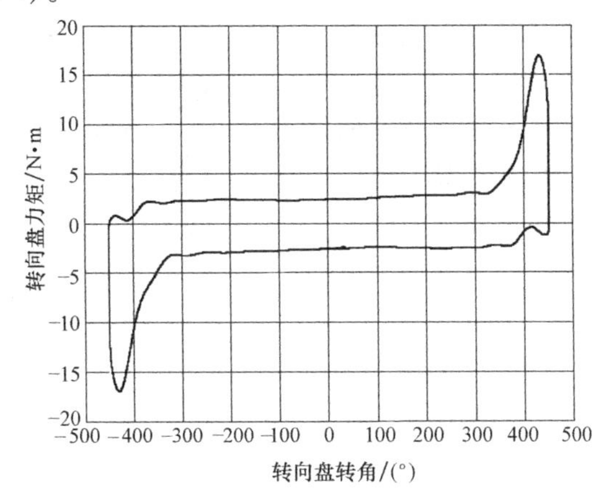

图 H-3 泊车时的转向盘力矩（转向系统太小）

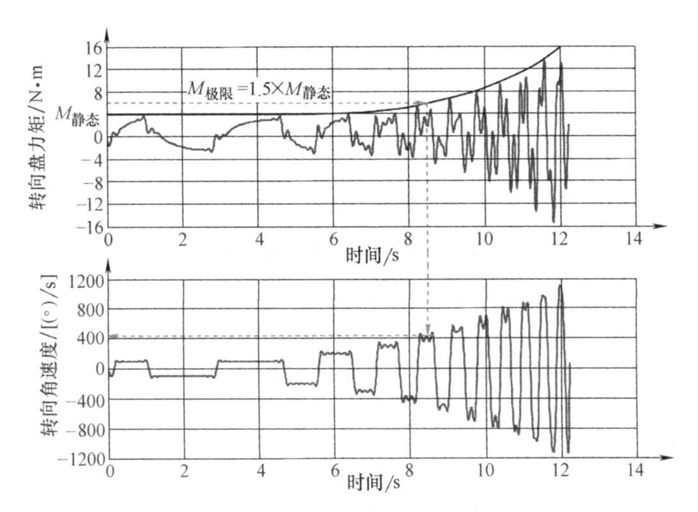

图 H-4 极限转向角速度的确定

日常的行驶工况中大多不会达到转向动力学极限，只有在一种紧急情况下，即突然换道时，才有可能达到动力学极限。这时，足够快的转向动力学至关重要。因此，在转向系统的设计任务书中必须明确定义相对于齿条行程或者齿条力的极限转向角速度。图 H-5所示为典型的极限转向角速度的变化情况，图中的规定值是在一定的边界条件下，达到极限转向角速度时必须给出允许的最大转向盘力矩增量。在液压助力转向系统中，在相应压力下的油液流量起着关键作用。在电动助力转向系统中，起决定作用的则是系统温度和控制器上最大的电压和电流强度。

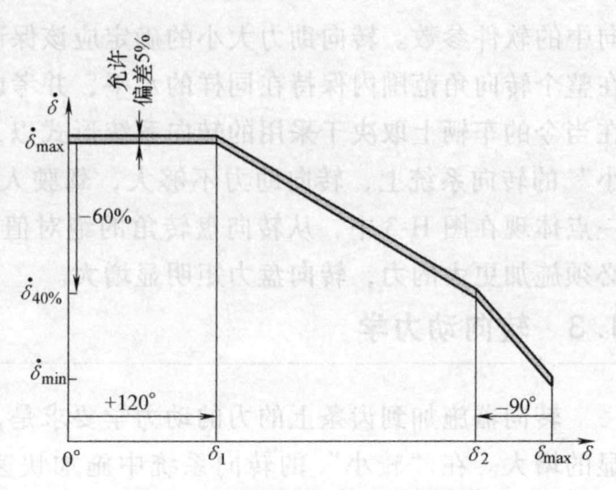

图 H-5　极限转向角速度规定值

1.4 转向功率

机械转向功率可以从要求的转向角速度即齿条速度和齿条合力计算得出。图 H-6 所示为以齿条力和齿条速度为函数的功率曲线，此外还标出了 SUV 车辆的典型工作区域。机械转向功率可以看作是电动助力转向系统的助力转向动力学指标，在设计任务书中必须明确定义。

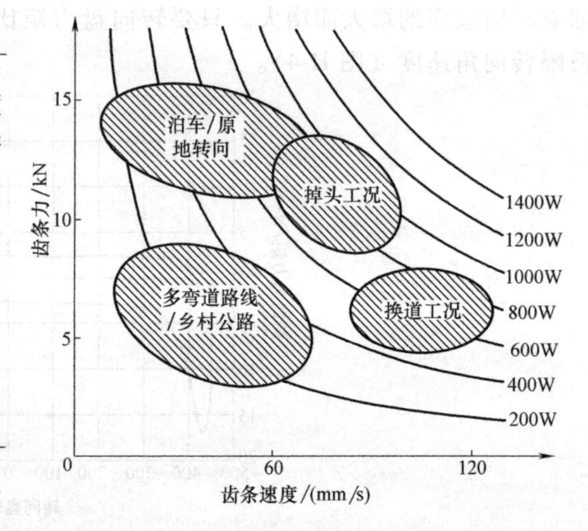

图 H-6　机械转向功率，以一部 SUV 为例

1.5　转向摩擦

转向系统中的摩擦具有特别重要的意义。转向系统摩擦会影响车辆的行驶性能和转向性能，同时也会影响人的主观转向感觉。齿轮齿条转向器由于其结构特点决定了其为最主要的摩擦部件，齿条相对于支撑件以及密封件的相对运动产生摩擦。在电动助力转向系统中，旋转的机械部件相对于液压助力转向系统会产生更大的系统摩擦。转向器摩擦根据其方式和大小不同而起着正面和负面作用。

1.5.1　转向器摩擦的负面影响

一般来说，在人机工程操作机构中，大的库仑摩擦会降低人的操作舒适性。显然，摩擦会让微小的转向运动变得困难，尤其是在中位附近液压伺服助力或者电动伺服助力较小时。由于系统摩擦太大，从中位开始转向（从静摩擦过渡到动摩擦）变得突兀，或者有转向黏着感。大的摩擦会让车辆转向盘在车速较低的弯道结束后不能自动回到中位。大的摩擦还会影响转向系统的反馈性能。车辆行驶信息和路面信息，这些有用的信息反馈也会因为摩擦而变弱。

1.5.2　转向器摩擦的正面影响

转向器摩擦导致转向盘力矩相对于转向角形成了迟滞特性。这种迟滞特性对于精确的弯道行驶来说是必不可少的。在半径一定的固定弯道中行驶时，转向盘转角对应一个工作点，如果离开这个工作点，增大转向角会感觉到转向盘力矩的增加，减小转向角回打转向盘会明显感觉到转向盘力矩在减小，这样的感觉可以让驾驶人保持固定的工作点，即转向盘精确的角度位置成为可能（图 H-7）。大的转向器摩擦当然也能抑制干扰信息的反馈传递。冲击和周期性的激励，例如车轮不平衡、制动力波动等，会因为摩擦而衰减。转向盘的抖动会由于摩擦的存在而减小。

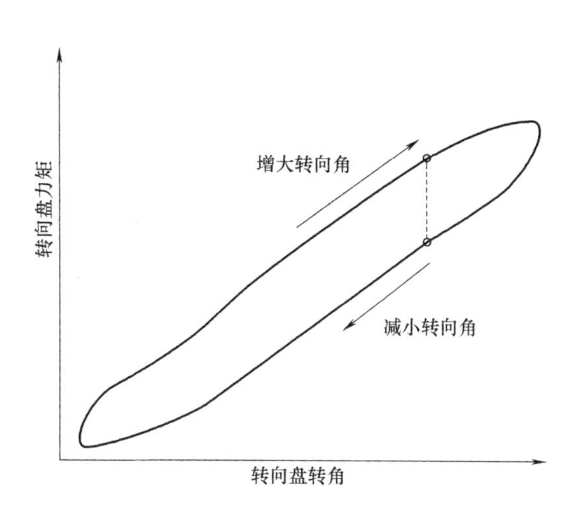

图 H-7 转向盘力矩相对于转向盘转角的迟滞特性（固定的正弦输入）

确定转向器摩擦有两种方法。第一种方法是测量齿条力。这里要求齿条以固定的速度运动，转向器的输入轴必须是自由状态，可以得到一条与齿条行程相关的齿条力变化曲线。齿条力随齿条移动速度的增加而增大。电动助力转向的转向器在不工作状态下的齿条力一般大于液压助力转向。另外还与液压助力转向明显不同的是，电动助力转向的齿条力随着环境温度的下降而升高。

在图 H-8 中可以看到，齿条力的曲线是变化的，其原因是小齿轮在齿条上的滚动是通过不同的齿轮啮合进行的。

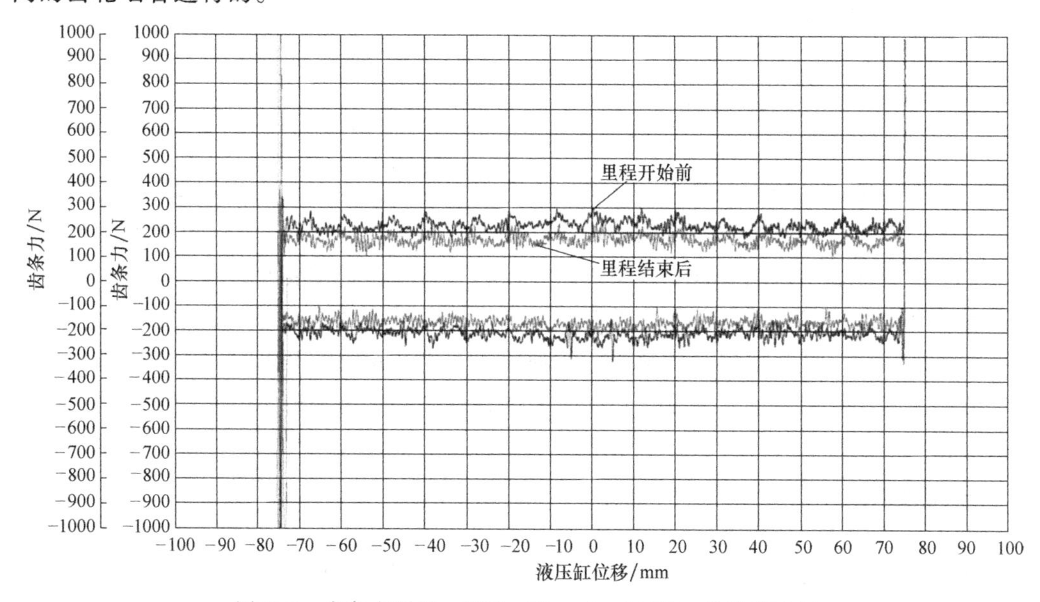

图 H-8 齿条力测量，EPS，10mm/s，8 万 km 里程前和后

另外一种测量转向器摩擦的方法是测量空转转动力矩。在这个方法中，转动转向器的输入轴，转速一定，齿条处于自由不受载状态，可以得到空转转动力矩（LDM）与转角的测量关系曲线（图 H-9）。这种测量方法和测量齿条力的物理现象是一样的。

转向器摩擦大小及其要求的极限值，在一般情况下是指转向系统为新的状态下的值。在一段里程后转向器摩擦力会减小，一般来说是因为材料磨损以及磨合造成，不可避免。当里

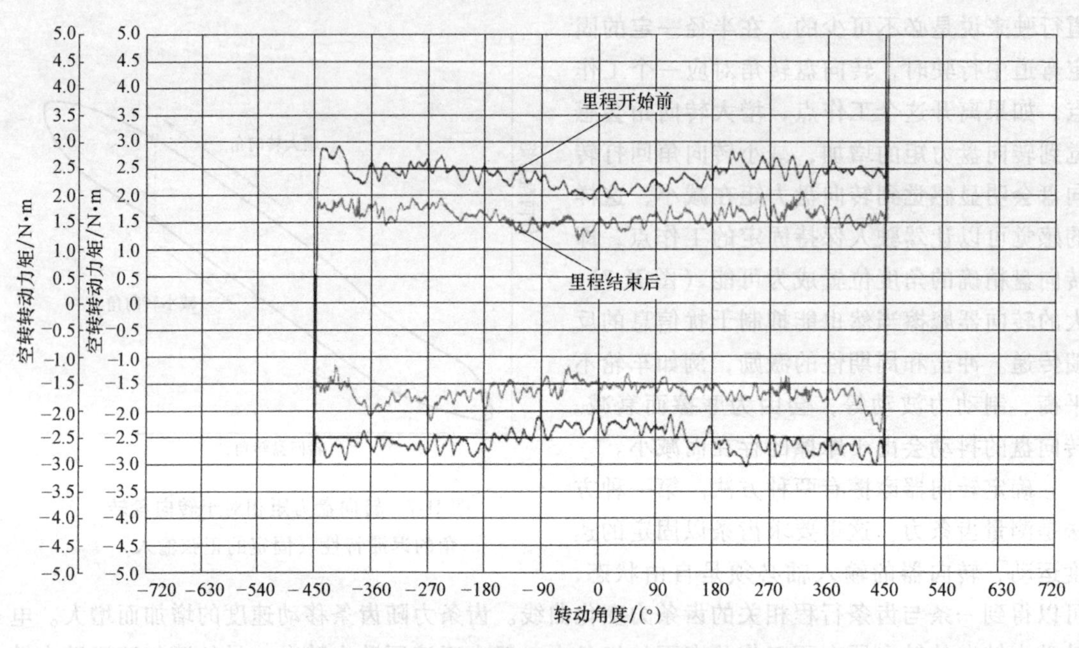

图 H-9　LDM 测量，EPS，8 万 km 里程前和后

程达到 30 万 km 时，转向器摩擦力有时只有原先的一半，这种情况在实际中并非罕见。尽管如此，还是努力让转向器摩擦在最初几百公里的磨合以后保持稳定，并在尽可能多的里程后仍然保持在相当水平。

2　转向系统的传递函数

转向系统的传递性能可以分为，从转向盘上的力矩传递到齿条上的力和齿条上的力传递到转向盘上的力矩。通常来说，这两种传递路径是不可逆的。这就是说，从单纯的传递路径上研究是得不出什么结论的。这个现象最初并没有人察觉到其重要性，即使在不久的过去人们还认为这个现象不是很重要。但是随着研发者对转向系统理论的深入研究，人们发现，应用这一结论后很多问题都能够得到解释。这种现象在转向系统的开发实践中意义重大。在后面的章节中，我们将引导读者逐步认识其重要性，详细阐述电动助力转向和液压助力转向在这方面的区别。

2.1　导向性能

在开车时，我们可以把驾驶人看成是车辆横向动力学和纵向动力学的控制器。在转向时，驾驶人把车辆控制在他所需要的弯道范围内。这里驾驶人不仅是传感器、过滤器和控制器，还是执行器。

常规的控制系统一般是根据稳定性、目标值或者限制值等控制量来通过单独的执行器进行干预。根据系统不同而不同，但是至少要有一个控制量以及相应的传感器，只有这样控制系统才能进行恰当的干预。在驾驶人开车时，转向角的目标值是通过驾驶人自身的“传感器”如平衡感、眼睛、耳朵以及触觉器官感受转向盘力矩、转向盘振动加速度等来感知获得的。在目标值确定中，驾驶人会自动排除那些对于他来说是不可能完成的目标值。这里作为控制器的驾驶人，那些训练过的驾驶人可以把车辆运动控制在物理极限范围内。而驾驶错误通常是指在车辆出现不稳定时，驾驶人估计错误，车辆运动逾越了物理极限范围。驾驶人估计错误通常发生在驾驶人大脑中的汽车动力学“内部模型”不够好，或者这个“内部模型”的传感器反应滞后，甚至向大脑控制器发出错误的信号。

作为“人机对话接口”的转向系统要完成两项任务。其一，转向系统是传递控制量的机构，它把驾驶人施加在转向盘上的转向角通过转向器和车桥运动机构传递给车轮。其二，转向器还必须把那些反映轮胎和路面的接触情况或者轮胎与路面间的力的情况通过触觉信号反馈给驾驶人。如先前提到的，这两项任务是通过不同的传递路径来进行的。传递路径的要求可以直接从对比中得出。转向系统对于从转向盘传递到路面的传递路径的要求是，即使在驾驶人最大的转向频率下，人的力量对于转向来说也是足够的。与之相关的是转向系统设计参数、极限转向角速度和系统的功率大小。从路面传递到转向盘即齿条力到手上的力矩的传递路径则要求传递到驾驶人的力的波动能够充分反映有用信息，干扰信息必须限制在合适的范围内。这样才称得上是好的转向反馈。

2.2 反馈性能

从前面的阐述中可以明确，转向反馈是指力、速度或者加速度在齿条上的波动量反映到转向盘上的力矩、角速度或者角加速度的波动量。

为了能够对不同的转向系统进行理论分析，隔离出一个系统边界，并研究这个系统在稳定位置附近小幅度变化时的性能，这样可以绕开非线性系统，避免不必要的复杂。接下来再把得出的结论扩展到非线性系统，让读者对将要碰到的问题有一个全面的了解。下面的内容以液压助力转向系统模型开始，接下来以电动助力转向系统的结构模型为基础介绍转向反馈。

2.2.1 液压助力转向的转向反馈

在伺服转向中，通常必须对主动助力转向反馈和被动助力转向反馈加以区分。当驾驶人以某种方式进行转向，或者处于准稳态转向过程中，这时的助力转向为主动助力转向。而被动助力转向是在某一时刻驾驶人并没有主观意图改变方向而进行的转向。转向系统的哪些特性在哪些时刻起主导作用，取决于伺服助力的形式以及系统的状态。首先研究液压助力转向的被动反馈性能。

图 H-10 所示为从车辆中隔离出来的液压助力转向系统主要部件的示意图。车桥运动学以及转向管柱的特性相对于转向系统的主要性能显得不那么重要，在此予以忽略。也就是将转向系统看作与车桥运动、转向管柱无关。更加精细的转向系统研究在其他章节中进行，这里忽略。转向系统中的扭杆可以看成是已经预紧的。这个系统为振动系统，可以对其进行伯德图分析。

为了在转向振动系统中应用伯德图，必须对简化的模型列出运动方程。这里普遍性的方程为：

$$m\ddot{x}+d\dot{x}+cx=F(t) \tag{H.1}$$

这里，m 为齿条和液压油液的质量，系统的阻尼用符号 d、刚度用符号 c 来表示。$F(t)$

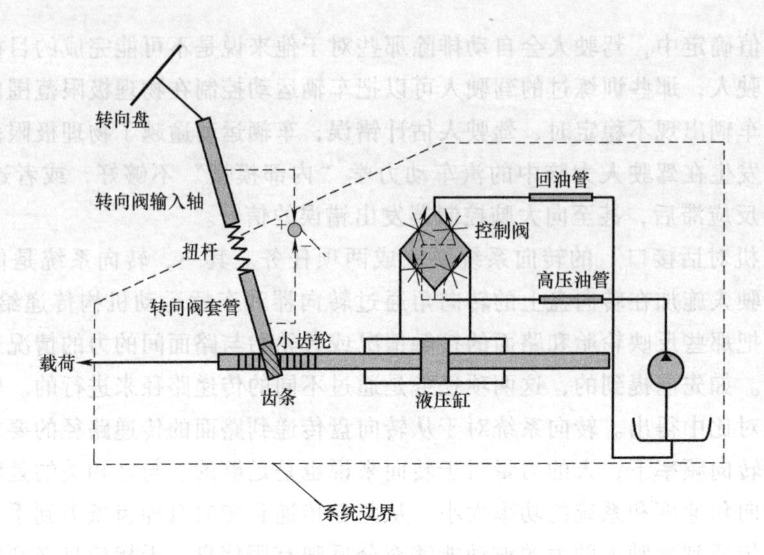

图 H-10 液压助力转向的原理图

为随时间变化的作用在齿条上的外力，x 为齿条位置。借助拉普拉斯变换以及起始条件 $x(0)=0$，可以直接得到 SISO（single input single output）系统在拉氏域的传递函数：

$$G=\frac{X}{F}=\frac{1}{ms^2+ds+c} \tag{H.2}$$

从拉普拉斯变换到傅里叶变换，拉氏变换中的拉氏变量 s 要被复数 $j\omega$ 替换。这样就得到了复数的传递函数，它描述了小齿轮运动随齿条运动激励而变化的频率特性。人们常把这个复数的传递函数分为幅值和相位随频率而变化的幅频图 $|G|$ 和相频图 $\angle G$，这样可以了解到系统的幅值变化和相位变化。在图 H-11 中，横坐标频率取对数坐标，幅值纵坐标采用分贝（dB），这就是所谓的伯德图。

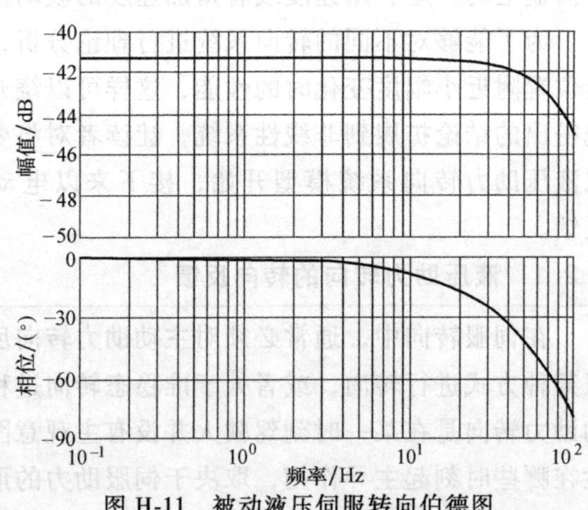

图 H-11 被动液压伺服转向伯德图

从伯德图的幅频图中可以知道，在一定的频率下，齿条上的激励乘以系数 $|G|(f)$ 可以得到扭杆上的响应。假定齿条上的激励为 1，那么在扭杆上的响应值就是 $|G|(f)$。我们可以从幅频图上得到幅值下降 3dB 的频率，这个频率称为转折频率 ωE。相频图则表示在相位角上响应与激励相比滞后的角度。这种关联在向量图中更容易理解。

图 H-12 所示的向量图表示某一位置激励与响应的比值。这个向量的长度为“1”，意味着传递函数的幅频图在这个位置的放大系数为 1。向量和第一象限的横坐标的夹角表示这一位置的相位角。随着频率的不同，向量转动，其长度以及与横坐标的夹角即相位角会发生改变。

从伯德图（图 H-11）中很容易看出，随着频率的增大，从激励到响应的放大系数在下降变小，相位角在增大（滞后角数学上记为正）。这种特性也称为低通过滤器。对转向力矩感觉的研究表明，转向盘力矩波动的感觉门阀值随力矩基础值的不同而不同，一般在

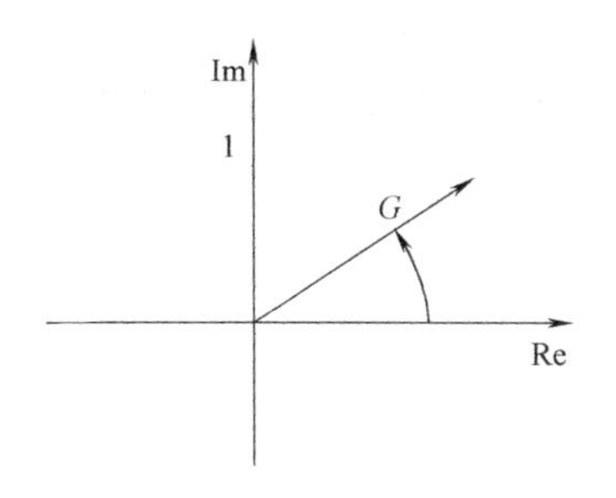

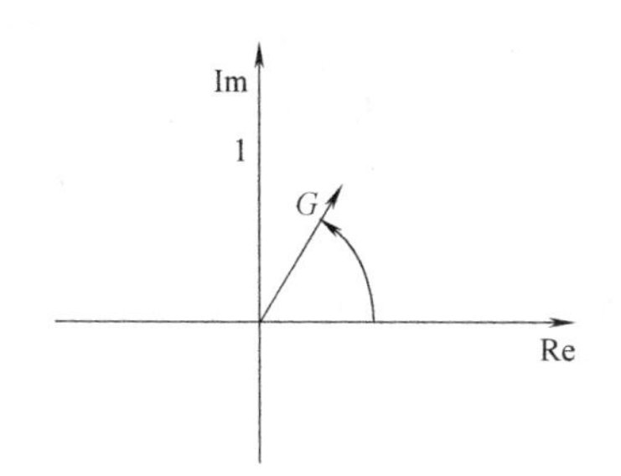

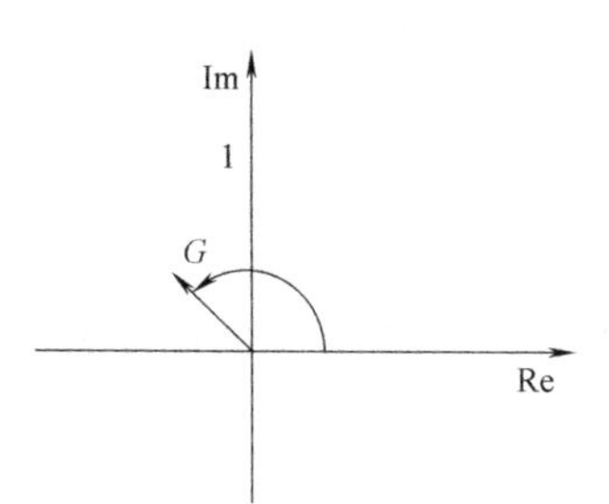

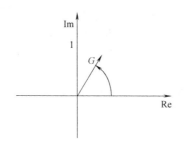

图 H-12 传递函数的向量图

0.5N·m~0.8N·m（Buschardt，2003）之间。因此可以通过在齿条上的一定频率下的力的波动量来确定扭杆上的力矩改变。

传递函数也可以当作二阶延迟元件或者 PT2 元件。从这种传递函数的结构可以看出式（H.1）和式（H.2）中参数的意义。必须注意的是，根据振动理论知识，振动系统的自由运动为带阻尼的固有频率运动，而这个带阻尼的固有频率又是无阻尼固有频率和相对阻尼系数的函数。无阻尼固有频率是系统刚度和质量的函数。图 H-13 展示了同一个系统中采用不同的参数造成的不同结果。基准实线为参数都不改变的传递函数。点虚线为质量 m 提高的传递函数，转折频率向左移动变小（无阻尼固有频率和质量相互作用）。提高阻尼常数 d（图中为点画线）会减小共振频率的幅值，并使转折频率向左移动变小。提高扭杆刚度（整体刚度）c 则会升高转折频率（图中虚线所示）。

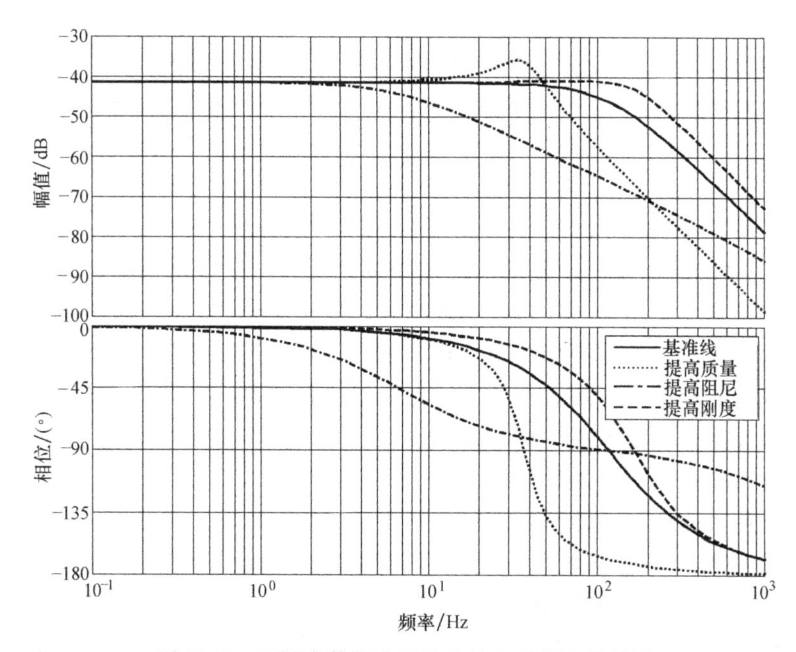

图 H-13 不同参数的液压助力转向系统的伯德图

通常来说，为了让驾驶人获得有用的信息，对于液压伺服转向来说频率信息就足够了。甚至可以说对于液压助力转向来说会感觉太抖。这就是说，驾驶人得到了所有的有用信息，但是同样多的干扰信息也传给了驾驶人，驾驶人的感受是不舒适。

由于在中心点附近的转向助力是缓慢增加的，因此特别是在直线行驶时，被动的系统性能起主导作用。假如车辆已经有了一定的助力转向，例如在稳态回转工况中，随着转向助力的增加，助力转向占据主导地位。忽略助力转向的迟滞特性，这样转向助力除了可以减轻驾驶人施加的转向盘力矩外，还相当于提高了系统刚度。这就是说，整个幅值在考虑频率范围上是减小的，并且转折频率往更大的方向移动。

2.2.2 液压助力转向反馈特性的非线性扩展

到现在为止，研究的都是线性系统，而实际的转向系统具有明显的非线性特性。其一是系统内存在摩擦，其二是齿条传动比是变化的，以及转向阀的特性是非线性的。所有这些非线性都强烈地影响转向感觉和参数匹配。例如，在变传动比转向系统上为了达到所需要的转向角度，在中位附近要比限位点附近输入更大的转向盘转角。这种设计具有实际意义，驾驶人在高速行驶时，即使给了转向盘一个小的转角，车辆的反应不至于过于敏感。相反，在低速时往往进行的是大角度的转向，例如泊车，在这种情况下小的转向传动比很有利。基于这个原因，变转向传动比通常设计成这样，在扭杆上的力矩-齿条位移关系曲线为缓增特性曲线。这对于传递特性来说意味着在很大的转向角时整个系统的刚度要变小。这种结论看起来并不是那么直观可信，下面再进一步解释。

扭杆和转向助力平行作用合成整个系统的刚度，因此可以把它们分隔开来，考察它们对于整个系统刚度的影响。作用在扭杆上的力矩由小齿轮与转向管柱的角度差以及扭杆的扭转刚度确定。

$$M_{DS}=c_{DS}\Delta\delta=c_{DS}(\delta_{LS}-\frac{2\pi}{i}x) \tag{H.3}$$

这里 M_{DS}为扭杆的力矩，c_{DS}为扭杆的扭转刚度，δ_{LS}为转向管柱角度，i 为小齿轮与齿条间的变传动比，x 为齿条位移。系统的刚度可以从扭杆上的力矩随齿条位置而产生的变化得出，即为：

$$\frac{\mathrm{d}M_{DS}}{\mathrm{d}x}=c_{DS}(-\frac{2\pi}{i})=c_{var} \tag{H.4}$$

这里，c_{var}为系统的刚度，是齿条传动比变量的函数。在转向角较大时齿条传动比 i 较大，因此系统刚度变小；相反，在转向角较小时齿条传动比 i 较小，系统刚度变大。转阀的非线性陡增助力特性曲线也有类似关联。在非线性区域，随着扭杆力矩的增加，液压助力急剧增加。因此系统的整体刚度随着扭杆上的力矩增加而增大。在实际的转向系统中这两种作用同时存在，其作用的强度取决于整个系统设计。因此在一部车辆上或者在台架上的表现，都应该看成是这些作用共同叠加而成。

图 H-14a 表明转向助力对液压助力转向的传递特性的影响。实线为没有助力的系统，虚线则为助力系统系列，从点虚线到点画线再到粗虚线助力逐步增加。从图中可以看出，助力增加传递函数的转折频率向右移动，同时幅值变小。因为转折频率已经超出与驾驶人相关的频率范围，只有幅值的变化与驾驶人相关，因此可以得出，转向助力越是增加，驾驶人则越难以感觉到齿条上的激励力。但是这个结论并没有很大的实际意义，因为如果把液压助力转向产生的滞后时间也考虑进去，则传递函数如图 H-14b 所示。

继续分析图 11-14c，齿条传动比增加，转向更加直接，系统的整体刚度下降，转折频率向左轻微移动，幅值增大。综合考虑齿条传动比变化和转向助力的非线性并考虑执行机构的滞后时间，则传递函数如图 11-14d 所示。

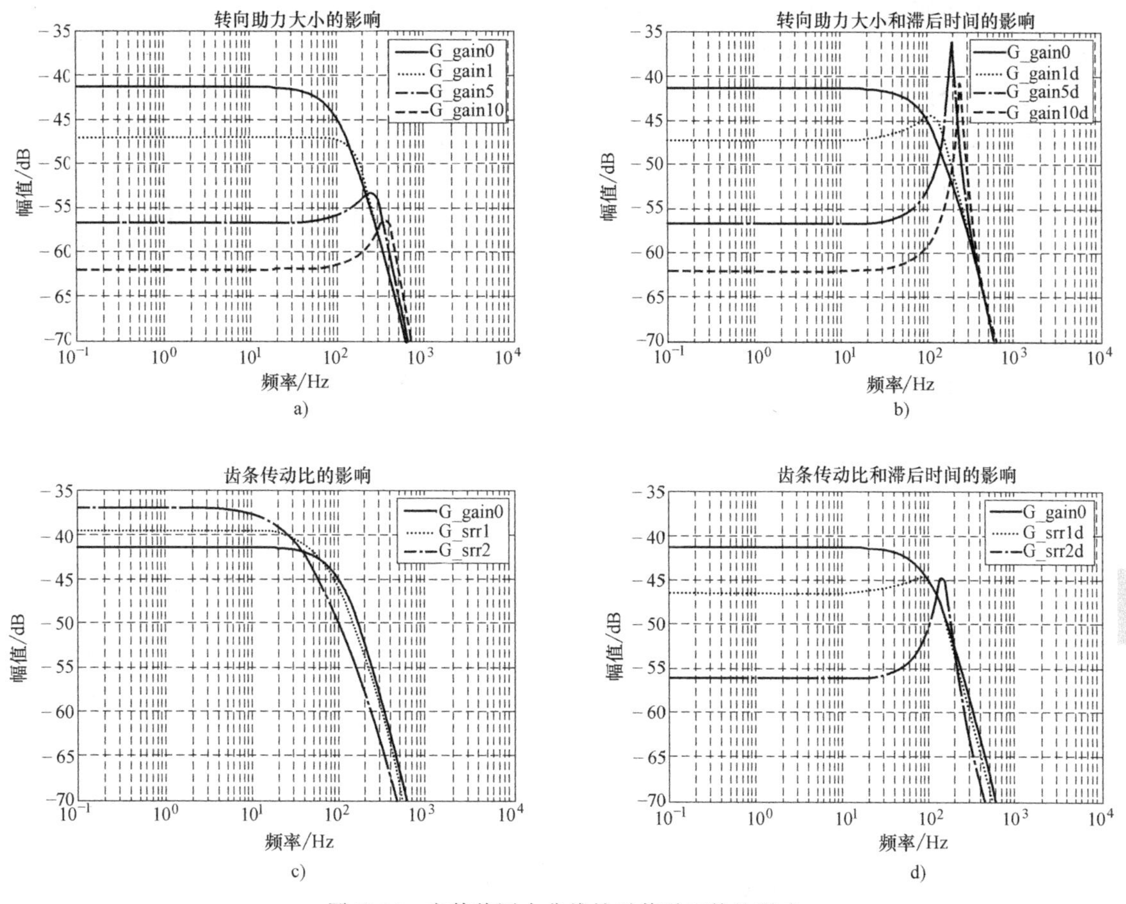

图 H-14 在伯德图中非线性对传递函数的影响

转向器摩擦同样也是高度非线性的，是转向迟滞特性的主要原因。转向摩擦在一定程度上是可以改变的。转向摩擦使转向系统对于驾驶人的力矩输入的敏感性下降。这样不至于由于驾驶人任何的、哪怕是很小的转向盘力矩变化引起车辆的反应，从而保持转向角精确。转向系统摩擦主要由干摩擦组成，小部分是黏性摩擦。对于转向的传递特性来说意味着，在克服转向器摩擦前齿条不会运动，扭杆上的力矩也不会改变。在克服摩擦力这个门阀值之前绝不会出现齿条力波动。从伯德图的幅频图中可以通过绝对值的下降看出摩擦力的影响。

现在清楚的是，转向系统的许多参数会影响有用信息和干扰信息的传递性能。尽管有时候这种影响非常复杂，但是还是可以就液压伺服转向系统的传递性能给出一个不失其正确性的评价。与驾驶人相关的反馈频率极限为 20～30Hz（Brunn，2004）。因此根据本小节的有关图示能够做出结论，所有的液压伺服转向应该这样设计，这个频率对于驾驶人来说应该是最大的有用信息。对于转向系统开发者来说，这应该是一个方针，转向系统的参数进行匹配，使得所希望的系统反馈得以产生。

2.2.3 电动助力转向的转向反馈

和液压助力伺服转向类似，本小节研究和阐述电动助力伺服转向的传递性能。图 H-15 所示为电动机与齿条平行布置的电动助力转向的原理图。

如之前的液压助力转向一样，这里的系统范围只是涉及转向系统的核心元件。这些元件包括带力矩传感器的小齿轮、扭杆、变传动比的齿条、带 ECU 的 BLDC 电动机（无刷直流电机）。同样也可以把电动助力转向系统当成是以扭杆为弹簧的振动系统。

为了简化推导传递函数，同液压伺服转向类似列出运动方程［见式（H.1）］。这里要注意的是，转向器的弹性被忽略了。循环球螺母（也称转向螺母）和推动齿条平移的 BLDC 电动机的转子轴的转动惯量必须附加上。可以通过能量关系确定一个等效质量来代替齿条运动。APA-EPS 的动能为：

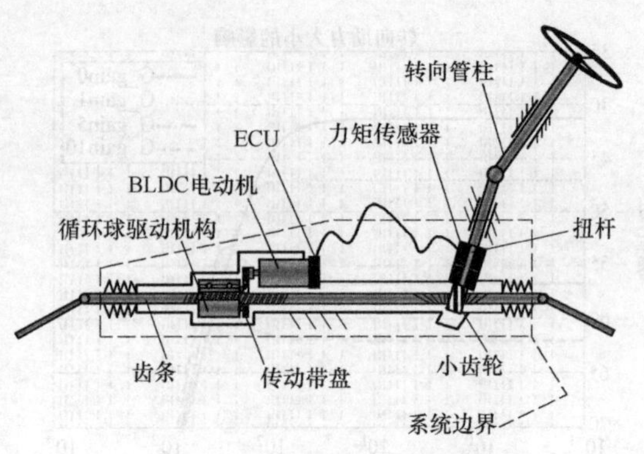

图 H-15　平行轴式电动伺服转向（APA-EPS）的原理图

$$T_{EPS}=\frac{1}{2}mv^2+\frac{1}{2}J_{KGT}\omega_{KGT}^2+\frac{1}{2}J_{BLDC}\omega_{BLDC}^2 \tag{H.5}$$

这里，m 为齿条的质量，v 为齿条的速度，J_{KGT} 和 J_{BLDC} 为转向螺母和转子轴的转动惯量，它们的角速度为 ω_{KGT} 和 ω_{BLDC}。速度换算如下：

$$\omega_{KGT}=\frac{2\pi}{i_{KGT}}v \tag{H.6}$$

$$\omega_{BLDC}=i_R\omega_{KGT}=\frac{2\pi i_R}{i_{KGT}}v \tag{H.7}$$

i_{KGT} 为循环球机构的传动比，单位为 m/r。i_R 为带传动的传动比，量纲为一。这样我们可以得到关于齿条速度的 EPS 的动能函数：

$$T_{EPS}=\frac{1}{2}\underbrace{\left(m+J_{KGT}\frac{4\pi^2}{i_{KGT}^2}+J_{BLDC}\frac{4\pi^2 i_R^2}{i_{KGT}^2}\right)}_{m_{Trans}}v^2 \tag{H.8}$$

由此可以确定等效质量 m_{Trans}。循环球机构的传动比通常大约在 0.006~0.010m/r 之间。带传动的传动比在 2.0~3.5 这个范围。转子的转动惯量大约为 1×10^{-4}（$kg\cdot m^2$），转向螺母的转动惯量大约为 $1\times10^{-3}kg\cdot m^2$。通过传动比和转动惯量的大小，可以得出等效质量的范围为 900~1800kg。可以看到，齿条本身的质量只有 2.5~3.5kg，但是其等效质量非常强烈地影响着电动助力转向系统的传递函数。

在这里借助计算得到等效质量，也可以利用式（H.2）给出的传递函数，小的等效质量（惯性较小）和大的等效质量（惯性较大）的 EPS 系统与液压助力转向系统对于传递函数的影响可以在图 H-16 所示的伯德图中看到。

很容易看出，电动助力转向相对于液压助力转向在被动传递特性中具有明显的劣势。试验中的两种 EPS 的转折频率都低于 10Hz。也就是说，这两种 EPS 都不能把完整的频率信息作为有用信息提供给驾驶人。其原因可从传递函数推导得出。由转向螺母和转子的惯量组成的附加质量关联到齿条上，使得转折频率急剧减小成为低频，这样形成机械低通滤波器，把

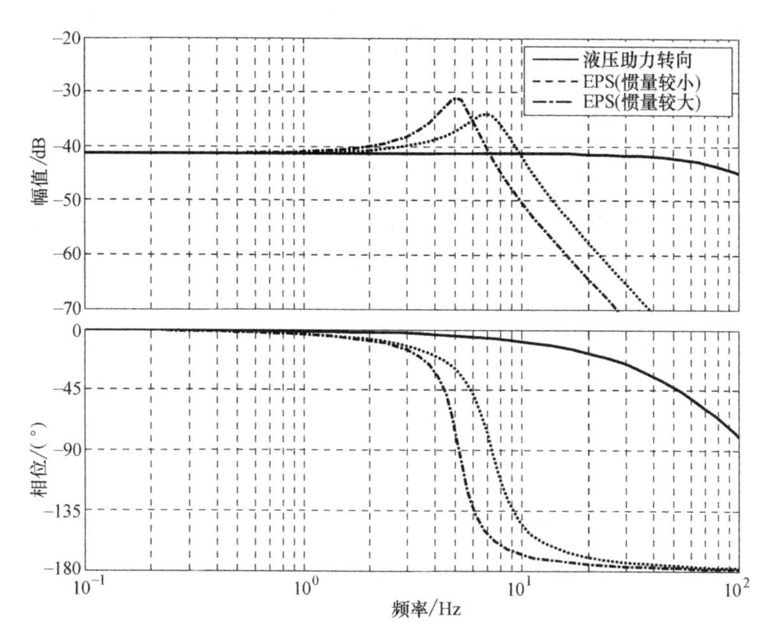

图 H-16 被动电动助力转向的伯德图

反馈中并非不重要的部分过滤掉了。虽然如此，必须说明的是，电动助力转向的这种特性往往被一些人当成优点，因为它同样也把干扰信息给过滤了。

电动助力转向系统和液压助力转向系统一样，在直线行驶时通常被动传递特性显得更为重要，其原因是直线行驶不需要转向力的输入。这种现象是我们所期望的，因为从液压助力转向系统更换到电动助力转向系统的根本原因除了在于电动助力转向具有更多样化的功能外，还在于能够节约能耗。“按需供电”原则（Power on Demand），也就是系统只在需要的时候提供转向助力。但是电动助力转向系统常常有主动转向功能，当驾驶人没有主动给予转向指令时，它也会起作用，例如车道保持辅助系统和泊车辅助系统。而且可以确定的是，这种主动转向功能给予驾驶人的转向反馈并不重要，或者说这种主动转向很小，其反馈显得不重要。因此从这种角度来说，在直线行驶中大多数情况下电动助力转向的被动传递特性更加有优势。

反过来的结论则是，在主动助力的电动助力转向系统中，某一个转向行为的转向反馈特性主要是由转向系统需要的助力来确定的。这种系统的助力大小是由控制器来确定的，或者说是由一个成熟的控制策略来确定的。对此有很多不同的控制策略，其对于主动传递特性的影响也各不相同。和控制策略无关的是，主动助力系统的反馈在很大程度上取决于匹配模式，也就是各系统的目标量的大小以及相匹配的参数。例如通常对于基本助力的匹配模式，中位感、迟滞性、阻尼以及主动反馈摆在首要目标。这些目标常常是或多或少相互关联，和车辆以及系统的状态相关。例如，转向系统的基础助力可以因车速变化而变化，并且随扭杆力矩的变化而变化。但是不能因为这个原因让转向系统的助力呈现强烈的非线性。应该明确的是，不可能有一种电动助力转向的主动传递特性可以广泛使用。为了让读者更好理解，讨论仅限于 EPS 最为常见的助力形式。

电动助力转向最为常见的策略是转向助力与扭杆力矩成比例增加。图 H-17 把 EPS 和

HPS 在不同强度的助力上进行了传递性能对比，前提条件是 EPS 和 HPS 的控制中没有错误，时间滞后也很小。电动助力转向的传递性能和液压助力转向的传递性能非常相似。这意味着，电动助力转向的助力单元相当于一个附加的刚度。图 H-17a 所示是 EPS 和 HPS 的被动特性比较。图 H-17b～d 所示为助力逐渐增加时进行的比较（2＝小助力，3＝中等助力，4＝大助力）。可以看出，和液压助力转向类似，在电动助力转向系统中转折频率随着助力的增大向高频移动。同时齿条上的力与扭杆上力矩的比值的幅值在减小，只是在电动助力转向系统的被动特性中的转折频率太小。无须多加解释可以得出，电动助力转向系统内部的摩擦要比液压助力转向系统的高。和前面介绍的 HPS 一样，在齿条运动之前必须首先克服系统摩擦，这种现象导致齿条的起动阀值相应较高。如果像 HPS 那样，齿条的传动比是变化的，这相当于降低了系统刚度，会导致转折频率轻微下降，幅值比升高。

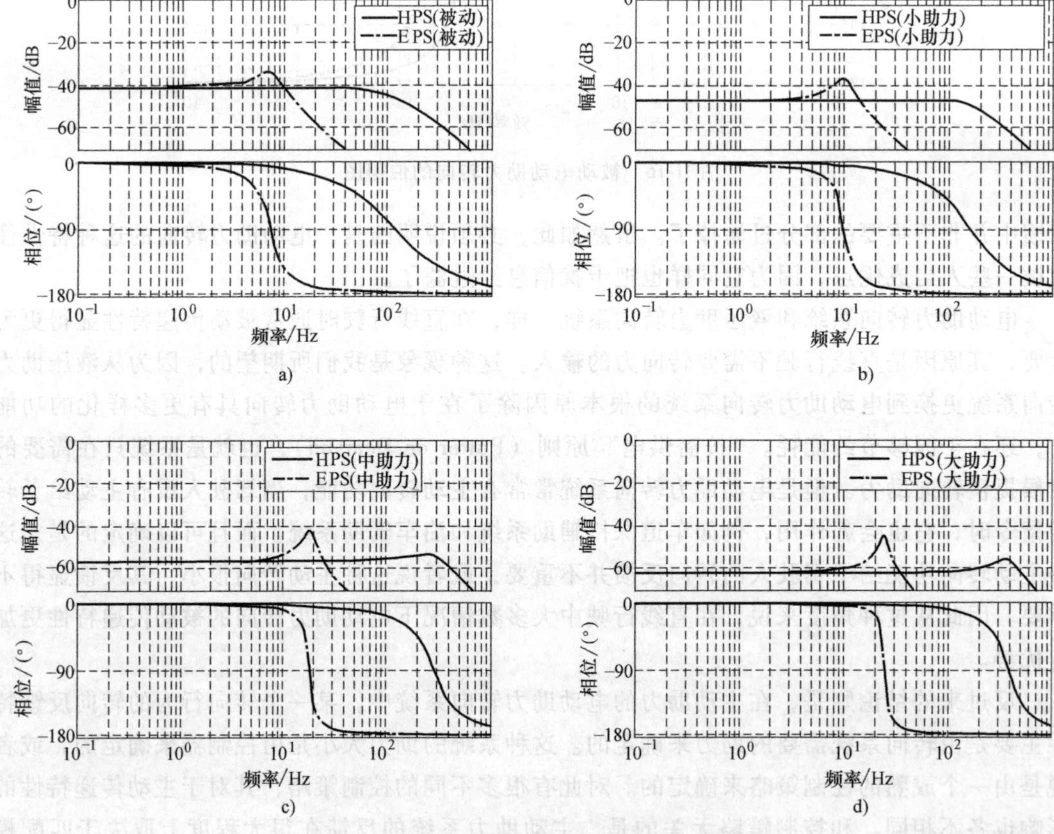

图 H-17　不同助力大小的 EPS 和 HPS 伯德图

最后必须说明的是，刚才介绍的被动反馈太弱的弊端并不是不可避免的。借助成熟的控制策略以及相应的匹配模式可以部分地把缺失的被动反馈用主动的反馈来代替。这种策略还在研发之中，但是已经接近量产应用。最好的情况是，借助这种策略，可以把完整的频率信息作为有用信息反馈给驾驶人。正如例子中描述的，人们现在正在仔细研究这种系统的反馈特性，必须充分认识所应用的控制策略和相应的控制模式。只有这样，才能借助“反馈设计策略”在电动助力转向系统的反馈特性中满足最大化的要求，同时另一方面又保留主动

反馈方面的全部优点。

参考文献 H

BRUNN, P. und HARRER, M. (2004): Objektivierung der Lenkungsrückmeldung, VDI Fortschritt-Berichte, Reihe 12, Nr. 580, S. 67–79

BURSCHARDT, B. (2003): Synthetische Lenkmomente, VDI Fortschritt – Berichte, Reihe 22, Nr. 12. VDI Verlag: Düsseldorf 2003

HEIßING, B. und ERSOY, M. (2007): Fahrwerkshandbuch. Vieweg+Teubner Verlag: Wiesbaden 2007

STOLL, H. (1992): Fahrwerktechnik: Lenkanlagen und Hilfskraftlenkungen. Vogel Buchverlag: Würzburg 1992

I 转向盘

1 引言

转向盘是驾驶人在车内所感知的部件中的一个。它是人车交互界面中最重要的接口之一，因为一方面汽车的转向运动是通过转向盘输入的，另外一方面转向盘会把汽车行驶状况的信息反馈给驾驶人。

由于转向盘在车辆内部空间中显眼的位置，转向盘必须满足一些要求。作为驾驶人保护系统的一部分，转向盘必须满足相应的安全法规，并通过碰撞测试要求。另外，转向盘还是造型设计的重要元素，它应该与整车内部装饰相协调，汽车生产者的商标名字和 Logo 也应嵌在转向盘上。

近些年来，转向盘上集成了很多操控元件，例如汽车控制器、收音机、导航以及换档控制。驾驶人在转向盘上可以操控仪表盘显示器和功能照明。在这些过程中，转向盘和车辆的通信是由转向盘电器来承担的。

2 组件

很多车辆用户尤其是在旗舰车型中要求产品具有更多的个性化，这导致产品种类增加，甚至是不同的品牌也要求有进一步的差异化，这种个性化在很大程度上影响着转向盘。一般转向盘除了基本型外，还提供大量的其他类型转向盘，可划分为不同的技术和风格。

从技术上可以划分为：

- 多功能开关（例如控制显示器或导航）
- 换档开关（例如桨片式开关，如图 I-1 所示）
- 转向盘加热
- 显示（例如换档建议，功能显示）

风格的体现一般是通过以下元素：

- 颜色
- 材质
- 装饰
- 油漆或者电镀表面

图 I-1　Porsche 运动型转向盘，带换档桨片

由图 I-2 中的转向盘类型树可以清楚地看到转向盘的种类以及它们之间的差异。通过颜色、装饰以及技术分类（例如多功能、电加热），可以产生 50 种转向盘。

转向盘骨架、带转向盘轮缘的轮辐、喇叭以及安全气囊属于转向盘的基本组成部分

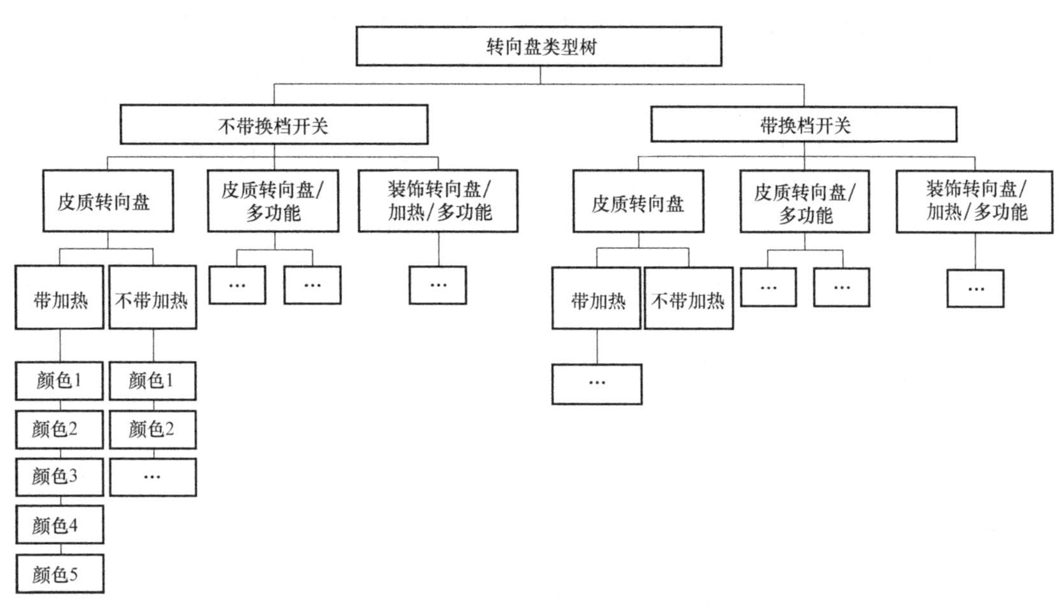

图 I-2　转向盘类型树范例

(图 I-3)。下面将介绍转向盘的基本组成部分以及附加组成部分，如开关和装饰件。

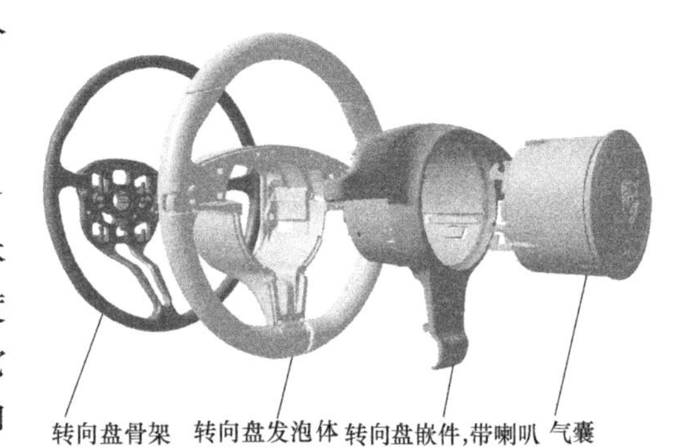

图 I-3　转向盘拆分图（Porsche 997 II）

2.1　转向盘骨架

转向盘骨架（图 I-4）是转向盘的最基本部分。它的结构直接影响碰撞性能和疲劳强度性能，并且实现了与转向管柱的连接，另外它还是转向盘轮辐以及轮缘的载体，会影响转向盘的造型。

转向盘属于安全件。在车辆正面碰撞中安全气囊打开，驾驶人对转向盘施加很大的载荷。驾驶人在转向盘骨架上施加转向力和握持力，转向盘骨架必须保证耐久强度。

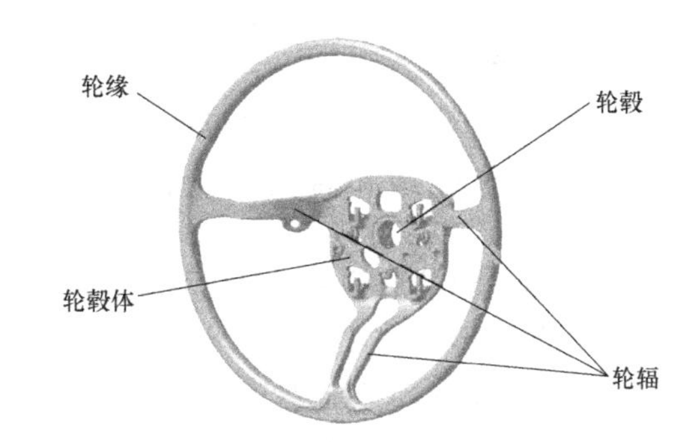

图 I-4　转向盘骨架

转向盘骨架的设计在很大程度上影响着转向盘的固有频率和转动惯量。

为了降低重量，转向盘骨架使用轻金属，如铝或者镁，主要采用压铸工艺。镁由于重量优势目前被广泛使用。

在转向盘骨架设计时必须考虑前面提到的碰撞要求、疲劳强度和固有频率。转向盘在碰撞过程中应该能够吸收大量能量，但是又不能折断。能量主要由轮缘下面部分的变形来吸收。为了达到这种效果，要求下面部分的轮辐设计得相对弱一些。

发动机和车轮的不均衡会引起转向盘在怠速或者行驶中产生抖动。为了达到转向共振频率的要求（例如40Hz），这个共振频率与支撑件（包括与车身的连接件、转向管柱和转向盘）相关，转向盘的共振频率要求>65Hz。对于整个转向盘设计来说，轮毂体、辐条以及连接件起着至关重要的作用，如果它们的刚度不够则会引起整车怠速和转向盘抖动。为了提高轮毂体的刚度，可以另外浇铸板嵌件。另外，安全气囊的连接件对于固有频率也有很大影响。

转动惯量的提高可以通过把附加质量尽量放在远离质心的位置来实现。轮缘是理想的位置，有很多种方式把质量布置在轮缘上。

其中一种方式为，将轮缘的截面形状构建为U形，在浇铸工艺后，钢镶嵌在里面并且呈皱褶状。这种方式的优点在于，浇铸工艺不增加另外的费用，并且可以实现一模多腔。

另外一种方式为，在浇铸阶段直接将轮缘浇铸成空心管状或者实心管状，产生较大质量（大多为钢），压铸件的辐条在与轮缘连接处包覆钢体，共同形成一个铸件，称之为复合式骨架（图I-5）。

选择哪种方式，取决于所拥有的制造设备以及制造者的传统习惯。

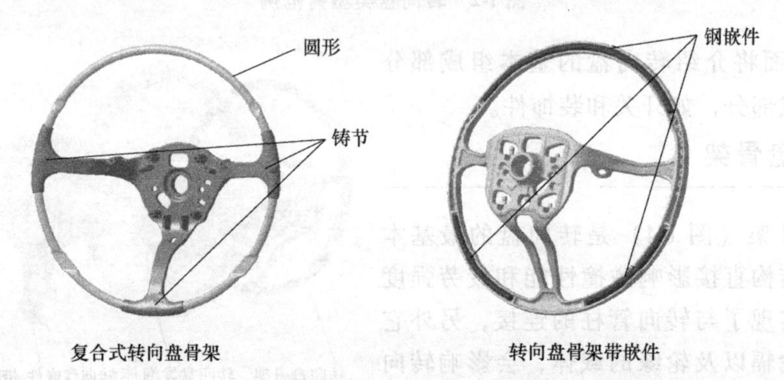

图I-5　复合式转向盘骨架和带嵌件的转向盘骨架

转向盘与转向管柱的连接大多通过内齿或者内六角进行。六角形状可以直接通过模具成形，内齿是在铸造后通过拉削工艺成型，或者是将一个已经拉削成型的钢管嵌进压铸模具中并浇铸在一起。

连接形式取决于车辆的周边环境，如转向管柱、安装空间、电器模块。

2.2　转向盘轮缘和转向盘轮辐

转向盘轮辐的形状主要是考虑造型的需要，转向盘轮缘的设计也是人机工程的主要任务，所以轮缘形状常常分为运动型和舒适型。运动型风格的转向盘轮缘在下面以及大拇指支撑面比较扁平。对于转向盘轮缘的截面形状和轮缘直径每个主机厂都有不同的策略，转向盘轮缘是椭圆还是圆的、纤细点还是厚实点，就产生了不同类型。

在中国和美国市场，有种转向盘为塑料（注塑件）所包裹（主要是后面），即所谓的“后盖”（backcover），其与转向盘骨架螺纹连接。转向盘轮缘和转向盘轮辐脱离，单独发泡成形。在欧洲市场则几乎全部是完整发泡的转向盘。轮辐和轮缘在一个发泡模具中成形。在这个过程中，转向盘骨架嵌在发泡模具中，被聚氨酯（PUR）包覆。有色转向盘的生产是将

发泡体进行染色。为了提高表面质量和耐光性，在发泡之前必须在模具中（内模具表面）投入一种颜料。发泡模具会根据汽车生产厂家的要求带有不同的皮纹，这些皮纹是通过腐蚀工艺产生的。在转向盘发泡过程中，皮纹就会印在转向盘表面。

2.3 喇叭

当今对于喇叭系统的要求不再只是为了危险的提醒而设计，还需要关注其他因素。例如，喇叭按响力更加均匀，喇叭按下的行程更加精确，安全气囊模块与转向盘的连接更加贴合均匀，在整车寿命期间功能更加可靠，以及喇叭系统的安装空间更小。

绝大多数汽车的喇叭系统是通过操作安全气囊模块在纵向产生运动而触发喇叭功能的。安全气囊模块通过压簧保持在一定位置上，必须施加力来抵抗弹簧力才能使之向后运动，直至接触到模块支架。我们称这种悬浮支撑的喇叭系统为“浮动喇叭”（floating horn）。它的优点是，布置在转向盘正面的喇叭按键是安全气囊模块的中心位置，操作面比较大。即使在危险时候，在转向盘转向的任何位置，驾驶人都能够很容易摸到喇叭并进行操作。

当前技术状态

几乎所有的转向盘都是浮动喇叭，其特点是安全气囊模块在按喇叭时翻动。为了安全气囊模块能够翻动，其与转向盘之间的缝隙必须较大。但是技术要求的发展却是要求缝隙越来越小。为了确保在整个安全气囊的面积内都能按响喇叭，往往需要多个喇叭触点（3~4个）。但是最重要的是喇叭触点的位置，特别是安全气囊模块比较大的情况下，此时触点位置应该尽可能向外并且分开布置，这样在安全气囊的边缘按喇叭时不至于使喇叭行程太大。另外，安全气囊模块上各处的喇叭按响力应该保持均一，但这很难实现，因为按喇叭的位置到触点的力臂是不同的。

直线移动的喇叭系统

由于直线导向，按喇叭时安全气囊模块不再翻动，只能平行移动，这样转向盘与安全气囊的缝隙可以做得均匀一致。另外，也很容易保证在安全气囊任何位置的喇叭按响力保持均一，开关灵敏性与位置选择无关，喇叭行程也更加容易控制。

这种喇叭导向方式不需要触点，只要一个信号发生器就可以，如图 I-6 所示。

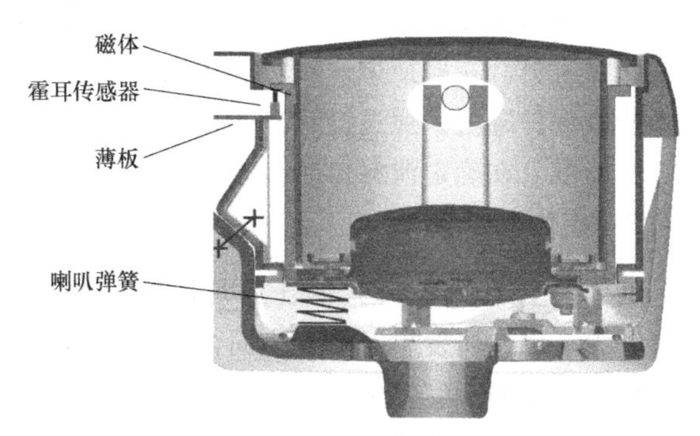

图 I-6 无触点喇叭，安全气囊直线移动

其物理原理是借助霍耳传感器来获得安全气囊的位移变化。霍耳传感器产生的信号传给转向盘控制器进行处理，进而借助 LIN-BUS 传给车辆控制器。

无触点喇叭很大的优点是，由于采用霍耳传感器，使得由触点机械性的变形或者电器的放电火花导致的失效模式不再存在。当然也不存在触点变脏和氧化的问题，因为传感器是个封闭的系统。这对于耐久试验（例如 *Cola-Test*）来说也是一个优点。所应用的霍耳传感器即使短路也不会损坏，比传统的喇叭按键更加稳固。外界的磁场会被系统屏蔽掉，这样外界不会影响喇叭系统。

2.4 安全气囊和碰撞

车辆安全越来越受到重视。不同汽车市场（欧洲、美国、亚洲）的法规要求以及与乘员保护相关的碰撞要求都在不断提高。为了满足各种要求，安全气囊必须在30ms内发生作用，同时乘员保护系统也必须在这么短的时间内对于任何身材的乘员达到最佳保护效果。这里必须对假人系上安全带进行一系列的试验，例如，50%假人（普通人），5%假人（瘦小女性）和95%假人（高大男人）。此外还须进行不带安全带的工况试验，即所谓的OOP（Out of Position）位置。在OOP工况中不允许安全气囊对人产生伤害。对安全气囊的这个要求必须在15年内在-35~+85℃的温度范围内得到保证。

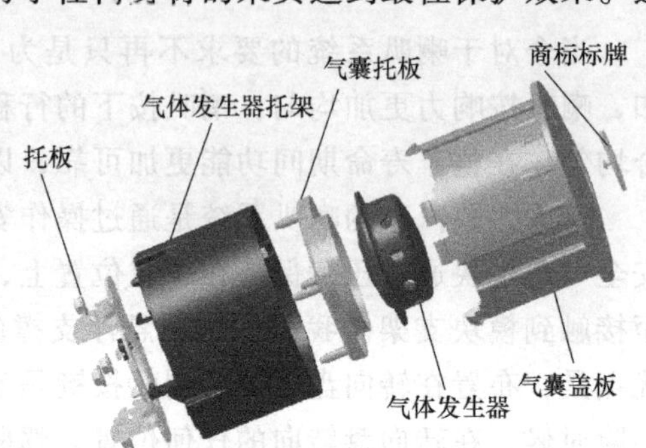

图 I-7 安全气囊的分解图（气囊没有画出）

图 I-7所示为安全气囊主要部件的分解图。

2.4.1 安全气囊盖板

安全气囊盖板除了与造型设计相关外，还涉及安全气囊的固定保持。在安全气囊爆炸时，安全气囊盖板必须按照设计的要求打开，让气囊自由弹出。安全气囊盖板是沿着预定的线路打开或者撕裂的，这种线路是通过使盖板内侧的材料厚度在一定方向上变小来实现的，即所谓的撕裂线。撕裂线是通过大量的模拟分析和试验优化来确定的。材料厚度变小的缺点是在盖板表面可以看到轮廓线。这对于“地位”突出的转向盘来说是不希望出现的瑕疵。因此盖板的设计布置和相关参数的选取特别重要，受到人们的高度重视。

2.4.2 气囊

气囊位于安全气囊盖板下面。气囊为聚酰胺纤维编织而成。有的气囊有表面涂层，有些没有表面涂层。可以通过线束来改变气囊的强度。其他类型的气囊还包括里面有限制带的气囊或者有撕裂接缝的气囊。限制带可以减小气囊打开长度，从而使气囊在乘员前面的最佳位置打开。汽车碰撞发生后安全气囊的作用是关键性的，气囊应该尽可能快地在正确的位置打开，保护乘员。在碰撞中，乘员埋进气囊中，气囊中的空气必须能够从泄漏口溢出，以减少碰撞能量保护乘员。通过设计泄漏口的位置和数量可以改变溢出的空气量，即可以改变能量吸收的程度。在确定泄漏口时必须考虑各种工况和各种假人尺寸。

2.4.3 气体发生器

气体发生器（图 I-8）的任务是以最短的时间在气囊内部产生足够的气体，填充气囊。在驾驶人一侧气体发生器主要为固体化学燃料，固体燃料像药片一样安置在气体发生器内，固体燃料和周围空气发生反应产生气体填充气囊。直到20世纪90年代，燃料还含有叠氮化合物，随着环保要求的提高，现在所有的气体发生器都不含叠氮化合物。

通过车辆传感器激活点火器，电雷管引爆炸药，固体燃料瞬间燃烧产生大量气体充满气囊。在燃烧过程中，燃烧室会产生很高的温度（取决于气体发生器，最高至100℃）。高温气体产生的压力使气体通过气体发生器喷嘴的过滤网，填充气囊。气体由于迅速膨胀并通过弯折的路径到达气囊，温度会下降到人可以承受的范围。通过泄漏口气囊内的气体压力下降。

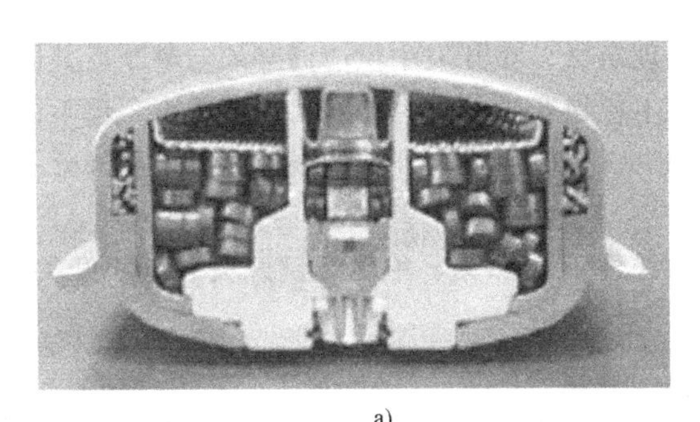

a)

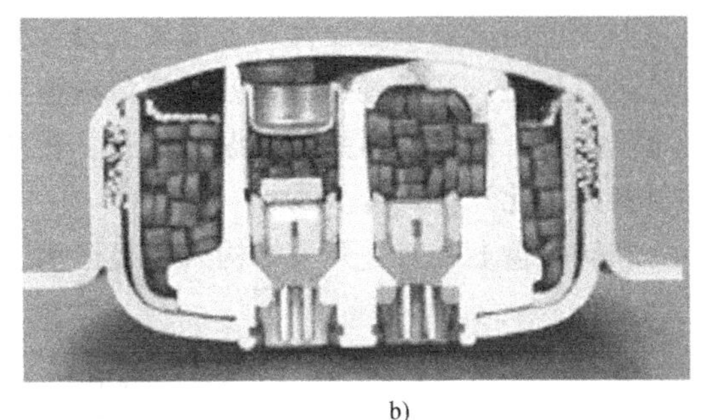

b)

图 I-8 气体发生器截面图

a）单级式 b）两级式

为了对强度进行调节，常常采用两级式气体发生器。通过两级式气体发生器可以做到对气体发生器的功率进行控制，例如在第一级时释放 70%的气体，在第二级释放 30%的气体。根据碰撞程度的需要可以进行两级同时释放，或者两级先后释放，或者只是释放第一级。在系安全带工况下安全气囊的功率对事故伤害程度起决定性作用。在 OOP 工况中，驾驶人与转向盘靠得太近，则安全气囊的功率应该减小（只是点燃第一级），这样可以减小伤害，也就是考虑了乘员的位置。假如在事故中只是释放了第一级，那么第二级必须在事故后 100~200ms 点燃消除，避免对随后的救援产生影响。

安全气囊模块在转向盘中的固定可以通过螺栓或者卡扣（*snap in*）。在卡扣式连接中，安全气囊模块上的卡爪插入转向盘上的卡槽中。在螺栓式连接中，安全气囊模块和转向盘上的两个螺栓连接。螺栓式连接比卡扣式连接需要的装配时间长。螺纹连接的牢固装配可以减少由于路面激励等产生的转向盘噪声。

2.5 多功能转向盘

近些年来，越来越多的电子和功能模块集成在转向盘上。其中应用最为广泛的是多功能开关，例如操作数据总线控制器的开关，或者导航、收音机等操作开关。再进一步，还有自动档变速器或者双离合器变速器的档位手动控制开关，另外还有速度控制开关、转向盘加热、附加显示等。也就是说，转向盘的传统功能得到了很大的扩展。

开关元件

驾驶人在操作多功能开关（MFS）时获得声音和触觉反馈，让他知道他希望的功能开始启动。为了避免出错，开关上标有标记，有些还带照明。接触系统的选择必须考虑电流、电压以及温度对接触系统使用寿命的影响。市场上有多种不同的微开关，可以提供多种不同的触觉感觉，例如硅树脂开关可以按照要求设计出不同的手感。

手感好是开关元件的根本要求。手感要求可以用力—位移曲线的要求来体现，并分解成分段要求，如图 I-9 所示。图中虚线曲线为简捷开关的特性，这是短行程开关的典型特性。实线曲线为均衡开关，通常只有硅树脂开关才能实现。

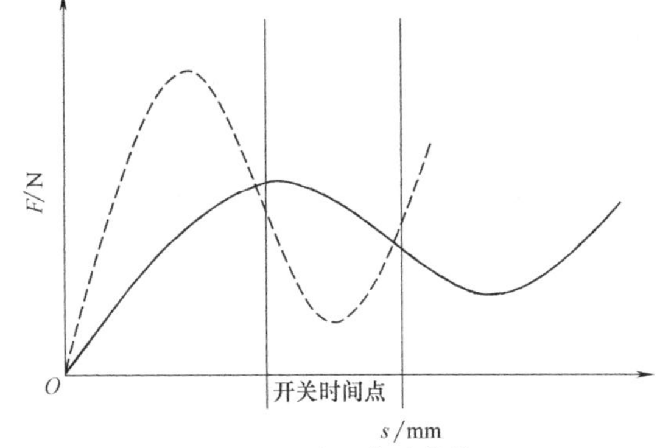

图 I-9 力—位移曲线

开关的声学要求在设计任务书中大多没有物理定义，在开发中供应商必须与整车厂共同合作进行优化。开关过程的声音应该清晰饱满，不应该产生像空腔中发出的沉闷声，也不能是金属杂音，例如金属弹片的振动颤音。在结构上，可以通过在开关的限位面上采用部分不同材料来优化开关声音。

在转向盘上有三种开关结构来传递运动，为线性滑动开关、单侧按键开关和翘板开关，见表 I-1。

表 I-1　开关形式比较

	滑动开关	按键开关	翘板开关
优点	• 开关特性均匀 • 在 X 和 Y 向的安装空间小	• 导向确定 • 安装空间较小时的最优方案	—导向精确，适用于小的安装空间
缺点	• 导向匹配困难 • 在 Z 向要求较大的安装空间	• 在开关的转轴上方不能进行操作，也不可能设置照明	—在开关的转轴上方不能进行操作，也不可能设置照明 —零位固定困难

转向盘与整车间的联系

转向管柱中固定不动的线束和在转向盘上转动的电器之间的连接是通过卷簧来实现的。螺旋卷曲的线束必须保证转向盘在两个方向上都能运动。随着舒适性要求的提高，越来越多的功能在转向盘上操控，但是通过卷簧传递的功能的数量受到转向管柱和转向盘之间结构空间的限制。

转向盘和车辆之间的信号传递主要分成两种方式，一种是借助电压编码传递，另外一种是借助数据总线系统的信号传递。

电压编码信号传递

在电压编码系统中，按钮的闭合会通过电阻产生电压。不同的按钮产生不同的电阻，其电压也不相同，电压信号借助卷簧传递到整车，也称之为平行信号传递（图 I-10）。

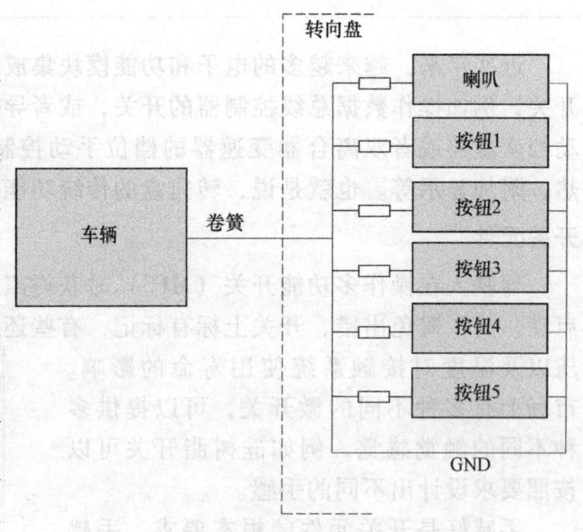

图 I-10　电压编码传递系统的模块图

数据总线信号传递

通常车辆中都应用专门的数据系统，如 CAN-BUS、FLEXRAY-BUS、MOST-BUS 和 LIN-BUS 等。在传感器和转向盘的匹配中常常采用主从模式（Master-Slave-Prinzip），这样可以保证 BUS 的多模式方式，并保证合适的成本。考虑到这些因素，车辆舒适性功能系统常常采用 LIN-BUS 。

LIN-BUS 把转向盘操作开关的功能信息，如多功能开关、喇叭等，传递给转向柱开关模块。转向盘功能在一个微处理器（Slave）中处理，然后通过三种途径（LIN、VCC、GND）连续双向地传递给转向柱开关模块（Master）（图 I-11）。表 I-2 为两种传递方式的比较。

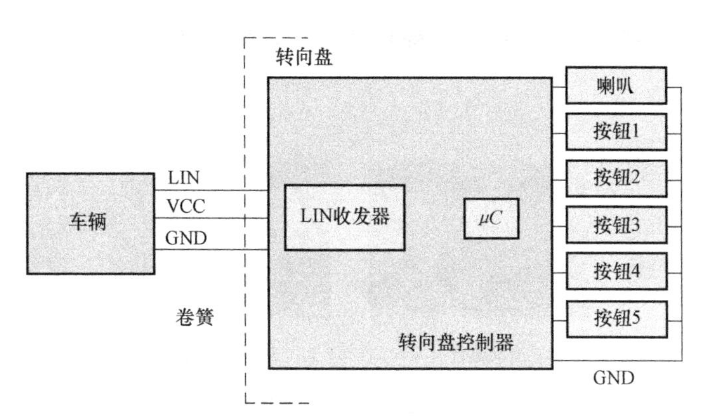

图 I-11 LIN-BUS 传递系统的示意图

表 I-2 传递系统对比

	电压编码信号	LIN-BUS
优点	—成本低	—数据总线的电压和车辆电池电压一致 —具有诊断功能 —功能数量不受限制
缺点	—功能的数量有限 —受温度影响 —没有诊断功能	—开发成本高 —占用空间大

2.6 发泡/皮革/装饰

特别是在中低档车辆的入门级车型中，常常采用聚氨酯发泡的转向盘。为了体现个性而提供特殊装备，如皮或者木装饰的转向盘。转向盘的裹覆材料很多，就皮革而言有以下因素可以考虑：

- 烂皮纹。
- 光皮。
- 穿孔皮。
- Alcantara。
- 穿孔皮和光皮混合。
- 接缝皮。
- 人造皮。

同样，装饰也有很多种类：

- 木制（桃木、梣木、桦木）。
- 碳素。
- 铝片。
- 钢琴漆。
- 金属表面。

皮通常采用水牛皮，其通过专门的制革工艺后与转向盘轮缘相匹配。皮的厚度在 1.2~1.4mm。只能用水牛背上的皮，脖子和腹部的皮皱褶太多并且延伸率不稳定。手工把皮包覆在转向盘轮缘上，用黏结剂固定，接着手工缝合。为了满足不同用户的喜好，缝合形式分为

不同的种类（如半机器缝合，TL缝合，棒球式缝合，交叉缝合），如图I-12所示。Alcantara的包覆方式只有一种。

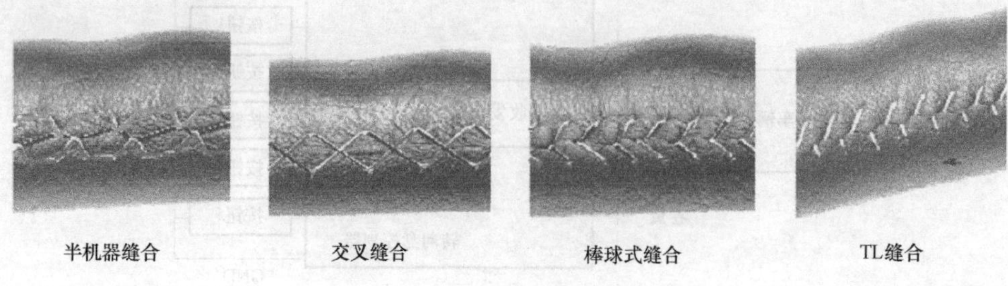

图I-12　缝合形式（TRW图片）

木质表面装饰的工艺有不同的方式。当今最主要的方式是，预先成型的KFG壳，或者是注塑成型的塑料壳上包覆比0.1mm还薄的高档木膜贴面。上下两个外壳在轮缘上黏结成一体，然后多次喷漆或浸漆。在多次涂漆过程之间往往还必须打磨，在最后一道涂漆后油漆将被高亮抛光。木质装饰或者碳素装饰成本很高，而且很多工序必须手工进行。

3　对部件和总成的要求

转向盘的主要差异体现在造型、技术要求、视觉和手感以及人机工程方面。在造型方面，车辆的风格定位（如运动型还是舒适型）、开关的数量和布置、转向盘直径和高度以及辐条数目起着重要作用。特别是转向盘直径对于仪表板整体感觉以及车辆风格起着决定作用。小的转向盘直径，如360~370mm，或者更小，主要用于运动型风格的车辆，而直径为380mm或者更大的转向盘则主要用于其他风格的车辆。辐条的数量可以为1、2、3或4。

转向盘的技术要求主要考虑三方面的因素。在碰撞时吸收能量，避免由于不希望的振动产生的共振，避免由于转动惯量产生的共振。这些要求往往相互矛盾，因此必须采用合适的折中方案。转向盘尽可能高的刚度对于满足固有频率要求是有利的，但是又会让变形能力下降，从而使碰撞吸能的能力下降。转向盘的转动惯量直接影响其重量以及固有频率，因此往往需要加装减振器。减振器可以装在转向盘内，也可以把安全气囊的气体发生器进行弹性固定，作为减振器。安全气囊模块的固定或支撑同样会影响转向盘的固有频率。螺栓式连接就比卡扣式在固有频率方面更加有利。喇叭的按响力必须在整个按响面上保持均一，而且不能太大。按响力的大小随着整车厂家以及转向盘不同而不同，一般在20~50N之间。若力太大，会减小操作舒适性，力太小则会在行车中引起不希望的安全气囊振动和无意鸣喇叭。

气囊的体积约为60L，必须有足够的空间来安放，这直接影响着转向盘的高度和布置。假如安全气囊的突出部位明显高于转向盘轮缘，则满足OOP工况要求会更困难，因此气囊的盖板不应超过转向盘轮缘10mm。

4　试验和保险

转向盘和安全气囊属于整车以及乘员保护系统的组成部分，必须在滑轨和整车碰撞中进行试验。试验为不同的速度和偏置率的系列试验。试验范围的确定取决于车辆销售到哪些市

场（美国、ECE、其他地区）。在进行昂贵的转向盘/气囊的滑轨试验和整车试验前，必须预先对零部件进行试验测试。

在零部件安装以前，应该在计算机中进行模拟。对于转向盘骨架必须模拟其疲劳强度和ECE-R12法规。对于气囊必须模拟计算充气性能和碰撞性能。

通过安装实物试验结果与模拟计算结果的校验，可以使零部件逐步优化并具备量产条件。在转向盘中，许多不同材料和表面的零件集中在狭小的空间中，必须考验其耐久性、环境影响和质量。所有电器件必须在转向盘中和整车上进行ESD/EMV试验，以及耐久性和可能的照明性试验。

转向盘一直在驾驶人的视线和“掌控”中，因此转向盘在视觉感和品位感上尤其重要。转向盘在颜色上要与内饰保持一致，不同的表面（PUR发泡、皮、油漆）必须相互匹配。

但是，整车上的主观评价有时起着决定性的作用，如驾驶人握住转向盘时的手感如何，转向盘轮缘太厚还是太单薄，转向盘的轮廓是否会干扰手对转向盘的操作，开关尤其是档位开关的按点感觉如何，开关布置是否合理，整个转向盘的人机工程如何，开关的操作空间是否便捷还是很难操作等。

4.1 安全气囊

为了保证安全气囊在15年内有效，必须完成下面的试验。

4.1.1 常规要求和碰撞要求

充气性能/静态试验

为了验证安全气囊模块功能，必须进行静态的充气性能试验。在这个试验中，不允许气囊的任何部件对乘员产生伤害。气囊不允许撕裂、爆裂或者部分/全部与气囊总成脱开。

电磁兼容性/干扰电压强度

为了保证安全气囊不会因为电磁高频而点火，必须验证电磁兼容性。

气体容量

借助空腔试验可以知道气囊在整车内部空间点燃的气体容积。

碰撞要求

转向盘/安全气囊还必须满足以下要求：

- FMVSS 203。
- FMVSS 208。
- ECE-R 12。
- EG 74/297。
- ECE-R 94。

4.1.2 环境模拟

安全气囊对于乘员至少可以保护15年。为了确保这一点，必须进行环境模拟试验。应该采用适当的方法来模拟零部件的老化。表I-3给出了安全气囊认可的试验范围。

跌落试验和机械冲击试验

在运输、拿取和安全气囊模块装配过程中会在零件上产生很大的载荷。跌落试验是模拟在拿取过程中不小心产生的气囊碰撞。机械冲击试验是以一定的振动和冲击去模拟运输过程、装卸过程以及行驶过程中出现的载荷。

表 I-3　安全气囊试验

序号	安全气囊模块环境模拟试验项目
1	跌落试验
2	机械冲击试验
3	灰尘试验
4	带温度条件的振动试验
5	气候变化试验
6	盐雾试验
7	阳光模拟试验
8	温度骤变试验
9	-35℃，室温和 85℃下的充气性能
10	气体浓度
11	-35℃，室温和 85℃下的罐压试验
12	气袋试验
13	储备单元

灰尘

在车辆使用寿命期间，灰尘会引起零部件功能失效。人们把灰尘引起的失效主要分成两种。一种是润滑油脂会因为灰尘而凝化，另外一种是灰尘含有水分。为了检验这两种现象，零部件必须在充满一定浓度的灰尘的密闭腔室中进行加载试验。为了检验润滑脂凝化，这个试验应该在机械冲击试验之后、振动试验之前进行。

带温度条件的振动试验

振动通过底盘传到车身和转向管柱，进而传到转向盘和安全气囊。这种振动会在车辆使用寿命期间对零部件产生破坏，例如裂纹或者断裂。另外，振动会因为共振对零部件产生很大的载荷，因此安全气囊必须能够保证振动强度。由于车辆和零部件都必须满足一定的温度范围要求，因此振动试验必须在一定的温度条件下进行。

气候变化试验

不同的材料具有不同的线胀系数，会导致零部件内部产生机械应力。通过气候变化试验可以来验证这一现象。

盐雾试验

为了验证冬天融雪盐以及海滨地区海盐的影响，必须进行盐雾试验。在低温和干燥空气的作用下，盐会产生沉积，通过温度升高以及潮湿的空气作用，盐会浸入开口处，产生机械失效。盐雾试验是最后一项气候试验。

阳光模拟试验和温度骤变试验

阳光模拟试验是为了检验安全气囊中的塑料件（聚合物）在紫外线作用下的老化性能。阳光模拟试验以后接着进行温度骤变试验，来检验是否出现材料变化、裂纹，这些对于安全气囊盖板撕裂会产生负面影响。

在环境模拟试验之后，即表 I-3 中的 1~8 之后，必须检验充气性能和气体浓度，并进行罐压试验、安全气袋试验和储备单元检查，以及安全气囊盖板的外观目检（撕裂线的可见

性)，即表中的 9~13 项。

电器元件，如多功能开关、桨片开关、转向盘加热和显示等集成在转向盘上，转向盘必须满足电磁兼容性（EMV；英文为 elctromagnetic compatibility，EMC）的要求。电器元件之间通过电磁场相互影响，技术和法律上的基本要求体现在法规 ECE R-10(=95/54/EG)以及 95/56EG 之中。

4.2 转向盘

4.2.1 使用强度

转向盘的使用强度要求必须严格定义，但是每个整车生产者的要求又不相同。下面对一些最为常见的要求进行介绍。整车厂家会在这些试验的基础上再增加一些附加试验或者稍有变化，在这里不加介绍。

静态强度

静态强度（图 I-13）是通过拉伸、压缩和扭转试验来进行的。拉压试验是通过测量支点力来进行的。在试验中，转向盘预紧在转向盘轮毂上，施加 500N 的力，确定塑性变形起点，施加 700N 的力，测量变形性能。力的输入为通过轮缘截面中心且夹角为 60°。这两种大小的力的弹性变形和塑性变形用与轮缘直径的比值百分比来表示。失效标准是产生裂纹。辅助试验为力增大直到转向盘破裂或者变形量达到 20%。弹性变形量和塑性变形量的允许值因整车厂家不同而不同。

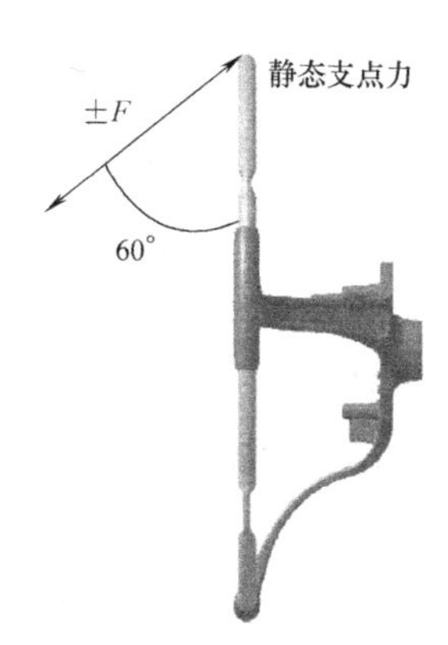

图 I-13 静态强度

在扭转强度试验中，固定的是转向盘轮缘，在转向盘轮毂上施加 250N · m 的力矩来测量变形。在撤去力矩后，塑性变形必须小于 3°，并且没有裂纹和断裂。

动态强度

动态强度测量和静态强度一样，是通过测量支点力来进行的。力的输入点同样是轮缘中心，且夹角为 60°，如图 I-14 所示。转向盘在拉力方向（指向驾驶人）施加 300N 的力，在压力方向施加 100N 的力，力的频率为 1~3Hz。50%失效概率要求的次数为 18 万次。试验终止的条件是出现裂纹、螺栓松动或者次数达到 36 万次。

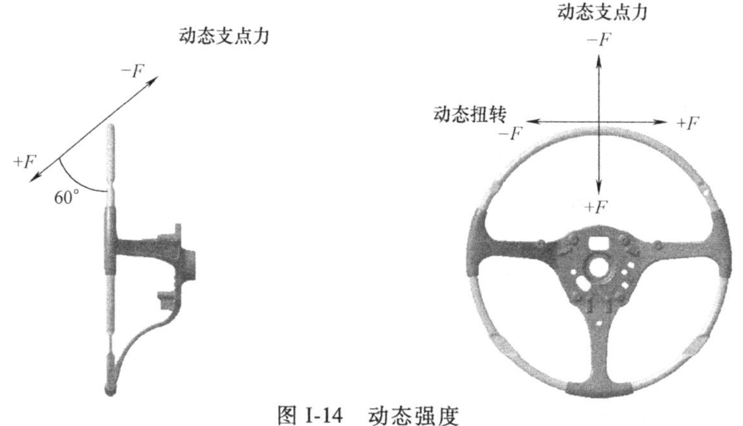

图 I-14 动态强度

动态扭转强度的力的方向为轮缘中心点的切向。转向盘通过转向盘轮毂固定，作用在转向盘上的力为+/-250N·m，频率为1~3Hz。其要求和试验终止条件和动态支点力的一样。

固有频率测量

在有限元计算中得到的固有频率应该在台架上进行验证。在台架上，转向盘应该以车辆上的位置与真正的转向管柱接口连接，转向管柱接口用螺栓连接到刚性台架上。这里刚性台架的刚度应该是被测零件刚度的20~50倍。借助冲击锤在转向盘上施加一个较小的激励，零件会产生自由振动。记录两个信号，一个是固定在冲击锤上的加速度传感器的信号，另外一个是与被测部件固定的加速度传感器的信号，这样就可以得到共振频率。测量应该在X、Y、Z三个坐标方向进行。

转动惯量测量

必须测量转向盘围绕转向盘轮毂中心的转动惯量。为了进行测量，转向盘安装在扭杆上，并激励振动。测量振动的时间函数，可以算出转向盘的转动惯量。

4.2.2 ECE-R12

这个法规是规定转向装置在发生前碰撞时在驾驶人保护方面的要求。

在法规要求中与转向盘相关的主要有两项试验，一个是人体模型试验，另外一个是头部模型试验。

人体模型试验

人体模型（躯干）的质量为34~36kg，至少以24.1km/h的速度撞击转向盘。产生的水平力最大值不允许超过11110N。假如固定转向盘的台架的几何形状和整车车头的一样，且结构强度高于整车车头，那么在整车厂家的申请下和技术监测部门同意时，人体模型试验可以在这种简化的台架件上进行。如果车辆上装备了安全气囊，那么试验中也必须带有安全气囊。如果转向管柱的位置可以调节，那么试验中转向管柱的位置应该为整车厂定义的常用位置（大多数为高度和长度的调节量的一半位置）。转向盘上的撞击点必须是最硬的辐条和弯曲刚度最大处的轮缘。其他位置必须和技术监测部门确定。

头部模型试验

在头部模型试验中，一个质量为6.8kg、直径为165mm的半球以24.1km/h的速度射向转向盘。在碰撞到转向盘的过程中，模型的减速度80g的累积时间不得超过3ms，最大值不得超过120g。转向盘的定位必须垂直于碰撞方向。正如人体模型试验中介绍的，试验可以在简化的台架上进行。接触点在转向盘中心位置，接触点应该是在中心最硬的地方，通常是最强的辐条的内缘处。

人体模型试验和头部模型试验的评判标准是最大力不超过11110N，最大减速度不超过120g。另外不允许有尖锐粗糙的凸缘，也不允许有指向驾驶人的部件，这些都会加剧对驾驶人的伤害。

4.2.3 环境模拟/油漆试验/电镀试验

环境模拟

为了检验材料、散件或者是整个部件在环境影响下的性能，必须进行环境模拟试验。要

求零部件在真实环境下的寿命是15年，也就是持续到车辆的整车寿命。通过环境模拟，采用适当的方法可以加快老化，例如，采用高温、大的能量输入、叠加上湿度等。

在半成品发泡体、皮革和装饰表面上要进行系列试验，此外还要检验发泡体的硬度、皮革的厚度、皮革和装饰表面的耐磨性、耐热性、可燃性等。

此外，最根本的试验是在转向盘总成上进行的，即气候变化试验、热存放试验和阳光模拟试验。

气候变化试验包含60个循环，每12h施加温度和湿度。温度从-35~90℃变化，相对湿度从30%~80%。

在车辆上，转向盘的最高温度可达约100℃，为了对此进行检验，转向盘必须进行热存放试验。在热存放试验中，转向盘必须在温度为105℃的热风箱中经受504h存放。

在阳光模拟试验中，转向盘以整车中的姿态安装，光照射的强度为830±80 W/m^2，持续时间为240h。

油漆/电镀试验

假如转向盘或者操作元件为油漆表面或者电镀表面，那么必须对其进行试验。

油漆表面按照下面试验：

- 油漆附着性能（画格试验）。
- 划痕强度。
- 耐热试验。
- 气候变化试验。
- 热光老化试验。
- 挥发性能。
- 表面耐介质试验。
- 耐化妆品试验。
- 磨损。

电镀表面按照下面试验：

- 附着强度试验。
- 耐划痕性试验。
- 耐温性试验。
- 温度突变试验。
- 温度交变试验。
- 气候变化试验。
- 耐腐蚀试验。
- 表面耐介质试验。
- 耐化妆品试验。

4.3 操作元件/EE

EMV/ESD

电磁兼容性（EMV；英文为 elctromagnetic compatibility，EMC），电器元件通过电磁场相

互影响，这种影响在技术和法律上通过 EMV 进行规范。

尽管转向盘本身不是电器元件，但是由于集成多功能开关、换档开关、转向盘加热器或者显示器，使转向盘也属于 EMV 法规涵盖的零件。电磁兼容性在法律上的规范是 ECE R-10（=95/54/EG）以及 95/56EG。

按钮使用寿命和环境影响

为了确保操作按钮具有整车寿命，按钮必须在室温、零下、零上温度下进行使用寿命试验。试验中要对按钮的机械功能和电器功能进行监控，其力位移曲线，在试验前、试验中和试验后都必须进行测量，以比较其手感的变化。

开关单元还必须进行电负荷（如过电压、短路、极性变换）、机械负荷（如振动、冲击、跌落）、气候热负荷（如湿热、温度骤变）、液体的化学负荷（如清洗剂、酒精）和灰尘试验。还应对按钮的发光位置和发光强度进行检验。

5 模块化/开发趋势/展望

特别是在旗舰车型上，整车生产者总是希望为客户提供更具个性的用户体验，这导致转向盘的种类越来越多。要实现多种类的转向盘，必须实施模块化理念。在例子中我们可以看到 Porsche 转向盘的模块化理念，通过 4 种转向盘嵌件、6 种发泡体形式以及 1 种附加显示器可以组合出很多种类的转向盘。

安全气囊单元的发展趋势是越来越小、越来越紧凑，但是气囊袋的容积大约保持在 60L。安全气囊系统也越来越多地在点火方式为单级式点火还是两级式点火方面进行自适应。另外，点火器的微小质量越来越多地来充当减振器（可以参见第 F 章）。

以照相技术为基础的车辆辅助系统帮助车辆识别交通标牌或者路面标线。越来越多的车辆在转向盘中装备振动匣（不平衡马达），在车辆离开标线时，转向盘上会产生振动来提醒驾驶人（LDW—Lane Departure Warning）。另外，在转向盘上，例如在转向盘轮缘上，还可以显示车速或者报警提示信息等。

汽车在不断向个性化趋势发展。这对于转向盘来说，意味着更多极具个性的材料应用（如电镀、PVD 涂层、碳素、花纹、石头、可见开口式辐条转向盘骨架），以及其他开关，例如控制底盘模式或者显示报警等。

参考文献 I

AK-LV01: Airbag Systeme, Anforderungen und Prüfungen

JAARDA, E., MS. Tech. Ankit Kr. Garg (2007): Lenkrad aus thermoplastischem Kunststoff. MTZ 12/2007

KRAMER, F. (1998): Passive Sicherheit von Kraftfahrzeugen. Vieweg ATZ/MTZ Fachbuch

PLACKE, P.: Internet www.pepla.de, 22.03.2011 (zuletzt modifiziert 01.12.2010)

ROKOSCH, U. (2002): Airbag und Gurtstraffer. Vogel Buchverlag: Würzburg 2002

RUDOLF, C., SAUER, F. und FECHNER, T. (2008): Neue Airbagtechnologie, Mikromodul durch Vakuumfaltung. ATZ 11/2008

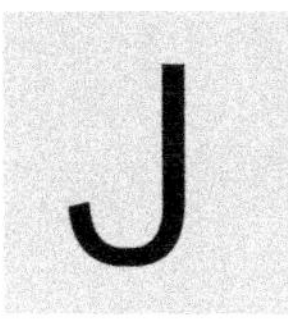

转向管柱和转向中间轴

1 导言

转向管柱和转向中间轴的基本机械功能是连接转向盘和转向器，这样转向盘与转向器的扭杆可以关联在一起。转向盘的转动运动几乎没有损失和间隙地传递给转向器，同样，转向器上产生的扭矩会传递给转向盘，因此，转向管柱和转向中间轴作为连接件对车辆行驶性能以及路感影响很大。除了这种基本机械功能外，这两个部件现在还承担许多其他功能。转向管柱的基本作用是从驾驶人到前桥的连接纽带，它由一体式或者多段式轴连接而成，与转向盘、转向中间轴通过接口相连。假如转向管柱只是起传递转向运动的作用，没有调节转向盘位置的功能，则称之为刚性转向管柱。因为其缺点明显，当今这种刚性转向管柱已很少应用，一个例外是，在赛车上应用这种刚性转向管柱，因为赛车的侧重点不是舒适性。

转向管柱的功能拓展之一是用来调节转向盘相对于驾驶人的位置。这种位置调节分为角度、高度和长度调节。这种调节可以是单个的，但通常是组合的。手动调节的转向管柱是通过摆杆系统来实现外壳（固定在车辆上）与套管之间的复合相对运动的。电动调节的转向管柱通过一个或两个电动机驱动产生，通常是两个不相关联的相对运动。通过两个驱动同时工作，同时产生角度和长度调节，这样通过近乎线性运动可以实现在调节区域内任意位置的调节。因此其要求为，在很小的转向管柱安装空间内实现尽可能大的转向盘调节区域。

转向盘调节到相对于驾驶人最理想的位置后，调节的运动部件必须牢靠地与外壳（固定在车辆上）锁定。手动调节的转向管柱可以通过力或者形状来锁定，有些是通过力和形状进行复合锁定。这里最重要的是，在锁紧力足够大的前提下，松开和锁紧的操作力必须轻便。电动调节的转向管柱的锁定一般是通过驱动系统的自锁来实现。

转向管柱对于车辆行驶安全性的贡献也是显著的。这种转向管柱称为安全转向管柱，在车辆碰撞中，当驾驶人碰撞安全气囊时，这种转向管柱可以产生预定的变形。在一定的力值作用下，转向管柱的触发机械装置开始起作用，允许转向管柱和转向盘（都为驾驶舱中的突出物）朝车头方向运动，和安全气囊、安全带共同形成驾驶人保护系统，构筑驾驶人的存活空间。这个系统的力-位移特性、响应特性和控制参数的精度是影响这个系统有效性的关键因素。触发机械装置分为被动式和主动式结构。被动式触发机械装置的激活条件是驾驶人的碰撞，通常驾驶人的碰撞会导致过载元件如剪切销的破坏，从而激活触发机械装置。主动式触发机械装置则是通过控制器对传感器信号进行评判，再决定是否激活。由于对响应速度的要求很高，现在大多采用烟火技术中的触发器。

转向管柱的附加功能为：

- 安装机械转向盘锁或者电子锁止装置，用于防盗。
- 安装转向管柱开关（转向灯、风窗玻璃清洗、多功能开关）。
- 安装卷簧（安全气囊）和/或安装转角传感器。
- 安装扭转减振器或者摩擦支撑，用来减小振动。
- 安装叠加变速器，见第 N 章。

转向管柱设计中相互矛盾的要求体现在安装空间、刚度和重量上。除了驾驶人上下车时会感觉到转向管柱的弹性外，对于整个转向管柱系统第一阶固有频率的要求也是很高的，它是衡量系统传导甚至是放大外部激励振动特性的指标。发动机、电机以及路面都可以是外部激振源。在第 F 章中有深入的阐述。

转向中间轴为转向管柱和转向器之间的连接件，其最简单的结构为带两个十字万向节的一体式卡丹轴。现在对转向中间轴的要求越来越高，在最小的安装空间内承受很大的静载荷和动载荷。在通常情况下转向中间轴具有校准功能，即转向中间轴有一个长度补偿装置，通过这个装置轴被分成两段。这样制造和装配中的误差以及动载荷作用下的弹性变形都可以通过转向中间轴来补偿。铰链和长度补偿结构必须保证小摩擦和无间隙。十字万向节铰链要求在一定的预紧力下并按照精确的公差配合进行安装。长度补偿采用花键套管，套管接触面为滑动摩擦很小的涂层。其他的结构形式还有：

- 等速万向节。
- 带多个铰链以及相应支撑的转向管轴，多的可达 4 个铰链。
- 带前围板支撑和密封的结构。
- 带有碰撞吸能功能的长度补偿结构。

2 部件

转向管柱和转向中间轴在实际中既可以组合在一起成为一个总成，也可以分开成独立总成。转向管柱原则上由传递扭矩的转向轴管（上轴）和调节单元组成。根据调节单元不同，转向管柱可分为两种结构（图 J-1）：

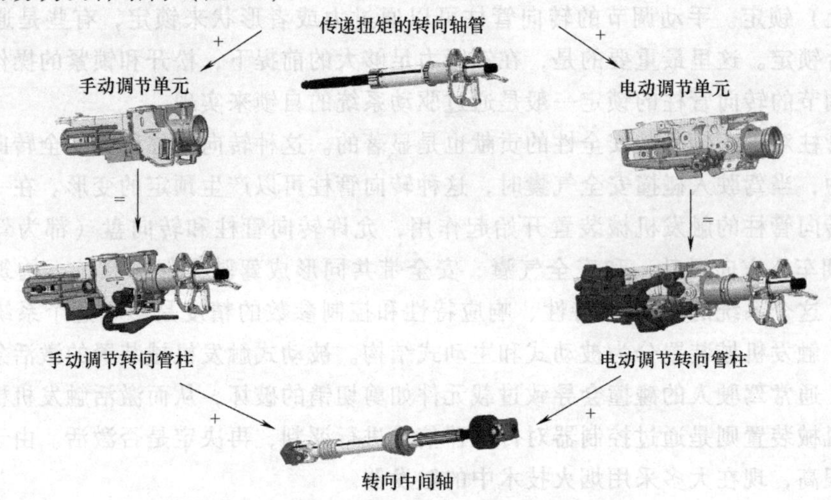

图 J-1　转向管柱的模块结构和转向中间轴

MVLS：手动调节转向管柱

EVLS：电动调节转向管柱

转向中间轴在上面与转向管柱连接，下面与转向器连接。

从图 J-1 中可以看到转向管柱最简单的模块结构以及转向中间轴结构。以转向轴管上轴为基础，装配不同的调节单元可以形成手动和电动调节转向管柱。

通过不同种类的转向轴管（如带或不带转向锁）以及不同的调节结构可以产生很多种转向管柱。假如与转向管柱相匹配的转向中间轴也属于供货范围，则种类数会成倍增加。在右驾和左驾车辆以及四轮驱动车辆上，典型的结构方式是转向中间轴单独供货。

2.1 转向轴管

图 J-2 中的转向轴管与转向盘和转向中间轴通过形状配合相连，通过螺栓连接来预紧。通常的形状配合连接为花键、两个平面或者多边连接，其形状必须保证装配位置是唯一的。这样可以进一步保证转向盘和转向中间轴是按照定义的位置进行装配的。转向轴管必须无间隙，因而装在转向轴管上的支承是有预紧力的。

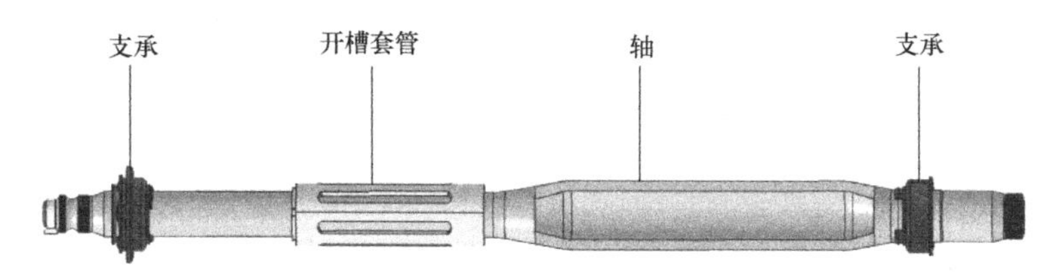

图 J-2 转向轴管结构 （Porsche 911）

转向轴管的轴可以是空心轴也可以是实心轴，其他功能为：

- 在转向轴管上集成碰撞吸能元件和长度调节装置。
- 固定转向闪灯回位凸轮。
- 固定锁紧轮/开槽套管来锁止转向管柱（防盗转向锁）。

2.2 手动调节转向管柱 MVLS

图 J-3 中集中了不同的手动调节转向管柱形式。图 J-3a 所示的结构（BMW 5 系列）为传统的连杆机构来实现两个方向的调节，图 J-3b 所示的结构（Porsche 911）则是通过一个摇臂和一个滑块来改变角度即高度。长度的改变也是通过套管的移动来实现的。尽管这两种结构在运动学上明显不一样，但是其可调节的区域相当，在两个方向上的调节量大约都是 40~44mm。由于杠杆比使得转向盘转角的改变很小，可以忽略。总的来说，无论是高度调节还是长度调节都是通过形状配合来实现的，并通过齿轮啮合元件来锁止。

2.3 电动调节转向管柱 EVLS

电动调节转向管柱的运动学是从手动调节演化而来的，如图 J-4 所示。其长度调节和手动调节的一样，也是通过套管轴向移动来实现的，而角度即高度调节却是通过摇臂的翻转运动来实现的，这是通过电动机来驱动的。电动调节的调节范围和转向盘转角变化的要求和手动调节的要求是一样的。

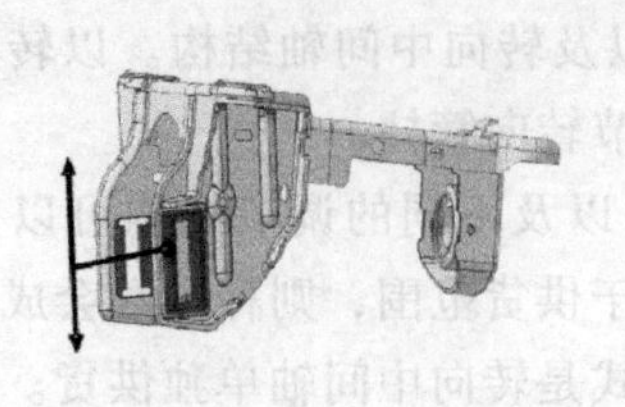

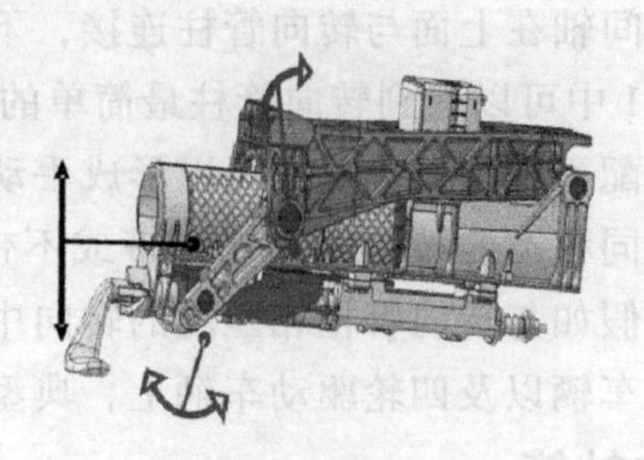

高度调节　　高度调节

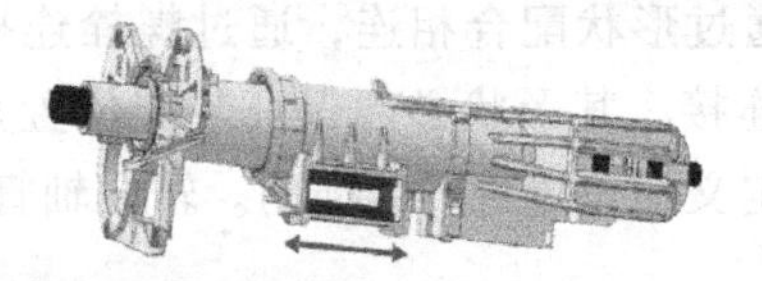

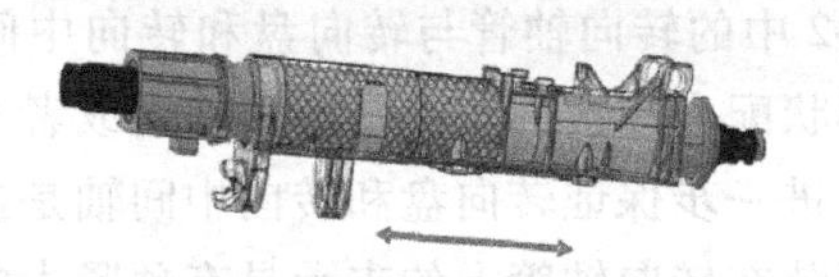

长度调节　　长度调节

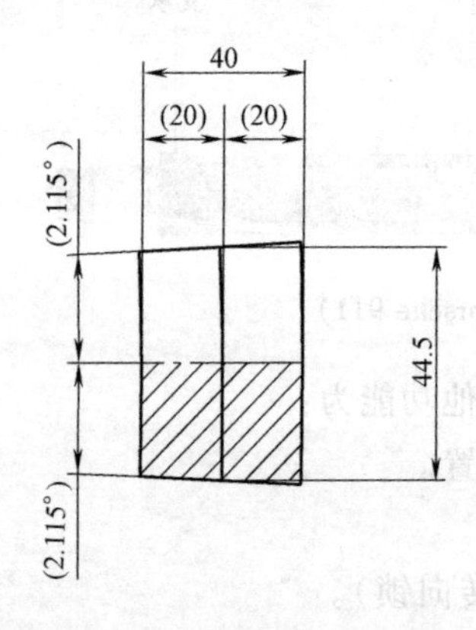

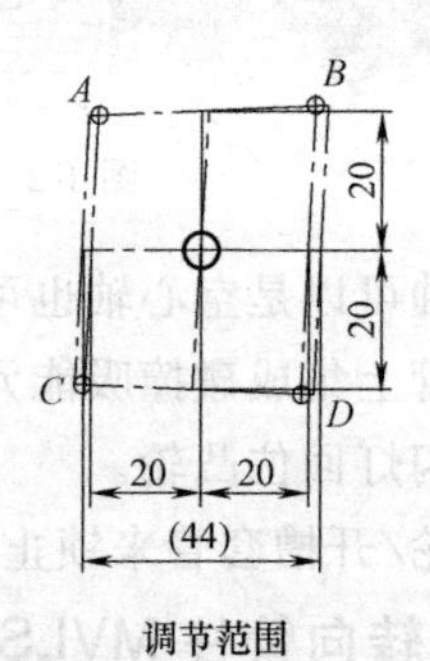

调节范围　　调节范围

a)　　b)

图 J-3　手动调节转向管柱及其调节范围

a）BMW 5 系列　b）Porsche 911

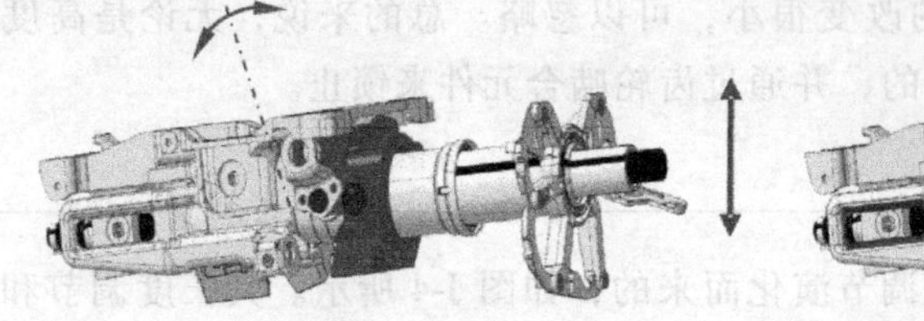

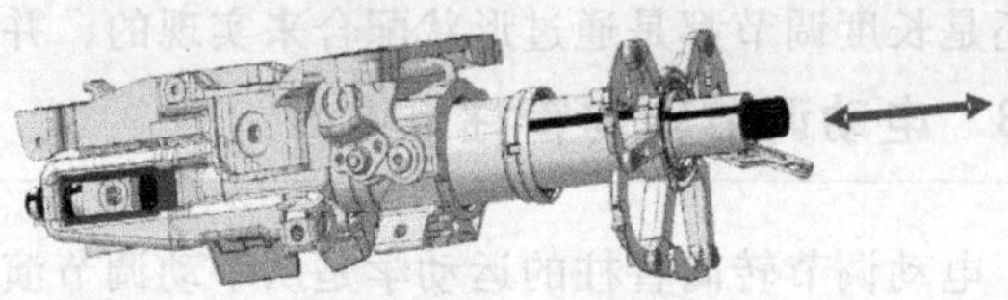

高度调节　　长度调节

图 J-4　电动调节转向管柱（BMW 5 系列）及其调节范围

J

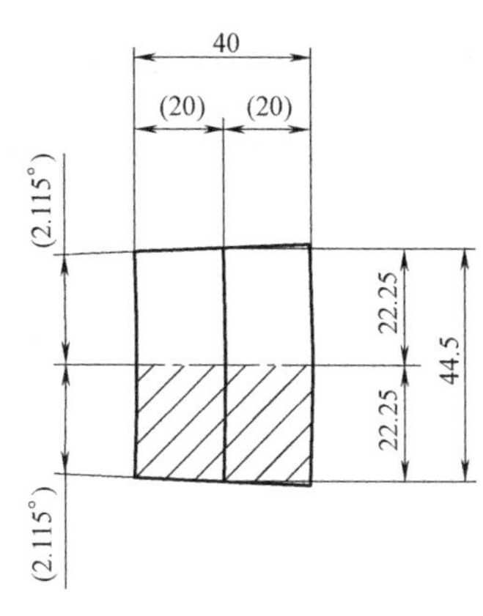

调节范围

图 J-4 电动调节转向管柱（BMW 5 系列）及其调节范围（续）

2.4 转向中间轴

从图 J-5 中可以看到，转向中间轴也是种类很多的部件。即使在一个车型级别中，由于车辆配置（如是左驾车辆还是右驾车辆，或者是四轮驱动车辆）不同，其结构也会明显不同。根据车辆的转向管轴布置，在右驾车辆中等速万向节可以采用具有对中功能的双联式十字轴万向节来代替常规的十字轴万向节。其优点为，允许的摆角明显提高，可以大于 45°，并且其不均匀性可以控制在很小的范围内。

长度调节装置的结构可以通过是否有下面功能进行区分：

- 长度调节装置用来补偿制造和装配误差。
- 长度调节装置用来实现转向管轴的长度调节，假如转向管轴为一体式管轴没有长度调节装置。
- 长度调节装置用来改善车辆碰撞性能。

如图 J-5 所示，转向联轴节为分开式转向中间轴的组成部分。分开式转向中间轴在实际中经常应用，用来增大发动机装配时所需要的装配空间。转向联轴节的截面壁厚各不相同，以保证特定的力变形特性。

多段式转向中间轴由三个万向节和一个支承组成。转向中间轴通过支承固定在前围板上。支承的上半部连接滑动支承，用来安装前围板密封件。另外，这个转向中间轴还有管状的扭转减振元件。

根据车头运动学的需要，完全可以对图中展示的结构进行组合应用。当然，这些组合中包括转向中间轴是采用简单的十字轴万向节还是双联式十字轴万向节。

转向中间轴通常采用防腐蚀的铝合金材料或钢。在特别要求下，既要满足高温条件又必须防腐蚀，也可采用优质钢轴管。

2.4.1 不均匀性和中间点

采用简单的十字轴万向节会带来“卡丹误差”，即不均匀性。由于运动学关系，输出端转角和输入端转角不同步，其偏差随着摆角的增大而增大，呈近似正弦变化。由之推导出的角速度比值 i 也是随着卡丹误差 Δi 而变化。由于十字轴万向节传递几乎不产生损失，功率

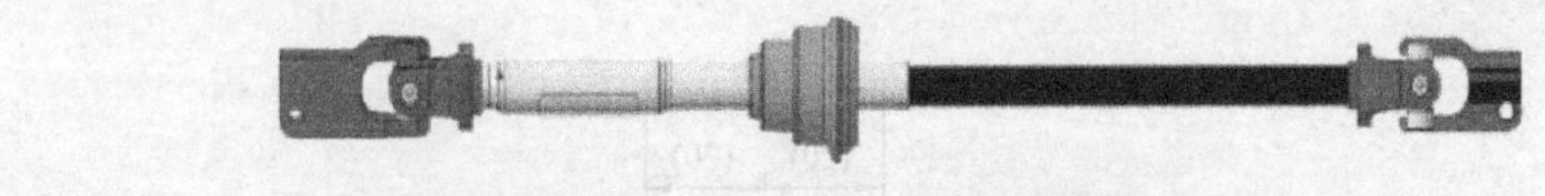

转向中间轴，2个十字轴万向节+长度调节器

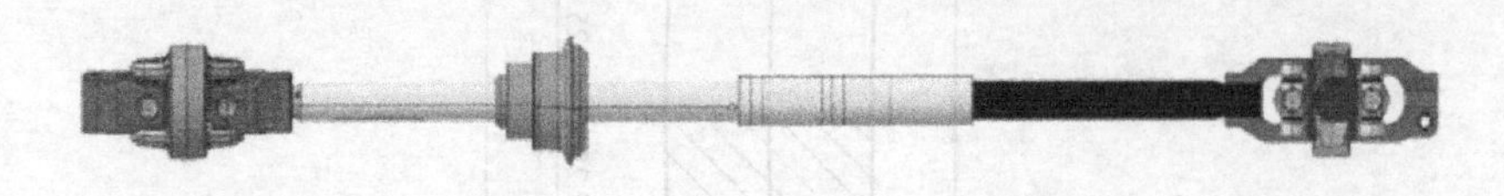

转向中间轴，2个对中的双联式十字轴万向节+长度调节器

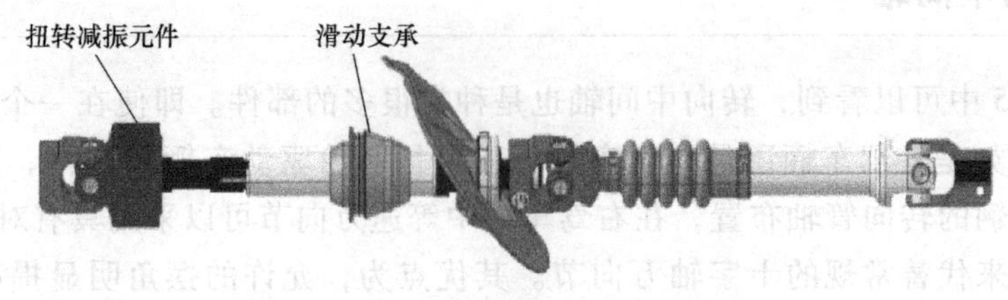

图 J-5　转向中间轴

公式 $P=M\omega$ 适用于输入端和输出端，因此可以根据式（J.1）来算出角速度比值和扭矩比值与转角的关系（Florea Duditza：卡丹万向节及其应用，VDI 出版社，Düsseldorf，1973）。转速比值和扭矩比值随转角呈近似正弦曲线变化，频率为万向节转动频率的 2 倍（2 阶频率）：

$$i=\frac{\omega_{输出}}{\omega_{输入}}=\frac{M_{输入}}{M_{输出}}=\frac{2\cos\alpha}{2-\sin^2\alpha[1+\cos(2\varphi_{输入})]} \tag{J.1}$$

从功率相等还可以得出，对于由多个万向节组成的传动链，其总的比值为各个单独比值的连乘之积。根据每个万向节之间的角度位置，即所谓的偏角，可以得出总比值的变化曲线。从这个曲线中可以看出输入和输出的相位差以及卡丹误差。

假定输入给转向器上的力矩 $M_{输出}$ 为固定值，根据式（J.1）可以得出卡丹误差波动，即转向盘力矩波动，驾驶人通过握着转向盘的手可以感知这种波动。

如果两个万向节的摆角相同，那么卡丹误差可以完全消除。由于空间限制，大多数情况下不能满足这个条件。在实际情况中，两个或多个万向节并不在一个平面内，这样可以使不均匀性减小一些。典型的带两个十字轴万向节的转向中间轴的空间结构如图 J-6 所示。

比值 i 取决于两个万向节的摆角 α_1、α_2 以及两个万向节平面的夹角 β、相位差 γ。根据 Duditza 的论文，转角 φ_1 和 φ_2 的数学关系为：

$$\tan\varphi_2=\frac{\cos\alpha_2[1+\tan^2(\gamma-\beta)]\ \tan\varphi_1}{\cos\alpha_1\ [1+\cos^2\alpha_2\tan^2\ (\gamma-\beta)\ ]-\sin^2\alpha_2\tan\ (\gamma-\beta)\ \tan\varphi_1} \tag{J.2}$$

如果 $\gamma=\beta$，那么关系式可大为简化，为：

$$\tan\varphi_2=\frac{\cos\alpha_2}{\cos\alpha_1}\tan\varphi_1 \qquad (J.3)$$

当摆角 $\alpha_1=\alpha_2$ 时，转动同步，即 $\varphi_1=\varphi_2$。当摆角 $\alpha_1\neq\alpha_2$ 时，产生的不均匀性常被用来改善车辆的行驶性能。也就是说，在直线行驶中，转向盘的中间点位置保证 $\gamma=\beta$，这样在转向盘离开中间点（零位）时，力矩会轻微对称增加，从而感知中间点，获得明确的中位感觉。同时转向盘转角与车轮转向角的比值为最大值。

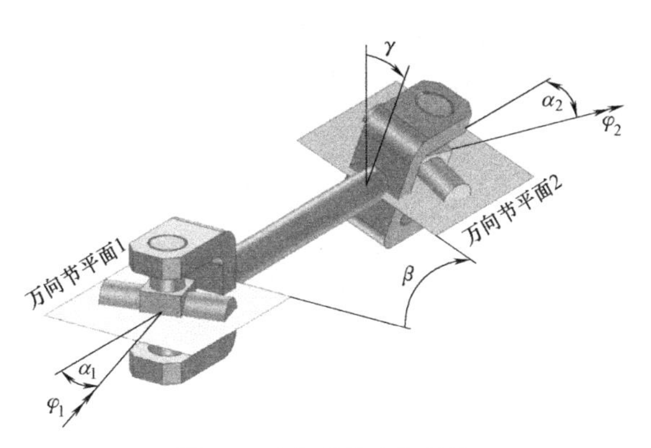

图 J-6 中间轴的空间结构

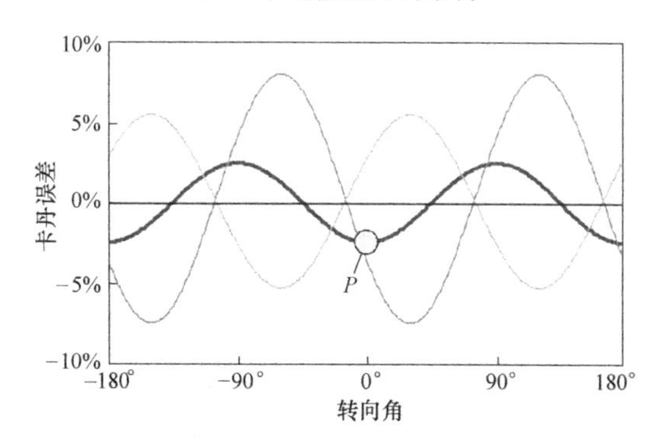

图 J-7 不均匀性和中间点

图 J-7 所示为有相位差的两个十字轴万向节的转向管轴的不均匀性，在图中为细实线。它们叠加形成粗实线，为总不均匀性。车轮直线行驶的中间点正好落在卡丹误差的极小值处。图中中间点位置如图中点 P 所示。

假如在中间点的相位差为 90°，那么车辆在直线行驶时稳定性很差。转向盘偏离中间点时力矩对称下降。相位差为 45°也不好，驾驶人可以明显感觉到在偏离中间点时，往左和往右的转向特性（力矩）明显不同。万向节的布置对行驶性能有明显影响，必须仔细进行运动学分析和设计。我们的目标一般是不均匀性小于 3%。

2.5 组件

2.5.1 调节单元

调节单元是让驾驶人改变转向盘与座椅的相对位置，获得舒适的驾驶坐姿。调节动作可以手动进行，或者通过调节马达进行，按动开关就可激活调节马达。在两个方向上可以调节的转向管柱在小型车上也得到了应用，但是电动调节装置由于结构空间要求大、成本高，通常只是在中高级车上使用。

2.5.1.1 手动锁止

把调节装置的运动部件与固定不动的壳体锁止，是通过驾驶人操作杠杆手柄来进行的。这个过程中的操作行程和操作力是很重要的舒适性指标。操作力应该均匀并尽可能小，但是又必须保证不会因为车辆振动而导致松开。驾驶人应该能够明显感觉到清晰的锁止点，让驾驶人知道这个系统已经锁止到位。另外还要求高的锁紧力，这样可以避免车辆碰撞中的转向盘窜动。

通常是杠杆的旋转运动通过一个斜面转换成锁止活塞的轴向运动，运动的套管锁紧到静止的壳体上。操作舒适性与安全性要求之间的矛盾可以通过这个斜面的坡度变化来解决，闭锁角变得越来越平缓。小的斜面摩擦因数可以提高效率和锁止力，因此广泛采用光滑材料、油脂和滚动球体。锁止结构形式分形状锁止和力锁止两种，如图 J-8 所示。

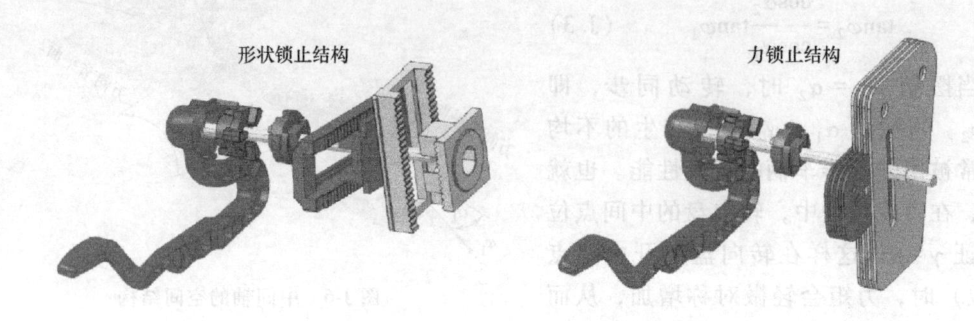

图 J-8　形状锁止和力锁止结构形式

在形状锁止结构中齿轮段相互啮合，这种结构的锁紧力很高，并且与操作力无关。其最大的优点是所需的结构空间很小，因为齿轮的移动量必须是齿距的整数倍，因此转向盘只能调节在确定位置，不能是任意位置。齿轮越小，齿轮间距就越小，定位越精确，但是锁紧力也越小。齿轮太平滑的话就不能自锁。齿轮越大越尖锐，则行程要求也要很大，这样才能够把啮合齿轮对分开。也就是斜面的坡度必须很陡，但又会造成很大的操作力。最为关键的是可能出现的齿轮对之间为头部对头部接触位置，要避免相互滑动。齿轮头部半径与齿距的比值越大，则圆半径出现头部对头部的概率就越大。这种情况下，一般操作杠杆无法闭合，驾驶人必须重新调节转向盘位置。尽管目前市场上有很多种锁止机构形式不是采用机械方式，但是它们并没有影响齿轮锁止机构的广泛应用。

形状锁止机构和力锁止机构各有优缺点，必须依据车辆进行选择。形状锁止机构和力锁止机构在当今应用都很广泛。

2.5.1.2　电动驱动单元

电动调节转向管柱的驱动单元为机械转换的永久磁铁直流电动机，该驱动单元布置在转向管柱内部，这样可以提高经济性和可靠性。电动机由控制器来驱动，并能够通过传感器感知调节位置，这种传感器大多是通过霍尔效应来进行非接触式测量。通过位移测量可以避免调节装置在极限位置的撞击，也就避免了撞击噪声和载荷峰值，同时也可避免螺杆传动卡死。

两个方向的调节要么通过两个电动机来实现，要么通过一个电动机借助一个运动转换来实现。在这里，两个方向的调节可以不是同时进行，当然调节时间会长一些。转换变速器把电动机的转动运动转换成轴向运动。调节机构在车辆碰撞载荷的作用下也不允许塌陷，必须具有自锁功能。图 J-9 所示是常用的螺杆传动机构。图中（BMW 5 系列）是一个电动机经过传动变速器在两个方向进行调节。心轴可以是固定不动的结构，也可以是活动结构，只要能够实现所需要的运动。

调节运动通过驾驶人意愿或者舒适性开关来进行。带记忆功能的转向管柱在驾驶人更换后可以让转向管柱重新调节到上次位置，或者迎宾功能（Easy-Entry）让转向盘调节到极限位置便于驾驶人上下车。这要求调节运动很均匀，并且在很低的温度下能够正常运作，对于调节装置来说极具挑战。电动调节装置比机械调节装置在耐久性和耐极端温度方面要求更为苛刻。

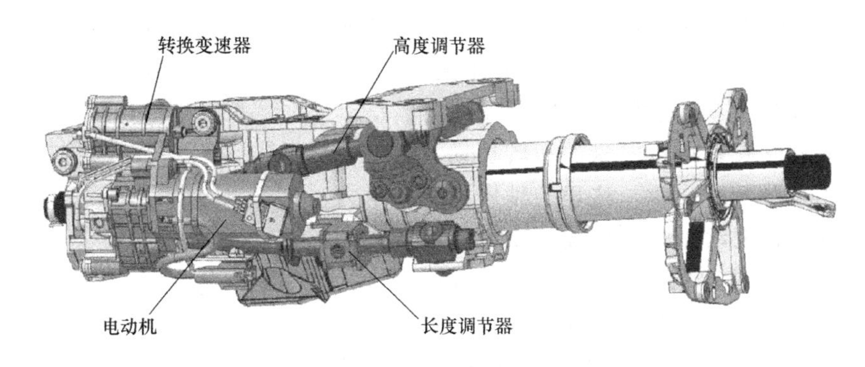

图 J-9　电动调节转向管柱的驱动机构（BMW 5 系列）

噪声要求是个艰巨的挑战。电动机就暴露在驾驶人附近，其噪声很容易被听到，尤其是在这种级别车型的背景噪声越来越轻的情况下。不仅要消除异响，将声压控制在一定范围内，而且声响图必须令人满意，这种声响图不会因为其他条件的改变而变化。转向盘承受的力只会在电动机的运动方向上变化，而两个调节方向的传动比大多是不同的，并且温度影响不可避免，因此电动机以不同的转速运转，可以听到不同的声音。由于量产质量的偏差有可能会激发车辆共振，从而产生干扰噪声。

因为转速控制的电动机成本高，生产者往往对电动机采用声学隔振措施，并在整车上进行测量验证。电动机是碰撞要求和刚度要求的力传递路径中的一个重要环节，其支撑不可以很软，因此这种试验匹配工作很复杂。除了通过耳朵进行主观听觉评价外，还可以测量电动机或者调节装置上的噪声。测量固体声进行频谱分析，可以找到车辆的共振频率位置。图 J-10所示为量产监控噪声测量。

图 J-10　生产线上的噪声测试

2.5.2　转向轴管及罩管

罩管固定在调节单元上，在罩管内，心轴支撑在可以转动的支承上。现在的转向管柱的罩管不再是管状结构，而是铝合金或者镁合金的复杂压铸结构。它同样也属于转向管柱锁止结构件、转向锁结构件以及碰撞功能件。

心轴支承为专门设计的滚动轴承，要求免维护，通过预紧消除游隙。通常为滚针轴承，也可以是四个球体的球轴承或者角接触球轴承。在转向时，支承的转速和载荷都比较小，因此其开发重点为，保证一定的隔音效果并优化成本，减小安装空间需求，提高密封性能和可装配性。

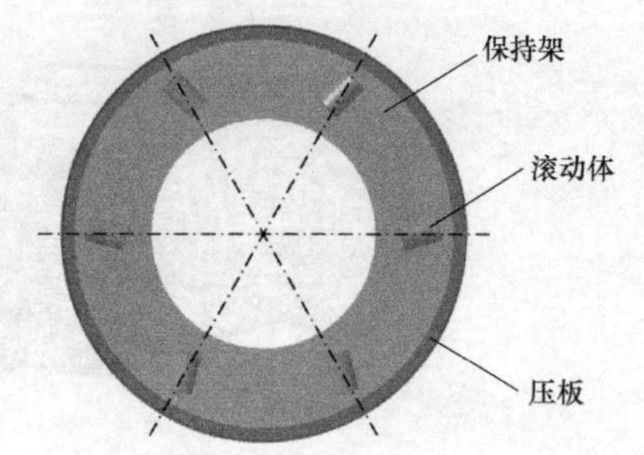

图 J-11　滚滑轴承的滚动体布置简图

为了产生阻尼来衰减转向盘的扭转振动，可以使用如图 J-11 所示的特殊支承。这里的轴向滚针轴承为特制的滚滑轴承，滚动体的布置偏离中心。也就是滚动体的运动并不是纯粹的滚动，而是同时还有滑动。这种滑动产生的摩擦力矩产生需要的阻尼，阻尼的大小与轴向预紧力相关，因此这个预紧力必须精确定义，例如通过碟形弹簧来产生一定的预紧力。

心轴通常带有长度调节器，可以进行轴向长度调节，并且碰撞转向管柱可以收缩。长度调节器的齿轴表面通常为塑料涂层，必须能够承受得起转向扭矩。

在安全转向管柱中，载荷过大时转向盘和心轴会移动并远离驾驶人。一种解决方案是，把这种溃缩集成在调节装置中。因为不采用安全转向管柱就不可能满足车辆安全要求，所以在大的工业国所有的新车都采用安全转向管柱。系安全带并不是每个国家的强制要求，因此必须在不系安全带的情况下也能满足车辆安全法规要求。如果没有安全带的吸能作用，这种情况下安全气囊和安全转向管柱的作用就特别重要。广泛应用的系统为，调节装置在导轨上滑动收缩，或者是滑动管缩到罩管中。图 J-12 所示为 BMW 5 系列采用的这种系统。这种系统运动部件较少，不需要另外的结构空间。

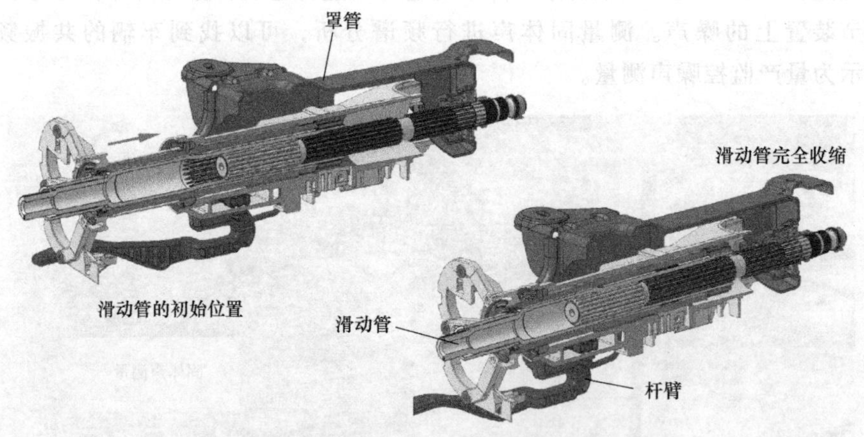

图 J-12　BMW 5 系列的安全转向管柱的溃缩系统

在转向心轴上也能发现卡槽，锁止爪卡在卡槽中从而防止车辆被盗。锁止机构集成在罩管中。电动锁止装置越来越多地取代传统的转向锁，车辆越来越多电气化，电动锁止装置反而更加经济易行。这种锁止系统不再是对转向管柱进行锁止。

2.5.3　碰撞元件

所有的安全转向管柱都具有碰撞元件，通过这个碰撞元件可以在安全气囊上产生一定大小的反作用力。若反作用力太小，安全气囊不会打开工作。为了保护乘员，所有的被动安全系统部件，如安全气囊、安全带、安全带收紧力限制器和碰撞元件，必须共同进行精确匹配。这样，安全转向管柱才能完成其最高要求，即满足要求并具有可重复性。碰撞保护功能

尽管最多只能发生一次作用，但是必须保证即使车辆经过多年使用，碰撞元件功能仍然正常。

如图 J-13 所示，碰撞元件可以有不同的力—位移特性。原则上是希望溃缩位移量大一些，但是受到驾驶舱狭窄空间的限制，碰撞元件往往不能达到理想的位移量。通常的特性曲线为不变或者渐增，力值在 1~10kN，溃缩位移在 60~120mm 之间。要满足可重复性的要求，力—位移曲线的离散度必须控制得很小。目前的解决方案为碰撞元件采用一种材料成形，这样结构成本很低，结构能量密度高。

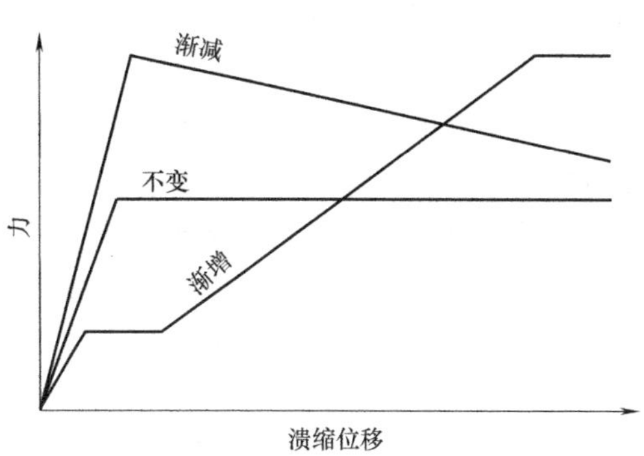

图 J-13　溃缩特性曲线

碰撞元件必须使用那些弹性模量离散度很小的材料，其结构形式可以有多种。常见的是金属线或金属片卷缩或者弯折成不同的形状，其截面沿着溃缩变形的方向而变化，从而得到变大或者变小的力。图 J-14 所示为几种结构示例。

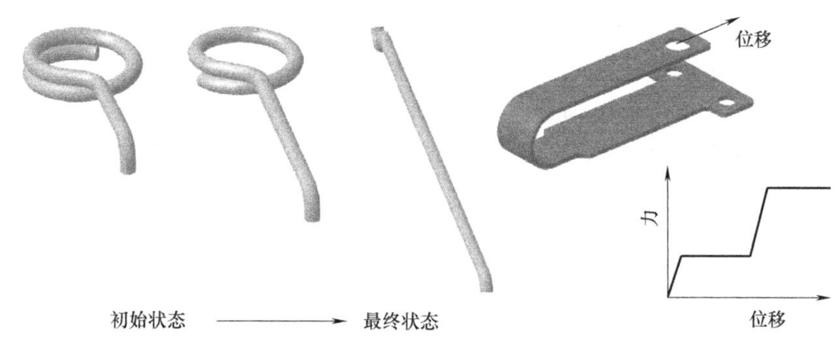

图 J-14　金属碰撞元件（金属丝/金属片）

加工成形的碰撞元件在力值较大时离散度很大，因为不能避免摩擦的影响。另外还有材料批次的波动，必须对材料尺寸进行校正，并实施大量的质量控制措施。

也可以利用撕裂过程来设计碰撞元件。利用金属体上的弱化作为撕裂线路，来产生作用，如同易拉罐的拉盖。另外还可以使用材料为 GFK 或者 CFK 的管状结构元件，质量很轻。这些结构的功能受材料批次和摩擦的影响明显小得多。

图 J-15 中的材料为 GFK 的管件，碰撞后管件的卷边圈撕裂成条状。通过改变内部的编织层层数来达到所需要的力—位移特性。GFK 元件的力—位移特性的离散度很小，如图 J-16 所示。它受老化和腐蚀的影响也很小，并且裂开后不需要很多空间。

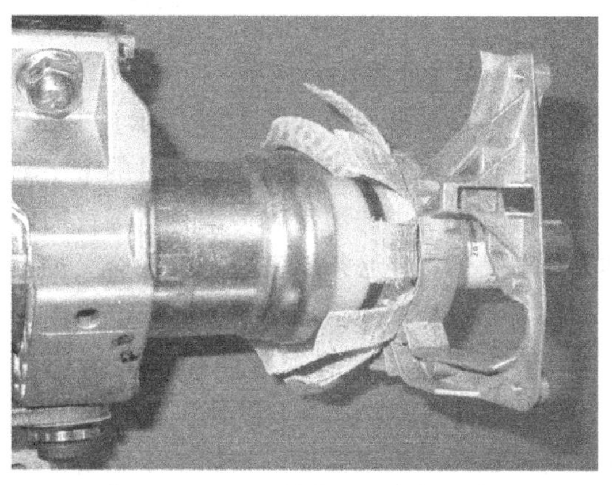

图 J-15　GFK 吸能装置，车辆碰撞后

比较少见的是，有多个碰撞元件用于不

同的碰撞情况。车辆起动时，碰撞传感器感知驾驶人状况和碰撞情况，通过烟火技术的开关来激活不同的碰撞元件。这种碰撞元件会显著增加转向管柱调节装置的成本，并必须有大量的传感器感知不同的碰撞情况，因此目前只有在车辆不装这种装置就无法满足法规要求下才使用。当然，随着法规越来越严格，这种装置会不断扩展其应用范围。

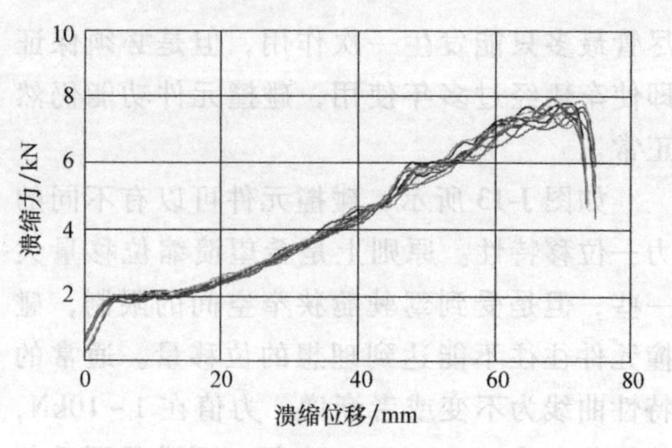

图 J-16　GFK 溃缩结构的离散范围

另外还有一些属于专利保护的结构，利用特殊材料的性能，例如硅树脂或者电磁液的黏结剪切力，来提供一些辅助功能。由于高成本目前还没有应用。

2.5.4　铰链

轿车的转向管轴目前基本上都使用十字轴万向节。图 J-17 所示为两种常用的十字轴万向节：单个的十字轴万向节和可以对中的双联十字轴万向节。对中的双联十字轴万向节的不均匀度很小，可以当作等速万向节。也有不对中的分开的双十字轴万向节，但是要有特别的支承进行支撑。所有的十字轴万向节都具有很高的传动效率，可达到 99%以上，其制造经济性也尤为明显。在运动学上，传递运动的不均匀性可以在转向特性上加以利用，带来好处。转向管轴上常常是单个十字轴万向节和双联十字轴万向节组合使用。

球接头在运动学上可以实现等速，但是基于前面的介绍有关原因，其很少在转向管轴上应用。

图 J-17　转向中间轴的球接头

2.5.4.1　单个十字轴万向节

单个十字轴万向节如图 J-18 所示，主要由十字轴套件和万向节叉组成。

十字轴套件包括表面硬化处理过的十字轴，十字轴的滑动面为机械加工，还有四个套管支承。套管支承中的滚动体为滚针，滚针的两端都有挡边。滑动面的直径、支承套管的直径和万向节叉的直径必须精密配合，配合公差≤IT7，这样转动时不会产生间隙。支承套管可以根据需要选择不同强度级别的材料、不同的表面保护类型和不同的润滑油脂。

串在万向节叉上的密封圈保护润滑脂免受污染和溢出。常用的密封圈材料为 NBR、HNBR 或者硅橡胶。支承套管压入在万向节叉中，在轴向与十字轴预紧。整个装配过程必须通过力一位移曲线来监控。根据十字轴套件结构形式，在十字轴和支承套管的轴向接触面之间使用一个滑动轴承，这样一方面可以让摩擦降到很小，另一方面也可以让预紧力降到最

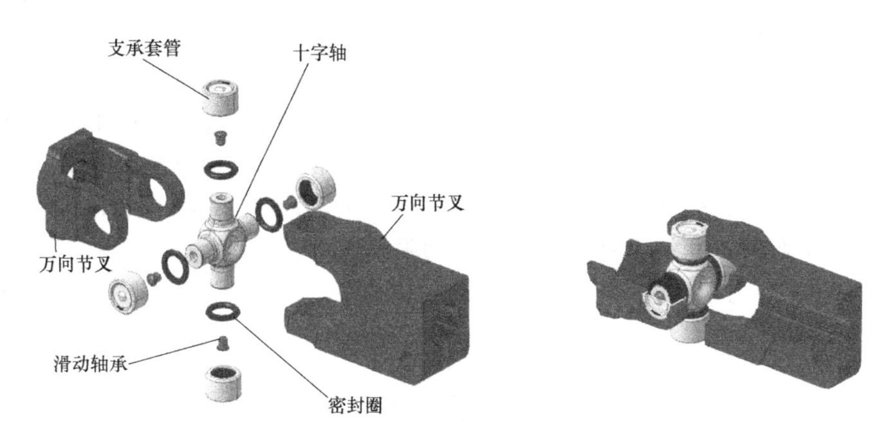

图 J-18 十字轴万向节

小。通常单个十字轴万向节的使用范围为最大摆角不超过 35°。

2.5.4.2 可对中的双联十字轴万向节

可对中的双联十字万向节的结构如图 J-19 所示，由相位相差 90°的两个单个十字万向节组成。定心支承可以保证两个单个十字轴万向节的摆角相等，从而保证等速性。定心支承是通过力和形状保持在双联叉中的。定心支承的定心球套在定心销上，在轴向方向可以运动。定心支承承受很大的工作载荷，会产生支承载荷的二阶振动和噪声，因此其布置和使用必须与整车进行匹配。这种双联十字轴万向节可以使用的摆角最大值为 45°。

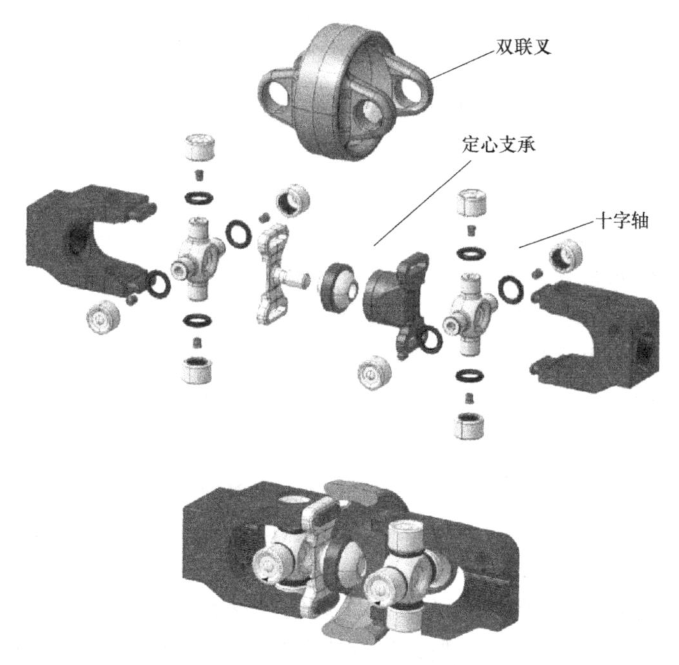

图 J-19 可对中的双联十字轴万向节

2.5.5 转向中间轴的长度补偿

长度补偿的结构分为以下两种：

- 长度补偿带滑动配合。

• 长度补偿带碰撞功能。

带滑动配合的长度补偿装置可以使转向中间轴的长度补偿的纵向移动力值很小很稳定，如图 J-20 所示。这种啮合特性可以让其纵向移动力达到约 20N。这里的示例为根据标准 DIN 5480 衍生的花键结构，其材料为铝或者钢，表面喷涂光滑塑料，通过特殊方式与齿套连接。花键长度和过盈量的选择要保证移动力的大小以及离散度在整个移动范围内都很小。离散度可以达到最大移动力的 10%，移动轻便并没有间隙。

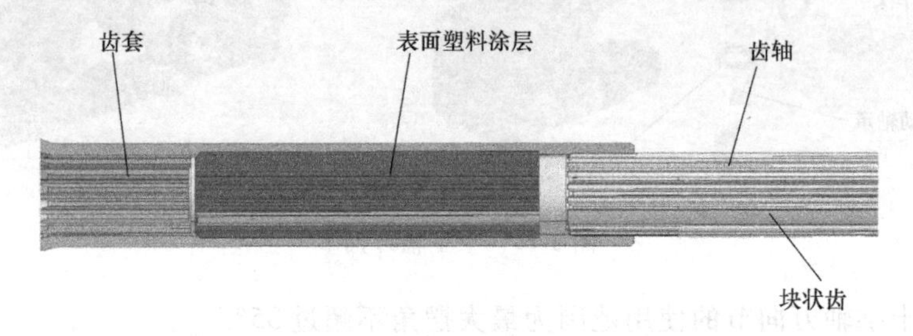

图 J-20　长度补偿，用于补偿制造误差和长度调节

正转动和反转动都不允许间隙存在。根据使用情况，这种系统有时需要在整个使用寿命中保持润滑。通过选择适当的材料，其工作温度范围可以从−40~250℃。整个系统最好是有波纹管或者密封唇来进行密封。

为了让齿轴和齿套在转动方向对齐定位，可以采用块状齿来保证装配位置的唯一性。根据使用情况有时需要设计防脱结构，使齿轴和齿套不至于脱开。这种长度补偿的原理同样可以在转向轴管中应用。

带碰撞功能的纵向变形如图 J-21 所示，一般来说是不可以移动的。在碰撞过程中由于与障碍物的碰撞导致前车头变形，转向盘借助转向心轴向驾驶人移动。这种转向盘运动会直接伤害驾驶人或者造成驾驶人错误操作转向盘。为了避免这种情况发生，安全转向管柱的轴管在很高的载荷下会溃缩或者弯折。这种结构通常布置在前桥附近，在市场上应用的有波纹管式和套管式溃缩结构。

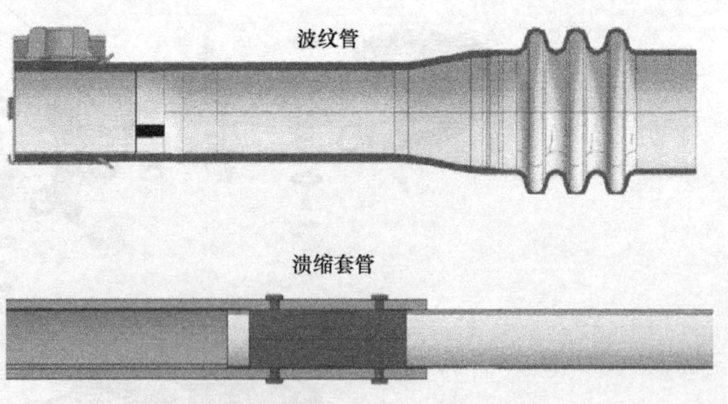

图 J-21　带碰撞功能的纵向变形

波纹形状可以保证结构能够承受足够大的扭矩，但可承受的纵向力较小。波纹管材料为屈服强度和延伸率较高的铝和钢，避免在滥用工况下波纹管突然脆裂，波纹管断裂后，车辆不能再进行转向操作。波纹部分的壁厚约为 1.2mm。

在溃缩结构中必须有折断元件，在一定的力的作用下可以被剪断。在折断元件被剪断后，管轴只需要很小的力就可以插入管套中。这种结构在变形时需要的空间很小，可承受的扭矩与可承受的纵向力几乎不关联，可以独立进行设定。能量的吸收比波纹管结构的小。

2.5.6 阻尼元件

转向管柱和转向中间轴原则上会把扭转振动和纵向振动从前桥传到转向盘。为了达到一定的传递特性和解耦，必须在上面的转向管柱或者下面的转向中间轴上布置阻尼元件。最典型的结构形式为图 J-22 所示的管中管结构和盘式万向节。

管中管结构是在内管和外管之间有一个弹性阻尼元件，其弹性特性主要由几何形状和材料特性来确定。为了确保能够传递扭矩，当内管转过一定角度时会靠在限位块上进行止位。这种阻尼元件结构很紧凑，并且对于轴向载荷可以很好地解耦。

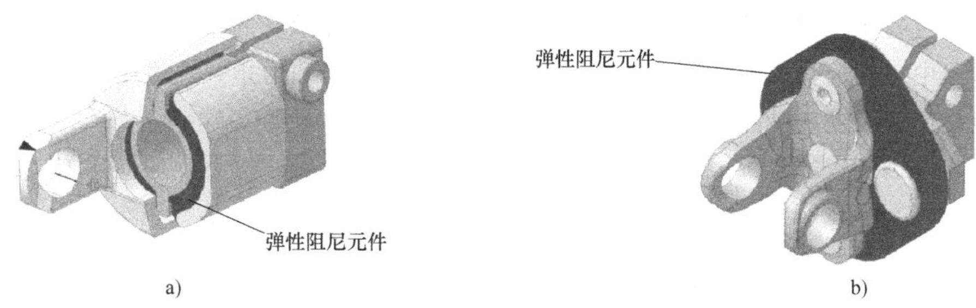

图 J-22 扭转减振器

a）管中管结构 b）盘式万向节

盘式万向节由弹性体和纤维组成。通过选择适当的弹性体和纤维可以得到不同的弹性特性。盘绕的纤维支撑着弹性体，提高可承受的载荷。根据要求可以把盘式万向节设计成具有机械止位功能的万向节。在摆角较小时，盘式万向节可以承担万向节的功能，其传递能力可以通过内部的定心支承来提高。

选择适当的材料阻尼元件，可以承受的温度达 175°。这种结构的弹性呈现出很大的非线性。刚度、阻尼和传递特性的要求是因车而异的，必须具体地进行匹配。典型的扭转减振器的特性范围为：

- ±5N · m 时，扭转刚度为 2~4N · m/(°)。
- ±50N · m 时，扭转刚度为 5~8N · m/(°)。

3 转向管柱和转向中间轴的试验

为了尽早发现转向管柱的质量缺陷，在量产前排除对汽车乘员的伤害，在设计任务书中必须明确转向管柱的性能要求，并明确试验方法进行验证。这里最为重要的是耐久性和与用户相关的使用特性。尽管数字模拟技术取得了长足的进步，但是还不能足够精确地模拟所有的物理现象。因此汽车制造商要求对转向管柱进行试验，即使将来也不可能放弃试验。

调节单元的耐久性一方面可以通过静态载荷试验来验证。区别只是，一种是载荷采用使用工况中的力，要求任何影响功能的缺陷都不允许出现；一种是载荷采用滥用工况中的力，不允许出现影响安全的缺陷。调节单元的耐久性另一方面可以采用替代转向盘进行疲劳试验来验证。电动调节单元还必须考虑极端温度和湿度，也就是在温箱中进行疲劳试验。试验中疲劳寿命不能因为部件发热而明显缩短，也有些电子部件并不是设计成百分之百的时间均是工作状态的，需要有冷却阶段。疲劳试验持续时间长达数周，费用昂贵。

最根本的要求，如碰撞功能、噪声性能，只能在整车上进行试验，因此必须和整车厂共

同进行试验。

3.1 承载能力

转向心轴涉及车辆安全性，因为它一旦失效车辆就不能转向，因此对其在传递扭矩的承载能力上有很严格的要求，在开发阶段需要进行大量的试验，在量产阶段也必须有常规的量产试验来监控质量。其耐久性将通过动态载荷的疲劳试验来验证，也可通过静态极限载荷来验证。

3.1.1 静态强度

在转向过程中，当车轮在台阶边沿顶死，这时转向管柱承受的扭矩比常规工况中的大得多。在滥用中，转向盘锁折断打开，转向管柱承受很大的力和力矩。在滥用过后，允许出现损伤，但是车辆必须还能够转向。

为了评价这些极限工况，可以把转向盘锁定，扭转转向管柱但不施加横向力直到破坏为止。表 J-1 为静态强度评价标准。

表 J-1 静态强度评价标准

使用载荷 150N·m	不影响功能 没有塑性变形 螺栓预紧力没有下降 没有裂纹和断裂
滥用载荷 250N·m	影响功能但不影响安全 有塑性变形但不影响安全 螺栓预紧力下降在允许范围内 没有裂纹和断裂
断裂性能	断裂处必须有变形 在 350N·m 下没有断裂

3.1.2 动态强度

转向管柱的疲劳性能是通过动态强度试验来验证的。试验在试验台上进行，位置为转向管柱伸展位置，或者在设计位置进行循环试验。

在循环试验中，在转向盘连接处施加一定扭矩来产生一个转角，在转向器连接处施加一个反转矩，这样整个转向管柱就会承受载荷。试验中使用载荷谱，载荷谱因厂家而异，幅值从 40~80N·m 不等。较高的载荷工况为发动机熄火、车辆原地转向。要求是在一定的载荷循环次数后不允许出现裂纹或者螺栓松动。

图 J-23 所示为典型的静态强度试验和动态强度试验的特性曲线。在静态强度曲线中可

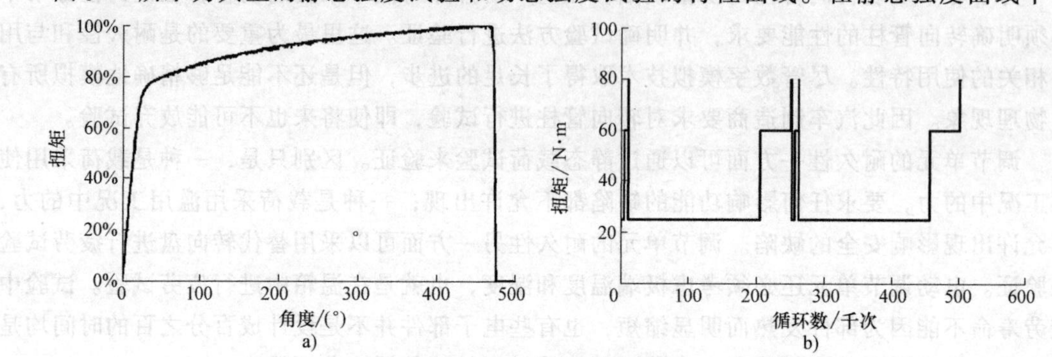

图 J-23 静态和动态承载能力

a）静态强度试验 b）动态强度试验

以看到平滑的曲线直到断裂，图 J-23b 为动态强度试验的载荷谱，试验在达到要求的循环次数后停止，这个试验一般持续数周，试验设备复杂，因此试验费用高。

3.2 刚度

原则上为了让转向系统的响应和反馈更加直接，希望转向管柱的扭转刚度尽可能大，即刚度较硬。但是，遗憾的是它也会带来缺点，即路面的干扰也会毫无过滤就传递到转向盘上，必须在转向管柱上增加扭转减振器来抑制干扰，可以参见第 J 章第 2.5.6 节。

转向间隙是不希望存在的，尤其是转向中位的间隙，会造成驾驶感觉丧失。间隙可以通过扭矩—转角曲线在水平方向的偏移反映出来。

刚度测量的方法与静态强度测量方法类似，原则上可以完全沿用静态强度试验的台架。通常刚度测量的力矩幅值为 6N · m 左右，比较低，因此在台架中通常会使用更为灵敏的力矩传感器。测量的姿态可以采用转向管柱伸展位置或者设计位置。

可以看出，如果忽略扭转减振器这个阻尼元件，那么在转向管轴中的铰链是刚度最小的部件。铰链的刚度主要由十字轴的挠性决定。如果不增大尺寸，就不能明显提高铰链的刚度。图 J-24 展示了部件和整个总成的刚度。

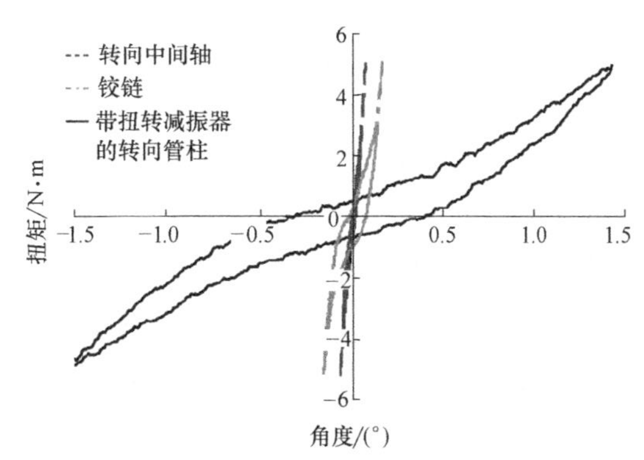

图 J-24　带扭转减振器的转向管柱、转向中间轴、铰链的刚度曲线

3.3 转向管柱调节单元的疲劳寿命

在调节单元的疲劳试验中，转向管柱周期性地重复调节到极限位置，模拟车辆寿命 15 年内的调节次数。手动调节的转向管柱在试验台架上是通过气动或者液压驱动来调节位置的。电动调节的转向管柱则是通过控制电动机来实现位置调节。在极限位置处将施加更大的力。比较特别的是，试验是在温箱中进行的，模拟一年四季的气候影响。图 J-25 所示为试验结构原理框架。

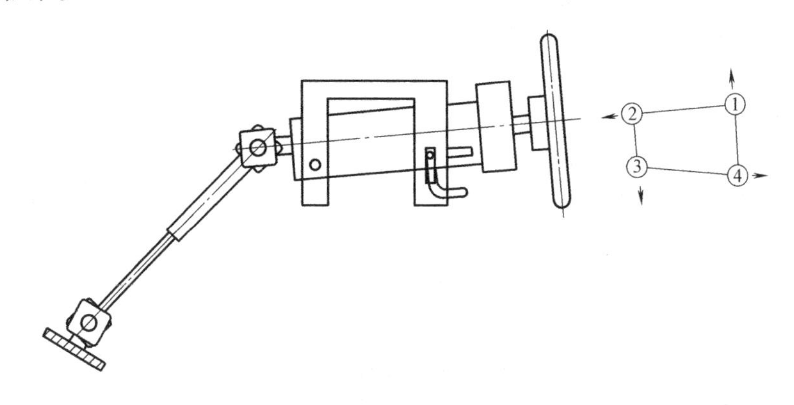

图 J-25　调节单元的疲劳试验结构示意图

在转向管柱手动调节的疲劳试验中，每个循环都必须操作锁止机构。为了使转向管柱在锁止状态确保牢靠，可以在锁止手柄上施加力。在转向管柱电动调节的疲劳试验中，将模拟电动调节的极限范围，通过电动机电压的下降或者由于短路出现电动机故障可以观察转向管柱调节功能是否失效。

不可避免的磨损会导致转向管柱特性的变化，但是在试验结束后不允许出现裂纹、断裂以及预紧力的过大变化。转向管柱不允许出现间隙，功能依旧保持，操作力和声学的变化必须在一定范围内。

3.4 固有动态特性

为了提高舒适性，转向管柱的刚度和固有频率要尽可能高。除了好的转向感觉和碰撞性能外，还必须避免转向盘抖动。在车辆行驶时，转向盘的抖动除了由车轮激励产生外，空调、电机、发动机怠速也会引起转向心轴以弯曲固有频率振动。高刚度的要求往往会与其他要求相矛盾，因为材料厚度增加会提高刚度，但是也会导致重量增加、安装空间增大、操作力增大。

3.4.1 转向管柱的要求

在整车上，转向管柱的弯曲固有频率最小值起着决定作用，这个值可以通过激励转向盘测量其加速度来测量。除了转向管柱本身的特性外，螺栓连接处的刚度以及转向盘和转向柱的重量也起着关键作用，其相互关联可以参见章节 F。由于在开发初期没有考虑车身和转向盘，因此在设计任务书中定义的最低刚度的测量条件为刚性连接、转向盘由质量块代替，这样不同车辆的不同转向管柱可以进行比较。不同位置的不同杠杆比会影响频率值，因此测量要求在最不利的位置处进行，大多数情况下测量位置为转向管柱完全伸出并在最低位置。

在整车上的“软的”螺栓连接会导致固有频率下降，因此在刚性台架上测量的频率值总是会偏高。不同整车厂对不同车辆的频率要求也不相同，也可以对水平和垂直方向的刚度提出不同的要求。在刚性台架上测量的刚度要求典型值大于 45Hz。

3.4.2 固有频率的计算和测量

固有频率的大小在方案设计阶段可以通过有限元计算得到。图 J-26 所示为手动调节转向管柱。除了零部件本身需要采用足够精度的有限元单元外，采用何种模型来模拟零部件之间的接触面是影响刚度计算准确性的关键。假如可能的运动自由度被很大程度地约束住，则模型的刚度会变大，刚度计算值会太高。

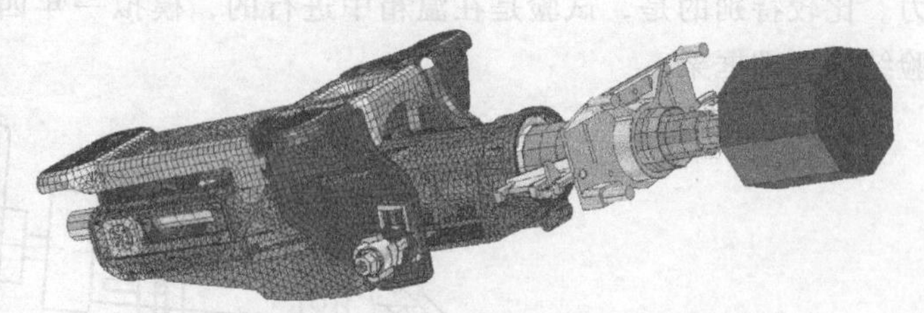

图 J-26 手动调节转向管柱的有限元模型

图 J-27 所示为计算得到的第一阶固有模态，除了固有频率值外还可以分析其模态形式。在变形较大的区域可以通过采取适当的措施，例如增加加强筋或者增大尺寸，来降低变形量。

在计算中，如果对螺纹连接能够适当进行仿真处理，那么计算结果很容易通过测量来验证。真正的“刚性台架”在实际中是不存在的，夹紧固定装置的刚度必须很大。夹紧固定装置常常采用大块的钢制件，测量是通过加速度传感器来进行的，如图 J-28 所示。

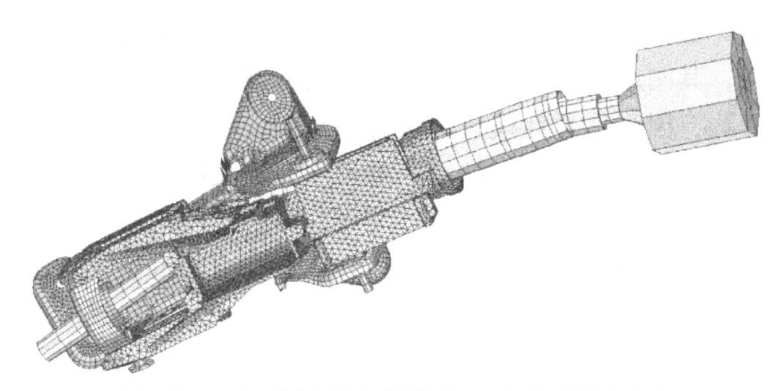

图 J-27 手动调节转向管柱的一阶弯曲固有频率

通常使用冲击锤来产生激励，因为冲击锤可以测量激励力的大小。如果可调节的转向管柱是通过预紧力来锁紧的，那么冲击锤就显得更为重要，因为激励力超过一定大小后，转向管柱的锁紧装置会滑移，刚度下降，测量得到的固有频率随激励力的大小而变化。这种变化对于线性度很高的系统来说是不应该发生的。

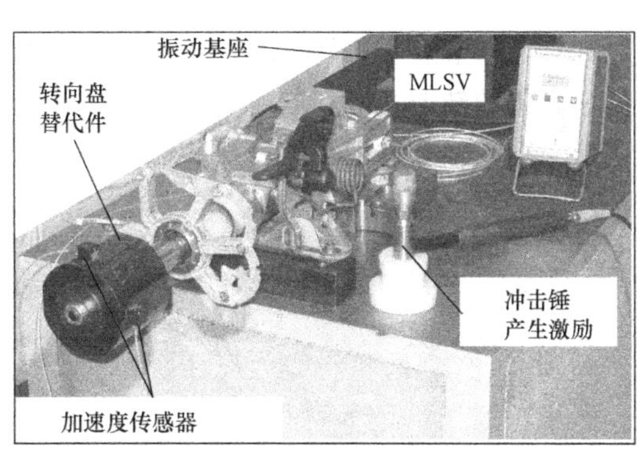

图 J-28 加速度测量台

假如试验设备的固有频率在测量频率值附近，则会出现测量错误。假如测量设备基座的固有频率比转向管柱的固有频率高出多倍，那么同样也会产生测量错误。因此基座应该被弹性地支撑，其固有频率应该比被测量的转向管柱固有频率的第一阶明显更小。在并不完全了解其他车辆总成特性的情况下，可以通过转向管柱测量值和计算值之间的关联来校正有限元模型。整车厂可以把校正后的模型应用到整车模型中。

3.4.3 影响因素

调节单元的刚度是由部件的材料特性和形状尺寸确定的。最重要的影响因素当然是转向管柱的支撑和转向心轴的刚度，因为转向盘固定在这些部件上。图 J-29 所示为简化模型。刚度 k_1 和 k_2 为考虑支撑刚度和心轴刚度的综合刚度。

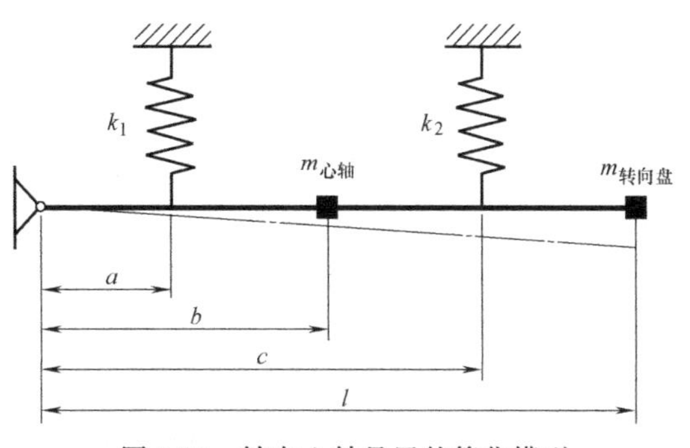

图 J-29 转向心轴悬置的简化模型

根据 H. G. Hahn 发表的文献（Technische Mechanik，第 2 版，Hanser，1992，第 283 页）可以得出简化模型的最低固有频率 f_0 为：

$$f_0=\frac{1}{2\pi}\sqrt{\frac{k_1a^2+k_2c^2}{m_{心轴}b^2+m_{转向盘}l^2}} \tag{J.4}$$

可以看到，公式中的分母主要项为较重的转向盘质量及其较大的臂长，它们主导固有频率值下降；而转向心轴质量的影响要小得多，只有级数分之一。人们只能使刚度更大，来抵

消转向盘质量的不利影响。在这里采用铝合金的心轴是比较困难的，因为在相同尺寸下，铝合金的弹性模量较低，其刚度并不大。采用高强度钢板减小零件壁厚来降低重量，这也会对固有频率带来负面影响，因为其弹性模量并没有提高。

在调节单元中，相对运动的零件之间的间隙控制尤为关键，即使很小的间隙也会导致频率明显下降，因此必须保证没有间隙。较大的装配压入力或者说过盈配合会导致操作力增大，不可取。因此人们尝试把滑动接触面进行弹性支撑，这样可以避免滑动面相互分离。

3.5 碰撞特性

3.5.1 转向心轴

如第J章第2.5.2节介绍的，为了提高碰撞性能常采用波纹管和套管溃缩结构。它们可以传递必要的转向力矩，同时在碰撞中又能产生很大的位移。波纹管结构和套管结构在碰撞中变形不同，但是它们都能完成相同的任务。

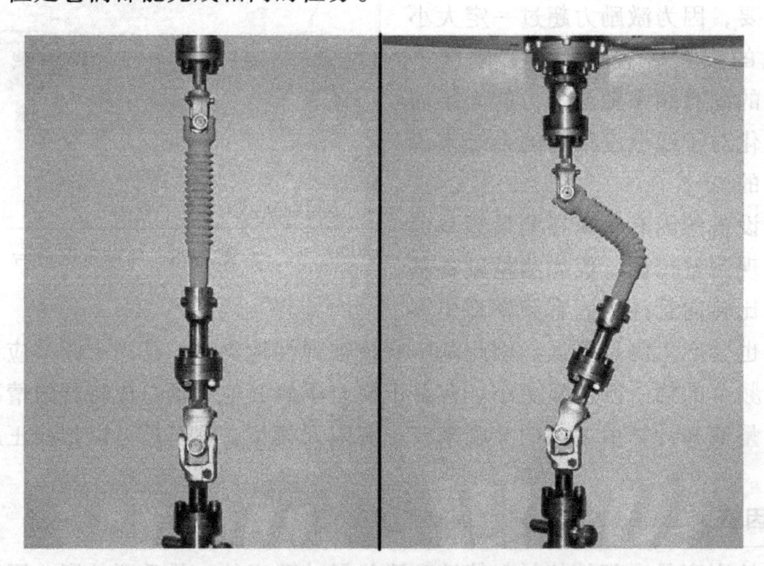

图 J-30 波纹管结构（压溃前和压溃后）

图J-30所示为拉压试验台上进行的压溃试验，波纹管出现弯折。试验中不希望出现裂纹和折断，即使波纹管弯折90°。为了验证这一点，在质量控制中必须进行90°弯折试验。

选用的材料为屈服特性明显的韧性材料。钢板材料在很高的成形速度下也不允许有明显硬化，这样在压溃试验中，在速度为100mm/min的压力作用下就可以得到可信的结果。

套管式的转向心轴在碰撞中不会出现弯折，而是彼此套叠在一起。但是在变形之前力值必须达到一定大小，即起动力值，这个起动力值比波纹管结构的小一些。对于碰撞性能来说希望这个起动力值小一些，这样套管很容易就能套叠在一起，但是又希望转向管轴能够传递足够大的转向扭矩。这二者相互矛盾，必须进行匹配。

表J-2对两种结构进行了比较，图J-31对其变形特性进行了比较。

表 J-2 波纹管结构和套管溃缩结构的特性比较

	波纹管结构	套管溃缩结构
变形方向	径向	轴向
起动力值	较大	较小
力值匹配难易	困难	容易
横向力的影响程度	较小	较大
扭转刚度	较低	较高
成本	较低	较高
转向扭矩对力值的影响	较小	较大
吸收能量	较高	较低

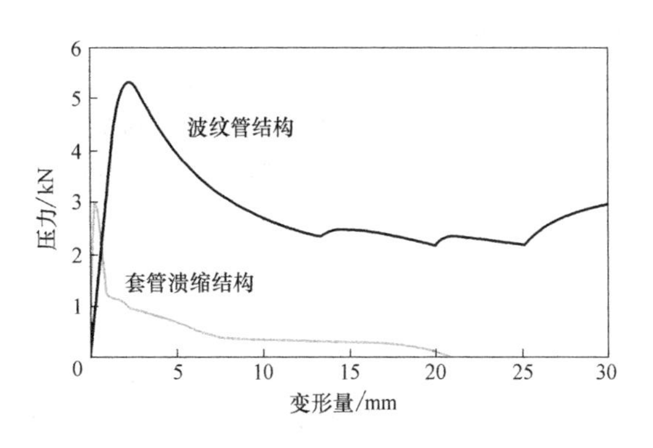

图 J-31 波纹管结构和套管溃缩结构的变形特性

3.5.2 转向管柱

安全转向管柱的碰撞性能可以在滑轨试验或者整车试验中进行检验。在复杂的设备上对安装在整车上或者安装在部件上的与碰撞相关的零件损坏程度进行测量，并通过测量碰撞假人上的碰撞参数来进行评价。整车碰撞的过程一般持续约 200ms，转向管柱在短时间内承受很大的载荷。转向管柱的失效形式与静态载荷强度试验中的破坏形式相比会有所不同，尤其是在脆性材料上。这个试验对于开发以及质量控制来说并不合适，不仅是因为这个试验的准备时间很长，试验费用很高，另外一个原因是评价整个乘员保护系统时很难对具体的散件，如转向管柱，得出结论。

Willi Elbe 公司评价转向管柱特性是通过图 J-32所示的坠落塔进行的。

一个坠落质量块跌落在弹性连接的前质量块上，前质量块是模拟安全气囊模块以及坠落质量块和试件之间的连接件的。用环形弹簧来代替其弹性，这个环形弹簧也具有一定的阻尼。一个可以承受高载荷的滚轮连接在转向盘接口处，这样在转向心轴收缩时可以滚动。调节装置安装在可以摆动的夹紧装置上。在夹紧装置上有一个测板，带有三轴向压电式力传感器，可以测量夹紧装置上的作用力。可以通过改变试验参数（重量、角度、弹性和阻尼）来影响撞击动力学，使动力学接近期望值。

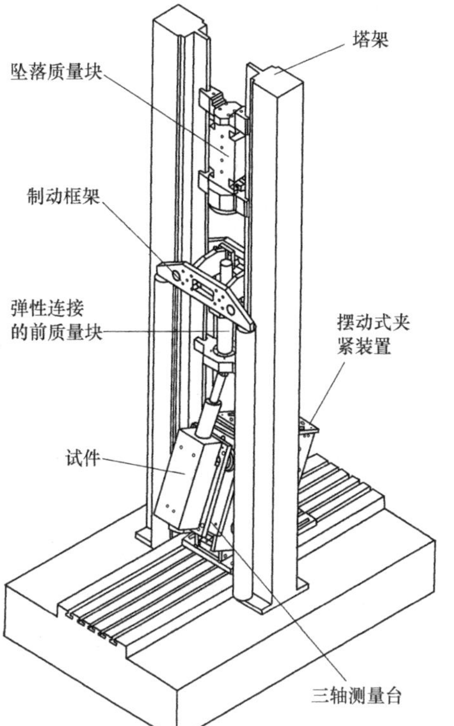

图 J-32 坠落塔试验

按照以下步骤进行：

- 根据坠落塔试验结果来校正数字化的转向管柱模型。校正后的数字化模型可进一步辅助台架试验。
- 从整车模型或整车测量中得到碰撞载荷以及变形量。在模拟计算中采用校正后的转向管柱模型。

- 确定坠落塔模拟模型的参数，使模拟结果尽可能与实际测量结果接近。
- 调校坠落塔试验中的参数，确定用于质量控制检验的参数。

坠落塔试验并不能完全精确模拟整车动力学。除了量产中伴随的质量监控试验以外，在设计开发阶段就应该考虑强度以及变形特性的设计和试验。

3.6 转向管柱调节力的调整

这里所说的调节力是指移动转向管柱和转向中间轴所需要的力。对于 EVLS，可以通过声音或者电机的使用寿命来间接感知调节力的存在。

对于 MVLS 则是相反，驾驶人施加调节力并直接感知，调节力由调节单元的移动力和转向管轴的长度补偿装置的移动力组成。其中重要的参数值是：

- 力值大小。
- 力值的均匀性。

除了滑动轴承的公差配合外，滑动轴承的油脂产生的黏滑效应（Stick Slip）很重要，因为它会导致嘎吱声和运动不连续。黏滑效应中出现的是混合摩擦力，常在低速时产生。在实验室可以通过绘制斯氏（斯特里贝克）曲线来反映系统的黏滑性能，通过选择合适的油脂可以让斯氏曲线变得平滑。

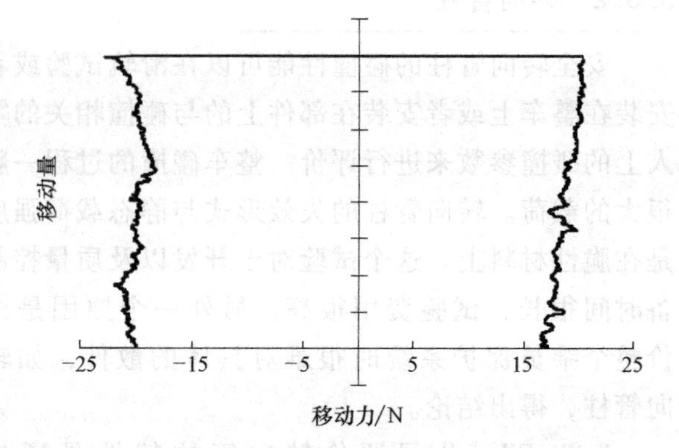

图 J-33 长度调节装置的移动力

图 J-33 所示是带有花键形状摩擦优化结构的长度补偿装置的移动力曲线，可以看到收缩和拉伸的移动力是相当的，而且力值的离散很小。

3.7 温度

在驾驶舱内和发动机舱内的转向系统部件承受的温度从−40~250℃。极端温度除了会加剧腐蚀外，下面这些现象也必须考虑：

- 考虑温度对橡胶件的蠕变特性和迟滞特性的影响。
- 避免由于不同的材料线胀系数产生的间隙和噪声。
- 考虑温度对静强度和动强度的影响，尤其是铝合金件、优质钢件、橡胶件。
- 十字轴中的滚动轴承和长度调节装置中的润滑要合适。

在腐蚀循环试验中，采用的温度变化循环如图 J-34 所示，它考虑了车辆运行工况，也考虑了车辆静止状态下的炙烤。在扭转疲劳试验和磨损疲劳试验中也必须考

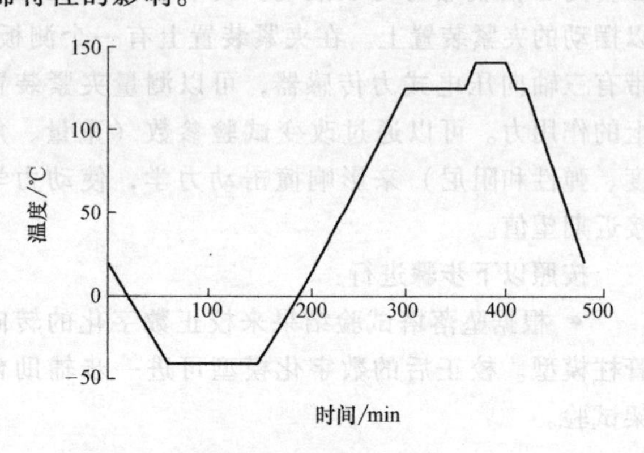

图 J-34 温度变化循环

虑温度和湿度的影响。

3.8 腐蚀

转向管柱和转向中间轴在车辆中的位置会反复调整。转向管柱安装在车内必须承受温度和湿度变化的环境，转向中间轴的环境要求则更加苛刻。由于暴露在发动机舱中会产生一些极端工况：

- 高的极端温度。
- 大的温度跨度，由于喷溅骤然受热或骤然冷却。
- 盐水的浸染和外物的摩擦。
- 燃料、油、润滑脂等。

这些极端工况都会导致腐蚀，除了舒适性会受到影响外，例如长度补偿装置调节困难、支承磨损等，还可能导致结构件损坏而不能传递扭矩。

耐腐蚀性检验是按照标准化的试验来进行的，如盐雾试验（例如 720h）和气候交变循环试验，或者是因车而异的循环试验。尽管有很多标准化的试验，但是腐蚀问题依然存在，因此在前期必须进行专门试验，也就是常说的动态腐蚀试验。在动态试验中，整个车辆或者车辆的一部分在一个温箱中进行动态试验。这个试验是一种交变循环试验，载荷谱为简化的随机载荷谱，经过六周左右的试验周期可以对零件的耐腐蚀性给出准确的评价。

为了避免腐蚀，转向中间轴常采用抗腐蚀性较强的 6 系铝合金材料。如果温度持续超过 150℃，则必须考虑铝的再结晶会导致强度下降，必须采用有表面保护的钢材或者优质钢。表面保护必须具有很高的附着性、延展性，并且涂层厚度要薄。从涂蜡表面保护到多层表面保护都能够满足这种要求。

此外还有机械保护系统，如波纹保护罩、保护罩、防尘圈、密封圈等。

4 展望

从紧凑型级别车辆的转向管柱开始，目前人们在技术要求和安全性要求以及人机工程要求方面提出了更高的标准。未来还会进一步提高要求，例如进一步扩大调节范围。未来转向管柱与汽车安全件如安全气囊、带张紧器的安全带，要求进行更加精细的匹配。未来的碰撞系统在响应特性、特性曲线以及吸能结构特性曲线的公差范围方面，和现在使用的碰撞系统相比差异会越来越大。正如其他领域一样，转向管柱的轻量化也会越来越重要。可以预计的是，转向管柱和踏板模块会在结构上与前围板、管横梁集成在一起。

将来，转向中间轴在其支承以及长度补偿方面的特性定义会更加精细。在中位位置的刚度和迟滞回线的宽度将会作为很重要的参数被考察，这对产品设计和质量保证会带来巨大挑战。在耐高温和抗腐蚀性上，目前的技术状态还可以达到要求，但是由于成本较高，近几年投入大量生产还不太可能。将来的目标是应用耐高温、高强度的铝合金材料。

笔者确信，在将来的几代车型上依然还会采用传统的转向管柱和转向中间轴。对于线控系统，尽管已经有样车对其进行展示，但是目前还远未成熟。

机械转向和液压助力转向

1 齿轮齿条转向的概念

转向系统家族除了包括液压静力学转向和循环球转向，也包括齿轮齿条机械转向和齿轮齿条伺服转向。在齿轮齿条转向中，转向器把转向盘的转动转变成齿条的移动，进而产生车轮的转向运动。

表 K-1 转向系统的分类

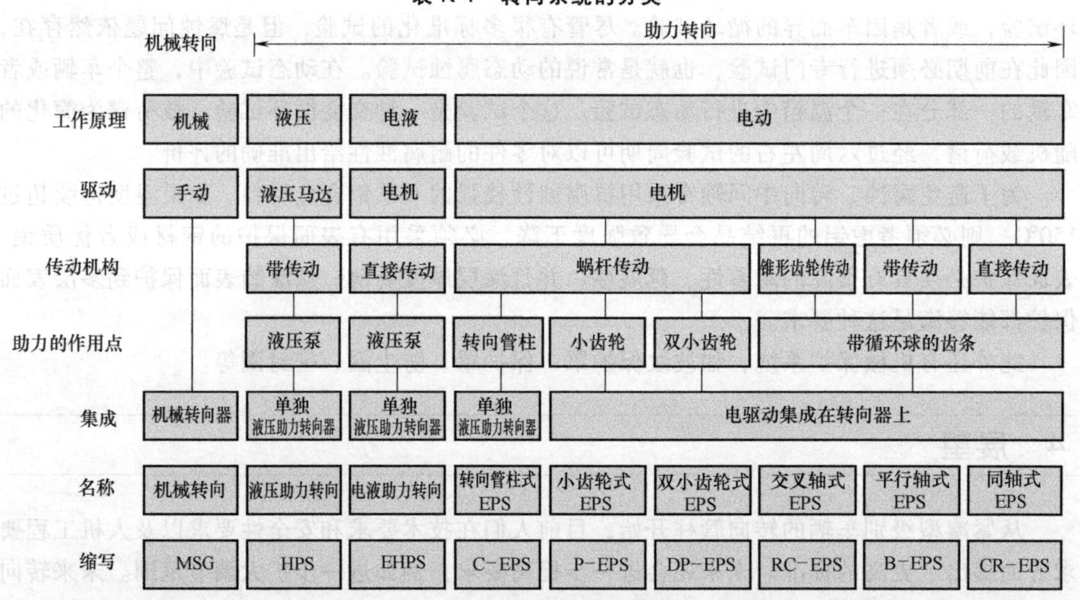

机械转向
助力转向
工作原理
机械
液压
电液
电动
驱动
手动
液压马达
电机
电机
传动机构
带传动
直接传动
蜗杆传动
锥形齿轮传动
带传动
直接传动
助力的作用点
液压泵
液压泵
转向管柱
小齿轮
双小齿轮
带循环球的齿条
集成
机械转向器
单独
液压助力转向器
单独
液压助力转向器
单独
液压助力转向器
电驱动集成在转向器上
名称
机械转向
液压助力转向
电液助力转向
转向管柱式 EPS
小齿轮式 EPS
双小齿轮式 EPS
交叉轴式 EPS
平行轴式 EPS
同轴式 EPS
缩写
MSG
HPS
EHPS
C-EPS
P-EPS
DP-EPS
RC-EPS
B-EPS
CR-EPS

表 K-1 所示为转向系统的分类。转向系统的差异体现在工作原理、驱动、传动机构、助力的作用位置以及集成程度上。转向系统的名称和缩写在表中也可以查到。

在齿轮齿条机械转向中，转向盘上的转向盘转角和转向盘力矩借助转向小齿轮和齿条的齿轮啮合使齿条运动并产生齿条力。除了这种机械机构产生的力外不再有其他的能量来驱动齿条。

齿轮齿条伺服转向的工作原理在本质上和齿轮齿条机械转向是一样的，只不过是多了“辅助力”来帮助驾驶人进行转向。这个辅助力可以来源于液压系统、电液系统或者电动系统。齿轮齿条电动转向的辅助力来自电机，电机通过一套传动系统施加助力。液压助力转向是由内燃机驱动液压泵来产生辅助力的。与液压助力转向不同的是，电液助力转向的辅助力与内燃机无关，由电机驱动液压泵产生辅助力。助力转向性能优异，因为辅助力的大小可以通过转向盘力矩来控制。感知转向盘力矩的常为扭杆，在液压助力转向和电液助力转向中扭杆控制着转向阀，在电动转向中通过扭矩传感器感知扭转角度。在机械转向中则不需要

扭杆。

本章将探讨齿轮齿条机械转向，机械转向中的驱动力为人力，在助力转向中也独立存在着齿轮齿条机械转向。

2 可用性/优缺点

手动齿轮齿条机械转向以及齿轮齿条助力转向几乎只在独立悬架的前桥上应用。这一点不仅体现在所有级别的轿车上，而且也更多地体现在尺寸越来越大的轻型商用车上。

以前在这些级别的车型中广泛使用循环球转向，与之相比齿轮齿条转向的优缺点见表K-2，优点对应+号，缺点对应-号。齿轮齿条转向因为较小的转向弹性、较小的安装空间、较轻的重量以及较低的成本，在所有的独立前桥车型上可全面替代循环球转向。齿轮齿条转向的缺点包括抑制外界干扰力的阻尼较小、振动较大、转向传动比变化较大、转向横拉杆的横向力过大。这些缺点都可以通过结构设计来抑制。

表 K-2 齿轮齿条转向和循环球转向的比较

评价项目	齿轮齿条转向	循环球转向
转向轻便性	+	-
作用效率	+	-
冲击	-	+
转向弹性	+	-
行程限制	+	-
转向横拉杆—横向力	-	+
在刚性悬架的适用性	-	+
转向传动比的均匀性	-	+
结构复杂性	+	-
空间需求	+	-
制造成本	+	-
重量(包括转向管柱)	+	-

3 转向器的运动学特征

转向器运动学的首要评判标准是因转向盘在车辆上的位置不同（即左驾和右驾）所产生的转向运动学差异。为了满足全球市场的需求，欧洲汽车厂商大多会开发两种驾驶形式的车辆。最简单的办法是，两种驾驶形式的转向器沿着车辆纵轴镜像对称布置，前提条件是车辆安装空间即总布置允许。

当然，在某些运动车型或赛车上转向盘布置在中间，这不属于本书要详细讨论的范围。

3.1 转向器在前桥的位置

转向器在整车上相对于前桥的位置总的来说有四种形式，其区分方法为转向器的齿条轴、转向节臂和转向横拉杆形成的所谓“转向三角形”在前桥前面还是后面（参见图 D-19、图 D-22、图 D-23、图 D-24）。

对于发动机变速箱在车头横置的前桥驱动车辆，一般来说转向器和转向三角形布置在前桥后面。这种布置中，转向器离排气管较近，承受较高的热负荷，但是这种布置可以使转向管柱在整车布置中变得容易。

在标准驱动形式的车辆中，转向器和转向三角形大多布置在前桥前面。这样可以避免总布置中动力总成纵置与转向器横置之间的冲突，同时转向管柱可以很容易地从发动机旁通过。

转向器和转向三角形处于不同位置（例如，转向器在前桥后面，而转向三角形在前桥前面）的布置形式几乎不被采用（参见第 D 章第 4 节）。

转向三角形的位置最终确定了齿条运动的方向，因此转向三角形的位置对齿轮齿条啮合布置起着决定作用，确定了转向小齿轮的螺旋方向。

3.2 整车上的转向器连接

在大多数车辆上，转向器固定在单独的副车架上，副车架再与车身连接。车轮导向的部件至少是部分车轮导向部件连接在副车架上，因此转向器与前车轮之间的连接刚度较高。这是好的转向精确性的基础，特别是在车轮侧向力较大的工况下。另外，副车架往往能够避免噪声传到车身，也能把通过转向器传到车身的底盘噪声隔离。

当然，也有转向器与前桥分离而直接固定在车身上。通常，这种布置是由总布置决定的，例如前轮驱动的车辆，但是发动机纵置在前桥前面（例如 2011 年及之前生产的 Audi A6）。部分原因是出于低成本考虑，转向器直接固定在前围板上，也就是固定在发动机舱和乘员舱之间。可通过一些辅助措施，如带减振器的转向横拉杆、弹性连接来弥补这种布置的缺点。

连接点可以是刚性的，也可以是弹性的，即采用橡胶支承。刚性连接可以让转向系统获得最大刚度，但缺点是会产生噪声和振动。采用橡胶支承连接则必须在响应特性和减振特性之间进行匹配，对于任何车辆都可以找到最优平衡点。

橡胶支承或者称之为橡胶金属支承的结构有一个大多为钢制的套管，套管上有硫化橡胶。橡胶体如同一个非线性弹簧，橡胶体本身可产生阻尼。橡胶体所需要的径向刚度、轴向刚度和阻尼可以借助车辆模拟计算得到。图 K-1 所示为典型的一体式和分段式橡胶支承。

连接点的数量是可以变化的，但是至少要有两个点是用来将转向器精确固定在整车上的，多的有四个点，或者更多。它们与相应的橡胶支承共同进行匹配来获得精确可控制的弹性运动学特性。

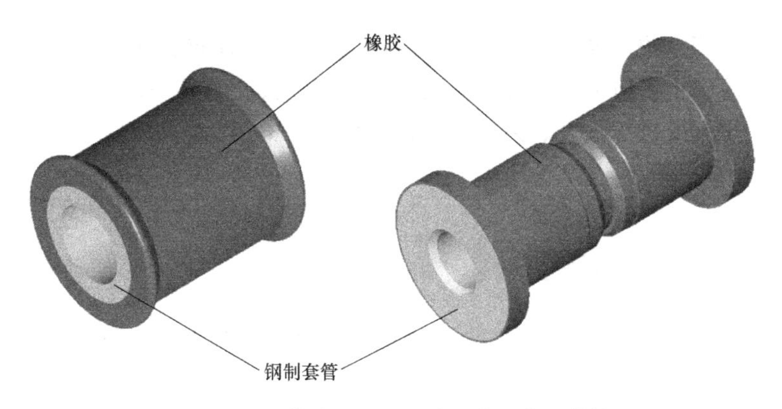

图 K-1 一体式和分段式橡胶支承典型结构

3.3 转向器壳体的定位

齿轮齿条转向器的主要运动学点为转向横拉杆的内球节（也称为轴向球节）的铰点、转向管柱的下十字万向节以及转向小齿轮轴线和转向齿条轴线的交点，这些点在整车总布置时确定，在简图 K-2 中可以看到它们的位置。据此可以确定转向小齿轮壳体相对于车辆中心平面是向外还是向内延伸。但是，小齿轮壳体向内延伸或者垂直于齿条轴是很少见的，主要出现在赛车上。

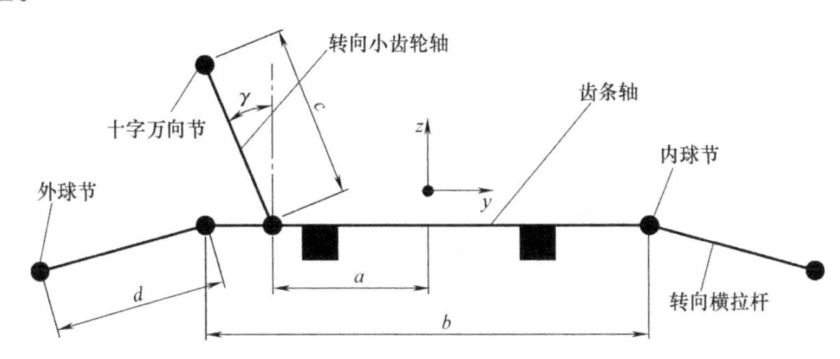

图 K-2 齿轮齿条转向器的主要运动学点

3.4 转向横拉杆的连接

根据左右两个转向横拉杆与齿条的连接形式不同，齿轮齿条转向可以分为中间输出式和单端输出式或者两端输出式。在两端输出式的齿轮齿条转向中，转向横拉杆的内球节直接与齿条进行螺纹连接。这种布置在当今为技术标配，如图 K-3 所示。它重量轻的同时，刚度很高，因为齿条的轴线通过两个内球节的中心。作用在齿条上的弯矩只来自转向横拉杆引入的横向力，这个横向力的大小取决于转向横拉杆角度（可以参见图 K-2）。机械转向的齿条在满足常规的齿条行程要求下通常在长度上构造得很紧凑，因此在总布置中通常能找到足够的布置空间。可以应用比较长的转向横拉杆，这样前桥车轮上下跳动到极限位置时摆角也很小，传递到齿条上的横向力也较小。中间输出式的齿轮齿条转向的两个转向横拉杆共用一个连接点。当车辆直线行驶时，这个连接点位于车辆中心。这种转向形式由于重量和安装空间需求在新的车型中几乎看不到（参见第 K 章第 9.1 节）。那种单端输出式的所谓“短转向器”齿轮齿条转向当今也不再应用。它的结构很紧凑，可以布置在驾驶人一侧。中间输出式齿轮齿条转向的两个转向横拉杆与齿条的一个端部连接，另外一端则自由悬空。这种结构形式早先是用在转向横拉杆较大、力较小的纯机械转向中的。

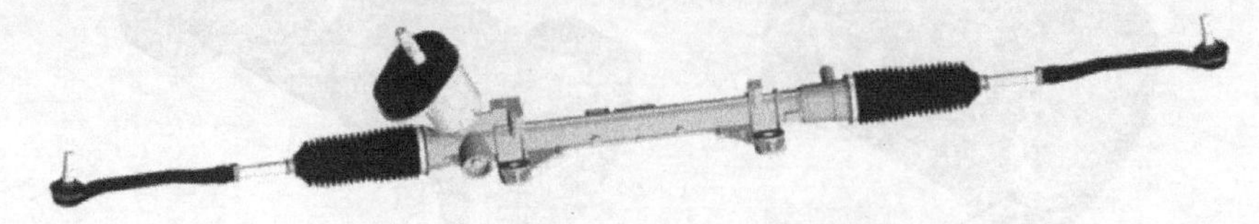

图 K-3　机械转向的转向器，两端输出式

3.5　传动比关系的类型

齿轮齿条转向器的传动比通常是指转向小齿轮转动一周齿条产生的移动量。也就是高的转向器传动比（小齿轮转动一周齿条移动量更大）会使车辆总的转向传动比（转向盘转角除以车轮的转向角）下降。即在弯道行驶和城市工况下转弯时，高的转向器传动比可以让转向盘转角输入小一些。另一方面，较高的转向器传动比使得精准实现小的车轮转向角变得困难，例如在高速直线行驶中如果有轻微的弯道需要修正方向。另外，在机械转向中，高的转向器传动比会带来更大的转向力，或者说在电动转向中需要更多的转向助力。

大多数量产的转向器都有固定的转向器传动比。假如转向器传动比随着转向盘转角或者齿条移动量而变化，则称为转向器变传动比。转向器变传动比可以随着转向盘转角的增加保持不变、增大或者下降，这可以解决前面所讲的矛盾。在机械转向中，齿轮齿条转向器的传动比曲线大多随着转向盘转角增大而下降，这样可以抵抗由于运动学导致的转向盘力矩增加，也就是所谓的“M”形（升高-下降），这也与直线行驶时期望较小的转向传动比相吻合。典型的转向传动比形式在图 K-20 中进行对比。车辆总的转向传动比因车辆不同而不同，对于转向器变传动比的要求、评判标准以及可制造性将在第 K 章第 5 节“齿轮齿条啮合和转向器传动比”中详细讨论。

4　齿轮齿条转向器的结构和部件

齿轮齿条转向器的主要部件如图 K-4 所示，更加细节的结构如图 K-5 所示。

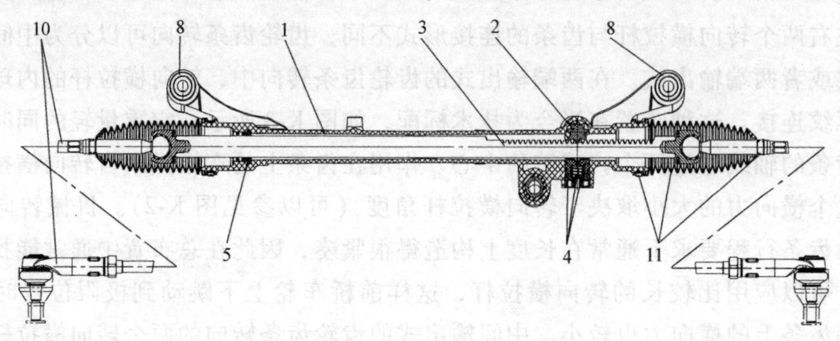

图 K-4　齿轮齿条转向器的剖视图

（图注见图 K-5）

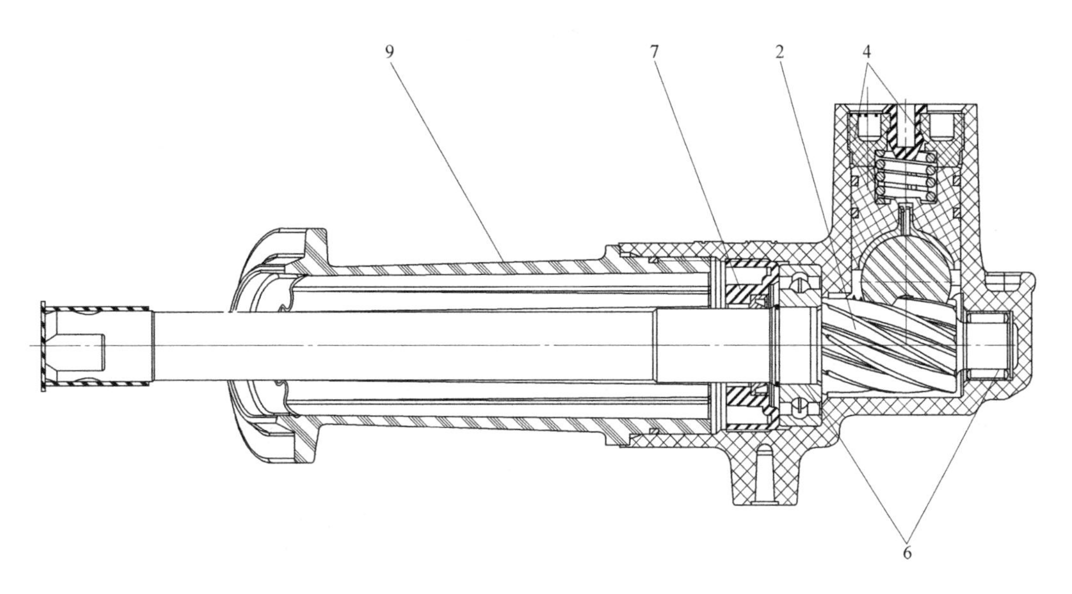

图 K-5 通过转向小齿轮的剖视图

1—转向器壳体 2—转向小齿轮 3—转向齿条 4—压块，包含弹簧和调节压块间隙的调节螺栓 5—齿条套管支座 6—转向小齿轮的上下滚动轴承 7—转向小齿轮上螺栓，用于轴向紧固转向小齿轮 8—转向器壳体的连接点 9—密封件 10—转向横拉杆（内球节和外球节） 11—波纹管，包括卡箍

4.1 转向器壳体

转向器壳体用于安装或者连接所有转向器部件，并与车辆刚性连接或者通过橡胶金属支承（参见图 K-1）弹性连接。转向器壳体另外还必须承受所有的转向力，这些转向力有些是转向盘力矩输入产生的转向力，有些是由车轮通过转向横拉杆作用到齿条上产生的转向力。转向行程限位以及承受转向限位冲击力也是转向器壳体功能的组成部分。

4.1.1 一体式转向器壳体

一体式结构最为常见，如图 K-6 所示。这种结构为铝合金压铸件，有以下优点：与车辆连接的连接法兰可以在铸造中直接成型，当然其他支座和连接件也可以成型；相比于钢制件铝合金压铸件的重量比较轻，不需要进行昂贵的焊接以及表面保护。

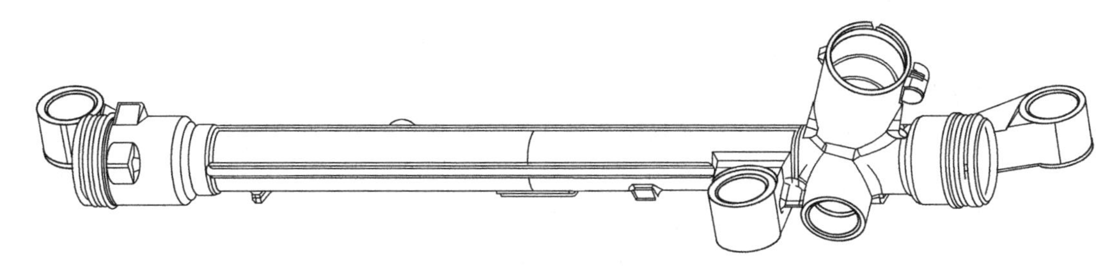

图 K-6 一体式转向器壳体，铝合金压铸件

铝合金压铸件的典型材料为 GD-AlSi9Cu3、GD-AlSi12Cu 等。其性能参数见表 K-3，另外也罗列了砂型铸造材料 G-AlSi7Mg0.3，这种材料特别适合样件制造和少量生产。

表 K-3　典型压铸材料和砂铸材料的力学性能

	GD-AlSi9Cu3 压铸	GD-AlSi12Cu 压铸	G-AlSi7Mg0.3 砂铸
抗拉强度/(N/mm^2)	240~310	220~300	230~310
屈服强度(0.2%)/(N/mm^2)	140~240	140~200	190~240
延伸率(%)	0.5~3	1~3	2~5
布氏硬度(250kg,5mm)	80~120HBW	60~100HBW	75~110HBW

4.1.2　两段式转向器壳体

两段式转向器壳体结构由材质为铝合金的小齿轮壳体和材质为钢管的齿条壳体组成，如图 K-7 所示。两部分壳体通过过盈配合连接，或者在小齿轮壳体铝合金压铸成型过程中与钢管铸造在一起。齿条钢管壳体与车辆的连接通常是通过焊接在钢管上的支架进行，或者是通过一个围绕钢管浇铸成型的铝合金连接法兰进行。较为经济的结构是通过单独的带橡胶的金属夹箍把管状齿条壳体固定在车辆上。

两段式转向器壳体的优点是钢管占用的安装空间很小，因为其壁厚可以很薄。但是钢管需要增加电镀或者油漆表面保护。

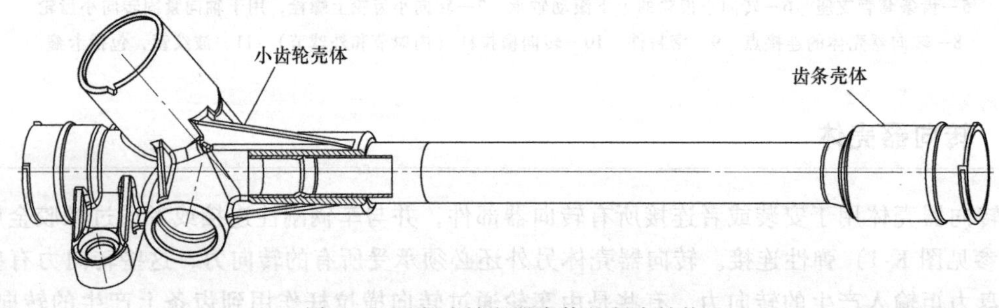

图 K-7　两段式转向器壳体的复合结构

4.2　转向小齿轮

转向小齿轮一端通过转向中间轴与转向管柱相连，另外一端通过齿轮啮合与齿条连接。这样转向小齿轮完成把转向盘转动转化成齿条移动的任务。

4.2.1　转向小齿轮支撑

在机械齿条转向中广泛使用的转向小齿轮支撑为：下面的滚针轴承作为浮动轴承，上面的深沟球轴承作为固定轴承。它们共同使转向小齿轮固定在轴向上，如图 K-8 所示。上面的深沟球轴承和转向小齿轮一道固定在转向器壳体中，通过上面的小齿轮螺栓塞预紧保证轴向没有间隙。通常小齿轮与齿条的啮合为斜齿轮啮合，会产生啮合轴向力。啮合轴向力由上面的深沟球轴承承受。另外，上面的深沟球轴承和下面的滚针轴承共同承受斜齿轮的啮合径向力，以及由转向横拉杆传递给齿条进而传递给小齿轮的力。

除了由滚针轴承和深沟球轴承组成的转向小齿轮支撑外，还有如图 K-9 所示的两个向心推力球轴承结构形式。在这种结构形式中，小齿轮啮合的上面和下面各有一个向心推力球轴承。这两个向心推力球轴承同时承受轴向力和径向力。这种结构成本高，应用很少。

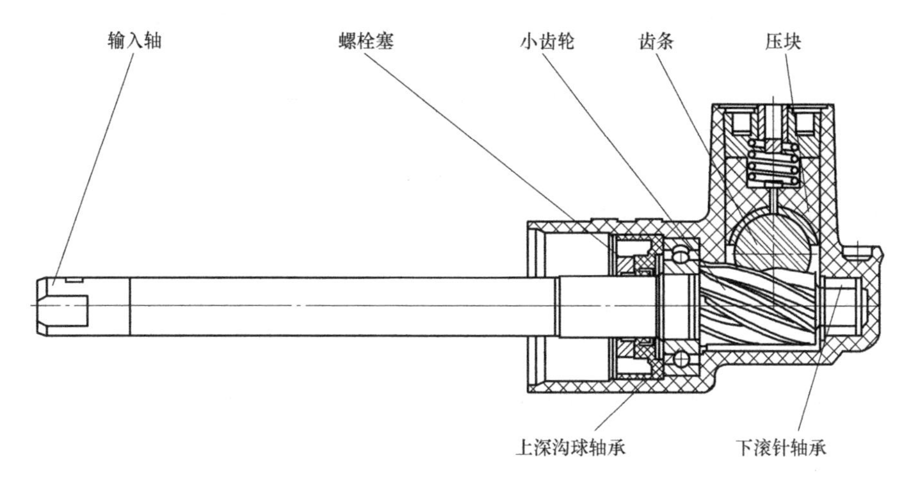

图 K-8 小齿轮的支撑方式

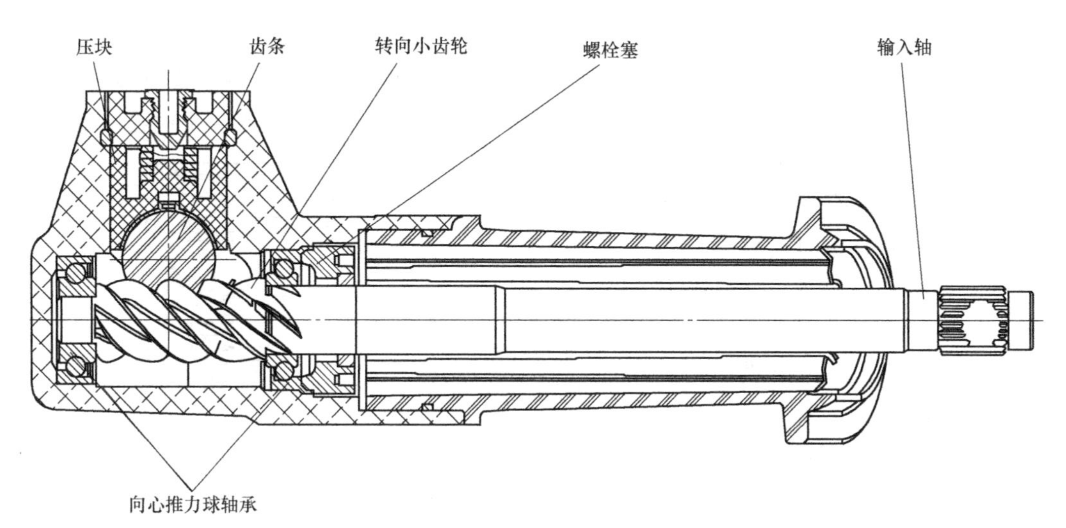

图 K-9 转向小齿轮的支撑方式，两个向心推力球轴承

4.2.2 转向小齿轮的齿轮结构

转向小齿轮通常为斜齿轮，以便在与齿条啮合时有更长的啮合线，这样可以保证小齿轮和齿条之间实现多齿啮合、齿轮啮合均匀、力矩传递均匀。机械转向器的齿轮原则上齿轮模数都较大，这样可以得到足够大的齿轮强度来传递很高的转向力矩。

转向小齿轮的齿轮成型方法通常使用的是滚铣法，较少使用的方法为展成法。加工要求中要特别注意的是转向小齿轮齿轮啮合的圆跳动偏差（最大为 40μm），以保证在较小的压块间隙下整个齿条行程的摩擦力变化均匀。

4.3 齿条和齿条导向

齿条的任务是，转向盘传到转向小齿轮的旋转运动经过小齿轮和齿条之间的齿轮啮合运动后转化成齿条的移动，进而带动转向横拉杆，因此齿条必须能够承受转向横拉杆在轴向和径向方向上的最大力。齿条直径和材料的确定是齿轮齿条转向器设计的关键点之一。齿条首先应该具有足够的强度来承受由转向横拉杆引入的最大横向力。典型的齿条材料力学性能对比见表 K-4。

表 K-4　齿条的典型材料及其力学性能

	SAE 1040 C40-C43	EN8C	37CrS4 41CrS4
抗拉强度/(N/mm²)	640	695	775
屈服强度/(N/mm²)	440	495	620
延伸率(%)	19	17	13

齿条通常为圆钢加工而成，其齿轮要么是通过压力加工成形，要么是通过机械加工成形。为了降低重量，通常部分或全部钻空。也存在由空管成形的齿条形式，在第 K 章第 5.5 节中将详细介绍。

4.3.1　齿条导向

齿条的移动可以通过两个位置的支撑来进行导向。在与转向小齿轮相对的一端，齿条支撑在套管滑动支承上（参见图 K-4），这个套管滑动支承在径向方向承受齿条横向力。

在啮合端，齿条支撑在小齿轮和弹性支撑的压块之间，参见图 K-4、图 K-8 和图 K-9。压块包裹齿条的整个直径，把齿条压靠在小齿轮上。压块弹簧保证齿条与小齿轮的啮合没有间隙。压块本身应该尽可能在转向器壳体的孔中且没有间隙，这样可以保证在这一端的导向支撑能够将齿条横向力转化成径向方向的力。图 K-10 所示为压块上的作用力，这个力是啮合分离力、齿条横向力和压块弹簧力的合力。为了保证齿条的支撑正常工作，一般把压块的轴向间隙调节到 50~100μm。压块的散件结构如图 K-11 所示。

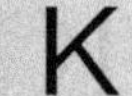

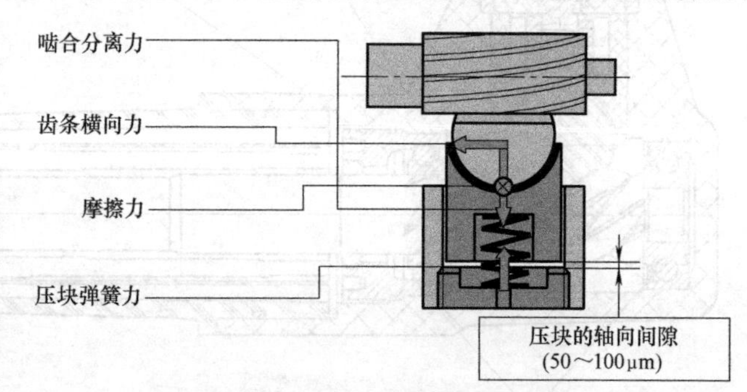

图 K-10　压块上的力以及轴向间隙

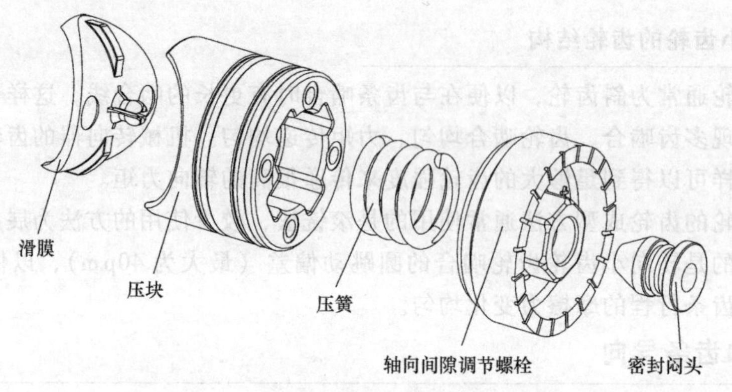

图 K-11　压块总成在转向器壳体中的结构

这种支撑方式可以把齿条限制在两个方向的运动：产生所希望的移动运动和减少可能发生但不希望的齿条围绕纵轴的转动。如果转向小齿轮和齿条的接触区域沿着小齿轮轴线方向

较长，则齿条在小齿轮转动时会分离开，这时齿条首先必须克服压簧的预紧力，压簧收缩，直到压块贴靠在调节螺栓上。这样齿条的转动运动就被限制在很小的范围内，不至于影响转向器的功能。

4.3.2 压块

在转向器中，压块完成以下功能：

- 齿条纵向运动时保证齿条的滑动支撑没有间隙。
- 保证转向小齿轮和齿条的啮合没有间隙和噪声。
- 支撑小齿轮和齿条的轴向啮合分离力和径向啮合分离力。
- 支撑小齿轮侧的转向横拉杆力。
- 补偿由于制造导致的小齿轮与齿条的啮合误差。
- 根据转向特性来匹配压块与齿条之间的摩擦副特性。
- 减小机械噪声。

压块的结构

为了满足要求，压块是由一些零散件组成的总成件。压块的外圆应该有滑动元件，在具有一定公差配合要求的转向器壳体的孔中，压块可以轴向移动。压块结构如图 K-11 所示，压块的齿条侧为滑膜，滑膜固定在压块上，与齿条间的摩擦很小。压块上的一个或者两个 O 形圈用来产生径向阻尼，O 形圈固定在压块外圆的槽中。压簧和调节螺栓使齿条的支撑更加牢靠。调节螺栓的孔用来直接测量压块间隙，测量之后用一个密封闷头塞住。

图 K-12 所示为压块支撑齿条可能出现的噪声源。这种支撑结构在一定的载荷工况下，例如交变的转向横拉杆力（在不平的比利时路面上等），或者是改变齿条的运动方向（换向噪声）会导致噪声的产生，应该采取相应措施来尽可能地完全消除这种噪声。

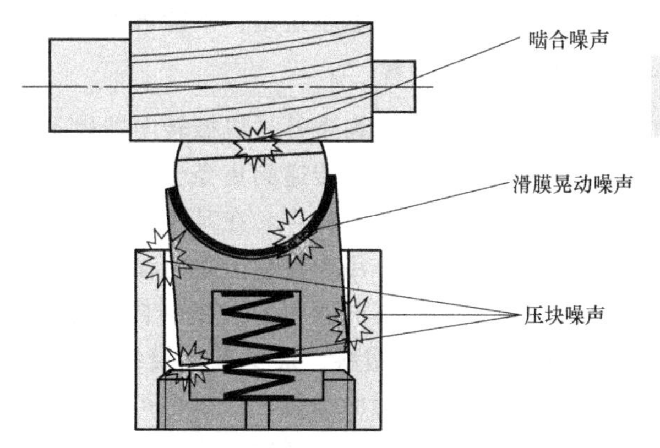

图 K-12 齿轮啮合和压块的噪声源

为了消除压块噪声，要求压块和转向器壳体孔之间的径向和轴向间隙尽可能地小。

径向支撑间隙主要由压块的外径和转向器壳体孔的内径的精度来确定，这取决于加工这些直径所采用的加工方法以及所选用的材料。由于不同材料的线胀系数导致的压块卡死必须在结构设计中就加以避免。

轴向支撑间隙由调节螺栓来确定，必须避免压块贴靠调节螺栓时产生冲击以及进一步的运动。同样要求这个间隙应该尽可能地小。但是必须考虑，间隙太小会带来齿条上的摩擦急剧增加的后果，这会让驾驶人感觉很不舒适，并有可能出现齿条卡死。因此压块间隙必须仔细设计，除了前面提到的制造公差和不同的线胀系数外，还要考虑齿条和小齿轮的齿轮形状偏差，以及小齿轮的径向圆跳动和齿条允许的弯曲量。压块间隙的确定必须整体考虑所有部件的允许公差。通常压块间隙最大值为 100μm，通过测量在调节螺栓中心的孔可以直接得到压块间隙大小。间隙调整完毕后必须用密封闷头密封调节螺栓中心的孔。

如果在转向过程中压块冲击调节螺栓，那么可以在调节螺栓与压块的接触区安装 O 形圈，使这个区域产生噪声阻尼。

压块的材料可以应用铝、锌铝合金和烧结合金，也可以使用塑料。在金属材料的压块中，与齿条接触摩擦的表面会涂覆一层塑料滑膜，或者是青铜和 PTFE 合成的滑膜。不同的滑动材料与不同的压簧预紧力组合可以得到所希望的摩擦力大小。通常来说，希望摩擦力尽可能小，这样驾驶人会有良好的转向感觉。同时转向系统还必须对外部产生的干扰和振动进行抑制和衰减，一定的摩擦是有利的。但是所有不同的滑动材料都有一个共同的目标，即尽可能地减小滑动摩擦和黏附摩擦，这样可以避免黏滑效应（Stick-Slip-Effekte），以及由黏滑效应引起的噪声，或者说避免在小的转向修正中出现脉冲式的齿条运动。

根据在齿轮啮合区域的齿条形状为半圆形、Y 形和 V 形（参见第 K 章第 5.5 节），压块与齿条的摩擦接触面必须相应匹配。随着 Y 形和 V 形压块的应用，因为齿轮啮合而导致的齿条转动被进一步抑制。

压块匹配

压块及其部件的匹配可以影响转向系统特性，抑制机械噪声和齿条振动，优化转向特性。结构上的影响因素是压簧力的大小、压块与齿条的接触面的滑动特性和摩擦因数、压块支撑的间隙、在周向上使用的 O 形圈。这些因素会影响转向响应特性、转向阻尼特性和转向声学特性，可以把转向性能调节在某一特定范围。

为了衰减噪声和振动，实际中往往必须改动压块。因为这些噪声和振动常常出现在开发阶段的晚期，转向器基本定型，不能再做大的改动。

4.3.3 齿条支撑管

除了压块支撑着齿条外，机械转向器齿条还由齿条支撑管支撑。齿条支撑管是一个滑动轴承，承受转向横拉杆传递到齿条上的横向力，并保证齿条移动顺畅没有噪声。在某些结构中齿条支撑管还起转向限位作用，限制齿条的移动量。

在机械转向的转向器和 EPS 的转向器上，滑动轴承的材料常采用塑料，很少采用烧结合金材料。和压块与齿条的接触面类似，这里也可以匹配不同的材料副来得到所希望的摩擦。为了降低噪声，有些齿条支撑管的外径上集成两个 O 形圈，产生噪声阻尼。此外，在齿条运动量较小时，这种 O 形圈还能产生一定的运动阻尼。径向方向的脉冲式冲击载荷也可以借助这种支撑进行衰减。图 K-13所示为塑料齿条支撑管结构。

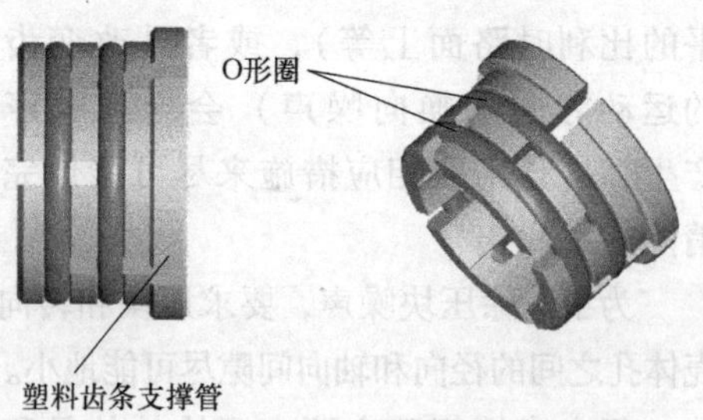

图 K-13　带两个 O 形圈的齿条支撑管

5　齿轮啮合和转向器传动比

齿轮啮合的设计必须满足很多要求，如高的承载能力、高的工作效率、较小的噪声、齿条高的弯曲强度。某些要求对于结构来说是相互矛盾的，因此通常必须进行折中处理。对于一个直径已经确定了的齿条，一般来说人们追求的是齿轮啮合中有尽可能大的端面重合度和

纵向重合度，但是剩余截面由于强度原因不允许过于薄弱。齿条有转向器固定传动比和转向器变传动比之分。

5.1 转向器固定传动比

传统转向系统的转向器传动比是固定的（CGR-constant Gear Ratio）。原因是制造简单，通过拉削工艺就可成型，这是齿条成型的标准加工方式，已经得到广泛应用。应用较少的成型方式为磨削和铣削。

对于固定的转向器传动比来说，总的转向传动比由中位传动比和转向主销运动学确定。合适的传动比是转向盘中位区域有利的转向传动比，也就是车辆良好的直线行驶能力，与整个转向范围（从一个方向的限位点到另一个方向的限位点）的车辆良好的操控特性之间的折中方案。

变传动比提供了更具个性的转向特性匹配，可以找到最优方案。

对于齿轮啮合设计来说，可以把固定传动比看成是变传动比的特例，因此后面章节论述的变传动比设计准则同样适用于固定传动比的齿轮啮合。

5.2 转向器变传动比

变传动比是指随着行程变化齿轮的齿廓形状也随之改变，前面论及的加工成型方法不再适用。变齿轮的齿条在量产生产中要么是热成型要么是冷成型。

和转向器固定传动比一样，与转向器变传动比（VGR-Vaiable Gear Ratio）齿条相配的转向小齿轮同样为斜齿轮。齿条齿轮的齿面是弯曲的，这样在任何时候的啮合点都有相同的压力角。图 K-14a 所示为小齿轮和齿条啮合剖视图。在分度圆直径 d_1 间距内齿条齿轮的端面齿距为 p_{t1}（小齿轮轴的标准螺距）。如果提高压力角，则会导致接触线往小齿轮的齿轮头部移动。图 K-14b 所示为压力角提高的啮合剖视图。间距为分度圆直径的接触线靠近小齿轮的齿轮头部。齿条齿轮的螺旋角 β_{z2} 随着分度圆直径 d_2 的增大而增大，因为小齿轮的齿轮螺旋角随着分度圆直径变大而变大。

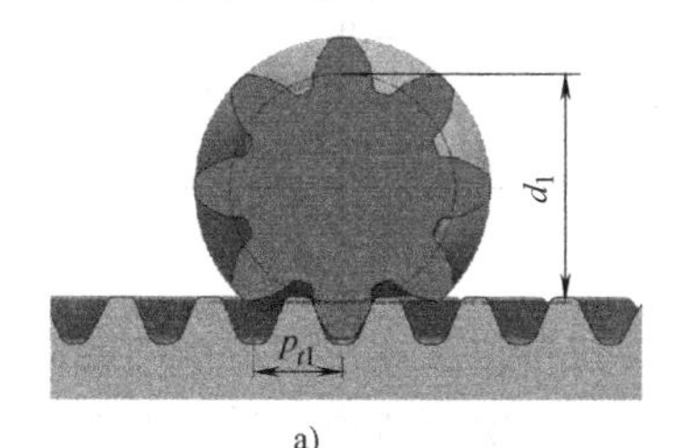

a)

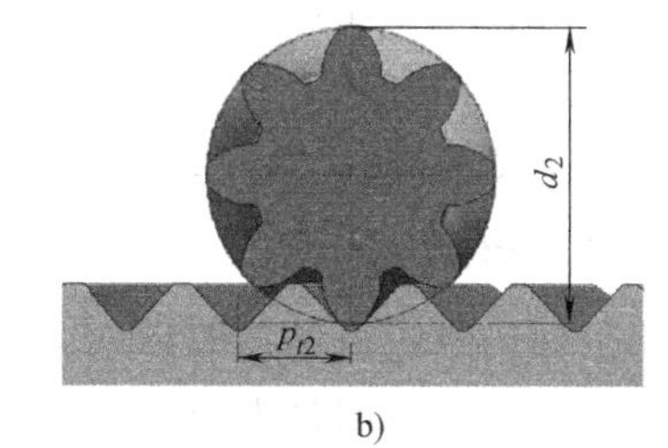

b)

图 K-14 小齿轮的端面剖视图，不同的压力角

图 K-15 表明小齿轮上不同分度圆直径上的螺旋角是不同的。考虑小的压力角的影响，假定转向器的“轴交叉角”或者称“布置角”为 γ，则齿条齿轮的轴向齿距 p 为：

$$p_1 = p_{t1} \times \cos(\gamma + \beta_{z2}) / \cos(\beta_{z1}) \quad \text{(K.1)}$$

若小齿轮的齿数为 n，小齿轮每转动一周，齿条行程 s_y（“绕距”或者“C 系数”）为：

$$s_v = p_1 \times n \quad \text{(K.2)}$$

随着齿条齿轮的压力角（在法向截面）改变，螺旋角 β_z 和模数 m 也会改变（对比图K-15）。

5.2.1 开发历史

变传动比（VGR）在1963年应用在循环球转向器中。变齿轮齿条的开发经历了漫长的过程。尽管第一个专利在1955年就已经申请，但是这项专利的实际开发却在1964年。在Merrits结构中，一个圆柱小齿轮以90°角度与齿条装配在一起，这种结构形式只能实现很小的传动比变化，相对于基础传动比只提高约8%。

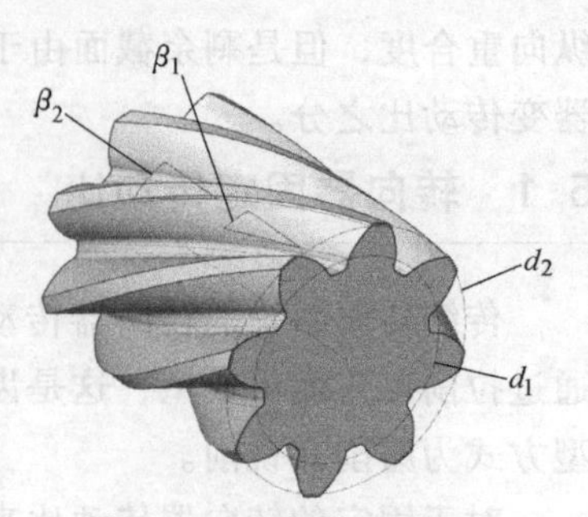

图K-15 小齿轮不同的分度圆上螺旋角不同

在变传动比一系列开发专利之后，Arthur Bishop申请了渐开线小齿轮专利，开创了齿条变传动比的现代技术。这种结构形式的传动比第一次应用是在1981年日本市场上的Isuzu Piazza车型的机械转向器上。这种转向器为日本转向器生产商Jidosha Kiki Company（JKC）制造。之后ZF公司也在Opel Ascona、Ford Sierra、BMW 3er（E30）以及Fiat Dauly 1985车型上使用变传动比转向器。刚开始时，变传动比仅局限于机械转向系统，来降低转向盘力矩。在20世纪90年代，变传动比开始应用到液压助力转向系统。变传动比齿条和电动调节转向管柱系统第一次搭配应用是2001年TRW公司在Fiat Stilo车型上，以及Koyo-Seiko公司在Saturn Vue车型上的应用。

5.3 应用

K

变传动比的齿条应用得越来越多，它能够化解转向传动比设计中相互矛盾的目标要求，开创了新的设计。最开始的应用目的是，在不过分影响转向能力的前提下提高齿条力；后来的应用则更多的是关注更好的转向动态性能和转向舒适性。

5.3.1 以转向系统为目标的应用

变传动比转向器在起初的应用中关注的是转向系统中的机械优点。在转向器为固定传动比的转向系统中，当前轮角度增大时，转向系统的总传动比是在下降的，直至变得很小。这种现象是由于转向节臂的有效力臂 r_L 引起，当车轮转向偏离直线行驶位置直至转向最大角度时，这个有效力臂在减小。

机械转向器——减小扭矩

工程师对机械转向系统最基本的设计要求是，在中位区域找到适当的转向传动比。一方面在转向接近最大转角时转向盘力矩最大值要限制在一定幅值内，另一方面转向盘的总转动圈数也必须限制在可以接受的范围内。桥荷增大、底盘运动学导致转向盘力矩增大，会让设计要求的实现变得更加困难。

变传动比可以减小泊车工况的转向传动比从而减小转向盘转角需求，同时增大中位范围的转向传动比，相对于传统的固定传动比转向器，变传动比转向器可以减少转向盘转动圈数。最近几年，变传动比在机械转向中的应用反而减少了，最新的应用为SMART的MRR敞篷车，在这个车型中机械转向的传动比如图K-16所示。

和液压助力转向、齿条电动助力转向不同的是，机械转向的转向器尽管很小，但是小齿轮力矩却很大。因此齿轮啮合的力很大，会导致齿轮磨损问题。要特别关注的是齿轮断裂和

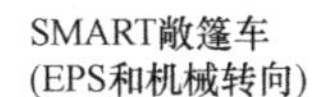

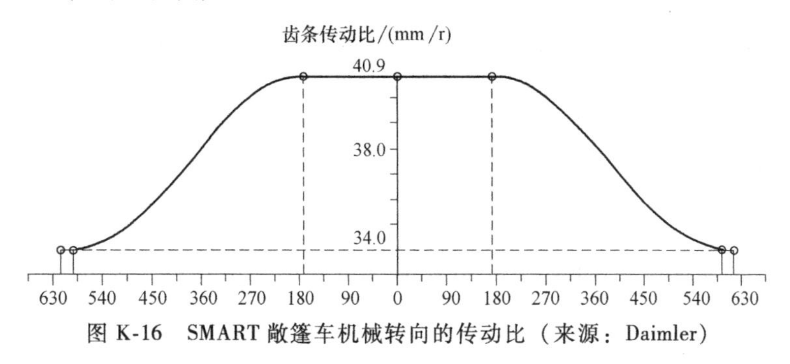

图 K-16　SMART 敞篷车机械转向的传动比（来源：Daimler）

齿轮接触点应力。

伺服助力的转向器——减小功率需求

以要求的速度转动转向盘到极限位置时，转向器传动比固定的转向助力系统往往功率不够。其原因是前桥载荷太大、转向载荷太大，或者是助力系统的功率受到限制。

助力功率受到限制可能出现在转向管柱助力和小齿轮助力的 EPS 系统中。这些类型的 EPS 系统大多数情况是装在前桥载荷较小的小型车中，这种车型的安装空间有限并且成本压力较大。

在转向管柱助力或者小齿轮助力的 EPS 系统中采用的变传动比齿条的方式和机械转向的变传动比方式类似。都是使转向中位的传动比较大，中位两侧较小，从而减小转向小齿条力矩。但是这种转向器形式的齿轮啮合载荷比其他形式的高，因为驾驶人力矩和助力力矩都作用在小齿轮和齿条的啮合齿轮上。

液压助力转向和齿条助力的电动转向系统的设计目标之一是，不允许齿条移动到限位位置，这样可以减小所需要的功率，助力系统可以在标定的功率范围内工作。

在所有情况下，变传动比都可以设计成转向几何学的函数关系，这样就可以把伺服系统的功率需求和力矩需求限制在一定范围内。

5.3.2　以驾驶人为目标的应用

带变传动比转向器的助力转向可以通过适当的匹配实现更好的行驶操控性，泊车很轻松，在高速行驶时转动转向盘会感觉非常沉稳，良好的车辆动态行驶性能是这种转向系统的显著优点。

人机工程

和上面阐述的随着转向角增大转向器传动比减小相反，在助力足够大的情况下，可以考虑转向器传动比随着转向角增大而增大。随着助力系统的功率不断提升，可以把齿条两侧接近极限位置的转向器传动比设计得比中位处的还要高，减少转向盘从一个极限位置到另外一个极限位置所需要转动的圈数。这样在车辆低速以及泊车时转向轻松，同时在车辆高速直线行驶时转向盘轻微转动引起的车辆反应较小。

通常变传动比是从转向盘或者小齿轮转角为 30°~90°开始，在转角为 180°~270°时齿条传动比达到最大值。传动比的这种变化驾驶人几乎难以感觉到，却能把转向盘从极限位置转到另外一个极限位置所需要的圈数减少到 3 或者更小。这样一方面减少了驾驶人在城市工况和多弯道工况下的疲劳，另外一方面也可以提高这些工况下的行驶机动性，从而保证行驶安全。

这种形式的变传动比首次应用是在 1985 年的 Ford Sierra 车型。这种形式的转向器的应用在 20 世纪 90 年代只是缓慢变多，但是 21 世纪的今天这种转向器却得到广泛应用。即使在越野车上也使用这种转向器，因为这种车型的侧倾轴比较高，假如在中位的齿条传动比较大，会导致车辆失稳（参看 Heathershaw 等的文献，2002 年）。

直到 20 世纪 90 年代末，人们才找到生产高精度变传动比的合适的生产工艺，这种转向器的生产才开始进入商业量产模式。

汽车动力学

21 世纪初变传动比的研发取得进一步进展，变传动比的优点进一步得到应用。变传动比的开发完全是以驾驶人需要为目标。越来越多的转向器的传动比明显提高，齿条的行程轻微减小，车辆的动态行驶性能得到优化。

2003 年在 BMW 5 系列上应用的主动转向（AFS, Active Front Steering）表明，变转向传动比可以明显改善较低车速到中等车速时的横摆角速度性能，当然成本也明显增加。AFS 系统采用的是转向角叠加的电动系统，该系统产生一个和车速相关的变传动比。也有根据 2004 年 Heathershaw 提出的随角度而变化的变传动比，虽然它不完全等效于随车速而变化的变传动比，但是经济多了。

直至 20 世纪 50 年代中期，Arthur E. Bishop 第一次在一辆普通车辆上试验研究车辆速度和转向角度之间的关系。根据其研究结果，并考虑到典型的横向加速度为 0.2 ~ 0.5g，随转向角度而变化的变传动比的横摆角速度曲线与随速度而变化的变传动比的横摆角速度曲线是相似的。和速度无关的变传动比车辆的典型特征是，在中位处也就是直线行驶时的传动比不直接，这样可以得到高速行驶时理想的转向感觉。

这种措施的目的是，让驾驶人能够感觉到这种传动比的变化。因此这种策略偏离了齿条变传动比"以驾驶人为目标"的原则。当今的匹配策略为：相对于中位，齿条传动比升高从 25% 提升到 50%，这种升高量在转向盘转动第一圈的 90° ~ 120° 之间就要达到。齿条传动比升高如此之大，导致齿条齿轮面的弯曲程度加大，齿面加工的形状精度要求也相应更高。

这种变传动比齿条第一次量产使用是 2008 年 Daimler 在 SL、SLK 和 CLC 系列的"直接转向"系统上。其转向器传动比和总的转向传动比以及齿条形状如图 K-17 ~ 图 K-19 所示。

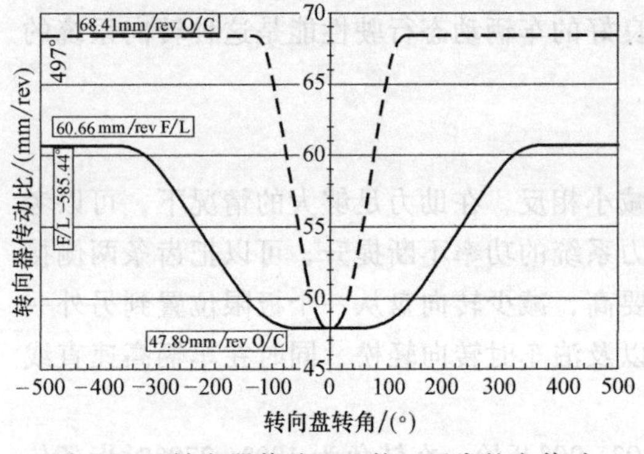

图 K-17 转向器传动比比较：通常的变传动比转向系统（实线）与 Daimler 公司 Mercedes 2009 ML 车型的"直接转向"系统（虚线）（来源：Daimler）

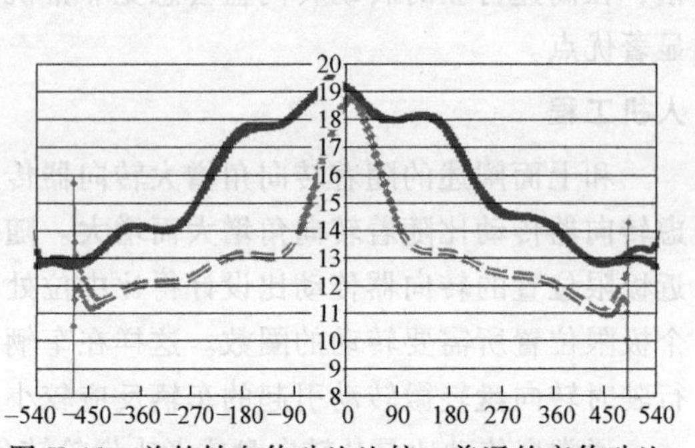

图 K-18 总的转向传动比比较：普通的变传动比转向系统（实线）与 Daimler 公司 Mercedes 2009 ML 车型的"直接转向"系统（虚线）（来源：Daimler）

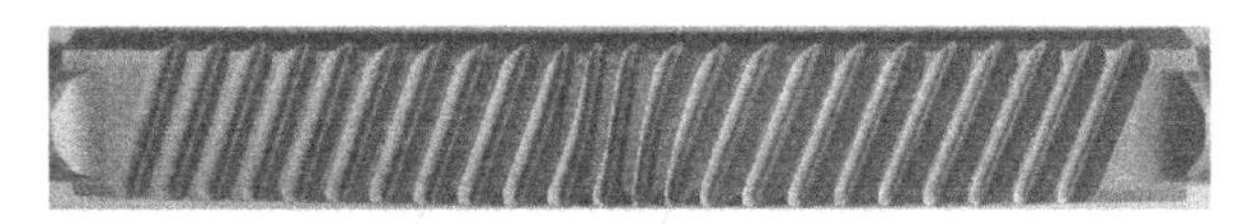

图 K-19 Daimler Mercedes 2009 ML 车型“直接转向”的齿条：Bishop 变传动比齿条（来源：Daimler）

5.3.3 特殊应用

变传动比转向器既可以用来实现相互矛盾的复合要求，又可以用来修正由于转向运动学产生的不对称。

复合要求的应用

在一些情况下，要满足驾驶人和系统的复合要求必须采用传动比可变的转向器。如果以驾驶人为核心，从中心位置到最大转向角（转向限位位置）的转向器传动比应该增大。如前所述，通常这要求伺服助力转向的转向功率很大。这种情况下，通常是在转向限位附近降低转向器传动比的增加，这样可以对伺服助力转向的过大功率需求有所缓解。

这些要求部分是相互矛盾的，为了解决这些矛盾，有些制造方法可以在单啮合齿轮运动中实现两种或更多种的传动比变化。由于结构和制造原因，变传动比的最大和最小传动比是有一定范围的。最大传动比选择在中位以外的区域，最小的传动比要么放在中位要么放在极限限位区域（或者这两个区域相同的传动比）。

以 2006 年 Opel Corsa 的变传动比齿条为例，其变传动比为 M 曲线，即它的传动比变化曲线类似字母 M 的形状。这种转向器应用在其运动型车型上，称之为“渐变传动比转向”。相应于 M 曲线的总转向传动比和转向器传动比如图 K-20 和图 K-21 所示。在图 K-20 中也增加了固定传动比和变传动比的转向传动比加以比较。

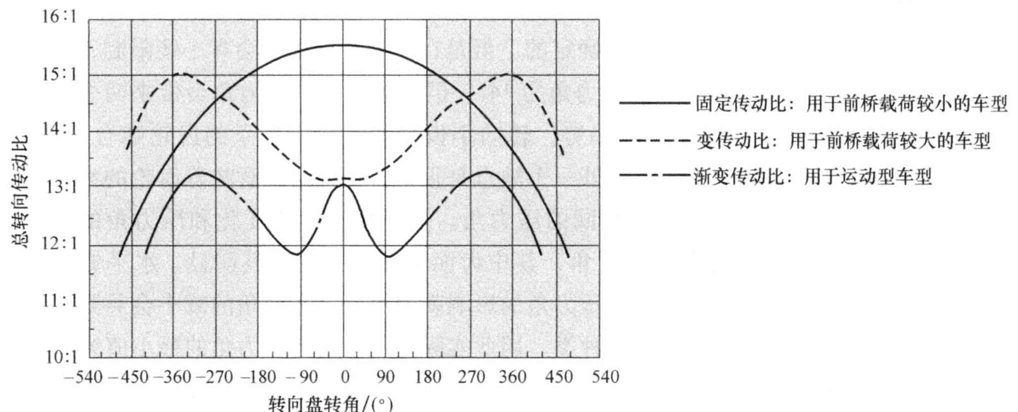

图 K-20 Opel Corsa 的转向传动比：CGR 用于汽油机，VGR 用于柴油机，“M 曲线”VGR 用于“渐变传动比转向”

不对称的特殊传动比

可以利用变传动比来克服转向运动学中出现的问题。有时候要求转向传动比偏离希望的传动比。在机械系统范围内，一个以中位传动比和转向运动学为基础的变传动比可以与理想的传动比曲线进行匹配开发。

一些固定的转向器传动比或者对称的转向器变传动比的转向运动学却表现为明显的不对称性，即产生不对称的转向传动比。在这种情况下，不对称的转向器变传动比可以抵消转向

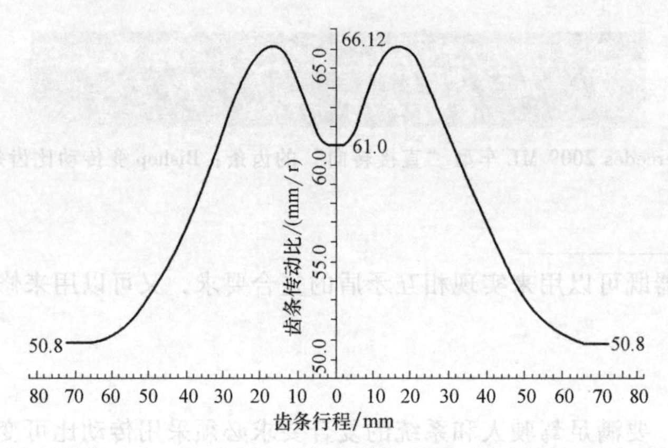

图 K-21 转向器传动比：Opel Corsa“M 曲线”变传动比用于“渐变传动比转向”

传动比的不对称性，从而可以获得相对对称的转向性能。

5.4 技术极限

转向器变传动比是借助改变小齿轮和齿条接触的齿轮副的压力角来实现的。对于一个模数一定的转向小齿轮来说，压力角的最大值和最小值在法向截面上对应的最高和最低位置是一定的，因此理论上的最小和最大传动比也是一定的。

在传统的固定转向器传动比的结构中，齿轮啮合可以在接触长度、稳定性、摩擦、齿根应力和强度方面进行最优设计。但是对于变传动比来说，齿轮啮合要达到这些目标，优化设计会变得更困难和复杂，因为必须找到一个对于所有压力角来说都能接受的齿轮结构。

5.4.1 传动比升高的范围

传动比变大的极限是由制造工艺来确定的。但是在产品开发中还会有一些限制，即所谓的“边界条件”。早先的开发认为最小的压力角为14°，但是这么小的压力角会带来两个缺点。一个是在载荷作用下会有“楔形化”的趋势，转向小齿轮的齿轮与齿条的齿轮啮合可能卡住，这会导致很大的摩擦力，磨损严重；另外一个缺点是很小的压力角就意味着齿轮的齿形精度要更高，这样才能在“垂直”方向得到相同的压力角。除了传动比的变化和压力角的变化，任何的变化都会影响“垂直”方向的压力角，其中齿面精度的影响尤其明显。水平方向的参数会影响传动比的提高，但是对垂直方向压力角的影响就很小了。压力角的减小会导致精度要求提高，但是也会减少齿条传动比的变化种类。因此实际应用中法向压力角的最小值为20°。

压力角的上限范围视转向器而定。转向小齿轮的斜齿轮把力传递到齿条的齿轮上，这个力可以分解为轴向、横向和垂向三个方向的分力。齿轮齿条转向尤其是固定传动比的齿轮齿条转向的设计目标通常是让轴向分力为最大力。图 K-22 中展示了小的啮合压力角和大的啮

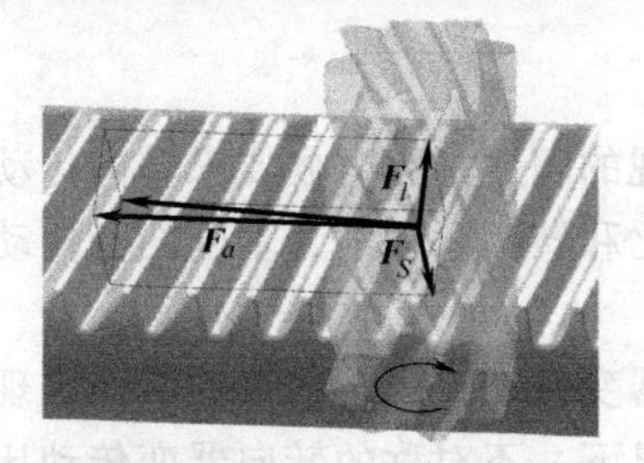

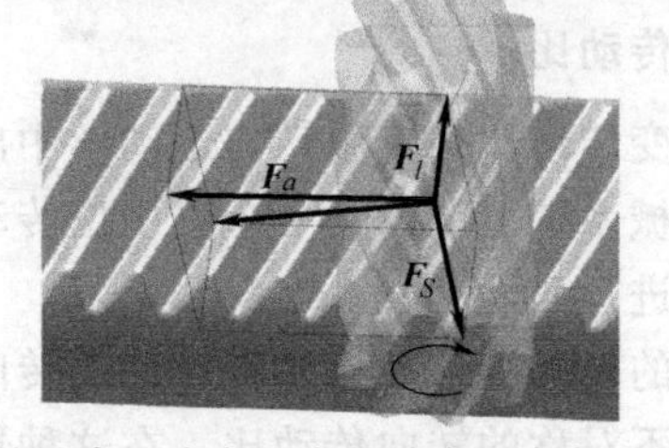

图 K-22 转向小齿轮力的分量，小的啮合压力角和大的啮合压力角

合压力角的转向小齿轮力的分量。

在变传动比齿条的啮合齿轮上始终存在这三种方向的分力。这里的原则是，如果想要提高小齿轮传递的载荷，那么必须尽可能减小垂向分力。垂向分力大意味着齿条支撑上的力也大，作用在齿条压块上的力也大，也就是这些地方的摩擦力会更大。基于这种原因，若齿轮齿条系统中垂向力大的话，则要求压块接触面的摩擦因数很小（见第 K 章第 4.3.2 节压块部分相关内容）。

5.4.2 接触线

压力角同样也影响小齿轮与齿条啮合的接触长度，接触长度是评价啮合好坏的重要参数。描述接触长度的量为总重合度 ε_γ，为斜齿轮的端面重合度 ε_α 和纵向重合度 ε_β 之和。总重合度表达的是处于啮合的齿轮数的平均值。渐开线齿轮的理论计算可以参见 DIN 3960。

通常端面重合度随着端面压力角的升高会急剧下降，而纵向重合度则会稍微增加。

不同形式转向系统的总重合度有不同的标准值，在设计变转动比齿条时必须考虑这个标准值。

相比于固定传动比，传动比变化较大的齿条的齿轮啮合区域更大，这样可以得到合适的总重合度。为了获得理想的传动比变化，往往通过增大纵向重合度来减小端面重合度，其前提条件是啮合宽度较大，其功能可以接受。

5.4.3 稳定性和噪声（NVH）

转向小齿轮和齿条之间力的传递是通过齿轮啮合的接触线来进行的。通常有两个或更多个齿轮相互接触。小齿轮转动，带动齿条移动，接触线沿着齿条齿轮移动。假如在转动轴的每一侧接触线一直至少有一个接触垂直力，齿条围着其转动轴的转动（即齿条转动）不会发生。这种情况中，接触垂直力产生的转动力矩大小相同，但是方向相反。图 K-23 所示为小齿轮转动时接触线在齿条上的移动情况。小齿轮的转动引起接触线移动并产生合力。

由于小齿轮的几何形状、压力角、小齿轮的螺旋角以及齿轮啮合到转动轴的间距的不同，有可能产生这样的情况：所有的接触垂直力产生围绕齿条转动轴相同方向的力矩。这种情况下，齿条处于不稳定状态，会产生围绕其转动轴的轻微转动趋势。齿条是通过压块支撑在转向器壳体上的，压块的目的就是在小齿轮转动时压住齿条使它们相互啮合。如第 K 章第 4.3.2 节中介绍的，压块间隙可以平衡齿轮啮合误差，在载荷很大时允许齿条轻微转动。

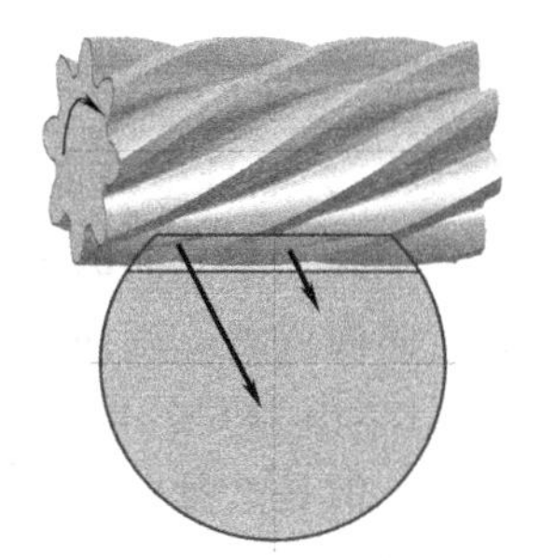
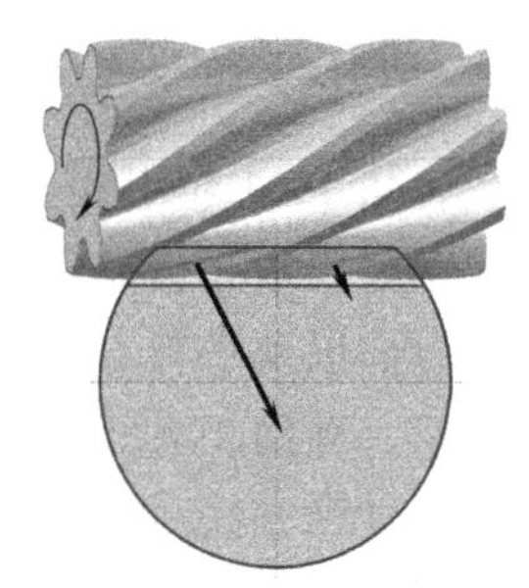

图 K-23 当小齿轮转动时接触线的移动

在图 K-24a 中标出的接触垂直力会导致齿条不稳定，引起齿条转动。固定在转向器壳体的调节螺栓通过弹簧压紧压块。转向小齿轮继续转动，下一个齿轮进入啮合，围绕齿条的力矩重新达到平衡（图 K-24b）。齿条重新转到原先位置充分啮合，压块间隙重新产生，除了这种状况以外，在齿条上作用的力都会使齿条处于不稳定状态，从而产生噪声。啮合运动中的力矩变化在变传动比中会产生传动比偏差，同时也会产生齿条的轴向力变化。

齿条和小齿轮的啮合长度较小或者小齿轮相对于齿条的轴线位置较高，往往就意味着齿轮啮合不稳定。

K

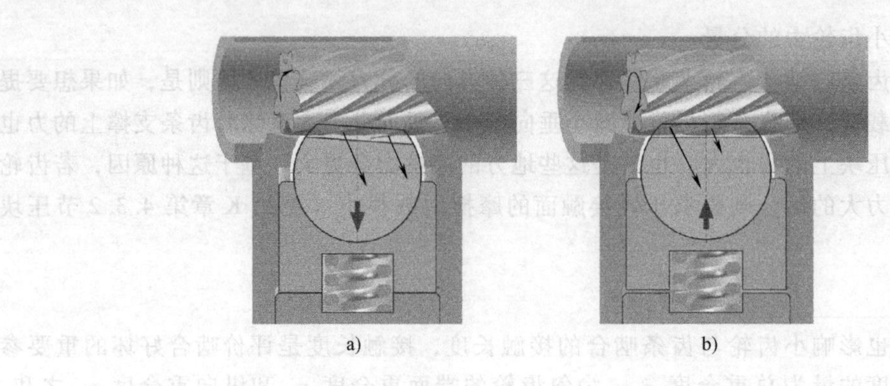

图 K-24 不稳定的接触垂直力会产生齿条转动、压块移动（图 a），稳定的接触垂直力（图 b）小齿轮以及压块都充分接触

从图 K-25 中可以清楚地看到，齿条和小齿轮接触表面的滑动摩擦对接触力方向的影响。小齿轮的扭矩（由驾驶人输入）会引起垂直力分量很大的接触力（图中虚线表示），而由转向横拉杆产生的齿条力引起的垂直力分量相对较小（图中点画线表示）。结果是底盘激励（即路面干扰）使啮合的不稳定性加剧，随之而来的就是噪声。可以看到，路面的干扰力比驾驶人施加的力更为敏感和关键。

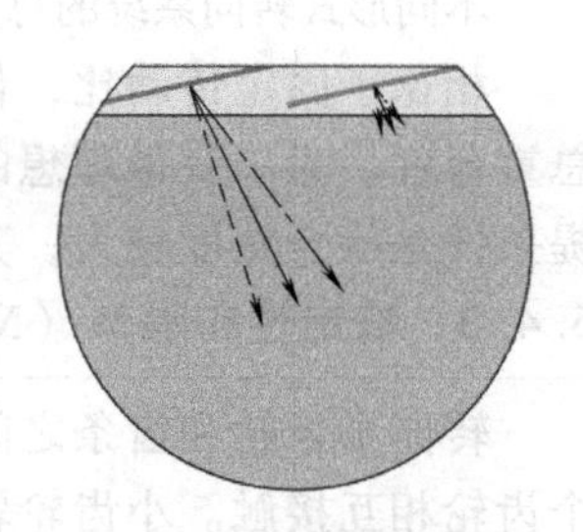
图 K-25 摩擦对接触力的影响（点画线为路面干扰产生的不稳定）

因为变传动比的啮合运动学是变化的，因此设计者必须保证传动比变化中的最小值和最大值处的啮合不稳定性也是在很小的程度内。

K

5.5 制造方法

自从 1981 年引入变传动比齿条，大批量生产变传动比齿条的方法有很多种。批量生产的最主要要求是齿轮的加工方法必须是三维曲面的齿轮，而不是菱柱形齿轮。这里的齿轮在垂直方向以及平行方向都有弯曲。曲面或者三维面的高弯曲度要求齿轮啮合精度很高。

第一种加工方式为 1981 年在日本由 JKC 公司应用的热锻、去毛刺和冷精压的组合加工方法。这种方法尽管应用了二十年，但是产量并不多。热锻的结果是轮齿表面明显脱碳，齿轮磨损严重。另外，这种加工方法的模具寿命较短，在零件整形时夹具的定位不能做到很精准。

当今生产变齿轮的加工方法有三种。

5.5.1 摆动挤压

摆动挤压成型方法为 ZF Friedrichshafen 和 Heinrich Schmidt AG 公司于 20 世纪 80 年代初合作研制成功，1985 年应用在生产中。在摆动挤压成型方法中，上面的齿轮刀具进行圆周运动，对加工材料逐步成型。为了形成齿条齿轮，上面的刀具在进行圆周运动的同时还进行与齿条轴线平行的摆动运动。为了得到必要的成型精度并且没有裂纹，材料在加工前要进行特殊的软化退火，同时毛坯还要进行石墨润滑处理，这样可以保证加工设备有较长的使用寿命。

在这种成型方式中，多余的材料受到挤压在齿轮侧面形成毛边，接下来的工序就是去除这些毛边。这种成型方式可以得到圆形背部齿条（D 形齿条），在成型前材料要进行车削加工，这样在摆动挤压成型过程中，材料不至于翘曲变形。在加工过程中材料表面会冷挤压硬化，从而补偿较低的毛坯材料强度。

这种成型方式可以加工圆形背部齿条和 Y 形背部齿条。图 K-26 所示为这两种形式齿条的截面图。在设计成型机构时必须考虑上面齿轮刀具摆动运动的均衡，这也就限制了可以制造的最大齿面弯曲程度，而这种齿面弯曲正是当今为了提高转向动态性能所设计的变传动比齿条所必需的。

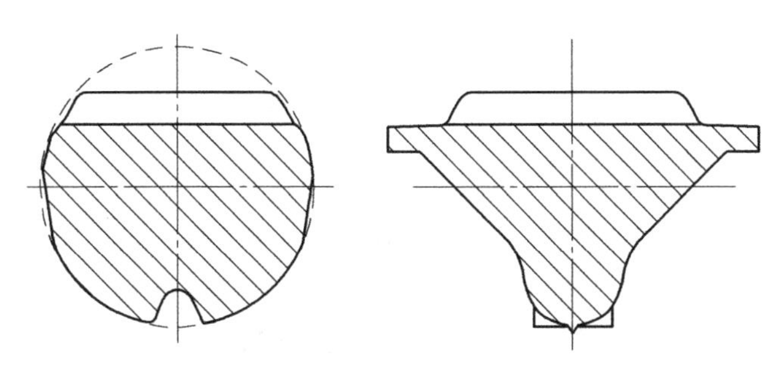

图 K-26 典型的摆动挤压成型的齿条截面（引用：Heinrich Schmidt AG）

5.5.2 半热锻造

为了避免脱碳问题，James N. Kirby Ltd. 和 Bishop 公司于 1982 年研制了半热锻造成型方法。但是这种方法和先前的方法一样需要进行校正和冷挤压。

1984 年 Bishop 展示了半热锻造成型的 Y 形齿条，它不再需要进行校正。在随后的几年这种方法得到推广，直到 1994 年产生了新的成型方法。通过这种锻造方法加工而成的没有毛边的变传动比齿条也是第一次量产用在 Fiat Punto 机械转向上。

在这种加工变传动比齿条的锻造成型方法中，齿条齿轮加热到 700~800℃。这种成型方式可以得到很高的齿面弯曲程度和齿轮精度。相比于其他成型方法的齿条，其表面质量更好，没有内应力，没有齿面脱碳。这种成型方式不需要对齿轮部分进行后续加工，这也就可以保证在很大的传动比区域内还能有足够的啮合精度，并且还可以实现很大的传动比变化范围。

Bishop 公司继续研发这一成型方法，在 2005 年第一次在圆形背部齿条上成功锻造加工变传动比齿条。新的方法可以加工多种截面形式，所有的截面形式包括 D 形、Y 形、V 形背部，从而增大了齿轮宽度和截面面积（相比于没有齿轮的光杆部分）。图 K-27 所示为典型的半热锻造成型齿条截面形式。

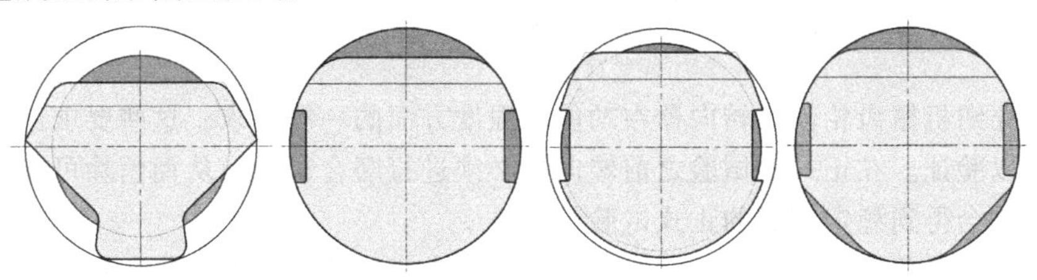

图 K-27 典型的半热锻造成型齿条截面形状（来源：Bishop Steering Tchnology Limited）

如第 K 章第 5.4.2 节介绍的，传动比变化较大则要求齿轮较大和较宽，这样可以获得有利的接触重合度。Bishop 半热锻造成型齿条的啮合宽度可以达到齿条直径的 115%。

在锻造过程之前毛坯被加热，锻造过程以后冷却，从而得到所需要的材料性能。精确的加热和冷却过程因此显得尤为关键。目前对于常用的化学组成成分的钢都可以进行锻造，这对于今天广泛使用的 EPS 系统来说有很多好处。图 K-28 所示为现在使用的 D 形和 Y 形变传动比齿条。

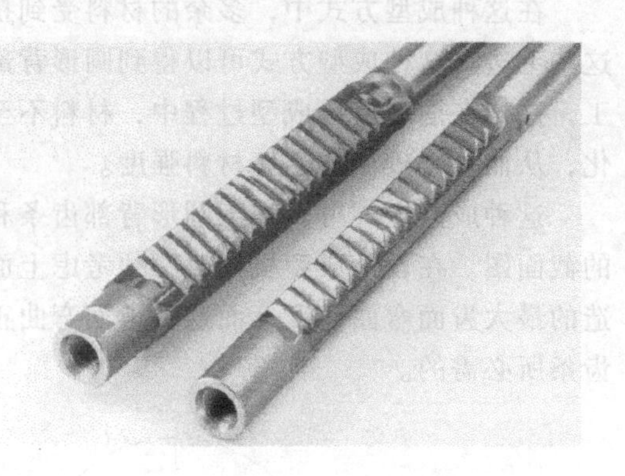

图 K-28　D 形和 Y 形“ActivRak™”齿条

5.5.3　管成型

20 世纪 80 年代中期在日本产生了另外一种齿条成型方法。为了降低齿条重量，齿条毛坯为经过加工的管材。传统的“实心”转向齿条中心是有材料的，从而带来重量，但是这些材料对于齿条弯曲强度的贡献很小。因此在很多情况下，这些材料没有用，至少在非齿轮区域是会被钻孔去除的，从而降低重量。所以，管材用来制造齿条是个完美的解决方案。

图 K-29　典型的管齿条截面形状

和上面介绍的摆动挤压成型、半热锻造成型相反的是，管成型方法是在内部应用芯轴来成型。管子首先预变形，使得齿轮区域的管壁变厚，然后管子在两个扎印模之间夹紧，这样齿条通过其中的一个扎印模获得齿轮形状。多个芯轴（直至 16 个）一个一个在冷状态塞入管子内部，这样齿条会一步一步被压制成齿轮形状。图 K-29 所示是管齿条在齿轮区域的一个截面形状。

管齿条制造方法要求材料含碳量比大多数其他常规方式生产的齿条的含碳量低，通常含碳量为 0.3%。管齿条在成型和加工后要进行硬化和调质处理，以便获得必要的弯曲强度。但是其表面硬度还是要比其他方式和材料制造的齿条低。

管齿条量产使用首先是在液压助力转向的固定传动比齿条上。尽管如此，这种方法也能制造变传动比齿条。和锻造成型方法相比其齿轮宽度明显较小，因为其齿轮成型是从管子内部向外部挤压形成齿轮形状。为了得到所需要的齿轮宽度和精度，必须选择直径较大的管子。

6　对机械齿轮齿条转向器的要求

本节将介绍机械齿轮齿条转向器在功能和强度方面的一般要求，这些要求通常需要在试验台架中加以验证。在正式的试验之前转向器必须进行磨合试验，从而消除可能存在的蠕变现象，这样才会得到稳定可靠的正式试验结果。

现在已经要求总成的基本功能在线百分之百地进行试验及检验。复杂的试验则是通过抽取有代表性的样件来进行的（Audit 试验）。强度试验、磨损试验、环境试验则属于开发试

验的一部分。在量产认可之后，这些开发试验的频次可以有所下降（比如每年一次），从而对量产质量进行监控。

6.1 转向器的功能要求

所有的功能试验通常是在不带转向横拉杆的转向器上进行，转向器的位置为整车上的安装位置，试验温度为室温（20℃±5℃）。一些整车厂把功能试验区分为齿轮啮合舒适区域和其他区域。舒适区域为转向盘转角±180°，即齿条中点位移±25mm 范围内。

6.1.1 压块间隙

尽管压块间隙的最大值（例如，最大值 100μm）不是一个直接功能要求值，但是它对于其他功能要求，例如齿轮齿条转向器的摩擦性能、噪声性能，却有决定性影响。可以参见第 K 章第 4.3.2 节压块和第 K 章第 5.4.3 节稳定性和噪声（NVH）。最大压块间隙通常定义在齿条的中点位置上，通过压块调节螺栓（或称压块盖板）上的孔进行测量。这里测量压块相对于转向器壳体运动的位移增量。压块间隙的参考点是这样定义的，在围绕齿条的轴线上施加5~10N·m 的起动力矩（不产生横向力），使压块贴靠在压块盖板上。在不受载状态下，压块在压簧作用下回位，位移传感器测量相对运动，得到压块间隙的数值，如图 K-30 所示。这个压块间隙也取决于齿条位置。假如出现很小的压块间隙，可能是齿条上的摩擦增加所致。假如压块间隙超过了极限值的上限，那么车辆很可能会出现转向噪声。

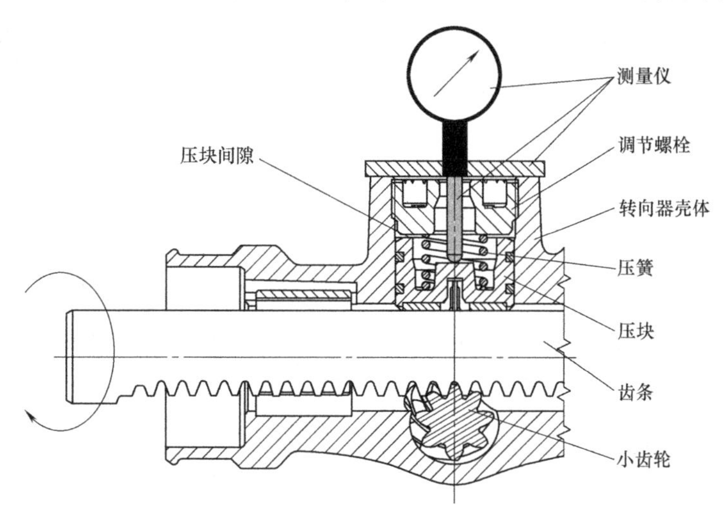

图 K-30 通过在齿条上施加一个不产生横向力的起动力矩来测量压块间隙

6.1.2 转向小齿轮扭矩

为了测量转向小齿轮扭矩，需要在输入轴上输入转速恒定、没有间隙的转动驱动。齿条上没有负载，可以自由运动。在测量周期内记录输入轴的转角以及扭矩。

从测量结构可以得到扭矩最大值和最小值，以及扭矩随着转角的波动，只要有一项超过允许值就视为不合格。典型的转向小齿轮扭矩值范围为 0.8~2.0N·m。通常是以小齿轮转速 15r/min 的速度来进行测量。图 K-31 所示是一个转向小齿轮扭矩的测量结果，进行了左打转向盘和右打转向盘，并到达极限范围。在图中用粗实线标示出所允许的范围，即在舒适区域应该小于 1.2N·m，在舒适区域以外应该小于 1.6N·m。

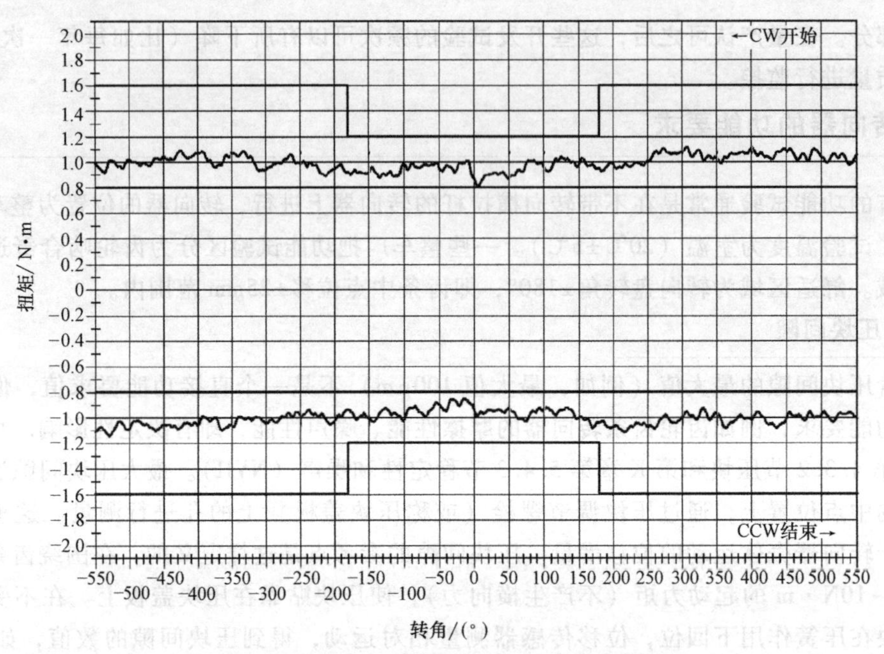

图 K-31 齿轮齿条机械转向器的转向小齿轮扭矩

6.1.3 齿条力

在齿条上施加一个平移驱动，该驱动与齿条的连接不允许有间隙也不允许有预紧力。驱动机构在输入端对齿条不产生其他方向的附加力，齿条可以自由移动，保证齿条按照要求的恒定速度，通常是 5~10mm/s 移动，输入轴可以自由转动。齿条力允许在 150~350N 的范围内变化。记录齿条行程和齿条力。如果最大齿条力测量值超过允许范围，则判定为不合格。如果需要，还要评价齿条力的波动情况。

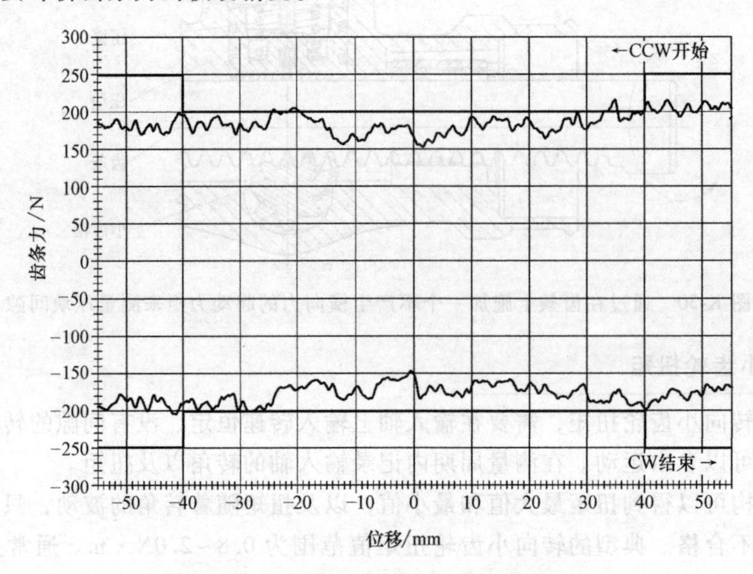

图 K-32 齿轮齿条机械转向器的齿条力

图 K-32 所示为一个齿轮齿条机械转向的齿条力与齿条位移的关系。对于这个齿条中间

范围的最大齿条力不得超过200 N，其他区域不得超过250N。机械转向的齿条力的衰减通常比伺服转向的齿条力的衰减要大一些。其原因是，在机械转向中，所有的齿条力都通过转向小齿轮的连接来传递。大的输入转向力矩在齿轮啮合中产生大的力，这个力大部分由压块来支撑，因此压块上的预紧力以及滑膜会影响齿条力。

6.1.4 作用效率

一些主机厂对作用效率也有要求，作用效率分为正向作用效率和反向作用效率。对于正向作用效率，转向输入轴的转动运动转化为齿条的移动运动，齿条上获得的移动力除以小齿轮扭矩。反向作用效率也称之为回正作用效率，考察的是路面作用到齿条上的运动，也就是在齿条运动中计算小齿轮上获得的力矩与齿条力的比值。图 K-33 所示为典型的齿轮齿条机械转向的作用效率与齿条行程的关系。

这个测量结果说明，齿轮齿条机械转向的正向作用效率的典型范围为 85%～92%，根据负荷不同而有所不同。齿轮齿条机械转向的反向作用效率的波动通常要稍微小一些，取决于齿轮啮合结构。

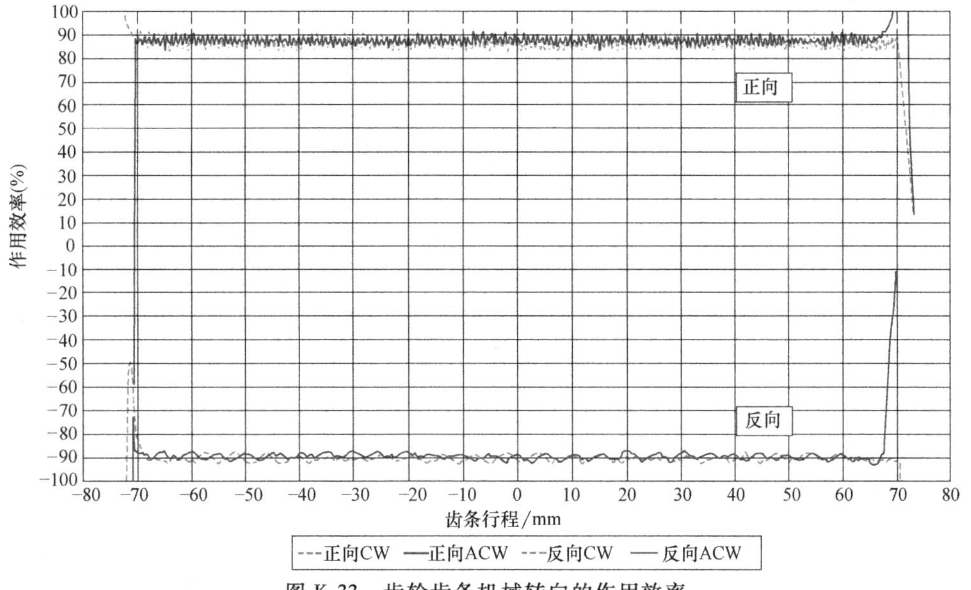

图 K-33 齿轮齿条机械转向的作用效率

6.1.5 噪声（NVH）要求

齿轮齿条机械转向的 NVH（Noise，Vibration，Harshness）一般性要求是，不允许存在对人造成干扰的噪声。转向器的结构设计必须借助模拟计算来避免噪声的产生。在第一个样件产生时，就应该在试验台架上进行实物检验。将转向器固定在台架上并施加和实际工况类似的载荷，根据不同的载荷频率和振幅下齿条支撑点的反馈来进行评价。如果必须优化压块，则可以参考章节 K 4.3.2 中介绍的措施，如改变压块间隙、压簧刚度，或者采用 O 形圈等进行匹配。好的匹配结果还必须在整车上加以验证。

6.2 转向器的强度要求

强度要求主要是指静态强度和动态强度要求。

6.2.1 静态强度

齿轮齿条转向器的静态强度主要由“破坏力矩试验”和“冲击试验”来加以验证。

破坏力矩试验

破坏力矩试验的重点是考察齿条、壳体和小齿轮的静态强度。试验方法是，将齿条锁死，在转向输入轴上施加不产生横向力的扭矩（两个方向），直到转向器失效。只有当破坏力矩超过要求值的最小值，试验才算合格。通常这个要求值的最小值为250N·m左右。

冲击试验

冲击试验是在转向器的转向横拉杆的外球节（又称径向球节）上施加冲击。试验条件为：转向横拉杆的试验位置为车轮完全上跳时横拉杆的位置；齿条在加载的横拉杆一侧完全伸出；试验中转向管柱和转向盘的转动惯量可以由替代质量块来代替并连接在转向输入轴上。试验要求为，在一定的载荷下转向器的功能仍然完整无损，并且没有零件破坏。

6.2.2 动态强度和磨损试验

动态强度试验包括泊车试验和磨损试验。

泊车试验

泊车试验为台架试验，是在齿条上施加很高的载荷从而在短时间内反映转向器的疲劳寿命。这个试验可以获得几乎所有零部件的疲劳寿命，是齿轮齿条机械转向最为重要的试验项目之一。驱动输入轴使得齿条保持恒定不变的速度，在齿条运动的反方向施加一个很大的转向工作载荷，这个工作载荷必须在同一个转向器的左右两侧的外球节上同时施加。在限位处，内球节与转向器壳体接触，在这个位置处输入轴上的扭矩必须进一步提高并且保持住。然后改变输入轴转动方向，横拉杆上的载荷方向也随之改变。

磨损试验

磨损试验也是在台架上进行，使用较大的力和力矩在较短的时间内模拟转向器的疲劳寿命。考察的重点是，由于磨损在转向器内部产生污染物，在这些污染物的作用下转向小齿轮、齿条、支承的疲劳强度。

驱动转向输入轴，使齿条移动速度保持恒定，在齿条上施加试验载荷。试验载荷是通过转向横拉杆的外球节作用到齿条上的。在限位处（行程极限），内球节与转向器接触，增加扭矩。在达到最大扭矩后，输入轴上的转动运动反向，当然齿条上的试验载荷也随之反向了。

假如磨损试验以后转向功能参数不能满足规定要求，则试验结果评判为不合格。此外，若压块间隙大于或等于0.5mm，试验结果同样不合格。

6.3 转向器的环境要求

为了验证转向器是否能够适应环境，必须进行盐雾试验和污水试验，来模拟其环境承受能力。

6.3.1 盐雾试验

在盐雾试验中，转向系统被不同浓度的盐雾进行喷淋，盐雾浓度要求参见DIN ISO 9227。要求如下：

- 金属本体不得锈蚀。
- 绝对密封。
- 试验后依然有转向功能。

6.3.2 污水试验

试验要求在完整的转向系统上进行。在转向小齿轮上施加转动，在限位位置之间重复来回转动。按照标准，试验过程分为两种工况，一个是喷淋工况，污水没有压力地喷淋到整个转向系统上，包括转向横拉杆；另一个工况是干燥工况，转向器在热风下进行干燥。和盐雾试验一样，要求污水试验后转向器绝对密封。

7 齿轮齿条转向器的设计验证和产品验证

认可流程和认可试验为设计任务书内容的重要组成部分。认可是开发进展中很重要的节点。

通常在商务定点之前，主机厂就已经和 OEM（主机厂的量产供货商）确定了整个认可流程，并把认可流程编写在设计任务书中。只有通过了所有的认可试验，转向器生产商才可以得到产品认可。

下面介绍不同阶段的试验及其要求。

7.1 方案验证（CV）

验证的目的是检验产品性能是否满足质量要求，产品使用过程是否存在安全隐患，以及检验是否满足设计任务书的要求。方案验证标志着设计的成熟，以最终的造型定型而结束方案设计。

7.2 设计验证（DV）

设计验证是在样件上进行试验来验证产品性能，样件是用辅助模具生产的。通过设计验证来表明某个产品设计是可以满足质量要求的。验证的通过意味着设计的最终确定，设计阶段也就此结束。

7.3 产品验证（PV）

产品验证同样是在样件上进行试验来验证产品性能，只是样件是在量产生产（也就是工业生产）的条件下生产的。样件生产的条件必须与将来的大批量生产条件完全相同。这里的生产条件包括散件的生产过程和装配过程中所使用的模具设备、生产顺序以及质量检测措施。

产品验证试验的重点是对下述产品特性进行验证（设计验证同样如此）：

- 静态强度。
- 动态强度。
- 耐磨损能力。
- 耐环境能力。

施加的试验力大小通常要基于产品使用过程中所允许工况中产生的力。假如所有试验要求都能满足，认可流程也就结束了。

7.4 量产陪伴试验

量产陪伴试验的目的是通过抽取样件进行产品性能试验，这些试验是在量产质量检测中不包含的。典型的抽检方式是把产品的试验要求全部进行试验。这个试验结果反映了生产者的产品品质和生产过程的稳定性。抽检试验必须满足认可时的所有要求。

8 液压助力转向

液压助力转向是机械转向系统的进一步发展，即通过辅助结构来增大齿条力。如图K-34所示，液压助力转向由机械部分和液压部分组成。机械部分与第 K 章第 4 节和第 K 章第 5 节中介绍的齿轮齿条机械转向很相似，液压部分为产生助力的结构部件（液压缸/活塞）、控制部件（转向阀）和助力能源传递部件（管路和液压接口）。

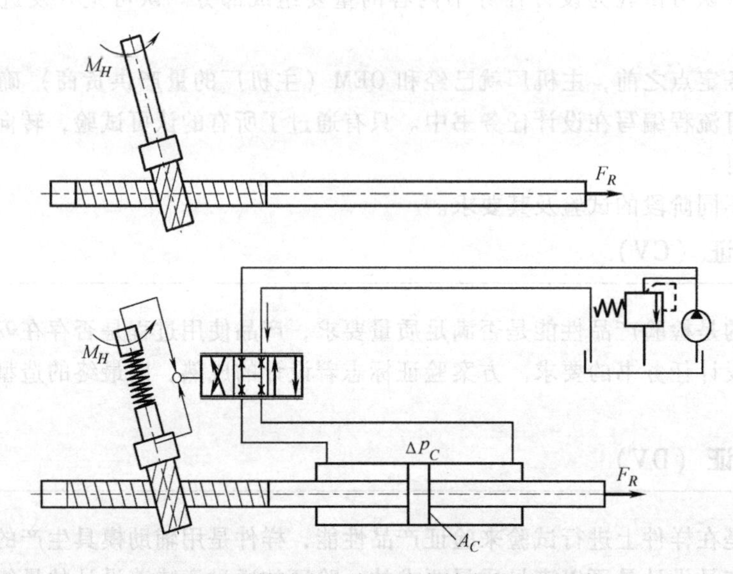

图 K-34 机械转向和液压助力转向的原理比较

在液压助力转向中，齿条力为机械力和液压力的合力：

$$F_R = F_{mech} + F_{hydr} = \frac{M_H}{r_{Pi}} + \Delta p_C M_H A_C \quad (K.3)$$

8.1 液压助力转向的目标设置

减小转向盘转向力

伺服助力转向最根本的目的是减小转向盘上所需要的转向力，特别是在车辆静止的时候，同时提高驾驶人的转向舒适性。车辆前桥重量的不断增加以及齿条力的增大使得减小驾驶人的转向负担变得越来越有必要。

减小转向传动比

早先也考虑减小转向传动比。但是，为了能够让所有的驾驶人感觉转向舒适，同时也考

虑到法规要求（ECE 法规 R79），转向传动比必须比较高。这样在车辆低速时不能迅速改变行驶方向，因为大的转向角要求更大的转向盘转角，这么大的转向盘转角驾驶人在很短时间内难以完成。在伺服转向上减小转向传动比，可以在保证更好的转向舒适性外，提高行驶安全性，例如，在城市道路中可以更加敏捷地改变行驶方向。进一步减小转向传动比或者采用变传动比（即齿条中点以外的区域转向传动比减小）的趋势还在持续，并且成为伺服转向发展中一个很重要的目标。

增大转向阻尼

另外的一个趋势是，产生较高的转向阻尼来衰减振动，抑制传到转向系统的干扰。通常在液压伺服转向系统的转向器中增加机械结构来产生转向阻尼，这样成本可以得到优化。

底盘方案设计时更多的自由度

助力转向在大多数车型上已经成为标准配置，这样在布置底盘方案时就不用过多考虑如何减小转向力了。也就是主销后倾角、轮胎宽度的选择比较自由。

8.2 车辆的改动

液压助力转向的总布置必须考虑增加的部件，这些部件会影响转向器的紧凑性。如图 K-35 所示，在输入轴上增加的部件是转向阀，转向阀会增大齿条轴线与转向器连接之间的最小间距。另外，转向液压缸必须布置在齿条轴的延长段，或者与之平行布置。

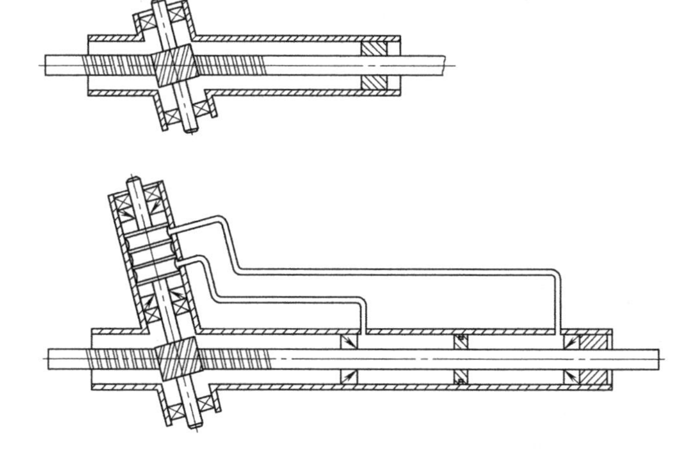

图 K-35 机械转向和液压助力转向的总布置比较

更深层次的改动是要考虑助力能源的供给，要么是内燃机的辅助驱动，要么是电驱动的电动泵单元，它们通过硬管和软管与助力转向连接。

如前面提到的，为了减小车轮转向力而进行的前桥几何结构布置就无须考虑了。

8.3 转向器的改动

转向器必须能够承受很大的工作载荷。一方面，通常情况下伺服转向的车轮转向力更大，因为在前桥的几何布置中就没有考虑减小车轮转向力，更为重要的是行驶性能的改变，也就是车辆静止不动时驾驶人转向变得不是那样费力。驾驶人在车辆静止时会进行更多的转

K

向，因为伺服转向让这种行为并不费力，这样齿条上会承受更多次的大转向力。与此相对应的是，转向器一些部件上的载荷却减小了，如齿轮啮合、小齿轮的支撑，因为这些部件承受由转向盘转向力矩引起的载荷，而驾驶人施加的转向盘力矩减小了。因此这些部件的强度设计主要考虑较小的工作载荷以及有限次的载荷冲击，这里的载荷冲击是在车辆滥用工况（如车辆侧撞台阶或者故障工况）中产生的。这些部件并不承担很大的转向助力，齿条力的大部分是由转向的机械部分承担的。

8.4 液压助力转向器的特殊之处

转向系统的液压部件设计要求应该是终生不需要维护，只是在车辆保养周期应该查看油液状态，以避免由于微泄漏引起功能失效。这对于液压助力转向系统的密封提出了很高要求。

在转向系统安全性中必须考虑液压助力转向系统中助力系统失效的情况。法规要求在助力失效的情况下仍然可以机械性地转动转向盘来转向，并根据法规 ECE R79，这个转向盘力要足够小。另外还要保证，在车辆助力失效下驾驶人在真实的路况中还能足够安全地驾驶车辆，或者能够提前预警失效。

9 液压助力转向器的结构和部件

液压助力转向器设计需要确定下面的内容：

- 转向器与车辆之间的固定或者弹性连接件，通常是连接到前桥的副车架上。
- 确定两个转向横拉杆的内球节与齿条连接的连接点间距。
- 确定齿条平行车辆坐标 Y 轴（横轴）的移动运动量。
- 确定齿条移动与输入轴转动运动之间的传动比。
- 确定转向管柱与转向器输入轴的连接点，它们的位置以及输入轴的方向要能够满足对转向盘连接点的要求（总布置、运动空间、传动比波动）。

图 K-36 所示为转向器的分解图示例。

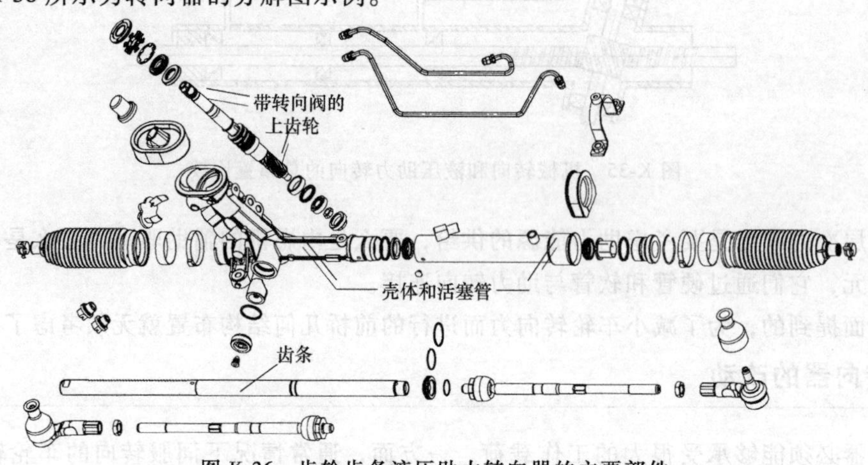

图 K-36 齿轮齿条液压助力转向器的主要部件

许多部件和机械转向器的类似，例如转向小齿轮、压块、齿条、齿条套管支座、转向器

壳体、密封波纹管。在第 K 章第 4 节中对它们进行了介绍。本章仅介绍相对于机械转向液压助力转向器中多出的部件，如转向液压缸、转向阀和连接件。

9.1 结构形式

为了适应总布置以及前桥结构，开发了多种转向器结构形式，最根本的区别是转向液压缸的布置形式。

9.1.1 两端输出式

图 K-37 所示为两端输出式结构，其特点是齿条贯穿整个壳体，齿条的一半有齿轮与转向小齿轮啮合（即转向器的机械部分），另外一半则当作带活塞的液压缸（即转向器的液压部分），并且在齿条外端与转向横拉杆的内球节连接。这种结构形式目前应用得最为广泛。

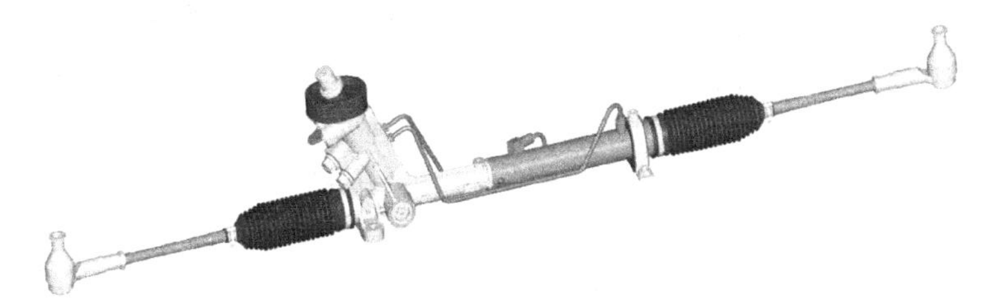

图 K-37 两端输出式液压助力转向器

这种形式的转向器结构紧凑，并且与车轮连接的刚度很大，而连接件重量又较小，因为这种结构中转向器直接与转向横拉杆相连，不需要借助其他部件，转向横拉杆上受到的力直接转递到齿条上，力与齿条轴线不存在偏距。只需要以齿条为中心进行镜像对称，就可以得到左驾和右驾车辆的变形，也就是液压部分和机械部分对换。两端输出式的缺点是，转向横拉杆的长度有点短，也就是转向节臂到齿条外端的距离可能不够大。一方面，在前车轮上下跳动时转向横拉杆上会产生较大的摆角，也会在齿条上产生较大的横向力，在强度设计时必须考虑。另一方面，前车轮上下跳动会引起车轮前束很大的变化，在车轮悬架运动学设计时不得不采取折中措施。

但是，短的转向横拉杆也有优点，即在车轮转向角很大时转向传动比的下降依然明显。

9.1.2 中间输出式

图 K-38 所示为中间输出式结构形式，它由机械部分和液压部分组成，两者通过一个贯穿的齿条连在一起。转向横拉杆的连接则在齿条的中间，偏离齿条轴线。

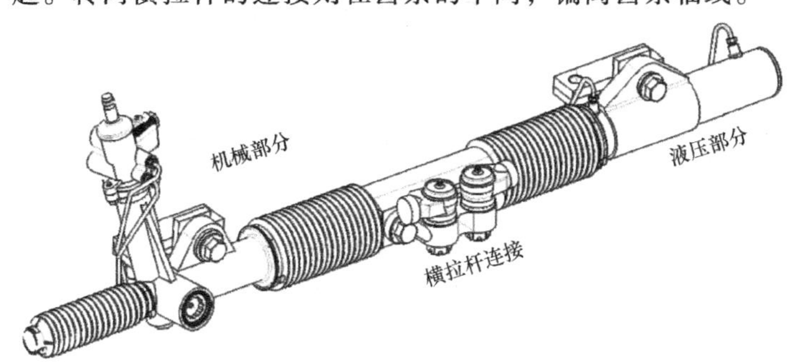

图 K-38 中间输出式液压助力转向器

其优点是转向横拉杆的长度比较大，其代价是结构的成本和重量都会增加。在20世纪80年代和90年代，这种结构应用在低端伺服转向的特殊车型上，可以实现在同一个车型上既可以布置单端输出式的紧凑轻便机械转向器，也可以布置中间输出式的伺服转向器，不需要设计单独的连接转换件和转向横拉杆。现在这种结构形式已经被新的结构形式代替，只有在某些越野车型上还有应用，其原因是有些越野车辆的车轮跳动量特别大，必须有较长的转向横拉杆。

9.1.3 平行液压缸式

转向液压缸也可以平行于齿条轴线布置，其目的是在最初的机械转向器的基础上不做大的改动来实现伺服转向。这里要求有一个差动液压缸（单杆式活塞缸）来与转向器壳体相连，这样活塞杆的运动与齿条平行，其端部通过连接件连接在一起。这种结构中液压缸是个单独的模块，转向器壳体主要是为了支撑转向阀而进行了改动。这种结构形式的缺点是，在两个活塞腔中活塞作用面积不同，在活塞的一侧活塞杆占用了一部分活塞面积。要想获得相等的齿条力，必须根据转向方向的不同而施加不同的液压压力，也就是转向阀的设计必须考虑这一点。由于转向液压缸与齿条轴线偏离，液压缸在齿条上施加了弯矩，并且连接件也会承受较高的载荷。因此，这种结构形式相比于两端输出式，重量更大，而且成本和费用也高。它的优点是，转向横拉杆可以比较长，理论上说，总布置可以更加灵活，因为转向液压缸可以布置在转向器壳体的不同位置。在轿车上，这种结构形式已经被淘汰，假如在平台开发时就已经考虑了助力转向。

在大型商用车上这种结构还有所应用。当今商用车通常的技术方案还是前桥为非独立悬架，转向为带转向直拉杆的循环球转向。如果商用车不采用常规的技术方案而采用独立悬架前桥和齿轮齿条转向，那么就应该采用平行液压缸结构形式，如图K-39所示。只是这里的内球节连接在液压缸的两端，包含齿条的转向器机械部分平行于液压缸布置。

图K-39 商用车平行转向器样件

这种布置方案可以获得较长的转向横拉杆，有助于得到较大的车轮转向角（弯道内侧车轮转角>55°），并且还可以满足阿克曼条件。尽管轴距较大，最小转弯半径也不至于特别大，可获得良好的车辆行驶通过性。这对于商用车来说是很重要的。另外，在车轮最大转角时，总的转向传动比下降不至于特别厉害，这样可以使用较小较轻的转向器就能在整个转向行程获得足够的转向助力，这正是较重的商用车所期望达到的。

后面章节介绍的结构只是针对广泛使用的两端输出式液压助力转向器。

9.2 液压缸

伺服转向的液压缸（俗称油缸）包含所有借助液压产生助力的零部件，图K-40展示了这些零部件。

可以看到，液压缸的外面有一个或者多个连接点与车辆固定。另外，在伺服转向中，齿条的支承套管位于液压缸区域，这样可以使齿条的两个支撑点之间的间距尽可能大。

9.2.1 液压缸区域的齿条

液压缸区域的齿条具有以下功能：

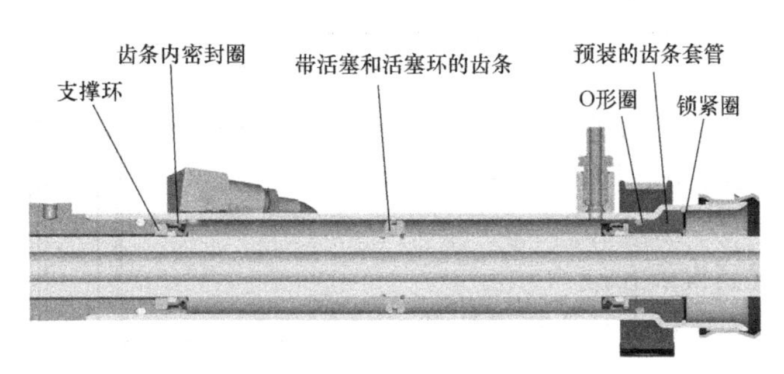

图 K-40 齿条与管件的组装

- 支撑活塞并承受活塞力
- 和齿条密封并一起形成液压缸的密封
- 承受由外面传入的轴向力和横向力，弹性很小
- 大多数结构：在齿条运动时，在两个由转向波纹管封闭的空间之间进行空气补偿

大多数情况下，齿条是以一根圆钢为基础加工而成的；少数由两段组成，一段为机械部分，一段为液压部分。为了减轻重量，也为了刚才提及的平衡两端空气，齿条在整个长度或者至少是在液压部分的长度上为中空结构（图 K-41）。当齿条机械部分的齿轮加工完成（参见第 K 章第 4.3.4 节），并且用于固定活塞的径向槽也加工完成时，在液压区域的齿条必须随后进行研磨，以获得足够的表面质量来形成密封。在后面的生产工序中不允许损伤这个表面质量。

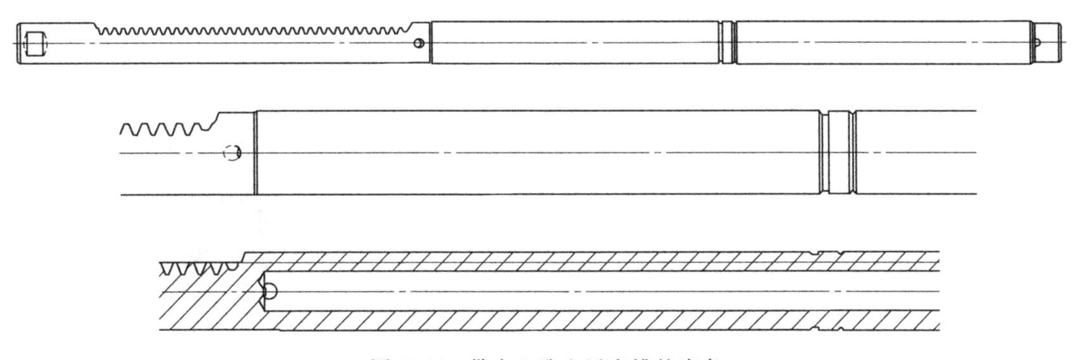

图 K-41 带中心孔和活塞槽的齿条

齿条强度的要求与机械转向的齿条要求一样。齿条是最为关键的安全件，在所有工况下都必须保证齿条与车轮的可靠连接，并且齿条必须能够按照要求沿着齿条轴线运动。齿条的强度关键部位通常是齿轮部分，齿轮通常布置在齿条的中间部分，齿条的液压部分没有什么特别要求。总的来说，相对于机械转向，伺服转向的齿条强度必须设计得更高，一方面由于齿条相对更长，其两端承受的横向力会产生更大的弯矩；另一方面，在用户滥用工况，如侧撞路面台阶，同时液压助力转向的助力最大，并且施加很大的转向盘力矩（可以超过 100N · m），会产生很大的力。即使是这种工况下，也不允许齿条有塑性变形，影响齿条在转向器中的运动。

9.2.2 带活塞环的活塞

活塞是钢制车削件，活塞环为 PTFE 复合物（大多数是青铜或者石墨作为填充剂），烧结或者挤出工艺成型，接着进行车削和截断。

这两部分共同实现以下功能：

• 把两个工作腔分开，同时内泄漏要很小。

• 把液压力传递到齿条上。

图 K-42 展示了活塞和活塞环在安装状态下与齿条的连接。

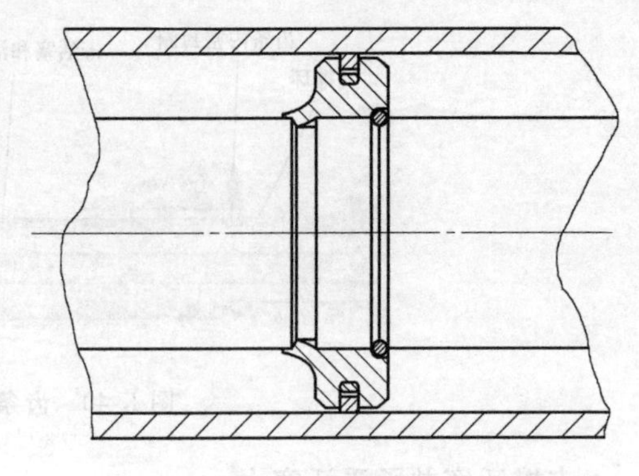

图 K-42 齿条与带活塞环的活塞装配

液压工作腔的密封是活塞环最主要的任务。活塞外径与液压缸内径之间的间隙（约0.1mm）由活塞环来封闭。活塞环位于活塞的活塞槽中，槽的深度用来平衡活塞环运动。和液压缸直径相比，活塞环的外径更大，这样活塞环下面的O形圈会承受预紧力，产生静态压力，这样在液体压力迅速增大时液体也不能穿过活塞环（渗漏效应）。

密封效果取决于在油压作用下的压力分配情况，一方面是油压把活塞环压在活塞槽侧壁上，另一方面，油压作用在O形圈上，使O形圈在活塞环的内径上产生径向压力，如图K-43所示。要完成这个任务的前提条件是，液体通向O形圈的通道始终存在。当迅速改变压力方向时，活塞环靠在活塞槽的另一边侧壁上，直接通向O形圈的液体通道被隔断，不能建立保证密封的径向压力，这样会产生内泄漏。因此在活塞环的两侧都要设置沟槽，这样才能保证通向O形圈的液压通道始终存在。

活塞环和活塞槽之间的间隙让活塞环能够运动，但是如果在压力改变（例如改变转向方向）时活塞环敲击活塞槽，则表明这个间隙太大了。间隙太大，还会延迟工作腔中压力的建立，当活塞环到达它的最终位置建立起密封效果时又会产生很大的压力梯度，这会在液压系统中产生冲击噪声，在车内会很明显地感觉到，因此这一点是不能接受的。

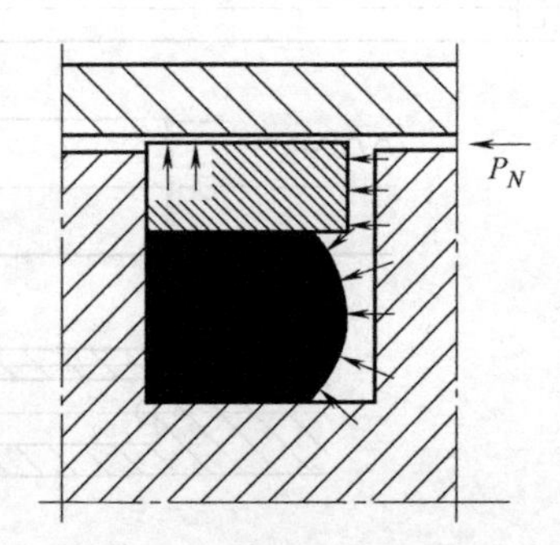

图 K-43 液压对于活塞环和O形圈的作用

活塞外径和液压缸内径之间存在间隙，一方面防止活塞与液压缸壁接触，也能防止齿条在横向力作用下产生弯曲；另一方面，间隙太大，在持续高压和高温（液体温度可达120℃，个别可能达到140℃）工况下，活塞环的材料会产生蠕变，从而损害密封性能。

把活塞连接到齿条上的方法有多种，但都是把活塞的内径材料进行变形，压到齿条的径向槽中。活塞在一侧或者两侧具有薄壁凸缘。这个凸缘通过特定的模子滚压或者锤压到齿条上，形成形状连接。如果活塞环只有一侧有凸缘，那么另一侧就必须有卡圈来支撑，卡圈位于齿条槽中。

原则上活塞必须在两个方向上都能承受很大的液压力，不能与齿条产生相对运动。否则会因为其相对运动产生冲击噪声，和前面介绍的活塞环噪声类似。

9.2.3 齿条密封和液压缸密封系统

齿条密封的主要功能是保证液压缸套管的液压部分在任何情况下都保持密封，也就是在

整个使用寿命期间不允许有泄漏，另外还应该保证波纹管中的空气不得进入液压缸中。在某些极限转向工况中，假如转向液压泵提供的流量比工作腔的体积变化小，则在液压缸工作腔中产生负压，波纹管中的空气有可能会进入工作腔中。另外一种在实际中经常发生的情况是，车辆被举升起来，关闭发动机，转动转向盘让前轮摆动，则空气有可能进入液压缸工作腔中。

图 K-44 所示为安装状态的齿条密封。图 K-44a 为密封被压入齿条套管中，和压在液压缸末端的一样（外齿条密封）；图 K-44b 则是压在转向器壳体中的密封，位于转向器的机械部分与液压部分的交界处（内齿条密封）。

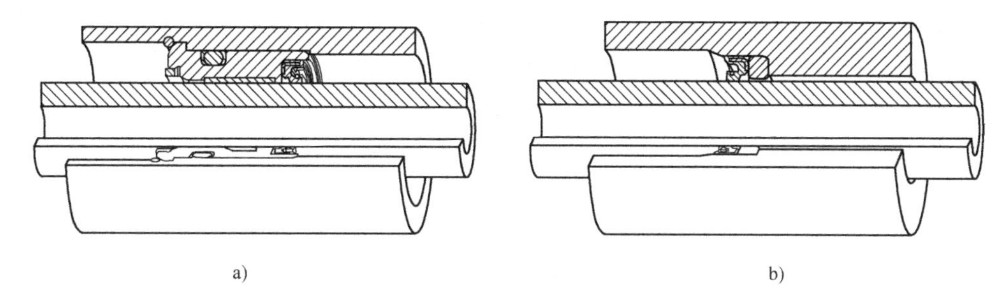

图 K-44 安装状态中的齿条密封结构

齿条密封的结构

齿条密封由一个金属体组成，金属体可以保证必要的强度，来抵抗 120bar 或更高的压力。金属体被橡胶硫化包裹，这样在外径和内径上都具有密封功能。所使用的橡胶材料除了能够兼容液压油外，还必须在高温下具有高强度，并且在低温下还有足够的弹性、低摩擦，这样可以避免黏滑效应（Stick-Slip-Effekte），避免密封啸叫噪声。

外径的形状

密封的外径紧压在壳体或者套管上。为了保证这个地方的密封，除了要保证在密封接触面有足够大的径向预紧力，密封面的加工公差必须很小，还必须对接触面表面特性进行专门匹配。如果表面太粗糙，在装配中会磨损密封甚至剪断；如果表面太光滑，那么即使密封件的尺寸设计正确也会导致密封失效。当工作腔中产生负压时，密封会从其位置处脱出，这种情况发生在转向系统灌液中，以及某些使用工况中。当液压缸筒中产生压力时，必须有足够的接触面积来支撑密封。因此常常使用塑料支撑环集成在密封中。

内径的形状

密封的内径位置处的相对运动为密封唇和齿条的运动。其设计要求是当齿条伸出时允许一层很薄的油膜随着齿条带出用来润滑，当齿条缩进时，这层油膜要能够完全回收到液压缸筒中。如图 K-45 所示，径向预紧力由三个部分共同来保证。

首先，总径向预紧力的约 50%是通过集成在密封中的螺旋弹簧来产生的，在装

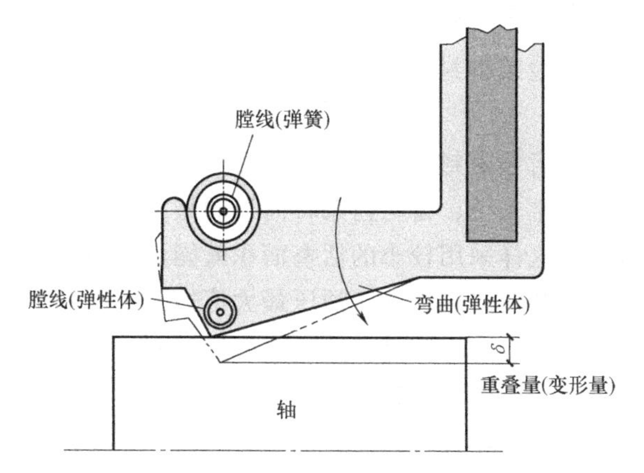

图 K-45 齿条上的齿条密封的静态预紧力

配到齿条直径上时螺旋弹簧会被拉开。

第二，在装配时密封唇的周长也会被扩大，大约总径向预紧力的40%是由密封唇弹性体来产生的。

第三，部分弹性体的弯曲（弯曲角度大约为7°~12°）产生总径向预紧力的约10%（在室温下）。

另外当有液压缸压力时，还会在密封唇上产生径向分力，这个分力与压力呈非线性增加关系，因为密封唇并不是垂直与齿条接触，而是有个相对夹角。还有，随着压力的增加，密封唇的接触面会发生变形。因此，除了静态预紧力（即油压为0bar）以外，主要的预紧力来自于密封唇的两个底面由于油压产生的预紧力，并形成密封，如图K-46所示。

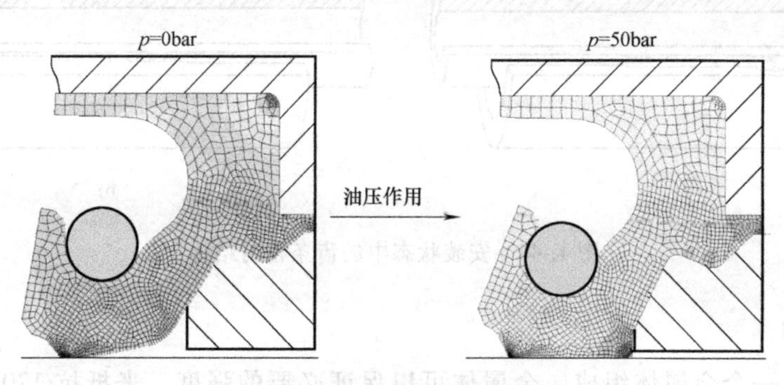

图 K-46　齿条密封的作用方式

设计中特别困难的是，在齿条径向运动时密封面的弹性要足够大，即密封面要容易变形。这由齿轮齿条转向器的支撑形式决定（通过压块和小齿轮进行导向），齿条在横向力作用下相对于密封的径向运动并不是小到可以忽略的，并且齿条还会转动，例如齿条和转向小齿轮的啮合中产生的径向力会导致齿条转动。这些运动一定会传到密封唇上，因此密封唇必须保证在整个齿条区域有足够的径向预紧力，否则就会有油液漏出。这一点是很难做到的，特别是在极端环境冷起动中，因为在极端寒冷环境下橡胶的弹性会变差。另外，还要从结构设计上保证密封唇橡胶不会跟着转动。因为橡胶一旦转动，其机械强度会受损，导致早期失效。

在转向器中集成密封

内齿条密封是用来把液压部分和机械部分分隔开来，直接装在转向器壳体的某一加工面处的。

外齿条密封则是装在齿条套管中，齿条套管的外径通过O形圈与液压缸筒进行密封。

通常来说，齿轮齿条转向器的最大工作压力是由齿条密封来确定的。希望工作压力尽可能高，这样采用较小的活塞面积就能获得所需要的齿条力。这除了有利于总布置外，还有利于能耗和转向热负载。油压最大值达到140~150bar时，如果采用通常的密封，那么在使用寿命期间转向系统就会由于密封泄漏而失效。

9.2.4　带接口的液压缸筒

液压缸筒有很多任务：

- 构成液压缸腔封闭空间，并且具有足够的强度。

- 构成液压接口，连接液压缸腔和转向阀。
- 支撑并密封齿条套管。
- 构成转向器的固定连接点。
- 构成与车辆相关的连接点，例如隔热板连接点。
- 连接波纹管。

如图 K-47 和图 K-48 所示，通常有两种结构形式：

第一种，液压缸筒是铝合金转向器壳体压铸件，为集成式。转向器的固定连接点、液压接口和其他连接点都集成在铸造件上。和阀体部分一样，整个液压部分必须进行机械加工。

第二种为分体式，套筒大多数为钢筒，钢筒与较短的转向器壳体（壳体包含输入轴和转向阀）压装在一起。对套筒的内径进行校正，即让一定直径的钢球在套筒内穿过，获得要求的套筒内直径以及表面质量，无须进行另外的机械加工。但液压接口则不同，首先要在液压缸筒上进行打孔，然后与相应的管接头焊接。固定连接点也是焊接到套筒上形成的。焊接变形在液压缸区域是不能被接受的。通常转向器壳体和钢筒压装的分体式比集成式的成本低。集成式对于压铸生产工艺的要求很高，能够生产的供货商并不多。如果焊接到钢管上的部件形状复杂、种类多，集成式反而可能有更低的制造成本，并且重量更轻。

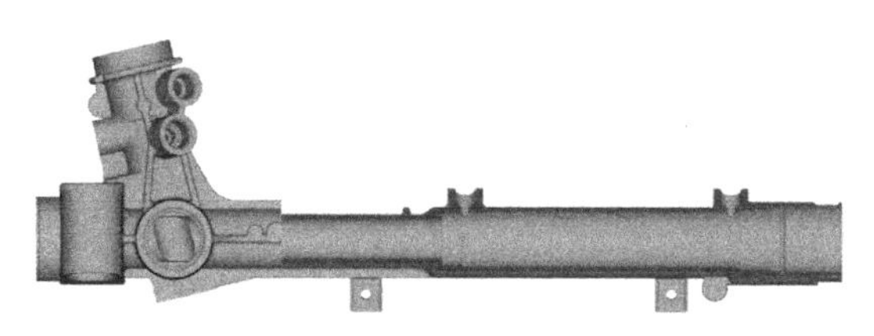

图 K-47 集成式转向器壳体

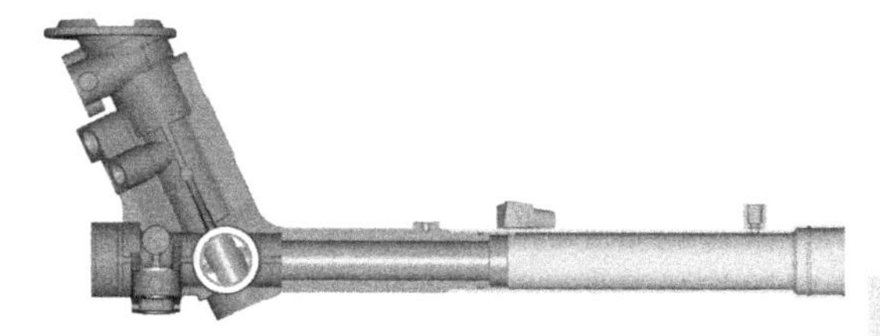

图 K-48 分体式转向器壳体

9.3 带输入轴和转向小齿轮的转阀

转向阀从技术上来说是液压助力转向系统的核心部件。当今其唯一的结构形式为转阀式，有以下功能：

- 保证输入轴上的机械驱动能够传递到小齿轮上。
- 连接两个液压缸腔，既可以给液压缸腔供油也可以回油。
- 感知驾驶人转向力矩的大小，并鉴别转向的方向。
- 根据转向盘力矩确定液压的压力，并根据转向方向把液压压力输入到相应的液压缸腔中。

转向阀是通过转向管柱和转向盘直接与驾驶人连接的，驾驶人通过触觉能够明显感觉到当前的转向助力的大小，也就是从转向阀到液压缸腔的压力。在任何情况下转向阀提供的助力都应该让驾驶人能够预判，不能让驾驶人感到意外，并且可以重复建立。也就是助力增加必须有一点点迟滞性，但不能有时间上的延迟。这要求转向阀部件要有很高的精度。

转向器总成的结构图和拆分图分别如图 K-49 和图 K-50 所示。

9.3.1 转向小齿轮

转向小齿轮本身与机械转向器中的结构是相似的。转向小齿轮在紧邻齿轮啮合区域的上面和下面都有支承，这样齿轮啮合的作用力不会传递到转向阀。输入轴的一端与扭杆连接在一起，扭杆的另外一端压在转向小齿轮的本体之中。另外，输入轴的止位面还可以把扭杆的

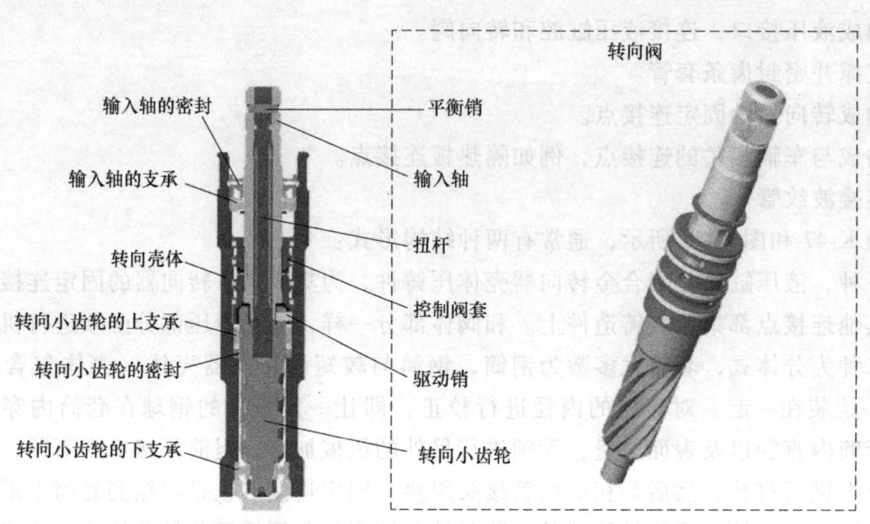

图 K-49　转向阀的结构和名称

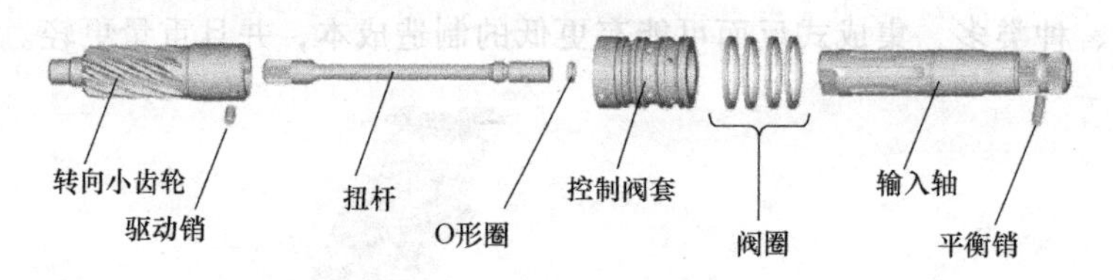

图 K-50　转向阀的拆分图

最大扭转量限制在一定范围内，避免扭杆过载。

另外，转向小齿轮有一个密封面用于轴密封圈，保证阀空间密封。这个轴密封圈大多数是直接安装在上面或者下面的转向小齿轮支承中。这样，这个支承要么处在液压腔中，在液体中湿式工作，要么是在外面进行干式工作。

9.3.2　扭杆和过载保护

一方面，扭杆在轴向连接输入轴和转向小齿轮，这样可以确定它们彼此间的相对位置；另外一方面，扭杆还能使输入轴和转向小齿轮之间发生相对扭转，相对扭转量取决于转向盘力矩的大小。这个相对扭转量用来控制转向助力的大小和方向。扭杆的扭转刚度必须保证非常精确，扭转刚度主要由直径变细部分的直径和长度来决定。扭杆的扭转刚度一方面影响着转向盘上所需要的转向盘力矩（较高的刚度=较高的转向力），另外一方面还很大程度上影响着转向感觉和转向反馈。它们之间的联系将在第 K 章第 10 节中详细讨论。输入轴和扭杆之间的最大扭转角度是由止位面来确定的。扭杆必须保证永久疲劳寿命，其危险的截面为直径变细的区域和安装 O 形圈的槽的区域。

扭杆在一端压入到转向小齿轮的孔中，另外一端与输入轴相连。通常在两端都有横孔并用销连接。在扭杆上预装的转向阀的位置为液压平衡状态，即在转向阀这个位置上转向器的部件结构是对称的，转向小齿轮与控制阀套在这个位置固定。转向阀根据输入轴的运动来工作。转向阀特性应该包含输入轴顺时针转动和逆时针转动两个方向。最后要确定输入轴在某一位置，从这个位置开始两个方向的转向阀特性对称，这个位置就是所谓的液压中点位置。

也就是从中点位置开始输入轴往顺时针方向转动一定的角度与输入轴往逆时针方向转动相同的角度，这两种工况下液压缸中的油压是相同的。在这个位置，输入轴和扭杆之间没有作用力，通过孔和销钉进行连接。只有这样才能够保证所谓的转向阀平衡，也就是如果没有转向盘力矩，那么两个液压缸腔中都不会产生压力；如果有转向盘力矩，那么两个转动方向中建立的油压是对称的。

9.3.3 带阀环的控制阀套

控制阀套为确定转向阀的两个功能部件中的一个部件，如图 K-51 所示。控制阀套在转动方向与转向小齿轮相连，但是在一定范围内能够产生输入轴与转向小齿轮之间的角度偏差。控制阀套的外侧有三个径向槽，它们与阀环在转向壳体上形成三个封闭腔，通过壳体上的孔、中间的槽与转向油罐相连，上面和下面的槽各与一个液压缸相连。

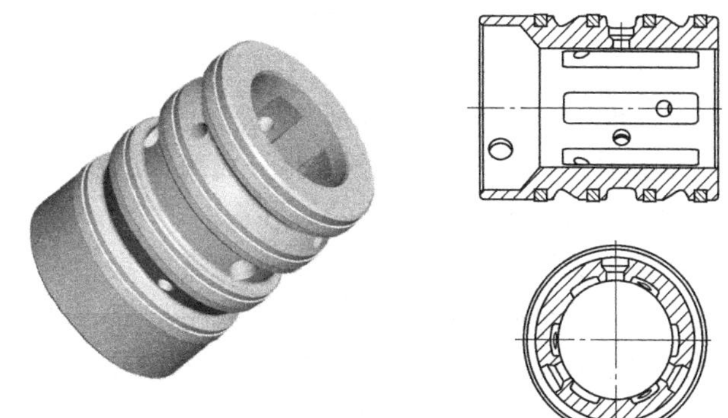

图 K-51 带阀环的控制阀套

阀环除了承担它独有的功能外，在材料和结构上与前面介绍的活塞环是类似的。

控制阀套的内侧为圆筒形状。内部有轴向槽，轴向槽到阀套端部的间距为某一定值。轴向槽在边缘处变得尖锐，呈 90°棱边，它们与槽、输入轴的控制棱边共同作用产生阀特性（参见第 K 章第 9.3.4 节）。在控制阀套的内径上，没有槽的圆筒形部分和输入轴的相应部分形成阀的密封，也就是这两者之间的间隙要尽可能小。因此，阀套的圆筒形内径的机械加工精度要求很高，即尺寸的公差很小，表面质量要求也很高。

9.3.4 输入轴

输入轴除了完成传递转向盘力矩的机械功能外，还通过销钉把转向盘力矩传递给扭杆，或者通过止位面把转向盘力矩传递给转向小齿轮。输入轴为转向阀的第二个部件，结构如图 K-52 所示。

输入轴为空心管结构。图 K-52 所示的空心管结构中，空心管通过横孔与回油槽以及控制阀套外面的阀腔相连，而这个阀腔又是通过转向壳体孔与转向油罐的回油管相连的。空心管向外的密封功能是由位于输入轴和扭杆之间的一个 O 形圈来承担的。

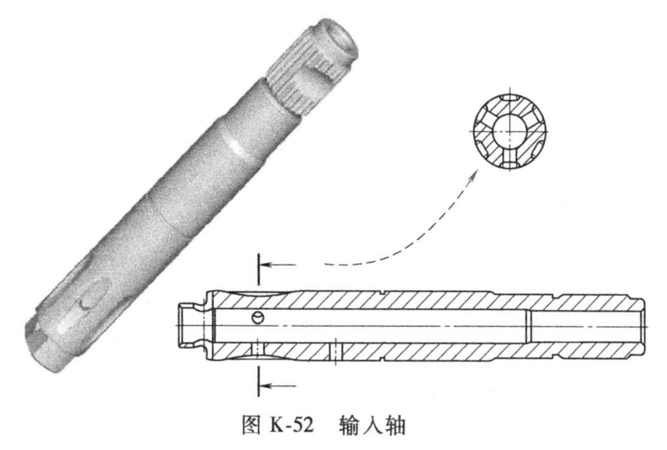

图 K-52 输入轴

与控制阀套形成阀的输入轴外径为高精度加工的圆筒，并且带有纵向槽。纵向槽的边缘部位即为所谓的控制棱边，其形状精度要求很高，多个棱面为磨削而成，或者是精压而成，如图 K-53 所示。通过这种形状形成随转向盘力矩变化而变化的转向助力，这点将在第 K 章第 10.1 节中详细介绍。控制阀套的形状与输入轴的形状共同作用，如前所述，通过很窄的间隙来形成高压区域的密封。输入轴的上面为支承，来承受由转向管柱导入的横向力，并采用一个径向轴密封来与外界进行密封。

9.3.5 结构形式

阀的结构有多种形式，目的是解决某些具体问题，大多数是为了解决布置问题。这些结构形式往往会带来成本增加和副作用，例如摩擦力增大，在整车设计中这些结构并不是必需的，因此它们在实际中并没有得到应用。即使是某些有所应用的阀结构形式（星形阀、线圈阀），也完全被旋转叶片阀所替代。

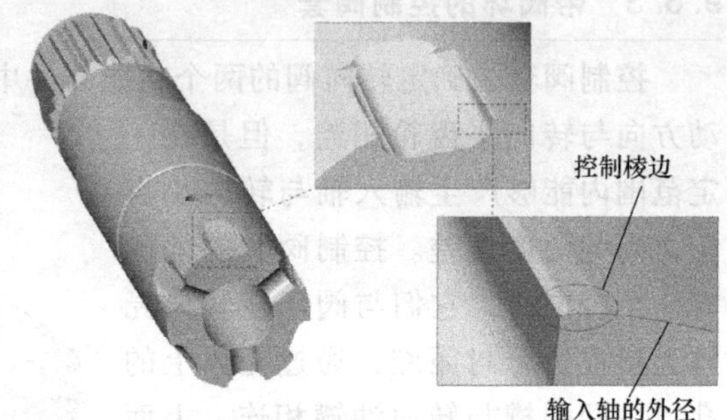

图 K-53 输入轴的剖视图，控制棱边的形状

尽管如此，人们还是把阀壳体分成两种结构形式，如图 K-54 所示。

较简单的结构形式为套筒式阀，阀壳体就是转向壳体的组成部分。这种结构形式中，下面的转向小齿轮支承为固定式支承。另外，转向小齿轮的外径受限于转向小齿轮密封的内径，而转向小齿轮密封的内径又是由控制阀套的外径和安装空间来确定的。若转向小齿轮的直径大一些，就可以得到较大的转向器传动比（转向小齿轮转动一圈引起齿条的移动量）。

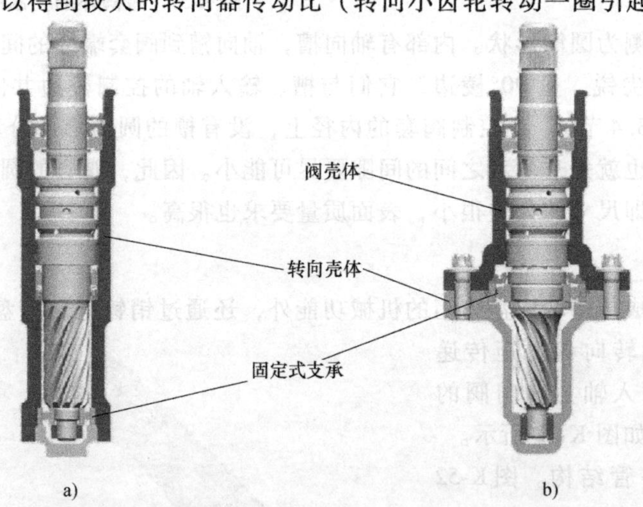

图 K-54 套筒式阀（图 a）和螺栓连接式阀（图 b）

另外一种结构为螺栓连接式阀，阀壳体为单独的结构，阀预装好以后，阀壳体通过螺栓连接到转向壳体上。固定式支承位于阀壳体和转向壳体之间，为转向小齿轮上支承。转向小齿轮的大小不受控制阀套的影响。这种结构形式的散件较多，成本较高。

9.4 液压助力转向器的其他部件

液压助力转向器的其他重要部件在此进行简要介绍。

9.4.1 管路

管路的功能是把转向阀的液压部分与每个液压缸腔的液压部分相互连接起来。管路通常

为直径较小的钢管，管路的端部为形式众多的液压接头，具体形式取决于安装空间和装配要求。

管路截面的要求是，在快速转向时管路中也不会出现真空。特别是在冬天液体黏度变大时容易出现真空。

9.4.2 通气波纹管

和机械转向器不同的是，液压助力转向器的齿条在运动时要允许齿条输出端的波纹管空间与齿条收缩端的波纹管空间之间可以通气，这个通气必须绕开密闭的液压区域。借助一个管子来保证两个波纹管之间通气的解决措施现在很少被采用，这种措施中波纹管成本明显增加，因为增加了管接头（也就是波纹管不再是圆周对称了），另外增加的管子在布置上也有缺点，在工作中很容易漏气而不密封，长时间会产生齿条腐蚀，转向器油封损坏。

现在经常采用的是空心齿条，这样可以保证液压缸两侧能够通气。这是通过啮合区域前面的横向孔，或者是在齿条端部再有一个横向孔，或者是径向支承上的排气槽来实现的。

9.5 液压助力转向器的特征参数

齿轮齿条转向器的设计方案与车辆平台相关，由于助力源、总布置或者是底盘风格不同，其结构设计的要求也会不同。所以即使是同一级别的车辆，转向器也可能会有明显的区别，即特征参数不同。

表 K-5 中列举了不同车型转向器的典型特征参数。

表 K-5 不同车辆级别的转向器典型特征参数

车辆级别	小型车	紧凑型车	中级车	VAN/SUV	轻型商用车
整备质量/kg	950	1150	1500	1800	2100
最大齿条力/N	7000	8500	11000	12500	15000
齿条直径/mm	24	26	28	30	32
活塞直径/mm	40	42	46	48	52
最大工作压力/MPa	90~120				
流量/(L/min)	6	7.5	9	10.5	12
齿条行程/mm	±65~±85				
转向器传动比/(mm/r)	40~60(运动型车会到75)				
温度/℃	-40~+120(某些会到+140)				

10 液压助力转向的工作原理

10.1 转向阀及节流原理

按照液压学的专业术语，转向阀为机械操作里中位常开的三位四通比例阀。这就意味着，始终有流量流经转向阀。在中位时，液压助力达到最小，几乎为零。随着转角的增加，转向阀的液压阻力也随之增加，进入阀的液压（即高压管）升高。同时根据转角方向的不同，某个转向液压缸的腔室与高压管接通，该腔室获得高的压力，另外一个腔室则是与回油管相连通，其压力较小。也就是说，转向阀的工作原理是利用持续流量的节流。

如图 K-55 所示，转向阀的结构类似惠斯通桥。桥路 B_1（对应图 K-55b 中①，余同）和 B_4以及 B_2和 B_3 流量阻力成对地改变，产生压力差，作用在液压缸的两个工作腔中。在实际的阀中有多个惠斯通桥平行开关，图示的例子是三个桥路。为了便于理解阀的工作原理，只考察一个桥路，也就是阀横截面上每 120°一个部分。

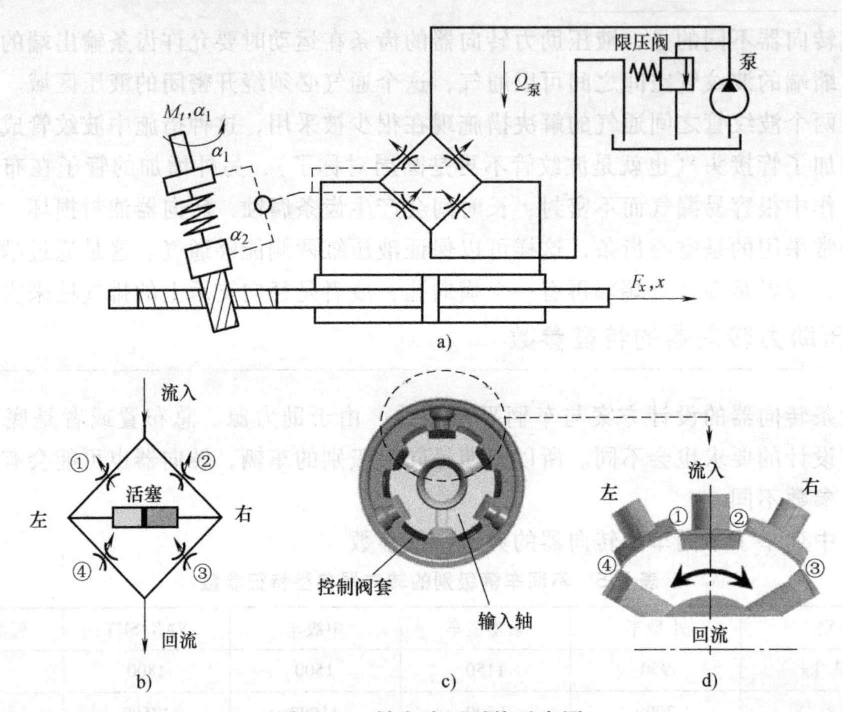

图 K-55　转向液压系统示意图

油液在阀中的路线为：油液流到控制阀套外面的中间环形流道，通过孔液体到达控制阀套和输入轴之间的区域，在这个区域，输入轴的外径上有一个轴向槽，而控制阀套的内径上没有槽。

从这里液体到达另一个区域，在这个区域控制阀套的内径上有一个轴向槽，而输入轴的外径上没有槽（注意：在图 K-55d 中，液压部分为黑色，控制阀套和输入轴为白色）。在中位时，通过阀的间隙配合，在 B_1（对应图 K-55d 中①，余同）和 B_2 区域的开口足够大，油液可以没有阻力地流过，这样一来，流量在这里可以对称分配到两个方向。而控制阀套内径上的轴向槽上都有一个孔与控制阀外径上的环形流道相连通，对于图示的例子来说，左边的轴向槽连通上面的环形流道，右边的轴向槽连通下面的环形流道。上下两个环形流道通过管路分别与两个液压缸腔室相连，即上面的环形流道的压力传递到液压缸腔室产生左转向运动，下面的环形流道的压力产生右转向运动。

紧接着，油液重新流到输入轴上有槽而控制阀套上没有槽的区域（桥路 B_2 和 B_4），当处于中位位置时，这里为间隙配合，油液可以没有阻力地流过。

输入轴外径上的槽中都各有一个孔和输入轴的中心空心管相连通，这样油液可以流到输入轴的空心管中，沿着输入管的轴向流到一个区域，在这个区域输入轴的外径上没有控制阀套覆盖，油液通过输入轴从这个区域的横向孔流出，通过外壳上的一个孔流到油管，进而回

到转向油罐。图 K-56 的上部为阀没有转动（中位位置）的状态。

现在输入轴相对于控制阀套开始转动，如图 K-56 所示，阀的接口发生变化，输入轴一个槽中的油液流到控制阀套的一个槽中。例如，逆时针转动输入轴，B_1 的开口增大，油液的流动阻力减小，油液流入控制阀套的这个槽中，进而进入到相应的液压缸腔室中，产生左转向运动。B_2 和 B_4 的开口减小，这两个桥的流量同步减小。在这两个桥路中，由于空间封闭会产生背压，记为液压缸腔室压力 p_A。B_3 的开口也会增大，油液会几乎没有阻力地流到转向油罐。在这个区域油液的压力很小，约等于油管压力，同样也作用在液压缸腔室 B 中（p_B）。

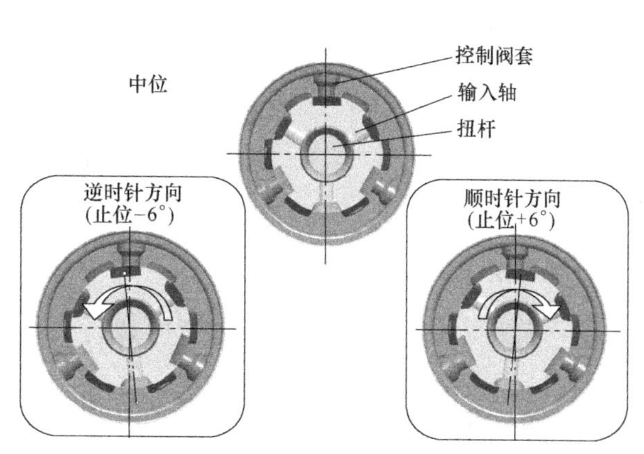

图 K-56 转向时转向阀状态剖视图

输入轴控制棱边的形状在很大程度上影响着每个桥路流体通过的开口，这个开口也取决于输入轴和控制阀套的相对位置，阀的特性曲线也随之确定。

为了计算压力差与开口的关系，可以利用节流公式的近似公式：

$$Q_1 = B_1\sqrt{p_P - p_A} \tag{K.4}$$

$$Q_2 = B_2\sqrt{p_A - p_R} \quad 其中\ p_R \approx 0 \tag{K.5}$$

$$Q_3 = B_3\sqrt{p_P - p_B} \tag{K.6}$$

$$Q_4 = B_4\sqrt{p_B - p_R} \quad 其中\ p_R \approx 0 \tag{K.7}$$

$$B_i = C_{Di}A_i\sqrt{\frac{2}{\rho}} \tag{K.8}$$

控制棱边对称性，有：

$$B_2 = B_3 和\ B_1 = B_4 \tag{K.9, K.10}$$

流量分配：

$$Q_P = Q_1 + Q_3 = Q_2 + Q_4 = Q_R \tag{K.11}$$

从式（K.9）和式（K.10）得：

$$Q_1 = Q_3,\ Q_2 = Q_4 \tag{K.12, K.13}$$

$$Q_2 = Q_1 - Q_A(\dot{x}_r) \tag{K.14}$$

对于静态齿条：

$$\dot{x}_r = 0 : Q_2 = Q_1 \tag{K.15}$$

从式（K.11）、式（K.12）、式（K.13）和式（K.15）得到：

$$Q_1 = Q_2 = Q_3 = Q_4 = \frac{1}{2}Q_P \tag{K.16}$$

作用的液压缸压力为：

$$\Delta p = p_A - p_B \tag{K.17}$$

K

从式（K.4）得出：

$$p_{\mathrm{P}}=\frac{Q_1^2}{B_1^2}+p_{\mathrm{A}} \tag{K.18}$$

从式（K.6）得出：

$$p_{\mathrm{P}}=\frac{Q_3^2}{B_3^2}+p_{\mathrm{B}} \tag{K.19}$$

从式（K.17）得出：

$$\frac{Q_1^2}{B_1^2}+\Delta p+p_{\mathrm{B}}=\frac{Q_3^2}{B_3^2}+p_{\mathrm{B}} \tag{K.20}$$

从式（K.9）和式（K.16）得出，对于静态齿条有：

$$\Delta p=\frac{1}{4}Q_{\mathrm{P}}^2\left(\frac{1}{B_2^2}-\frac{1}{B_1^2}\right) \tag{K.21}$$

应用式（K.8）可以得到：

$$\Delta p=\frac{\rho}{8C_{\mathrm{D}}}Q_{\mathrm{P}}^2\left(\frac{1}{A_2^2}-\frac{1}{A_1^2}\right) \tag{K.22}$$

转向阀的特性曲线通常为转向阀的压力差与转向盘力矩的关系曲线，如图 K-57 所示。转向盘力矩与输入轴、控制阀套之间的相对转角的关系取决于扭杆的刚度。在考察转向阀的特性曲线时，外围的曲线更具决定意义。外围曲线表达的是，阀的相对转角增大，也就是液体的压力增大时，记录转向盘力矩与压力差的关系，即“上升树枝”。由于输入轴相对控制阀套转动产生摩擦，当然相对于壳体之间也有摩擦，在“下降树枝”上一定的压力差对应的转向盘力矩会相对小一些。“上升树枝”和“下降树枝”之间的差异就是阀的迟滞特性。

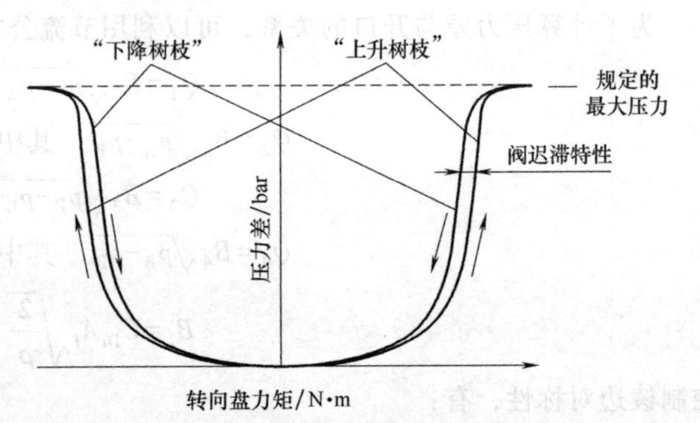

图 K-57　阀特性曲线示例

在实际的转向阀中，有三路或者四路桥路同时打开，液体流量将均分在这些桥路上。每个桥路的开口更小，而总的开口是有严格要求的，另外桥路之间要非常均一对称，要求阀的加工要有更高的精度。但是从另外一方面来说却带来两大优点：

- 在控制阀套的内径上，进油的高压区域和回油的低压区域相互交错。如前所述，控制阀套的内径与输入轴的外径之间的间隙要非常小，保证内泄漏很小，但是又不允许出现夹卡。桥路上的很多开口很小，或者桥路很少有很大的开口，前者的控制阀套的最大变形量比后者的小些，如图 K-58 所示。因此，实际上是多个桥路同时打开，特别是在压力比较大的阀上，其间隙会更小一些。
- 从很多的控制棱边集合一个大的液压网络，这种放大形式使得一个很大的压力能量被

分成很多小的压力能量。这样产生气穴的可能性会降低，从而降低阀嘶嘶声的产生。

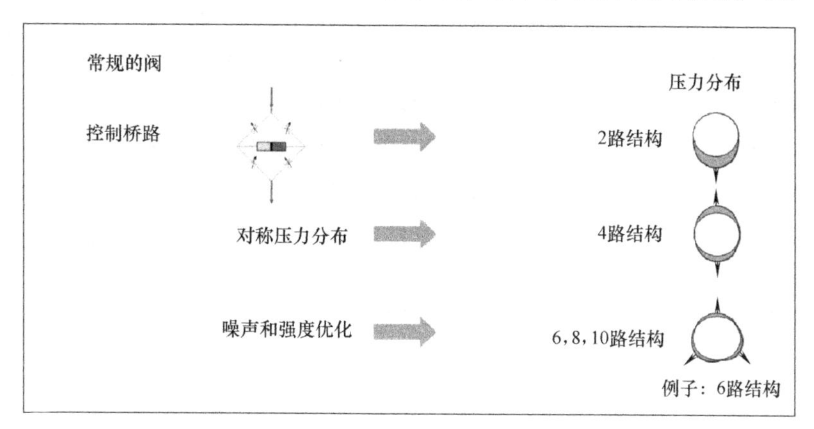

图 K-58 桥路的数量和压力区域在控制阀套上的分布

我们希望转向阀的特性曲线很精准，这要求输入轴和控制阀套的加工要有很高的精度。

10.2 阀特性的其他影响因素

由节流公式导出的活塞上的压力差和转向阀转角的关系式可以得出以下结论（假定通过系数为定值）：

- 压力与流量的平方成正比。
- 压力与控制棱边开口面积的平方成反比。
- 压力与液体密度成正比。

实际上，在很小的开口中，流体的摩擦也会产生影响，但是在行驶工况中其影响很小，因此可以不予考虑。液体的黏度会产生明显影响，黏度越高，活塞上的压差就越大。实际中这种高黏度出现在冷起动时，特别是液压油为矿物油时。黏度的影响在车辆上完全可以感觉到（在转向盘力矩较小时），但是由于液压油很快就预热了，因此这种影响作用的时间很短。

液压油的密度随着行驶工况、温度以及不同品种的变化很小，因此其影响并不明显。

阀的特性曲线通常这样来设计，假定泵输出的流量是定值，通过匹配任何一个转向盘力矩所对应的阀位置处的控制棱边的开口形状来满足阀特性要求（即活塞上压力差与转向盘力矩的关系）。不同的加工方式（输入轴的控制棱边是磨削还是精压）所能够达到的形状精度不同。因为在阀的控制棱边上改动 1μm，阀的特性曲线就可以看得出有所改变，所以通常是先通过计算模拟进行初步匹配，然后在控制棱边加工中精确匹配进行试验，不断重复加工、试验这样一个过程来进行匹配。

为了保证量产的阀特性保持在规定的范围内，只控制生产过程中零件的几何尺寸是不够的，况且要测量一定数量零部件的尺寸而且测量精度要求很高也不是件容易的事情。但是，至少在输入轴和控制阀套最终连接的时候必须测量特性曲线以及平衡性，检查测量结果是否在允许范围内。可以事先把输入轴产品和一个标准控制套管组合，把控制套管产品和一个标准输入轴组合并测量特性，根据它们的特性测量结果的偏差来指导输入轴产品和控制阀套产品的组合装配，这样测量特性合格率会更高一些。

在装到转向器上后，阀的特性相对于匹配的状态还会发生改变。一个原因是，密封和支承使输入轴上的摩擦力增大了，另外一个原因是装配时产生的预紧力，尤其是输入轴和控制阀套之间微小的预紧力会引起部件以及转向器壳体的几何尺寸变化。这些预紧力会进一步增大摩擦力，轻微改变输入轴的控制棱边与控制阀套的槽的相对位置。如前所述，这个区域即使改变 1μm，阀的特性也会有所改变。如果这种变化是系统性地有规律地产生，那么在控制棱边加工时就应该进行相应校正，在阀的组合匹配时也必须加以校正。原则上来说，阀的组件刚度越大，间隙越小，那么外界对阀的特性的影响就会很小，也就是越有利。

除了要考虑那些会影响阀特性的干扰因素外，也有些影响会加以利用来获得所需要的阀特性。如图 K-59 所示，在控制棱边不改变的基础上，改变流量的大小可以有效地改变阀的特性。

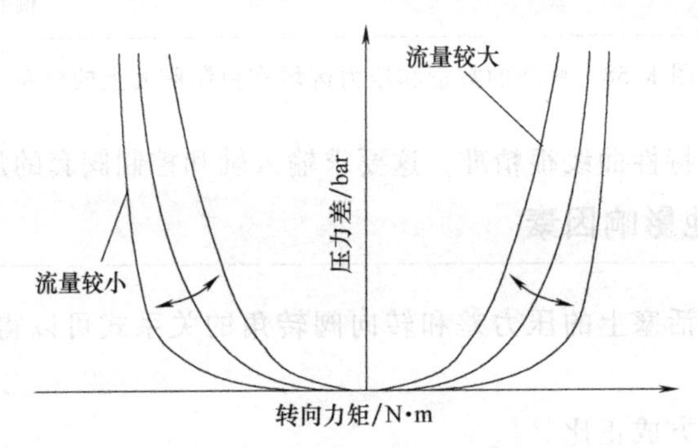

图 K-59　流量对阀特性的影响

这种效应通过变流量泵来实现，例如获得随车速变化的转向盘力矩，即车速低时转向盘力矩小一些，车速高时转向盘力矩大一些。而由内燃机驱动的泵却恰恰相反，泵的设计必须保证在怠速时泵能够提供足够大的流量，因为怠速情况下常常要进行泊车，要避免转向盘力矩过大而影响舒适性。

10.3　转向运动的作用——流量分配

到目前为止，对阀特性的研究都是在静态情况下，也就是没有考虑齿条的运动。当齿条运动时，惠斯通桥内的流量分配也会发生改变。流量将在液压缸腔室变大的地方减小（例如在桥路 B_1 和 B_4 之间），流量在液压缸腔室变小的另外一个地方增大（例如在桥路 B_2 和 B_3 之间）。流出腔室和流入腔室的流量取决于活塞速度和活塞面积。

以图 K-55 为例，图中齿条沿箭头方向运动，速度为 $\dot{x}$，载荷为 F_r。阀也承受相应的载荷产生转动，桥路 B_1 和 B_4 的开口打开，桥路 B_2 和 B_3 的开口减小。在高压侧有 $p_A \approx p_P$，低压侧有 $p_B \approx p_R$，也就是桥路 B_2 和 B_3 把高压区域和低压区域分隔开来。由控制棱边的对称性可以得出流量 $Q_2 = Q_3$。液压缸流量 Q_1 减小流量 Q_A，即 $Q_2 = Q_1 - Q_A$，这里 Q_A 取决于齿条速度 $\dot{x}$。因此有：

$$Q_2 = Q_3 = \frac{1}{2}\left[Q_P - Q_A(\dot{x}_r)\right] \tag{K.23}$$

$$Q_1 = Q_4 = \frac{1}{2}\left[Q_P + Q_A(\dot{x}_r)\right] \tag{K.24}$$

根据式（K. 21）和式（K. 22），可得：

$$\Delta p=\frac{1}{4}\left[\frac{[Q_{\rm P}-Q_{\rm A}(\dot{x}_{\rm r})]^2}{B_2^2}-\frac{[Q_{\rm P}+Q_{\rm A}(\dot{x}_{\rm r})]^2}{B_1^2}\right] \tag{K.25}$$

$$\Delta p=\frac{\rho}{8c_{\rm D}}\left[\frac{[Q_{\rm P}-Q_{\rm A}(\dot{x}_{\rm r})]^2}{A_2^2}-\frac{[Q_{\rm P}+Q_{\rm A}(\dot{x}_{\rm r})]^2}{A_1^2}\right] \tag{K.26}$$

这意味着，齿条速度增加，通过两个封闭桥路的流量会减小。为了得到相同的转向助力，必须减小其开口面，也就是阀一直要转动，使得转向盘上所需的力增大。如果接下来所有的流量都被转向液压缸吸收，就没有流量通过桥路，在桥路上也就不再有压力差，压力差和开口面没有关系。这种情况下转向助力会突然消失（“catch-the-pump”）。

在变流量泵的转向系统（如 EPHS）中，可以获知转向盘角速度，泵可以根据需要提供流量。这样前面描述的现象会得到抑制。尤其是在 EPHS 系统中，即使是系统压力减小的情况下也能提供更大的流量，这样可以避免转向助力突然消失，在达到系统功率极限时，转向助力只是随着转向速度的增加而有所下降。

10.4 阀噪声

根据阀的工作原理，必须有较大的流量通过很窄的间隙。流量较大时会在低压区产生明显的液体压力下降，产生气穴。气穴产生的高频嗞嗞声作为空气传播声向外传播，也会作为固体传播声从转向器的输入轴传到转向管柱。是否作为空气声传给乘员，取决于转向器的安装位置；是否作为固体声传到转向盘进而作为空气声传给乘员，取决于转向管柱的结构。

转向器研发的焦点是避免产生噪声。为此可以把控制棱边设计成一定的形状，至少要保证液体流速尽可能地均匀变化。阀特性应该通过控制棱边的形状来实现，不要为了获得所希望的背压把某区域的液体流速提高到很大。设计时可以借助 CFD 进行模拟。

图 K-60 所示为一个例子，模拟得到的 3D 形状以及液体速度和压力在形状上分布的模拟结果。

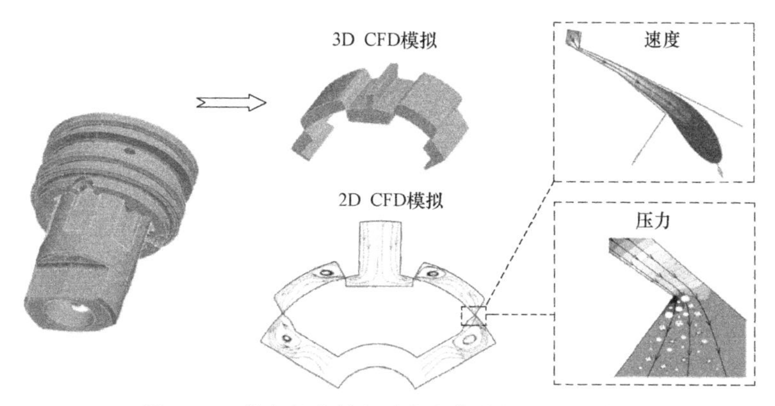

图 K-60　转向阀在转向时的流体分析：CFD 模拟

减小阀噪声的另外一种措施是提高回油管压力，例如在转向油罐内的接口上安装节流阀，或者在回油管中安装节流阀，都会提高整个转向器管路中的压力，从而减小气穴产生的可能性，即使不降低流速，也同样能够减少气穴。其缺点是液压损失会更大，因为液压泵必须驱动压力更高的流体。最终会升高车辆油耗，加大液压系统的热负荷，这样有时需要增加液体冷却器，带来重量和成本的增加。

为了避开这些问题，开发了变节流阀用于回油管。变节流阀会根据前压进行变化，使节流阀的作用仅限于防止气穴出现。这种功能也可以集成在转向阀中，这种结构的转向阀将在第 K 章第 11.4 节介绍。

要完全消除气穴是很难实现的，因此另外一个途径就是把气穴声音与乘员隔离开来。

10.5 内泄漏

内泄漏是指当完全转向时，也就是阀处于最大关闭状态时，在一定压力下（通常是最大的系统压力）仍有液体通过阀。这部分流量没有被利用到液压缸中做功，是一种损失，应该避免内泄漏。与外泄漏相比，内泄漏不会损害转向器的功能，只是会降低转向器的功效。

内泄漏出现在转向器的多个位置：

• 在控制棱边处。输入轴与控制阀套即使在完全转向状态也存在间隙，目的是避免两个部件接触导致夹卡的危险。也就是桥路没有完全封闭，会有流量从高压侧通过阀流到低压侧。

• 在控制阀套和输入轴的圆柱形密封面处。这些密封面是用来在轴向方向防止高压区域的液体流出的，但是这里还是必须有很小的间隙，避免两个部件之间接触导致夹卡。图K-61所示为内泄漏与间隙大小之间的关系。

• 在控制阀套和阀壳体之间的密封圈处。这些密封圈的目的是，阻止控制阀套高压区域的环形流道的液体流入低压区域的环形流道中，或者流入回油管中。如果结构设计得好并且装配正确，这里的内泄漏可以看作是零。

• 在液压缸中。液体会通过活塞环或者活塞的连接件从高压侧流入低压侧。同样如果设计合理装配正确，这里的内泄漏量级也可以忽略不计。

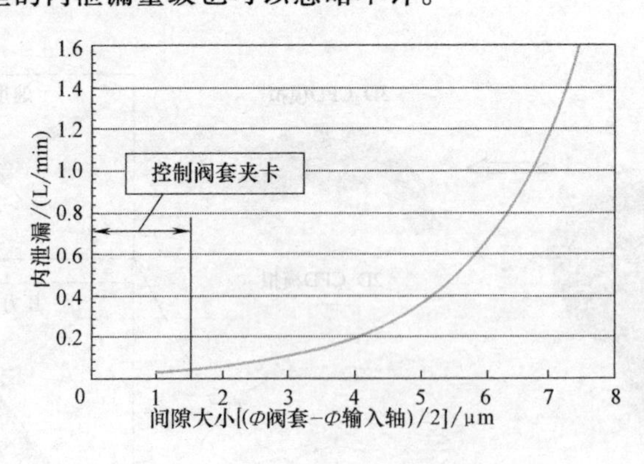

图 K-61 阀的间隙对内泄漏的影响

特别是在带液压泵的高压转向系统中，由于能耗原因往往流量都很小，例如电液助力转向系统。太大的内泄漏会严重损害转向系统的功效。通过相应的优化可以把内泄漏下降到 0.3L/min 以下（压力为 100bar 的条件下）。

10.6 建模（位置控制回路）

液压助力转向系统在控制技术上可以当成位置控制回路来建模。驾驶人施加转向盘转角，该转角传到输入轴上。这个转向盘转角应该对应着转向器齿条的某一个位置（目标位置）。车轮上的回转力矩或者在原地转向时作用在车轮上的扭转力矩会导致外齿条受力，这个力可以看成是干扰力。

扭杆通过位置控制偏差（齿条的目标位置和实际位置的偏差）把两个平行的路线闭合在一起形成控制回路。一方面，通过扭杆和转向小齿轮传到齿条上的力的大小与这个位置偏差的大小成正比例关系，另一方面，高压液体通过转向阀进入到液压缸，齿条朝着希望的方向运动，辅助转向。在准静态情况下，辅助力的大小由转向阀特性确定。齿条上的力增大，齿条向着目标位置运动。转向阀作为控制器在这个回路中没有 I-环节（积分控制器），因此只要外力存在就一直存在控制偏差。

所以转向系统具有控制系统的普遍规律：有相应的固有频率和阻尼，更重要的是也有稳定极限。假如系统超过这个稳定极限，则在转向系统中会出现振动，可明显被驾驶人听到或者感触到，很不舒适。

为了准确确定稳定极限，必须研究转向系统的动态特性。为此必须增加以下因素：

- 机械连接的各组成部分的质量、刚度、阻尼。
- 非线性，例如相互运动部件之间的摩擦。
- 液压系统中的容量和电感，由油压作用下软管伸缩和液体流动产生。
- 流体阻力，由节流阀和节流板产生。
- 外界因素，例如泵在交变压力下的控制特性。

确定这些因素是研究转向系统动态特性的关键，但也非常困难。通常是以大量的试验结果为基础来确定各因素的范围。

10.7 阻尼与失稳

稳定性的重要指标为阀特性的梯度（液压缸中的压力差与转向盘力矩差的比值），在控制技术中称之为放大系数。原则上希望阀具有下面的特性，从某一油压开始（这个油压绝不会在行驶工况中出现，只会在原地转向时才会达到），转向盘力矩尽可能少地增加。这样在行驶范围中驾驶人可以得到好的反馈，在泊车时又可以相对轻松地操作转向盘。由此要求在这个范围（指行驶范围）内阀特性的梯度要特别大，其后果是转向系统不稳定。因此实际中力求较大梯度，但是与稳定极限保持足够的安全距离。

为了提高稳定极限范围，可以增大转向系统的阻尼。最简单的办法是在液压系统中增加流体阻力，例如在回油管中增加节流阀。流体阻力取决于流量大小，这个阻力会消耗系统的能量，减小流量变动的幅度。另外，阻尼的作用会使得系统压力升高，从而各密封面的摩擦力变大。液体的动态压力越大，节流阀的作用就越明显。但是节流阀的作用必须严格控制在很小的范围内，因为节流损失会降低转向系统的功效，即转向系统会消耗更多的能量，并使转向系统发热严重。

也可以采取这样的措施，对于从液压缸流出的液体安装节流阀（可以参见第 K 章第 11.3 节和第 K 章第 11.4 节）。这样的系统阻尼相对于齿条速度呈线性增加，另外也可以减小转向系统的冲击，也就是齿条外侧的冲击力（例如路面不平引起）不会过于强烈地作用到驾驶人。同样，这种措施的作用范围也要严加控制在很小的范围内。在快速转向时，齿条的运动速度明显高于外界干扰引起的齿条速度，因此通常节流阀的阻尼限制在较小值内，不要影响快速转向。

11 液压辅助系统

液压助力转向的辅助系统能够进一步拓展转向器的功能，一方面把相互矛盾的要求进行匹配，另一方面可以改变系统的极限，使极限范围超过普通系统的极限范围。

11.1 中位对准

通常的转向阀设计是，即使转向盘力矩很小也提供转向助力。在这个范围内，通常是在直线行驶时对车辆行驶方向进行小的修正，这一点不管是液压助力转向还是机械转向都是相似的。转向盘转角通过输入轴传给转向小齿轮，这个传递路径的刚度很大，有利于行驶工况下的转向精准性。但是在液压助力转向系统中，传递路径的刚度是由扭杆来确定的。扭杆必须保证即使转向盘力矩不大，输入轴和转向小齿轮之间也有足够的相对转角，从而能够关闭转向阀中相应的间隙。因此液压助力转向在原理上就具有不足之处。在液压助力转向设计时，尽可能采用高刚度的扭杆，但是在弯道行驶或者泊车时转向盘力矩增加又不能太大。

为了解决这种矛盾，可以在扭杆上应用中位对准，如图 K-62 所示。该单元预紧，和扭杆平行连接，当转向盘力矩在没有超过通过预紧力产生的对中力矩之前，整个传递路径近似于刚性。只有在输入轴相对于转向小齿轮转过一定角度后，增加的回正力矩才会作用在扭杆上。

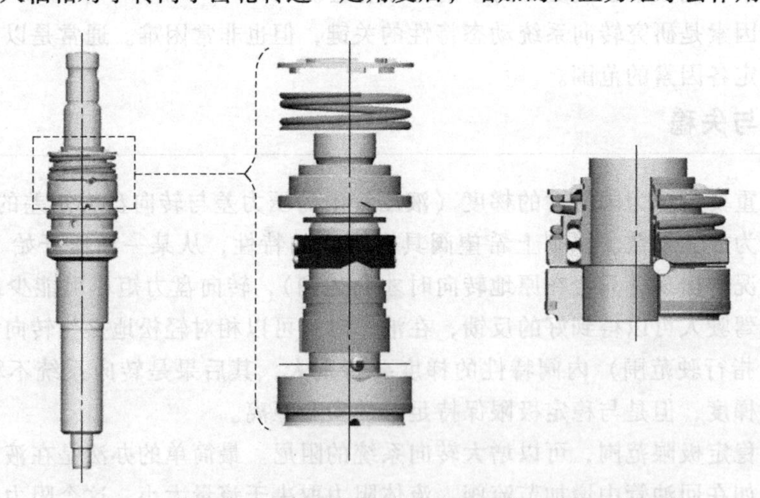

图 K-62 借助带预紧弹簧的轴向转动联结器来进行中位对准

图示为平行连接单元示例。它由两个环组成，在每个环的断面都有三个成 120° 角分布的球罩。环这样连接，球罩相靠，每个球罩中有一钢球来连接这两个环。当两个环相对转动时，钢球在相靠的球罩的斜面上滚动，导致两个环分离。

其中一个环受压后与转向阀的控制阀套也就是转向小齿轮相连接。另外一个环在内径上开有轴向槽，这些槽和输入轴上的轴向槽相匹配。这个环与输入轴也是通过两者槽中的钢球

进行连接。这样输入轴的转动传到环上，当然环相对于输入轴还有一个轴向运动的自由度。

为了进行中位对准，在输入轴和与输入轴相连的环之间有一个弹簧施加力，这个环把力传递给与控制阀套相连的另外一个环上。输入轴和控制阀套之间出现相对转动以及与之相连的两个环之间出现相对转动时，轴向弹簧力会转换成回正力矩，它与扭杆上的回正力矩共同作用。和扭杆的回正力矩不一样的是，这个力矩可以通过球罩形状（斜面角度）以及弹簧的预紧力来进行调节。这可以实现输入轴到转向小齿轮的刚性连接（近似），也就是没有相对转动，转向阀也就没有打开。这就产生了所需要的中位对准感觉，图 K-63 对比了传统扭杆的转向阀的特性。

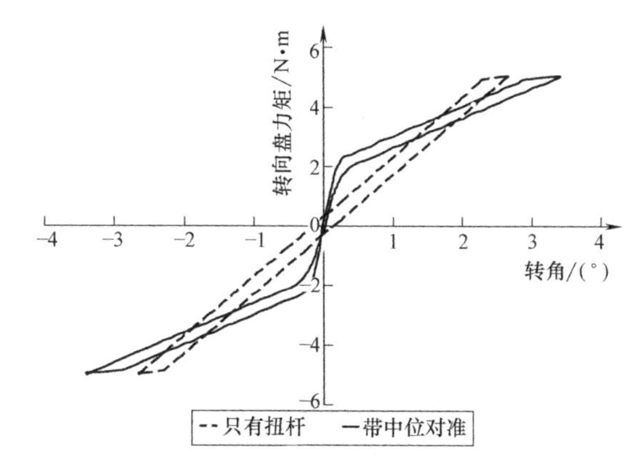

图 K-63 转向盘力矩与转角关系的比较

从图中可以得出，通过选择弹簧刚度和球罩形状，例如斜面角度为渐近线，可以有效改变转向阀的刚度和特性。

可以利用这一点来进行参数化转向系统设计，例如速度相关的转向系统。这方面内容将在第 K 章第 11.2 节介绍。

中位对准的辅助系统可以实现直线行驶和弯道行驶的转向阀工作区间在某种程度上分隔开来，并可实现个性化特性。这减小了目标冲突，为匹配提供了更多自由度。

通过选择适当的中位对准力矩，助力转向系统可实现非常好的直线行驶下的转向精准性。也就是说，可以选择小一点的扭杆刚度，这样在泊车时尽管齿条上的力增大到很大，但是转向盘力矩的增加不明显，转向舒适性大大提高，而传统的转向系统做不到这一点。

在转向阀中的中位对准有多种结构形式，有比本书介绍的结构形式更紧凑、更简单、更便宜的结构，但是它们的作用方式和本书介绍的是相似的。

11.2 速度相关性

在转向阀特性匹配时，同样会碰到与速度相关的矛盾。在速度很低时，特别是在泊车时，要求转向尽可能轻便，以提高转向舒适性，也就是转向盘力矩很小而转向助力很大。在车速很高时，转向助力必须明显减小，以提高转向精确性，避免不小心转动转向盘。尽管如此，转向系统应该随时能够提供给驾驶人完全的助力，保证驾驶人在任何时候都能对转向实现完全控制。在欧洲，人们把设计转向系统的重点放在高速安全性上。

速度相关的转向阀特性可以解决这个矛盾，保证良好的泊车舒适性。

原则上有两种方式可以实现速度相关性。转向阀流量改变可以实现转向助力的改变。这

种方式目前只是通过系统进行使用，在系统中变量泵可以根据需要来控制流量的大小并供给转向器。

还有另外一种方式，即要在转向输入轴和转向小齿轮之间产生一定大小的相对转角，就需要不同的转向盘力矩。也就是扭杆的刚度随着行驶工况而变化：如果需要很高的转向助力，则扭杆刚度变小；当扭杆从静态开始转动时，扭转刚度很大。

在结构设计时，通常采用传统的小刚度扭杆，同时并联一个辅助系统。这个辅助系统会产生附加的回转力矩。

这里所介绍的辅助系统的核心组成部分为机械部件。在这个机械部件中，转向阀的相对转动会同时产生沿着阀的轴线方向的线性运动，如第 K 章第 11.1 节所介绍的中位对准。与转向输入轴相连的辅助系统的圈在这里相当于液压活塞，也称之为反作用活塞，反作用活塞上的一个活塞环把壳体的阀孔空间分成两个腔。

和中位对准系统一样，系统中的一个弹簧会受到预载，这样在转向盘力矩较小时，油液不能通过。当力矩增大到超过上限时，转向阀打开，这时扭杆的刚度很小，产生的回正力矩只是平缓增加。转向阀打开并产生高压油压，这个压力被一个电磁阀控制，使其下降，流进反作用活塞与输入轴密封圈之间的腔中。在这个腔中，由压力产生反作用活塞轴向力，形成转向阀回正力矩的一大部分。

这个电磁阀根据其电流大小可以控制高压油压与反作用压力之间的比例。因此对于一定的高压油压可以通过改变电磁阀的电流大小来得到不同的回正力矩。

紧接着反作用腔的是一个限压阀，来保证转向盘力矩不至于特别大。在极端情况下需要完全助力转向，同时电磁阀确定的反作用压力很大，这时限压阀可以防止转向盘力矩变得过大。这种设计也属于安全设计，当辅助系统失效时，特性曲线调节为大反作用力模式，即转向特性为高速行驶特性，但是同时又能够让驾驶人无须施加特别大的力就可以获得最大压力。

图 K-64 和图 K-65 描述了这种系统，并展示了可以产生的特性曲线。

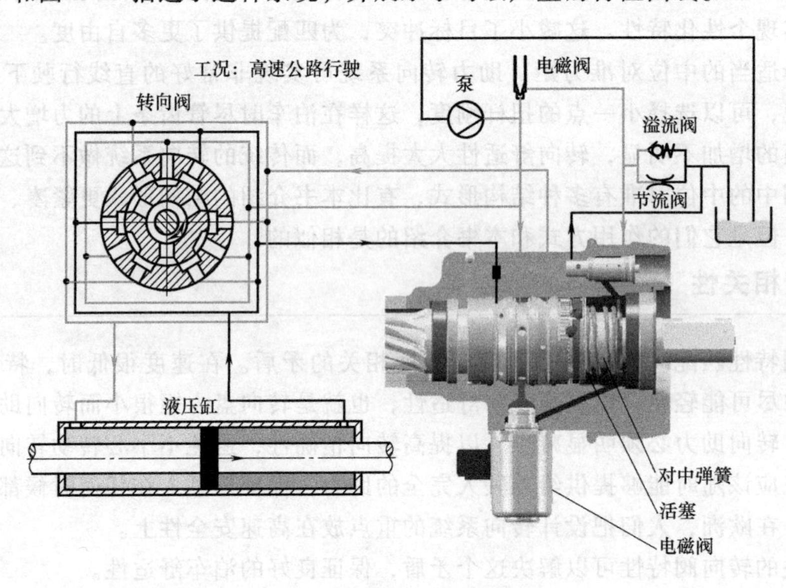

图 K-64　液压反作用系统

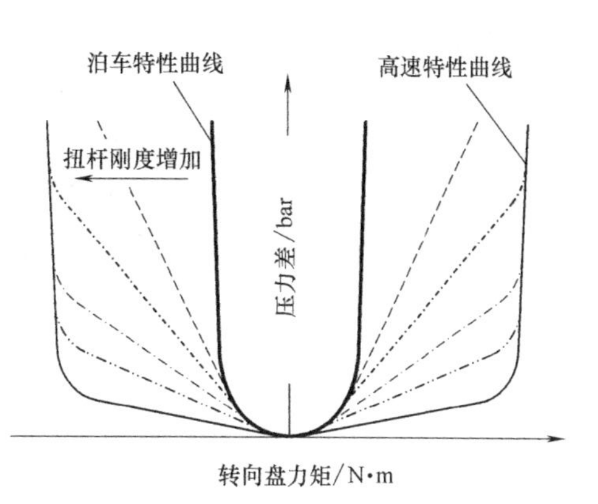

图 K-65 带液压反作用的转向阀特性

可以看到，转向阀特性分成三个部分。在中心位置附近对中弹簧产生预紧，因此在这个区域没有转向助力。在转向盘力矩较大时，液压缸压力随着转向盘力矩近似线性增加，其斜率由电磁阀的流量决定。转向盘力矩最小的特性曲线（称之为泊车特性曲线）对应的反作用压力还有较小值，并不为0，这样可以避免反作用活塞脱离悬空。在斜率比较平缓的特性曲线中，可以注意到从某一转向盘力矩开始曲线陡增。这是由于限压阀产生作用，使反作用腔中的反作用压力不再增加。

转向阀的控制棱边形状、扭杆刚度、球罩形状、对中弹簧的预紧力和刚度、反作用腔中的限压阀特性以及反作用压力与高压油压的比例，这些参数都会影响转向阀特性，为转向匹配带来很大的自由度。反过来说，要获得精确的转向阀特性以及转向特性，就意味着较高的零部件成本，特别是电磁阀，它的电路连接和控制器决定某一规定参数（例如速度）对应的电流。

另外，内泄漏会增大，因为反作用腔中消耗了高压油液。这种内泄漏随着反作用压力的增加而增大，在设计液压泵时必须考虑。

结构比较简单的系统用的也是同样的结构，只是作用在活塞的另外一侧。这里反作用活塞与输入轴密封圈之间的腔室与低压油（即回油管）相连。从转向阀中流出的油液在流到回油管之前将被一个电控节流阀“堵截”。这种系统中的对中弹簧结构会比较“强壮”。反作用活塞会产生一个对抗对中弹簧的力，该力取决于背压，而背压由电控节流阀确定。

也就是说，转向阀特性的变化主要是通过改变其“死区”来得到的。在高速行驶时，低压油不被“堵截”，也就是对中弹簧的对中力完全发挥作用。在泊车工况下，对中弹簧的对中力几乎被完全抵消。但是转向阀特性曲线的斜率还是由扭杆刚度、球罩形状决定，不会改变。

这种系统成本比较低，因为它只是采用一个可控的节流阀，而不是可调的压力转换器。它的缺点也就在于它堵截了整个低压油进入回油管，在转向盘力矩要求较小的工况中造成的能量损失加大，整个系统发热严重。

11.3 阻尼阀

这种辅助系统的目的是减小外界冲击力引起的转向抖动。在齿条转向中，抖动最终是通过转向减振器来衰减的，在部分循环球转向系统中也可以看到集成的转向减振器。

液压缸和带活塞的齿条除了产生转向助力外，还承担转向减振器的功能。为了得到与速度相关的阻尼，从液压缸腔中流出的油液必须被节流，产生与运动方向相反的阻力。流入液压缸中的油液却不允许被节流，以避免在液压缸中产生气穴。

这样就会产生一个矛盾：为了减小外界冲击力的影响要求节流作用较大，产生较大的阻尼；但是，阻尼大就不能得到在快速转向中要求的齿条运动速度以及很大的液压缸压力，也就是变道转向中不能提供相应的助力。因此，为了正常转向，节流阀产生的压力差必须通过限压阀控制在较小值内。

图 K-66 所示的阻尼阀直接安装在液压缸液压接口中，并集成三个液压组件的功能：

- 止回阀，保证液体顺利流入。
- 节流阀，在液体流出时建立与流量相关的压力。
- 限压阀，由节流产生的背压被限制在一定范围内。

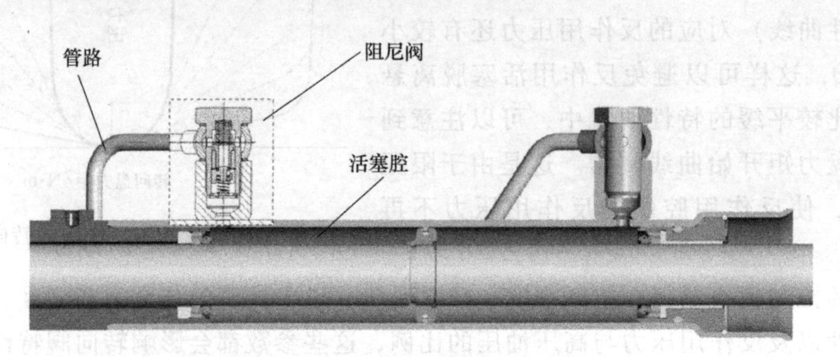

图 K-66　液压缸的液压接口和阻尼阀

图 K-67 所示为阻尼阀特性的一个例子。

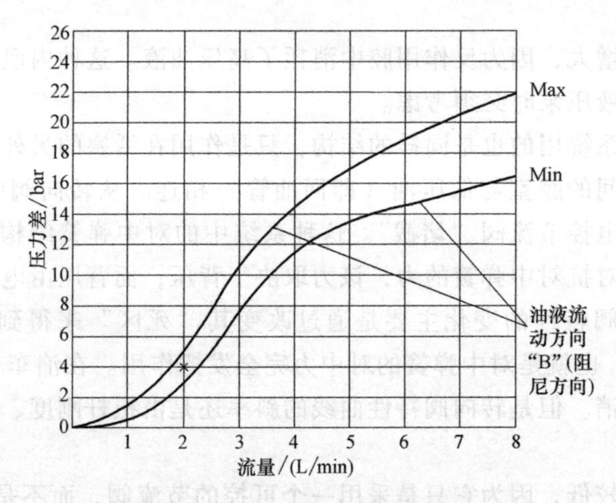

图 K-67　阻尼阀的特性曲线

11.4　带阻尼特性的转向阀

通过一定的结构设计，也可以把阻尼阀的功能集成在转向阀中。图 K-68 所示为这种转向阀的结构示意图。

这种结构的目标是节流阀的作用只有在需要时才激活，对应的工况是弯道行驶，通常最大转向抖动发生在弯道行驶中。

这种结构的转向阀在液压助力转向系统失稳时还可以解决第 K 章第 10.7 节中所介绍的矛盾，即转向阻尼与转向功效以及负载之间的矛盾。节流阀只在失稳情况下激活。通常的转向阀特性曲线在中间位置附近只有很小的斜率，这样才有足够的稳定储备，不需要增加其他措施。大多数行驶工况都处于这个区域。当过渡到泊车区域，也就是压力较大时，希望节流阀的作用柔和一些。

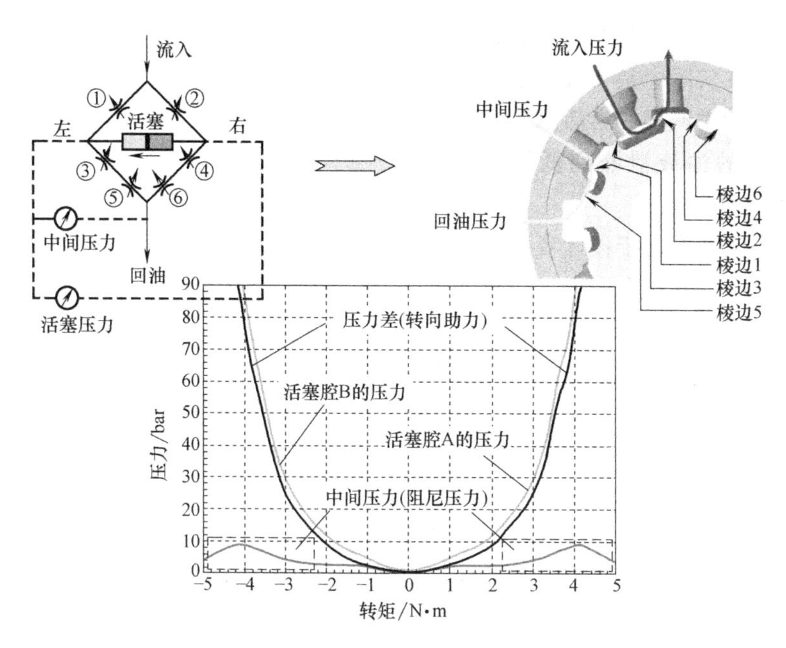

图 K-68 转向阀中通过增加控制棱边产生一定阻尼

这个功能的实现是通过在转向阀中增加一些新的控制棱边对，在液体离开转向阀流入回油管之前流经这些棱边。

在转向阀中间位置时，这些棱边开口也较大，油液会流出。当阀转动时，和传统阀一样，高压侧的控制棱边开口关闭，低压侧的控制棱边开口更加打开。但是，新增加的控制棱边会在大转向时减小低压侧的开口，并对流出的油液产生节流。在高压侧的节流阀不被激活，不起作用。

这样在液体流出的低压液压缸腔中会产生一个较小的反压，反压的大小取决于流量。在活塞运动时，液体流出腔室的流量与齿条速度成正比，在齿条运动变化时就会产生阻尼，振动会很快衰减。节流阀效果的强弱可以通过增加的控制棱边设计来调整。

11.5 齿条止位位置的压力限制

当转向保持在齿条止位位置（即最大行程处的终端位置）时，液压助力转向会产生不希望的很大的系统压力。在这种情况下，转向阀完全关闭，只让极少量的液体通过，液压泵的工作压力达到最大值，油液通过限压阀直接流回到转向油罐。

这会导致转向系统的机械负荷和热负荷迅速增加。特别是液压泵被内燃机驱动，假如同时内燃机转速又很高，油液温度会在一分钟内超过允许温度。让车辆处于这样一种状态并保持当然属于一种错误的操作方式，但是对于大量用户来说又无法避免这种操作。而且多次操作会产生系统损坏，用户在进行索赔时，主机厂很难证明用户有过错误操作。

另外一个问题是，驾驶人把转向盘迅速打到底时，转向泵会受到很大的冲击载荷。如果这时发动机处于怠速状态，对于突然增加的负荷，发动机不能迅速提高其怠速转速，进而导致发动机熄火。为了避免这种情况，可以提高发动机的怠速转速，这会提高车辆的标准油耗，因为在测试循环中有大量怠速工况。

这些问题的解决办法是在转向止位位置增加压力限制。在实际中是在液压缸上的活塞的端部区域开设溢流槽。当活塞到达端部区域时，高压侧的油液泄漏到低压侧。图K-69所示即为这种结构。

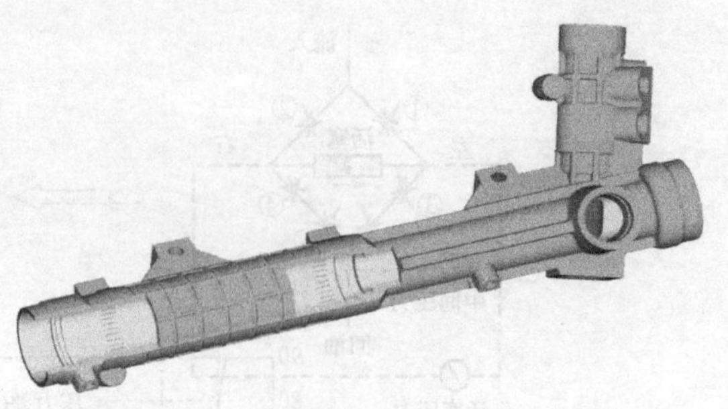
图 K-69　在活塞端部区域开有溢流槽

槽的深度和数量取决于设计者希望溢流后还剩下多少压力，即剩余压力。这里当然是希望尽可能小的剩余压力，但是剩余压力不能太小，因为当从终端位置反转转向盘时必须要有足够的液压助力来转动车轮。如果剩余压力太小，则驾驶人在转向盘上必须施加很大的力（成为机械转向）。由于重量回正效应，从终端位置反转转向盘所需要的力比转向到终端位置的力小。

通过限制终端位置的压力，转向系统的热负荷会明显下降，因此大多数情况下可以省去油液冷却器，降低成本。除了可以降低转向系统的能量损耗外，还可以改善冷却效果，因为温度高的液压油不通过泵流回到转向油罐，而是通过管路流到转向器，在转向器中通过阀和两个液压缸腔，然后通过回油管流回到转向油罐，这样热量可以得到充分散发。

另外一个优点是，由于压力减小，转向到终端的噪声也会下降，不论是机械限位声音还是液压流体声音都会下降。假如转向器中没有压力限制，那么这些声音会明显干扰乘员，必须通过在转向器终端处和横拉杆的内球节处增加弹性元件来抑制这种干扰。

这种应用受限制的因素是悬架的几何运动学设计。特别是在前轮驱动车辆上，由前桥产生的回正力矩在完全转向时通常比较小。假如转向器有压力限制，那么存在这样的危险，在完全转向时剩余的转向助力不足，回转转向盘十分困难，使驾驶人感觉不舒服，认为转向“有去无回”。

12　循环球转向器/商用车转向系统

12.1　应用范围

循环球转向器是传统的转向形式，将转向盘的转动转化成转向臂的摆动，然后通过转向直拉杆、转向横拉杆带动车轮转向。

这种通过连杆来传递运动的方式现在仍然受到青睐，转向桥为刚性车桥的车辆几乎只能采用循环球转向。在这种转向形式中，转向器可以与车架牢固连接在一起，通过适当的转向机构设计可以让刚性桥的复杂空间运动对转向系统运动学的影响很小。这一点尤其体现在车桥悬挂在钢板弹簧上的车辆上。

如果齿轮齿条转向应用在刚性车桥上，转向器必须与桥体固定连接。除了总布置和转向运动学这对矛盾以外，转向管柱的连接必须非常灵活并承受更大载荷。为了能够跟随带转向器的车桥与车身或者车架之间所有可能出现的相对运动，转向管柱的球接头必须能够覆盖很大的角度范围，并且其长度调节的范围也应该特别大。

前桥为刚性车桥的车辆主要有下面两类：

- 越野车辆，主要在荒野行驶，并允许很高的桥荷。
- 中型和重型商用车，其前桥允许载荷超过 2t。

典型的布置方式是，转向器固定在驾驶人侧的车架上，通过转向拉杆与前车轮连接，左右车轮通过转向横拉杆连接（图 K-70），或者转向器固定在车辆中心，与两个前车轮都是直接通过横拉杆连接在一起。

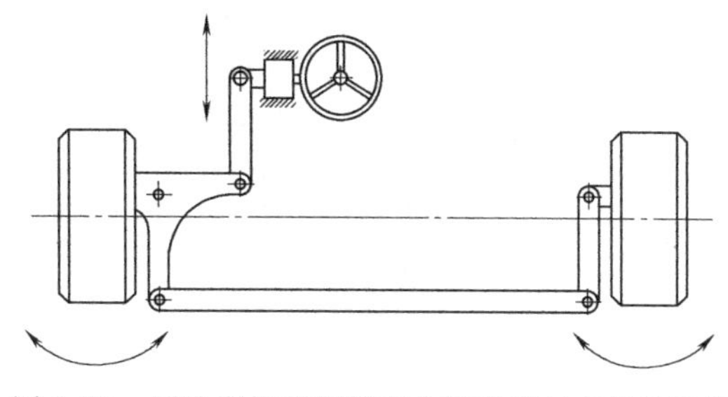

图 K-70 刚性车桥的商用车上转向器与车轮的连接

在旅游大客车的前桥上采用独立悬架，没有这么大尺寸的齿轮齿条转向系统，因此采用很少在轿车上应用的循环球转向，并采用常规的转向梯形。如果驾驶人的位置超过前车轮很多，那么还需要转向直拉杆来进行连接。

所有这些布置形式都有一个共同点，就是它们都包含很多元件。元件之间的摩擦、弹性，甚至是间隙，都会带入到转向系统中，通常这些都会损害转向感觉和转向精确性。另外，转向系统中很多的杆件会抬高成本。所以只要是应用循环球转向器的地方都已经或将要被更加实用的齿轮齿条转向器来代替。

12.2 循环球转向器的结构

循环球转向器现在只有一体式结构，在这种结构中转向器的机械部分和液压部分集成在一个壳体中。因此，这种转向系统又称为集成转向或者整体转向。

图 K-71 所示为循环球转向器的剖视图，它可以分成以下组件：

- 阀、阀壳、输入轴。
- 转向螺杆，与阀连接。
- 球螺母、活塞，通过球体与转向螺杆相连。
- 带齿轮扇的转向轴。

与转向管柱相连的输入轴带有转向阀，和齿轮齿条转向相似，同样也是转阀，图中可以看到输入轴、控制阀套和扭杆。根据转向器的用途，循环球转向器的转阀流量和压力可以设计得明显更高，例如流体开口面和控制阀套的壁厚都明显加大。

这里转向螺杆代替了转向小齿轮，转向螺杆与转向螺母相连。转向螺杆的转动转换成转向螺母的移动，这种转换是通过在两者之间围绕的球体形成的形状连接来实现的，因此摩擦很小。在转向输入轴另一端的转向螺母端部构造成活塞，这个活塞在转向壳体的圆柱壁面上移动。那里形成的液压缸腔室通过壳体上的一个流道与控制阀套上的一个环形槽相连，当然另外一个环形槽就与另外一个液压缸腔室直接相连。在转向螺母上还有卸载阀，当活塞接近终端位置时，卸载阀开始起作用，打开一个溢流通道，液体从高压侧流入到低压侧，高压侧压力为一定的剩余压力（参见第 K 章第 11.5 节）。这样当转向到终端位置并保持时，整个系统中不会产生过高的载荷。

转向螺母的运动通过齿轮啮合传递到转向轴，进而传递到转向壳体的外部，带动压入式转向节臂摆动。根据转向器的齿轮啮合结构不同，可以分为固定传动比和变传动比。

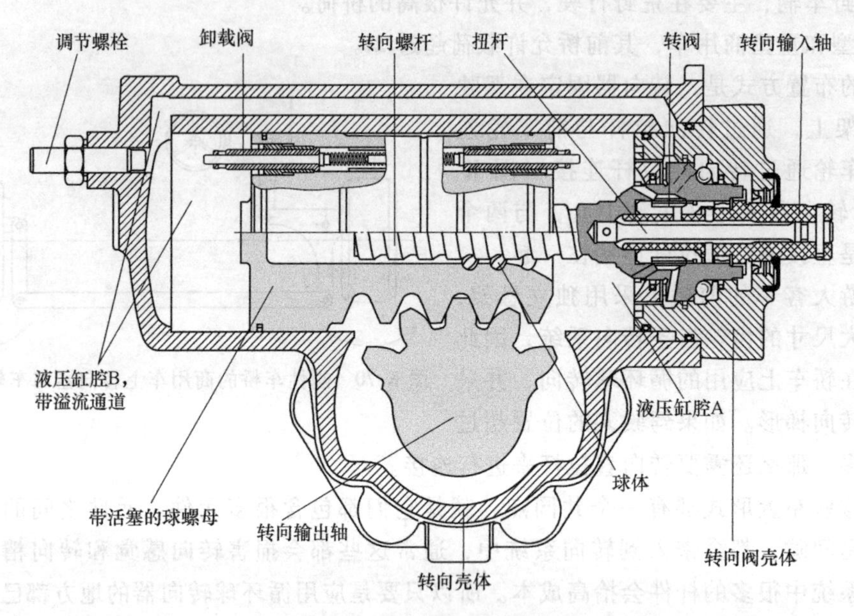

图 K-71　循环球转向器剖视图

12.3　循环球转向和齿轮齿条转向的比较

循环球转向和齿轮齿条转向的相似之处是转向阀，它们的转向阀的工作原理是一样的。

总的来说，循环球转向的强度明显较高，即耐用性高，适用于较恶劣的使用条件，或者是要求高可靠性和长使用寿命的条件，例如商用车，目前设计的使用寿命通常为 100 万 km。

循环球转向高耐用性的一个原因是密封系统，液压系统只需要在转向轴的径向高压区域进行密封。而该轴在这里只有转动运动，相比于齿条更容易保证密封。齿条必须有两个高压密封，进行的是平移运动。这样循环球转向的工作压力可以达到最大值 185bar，不久的将来可能会达到 200bar。

另外，循环球转向对于外界干扰可以提供更有利的阻尼，其主要原因是循环球转向器的机械作用效率，从输入轴传递运动的效率高于从转向螺母反作用传递运动的效率，这样从转向螺母传递的反向运动会因为大摩擦而被衰减。因此循环球转向器可以覆盖很宽泛的车辆匹配要求，其结构类型可以大幅减少。车辆的转向个性可以通过转向的杆系和支架的设计来体现。这种思路也贯彻在产量很小的特殊车辆中，比如有些商用车车型上。这样可以利用大批量生产的循环球转向器，节约成本。

从整个转向系统来考察，循环球转向也存在缺点。包括所需要的杆系在内，循环球转向的总重量明显高于齿轮齿条转向，至少其部件个数更多，成本也比齿轮齿条转向高。从转向盘到车轮的传动机构中，循环球转向由更多部件组成，与之相关的连接副中的弹性和摩擦更多地影响转向感觉，即在齿轮齿条转向系统中驾驶人能够更加直接地从转向盘感知车轮的状况。在轿车中转向感觉特别重要，往往起决定性作用，因此循环球转向的应用受到限制，当今在轿车上几乎只使用齿轮齿条转向。

12.4 技术参数

循环球液压助力转向的技术参数见表 K-6。

表 K-6 循环球液压助力转向的技术参数

车辆类型	越野车	轻型商用车	中型商用车	重型商用车	工程运输车
整备质量/t	1.8	2.5	5.5	7.5	9.5
最大输出力矩/N·m	1200	1700	5000	6500	8500
最大工作压力/bar	120		175~185		
流量/(L/min)	6	8	12	16	25
转向输出轴的摆角/(°)	±90°~±100°				
传动比	约 16∶1~26∶1				
温度/℃	-40~+120				

12.5 辅助系统

因为转向阀的结构原理相同，所以扭杆的中位对准（参见第 K 章第 11.1 节）和速度相关的阀特性（参见第 K 章第 11.2 节）也都可以应用在循环球转向中，至少它们的结构是很相似的。

为了在转向器中获得阻尼而设计的转向阀的结构形式（参见第 K 章第 11.4 节）同样也可以应用在循环球转向中。在商用车中，由于需要循环球转向器传递更大的转向助力，因此其转向阀相对于齿轮齿条转向器的阀需要加强。

循环球转向对外界干扰的阻尼特性允许取消第 K 章第 11.3 节所介绍的阻尼阀，第 K 章第 11.5 节介绍的终端位置的压力限制在循环球转向器中为标准结构，已经包含。比较特别的辅助系统是，对于多轴转向的重型商用车，其转向器还可以连接一个辅助液压缸。

通常并不采用特殊的转向器用在这类车型上（通常这类车的产量很小），而是通过连接辅助液压缸产生另外的转向力，进而引导到第二转向轴附近的转向杆系上。这个辅助液压缸压力来源于转向阀，在转向阀壳体上有另外的液压接口，该接口和控制阀套相应的环形槽连接。这样的好处是，一方面可以最大程度上沿用单轴转向车辆上的循环球转向器，另外一方面单个部件上的载荷可以通过改变助力的分配比例来尽可能降低。

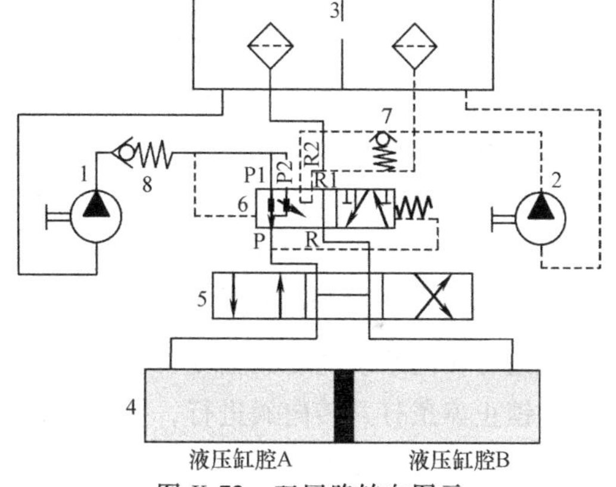

图 K-72 双回路转向图示

1—主泵（内燃机驱动） 2—辅助泵（变速器输出轴驱动） 3—转向油罐（两个分开的转向油罐） 4—转向液压缸 5—转向阀 6—双回路开关阀 7—辅助泵的限压阀 8—主泵的止回阀

12.6 双回路转向

在前桥特别重或者有两个前桥的重型商用车上，如果转向助力失效，也就是转向变成了单纯的机械转向，则违背了这种车型允许的驾驶条件，其车辆行驶证不再有效。图 K-72 描述的双回路转向系统能够保证在一个转向回路失效的情况下，还能保证转向泵能够提供足够的液体流量。

在正常情况下，只有由内燃机驱动的泵 1 通过双回路开关阀 6 和转向器 4/5 相连。流量经过这个开关阀时，由于轻微的节流作用会产生一个压力，这个压力作为控制压力来进行操纵，阀抵抗弹簧打开到图 K-72 所示位置。回油同样也经过这个开关阀回到转向油罐，转向油罐为两个分开的腔室，它们相互连接，能够保证最小的储液量。

辅助泵 2 和驱动轴机械连接，通常布置在变速器输出轴上。这样可以保证在内燃机产生故障时，仍然可以提供必要的流量，只要车辆在运动。在正常情况下，双回路开关阀的流量直接重新回到转向油罐 3。这里同样也有轻微的节流作用，产生的背压受到监控，这样可以提醒驾驶人，让驾驶人感觉到第二个转向回路失效，敦促驾驶人把车辆停下来。

假设主转向回路失效，则双回路开关阀的控制压力会失去，开关阀在弹簧力作用下进入到第二个开关位置。现在转向器由第二个转向回路提供压力，止回阀 8 避免了主泵的内泄漏。驾驶人会得到警示，把车辆停下来。

转向器本身所有的零部件都设计得有足够的失效安全性余量，避免进一步设置辅助安全系统。

13　对液压助力转向器的要求

液压助力转向器在功能和强度上的常规要求包含了机械转向器的要求，并进一步扩充要求来检验液压部分。在这里仅介绍液压齿轮齿条转向器上的扩充要求。

13.1　功能要求

功能要求上增加了转向阀特性曲线测量和内泄漏测量。这两方面内容已经在第 K 章第 10 节液压助力转向系统中介绍过了。

13.2　强度要求

13.2.1　静态强度——开裂压力试验

液压系统的静态强度试验是将转向阀关闭，向转向器中注入流量，监控压力让压力持续增大。转向器在到达最大工作压力并考虑一定的安全余量的条件下仍然密封，其功能没有受到影响。若继续增大压力，一定会存在一个开裂压力，在这个压力下液压系统会失效。这个开裂压力到底应该多大，一般取值三倍最大工作压力。

13.2.2　动态强度——压力冲击试验

液压助力转向系统的动态强度试验是通过在转向器中施加脉冲压力来进行的。这个试验要么通过锁止齿条打开转向阀进行，要么通过施加交变的齿条力进行。因为试验次数很高，所以激励的频率应该尽可能高（5Hz，或者更高）。在做完试验后转向器功能不能受到影响。

13.3　环境要求——冷起动试验

油液的低温黏度是影响液压助力转向器性能的重要因素。如前所述，在极端寒冷气候下

黏稠的油液会损害密封性能，油液有可能不能跟随齿条、小齿轮和输入轴的运动。必须在冷起动模拟中检验寒冷条件下液压油是否泄漏。

在温度为-20℃时，绝不允许出现泄漏。在温度更低时，通常是-40℃，根据车辆要求一般允许内泄漏几毫升。

参考文献 K

STOLL, H. (1992): Fahrwerktechnik: Lenkanlagen und Hilfskraftlenkungen

BAXTER, J., CAUCHI, D. und HEATHERSHAW, A. (2007): The Stability of Rack and Pinion Steering Gear Mesh for HPS and EPS Applications. Haus der Technik: Essen 2007

BAXTER, J. und HEATHERSHAW, A. (2002): Bedeutung der Mittencharakteristik bei Hochgeschwindigkeitsfahrt. 11. Aachener Kolloquium Fahrzeug- und Motorentechnik

BAXTER, J., OSTE, T. und WOU, J. (2001): Modelling of Mesh Friction and Mechanical Efficiency of Rack and Pinion Steering Design. SAE Paper 2001-01-0485. SAE: Warrendale, Pa. 2001

BROWN, C. (2003): Driven by Ideas, The Story of Arthur Bishop. UNSW: Sydney 2003

HEATHERSHAW, A. (2004): Matching of Chassis and Variable Ratio Steering Characteristics to Improve High Speed Stability. SAE Paper 2004-01-1103. SAE: Warrendale, Pa. 2004

HEATHERSHAW, A. (2008): Achieving Active Steering Functionality with ActivRakTM VR. Vehicle Dynamics North America Expo 2008 Forum

HIEMENZ, R., von der EMDEN, M. (2006): Das Fahrwerk des neuen Opel Corsa. 5. Tag des Fahrwerks. IKA-RWTH: Aachen 2006

HONEGGER, H. (2007): Taumel – Kaltumformen. Schmid: Jona, CH 2007

RAPP, M. (2008): The Mercedes-Benz Direct-Steer System. Steering Tech: München 2008

L 转向横拉杆

1 导言

转向横拉杆连接转向器和车轮托架（转向节柱），并把转向器的运动传递到车轮托架，即前车轮上。

从运动学的角度来看，整个结构为曲柄连杆机构，齿条为平动部件，车轮托架为转动部件，转向横拉杆为这两个运动件的连接部件（图 L-1）；同时还必须允许车轮的上下跳动，因此这是一个空间运动。横拉杆的连接点必须为球接头结构，能够提供相应的自由度。由于杠杆比[⊖]以及车轮托架的转动轴，车轮托架侧的横拉杆转动的角度大于转向器侧的。

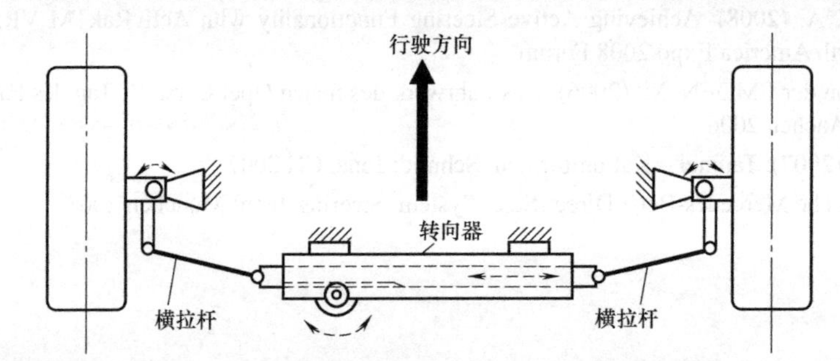

图 L-1　转向器、横拉杆和车轮托架相互作用（来源：ZF Lemförder GmbH）

当今常规的转向横拉杆由内外两个球接头组成。内侧的球接头（转向器侧）称为内球节（或称轴向球节），外侧的球接头（车轮侧）称为外球节（或称径向球节）。这两个接头通常都可以调节。球接头的运动力矩通常应该很小，以获得良好的底盘响应特性，并减小操控力。

2 基本结构

2.1 循环球转向器的横拉杆

在循环球转向器系统中，转向盘的转动通过蜗轮蜗杆来传递，蜗杆上带有一条螺旋槽，槽中有球体滚动。在循环球转向器中，左右横拉杆通过一个中间杆连接，转向盘的转向运动转化成摆动并传递到中间杆。这种结构形式由于安装空间较大、成本较高，当今大多只用在大型商用车上，这种车由于载荷很高不能应用齿轮齿条转向。也有用相对纤细一些的中间杆

⊖　横拉杆的长度除以横拉杆在车轮托架上的连接点到车轮托架的转动轴的距离。

的，优点是离地间隙较高。

图 L-2 所示为循环球转向器转向，图 L-3 所示为横拉杆的结构形式。

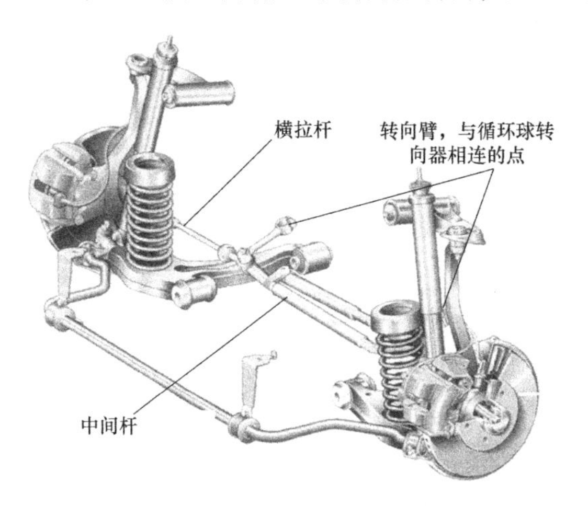

图 L-2　循环球转向的前桥
（来源：ZF Lemder Gmbh）

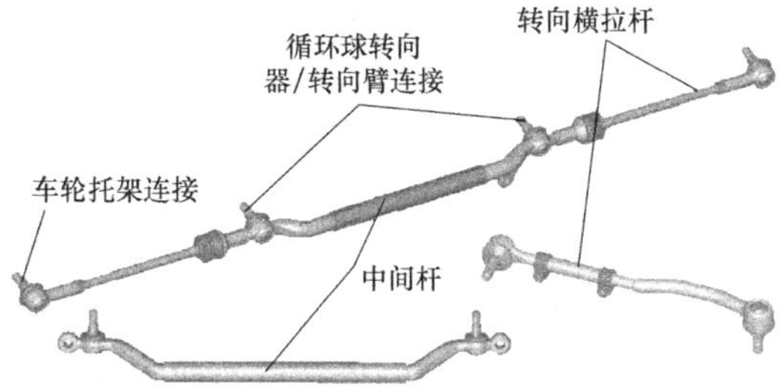

图 L-3　循环球转向系统的横拉杆结构示例

2.2　齿轮齿条转向器的横拉杆

齿轮齿条转向器这种结构形式由于其相对较低的成本，当今广泛应用在轿车（图 L-4）和货运车上。后面介绍的结构都是这种结构的变形演化，其中很多细节同样也为循环球转向器的横拉杆所采用。

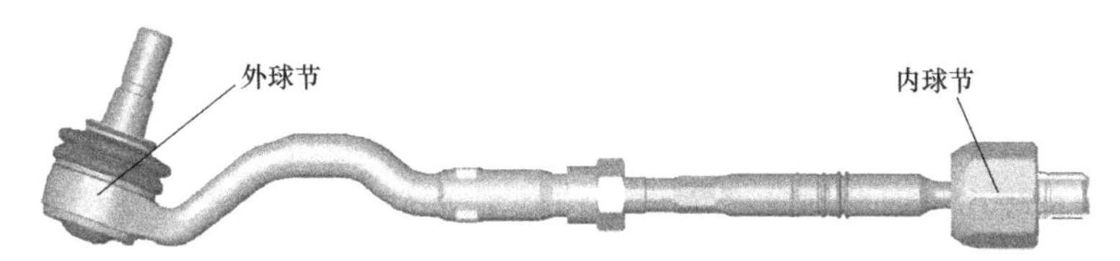

图 L-4　轿车用横拉杆的典型结构

在齿轮齿条转向器中，转向运动通过转向盘、转向器和横拉杆传递到前车轮托架，进而转动车轮。转向横拉杆直接连接在转向器的齿条上，也就是说，这里的齿条还承担了循环球转向器的中间杆的功能。另外，横拉杆的内球节由转向器的波纹管保护，不需要单独进行密封。

由于横拉杆较短，齿轮齿条转向器的整个长度只有 250~350mm，车轮上下跳动会在内侧和外侧球接头中产生很大的摆角。大摆角对球接头结构设计提出了很高的要求。

3　横拉杆球接头

3.1　内球节（轴向球节）

内球节（图 L-5）布置在齿条侧，在转向过程中和车轮上下跳动过程中，球接头的运动都是摆动，而布置在车轮侧的外球节在车轮上下跳动过程中主要是摆动，在转向过程中主要

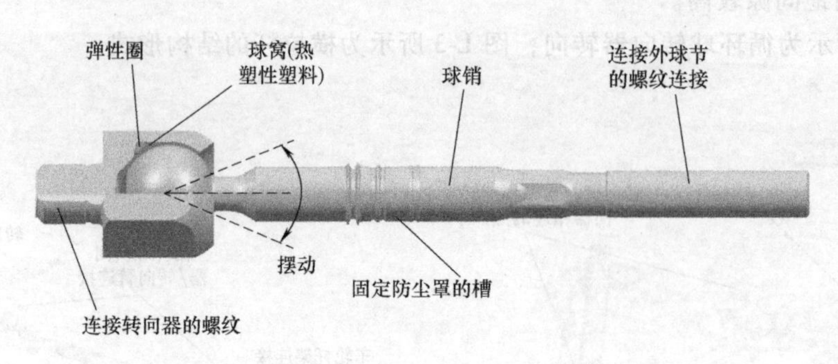

图 L-5　内球节结构（来源：ZF Lemfoerder GmbH）

是转动，如图 L-6 所示。

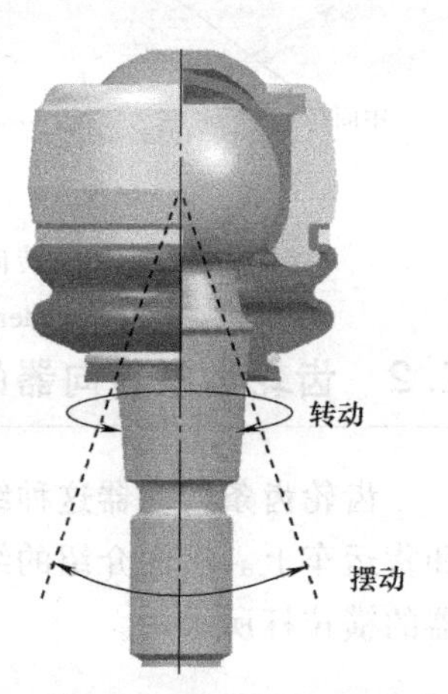

图 L-6　外球节的转动和摆动

内球节有一个热塑性塑料的球窝和弹性圈。图 L-5 中所示的弹性圈起弹簧作用，在载荷过大或者球窝磨损时可以进行补偿来消除间隙。这样在整个使用周期都能保证承载和耐用，球接头在整个使用周期中都能够保证润滑。

球销和球壳大多为冷挤压加工成形。由于球销的球体形状与尺寸要求很高，所以冷成形后通常必须进行机械加工，其加工余量很小。球销上的槽用来连接转向器波纹管，这个槽（图 L-5）可以单独采用一道工序进行冷挤压或者机械加工成形。和外球节密封不同的是，内球节只需要进行静态密封，因为在密封区的球销与波纹管之间没有相对运动。在工作时波纹管只有长度变化，只有在调节车轮前束时转动球销才会导致波纹管在槽中转动。

通常内球节的直径要比外球节的大。球接头在球接头开口方向的有效工作面积较小，因此在这个方向不应受载太大。而内球节在球销拉伸方向偏偏承载，也就是在球壳的开口方向（图 L-7）。和内球节不同的是，外球节受载方向垂直于球销，其受载方向的有效工作面积明显较大。

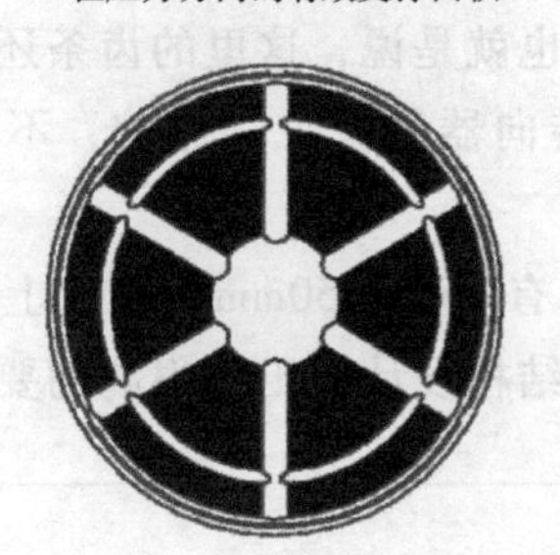

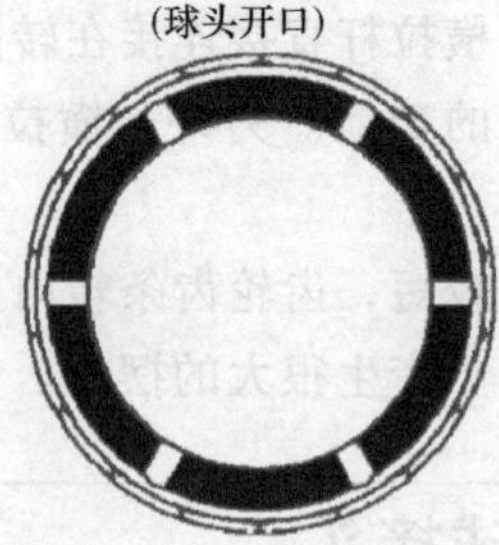

图 L-7　内球节在受到拉力和压力时的工作面

球壳包括球接头在内都由波纹管保护，免受环境侵蚀，因此其表面保护要求无须太多，而球销的杆体部分却需要进行高要求表面保护处理。当今常规的表面保护处理方式：内球节的球销进行阴极电泳漆（KTL），盐雾腐蚀一般要求为 240h；锌铁合金（ZnFe）为 480h；锌镍合金（ZnNi）为 720h。

3.1.1 内球节的通风功能

在转向运动中转向器两端的波纹管压缩和拉伸，如果没有通气结构，会导致过压或真空。这种压差会引起转向器的密封失效。为了保证气压平衡，以前会通过一个单独的气管把转向器两端连接起来。

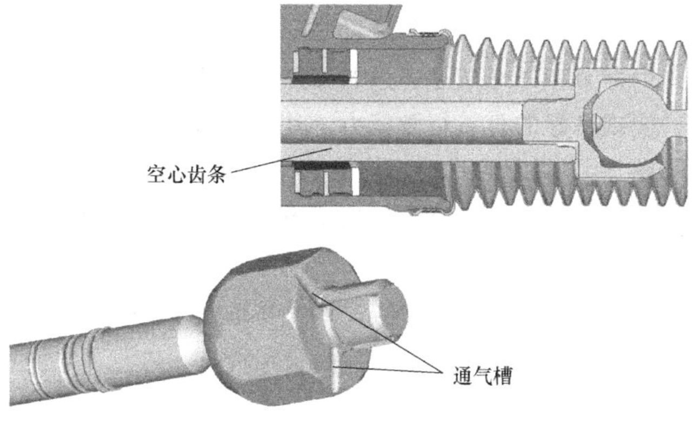

图 L-8 内球节的通气槽（来源：ZF Lemförder GmbH）

多年来，已经采用了集成通气结构，在内球节的球壳中有通气槽（图 L-8）。这个槽可以在球壳的制造过程中一起完成，不需要增加另外的成本，空气平衡通过空心齿条来实现。要平衡空气至少需要一道通气槽，理想情况是有三道通气槽。这样的断开螺纹更易于加工出来，也能够保证螺纹连接。

有时不用通气槽，而是在内球节的球壳上开孔，当然这在制造球壳时要另外增加一道工序。

3.2 外球节（角度球节，径向球节）

图 L-9 所示为外球节的不同结构形式，球壳的形状和结构主要由安装空间来决定。根据空间大小，要么采用直的、简单的，要么采用弯曲的、复杂的球壳用于外球节。由于车轮越来越大且越来越宽，直的球壳越来越少见。

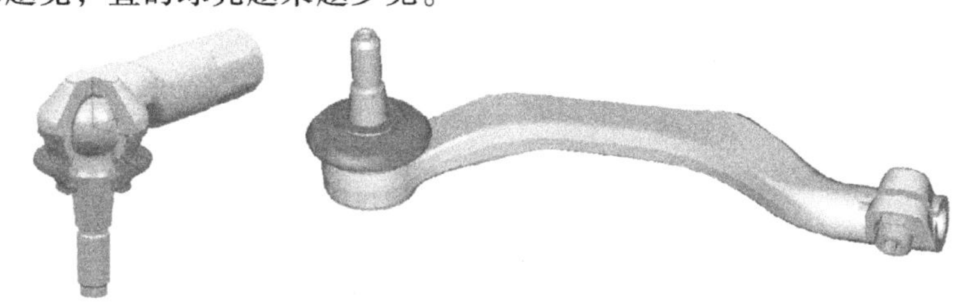

图 L-9 外球节的结构示例（来源：ZF Lemförder GmbH）

图 L-10 所示为外球节散件的相互位置关系，这种球接头同样要求寿命期间都能润滑。球接头的球销与车轮托架连接，通常是通过球座和螺栓进行连接（可参见 L7 章节）。和内球节不同的是，外球节的球壳通常是热成形。热成形可以完成复杂的形状，例如弯曲的球壳，但接着要进行机械加工，以保证支撑区域的尺寸精度。冷成形几乎可以完全省去机械加工，从而降低成本。

外球节处于车轮附近，环境腐蚀更加恶劣。其表面通常为电镀层表面保护，如电镀 ZnFe 和 ZnNi 等。

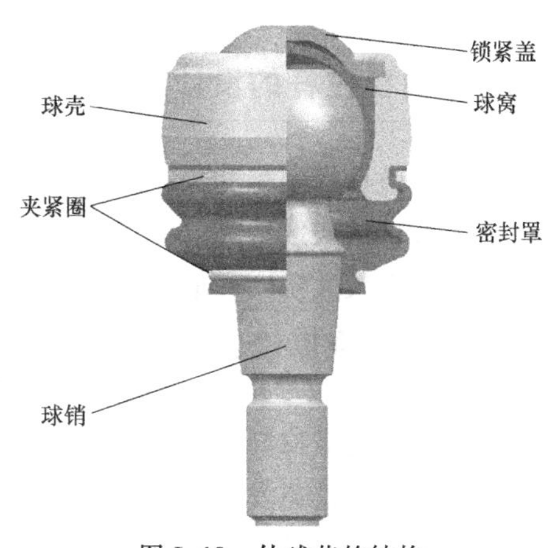

图 L-10 外球节的结构

球销也通常采用表面保护，这样可以保证球销密封更加牢靠（参见第 L 章第 5.4 节）。

4 前束调节

内球节和外球节是通过调节螺纹连接在一起的。调节螺纹可以使车轮达到理想的车轮前束，实现良好的直线行驶能力，并减小轮胎磨损。

图 L-11 所示为目前不同的前束调节结构形式，其应用取决于功能和装配要求。通常前束调节机械化进行，整车厂根据装配过程可以选择其中一种。

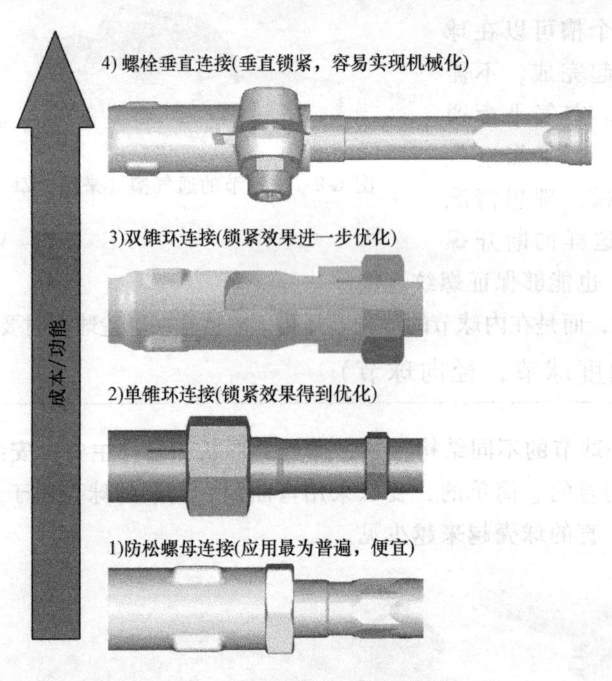

图 L-11 前束调节的结构形式

5 要求和设计

5.1 转向横拉杆的设计原则

原则上横拉杆的尺寸大小与整车重量即桥荷、齿条力和球接头大小相关。图 L-12 展示了这种联系，浅灰区域为过渡区间。除了作用在转向横拉杆即球接头上的外力以外，球接头的大小主要由最大角度和最高工作温度决定。

5.2 横拉杆强度设计

强度是转向横拉杆最重要的要求。横拉杆折断意味着拉、压力传递路线中断，车辆失去转向能力。为了避免发生这种情况，必须对零件进行 CAE 分析，并进行大量测试，确保强度。横拉杆首先要借助 FEA 分析（图 L-13）进行设计，接下来在物理样件和整车上进行试

验。对设计尤为重要的是载荷工况，载荷工况包含正常工作载荷、特殊工况载荷和滥用工况载荷。在正常工作载荷下，金属件不允许出现残余变形，而特殊工况载荷和滥用工况载荷下允许产生残余变形，甚至是希望产生残余变形（参见第 L 章第 9.1 节的失效分析）。但是转向器到车轮托架之间的机械连接必须在所有工况下保留，不得断开。

车辆级别	转向助力/N	球接头的大小		
高级车辆	15000			
	14000			
中高级车辆	13000			
	12000			
中级车辆	11000			
	10500			
	10000			
中低级车辆	9500			
	9000			
	8500			
	8000			
	7500			
紧凑级车辆	7000			
	6500			
	外球节	ϕ22mm	ϕ25mm	ϕ27mm
	内球节	ϕ26mm	ϕ29mm	ϕ32mm

图 L-12 车辆级别、转向助力和球接头大小之间的联系（ATZ 10/2009）

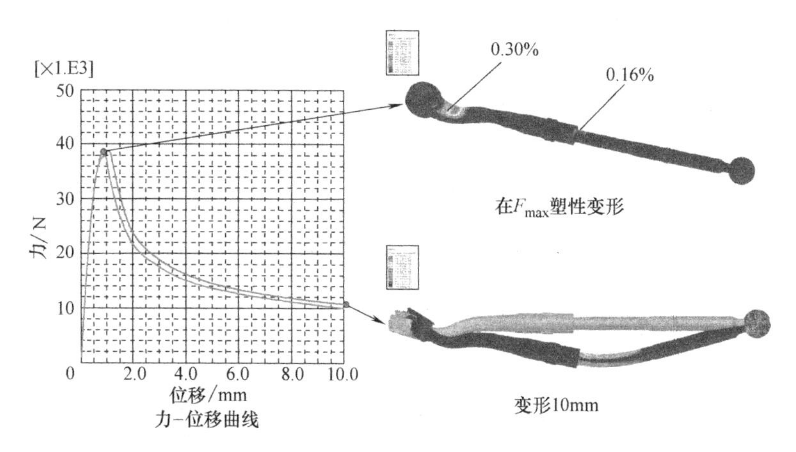

图 L-13 压折力模拟（Quelle：ZF Lemföder GmbH）

图 L-14 所示为载荷间的联系。双倍粗实线为载荷要求，横拉杆的载荷要求是从作用在横拉杆上的载荷中导出。粗实线为横拉杆的维勒曲线，它位于载荷要求的上面。虚线为塑性变形的开始，再往上的载荷区域允许或者应该产生弯折。

在特殊工况载荷下，横拉杆还得保持功能。为此横拉杆必须应用高强度高延伸率的材料，除了钢外还可以用铝合金轻质材料。是否可以采用轻质材料取决于车辆的安装空间状况。

5.3 球接头设计

当今轿车上的球接头通常使用热塑性塑料（线性高分子塑料）球窝。聚甲醛（POM）

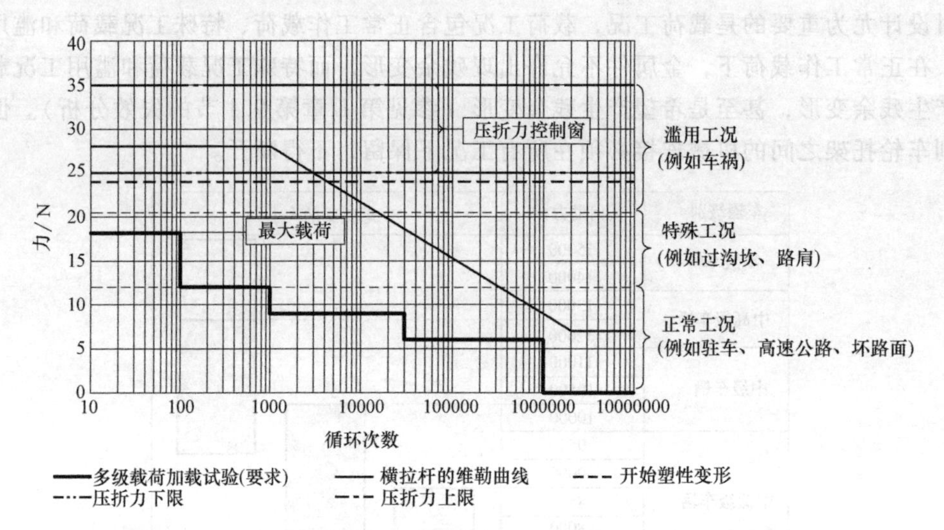

图 L-14　正常工作载荷、特殊工况载荷和滥用工况载荷之间的联系

在高承载能力、低摩擦力矩、公差和无间隙这些方面都能很好地满足要求。如果温度特别高，可用聚醚醚酮（PEEK）材料。在特殊情况下还可以使用复合材料或金属用于球窝。

球窝材料的选择取决于要求以及载荷和温度（图 L-15）。重要的设计参数是允许的单位面积压力，在一定温度和载荷下球窝不产生塑性变形。超过允许压力则会导致球接头间隙。球接头间隙的表现大多为噪声和转向间隙，用户在车辆保养时会对此抱怨和投诉，因此只能更换球接头或者横拉杆。

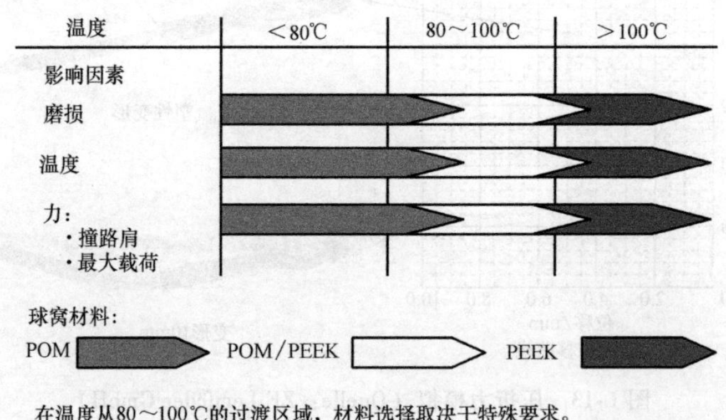

图 L-15　球窝材料取决于载荷和温度（来源：ZF Lemförder GmbH）

5.4　外球节密封

球接头密封用来防止污物和水进入球窝。水进入会产生球接头内部腐蚀，污物和腐蚀会加剧磨损并产生间隙，导致早期失效，这也是球接头失效最常见的原因。因此，球接头的密封设计是球接头设计的核心内容。图 L-16 所示为球接头密封设计的流程。

球接头密封的要求

和轴密封相比，外球节密封要承受更为复杂的动态载荷，并且必须承受由转向运动和车

轮上下跳动引起的外球节转动和摆动的复合运动。根据桥的结构形式不同，外球节的转角约为±35°，摆角约为±30°。

球壳侧的密封只需要采用静态密封，球销侧的密封则要在径向和轴向都必须可以滑动。其动态密封功能由径向载荷和轴向载荷两部分复合而成。密封罩本身承受转动和摆动运动叠加产生的载荷，密封功能需选择合适的形状和材料才能得以实现，通常采用弹性体材料。设计要经过 FEA 检验（图 L-17）。密封系统的台架试验要在环境模拟温度箱中进行，并在整车上进行补充试验。

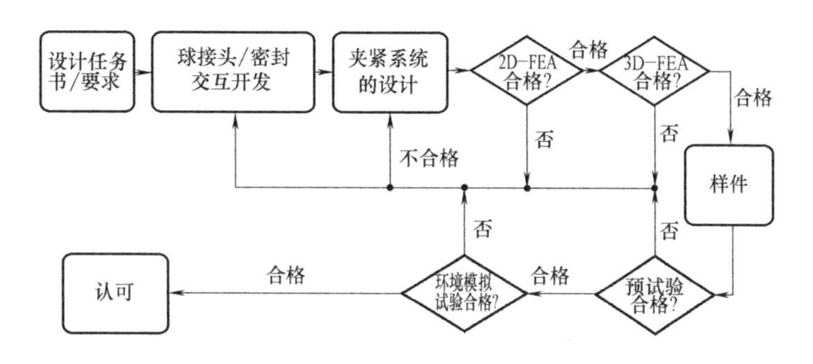

图 L-16 球接头密封的设计流程（来源：ZF Lemförder GmbH）

车辆静止状态时的特殊要求是必须承受高压清洗。不管是球壳侧的密封还是球销侧的密封都要经受至少 8MPa 的水压。

密封罩常采用弹性体中的 CR。常规质量的 CR 可以承受-40～80℃的温度范围。如果高温达到 100℃左右，则可用 HNBR 等材料。

密封系统的腐蚀和侵蚀不能完全避免，因此在密封区域总是要采用表面防腐措施，这样可以保证有多年的密封功能。在球销的动态密封上这一点尤其重要。对此，有多种渗氮处理方式，渗氮的优点是提高耐磨强度和抵抗腐蚀（BMFT 1981）。球头本身可以表面处理，以提高强度，这样即使有轻微潮湿侵入也不会出现腐蚀现象。也可以采用辅助部件来取代渗氮工艺，例如耐腐材料的滑环，如图 L-17 所示。

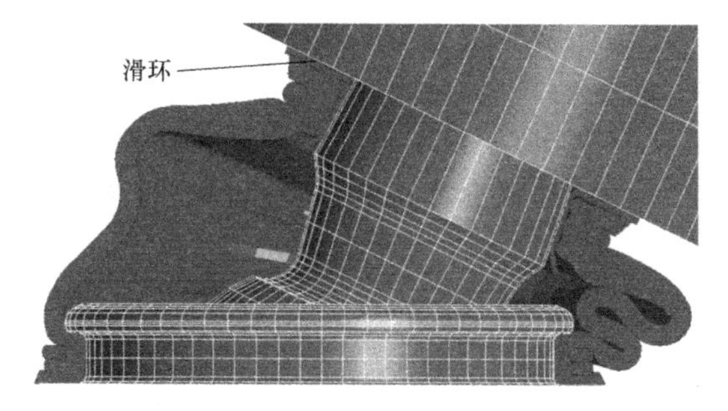

图 L-17 密封系统的 3D-FEA 分析

6 阻尼/解耦

在特别情况下可以通过横拉杆来实现阻尼功能或者解耦功能，把不希望的振动进行衰减或者隔离解耦。解耦功能可以通过内球节、外球节或者单独元件中实现（图 L-18）。

优点：可以根据要求来设计弹性特性。图 L-18 所示的结构可以保证整车寿命内都有阻尼功能。

缺点：产生不希望的弹性；另外的部件导致成本和重量增加。

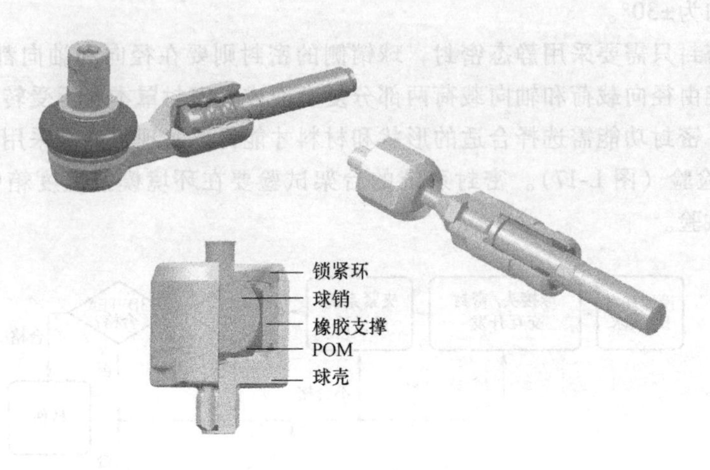

图 L-18 转向横拉杆中集成阻尼和解耦功能的可能性

7 与车轮托架的连接

车轮托架有不同的成形方式和不同的材料组成。

通常来说，车轮托架锻件可以保证最理想的与外球节连接（图 L-19），通过锥形面与外球节相连。出于成本和自重的原因，车轮托架也可以是板件、铸铁件、铸铝件或者锻铝件。在这些结构中，可以压入高强度材料的套管和锥形块，提高车轮托架的表面压力允许值，传递动态工作载荷。如果超过了表面压力的允许值，则螺栓连接的夹紧力会下降，在动载荷作用下会产生连接松动。

图 L-19 所示为在车轮托架锻件中锥度为 1∶10 的球座与圆锥形球销的连接形式；图 L-20所示为压入套管和锥度为 1∶1 的平锥球座连接，用于铝合金车轮托架。

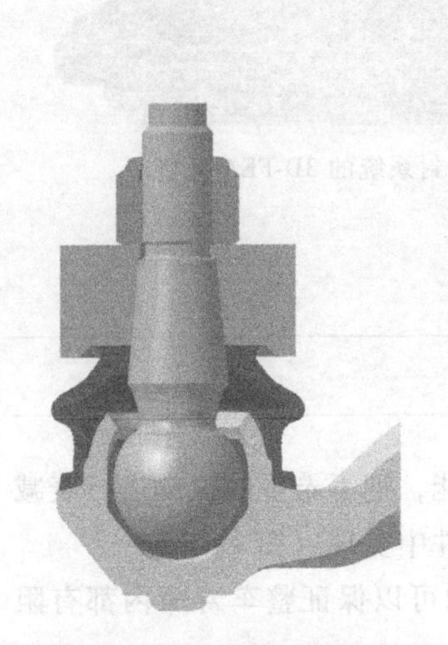
图 L-19 传统的锥面连接，大多用在车轮托架锻钢件上

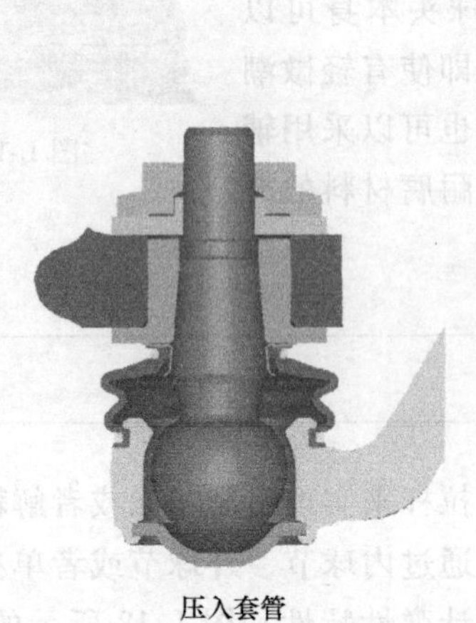

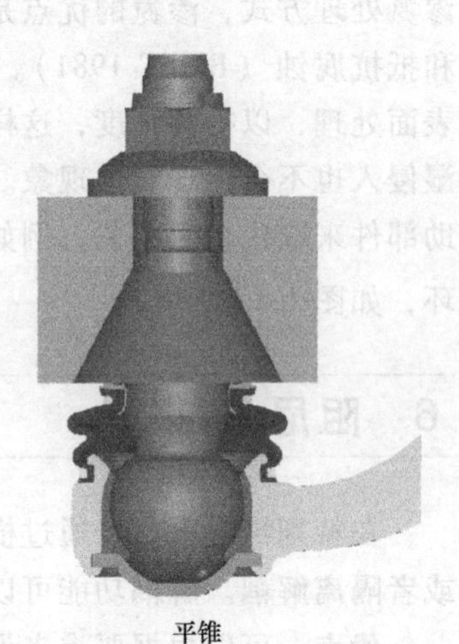

图 L-20 外球节与铝合金车轮托架连接（来源：ZF Lemförder GmbH）

8 轻量化结构

减小非簧载质量、实施轻量化是轿车底盘件的显著特征，在很多底盘件上都实施了轻量化设计。

横拉杆上也有轻量化要求，通常是在外球节上实现这个要求，外球节的球壳在轻量化上有很大的潜能。

在实际应用中，使用变形铝合金和合适的铸造铝合金。这种材料有很好的延展性以及耐腐蚀能力，不需要另外增加表面保护。

球接头的球壳如果必须考虑安装空间和结构形状，则必须采用高强度的锻钢件，和铝合金材料相比锻钢件需要的安装空间要小得多。

图 L-21 所示为铝合金横拉杆的结构示例，和钢结构相比自重可以下降约 30%。

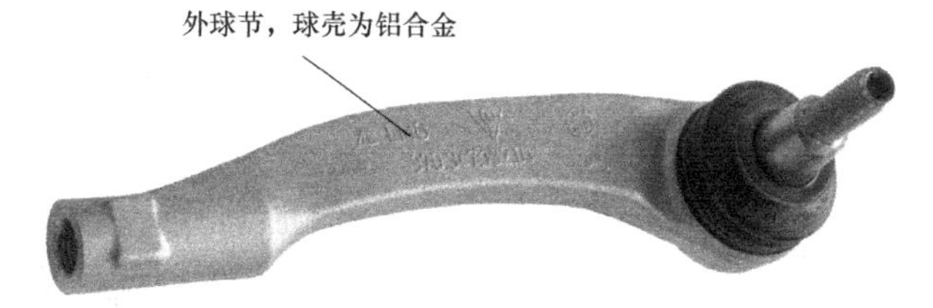

图 L-21 铝合金横拉杆的结构示例（来源：ZF Lemförder GmbH）

9 展望

9.1 过载性能

相对而言横拉杆属于成本较低的部件，在售后服务中更换成本不高，因此横拉杆可以作为车辆性能要求的“牺牲品”，或者说是安全功能件。为了实现这个功能，横拉杆的弯折性能要这样优化：在滥用工况中通过横拉杆的弯曲来保护比较贵的部件免受损伤，如转向器和车轮托架。这种滥用工况规定了横拉杆弯折载荷能力的上限，弯折能力的下限是由设计者规定的行驶工况来确定的。也就是说弯折力的要求是个窗口控制，横拉杆在受载荷作用下的变形须符合这个窗口控制。失效性能表现为一定的零部件失效顺序（这里要求横拉杆在转向器和车轮托架失效之前先失效）。

因为横拉杆除了承受压力外还承受拉力，在拉力作用下也要能保护其他部件，只有弯折力窗口控制是不够的（图 L-22）。

为了获得可靠的过载保护，需要应用安全元件。这个安全元件设计了一个过载窗口控制，例如从 20~25 kN。如果车辆上达到了这个载荷（拉力或压力），安全元件会变形，横拉杆会持续变长或者缩短。横拉杆在安全元件激活后还能继续传递转向力，只是转向横拉杆长度变了，还可能有间隙。轴向间隙和长度的变化要设计得足以让驾驶人感知发生了故障，意识到他需要去维修站检查。

这种在传统弯折窗口上的进一步开发，会让转向器和车轮托架的整个系统在拉力和压力

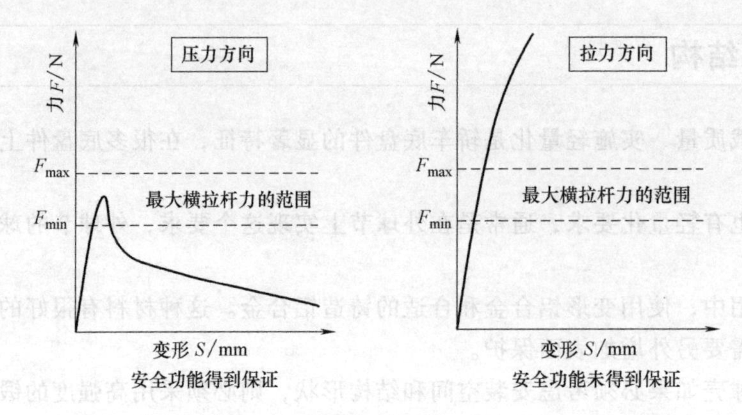

图 L-22　弯折试验/拉伸试验（来源：ZF Lemförder GmbH）

方向上的过载保护变得更加安全。

安全元件的结构和变形特性如图 L-23 所示（ZF 专利 1991）。

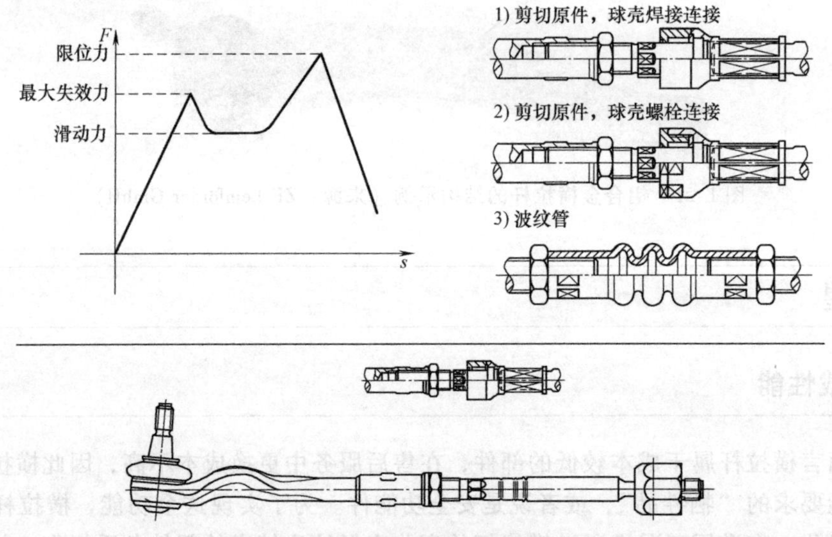

图 L-23　安全元件的结构和变形特性（来源：ZF Lemförder GmbH）

9.2　传感器球接头

在球接头中的传感器能够获得球接头的运动情况（例如摆角）。通过这些数据可以确定行驶状态和车辆状态，如车辆的位置高度或者车轮跳动的速度。这些数据会被前照灯照明距离调节、空气弹簧需要的车辆高度或者变阻尼减振器所利用。

当今有多种结构形式的传感器投入使用，有些是必须通过复杂的连接杆与车身相连的。考虑所有必要的连接，传感器球接头的结构形式重量相对较大，需要较大的安装空间，另外信号链的精度也不高。在当今的解决方案中（例如高度传感器），传感器本身的高信号质量被机械连接杆件的公差以及这些杆件的装配公差所降低。在球接头集成传感器中则消除了这些机械误差。

球接头集成结构使传感器结构更加紧凑，自重更轻，而且信号质量更好。相比于常规的

传感器结构质量可以减小 1.0kg。在图 L-24 所示的结构中，球接头的密封结构和支撑结构没有改变。位于外部的传感器可以感知没有磁性的罩盖下面的内部球接头磁场的磁力线方向。没有球接头功能的球销端面为磁场的中性位置。

图 L-24 所示为 ZF Lemförder 传感器模块的结构样式。

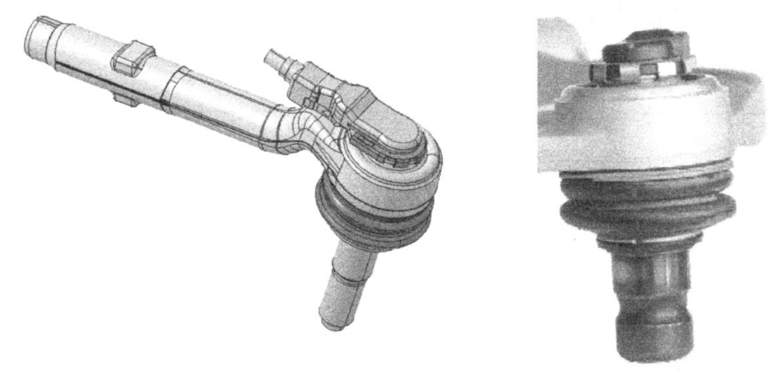

图 L-24 ZF Lemförder 传感器模块（来源：ZF Lemförder GmbH）

参考文献 L

BMFT – Tribologie und Verschleiß (1981): Oberflächenverfahren

GUY, A. (1976): University Florida – Korrosionsmechanismen

HEISSING, B. und ERSOY, M. (2007): Fahrwerkhandbuch, 201

LANDGREBE, D., HIRSCHVOGEL, M., KETTNER, P., PISCHEL, W., DAHME, M., WONDRAK, J. und NÄGELE, H. (2001): Bibliothek der Technik Bd. 213, Massivumformtechniken für die Fahrzeugindustrie

MENGES, G. Prof. TH Aachen (1970): Werkstoffkunde Kunststoffe, 15, 88

RUNGE, W., GAEDKE, A., HEGER, M., VÄHNING, A. und REUSS, H. C. (2009): Elektrisch lenken – Notwendige Effizienzsteigerungen im Oberklassesegment, ATZ 10/2009

STOLL, H. (1992): Fahrwerktechnik, Lenkanlagen und Hilfskraftlenkungen

VIEREGGE, K. und ADLOF, W. (1994): Schmiedeteile: Gestaltung, Anwendung, Beispiele

ZF Patent (1991): DE 39 15 991 C2

M 液压动力源

1 伺服泵

1.1 引言

液压助力转向系统多年来为汽车工业的标配，在小型车上也得到了广泛应用。带流量调节叶片泵的中通转向系统在成本方面有多种结构形式。随着节约能源课题的深入讨论，这种转向形式受到越来越多的质疑，如今节约能源的液压系统受到关注，在调节叶片泵中产生的能量损失不再被忽视。

1.2 叶片泵

叶片泵是目前应用得最为广泛的转向助力泵。双作用叶片泵如图 M-1 所示。

叶片泵主要由一个转子 4、可移动的叶片和一个弧环 3 组成。转子在弧环内转动，转子开口槽中的叶片由于离心力作用顶在弧环上。由此形成的多个腔室沿着弧环滑动并改变体积，吸进腔室中的油液体积变小而受到挤压并被压出。双作用叶片泵为定量泵。通过两个吸油腔和两个压油腔的对称布置，转子上受到的压力得到了平衡，泵的支撑上受的载荷较小。

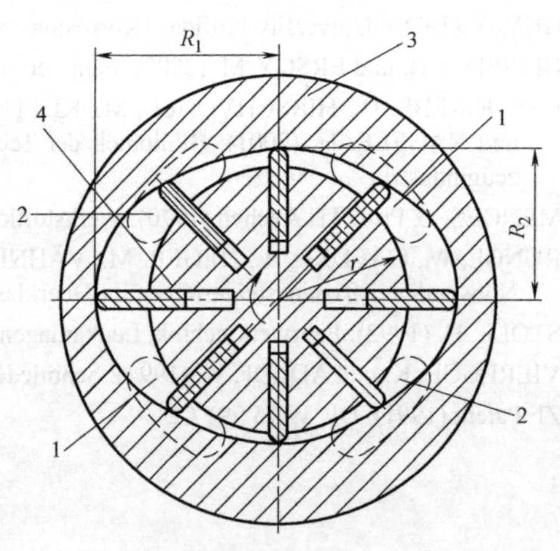

图 M-1　双作用叶片泵

泵的流量正比于泵的转速。车辆上的叶片泵的流量特性曲线通常为一条下降的直线，这样在车辆速度较高（即泵的转速较高）时转向助力会减小。流量控制是通过图 M-2 中所示的流量限制阀来进行的。流量控制的原理是，随着流量的增大，节流产生的压力差会增大，活塞 1 由弹簧 5 预紧并随着压力差而移动，销轴 4 会随着活塞 1 运动。这样，套管 3 由于压差变化而改变位置，其孔的开口面积会发生变化，使得流回液压泵的开口截面变大。

典型的流量下降特性曲线如图 M-3 所示。在图中可以看到起降点。

若泵在发动机的工作转速范围内都呈现流量下降的特性，这样则可以得到恒定的转向助力。并且，重要的是，在泊车工况（转速低、车速低、转向费力）时泵的流量正好达到最大值。

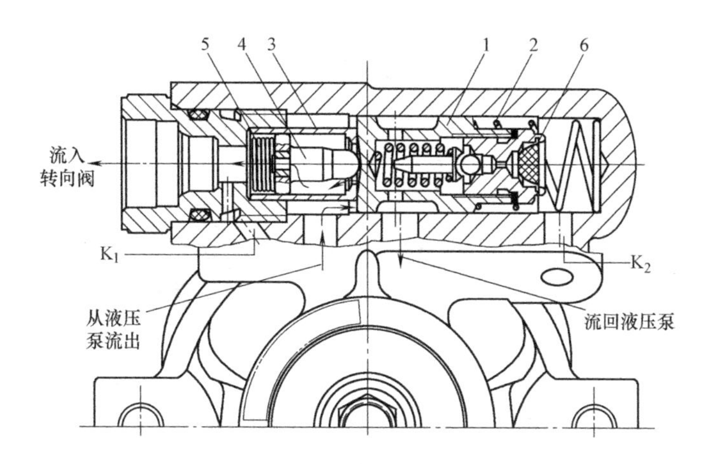

图 M-2 流量限制阀

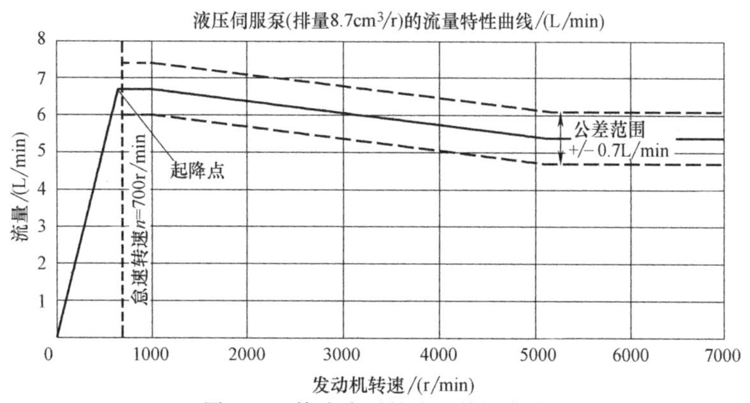

图 M-3 某叶片泵的流量特性曲线

叶片泵的效率参数是容积效率。容积效率反映的是在一定的工况下流量与压力的特性曲线。理想的泵应该是在整个压力范围内流量保持恒定，也就是泵的内泄漏不随着压力的增加而改变。实际上，这样的泵是不存在的，因为随着压力的增加，液体内泄漏总是会随之增大。图 M-4 所示为常规的流量特性曲线，表达了流量损失所允许的最大值。图中已经考虑了泵的大小，即实际流量与排量的比值。

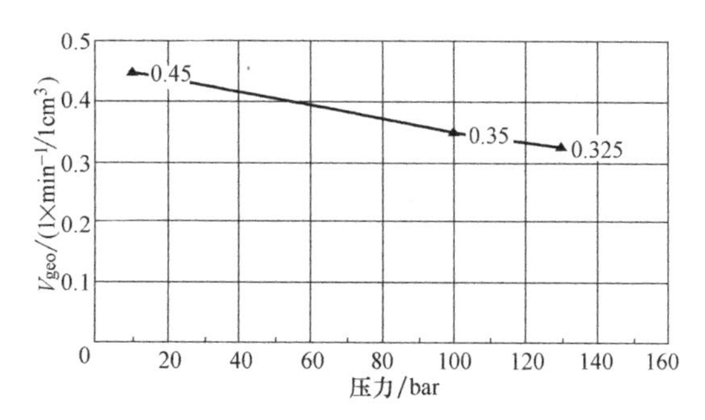

图 M-4 某叶片泵的极限流量特性曲线

1.2.1 带旁通阀的叶片泵

这种节约油耗的叶片泵，不同生产商采用的名称不同，如有 ECO、EV^2（图 M-5）和 KKEPS 等。

带旁通阀的叶片泵的基本工作原理是，在不主动转向时，如直线行驶，利用减少转向系统中流动液体的压力来降低能量消耗；在转向系统的转向阀处于中间开口位置时，液压油仍然在转向系统回路中流动，从而产生流动压力。

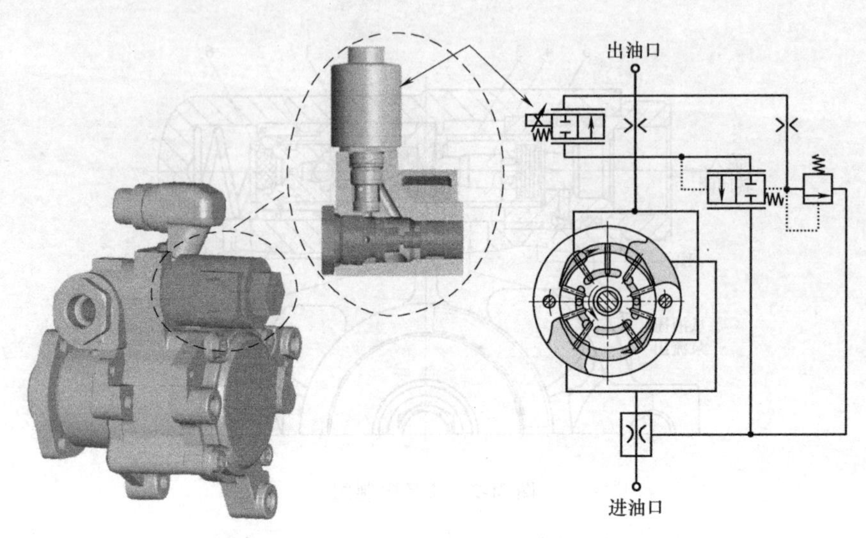

图 M-5　带旁通阀的转向泵（EV^2）（IXETC）

通过应用合适的旁通阀可以明显降低这种叶片泵的液压回路中的流量，降低回路中的流动压力。因为在回路中不仅有流量限制阀，而且有旁通阀来降低流量，进而减小流动压力，所以在发动机高转速（即泵高转速）以及转向负荷较小（例如高速公路上直线行驶）时，油耗会明显降低。

图 M-6 所示为车辆在某种行驶循环工况中的能量节约量。为了不至于丧失转向灵敏性，流量只是根据车速增大时下降一定的量，因此能量节约量其实是较少的，并且和行驶工况相关。在图 M-6 中可以看到，在车辆起动范围没有转向负荷，流动压力明显减小。

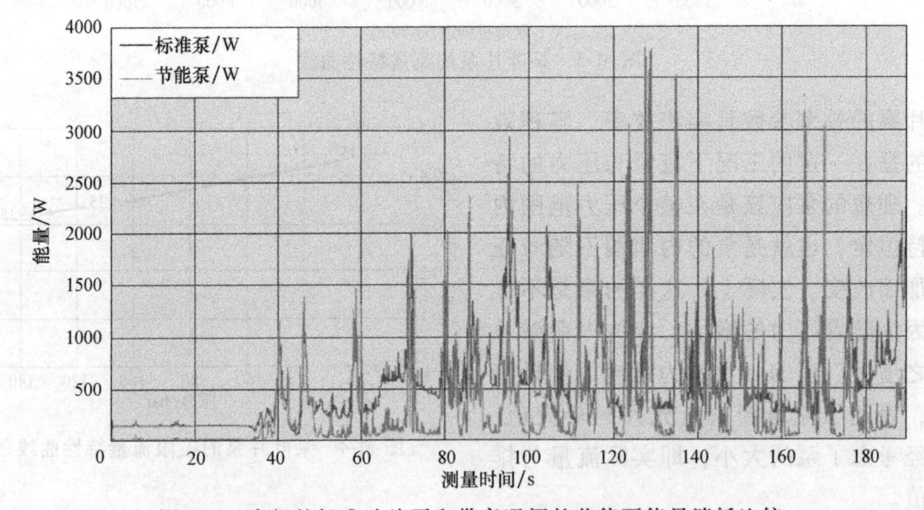

图 M-6　常规的标准叶片泵和带旁通阀的节能泵能量消耗比较

1.2.2　变排量泵

变排量叶片泵是传统叶片泵的进一步开发，通过几何排量变化泵可以按照转向系统的需要来提供流量，这样，在非工作区域可以减少泵内部的液体循环。变排量泵为单作用叶片泵。如图 M-7 所示，吸油腔和压油腔的空间分配是通过压杆产生弧环和转子的偏心来进行的。这个偏心量可以根据需要来改变，使泵按需提供流量。如图 M-8 所示，在发动机达到

怠速转速工作点时，变排量泵保持排量不变。泵转速升高，泵压升高，控制阀调节弧环移动，弧环和转子的偏心量减小。这样泵的排量会减小，避免了油压的过大增长。反之，当泵的转速下降，由于压力下降，弧环和转子的偏心量会增大，排量会重新增大。

叶片泵的功率消耗（图 M-9）可以按照下式近似计算：

$$P = V_{\mathrm{geom}} np \times 1.67 \times 10^{-3} (\mathrm{W}) \tag{M.1}$$

式中 V_{geom}——泵的几何排量（cm^3/r）；

n——泵的转速（r/min）；

p——压力（bar）；

1.67——单位换算系数。

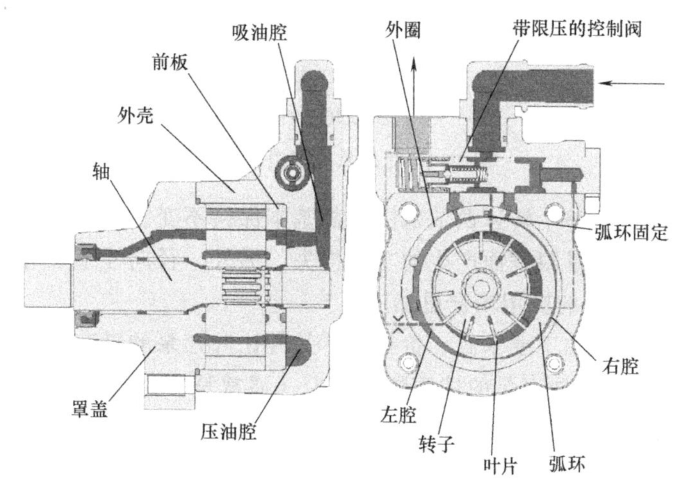

图 M-7 可调节泵的剖视图

在传统的叶片泵中，即使是流量控制的叶片泵中，系统还是存在液体流动的背压，在泵转速较高时能量消耗很大。例如，排量为 $12\mathrm{cm}^3/\mathrm{r}$ 的叶片泵，其流动压力约为 10bar，转速为 5000r/min 时能量消耗为 1002W。这相当于车辆在高速公路上直线行驶没有转向，但是转向系统仍然会消耗 1kW 的功率并转化为热量，然后通过转向冷却器散热。节能泵的应用可以在很大程度上减小功率损失，变排量泵体现出很高的价值。

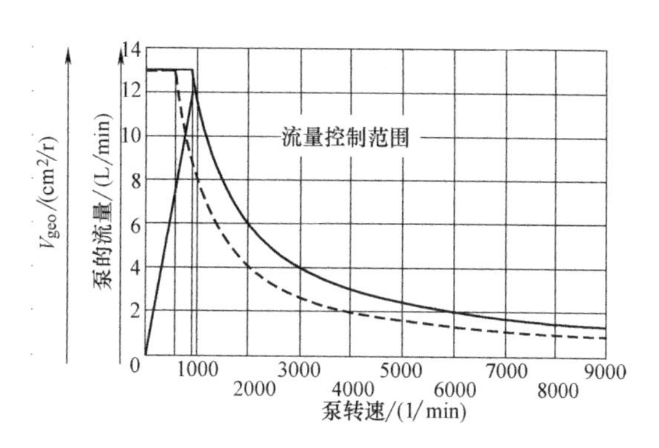

图 M-8 变排量叶片泵的排量和流量特性曲线

1.3 径向柱塞泵

径向柱塞泵是由几个柱塞单元（图 M-10）组成的，这些柱塞单元由一个共同的偏心轴驱动。油液通过柱塞上的横孔流进柱塞腔中，完成吸油。在压油行程中，柱塞上的横孔封闭，随着柱塞转动压力的增大而逐步升高。

这种类型的泵的优点来自其特有的吸油过程，即随着泵的转速提高，泵的流量几乎保持不变。吸油过程中随着泵的转速提高，柱塞腔中的吸油时间也会变短，柱塞腔实际上并没有

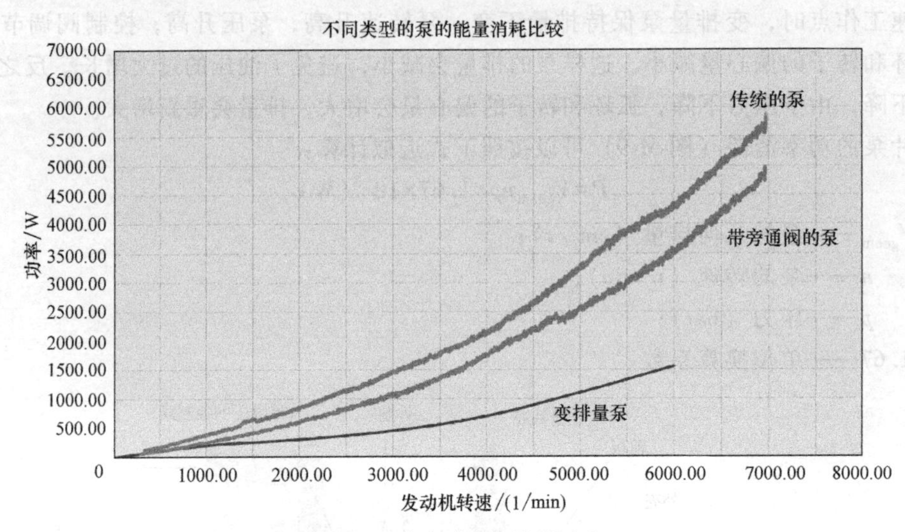

图 M-9　叶片泵功率消耗对比

吸满油，这样泵的流量在整个转速调节范围内都基本保持不变。所以这种泵不再需要流量限制结构，也就不存在因流量限制而产生的功率损失。另外，径向柱塞泵可以承受很高的工作压力（200bar），比叶片泵的应用场合更加广泛。

径向柱塞泵的缺点是加工要求高、价格贵。另外比叶片泵的噪声明显，这首先是由于结构（图 M-11）原因，径向柱塞泵的柱塞数量较少（通常是 7~8 个），产生的压力波动较大。相比而言，排量相当的叶片泵通常至少有 11 个叶片，其压力为 11 个压油腔的压力和。

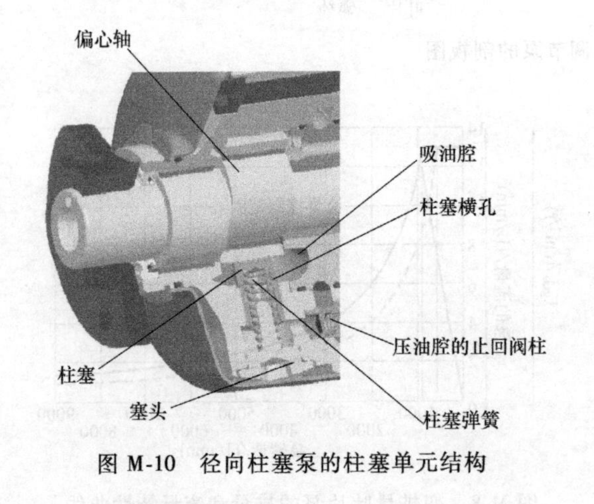

图 M-10　径向柱塞泵的柱塞单元结构

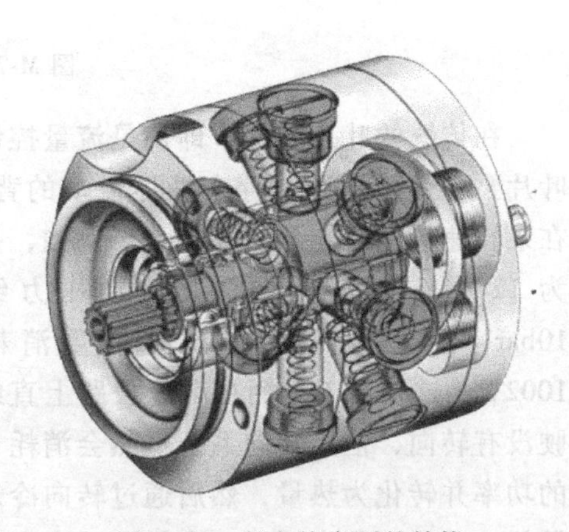

图 M-11　径向柱塞泵的结构

1.4　串联泵

串联泵（图 M-12）通常是由叶片泵和柱塞泵组合而成的，这样可以实现对不同的液压系统（例如液压伺服转向系统和侧倾稳定系统）单独进行液压供给。不同的液压系统工作油压往往也不相同，侧倾稳定系统为高压系统，系统压力约为 180bar，这种压力用叶片泵来驱动不合适。但是叶片泵用于液压助力转向系统是足够的，叶片泵能够达到的最大压力约为 150bar。把这两种不同的泵集成在一根轴上有以下优点：

- 通过使用共同的中间板来减小安装空间。
- 只需要一个发动机驱动轴。
- 降低重量。

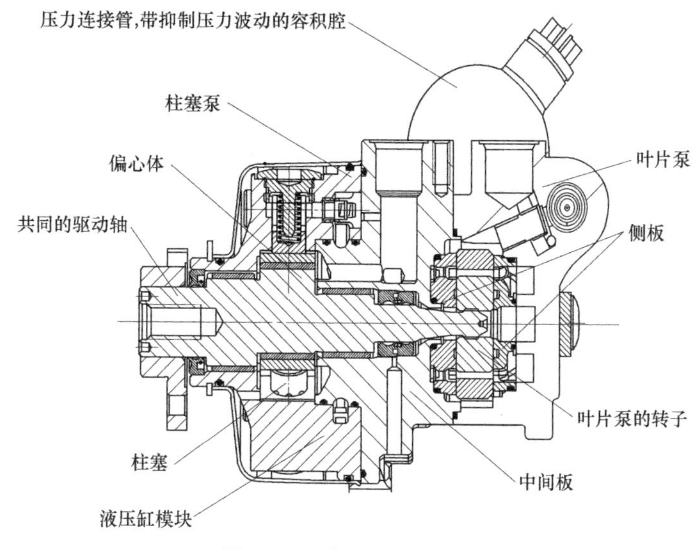

图 M-12 串联泵的剖视图

2 油液供给和油液

2.1 转向油罐

液压伺服转向的车辆需要一个转向油罐来保证转向系统中有清洁的储备油液，进而补偿油液的体积变化，排除油液中的气体，镇静油液。如果没有转向油罐，系统注液会是一件非常困难的事。转向油罐的另外一个作用是可以过滤油液、冷却油液，并在车辆所有的加速和减速过程中保证转向系统的油液供给。

2.1.1 结构形式

转向油罐主要为塑料件（PA），制造工艺为焊接注塑或者吹塑，制造方式是由成本和造型决定的。过滤单元是由单独结构和转向油罐牢靠地集成在一起。

转向油罐分为两类结构，一类是和泵固定在一起的泵固定结构（图 M-13），另一类是固定在车身上的车身固定结构。泵固定结构的优点是泵的吸油管管路很短，这有利于避免气穴出现。其缺点是，与泵连接的部分必须承受泵的高频振动，且保证不会出现转向油罐断裂；转向油罐离排

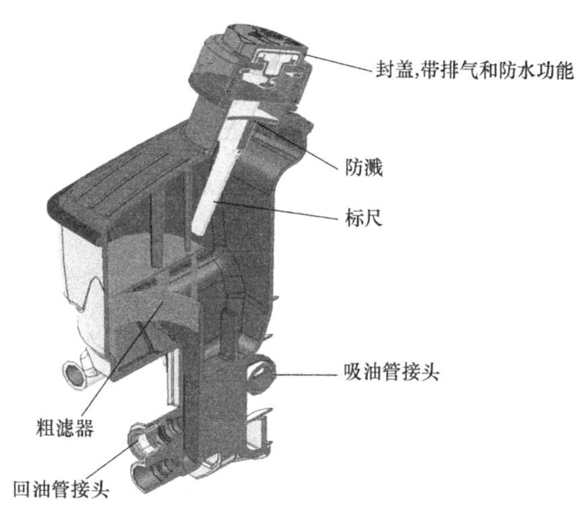

图 M-13 泵固定转向油罐的结构

气管更近，比车身固定结构要承受更多的热载荷。

2.1.2 注液和排气

在量产中，液压助力转向系统都是采用真空注液方法。首先在转向油罐开口上塞入套筒，通过这个套筒抽取真空。抽真空后并保持一定的时间，以便能够发现可能存在的泄漏。当真空度达到规定范围时，系统将通过套筒以一定的压力进行注液，同时对最大注液量进行控制。在车间可以进行简单注液，接着要在发动机运转状态下把转向盘从一个极限位置打到另一个极限位置，几个来回，排出转向液中的空气。转向系统通过这种方式可以很好地排出空气，然后确认转向油罐中的液体高度是否在规定范围内。

2.1.3 过滤

转向系统的过滤装置通常布置在转向油罐的回油管路中。对于没有 Serotronic 功能（转向力矩随着车速而改变）的转向系统，只需要滤纸网眼大小为 100μm 的粗滤就足够了。对于 Servotronic 转向系统则需要精滤，网眼大小最大为 15μm。这种精滤除了网眼大小有要求外，还要求一定的过滤面积。通常这种过滤还带有旁通结构，以避免滤纸失效时过滤器胀破。过滤面积设计须考虑以下几点：

- 系统中的原始污物量。
- 新滤芯和旧滤芯产生的压力损失。
- 吸附整车使用寿命内的污物。

2.1.4 过滤精度

过滤器的过滤精度 β_x 表达的是过滤器吸附颗粒大小和数量的能力。图 M-14 表明了过滤精度和 β 值之间的联系。对于液压系统，典型的 β_x 值为 $\beta_{12}>200$。由图 M-15 中的曲线可以知道，β 值大于 200，其过滤精度接近 100%。下标 12 表示所有大于 12μm 的颗粒确定可以滤除。

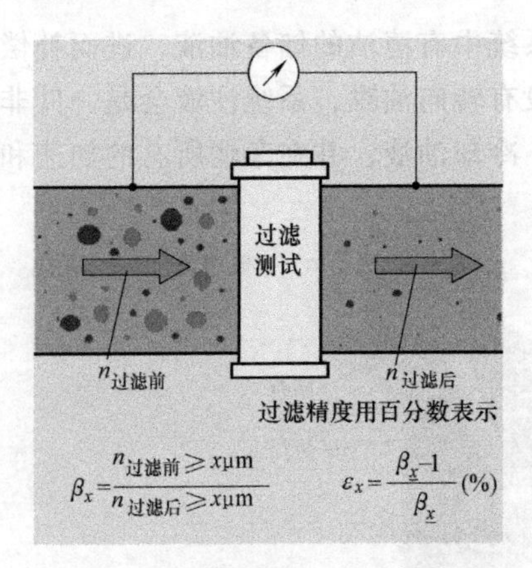

图 M-14 过滤精度和 β 值之间的联系

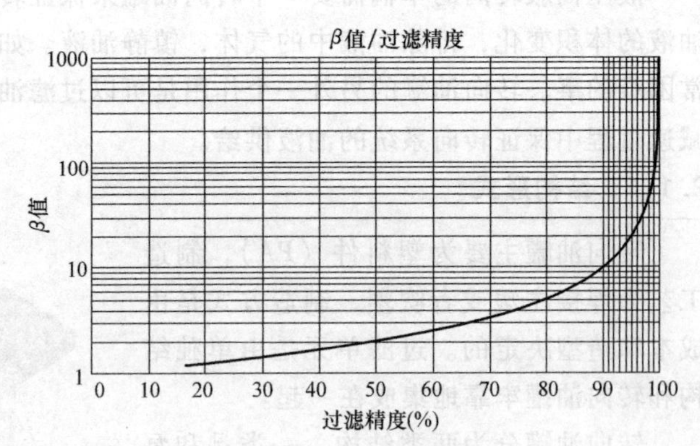

图 M-15 过滤系统设计

2.1.5 系统清洁度

系统清洁度对于液压系统的可靠功能具有重要意义。系统清洁度主要分为系统初始污物和系统运行产生的污物。对于系统可靠功能来说，下面这些要求必须在各个散件中确定：

- 每个部件的总污物量，换算成单位为 mg/油液浸润的面积。
- 允许的最大颗粒的二维尺寸，单位为 μm×μm。

- 确定那些在制造过程中无法避免的特殊颗粒，在一定数量范围内不会影响系统功能。

液压管路典型的清洁度要求如下：

- 最大颗粒量：1.5mg/m。
- 最大颗粒大小：200μm×90μm。
- 例外：每米管路特殊颗粒数量。
- 最多 25 个硬颗粒<500μm×200μm。
- 最多允许 25 个软颗粒<2000μm×90μm。
- 没有研磨颗粒。

液压管路清洁度的试验方法：

液压部件的清洁度试验方法必须经过认证，必须符合 VDA19/ISO 16232 的要求：

1. 空白值测量。
2. 采用 10% 的衰减曲线，或者其他比例的衰减曲线评判。
3. 二次试验。

喷雾时间、预处理和喷雾量的确定必须保证能够满足衰减曲线的衰减率。如果试验方法和标准中的要求不一致，那么这个方法就值得怀疑。试验标定必须在第一次试验前进行，且必须在一个零件（必要的话在两个零件上进行二次试验）要求的范围内进行试验。标定试验的目的是对所应用的萃取方法进行匹配。萃取方法通常是一种间接方式，其目标是最大程度上获取在零件表面上的颗粒污物。

理论上没有方法能够完全确定存在的污物，因此就要进行衰减试验，这个试验过程应该符合图 M-16。通过对同一个零件的多次重复取样，颗粒污物应该是逐渐减少的。对于萃取方法是否合适的评价准则为衰减率，如图 M-16 所示。

衰减率

$$c_n \leq 0.1 \times \sum c_i \qquad (n \leq 6)$$

合适的污物萃取方法是，在一个零件上连续取样最多 6 次，最后一次的污物量不超过之前各次污物量总和的 10%。

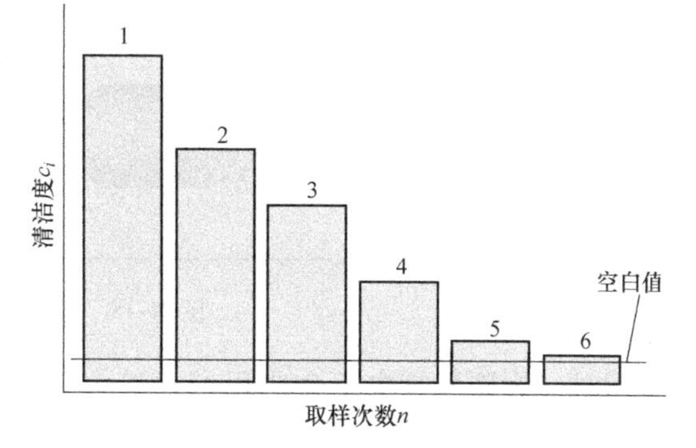

图 M-16 衰减曲线和空白值的确定方法

2.1.6 设计考虑加速度

对转向油罐比较苛刻的行驶工况为纵向加速度或者侧向加速度行驶，在这种工况中必须绝对避免吸油管吸入空气，另外还要避免油液从转向油罐中溅出。

因此必须对转向油罐的体积模型进行分析，在可能的加速度作用下液面产生倾斜（图 M-17），吸油管的接头仍然被油液充分覆盖。这个斜面下的体积就是油液的最小注液量，接着才是在功能上进行确定。因为这只是理论上计算得到的最小值，对于车辆可能出现的摇晃还须留有足够的安全余量。如果安全余量不够，则必须增加转向油罐容积，或者在转向油罐中灵巧地设计一些筋

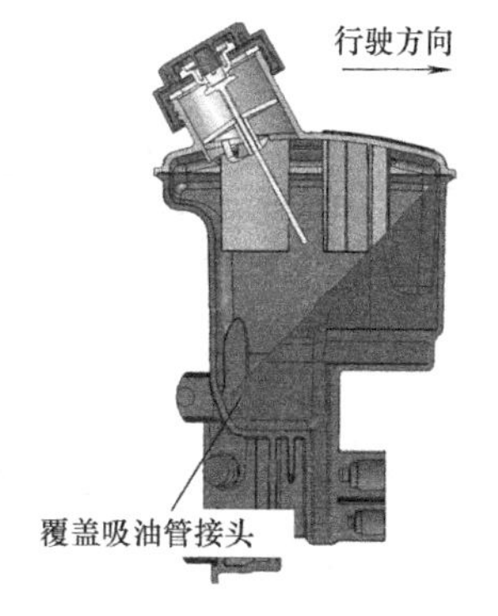

图 M-17 在最大加速度作用下转向油罐中的液面状态

条，保证吸油管接头在任何时候都能被油液覆盖。最后，理论计算值还必须在晃动试验台上加以验证，之后才可以把设计好的转向油罐应用在实际车辆中。

2.2　转向软管和硬管

转向系统中的管路可以分为高压管和低压管，要么是硬管要么是软管。泵的高压出口和转向器的转向阀之间的连接管为高压管。转向阀的回油出口与冷却器—转向油罐之间的连接管为低压管。

在设计车辆的管路时要关注以下几点：

- 保证足够的管路横截面面积来避免压力损失。
- 整个系统有足够的隔音效果。
- 管路连接可靠。
- 在整车使用寿命中保证密封，不泄漏。

2.2.1　高压管及其螺纹连接

高压管设计的重点是膨胀管的声学隔音功能。这种功能是通过软管的结构来实现的，软管在最大压力作用下其容积应该增大 10%。影响软管膨胀性能的主要因素是软管的编织层结构，目前主要采用聚酰胺纤维或者芳香族聚酰胺纤维。网格的编织角度同样也会影响膨胀性能。图 M-18 所示为软管的典型结构。

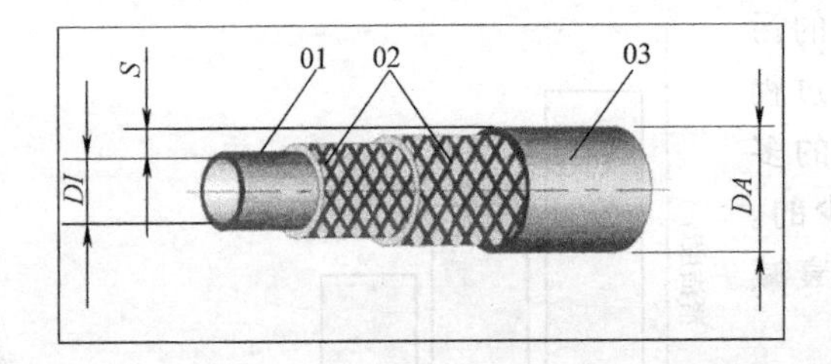

编号	结构	材料
01	内层	CSM
02	强度夹层	PA
03	外层	CSM

图 M-18　膨胀管的软管结构

另外，在膨胀管中还会应用谐振管（或称为谐振器）（图 M-19）。谐振管的材料为 PTFE，内径约 6mm，上面还有横孔。谐振管的长度和横孔的数量是影响转向系统声学性能的决定性参数。

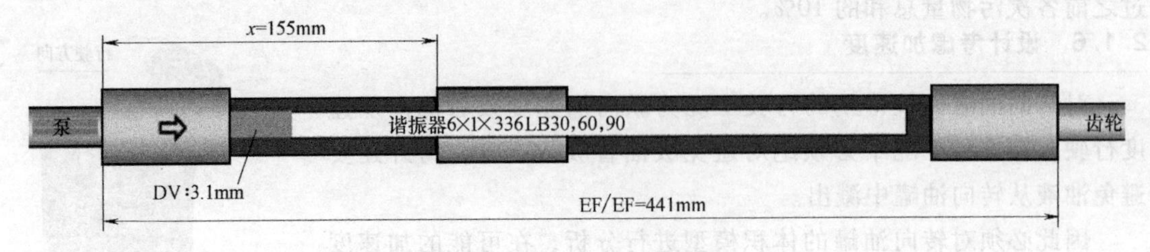

图 M-19　膨胀管的谐振器

2.2.2　高压硬管和膨胀管的螺纹连接

图 M-20~图 M-22 所示为高压管螺纹连接的典型结构：

总的来说，用于高压管路的螺纹连接接口如果位置精度高、压力损失小且疲劳强度高，就需要更大的结构空间。

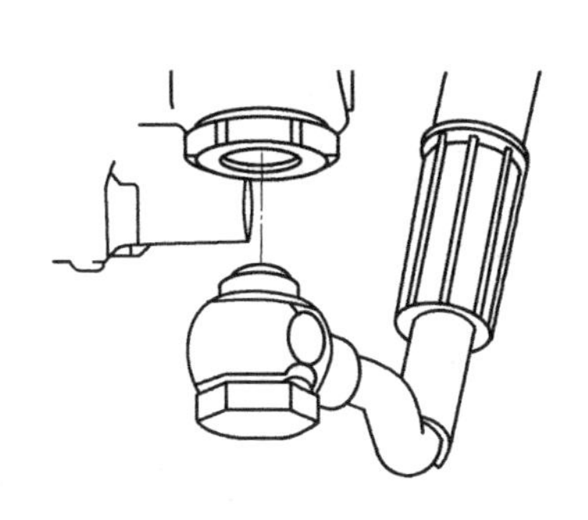

图 M-20 环形管螺纹接口常规的液压系统高压管螺纹连接结构；压力损失大，装配时位置精度低

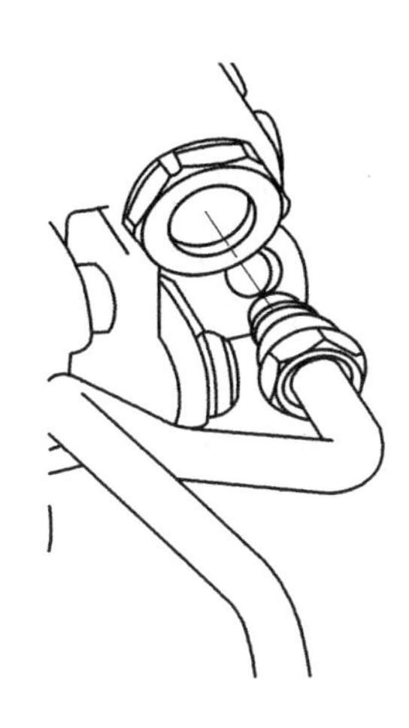

图 M-21 Saginaw 螺纹接口液压系统高压管螺纹连接结构；最大可承受150bar 压力，压力损失小，疲劳强度敏感

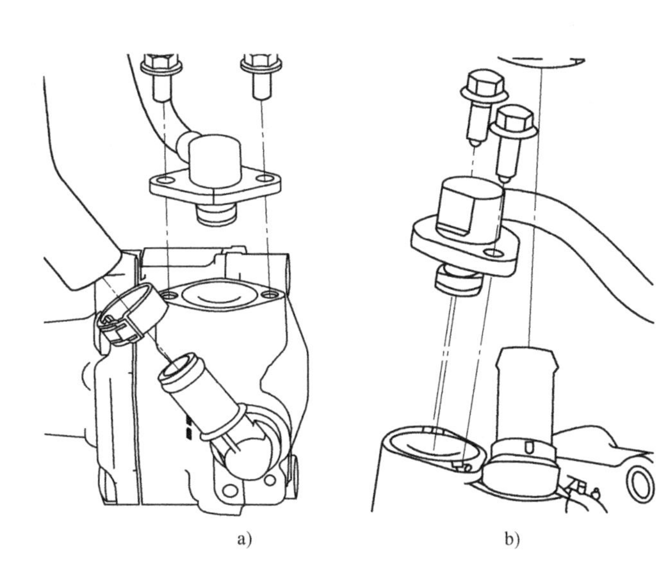

图 M-22 法兰螺纹接口

2.2.3 吸油管和回油管

吸油管和回油管属于低压管，其软管结构和膨胀管的软管结构明显不同，其弹性体部分耐温度要求也可以比膨胀管的低。

从转向器到油液冷却器的回油管在声学上同样有着很大影响。这里的设计目标为，管路尽可能软，以承受由于车轮冲击在转向系统中出现的气穴现象。最理想的是回油管路中能够产生一个小的补偿容积，避免车轮冲击产生气穴。另外，在回油管中还设有节流阀，以减小转向抖动。

2.2.4 降噪措施

这里列举不同的膨胀管匹配，压力为 80bar。

从图 M-23 中可以看出，不同的谐振器、节流阀和软管长度对于声学性能的影响。所有膨胀管匹配的目的是尽可能地获得高阻尼，同时尽可能减小压力损失。声学匹配的重点是低转速区域，也就是车辆泊车或者低速行驶的工况（例如城市道路行驶）下，这些情况下的噪声会让人感觉特别干扰。

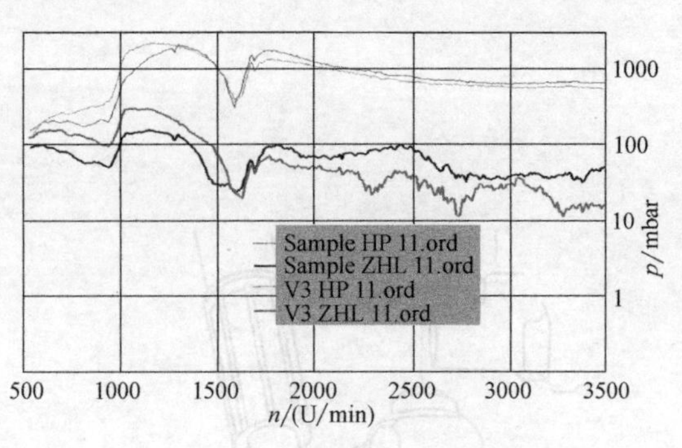

图 M-23　不同措施下的压力波动

2.3　冷却器

最简单的油液冷却器是在回油管路中集成一个冷却螺旋，这种冷却形式对于带变量泵的转向系统或者功率较小的转向系统来说就足够了，但对于常规转向泵并且转向功率较大的车辆来说则大多需要一个焊接式油液冷却器（图 M-25）。

最有效的冷却器是油-水热量交换器，即冷却水箱（图 M-26），这个冷却水箱在环境温度很低时也可以起到迅速预热系统的作用。对于液压助力转向系统是否需要冷却器或者需要多大的冷却器并没有明确规定，因为它很大程度上取决于使用条件和转向系统周边环境。对于转向冷却器设计重要的是，在定义的循环试验中测量的温度变化的曲线趋于稳定，并且没有超过定义的最大温度。图 M-24 所示为转向泵的温度变化。

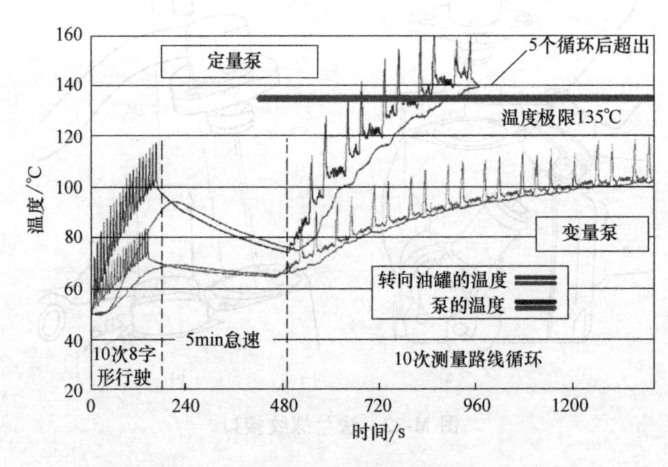

图 M-24　定量泵和变量泵的转向系统温度对比

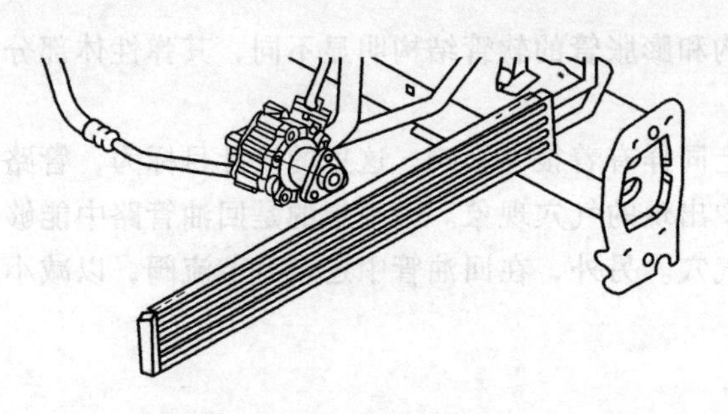

图 M-25　焊接式油液冷却器

图 M-26　冷却水箱

M

2.4 系统极限

车辆的使用条件决定了液压助力转向系统的设计。SUV 车辆最为恶劣的工况是，野外行驶转向力很大，发动机转速高但是车速并不高，冷却风量也较少。

对于在圆圈赛道中行驶的赛车来说，最恶劣的工况是，车辆的发动机转速很高，通过弯道的速度很快，会产生很大的转向力。另外，当车辆开过减速带时产生的冲击会在短时间内让转向系统达到压力极限，这样在泵中的高温压力油会直接进入吸油腔，这会让转向系统进一步升温，时间长会导致系统高温而失效。

一个安全的转向系统设计能够保证车辆在常规工况下油液温度不超过 120℃。由于油液不同，转向系统能够短时间内承受的最高温度为 150℃，而这种情况是极个别的，并且在整个车辆寿命期间总时间不得超过半小时。

当今，大多规定转向系统的压力极限值为（120+8）bar。这种极限压力的确定兼顾了膨胀管能够承受的压力，因为要找到容积能够增大的高压管材料并不是那么容易。

2.5 液压油

如今在转向系统中使用的液压油主要是合成机油（Pentosin），早先使用的 ATF 油几乎完全被淘汰。原因是 Pentosin 在更宽的温度范围内有更好的黏度稳定性。图 M-27 所示为不同油液对于温度的稳定性对比，可以看到 Pentosin 有更好的低温性能。

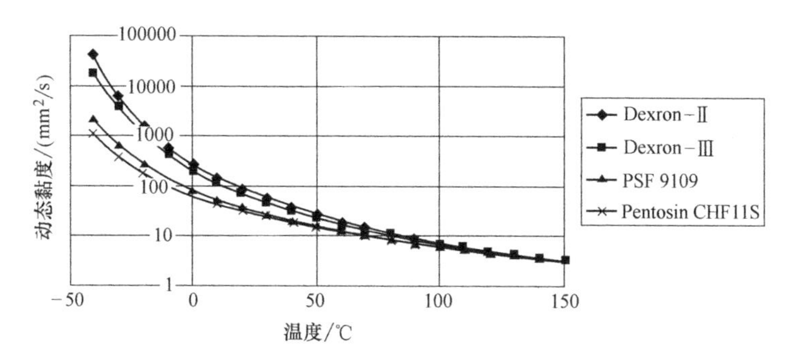

图 M-27　不同液压油的黏度-温度特性

2.5.1 其他要求

如在关于过滤的小节 2.1.3 中强调的，功能的可靠性是转向系统最根本的评价标准，转向系统所采用的油液的清洁度同样至关重要。根据 ISO 标准，油液的清洁度分级如图 M-28 所示。

为了能够确保液压系统正常工作所必需的油液清洁度，图 M-29 推荐了常用液压系统的过滤精度。这个推荐只能作为参考，所选择的精度等级是否足够，需要通过试验应用一定的方法进行分析确认。

液压油液的供货方式很大程度上会影响油液的清洁度。桶装油不能满足复杂的液压系统的清洁度要求，但是，在注液时通过合适的过滤装置可以明显提高油液的清洁度等级。图 M-30 展示的是不同的供货方式过滤后的情况，这一点对于警示售后服务采用合适的过滤装置很重要，因为在售后中各种不同的供货方式很常见。

ISO-编号 (ISO 4406)	颗粒数量/100mL 最少	最多	老标准	新标准
0	0.5	1		
1	1	2		
2	2	4		
3	4	8		
4	8	16		
5	16	32		
6	32	64		
7	64	130		
8	130	250		
9	250	500		
10	500	1.000		
11	1.000	2.000		
12	2.000	4.000		
13	4.000	8.000		
14	8.000	16.000		
15	16.000	32.000	＞15μm	＞14μm
16	32.000	64.000		
17	64.000	130.000		
18	130.000	260.000	＞5μm	＞6μm
19	260.000	500.000		
20	500.000	1.000.000		
21	1.000.000	2.000.000	＞2μm	＞4μm
22	2.000.000	4.000.000		
23	4.000.000	8.000.000		
24	8.000.000	16.000.000		
25	16.000.000	32.000.000		
26	32.000.000	64.000.000		
27	64.000.000	130.000.000		
28	130.000.000	250.000.000		

图 M-28　油液的清洁度分级

典型应用范围		过滤精度 β-$x\geqslant200$	建议的油液清洁度等级										污物量	
			老的清洁度等级				新的清洁度等级						ISOMD	金属
静态工作液压系统	行驶驱动封闭回路	x=	NAS 1638	ISO 4406/91			ISO 4406/99			SAE AS 4059/01			mg/L	mg/L
				2	5	15	4	6	14	4(A)	6(B)	14(C)		
高精度伺服控制液压缸		3	3	–	12	9	15	12	9	5A	3B	3C	0.05	0.2
			4	–	13	10	16	13	10	6A	4B	4C	0.1	0.35
伺服线性控制		5	5	–	14	11	17	14	11	7A	5B	5C	0.15	0.5
			6	–	15	12	18	15	12	8A	6B	6C	0.2	1
电控阀的液压系统	静态液压回路 (T=90～115℃)	10	7	–	16	13	19	16	13	9A	7B	7C	0.5	2
	静态液压回路 (T_{max}=90°C)	15	8	–	17	14	20	17	14	10A	8B	8C	1	4
			9	–	18	15	21	18	15	11A	9B	9C	3	10
简单的手推控制阀液压系统	简单的液压回路	20	10	–	19	16	22	19	16	12A	10B	10C	5	18
			11	–	20	17	23	20	17	>12A	11B	11C	10	34
			12	–	21	18	24	21	18	>12A	12B	12C	20	68

图 M-29　推荐的液压系统清洁度等级

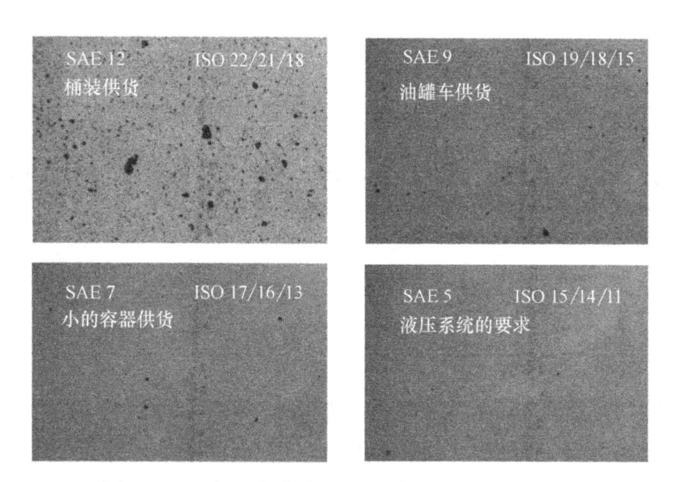

图 M-30 液压油液在不同供货方式下的清洁度

M

N 电动液压助力转向系统(EPHS)

1 引言

节约能源要求转向系统不依赖于内燃机，能够按照需要进行控制。人们在20世纪90年代初开发了电动液压助力转向系统（简称电液助力转向系统），并且这种转向系统的功能不断得到扩展。

1.1 结构和功能

电液助力转向系统由一个电动泵驱动单元（MPA）组成，该单元与转向器进行模块连接，如图N-1所示。除了图示的结构外，还可以设计一种结构，即电动泵驱动单元直接与转向器组装在一起。这样可以得到非常紧凑的结构形式，在车辆上看不到液压连接管路。转向器为标准的液压助力转向器，通过改变转向阀的控制棱边形状来匹配电动泵驱动单元提供的流量（较小）。

电动泵驱动单元由一个齿轮泵、液压谐振器、限压阀以及一个带ECU的电动机组成。该单元通过一个专门匹配的支架固定在车辆上，或者通过螺栓连接到转向器上。驱动单元通过管路与转向器连接。

图N-2a所示为电动泵驱动单元的工作方式示意图。电动泵驱动单元受车辆速度和转向速度控制来提供流量。如果没有转向盘转角传感器，则转向载荷会反馈到电动泵驱动单元的油压上，电动泵驱动单元会根据油压来控制电动机电流大小，进而控制泵的转速。

电动泵驱动单元除了包含转向油罐（好的转向油罐带回油过滤器）外，还包含限压阀（DBV）和止回阀。DBV限制最大的系统压力，避免零部件（例如管路）承受过大载荷，同时也限制了电动机的负荷力矩，避免电动机卡死。止回阀在不转向时打开，排除系统中的空气；如果在维修状态，转向关闭，车辆被顶升起来，齿条能够轻松移动，而液压油不会建立压力；在齿轮泵出现故障咬死情况下，车辆仍然可以较轻松地转向，因为油液可以绕开咬死的齿轮泵流动。液压管路包含高压侧的硬管和低压侧的软管，它们不仅用来传递液压能量，还与转向声学的优化有关。转向器由转向液压缸和一个三位四通阀的转阀组成，转阀的中位为敞开式（即中通阀）。在没有转向载荷时，流量经过阀的阻力很小。如果齿条上存在载荷，扭杆会因为驾驶人施加在转向盘上的转向盘力矩而扭转。所产生的线性扭转角度使阀的位置改变，从而建立压力差，该压力差可用来平衡齿条上的载荷。转角和与之相关的转向力矩取决于阀的流量，即电动泵驱动单元的流量（可以参见液压助力转向系统章节）。例如，假设流量增大，为了在转向液压缸中产生和较小流量时相同的压力差，转向盘扭转角度变小（转向力矩变小）。这种效应可以用来产生和车速相关的转向感觉。

图N-2b为转向阀（5L/min EPHS转向阀）在不同流量（转速）下的特性曲线。从图中

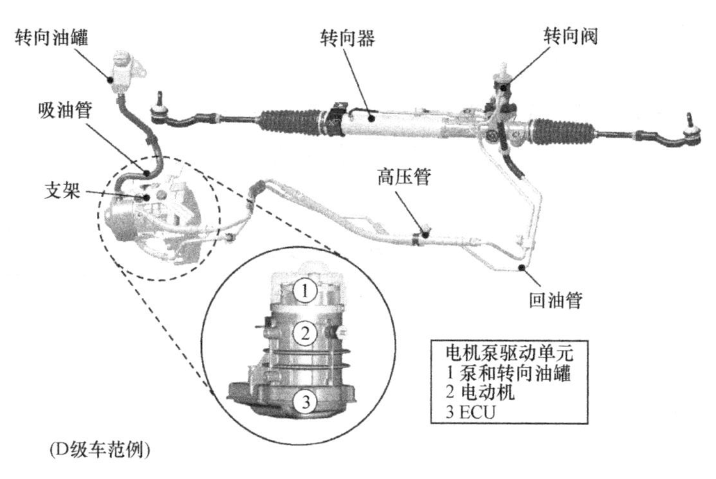

图 N-1 电液助力转向系统（来源：TRW 公司，D 级车）

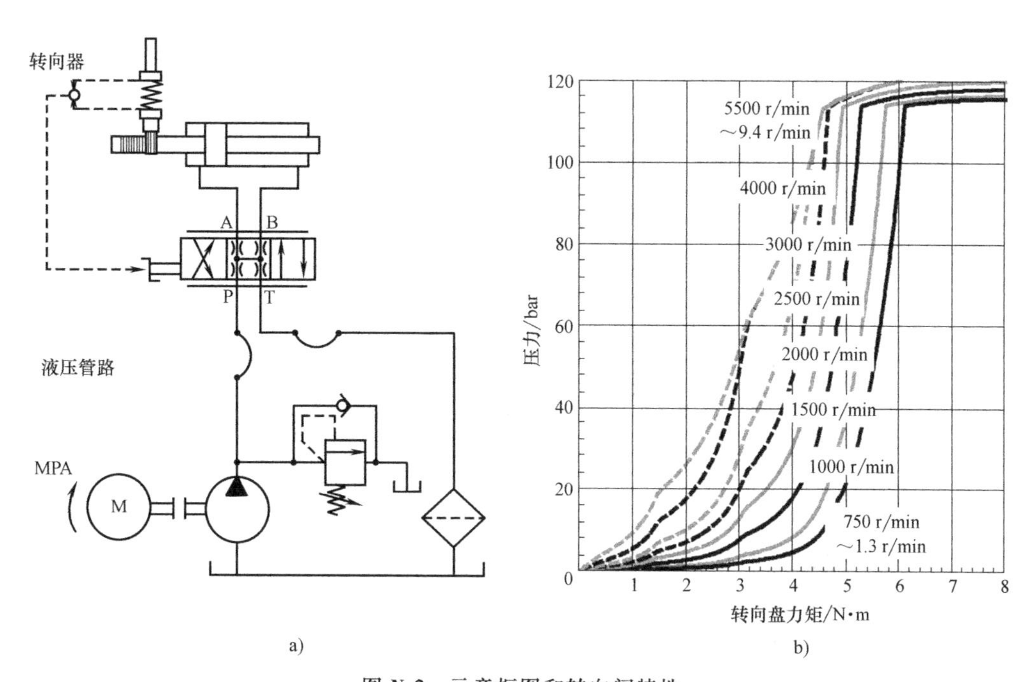

图 N-2 示意框图和转向阀特性

可以看到，在高转速（>4000r/min）和高于 60bar 的压力下，阀特性曲线在转向盘力矩变大的方向折断。其原因是在电动泵驱动单元的流量-压力特性曲线中，当压力很大时流量会下降，可以参看图 N-5a（MPA 特性曲线）。驱动单元不再能够达到要求的转速。

1.2 转向系统分类

电液助力转向系统为半主动电转向，在这种转向中转向盘转角转换成车轮转向角的过程更加可靠。转向助力可以变化，并可以在转向特性曲面中来匹配。

区别于电动助力转向的是，辅助力矩虽然可以参数化，但是辅助力矩的方向不可逆反。这样提高舒适性和节约能源的目标都可以实现。但是特别的转矩功能不能够实现，例如主动行驶路线保持或者自动泊车，因为电驱动单元和转向器之间没有直接的机械关联。但是没有直接关联（即解耦），也有优点，在功能安全性方面系统花费较低，并且转向感觉不受电动机的特性影响（例如电动机的惯性矩）。

表 N-1 是几个转向形式之间的重要特性比较。应该指出的是，车道偏离提醒功能和引导式泊车功能并不依赖于转向系统形式，例如在传统的液压助力转向系统的高级车辆上这些功能都已经量产实现。

表 N-1　转向系统及其功能

		标准 HPS	EPHS	EPS
转向系统分类		被动式	半主动式	半主动式
转向盘转角—车轮转向角		固定	固定	固定
转向盘力矩—辅助力矩		固定	可变	可变
辅助力矩的方向		单向的	单向的	双向的
能量消耗和 CO_2	按照需求和高效率	—	×	×
	起停功能兼容性	—	×	×
	HEV、EV、FCV 兼容性	—	×	×
安全性	转向介入和 ESP（对开路面，过多转向）	—	—	×
	车道偏离提醒	(×)	(×)	(×)
	车道保持辅助	—	—	(×)
舒适性	速度相关的转向助力	—	×	×
	引导式泊车	(×)	(×)	(×)
	(半)自动泊车	—	—	(×)

注：×=系统本身固有的，(×) = 需要的辅助部件（例如摄像系统）

1.3　应用范例

电液助力转向系统开始是应用在小型轿车上，随着高功率电动泵驱动单元的开发成功，它也开始应用在高档车以及运动型车辆上。现在，电液助力转向系统已经广泛应用于轿车和小型商用车上，见表 N-2。这种转向形式应用的主要原因是节能、内燃机上无法布置泵或者是其他新能源车（混合动力车、电动车等）。

表 N-2　车辆级别与 MPA 的应用

车辆级别	A/B	C/MPV	D/E	SUV	LCV(3.5t)
例子					
前桥允许载荷/kg	960	1090	1200	1400	1800
MPA/W	560	710	890	890	1000
最大压力/bar	96+8	108+8	120+8	120+8	120+8
最大流量/(L/min)	5.7	7.8	9.3	9.3	12.0
最大电流/A	70	85	98	98	115

（续）

车辆级别	A/B	C/MPV	D/E	SUV	LCV(3.5t)
最小电流/A	2.5	2.5	2.5	2.5	2.5
电压/V	13.5	13.5	13.5	13.5	13.5
最大助力/kN	7.6	10.6	14.5	16.0	18.0
540°/s 和 50mm/r 条件下的助力/kN	5.7	8.5	10.9	10.4	11.6
齿条的机械功率/W	428	638	818	780	870

2 系统介绍

以系统概览出发，首先讨论不同的系统状态，进而研讨系统设计。最后讨论总作用效率以及功率。

2.1 系统概览

电动泵驱动单元是通过车辆的 CAN（高速，500kbit/s）来控制的，如图 N-3 所示。动力总成的一个信号可以用来激活转向，从这个信号可以知道动力源为内燃机，或者是其他的动力源，例如混合动力。转向系统根据车辆行驶速度和转向盘角速度来确定不同的转向特性，即提供不同的转向助力。

此外，也可以增加一些其他的参数来影响转向特性。例如，车辆的装载状态、影响油液黏度的油温或者转向盘转角。再进一步还可以设计自保护功能以及诊断功能。

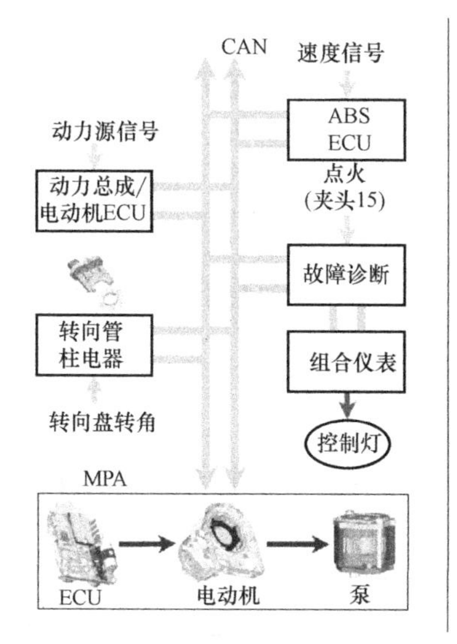

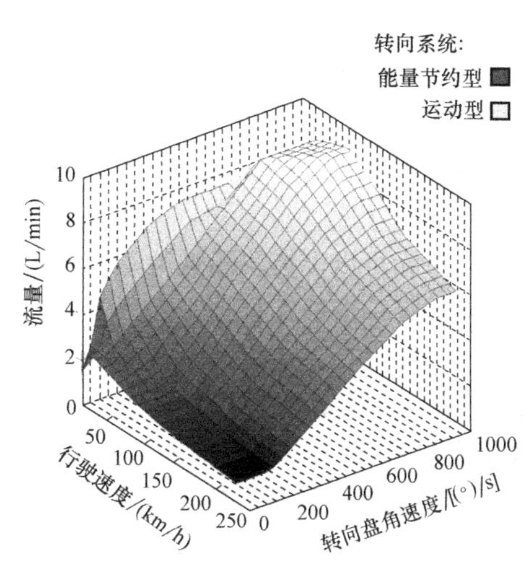

图 N-3 系统框图和转向特性曲面

这种电液助力转向系统可以有不同的状态以及变型。例如：

- 系统关闭模式。
- 系统开始运转模式（等待转向指令）。

- 正常工作模式。
- 系统低速运转模式。
- 故障模式。

图 N-4 所示为一个电液助力转向系统是起动并进入正常工作模式的实例。以点火信号开始，系统唤醒。首先是内部自检，然后内燃机开始运转，CAN 数据总线开始交换数据，系统进入正常工作模式。如果电动泵驱动单元的信息不正确或者缺失，系统会进入故障模式（这里没有表示出来）。在故障模式下电动机将以恒定的中间转速运转，保证提供足够的转向助力。

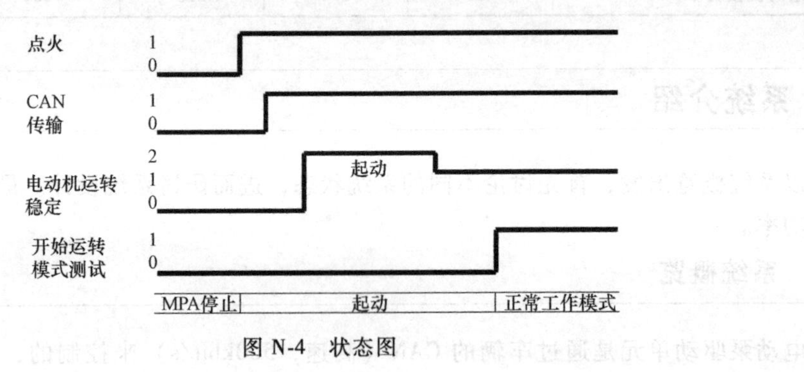

图 N-4 状态图

要想有驾驶感觉，液压系统必须至少供给一个很小的流量，也就是电动机必须有一个最小转速：由于技术原因最小转速可以在 750~2000r/min，最大转速要根据动态载荷来确定，最大转速在 4000~6000r/min 之间。这个转速对应的最大流量为 1.5~12L/min 之间，具体值取决于结构形式。最大的系统压力约为 130bar。

2.2 系统设计

一定功率大小的系统设计必须考虑准静态和动态两方面。对于轿车助力转向最典型的要求是，在齿条上产生 400~900W 的机械功率。在 12V 电压的车辆上目前允许的最大电流（电池电流）为 120A。

N

2.2.1 准静态设计

电动泵驱动单元可以以模块形式与不同的转向器连接。电动泵驱动单元借助功率分级来覆盖所有的车辆需求。准静态设计主要考量以下两个方面：

1. 以输入的电功率（在电动泵驱动单元插头上的电压和电流）为基础来得到液压输出功率（压力和流量）：流量-压力特性。

2. 以液压输出功率（压力和流量）为基础，考虑驾驶人施加到转向盘上的机械功率（所占比例较小），计算在齿条上的机械输出功率。

在这个过程中必须注意所有与功率相关的系统参数。特别重要的是电功率传递的一致性，也就是在什么样的电压和电流下以及在哪些节点上作为输入功率。实际应用还必须考虑线路长度、插头电阻等。原则上，这里介绍的过程还必须可以反过来进行，例如从车辆要求到零部件间的组合（泵的大小、电动机）。

图 N-5 表明了如何从电动泵驱动单元的特性曲线计算得出齿条助力-转向角速度特性曲线。油压作用在活塞面上产生一个力，流量带动活塞运动（油液来填充运动的液压缸）。计

算中还考虑了驾驶人施加的功率。

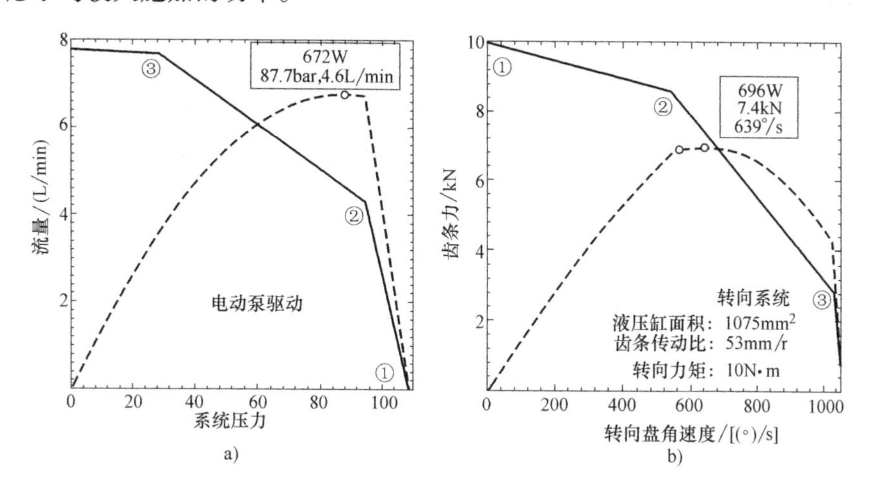

图 N-5 MPA 特性曲线和转向机械功率

2.2.2 动态设计指标

应用静态系统特性来考察转向盘角速度很大时的转向功率，可能会得出错误结果。

动态转向过程通常是转向盘角速度从零增大到较大值的过程，因此惯量作用以及电动泵驱动单元的控制（转向区域）对于动态特性来说起着重要的作用。这里重要的影响因素为：

- 电动泵驱动单元必须由最小转速上升到最大转速（特别是电机的转动惯量）。
- 流量的一部分会被管路的膨胀所消耗，在短时间内这部分流量不能够用于转向阀。
- 转向阀不在一个固定位置，在转向过程其有效截面在不断改变。
- 存在包括信号处理在内的迟滞时间，通常这些迟滞时间小于机械的时间常数。

这些影响必须加以考虑，在设计时会引申出一些其他的特性，例如液压容量（高压管）、电动泵驱动单元和转向盘的机械转动惯量，以及信号处理时间。因此在评价转向功率时可以使用最大转向盘力矩，即驾驶人在闪避工况下施加的力矩。

为了检验电动泵驱动单元，可以测量电动泵驱动单元抵抗液压载荷（节流）的阶跃响应，即在最小转速和最大转速之间施加转速阶跃，对于排量恒定的泵来说会产生一个流量阶跃，即从最小流量跃升到最大流量。从最小流量达到阶跃量的90%所需要的时间可作为评价阶跃响应时间的指标，如图 N-6 所示。这种方法是从车辆的实际工况中导出的，在这种实际工况中会产生节流。假如阶跃响应时间很短（例如 80ms），则整个系统对于系统部件如液压管路的变化就会变得不敏感。

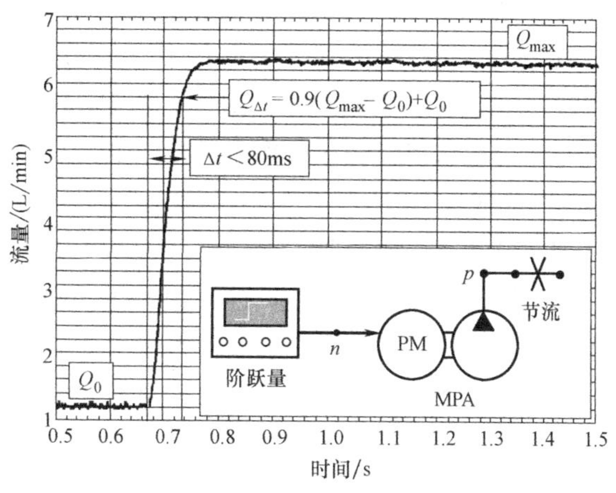

图 N-6 动态系统设计

2.3 能量消耗

接下来要讨论的是与工作状态相关的能量消耗，即内燃机的能量如何转换成机械能输出或者转换成转向的电能。人们经常提及的能耗下降以及 CO_2 排放下降并不是由电转向以及电液助力转向本身引起的，而是由于替代了工作方式不经济的液压泵产生的。为了能够对能量进行评价，首先必须弄清楚作用效率、功率和能量消耗。

2.3.1 作用效率

只有转向中存在负荷，才会产生作用效率这个概念。因此确定电动机的作用效率对于系统设计来说非常重要。电动机在允许的最大输入功率（如 1300W）运行时，应尽可能地达到最大的机械输出功率（如泊车时的功率）。由转向阀控制的液压缸驱动力比较大时，作用效率可以超过 90%。原因是：转向阀通向液压缸的接口完全开通，油压几乎没有损失；此外，由于良好的润滑条件，密封装置上的总摩擦力相对于液压缸驱动力来说很小。目前可以达到的泵的作用效率约为 90%，如果选择合适的电动机形式，电液助力转向可以达到和循环球电动转向相似的较高的总作用效率。总的作用效率不仅取决于转向系统部件本身，还和周边因素有关，特别是电缆电阻，见表 N-3。电动泵驱动单元处于相对温度低一点的位置（如翼子板区域）会有利于总的作用效率的提高，因为电动机在高温时的作用效率会下降，例如，在内燃机附近、环境温度为 100℃ 时其作用效率会下降约 4%。

表 N-3 作用效率链和系统边界条件的影响（全负荷）（%）

电缆	电动机和 ECU	泵	液压管路	转向阀	液压助力转向器	总作用效率
1Ω	0.8	0.88	0.97	0.94	0.98	0.63
8Ω	EPHS: 13.5 V, 85 A, 50℃					0.60
16Ω						0.57

2.3.2 功率和能量消耗

在直线行驶工况中作用效率为零，因为在齿条上没有机械功率输出，这时我们的关注点就在于转向系统中很小的能量消耗。通常，没有转向的状况很多，根据法规 EG Nr. 715/2007 制定的新欧洲试验循环（NEFZ）就包含了这种工况。在一个试验循环中，将这种很小的能量消耗合计起来，就有一定大小的油耗了（W · h 或者 L）。

图 N-7 和表 N-4 表明了在这个试验循环中能量流动以及不同部件的功率使用情况（Bosch 2002）。从图中可以清楚地看到，尽管电液助力转向和电动助力转向都是把电能转换成转向机械能，但是它们的转换效率并不是一样好。其根本原因在于电液助力转向采用了叶片液压泵。

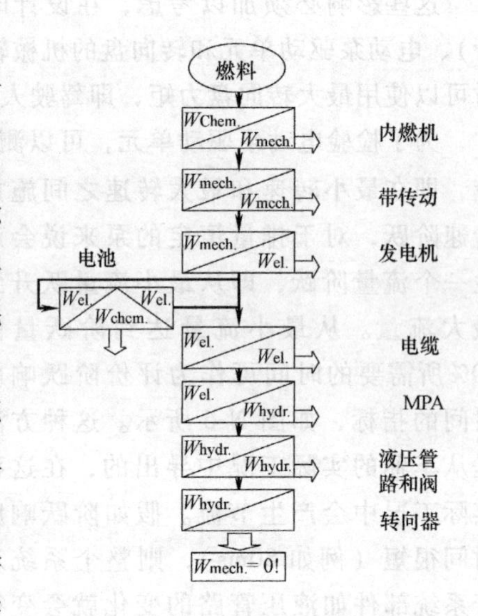

图 N-7 直线行驶工况的能量流

表 N-4 在 NEFZ 循环中的平均功率消耗 （单位：W）

	EPHS	HPS
在发动机曲轴上	<60	>340
带传动	≤5	30~40
发电机	≤15	/
蓄电池	≤5	/
电缆	≤5	/
ECU	≤5	/
电动机	≤5	/
泵	≤5	>250
液压管路	≤5	30~80
转向阀	≤5	30~80
转向器	0	0

用电动泵驱动单元代替液压泵可以借助模型计算来进行评价。在计算功率平衡时必须考虑所有阻力和内燃机外特性。可以选择任意一个速度作为输入，这也就意味着可以确定档位以及内燃机的转速。同时，考虑轮胎滚动阻力和风阻会消耗功率。通过所有参与者的效率（如发电机、带传动等），可以构建一个功率平衡，这样就可以找到内燃机的工作点（转速和转矩），确定输入功率以及单位时间的燃料消耗。可以对 HPS 和 EPHS 的计算，从而得到它们之间的能量消耗差别。图 N-8 所示为以车速为函数的电液助力转向相对于液压助力转向的燃料节约量。

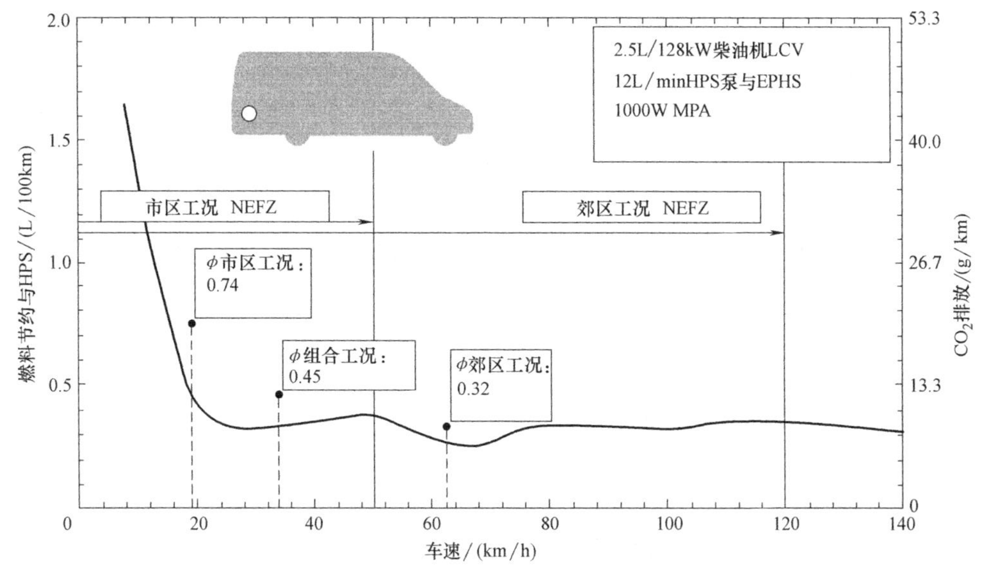

图 N-8 油耗与 CO_2 的节约值

为了进行比较，在图中也加入了不同速度的计算值。作为计算补充还要做一些典型的转鼓台架试验，例如，一次试验带转向系统，一次不带转向系统，这样可以分辨影响。缺点是必须做大量的试验进行测量，才有可能精确到每 100km0.1L 数量级的油耗值。因为电动泵驱动单元的电流消耗很小，和电动机的功率大小没有很明显的联系，所以能量节约量实际上主要由泵和内燃机的能量转换（转速控制、内燃机外特性）来决定，小排量泵（以及小型车辆）的节约能量潜力越来越小。

3 部件

电液助力转向系统的主要部件为转向器、电动泵驱动单元、油液、高压管和回油管、支架、附件以及感知车速、转向盘角速度的传感器。转向器已在第 K 章“液压助力转向”中介绍，这里不再论述。

3.1 电动泵驱动单元

电动泵驱动单元主要由电动机、齿轮泵和限压阀/锁止阀组成。作为例子这里介绍 TRW 公司生产的高功率的电动泵驱动单元。

3.1.1 主要要求和接口

从电动泵驱动单元的应用可以引导出主要要求，这些要求在系统架构和部件选择中都可以看到。

a）车辆集成

- 重量轻，所需的安装空间小。
- 布置灵活，机械、电子和液压之间的接口匹配灵活。
- 低噪声。

b）工作状态、可靠性和安全

- 高强度的 1 象限工况，耐久工况。
- 典型生命周期 8000h，约 30 万 km。
- 自监控/诊断。
- 功能安全，依照 ISO WD 26262，等级 ASIL-B。

c）周边环境

- 保护方式 IP6K9K（防尘、防潮等）以及 IP6K7K（短时间水中浸没、短时高温），专门匹配。
- 环境温度范围-40~140℃。
- 耐腐蚀 720 h 盐雾试验。
- 振动要求到 10*g*，专门匹配。

d）电要求

- 电器网络电压 9~16V。
- 电器网络电流 *I*<115A，专门匹配。
- 反极性保护。
- 极性变换安全。

3.1.2 电子驱动单元

出于可靠性、紧凑性以及作用效率考虑，电器和电动机集成为一体，即所谓的电子驱动

单元。

电液助力转向系统的电动机的转子和定子的结构形状为圆柱形，通常转子在内。原则上只有在表 N-5 中列出的五种结构形式适合于该种转向电动机，表中列举了各个结构形式的优缺点。但是，在电液助力转向中步进电动机和异步电动机用得很少。

表 N-5 内转动的电动泵驱动单元结构形式

电动机	SR	ASM	DCM	BLDC	PMSM
	开关磁阻	异步电动机	直流电动机	无刷直流	永磁同步电动机
名称	步进电动机	异步电动机	直流电动机	无刷直流电动机	永磁同步电动机
电源	三相 AC	三相 AC	DC	DC	三相 AC
动子	叠片组动子	分开的杆，闭式，压铸铝转子鼠笼	电枢绕组，冲压叠片组	铁素体磁铁叠片组	永磁铁（NeFeB）
定子	冲压叠片组，集中绕组，开口	冲压叠片组，分开的绕组，开口	铁素体磁铁叠片组	冲压定子铁心，分开的定子	分块的定子，集中绕组，开口
主要优点	性价比	性价比	价格，易于控制	价格，易于控制	功率密度，效率，安装空间，声学
主要缺点	声学，效率	效率/安装空间	转换器产生磨损，效率	声学	价格，电器贵
MPA 应用	没有应用	没有应用	低成本应用/小车	大量应用直至 C 级车	旗舰，用在 D/E 级别和 LCV

电液助力转向系统的应用是从中小型级别车开始的。在这些车型中，要考虑功率和舒适性（声学）方面的要求，大多采用直流电动机（DC），或者无刷直流电动机（BLDC）。

为扩大电液助力转向应用范围，在功率和舒适性方面不断进展，随之开发了三相同步永磁电动机。它可以在较小的安装空间以及相对较小的重量下得到较高的功率。其重量功率比值比相同功率的异步电动机小约 40%。

无刷的结构形式特别适用于电动泵驱动单元，因为电动泵驱动单元一直在运转，以提供很小的流量。转子产生磁场，定子中的电子换向可以产生磁场变化。吸引力和推斥力的交替变化产生转动运动。这里转子的转动与磁场变化的转动是同步的，转子位置可以通过传感器（例如霍尔传感器）或者数字计算（电动机模型、无传感器控制）来确定，这样的结构简单耐用（Hofer 1998）。

图 N-9 所示的电动机通过电气方式把它的转速控制在工作范围内。为了充分利用电动机的高转速，电动机通过场衰减进行驱动。这样电动机的转速带宽可以达到 750~6000r/min。

功率最大的电液助力转向系统在全负荷输出时，输出功率为 1000 W，需要约 110A 的电流，最大电压为 12V。因此电动机和 ECU 的热管理系统尤其重要。对于驾驶人来说，热管理系统的好坏体现在当系统负载很高时驾驶人能够使用转向系统多久，以及驾驶人把转向盘打到底时可以保持这一状态多长时间，直至转向系统的保护模式起动，这个时间称为“临界时间”。热管理系统的重要参数包括环境温度、最高允许温度、连续转向行为（例如泊车）的次数，这些都应该在设计任务书中明确。

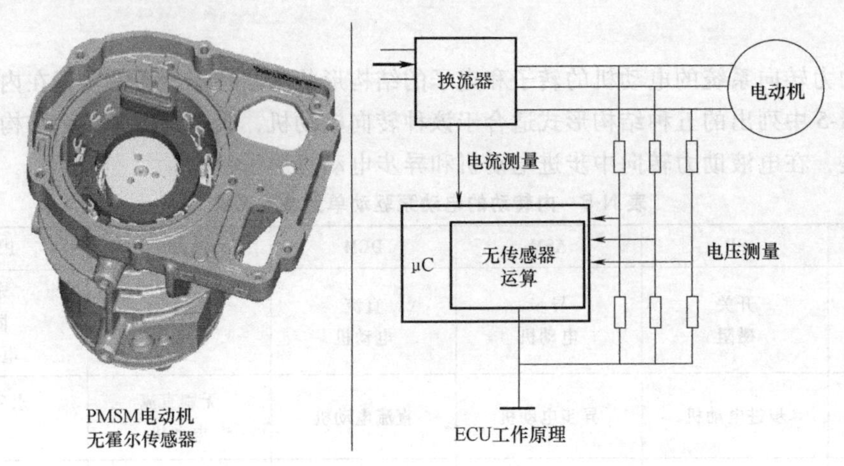

图 N-9　无传感器的电动机，ECU 工作原理

由于电动机是布置在液压油中，可以利用液压油来冷却绕组和 ECU，这样可以显著提高临界时间。这种效果归功于：相对于空气散热，液体散热的热量对流和热容量都有明显改善（系数约为 100 倍）。图 N-10 所示为一个泊车循环工况中温度达到电器临界温度（例如，临界温度 $T_{\text{krit}}=120℃$）所需要的时间与环境温度（即起始温度）之间的关系。在起始温度为 92℃的环境下的要求（200s 泊车）在干式结构的电动泵驱动单元刚刚达到，而湿式结构的电动泵驱动单元在相同边界条件下达到要求的时间是干式结构的 3 倍。也就是对于湿式结构来说，其要求还可以更高，即环境温度可提高到 105℃。

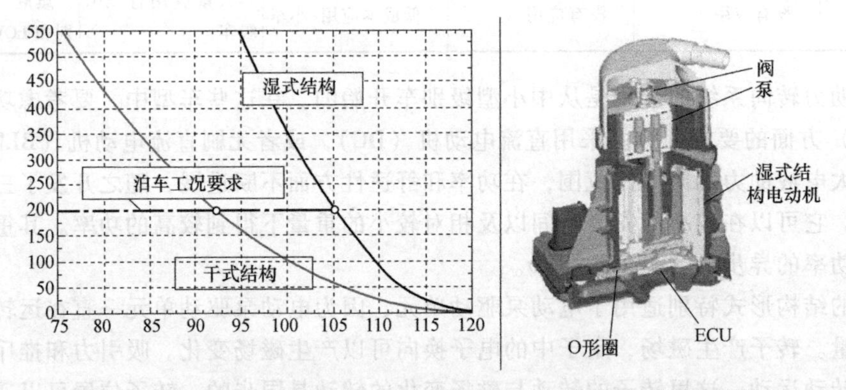

图 N-10　MPA 全负荷运转，湿式结构和干式结构 MPA 的发热特性

3.1.3　泵和阀

泵的功能是把电动机的机械驱动转换成电动泵驱动单元的液压驱动输出。图 N-11a 所示为没有能量损失的理想泵的工作框图。泵的输入为转速，输出为压力、流量和驱动力矩。把泵的流量与转速、排量（cm^3/r）看成是线性关系，在理想状况下与压力没有关系。为了保持液压系统的油压，在齿条上必须有负荷力，也就是力矩，这个力矩的大小与泵的大小成正比。在给定特性曲线的电动机的条件下，借助泵的大小（排量）可以构建高流量或者高压力的电动泵驱动单元特性，而最大功率保持不变。

在实际结果中，由于存在内泄漏（间隙损失），与理想的流量特性会有所偏差。这种性质是通过作用效率来表示的，它的大小通常与转速和压力相关。在转矩方面需要有一部分（很

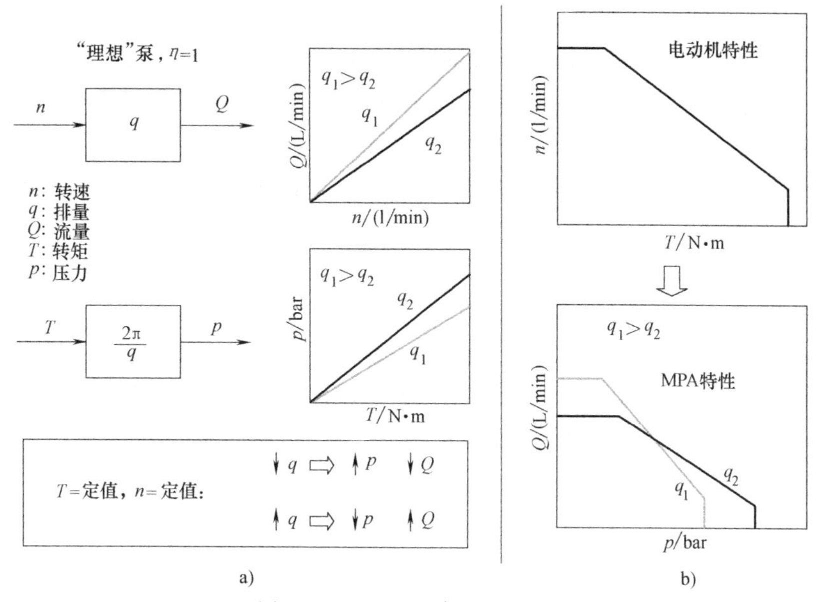

图 N-11　MPA 及其特性的框图

小）用来克服轴向和径向支撑处的摩擦。这些都可以通过所谓的“机液作用效率”来加以考虑。对于电动泵驱动单元来说，大多采用外啮合齿轮泵，因为这种结构耐用、成本低，安装空间小，并且通过特殊加工可以达到很高的作用效率（$\eta_{vol}\approx97\%$，$\eta_{hm}\approx91\%\rightarrow\eta_{ges}\approx88\%$）。

图 N-12 中齿轮泵结构的主要部件为：

- 泵壳体。
- 齿轮对（直齿轮或者斜齿轮）。
- 密封元件。
- 眼镜形侧板（带或者不带衬套）。
- 端盖。

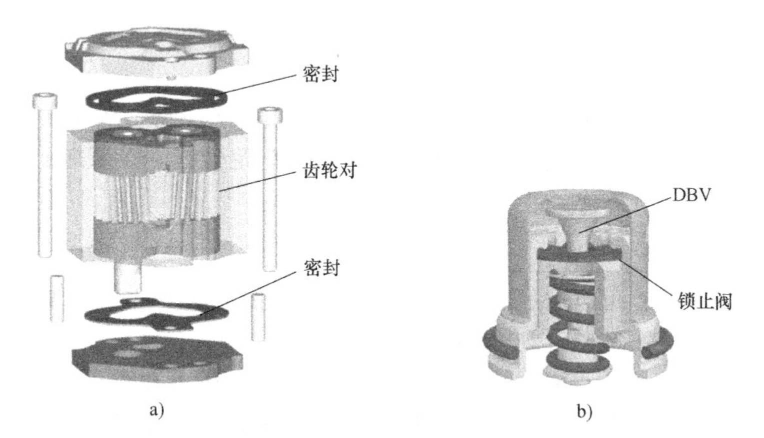

图 N-12　齿轮泵，集成锁止阀/限压阀（来源：TRW 公司）

齿轮对支撑在眼镜形侧板中。这个单元安装在壳体中，并通过密封件和端盖在两侧闭合。在压力侧，圆周上的压力合力为一个径向力，这个径向力由滑动支承来支撑。将端盖和眼镜形侧板之间的密封件构造成特别的形状，可以让这个区域承受工作油压的作用，获得轴向补偿，并保证齿轮端面的密封。

齿轮空隙借助端盖和壳体把油液从吸油腔带到压油腔。齿轮啮合的运动学特点导致流量是不均匀的（泵脉动），这种影响可以通过一些辅助措施来加以抑制。其中一种就是集成在电动泵驱动单元中的谐振器，以及专门的液压管路设计。

限压阀的最大压力可以通过弹簧预紧量来调节。锁止阀借助平板阀来产生作用，可以参见图 N-12b。

3.2 液压管路系统

和传统的液压助力转向系统一样，电液助力转向系统也有高压管路和低压管路，这些管路由软管和硬管组成。由于高压管的阻尼特性要求较高，在电液助力转向系统中高压管的构造更为复杂一些。因此，后面重点介绍高压管。

3.2.1 主要要求

以下是电液助力转向系统高压管路的主要要求：

- 泵和转向器之间的液压管路连接流动阻力要尽可能小。
- 有足够的阻尼抑制泵脉动，即降低流体噪声。
- 有足够的阻尼来降低系统振动。
- 电动泵驱动单元与转向器之间为机械柔性连接（减小固体噪声传播），补偿公差。

这些要求适用于液压助力转向中所有的管路，只是对于电液助力转向系统来说产生抑制泵脉动的阻尼成本更高。其根本原因在于电动机的转速是变化的，例如，如果车辆停下来，电动机转速就要升高，从而提供更大的流量。这时需要高压管路来衰减一个较宽的频率范围内的泵脉动。而传统液压助力转向系统的泵是由内燃机驱动的，在这种情况下转速是不变的，只需要衰减离散频率的振动（泵脉冲的频率阶次）。

3.2.2 阻尼结构原理

从外观看，转向系统的高压管结构都相似，只是硬管和软管的长度比例不同。软管和硬管的不同刚度产生的阻抗突变会引起液体波动的反射，如图 N-13 所示。持续的反射和软管壁的吸收作用会产生衰减压力波动的阻尼。

尽管有这种现象，但是在一些典型频率上产生的阻尼会下降。为了获得频宽较大的阻尼，可在软管中安置所谓的“调谐器”，以改善管路的阻尼性能。在原理上，调谐器有两种结构。第一种结构是 PTFE 管，另一种结构是螺旋钢管。

3.2.3 阻尼特性的确定

液压管路的阻尼特性可以通过试验的方法来确定，如图 N-14 所示。液压管路的阻尼特性与车辆无关，这样一来试验可以节省大量费用。

传递函数通过传递矩阵 $\boldsymbol{T}$ 来表述。矩阵由两个点处的压力和流量波动相互耦合组成，例如管路起点和终点。压力波动、流量波动以及矩阵项都在频域中进行表述，如果在两个点的压力和流量波动已知，其传递函数矩阵就可以确定。

压力波动可以直接测量得到，流量波动在所考察的频率范围内不能直接测量得到，但是可以通过两点或者更多点的压力信号在一根传递函数已知的管路中推算出流量波动。因此这个系统总是连接在两根标准管路之间进行测量，如图 N-14 所示。

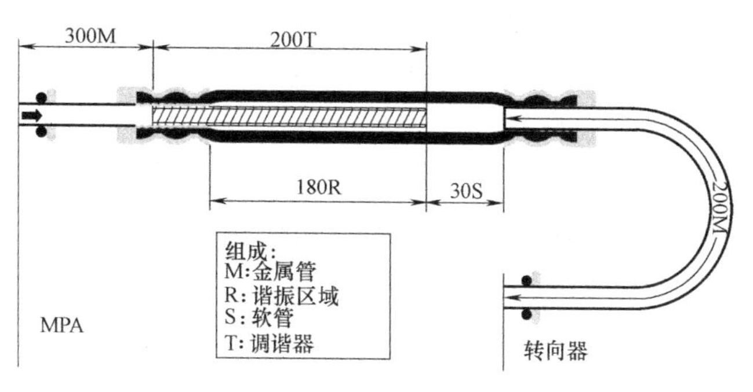

图 N-13 管路系统的结构—阻抗突变，调谐器

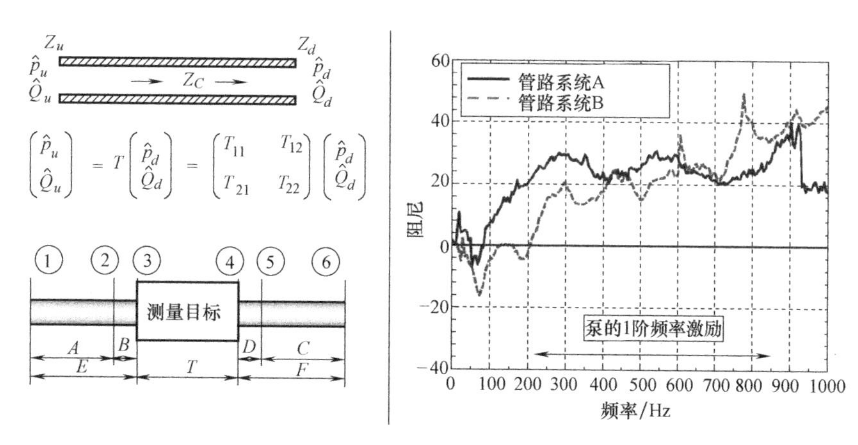

图 N-14 确定管路系统的传递函数

可以通过标准管已知的传递函数矩阵，以及在测量点①和②之间、测量点⑤和⑥之间的压力波动传递函数来确定矩阵中的项。

矩阵中的 T_{11} 项可以用来衡量阻尼大小，它表达的是管路输入端的压力幅值与管路输出端的压力幅值在理想封闭终端情况下的比值。所举的例子为两种压力管路系统的比较，图中也标出了泵的频率范围。管路系统 A 明显有较高的阻尼，可以用于车上。

3.2.4 液压阻力

管路系统的压力损失并不是线性的。压力损失随着流量的增加陡增，因此功率损耗也是非线性陡增的，如图 N-15 所示。

转向系统的工作流量可以达到 2L/min，其流动消耗很小。这样在电液助力转向系统中可以保证：

- 液压的功率损耗很小（相对于 HPS 系统）。
- 应用不同的管路系统产生的功率消耗差别特别小（相对于 HPS 系统）。

其中，后者特别重要，因为在车辆匹配时由于安装空间条件不同以及声学匹配不同，管路布置形式不能够统一成一种。

3.3 其他部件

3.3.1 传感器

流量的控制（也就是电动泵驱动单元的转速）是根据车辆速度和转向盘角速度来进行

的，这个过程必须用到传感器。通常采用已经在车辆上使用的传感器，如 ABS 的车轮转速传感器、车辆稳定系统（ESP）的转向盘转角传感器。

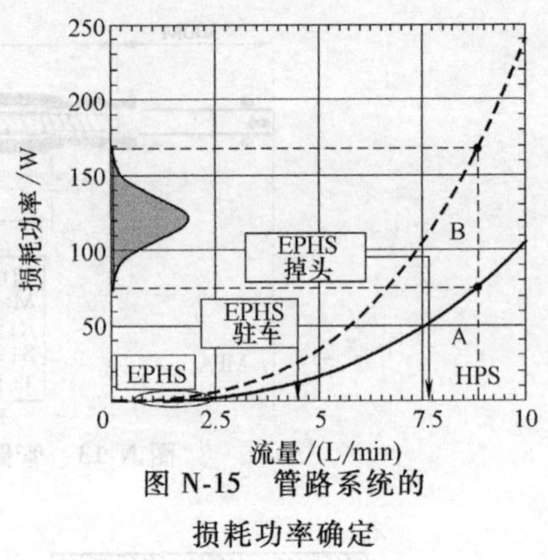

图 N-15　管路系统的损耗功率确定

3.3.2　油液

在电液助力转向系统中用的油液为稀薄液体 ATF 油液，如 Pentosin CHF 11S 或者 Total LDS H50126。这样使用的温度范围可以达到-40℃，其清洁度要求大多采用标准 ISO 4406 18/16。

3.3.3　转向油罐和支架

转向油罐和支架是个总成，需要相互匹配。电动泵驱动单元应该能够在空间中便于布置。图 N-16 展示了各种不同的量产布置方式。

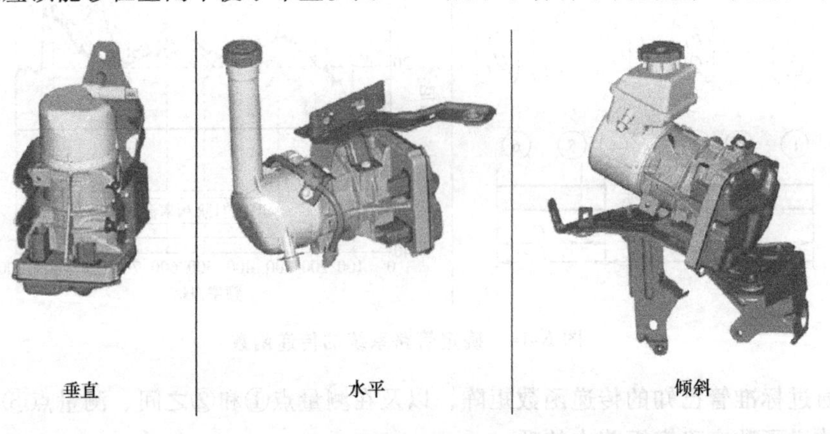

图 N-16　转向油罐和支架在不同的车辆环境中的布置

参考文献 N

N

BOSCH (2002): Autoelektrik – Autoelektronik, Systeme und Komponenten, ISBN 3-528-13872-6

BUBLITZ, H. (2010): Die elektrohydraulische Servolenkung als Lenkungstechnologie für Daimler Hybridfahrzeuge, 19. Aachener Kolloquium

HOFER, K. (1998): Regelung Elektrischer Antriebe: Innovation durch Intelligenz, VDE Verlag: Berlin 1998

IVANTYSYN, J. und M. (1993): Hydrostatische Pumpen und Motoren, ISBN 3-8023-0497-7

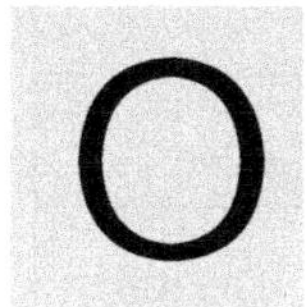

O 电动助力转向系统（EPS）

1 导言

在轿车上，最近几年正在完成从液压助力转向系统到电驱动的电动助力转向系统（称机电转向系统，Electric Power Steering EPS）的转换。电动助力转向系统最初的应用只是局限在小型车上，因为其功率密度以及整车电网所能提供的能量有限，还不能应用在大型车上，大型车需要更大的转向功率。随着新技术的应用，当今在某些国家 EPS 可以用到高级别车型上了。在不同的车型级别上存在着不同形式的 EPS（图 O-1）。这些形式的 EPS 将在第 O 章第 2 节详细讨论。

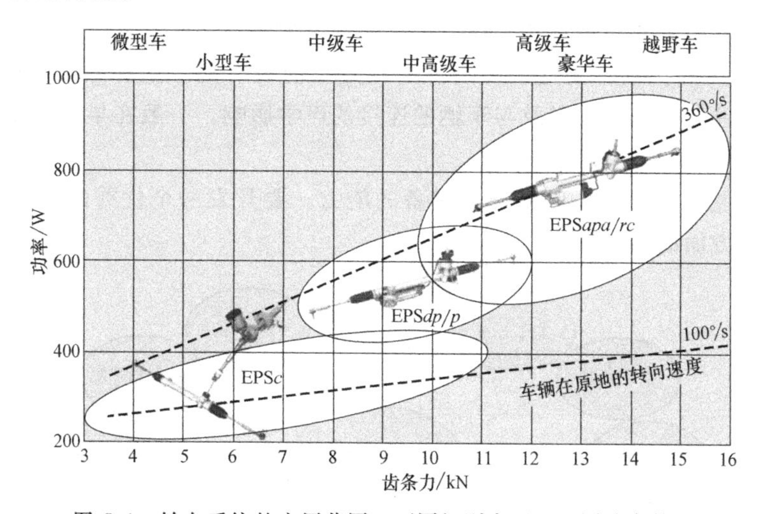

图 O-1 转向系统的应用范围—不同级别车型、不同功率等级

电动助力转向系统相对于液压助力转向系统的优点在于，电动助力转向系统能够按需供给助力，有人称之为“按需供电系统”（Power-On-Demand-System）。也就是只有在转向时才消耗能量，这样累积起来所需要的平均能量较小，从而减少燃油消耗，降低 CO_2 排放。图 O-2 所示为一部 2.0L 汽油内燃机中级车型的燃油和 CO_2 下降数据。可以看到，燃油消耗下降量可达到 0.8L，在 NEFZ（欧洲新行驶循环）工况中的 CO_2 排放也会相应下降。随着油耗和排放法规要求的提高，在所有车型上采用 EPS 是必然的选择。

电动助力转向的另一个优点是其功能拓展，可以在车辆安全性、行驶舒适性、辅助驾驶方面实现更高要求。例如，辅助泊车系统可以使车辆自动进行转向并移动到停车位间隙中。此外还有车道偏离提醒，当驾驶人无意偏离车道时，会在转向盘上施加一个力矩来提醒驾驶人。车道偏离提醒的功能对于改善交通安全也有贡献，其他一些功能将在第 O 章第 6 节中介绍。

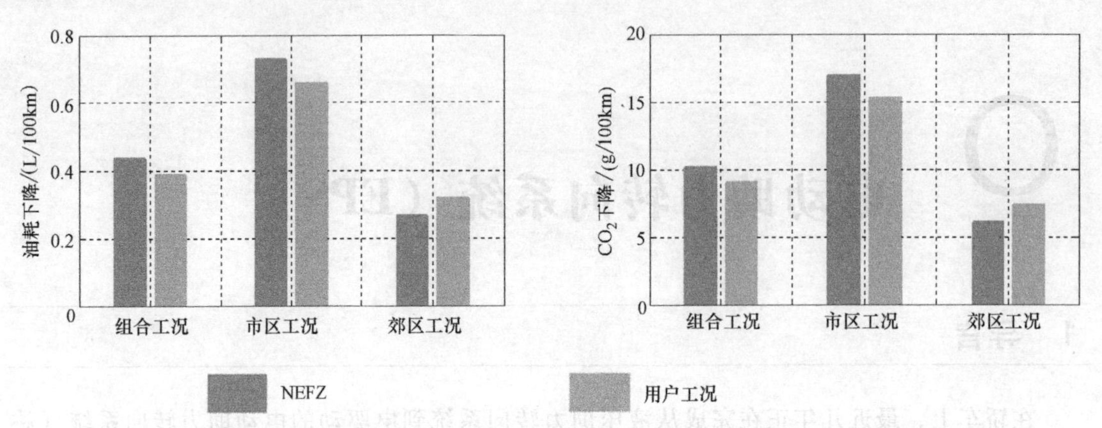

图 O-2　EPS 和传统 HPS 相比燃油下降量，NEFZ 与用户工况的结果相当；车辆为 BMW 320i

为了在某些地区应用 EPS，生产商对转向系统提出了很多新的要求。对电动助力转向这样复杂的机电系统以及其安全性必须有许多新的开发过程，而这些开发过程在液压助力转向系统上是不需要的。必须特别强调的是，电动助力转向必须遵守安全要求法规 IEC 61508 和 ISO 2662（参见第 O 章第 5 节）。

在电动助力转向系统车辆上特别要关注车辆的声学特性。通过采用伺服电动机和变速器可以减小 EPS 噪声和抖动，而这种噪声和抖动是从前没有的。这种噪声不能干扰驾驶人，在开发阶段就要注意每个总成以及与车辆的连接的声学影响。一般在早期阶段需要进行数字化模拟分析。

在图 O-3 中展示了开发 EPS 所应该具备的能力。要开发一个优秀的转向系统，当然必须综合考虑各个方面的相互影响。

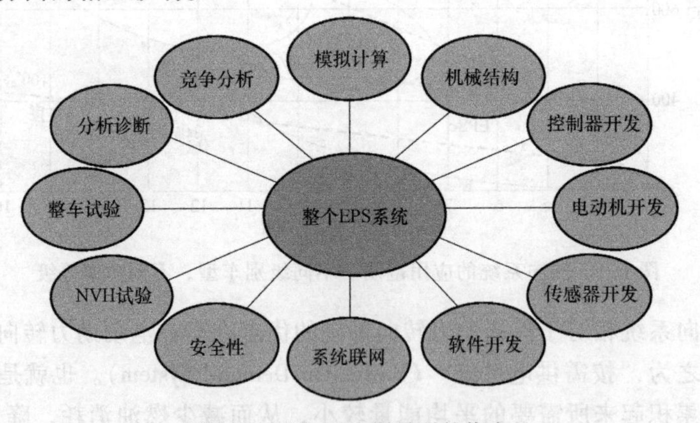

图 O-3　开发 EPS 所需要的能力

1.1 EPS 与 HPS 对比

在本节中将比较液压助力转向系统和电动助力转向系统在结构和功能上的主要差异。

从图 O-4 可以看到，液压助力转向系统由很多部件（泵、管路、转向器等）组成，这些部件一般在车辆上会彼此相连。需要在它们连接后再注液，并检查内泄漏。

而电动助力转向则不同，为了完成转向功能，它必须作为一个整体进行加工和检验并提交给主机厂。

在提供转向助力的功能上，这两个系统的区别为：

- **液压助力转向系统**是通过液压缸产生助力，这个助力直接作用在齿条上。助力是由液压泵产生的压能来产生的。液压缸的控制是通过转向转阀来进行的（见第 K 章第 3 节）。
- **电动助力转向系统**是借助电动机产生助力，电动机的力通过伺服增力传动机构传递给齿条或者转向管柱。电动机的能量来自整车电网的电能。电动机是通过一个电子功率元件来进行控制的，该原件大多集成在 EPS 的电子控制器中。

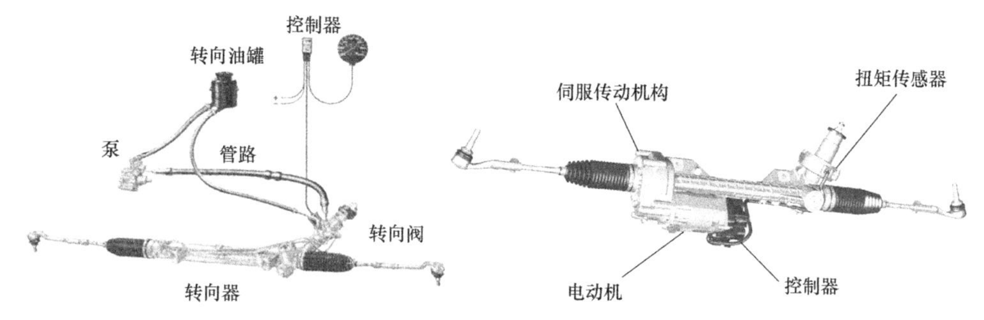

图 O-4　相比于液压助力转向系统，电动助力转向系统的复杂程度有所降低

这两种转向系统的根本区别在于驾驶人意图的传递方式，并以此确定的需要提供助力大小。这两种系统的传递过程如下：

- 在**液压助力转向系统**中，转阀与扭杆相连，扭杆位于转向盘和转向器之间。如果驾驶人施加了一个转向运动，扭杆扭转，转阀往一个方向打开。这样液压缸的一侧受到压力，产生助力。助力的大小由机械的阀的特性决定（参见第 K 章第 10 节）。
- **电动助力转向系统**中应用扭矩传感器来感知驾驶人意图。扭矩传感器的作用原理为，采用类似于液压助力转向中的扭杆来传递转向运动，产生转角输出（参见第 O 章第 3.3 节）。测量得到的扭杆转角大小（扭矩）通过 EPS 内的控制器计算得出所需要的助力大小。EPS 的优点是，助力特性通过软件几乎可以任意改变，而不需要改变机械部件。

2　EPS 系统的结构形式

2.1　EPSc 管柱式

EPSc（图 O-5）是最早用于量产的 EPS 结构形式，1988 年在 Suzuki Vervo 车型上首次量产使用（Stoll 和 Reimpell，1992）。刚开始时它仅限于在小型和微型车上使用，其在齿条上产生的力即转向功率很小。随后 EPSc 也应用到中级车上，其原因是在伺服传动机构、转向管柱和转向小齿轮上已经采用了新的材料，极大地提高了承载能力。

在 ESPc 上，其伺服单元布置在车辆内部，这可以带来受环境影响小的好处，例如伺服单元不需要防水。其所承受的温度范围也很小，为 -40～85℃，而发动机舱中的温度范围为 -40～125℃。高温对于伺服单元的电器件来说是个严峻的考验。布置在车辆内部当然也有缺点，伺服单元离驾驶人很近，其噪声很容易影响驾驶人。

EPSc 的伺服传动机构为非自锁式的蜗杆传动。电动机的输出轴与蜗杆固定连接，蜗轮和转向管柱相连。当然也有其他的传动形式，例如带传动，或者直接传动，但是这些在量产

中的使用少之又少。

因为伺服单元的助力通过转向管柱、转向中间轴和转向小齿轮进行传递，影响最大转向助力的因素并不多。例如，假如为了在转向管柱上实现长度调节功能，那么需要在转向轴中增加滑动机构来实现调节（参见第J章）。转向管柱上的力矩增大，则滑动机构的强度必须更高，成本会变高。最简单的滑动机构用的是塑料滑动，如果力矩很大则必须用更贵的金属滑动。

对于EPSc来说比较困难的是碰撞性能，因为整个伺服单元布置在转向管柱的上部，离驾驶人很近。

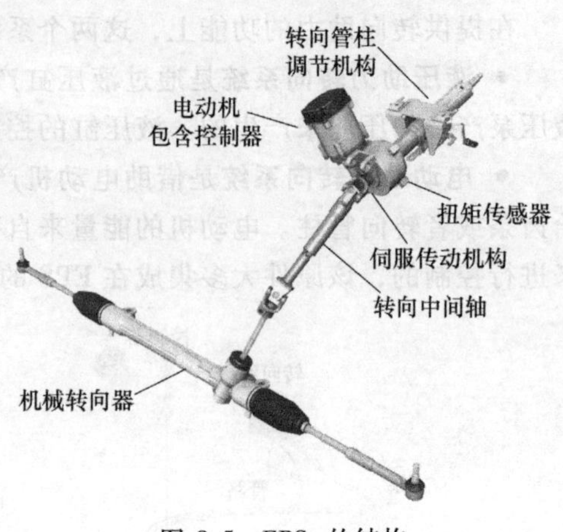

图 O-5　EPSc 的结构

2.2　EPSp 小齿轮式

在ESPp中伺服单元直接布置在转向小齿轮上（图O-6）。

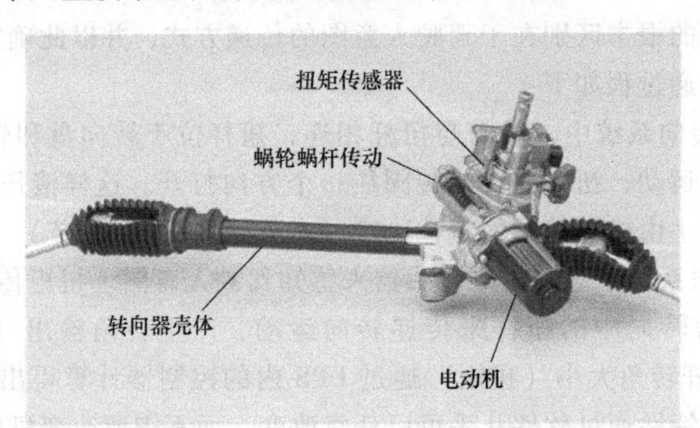

图 O-6　NSK公司生产的ESPp（来源：欧洲NSK网站）

电动机产生的辅助力矩借助蜗杆传动机构直接传递给转向小齿轮和齿条。EPSp能够产生比ESPc大一些的转向功率，因为其力矩不经过转向管柱和转向中间轴。ESPp的伺服单元（电动机和控制器）在发动机舱内，在耐温度、防水和抗振方面比EPSc的要求更高。这些高要求同样适用于ESPdp、ESPapa和ESPrc（2.3节~2.5节）。

这种系统在整车总布置中会受到限制，ESPp的伺服单元只能绕着转向小齿轮的轴进行布置。另外，该系统布置在驾驶人脚部空间的范围处，必须确保在碰撞过程中伺服单元不会侵入到脚部空间中。

2.3　EPSdp 双小齿轮式

在EPSdp中，伺服单元布置在第二个小齿轮上（图O-7）。这种转向特别适合于中级车或者中高级车。第一次量产使用这种转向系统的是2002年VW Golf平台。

伺服单元装在第二个小齿轮旁，传感器和驱动机构在空间上分开。这样驱动小齿轮的传动比和转向传动比没有关系，可以进一步提高功率。在系统功率上相比于EPSc或者EPSp可以提高10%~15%。

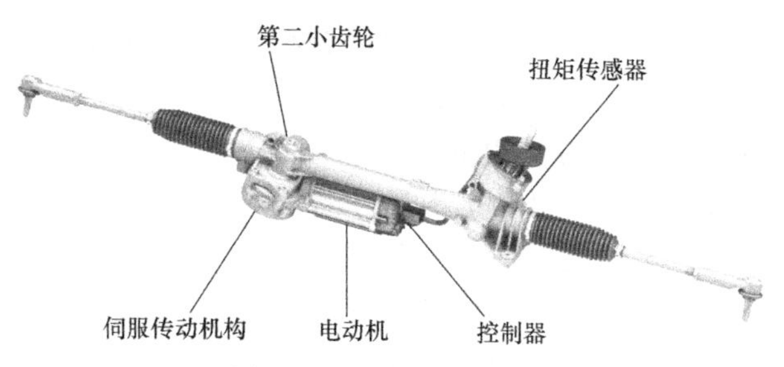

图 O-7 ZF 公司的 ESPdp

伺服单元的位置可以根据蜗杆传动机构匹配在转向齿条的径向 360°方向上定位（图 O-8），这个特点使得即使转向的安装空间很苛刻也能找到恰当的位置布置伺服单元。另外，如果伺服单元的布置恰当，也能带来很好的碰撞安全性。

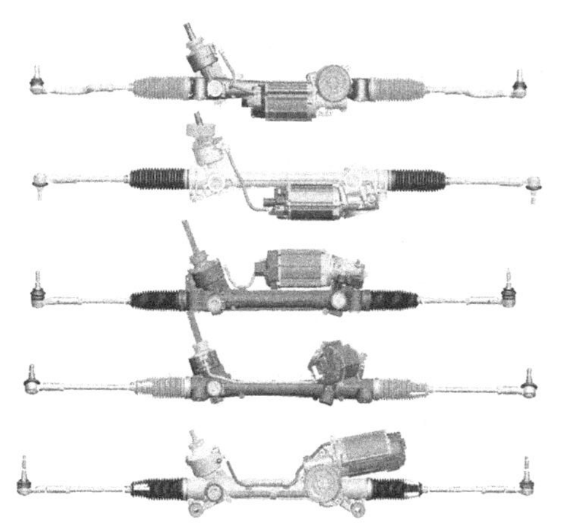

图 O-8 EPSdp 不同的结构形式，伺服单元位置灵活，可以充分利用安装空间

2.4 EPSapa 平行轴式

EPSapa（图 O-9）的特点是传动机构平行于齿条，其系统摩擦较小，可带来较高的作用效率。这种转向系统的应用范围从运动型车辆到中级车，直至高功率车辆，如越野车、跑车。首次量产应用是在 2007 年的 BMW 3 系上。

在这种转向形式中，电动机产生的助力借助循环球和带组合传递给齿条。其中循环球机构把电动机的旋转运动转换成齿条的平移运动。

这种助力系统的传动形式要求电动机必须与齿条平行布置，在满足这个要求的前提下，伺服单元可以围绕齿条随意布置，可以充分利用车辆的安装空间。

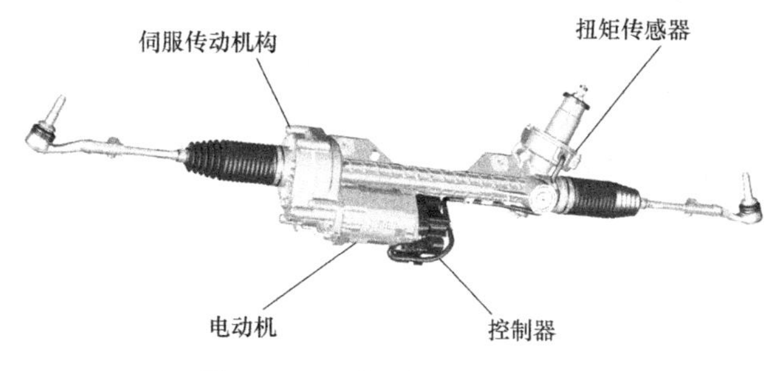

图 O-9 ZF 公司的 EPSapa 转向

2.5 EPSrc 同轴式

同轴式转向系统中，传动机构为循环球传动，把电动机的旋转运动转换成齿条的平移运动。和 EPSapa 不同的是，EPSrc 是由电动机直接驱动的，因此 EPSrc 相比于 EPSapa 少了一个减速速比（参见第 O 章第 2.4 节），如图 O-10 所示。

因为是同轴结构，电动机必须为中空轴特殊结构，这样齿条才可以被电动机驱动。

如前所述，电动机直接接合循环球机构，少了一个变速等级，也就是相对于 EPSapa 来说速比变小了，因此同轴式转向的电动机本身要有更大的力矩输出。如果车辆电网的电压保持不变，只能通过增大电动机的体积来获得电动机更大的力矩。和 EPSapa 相比，EPSrc 的电动机在相同的输出功率下必须输出约两倍的力矩。

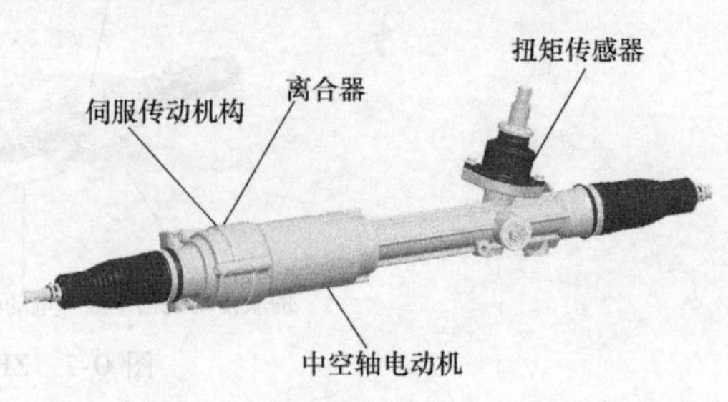

图 O-10　EPSrc 中空轴电动机与齿条同轴布置

尽管 EPScr 的同轴结构显得非常紧凑，但是在结构形式上也有缺点。到目前为止所介绍的转向系统的助力单元都可以在一定范围内围绕转向进行布置，但是在 EPSrc 上，带循环球机构的电动机的布置只能在齿条轴向上很小的范围内移动。

3　EPS 的组件

3.1　伺服传动机构

伺服传动机构连接驱动单元、车轮以及驾驶人，是 EPS 的直接组成部件。由于振动、摩擦和惯性作用的存在，在评价传动机构特性时必须考察静态和动态两个方面。根据应用，EPS 的伺服传动机构由蜗轮蜗杆、循环球、齿轮传动带以及齿轮齿条组合而成。

功能

伺服传动机构的主要功能为把电动机产生辅助力矩传递给齿条，即把伺服电动机的旋转运动转换成齿条的平移运动。在功率传递中，根据要求的输出功率与可以输出的功率之间不同的特性，伺服传动机构可以产生一定的力矩和转速。为了获得足够的齿条力并同时满足伺服电动机在成本、安装空间或者功率方面的要求，电动机必须通过减速传动机构来增大驱动力矩。通常是通过两个减速传动机构来获得一个较大的传动比。

伺服传动机构的一个辅助功能是可以改变转动轴的位置。这个功能与空间位置、输出轴和输入轴相关，它决定了 EPS 能否满足空间安装要求。通常可以把传动机构划分为平行转动轴、交错转动轴和扭曲转动轴。

功率传递特性

功率传递由 EPS 的传动比以及作用效率来确定。传动比 i 表示的是输入轴转速 n_{an} 和输出轴转速 n_{ab} 的比值。

$$i=\frac{n_{an}}{n_{ab}} \tag{O.1}$$

传动机构中的功率损失 P_V 可以通过它的作用效率 η 来反映。这个比值表达了输出功率 P_{ab} 和输入功率 P_{zu} 之间的比值。

$$\eta=\frac{P_{ab}}{P_{zu}}=1-\frac{P_V}{P_{zu}} \tag{O.2}$$

技术要求

EPS 系统传动机构的重要技术要求如下：

- 高的静态强度和动态强度。
- 自锁高安全性。
- 不同工况和环境下的高承载能力。
- 在整个车辆使用寿命内无须保养维护。
- 在 EPS 的输入和输出功率方面保持较高的作用效率。
- 较高的刚度以及较小的质量惯量，获得好的转向感觉。
- 很小的间隙，避免在改变转向方向时或者齿条力动态变化时出现转向力矩变化不连续。
- 在保证强度的前提下减小重量和成本。
- 减小空气声音和固体声音的辐射和传播，避免噪声和抖动。

3.1.1 蜗杆传动

蜗杆传动属于交错转动轴斜齿轮传动，蜗杆和蜗轮的转动轴不相交。蜗杆为多头螺杆，通过螺纹形状驱动蜗轮，如图 O-11 所示。和圆柱齿轮相比，其传动特点之一是滑动量较大，因此传动噪声较小、运动平稳；另外一方面，在接触线方向上存在很大的滑动量，会导致较大的功率损失，因此相比于圆柱齿轮其作用效率较低。

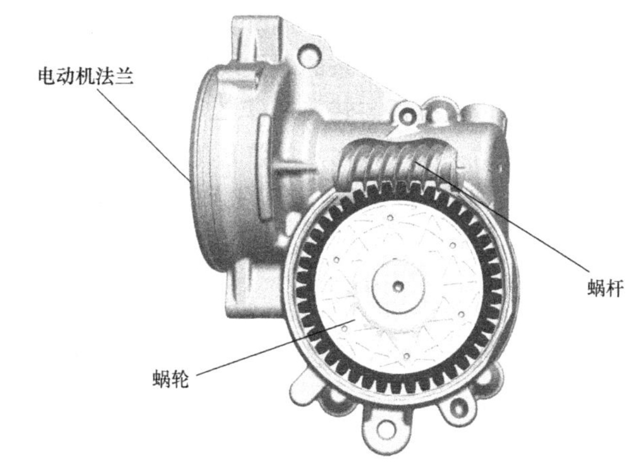

图 O-11 EPSdp 的蜗杆传动，蜗杆可以在蜗轮的周向上布置，充分利用安装空间

在 ESPdp 中，蜗杆传动用于电动机和驱动小齿轮之间传递功率。蜗杆传动也可以用于 EPSc 和 EPSp 中传递功率。蜗轮蜗杆可以产生很大的传动比，在 EPS 中使用范围为 15~30。这个传动比为蜗轮的齿数和蜗杆的头数的比值。

为了减小啮合噪声，并减小齿轮磨损，常在蜗轮上采用塑料齿轮，与硬化过的钢制蜗杆啮合。由于齿轮载荷很大，塑料齿轮必须是高强度塑料材料加工成型。为了消除齿轮啮合中的间隙，预紧螺旋弹簧把蜗杆压紧在蜗轮上。

3.1.2 循环球传动

循环球传动使用在 EPSapa 和 EPSrc 系统中，把电动机的转动转换成齿条的移动，并反过来把齿条的移动转换成电动机的转动。循环球传动在转向技术上的应用可以追溯到循环球螺母（也称转向螺母）传动。循环球传动的主要部件为循环球螺杆，符合标准 DIN 69051-1

(1989)。作为滚动体的循环球、转向螺母及其密封系统如图 O-12 所示。

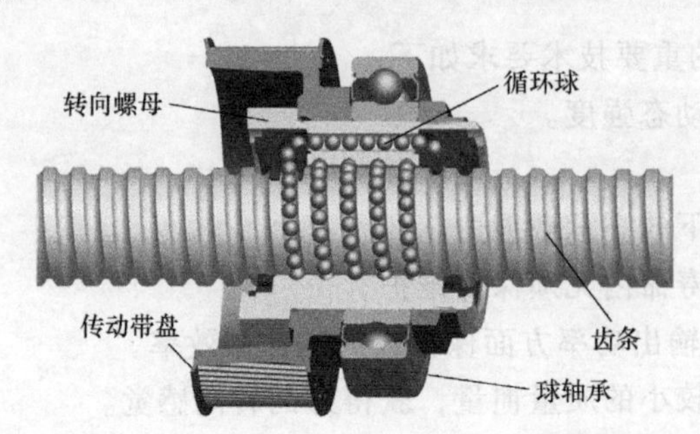

图 O-12　EPSapa 的循环球传动，即使在转向力很大时作用效率也很高

转动和平动之间的转换采用循环球传动的优点是，机械承载能力高，可以实现很高的传动比，以及很高的作用效率，并能减少能量损失。其作用效率可以超过 90%。

在现代 EPS 系统的结构中，循环球螺杆成为齿条的一部分。循环球螺母（也称为转向螺母）由球轴承进行支撑，这个球轴承可以承受工作中出现的轴向力和径向力。转向螺母的轴和齿条的轴在此合并在一起，在 EPSrc 中直接由电动机驱动，在 EPSapa 中通过传动带进行驱动。驱动力矩传递到齿条与小齿轮啮合的区域。为了减小由此产生在转向小齿轮上的载荷，可以把齿条构造成 Y 形形状。

循环球传动的工作原理类似于楔形滑块，楔形滑块可以把纵向运动转换成横向运动，反之亦然。在循环球传动中，斜面就是围绕齿条的螺纹线以及在转向螺母内的螺纹线。为了降低摩擦，利用球体作为滚动体来传递螺杆与转向螺母之间的滚道上的载荷。

螺距 h 为循环球围绕齿条转动一圈在轴向上的位移量。现在的电动助力转向系统中螺距值的典型范围为 5~10 mm。通过螺距可以直接计算得到循环球传动的传动比：

$$i_{\mathrm{KGT}}=\frac{2\pi}{h} \tag{O.3}$$

循环球传动的设计很具有挑战性。除了要进行传统的台架试验和有限元强度计算外，还要进行 NVH 试验，如图 O-13 所示。

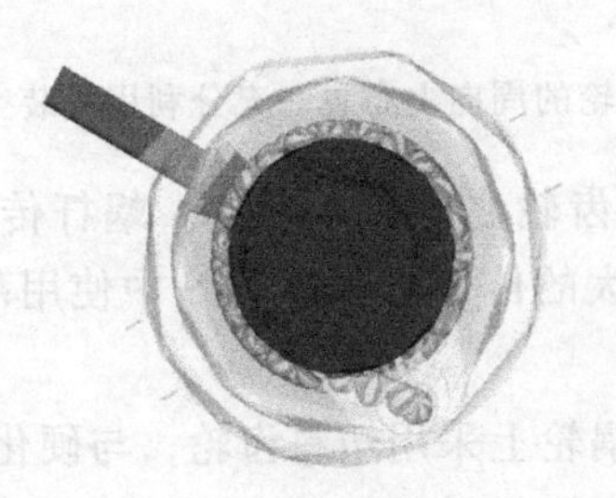
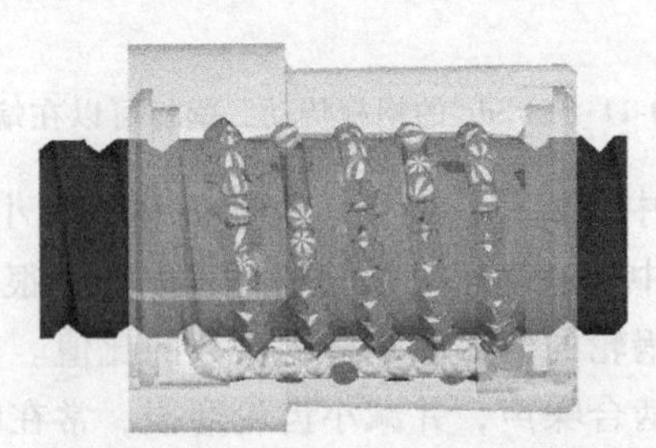

图 O-13　循环球传动运动过程的多体模拟分析，用于最初的功能设计

3.1.3　齿轮带传动

在 EPSapa 中，齿轮带传动把电动机的助力传递给转向螺母。电动机的轴为主动轴，转向螺母为从动轴，两轴平行布置。EPS 中的齿轮带传动由一根传动带和两个齿轮盘组成，如图 O-14 所示。其传动比为从动齿轮盘的直径 d_2 和主动齿轮盘的直径 d_1 的比值：

$$i_{\mathrm{Riemen}}=\frac{d_2}{d_1} \tag{O.4}$$

通常这个比值在 2~4 这个范围内。

齿轮带传动属于形状副牵引传动。通过齿轮啮合传动带与主动齿轮盘、从动齿轮盘之间形成形状连接，在功率传递过程中不会出现打滑。同时，相比于其他形式的牵引传动可以大幅降低预紧力，因为齿轮传动带可以看成是同步带。

在两个齿轮盘之间的传动带部分称为松边和紧边。紧边这一部分，传动带张力在传递载荷时会进一步升高，同时松边部分上的张紧力会相应下降同样幅值。为了保证传动带在两个齿轮盘之间稳定地进行齿轮啮合，传动带上必须一直承受一定大小的张紧力，也就是说，如果传动带预紧力太小会造成传动带振动加剧。因此一定大小的传动带预紧力设置对于疲劳寿命、噪声、传动性能等至关重要。

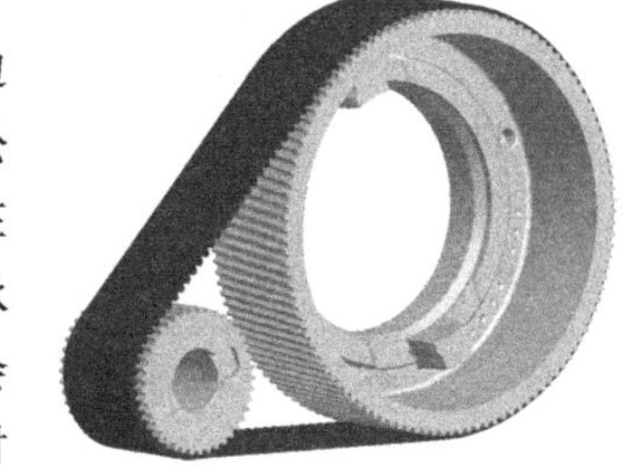

图 O-14　EPSapa 的齿轮带传动，传动带采用高强度形状以及斜齿轮都可以降低噪声

齿轮带传动的尺寸确定原则上要根据标准 ISO 5295（1987）[㊀]来进行。根据所采用的传动带的形状、所需要的功率以及几何形状，可以粗略计算出为了传递一定大小的扭矩所需要的传动带宽度。具体的带传动设计细节必须与转向系统生产商以及传动带生产商紧密合作来确定，例如载荷大小。传动带采用强度高的形状可以传递更大功率、传动效率更高、噪声更低。如果再采用斜齿轮，这些方面将更加优异，但是齿轮传动带从齿轮盘上滑出的可能性也加大了，对此必须借助平挡圈来抑制。

由于发动机舱中巨大的温差范围以及由温度对传动带产生的热载荷，传动带所用的材料受到很大限制。基于温度范围从-40~125℃，传动带的基体材料采用橡胶-弹性体材料，纤维复合材料采用玻璃纤维。这样可以获得很高的抗拉强度，同时线胀系数还很小。在当今 EPS 应用中，齿轮盘材料大多采用烧结材料。

3.2　电动机

3.2.1　概况/比较/工作范围

电动助力转向系统的转向助力来自于电动机。按照需要，整车电网中的电能转换成机械能。选择适当形式及大小的电动机，可以提供给所有行驶工况足够的转向助力。另外一方面，由于电动机与转向盘之间为直接的机械连接，因此电动机也影响着转向感觉，从而影响驾驶人感觉。

分类

电动机根据运动方式可以分成转动电动机、平动电动机和直线电动机。在电动助力转向系统中应用的电动机要求结构简单、功率密度大、控制简单，只能采用转动电动机。转动电动机主要由一个固定不动的定子，以及一个和定子同轴的并能够转动的转子组成。根据定子和转子的布置位置又可以分为内动式和外动式。根据电流类型又可以分为直流电动

㊀　该标准已于 2017 年修订。——译者注

机、交流电动机、三相交流电动机和脉冲电流电动机。三相交流电动机也叫旋转磁场感应电动机，根据转子和定子之间的转速关系可以进一步分为异步电动机和同步电动机。

功率级别

在最初的 EPS 系统中仅采用有刷直流永磁电动机。可以通过车辆的直流电压很方便地对这种电动机进行控制。随着它越来越多地应用到中级车和高级车上，对转向功率的要求越来越高，并且随着微处理器和整流技术的飞速发展，现在越来越多地应用无刷旋转磁场感应电动机，这种电动机通过一个整流器和一个随磁场变化的控制器进行控制。不同电动机在 EPS 上的应用如图 O-15 所示。

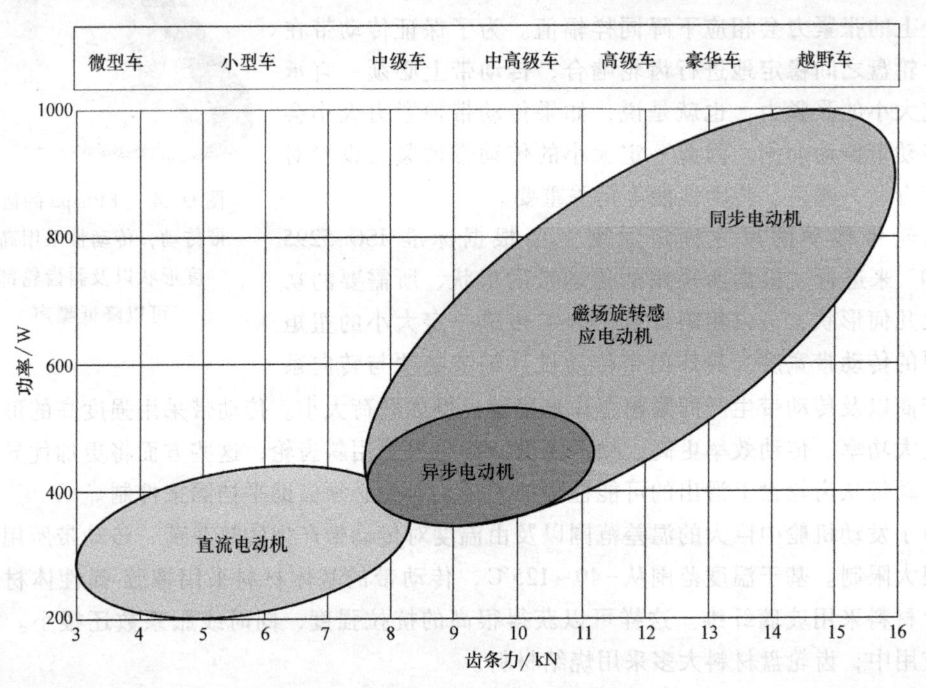

图 O-15　不同电动机在 EPS 上的应用

工作范围

选择电动机时必须注意，转向系统并不是在恒定的工作点上运转，例如恒定的转速或者恒定的力矩（参见第 O 章第 4 节）。考察一下典型的泊车工况，在这种工况中转向力很高，必须在一定的转向速度下能够提供很大的转向助力。在行驶时，转向力明显变小，但是对应的转向速度却较高，例如变道工况。

简单的描述就是，电动助力转向系统的电动机的工作范围需要分成两部分，一部分是在一个转速范围内力矩保持恒定，另一部分是在另一个转速范围内输出功率近似恒定（图 O-16）。考虑车载电源所允许的电压值和电动机所允许的最大电流值，在图 O-16 中给出了实际的电动机特性实例。

把功率要求和典型电动机特性曲线进行对比，可以看到，异步感应电动机通过采用场衰减可以明显加宽其在 EPS 系统中的使用转速范围。场衰减可以让电动机的工作范围超过名义转速，而无须增大电动机的输入电压或者输入电流。在场衰减时电动机的力矩可能会下降，但是这并不影响其在电动助力转向中的应用，因为在转向速度很高时，其所需要的转向

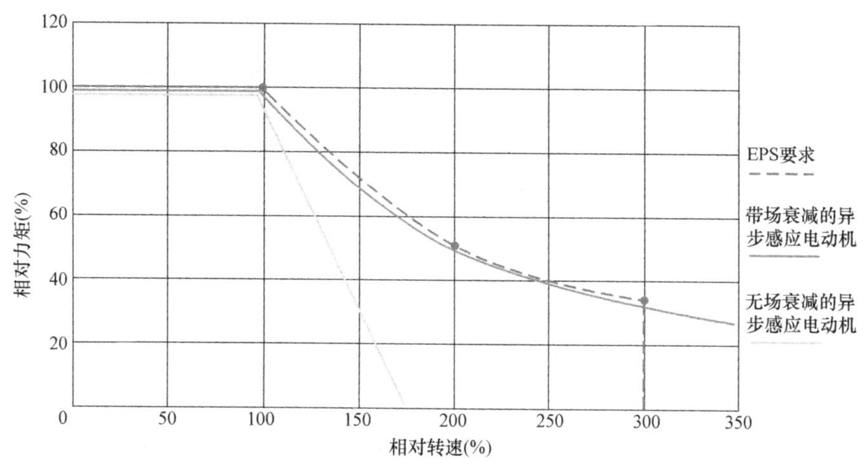

图 O-16 电动助力转向系统的电动机功率要求以及典型实际特性

力也明显下降。

他励直流电动机同样也可以具有场衰减，但是其结构复杂以及输出功率不大，限制了其在 EPS 中的应用。

技术要求

下面列举了 EPS 电动机的主要技术要求：

• 较大的功率输出，在 150～1000 W 之间，取决于车辆级别，必须能够覆盖泊车和变道工况中的功率峰值。

• 在功率恒定的工作区域（*M*/*n*-特性）可以提供泊车工况中的最大转向力以及变道工况中的最大转向速度。

• 较高的功率密度（功率与重量的比值）和作用效率，因为安装空间和车载电源的功率有限。

• 工作中能够提供较大的力矩，起动时的起动力矩较小，以便得到持续均衡的转向助力。

• 很好的电动机动态性能，其基础是较小的电动机响应时间常数和较小的转动惯量。

• 在应用永磁电动机时，必须有专门的绕组开关来减小过大的制动力矩。这种制动力矩由于电动机绕组可能产生短路。

• 在转向时，电动机工作噪声要小。

• 在整个使用寿命期间要耐用，整个转向系统的寿命是按照整车寿命来设计的，电动机应该是终生免维护、无须更换。

• 较小的电池干扰（EMV），必须保证车辆所有电器系统正常工作，尤其是在带机械转换器的电动机上，电刷会产生电火花。

• 可以承受较高的环境温度，根据安装点不同，工作环境温度在 85～125℃之间。

• 较高的机械强度，考虑车辆加速和振动等。

3.2.2 带机械换向器的直流电动机

在机械换向器的电动机上（DC 电动机），定子产生方向固定的磁场，这个磁场是通过永久磁铁或者一个磁场绕组（他励电动机、串励/并励电动机）产生的。电流的导入是通过换向器电刷系统来实现的，这个系统根据转子相对于定子的位置而引入电流，获得连续的旋转运动。这样机械换向器的电动机可以直接被直流电压即直流电流驱动。

如第 O 章第 3.2.1 节介绍的，在 EPS 系统中最主要的应用为永磁电动机。这种电动机没有磁场绕组，只需要控制两个线路。缺点是电动机没有磁场衰减，这样高转速的永磁直流电动机相对来说体积较大。因为电动机力矩正比于电动机的输入电流，所以永磁直流电动机可以很方便地调节力矩。由于转子绕组的散热较差以及转动惯量较大，其应用仅限于较小功率的转向系统。由于机械换向器的存在，机械换向器会消耗功率且占用空间，直流电动机的功率密度比交流感应电动机的小。另外，机械的电刷系统还必须耐磨，并保证良好的电磁兼容（EMV）。

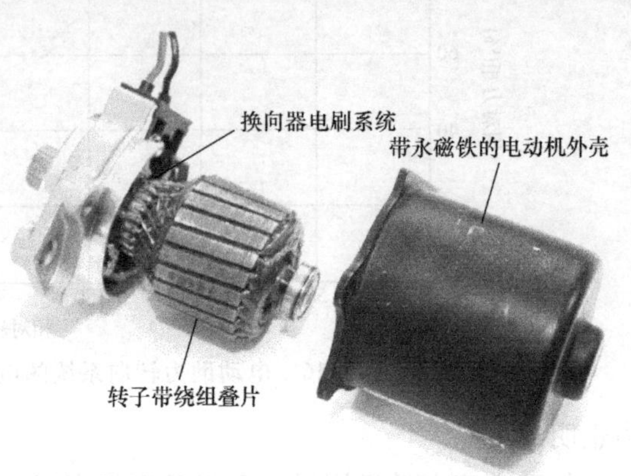

图 O-17　用于 EPS 的带机械换向器的直流电动机典型结构

电动机壳体通常采用钢板深拉成型，并含有一个用来支撑电动机轴的支承。永磁材料采用成本较低的永磁铁氧体。永磁铁氧体的功率密度没有稀土永磁材料（如钐钴 SmCo 或者钕铁硼 NdFeB）高。永磁材料黏结在壳体上，或者通过辅助套管夹持永磁材料。电动机壳体和永磁材料一起构成直流电动机的定子。转子是由许多绝缘的电工钢片叠加形成，用来减小铁损，铁损由磁滞损耗和涡流损耗形成。为了让力矩的波动尽可能小、齿槽转矩值尽可能小，在有限的钢片叠片中绕组要分布在尽可能多的槽中，相应地要与很多整流子片相连。换向器通常为由弹簧支撑的电刷组成的换向器-电刷系统。电刷系统有一个盖子，可以把电动机壳体在轴向封闭起来。用于 EPS 系统的直流电机的典型结构（图 O-17）有 4 个极，2 个或者 4 个电刷，22 个换向器片。

3.2.3　异步电动机

异步电动机（ASM）是交流电动机，其特点是，结构耐用，工作可靠性高和过载能力好。转子大多构造成笼型电枢，这样就无须线圈式绕组或者磁体等部件。笼型电枢中有许多导电杆平行于轴，布置在一个叠片铁心中，在端面通过环形成短路（即短路鼠笼）。定子大多数为一个三相交流电绕组，产生一个旋转的磁场。旋转磁场通过感应在鼠笼中产生电流，根据楞次定律，感应电流的效果总是反抗引起感应电流的原因，因此在转子上会产生一个力矩。

为了易于散热，并且有时候还要安装控制器（ECU，参见第 O 章第 3.4.1 节），电动机壳体常采用比较大的铸件，如图 O-18 所示。带定子绕组的叠片铁心安装在壳体内。交流绕组通常（尤其是在大功率电动机上）是由许多铜线组成，作为分开式绕组布置在电动机的圆周上。为了减小涡流损失，转子同样由一个叠片铁心组成，在这些槽中浇铸铝形成短路鼠笼。在电动机设计中要让转子和定子之间的间距尽可能小，这样产生一定的磁场感应电流所需要的电流较小，也就是作用效率较高。这意味着电动机的加工以及组装中尺寸公差范围一般很窄。

笼型异步电动机由于没有定子磁场的磁场激励，不会出现发电工况，在 EPS 系统中不需要设置开关结构来关闭电动机电流，因此其安全性设计可以大为简化。同时由于该电动机没有磁场，力矩波动可以很小，表现为运转非常安静。与带机械换向器的直流电动机不同的

是，异步电动机可以输入很大的电流来驱动，也就是产生很大的驱动力矩，表现为功率密度较高。与带永磁体的直流电动机不同的是，异步电动机可以设置场衰减。

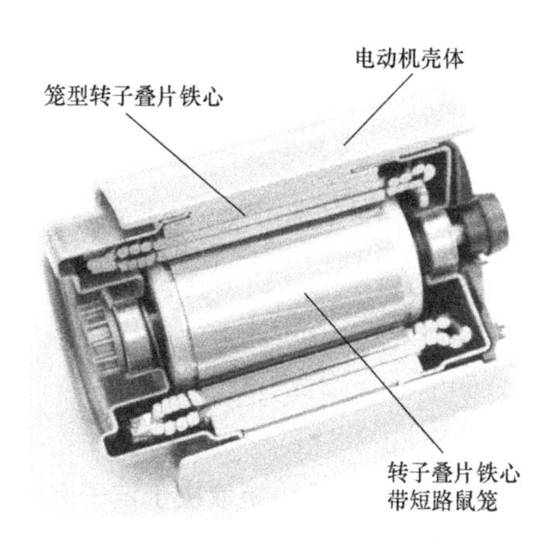

图 O-18　异步电动机的结构

3.2.4　同步电动机

和异步电动机一样，同步电动机也属于感应式电动机，驱动电流为正弦电流，通常为三相绕线。转子由一层层的电工钢片组成，产生一个和定子无关的磁场。在 EPS 电动机中只有永磁体得到应用，即永磁体同步电动机 PMSM。通过这个永磁体而不是基于转子磁场的感应，转子转动同步于定子旋转磁场，所以称为同步电动机。

在文献中还有无刷直流电动机（即 BLDC）或者电子换向器电动机（即 EC 电动机）的概念。在这种电动机中输入电流不是正弦信号，而是块状信号。这种电动机和大功率电器件、大功率传感器集成在一起后成为自换向电动机，用于汽车的伺服驱动中，可以直接由直流电压或者直流电流驱动。在实际中不可能有理想的矩形形状的块状电流，因此不可能产生理想的磁通密度分布，电动机会产生较大的力矩波动。在实际的电动助力转向中，人们几乎只使用正弦电流信号的永磁同步电动机（PMSM）（图 O-19）。

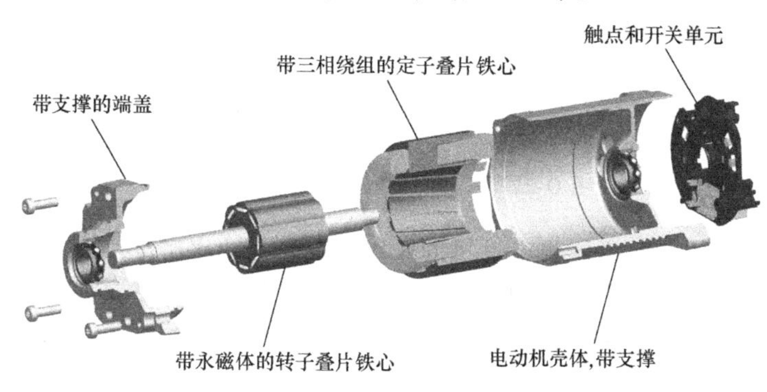

图 O-19　永磁同步电动机结构（拆分图，某些为剖视图）

同步电动机的定子结构在原理上与异步电动机的一样。在 EPS 中更多的是采用一个集中的单齿绕组来代替分开式绕组。在空间上把不同的线束以及相应的开关分隔开来，这样可以避免短路，减少在发电工况中的制动力矩。根据功率等级和车辆性能，有必要采取辅助措施来关闭电动机电流，例如，当电动机产生错误时，如相位、星形联结点（零点）错误。

为了避免绕组内环形电流导致的功率损失和力矩干扰，同步电动机更多采用星形开关。绕组分布在不同的定子槽中，定子槽和转子槽的数量确定了电动机极数（图 O-20）。在 EPS 中经常使用的是 6 极、8 极和 10 极电动机，定子的槽数为 9~12。

永磁同步电动机的转子结构如图 O-21 所示。转子的磁体常采用高能量的稀土永磁体钕铁硼 NdFeB。这种磁体常构建成耐用的磁体块嵌在叠片铁心内（即嵌入式磁体），或者构建成环形或扇形布置在叠片铁心的表面。表面的磁体必须由转子上的一个套管来保护，防止脆性磁体剥落。

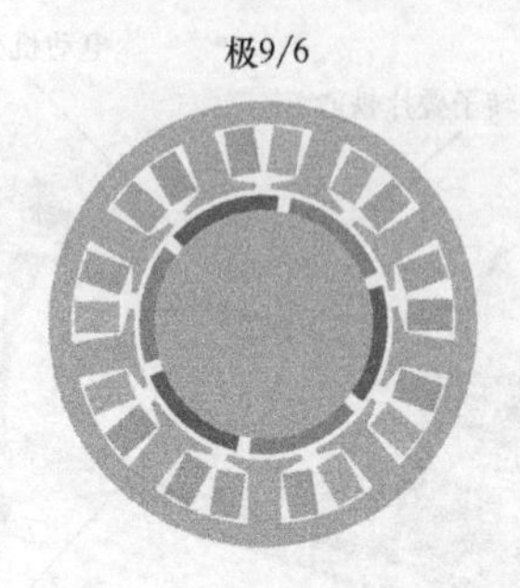

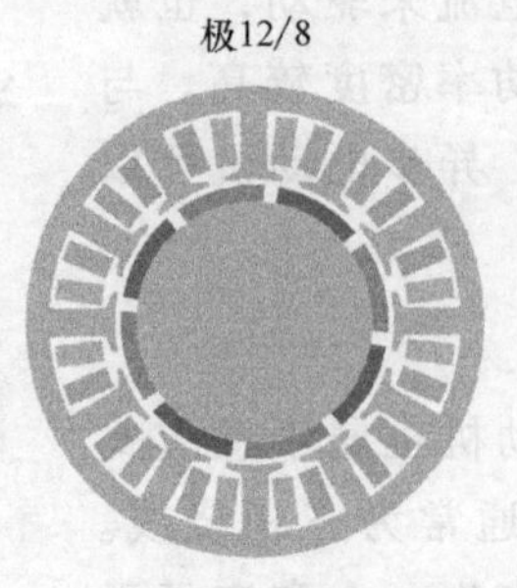

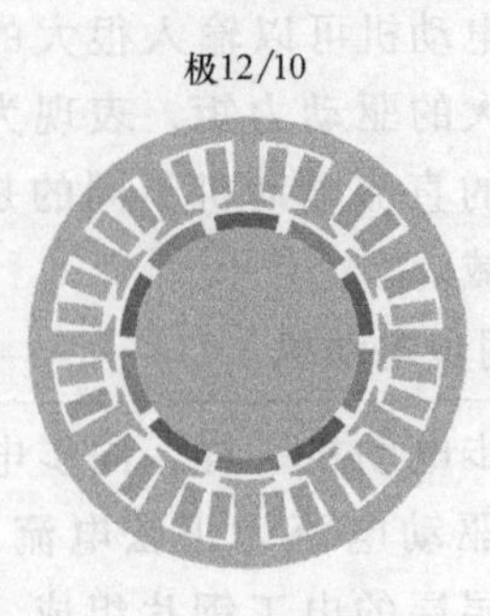

图 O-20　永磁同步电动机的极

同步电动机的力矩取决于定子和转子磁场的强弱以及角度。通过磁场来控制电动机非常便捷，且电动机的响应可以非常精确和迅捷。现代电动机可以通过选择场衰减的磁场大小达到名义转速的上限，这样在转向速度较大时还能够提供恒定的转向功率（第 O 章第 3.2.1 节）。

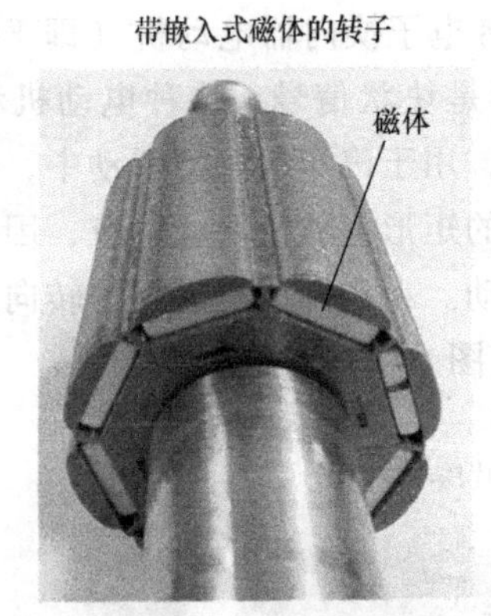

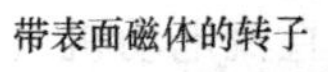

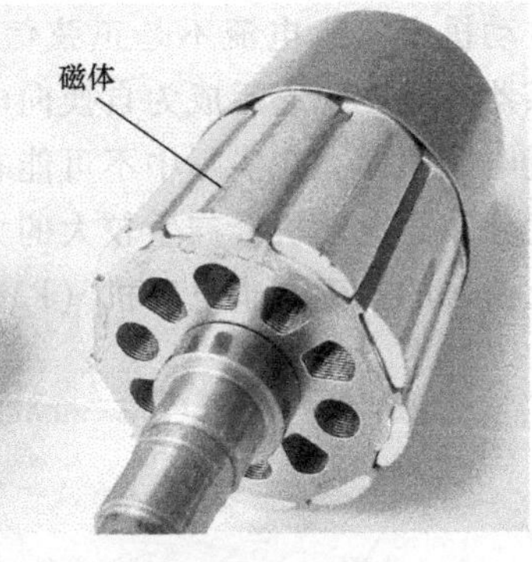

图 O-21　永磁同步电动机的转子结构

和异步电动机相比，永磁同步电动机的作用效率高、功率密度大。主要的损失为定子的电阻损耗，这种损耗通过定子铁心和电动机壳体的优化很容易降低。同步电动机相比于直流电动机和异步电动机具有更小的转子转动惯量，可以通过定子斜槽或转子斜极把齿槽转矩下降到 EPS 系统所能够接受的范围内。

3.2.5　位置/转速传感器

带机械换向器的直流电动机不需要位置或者转速传感器来控制电动机，因为电动机绕组的电流可以通过换向器来控制。感应式电动机是由磁场来控制的，它可以在更高的转速上进行工作。这就需要输入位置正确的定子电流，因此需要定子磁传感器。控制异步电动机需要知道动子转速，控制同步电动机需要知道动子角度。

技术要求

- 免维护，无磨损，因此必须是无接触式测量。
- 高分辨率和高精度。
- 高的温度范围，-40~85℃（车内温度），以及-40~125℃（发动机舱内温度）。
- 长使用寿命。
- 高可靠性，大多数电器件可以进行诊断。

- 尺寸小，易于安装。
- 测量方法可靠，不受灰尘、振动、电磁干扰影响。

感应式电动机上使用的位置/转速传感器主要分为两类。

分解器

一个分解器原则上由一个励磁绕组、通常是两个接收绕组以及一个角度可测量的轴组成。激励器和接收器相间布置并耦合在一起，可以转动。测量方法为，利用感应原理，输入交流电压或者交流电流，并进行评判。传统的分解器中励磁绕组可以转动，通过电刷和集电环输入电压或者电流。接收绕组偏置 90°，固定在壳体上。

现代分解器在转向的应用中，励磁绕组和接收绕组都布置在定子上。这样就能够实现无接触式角度测量，不需要输送分解器轴的电信号。随着角度而变化的磁场耦合由一个形状特殊的软磁体转子结构产生（磁阻分解器，图 O-22）。

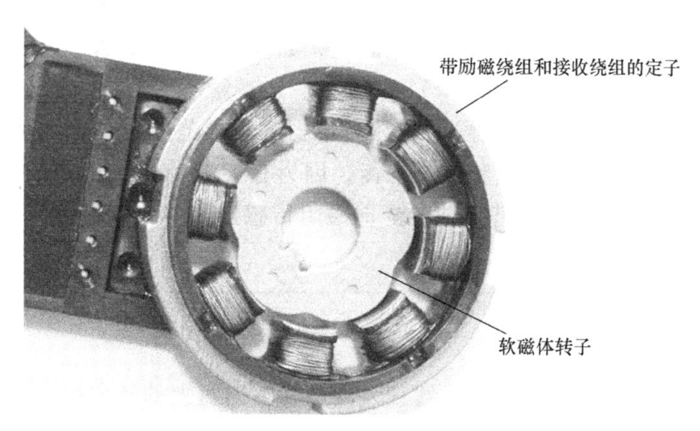

图 O-22　用于 EPS 系统的磁阻分解器结构

与磁场测量方法不同的是，分解器的绝对测量范围可以通过转子和定子合适的结构来进行匹配。传感器根据电动机的极数来确定，这样可以提高角度分辨率，而角度正是磁场控制的输入信号。由于测量原理为感应式，对外界稳定磁场产生的干扰会不敏感。它很适合于中等距离的信号传递，不需要磁性材料。很经济的结构为，转子叠片组铁心直接压在电动机轴上。缺点是电子件和信号处理会相对麻烦一些，因为以携带频率为基础的方法需要专门进行解调。由于定子、线圈和转子叠片铁心等的结构较为复杂，分解器需要较大的安装空间，也通常比磁场测量法贵一些。

磁角度传感器

磁传感器工作的基础是一个能够产生静态磁场的永磁体，这个磁场由一个或者多个磁场相互联系的部件形成。在角度传感器中有一个所谓的磁发送器，布置在需要测量角度的物体上，例如电动机轴上，并且在轴向或者径向布置磁传感器。

在 EPS 系统中，有两种不同的设计。一种是轴端测量，通常采用一个两级的磁板。而另一种圆周测量则需要一个磁环，如图 O-23 所示。

如果控制器布置在电动机的轴向方向（参见第 O 章第 3.4.1 节），那么在轴端处进行测量比较方便。其优点是整个结构会很紧凑，传感器可以集成在 EPS 的控制器中，不需要如传感器壳体以及电器接口等其他部件。

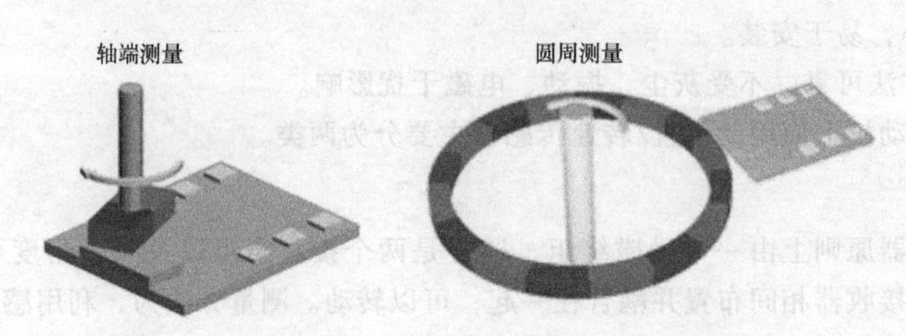

图 O-23　磁传感器的测量原理、测量位置或者转角

磁场是通过霍尔或者磁阻传感器进行测量的。从应用角度来看，这两种传感器最大的区别是由于测量原理不同测量的物理量不同。

霍尔传感器的基础是测量磁通量，即测量磁场的强度。磁阻传感器（MR 传感器）则不同，它测量的是磁场变化，即磁力线。MR 传感器很适合于测量磁场的方向性，其测量精度和磁场的绝对强度无关，也就是和很多其他因素，如温度、老化以及机械公差无关。

广泛使用的异向磁阻传感器（AMR）的缺点是其测量范围为 180°，因为只是测量磁场位置而不是方向（也就是磁场的极性）。霍尔传感器的测量范围为 360°，为了得到高精度的角度测量还需要较昂贵的信号处理和信号平衡，因为有很多因素会直接影响测量精度。未来的 EPS 应用中巨磁阻传感器将代替目前的异向磁阻传感器，因为其测量范围可达 360°。

3.3　扭矩传感器

3.3.1　要求/分级

EPS 系统中一个很重要的测量值为驾驶人施加在转向盘上的转向盘力矩，这个值在转向系统的输入轴上测量。转向系统控制器根据转向盘力矩的大小就可以确定伺服系统的电动机需要提供多大的转向助力。转向盘力矩的精度对于转向感觉起着决定性影响。转向盘力矩的测量可靠性也非常重要，测量错误会导致电动机运行错误，转向过程失去控制。

下面是现代 EPS 系统对扭矩传感器的技术要求汇总：

- 绝对的可靠性。
- 主动测量扭矩范围约为±10N·m。
- 高信号分辨率和高测量精度。
- 测量迅捷，数据处理时间短。
- 长使用寿命。
- 抗干扰能力强，有可用于故障诊断的控制器接口。
- 车内空间使用（EPSc）的温度范围：-40~85℃；发动机舱内使用的温度范围：-40~125℃。
- 耐灰尘、振动、磨损。

根据机械结构不同扭矩传感器可分为带扭杆和不带扭杆两类传感器。在带扭杆的传感器中，扭矩是通过测量扭杆的转角来进行的。当今 EPS 系统中典型应用的扭杆刚度为 2~2.5N·m/(°)。为了保护扭杆，其最大转角通过机械同步装置限制在±5°。

根据测量对象不同可以把扭矩传感器分成转角测量、表面应变测量和扭矩载荷测量三种。

在当今的 EPS 系统中只应用带扭杆的传感器，因为这种结构测量精度较高，而且抗干扰能力强。后面的章节首先讨论带扭杆的传感器，第 O 章第 3.3.3 节将介绍高扭转刚度的传感器。

3.3.2 带扭杆的传感器

图 O-24 所示为 EPS 系统中测量转向盘力矩方法的概览。带扭杆的传感器大量应用在电位式、感应式、磁式和光学传感器中。

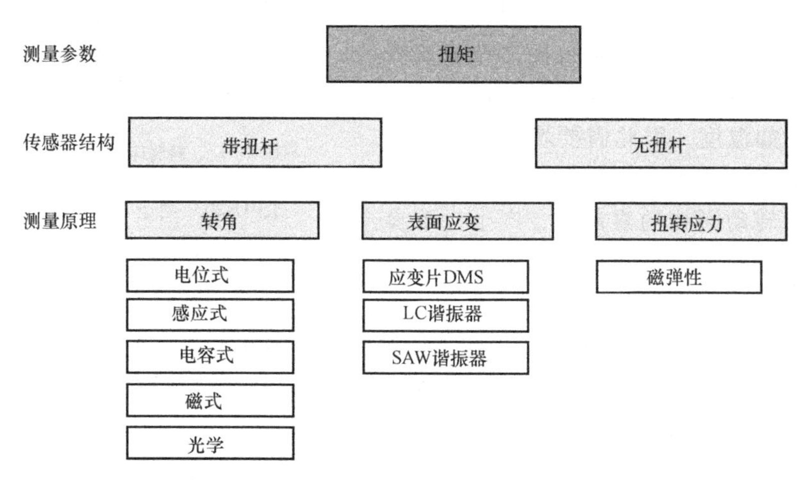

图 O-24 EPS 系统中测量转向盘力矩的原理概览

电位式测量

在最初的 EPS 系统中只采用电位式传感器，由于这种传感器大量应用在工业产品中，并且结构简单，成本低廉。目前这种传感器只应用在成本较低的小型车上，其主要原因是由于其测量为接触式，会产生磨损，导致测量误差，另外的原因是其机械强度不高，也难以防尘、易污染。

其结构基础是一个滑动电位计，通过滑动接触产生一个导电滑道，滑动到不同的位置会产生不同的电阻。在 EPS 应用中，为了保证可靠性通常至少需要两条滑道，信号由多个平行滑触传输。为了降低磨损，滑道大多采用耐磨的塑料，滑刷像“扫帚”一样埋在其中。

这种测量的优点是测量结果为相对比例，即测量结果与电阻的绝对大小没有关系，也就是温度不影响测量结果。另外一个优点是电位式测量的测量信号足够强，不需要对测量信号进行放大。因此温度要求对于这种测量来说不会成为挑战。在 EPS 系统中的转向盘力矩电位式测量部分还包含了角度测量，以获得转向盘转角。

由于磨损难以避免，以及与之相关的测量误差，当今电位式测量转向盘力矩方法的测量精度约为±3%。

感应式传感器

感应式传感器属于磁动力传感器，因为其基础是磁场变化效应。感应式传感器的主要优点是对外界干扰如灰尘、油、水等的影响不敏感。感应式传感器甚至可以在很恶劣的环境下可靠工作。正因为这个优点，感应式传感器在工业中如同电位式传感器一样得到大量应用。感应式传感器有多种结构形式和测量形式。

在转向系统的力矩测量中使用的测量形式如图 O-25 所示。

传感器的基本结构为线圈，由一个振荡器驱动。当扭杆转动时，在一个线圈中的感应电压会随之改变，这个线圈布置在两个软磁体的环上。每个环都与扭杆的一个端部机械相连（图 O-25 中的检测环），这两个环在圆周方向都有突出的齿。当这两个环相对转动时，它们间的作用间隙发生改变，线圈阻抗随之改变，线圈中的感应电压改变。因为线圈阻抗还受其他因素影响，例如温度，因此需要增加第二个线圈，即图 O-25 中的补偿线圈。补偿线圈布置在一个不受扭杆转动影响的磁环上，产生一个参考电压，这个参考电压只受环境温度影响，由此可以对温度影响进行补偿，抵消温度影响。

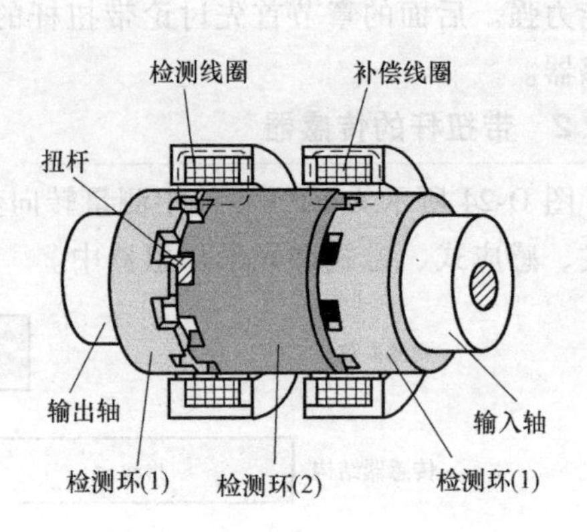

图 O-25　用于 EPS 系统的感应式扭矩传感器结构

感应式传感器结构中除了有电线绕起来的线圈外，还有平的平板线圈结构（图 O-26）。在导板上设计适当的导轨可构成发射线圈和接收线圈。转子为导电耐磨材料，在发射线圈和接收线圈之间形成磁性耦合。

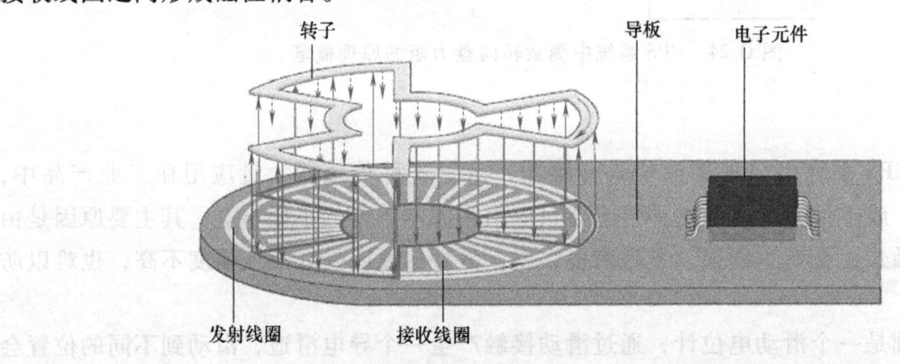

图 O-26　平板线圈的感应式传感器结构示例

在发射线圈中的交流电产生变化的磁场，作用在转子上产生感应电流，转子上的感应电流产生电磁场，在接收线圈上产生感应电压。通过对发射线圈、转子和接收线圈的形状以及相对位置进行特别设计可以实现：发射线圈和转子之间的感应作用大小与动子的位置无关，而动子对于接收线圈的感应大小与动子的位置相关。

实践中通常采用一个发射线圈和两个接收线圈。在接收线圈上的感应电压和输入到发射线圈的电压成正比（即比例信号），所以测量结果不受环境温度影响，对机械制造误差也不敏感。这种结构不需要另外的补偿线圈，结构简单。

磁传感器

另外一种感应式传感器为静态磁场的磁传感器。静态磁场由一个永磁体产生，有一个或者多个磁传感器单元。如第 O 章第 3.3.1 节介绍的，带扭杆的传感器可以通过测量角度来确定扭矩大小，同样的测量原理可以用来测量磁场的角度（参见第 O 章第 3.2.5 节）。问题是哪些传感器能够满足测量磁场角度的要求，在磁性扭矩测量传感器中，目前市场上的主流

传感器为霍尔传感器和磁阻传感器（MR）。

MR 传感器的绝对测量范围（180°）比霍尔传感器（360°）小，但是并不妨碍在扭矩传感器上的应用，因为扭杆只能承受较小的扭转角度范围。例如一个扭杆的刚度为 2N · m/(°)，测量扭矩范围为+/-10N · m，那么只需要测量+/-5°的角度范围。扭矩测量范围一方面是由所使用的扭杆确定的，另一方面是由磁体的极数来确定。

在 EPS 系统的应用中，磁传感器分为两种基本结构。第一种结构形式是扭矩通过测量输入轴和输出轴的角度差来获得。如图 O-27 所示，在扭杆一侧布置着一个与磁阻传感器相对的多极磁环，磁阻传感器与扭杆的另外一端相连。

这种结构的优点是，通过一个传感器直接测量扭杆转角，这样加工和装配等机械误差对测量结果的影响会下降到最低程度。通过磁阻传感器测量磁场，测量结果与磁场的方向相关，并通过比例关系获得测量结果，因此测量结果分辨率高、精确。测量结果在最大程度上不受温度和老化影响。当施加转向时，转动的传感器通过一个卷簧来实现电接触，卷簧的长度与转向盘最大转角相匹配。为了避免卷簧受损或者扯断，在转向装配时，必须保证卷簧盒处于中性位置，并由转向系统把卷簧盒限制在一定的转角范围内。由于这个原因，诞生了第二种结构形式，即不带卷簧的扭矩磁传感器。

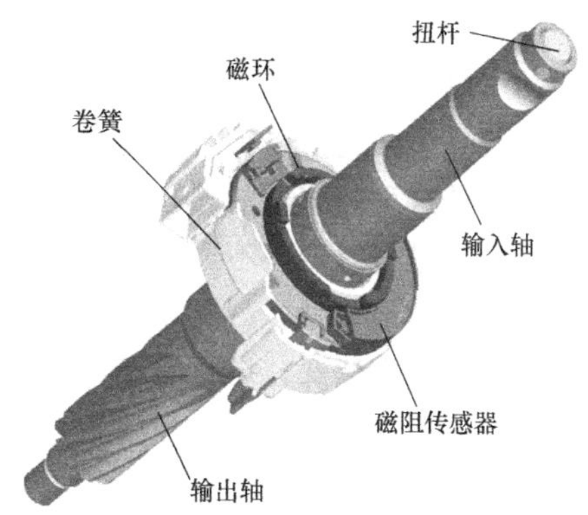

图 O-27　磁传感器，直接测量角度差

在不带卷簧的扭矩磁传感器中，一样也是由一个磁环产生磁场。测量磁场的传感器与壳体固定。通过一个软磁导体把磁环和传感器耦合起来（见图 O-28）。

这个软磁导体由两部分组成，它们与磁环同轴布置，并且与扭杆的一端相连。磁环位于扭杆的另外一侧。由于扭杆上的扭矩作用，软磁导体相对于磁环的位置发生改变，软磁导体内的磁通量密度随着改变，霍尔传感器测量磁通量密度。霍尔传感器布置在软磁导体两部分之间的圆周上。

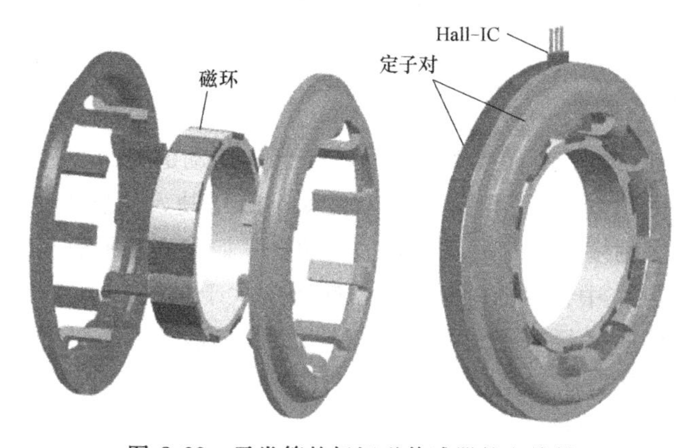

图 O-28　无卷簧的扭矩磁传感器的电接触

这种方式的基础是测量磁场强度以及磁通密度的绝对值，需要采用可以校正并能够进行温度补偿的霍尔传感器以及合适的磁发生器（磁环）。磁接收器与磁发生器同轴布置，磁接

收器可以在整个圆周上接收磁发生器，从而减小部件生产以及装配中产生的误差对测量结果的影响（集成测量）。在这里应用的是前面介绍过的高测量精度的MR磁阻测量技术，在磁场中进行点测量。要获得高测量精度，减小磁滞作用，磁环必须选择顽磁较小的软磁材料，并且在装配传感器时要特别注意磁发生器的位置精度。

光学传感器

光学传感器由一个发光件和一个感光件组成，这两个部件通过一个合适的结构件分隔开来。扭杆的转角会影响发光件的光线在感光件上的接收。光学传感器通常是增量发生器，它经常用在自动技术中，用于高精度定位。

基于测量原理，光学传感器对于电磁干扰（EMV）特别不敏感。通过金属丝编织的格栅板以及光学结构可以得到很高的分辨率。但是对污物的敏感性以及机械强度不高会限制其应用。另外这种传感器的输出信号只是脉冲信号，从脉冲信号的个数可以确定相对角度信息。这种增量传感器并不适合于扭矩传感器，因为扭杆的角度差值在希望的扭矩范围内必须能够非常准确地得到。因此在绝对测量的传感器中，在发光件和感光件之间光强经过一个或者多个格栅板来改变，进行测量。图 O-29 所示为当今的传感器结构形式。

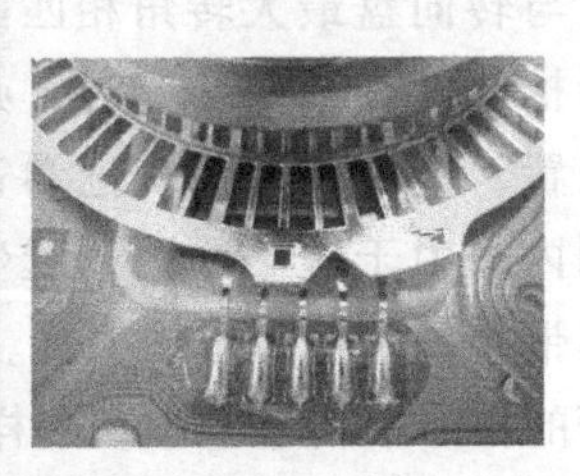

图 O-29　EPSc 系统中的光学扭矩传感器（TRW 公司）

在这种结构中，由一个LED产生的光电流通过一个光导管并通过布置在一个扭杆上面的两个格栅板传到集成发光二极管中。

图 O-29 所示的结构有时候会设计得很复杂，包含两个单独的光学测量单元。光学扭矩传感器中由于半导体部件受温度范围限制以及对污染很敏感，因此光学扭矩传感器目前仅仅用于EPSc系统中。

3.3.3　高扭转刚度的传感器

要获得良好的转向感觉，很重要的一个因素是转向运动的整个传递路径，也就是转向盘与车轮之间的连接件的刚度（见第C章）。刚度太小给驾驶人的感觉是转向迟钝、不精确，须不断进行转向修正。刚度太大，则在车轮上的冲击，如路面不平引起的冲击，会直接传递到转向盘上。在EPS系统中，目前的潮流是扭转刚度大于 2N · m/(°)。假如测量的扭矩范围相同，那么高刚度传递路径上测量得到的扭转角度会很小，就不得不采用绝对分辨率更高、测量精度更高的测量方法（通过扭杆测量角度）。基于这个原因，有大量的设计和专利涉及EPS高扭转刚度扭矩测量。

广泛用于工业测量技术的应变片并不适合于EPS系统。因为电阻薄膜在测量轴上的固定是通过黏结实现的，并且通常还需要进行烦琐的标定，这些都阻碍了应变片用于大规模的量产，必须寻找其他途径。

还有一种测量方法也是基于测量轴的表面扭转，为表面声波测量法（SAW），如图 O-30 所示测量基础是 SAW 谐振器。SAW 谐振器由安置在一个压电基层（石英）上的金属电极组成。在电极上施加一个频率一定的交流电压，压电基层会产生机械振动，机械振动在金属表面扩散。外界力引起的应变会导致谐振器频率改变，因此频率变化是直接反映扭矩大小的量。这种方法有时候也应用在汽车轮胎气压监控中。

另外一种测量方法是不测量表面应变，而是直接测量轴上的机械载荷，测量原理是磁致弹性效应以及磁致伸缩效应，如图 O-31 所示。这里测量的是在扭矩载荷作用下铁磁轴的磁场变化。

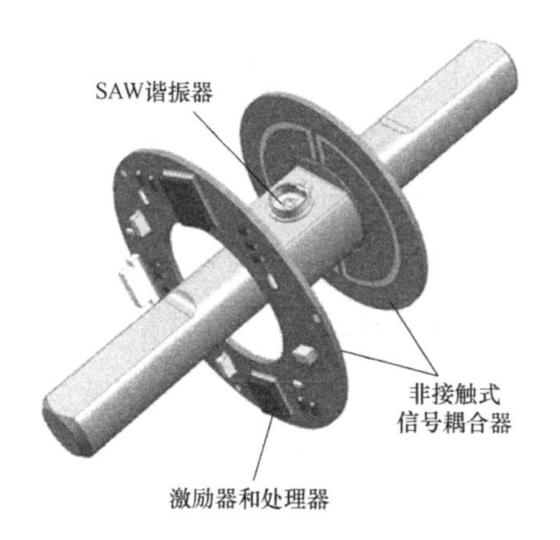

图 O-30　EPS 的扭矩传感器原理图，基础是测量表面应变

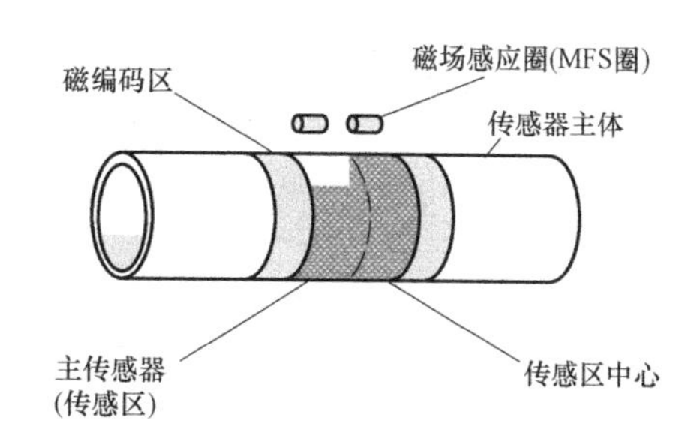

图 O-31　磁致弹性的扭矩传感器结构示意图

磁致弹性效应在通常的钢上很小。为了获得足够大的效应，在有些情况下会把测量轴永磁化。即便在转向系统的扭矩传感器中采用永磁测量轴，和其他方法的扭矩传感器相比，信号还是太小，还需要采取其他措施。

另外一个挑战是需要达到较高的测量精度，尤其是在第 O 章第 3.3.1 节中介绍的过载扭矩时。原因是，在这里通过机械装置来限制扭转角从而实现过载保护是不可能的。因此这里介绍的两种高扭转刚度的扭矩测量方法在承受大扭矩之后表现出很大的迟滞性。

3.4　控制器

控制器的基本结构（图 O-32）为一个信号处理器，计算得到所需的转向助力大小，电动机会相应改变电流大小。

EPS 控制器的要求可以根据其安装位置是在发动机舱内还是在乘员舱内分成两大类，其具体要求见表 O-1。

3.4.1　安装形式

为了把电能量损失降到最小，通常把控制器直接安装在 EPS 电动机上，即装入式控制器。系统内的能量损失由控制器和 EPS 电动机之间的电路连接产生，线路越长能量损失越大。同样，能量损失也必须考虑电接头（例如插接头）的数量和结构。

由于能耗很低，装入式控制器几乎是中等和大功率齿条伺服转向的常规结构。

在小型车的 EPSc 系统中，由于电功率较小以及安装位置限制，控制器并不是直接装在

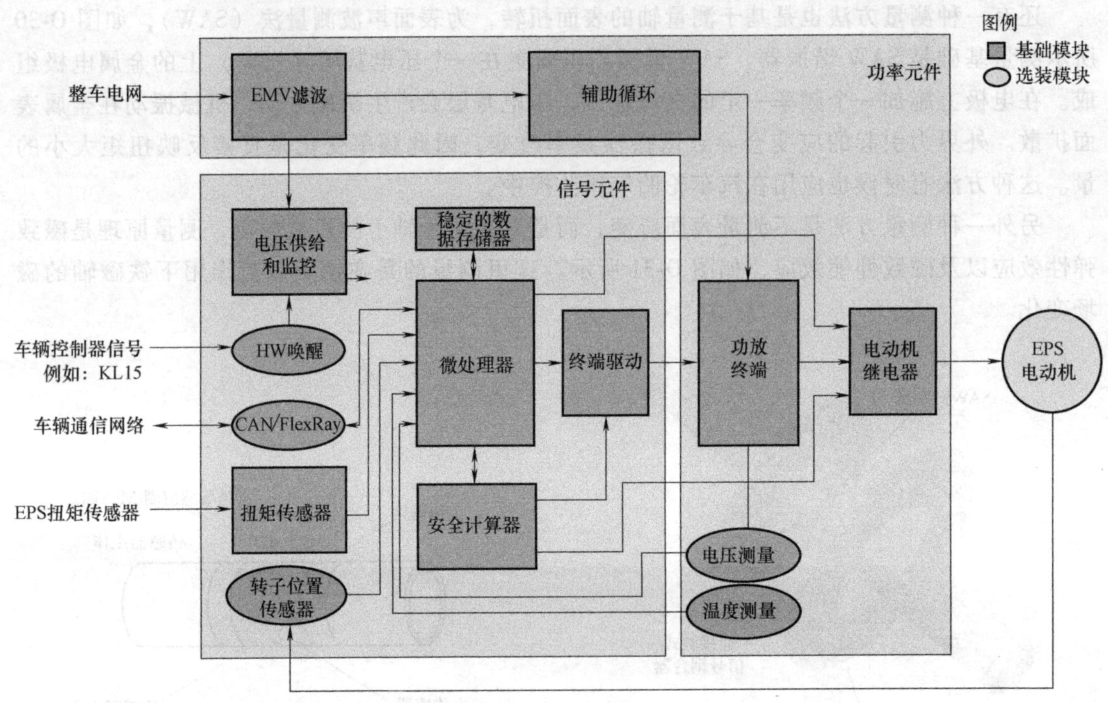

图 O-32 EPS 控制器简化框图，由信号元件和功放元件组成

转向上，而是通过电线（有时会长达 1m）与电动机相连。这种安装形式就是所谓的分离式控制器。

分离式控制器除了线路损失外，还有其他缺点。分离式控制器通常需要较贵的线束连接电动机和传感器接口，需要另外增加插头、线路等。有时候甚至要采取措施屏蔽发动机线路的电磁干扰。

表 O-1 EPS 控制器的要求

在车上的安装位置	乘员舱内	发动机舱内
典型的供给电压/V	9~16	
最大静态电流增量/μA	<250	
典型工作温度范围/℃	-40~85	-40~125
涉水引起的热载荷冲击	没有要求	有要求
密封要求	IP5K0 防尘 无防水	IP6K9K 防尘 防高压水冲洗
耐环境	耐湿热	耐盐雾
耐油液	没有要求， 只是在特殊情况下有要求	有要求， 耐不同的油液
抗机械振动	对于车身安装件：$10 \sim 20\ m/s^2$	
抗机械冲击	对于车身安装件：$300 \sim 500\ m/s^2$	
电磁兼容(EMV)	要求对干扰信号不敏感，不产生干扰电磁辐射 应用标准(节选)： 线路干扰 ISO 7637 抗干扰 ISO 11452 干扰辐射 IEC CISPR25	

在图 O-33 中的装入式控制器布置在轴向紧贴电动机，其电连接都在内部形成。

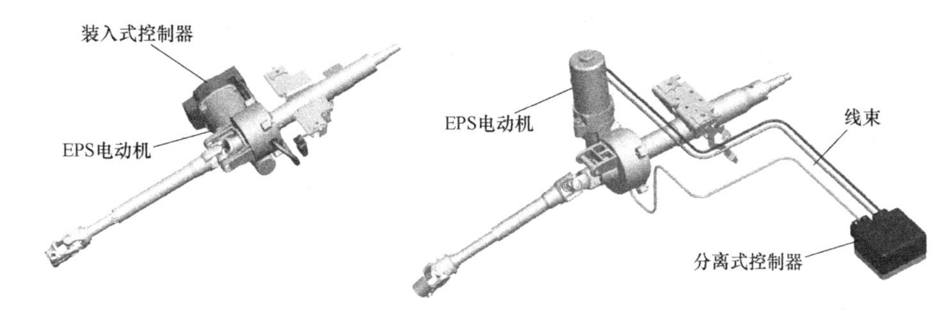

图 O-33 EPS 控制器的典型结构：装入式和分离式

控制器轴向布置可以直接在插头中或者焊点接头中实现电动机与控制器之间的大电流连接。交流电动机中的位置/转速传感器（参见第 O 章第 3.2.5 节）可以直接集成到信号电器的开关托架上，这样测量精度更高，抗干扰能力更强。除了电动机和控制器在轴向方向布置外，在装入式控制器中也广泛使用径向布置。

在当今 EPS 系统中，除了用环氧树脂（例如 FR4）为基体的传统印刷电路板外，还可以用以陶瓷或者金属为基体的电路板。电路板之间以及电路板与外面的控制器接头之间的连接通常是通过冲压完成，也有通过喷塑包覆的铜格板来完成的。通过引线接合或者激光焊接来实现铜格板与电路板的连接。EPS 控制器所用的电路板形式和特点见表 O-2。

表 O-2 EPS 控制器所用的电路板形式和特点

	印刷电路板（PCB）	薄膜电路板（TFC）	铝基电路板（IMS）	覆铜陶瓷电路板（DBC）
基体材料	环氧树脂	陶瓷	铝	陶瓷
导体材料	铜	铜/银膏	铜	铜
导体厚度	35~400μm	15~200μm	35~300μm	200~400μm
导电能力	强	弱	强	强
导热能力	强	很强	强	很强
线胀系数	大	小	大	小
抗干扰能力	中	中	强	很强
变型	SMD，THC，双面	SMD，裸芯片	SMD	SMD，裸芯片
集成度	中	高	中	高

注：1. SMD：Surface Mounted Device 表面贴装。
2. THC：Through Hole Component 通孔插装。

3.4.2 信号元件

信号元件在行驶工况中计算当前需要的转向助力，为此需要读入可靠的传感器信号，并借助第 O 章第 6 节中阐述的控制算法来计算 EPS 电动机的辅助力矩。电动机控制器根据所需要的辅助力矩产生功率元件的控制信号。

为了和其他的车辆控制系统进行通信，例如车辆稳定控制系统（ESP），以及为了进行车辆诊断，现代 EPS 控制器通过数据总线系统与车辆的其他控制器进行连接。包括 CAN-

Bus 在内，在底盘上应用的数据总线系统的传输速率为 500kbit/s，而 FlexRay 则可以达到 10Mbit/s 的传输速率。通过总线可以读出车辆状态参数，如车辆速度、转向盘转角，并读出外界的转向干预，例如来自驾驶人辅助系统的干预。

信号元件的核心部件是微控制器，微控制器由以下部分组成：计算单元（CPU）、读写存储器（RAM）、非挥发的固定值存储器（ROM），以及其他外围设备如模-数转换器（A-D转换器）、计时器、串行接口、并行接口。当前用于 EPS 的微处理器的关键参数见表 O-3。

表 O-3 当前用于 EPS 的微处理器的关键参数

	低端的 EPS	高端的 EPS
结构	单个 uC,8~16bit	单个 uC,16~32bit
频率	16~32MHz	32~128MHz
运算器	整数运算	整数运算和浮点运算
ROM	16~32k Byte	256~1024k Byte
RAM	0.5~2 k Byte	10~60 kByte
A-D 转换	8bit	10/12bit
车辆接口	无	CAN 或者 FlexRay

微控制器的编程采用 C 语言，在汽车技术中 C 语言定义了一些特殊规则（MISRA 规则）。为了对功能过程进行控制，必须采用实时操作系统，如 OSEK/VDX 标准。它除了对于控制器本身的过程即实时操作进行定义以外，还对通信子系统和网络管理系统进行了定义。

功率元件的控制是通过高集成电路（ICs）来实现的，ICs 把微控制器的脉冲宽度调制控制信号（PWM）转化成适当的电压来控制大功率半导体。此外 ICs 还提供必需的供给电压，并且通常还有用于电动机电流测量的信号放大器，以及具有保护大功率半导体的功能。

除了转向功能以外，信号元件还有故障识别并切断的功能。这种功能可以监控所有部件的正确功能，如果出现错误，系统会切换到安全的工作状态中（参见第 O 章第 5 节）。根据现有的技术条件，微处理器的程序修复通常是由另外一个独立的安全计算器来监控。这个安全计算器可以是微控制器（大多 8bit），或者是一个专门的集成电路（ASIC）。不间断地对主计算器的性能以及计算结果进行监控。控制器还有其他安全功能，例如监控控制器内部的供给电压、传感器信号以及最后输出给功率元件的控制信号。在出现错误时，不管是主计算器还是安全计算器都应该能够对断开电路（参见第 5.2.4 节）进行操作。断开电路可以是一个电动机继电器。当功率元件中或者是转向电动机中出现错误时，通过断开电路可以切断电流，从而避免 EPS 的永磁电动机中出现锁止力矩。

通过集成在软件中的错误管理系统可以对出现的错误进行描述、处理和储存。所有不正常的情况都会被描述、评判，进而采取相应的解决措施。根据干扰的严重程度，解决措施分为：切换到事先定义的信号上、关闭个别功能、关闭整个转向的伺服助力功能。车辆诊断仪与之连接后，要能够非常明确地从不挥发数据存储器中读出所出现过的错误。

3.4.3 功率元件

功率元件的任务是对车辆数据总线和 EPS 电动机之间的能量进行控制。根据功率大小，现在的 EPS 系统的电流可达 170A。由于数据总线为直流电，因此需要电压型逆变器。为了满足 EMV 要求，输入电压和输入电流首先要经过电感和电容进行过滤。电压型逆变器通常由多个高电容的电容器组成。用于 EPS 系统的电压型逆变器的电容典型范围为1000~10000μF。

把信号元件中产生的控制信号转化成相应的 EPS 电动机电流，是通过一个功率放大器来实现的。这个功率放大器由位于桥接电路中的多个功率晶体管组成。在直流电动机中应用 H 形桥接电路和交流桥接电路，如图 O-34 所示。

晶体管只应用金属氧化物半导体场效应晶体管（MOSFET），它的优点是，对它进行控制所消耗的功率很小，在接入状态时电阻也很小。IBGT 晶体管（绝缘栅双极型晶体管）可以用于混合动力车的电驱动模式中，但是由于其很大的导通损耗不适用于 12V 的车载电网。

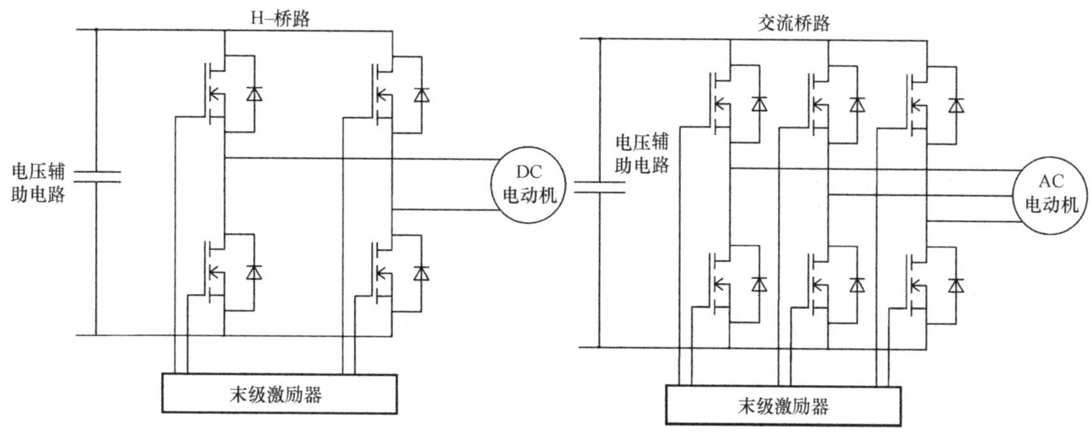

图 O-34 直流电动机和交流电动机的 EPS 功率放大器

当今的大功率半导体的工作温度可以达到电路板温度 175°，在室温环境中可以在面积为 $35mm^2$ 的电路板上持续工作，且电流可达到 200A。对于 EPS 系统，晶体管要么是带壳体布置在印刷电路板或者是铝基电路板上，要么是不带壳体即裸芯布置在覆铜陶瓷电路板上，如图 O-35 所示。在个别情况下整个桥路构建为一个注塑件。

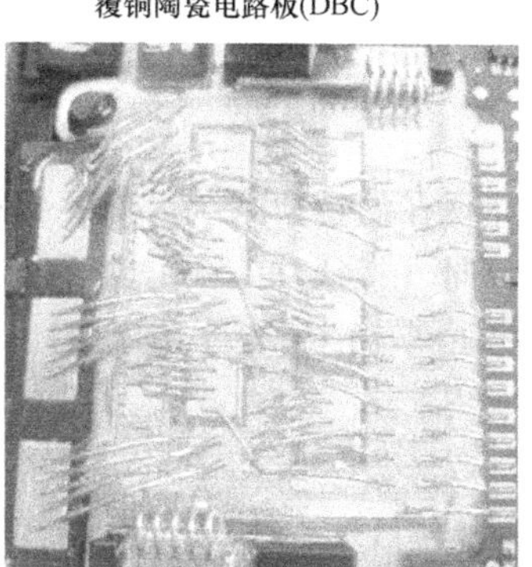

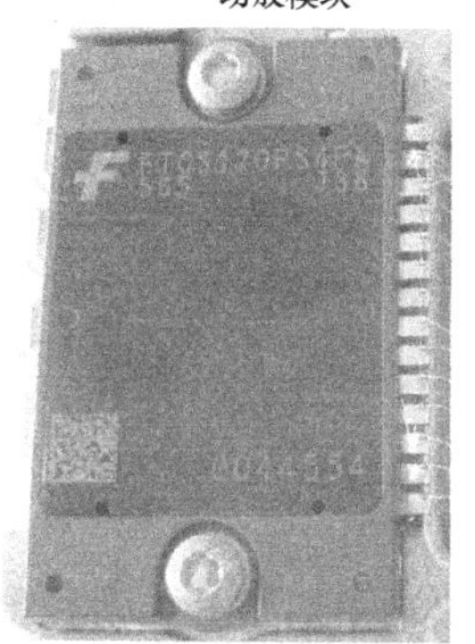

图 O-35 EPS 的功率放大器结构类型（PCB，IMS，DBC，模块）

大功率半导体的散热通常是由一个和转向柱壳体或者是电动机相连的金属底板来完成。在设计晶体管的散热时既要考虑导通损耗，也要考虑开关产生的损耗，因为在开关接通时短时间内会产生很大的功率损耗。为了降低损耗，同时满足 EMV 要求，除了需要注意组成能量流的所有部件的全部要求外，还要注意整个结构和连接应该是低阻抗、低感应的，部件和总布置应该对称。

4 系统设计

4.1 常规的系统要求

本章节讨论的电动助力转向（EPS）在系统设计时必须注意的最重要的技术要求参见第 C 章。

机械接口

如图 O-36 所示，通过扭矩传感器的输入轴，车辆上的转向系统与转向轴进而与转向盘连接在一起，输出端的转向横拉杆通过车轮托架与实现转向的车轮进行机械连接。转向器通过螺栓与车辆的副车架连接在一起。为了减小固体噪声传播，与副车架相连处有时采用橡胶衬套（金属橡胶支承）。

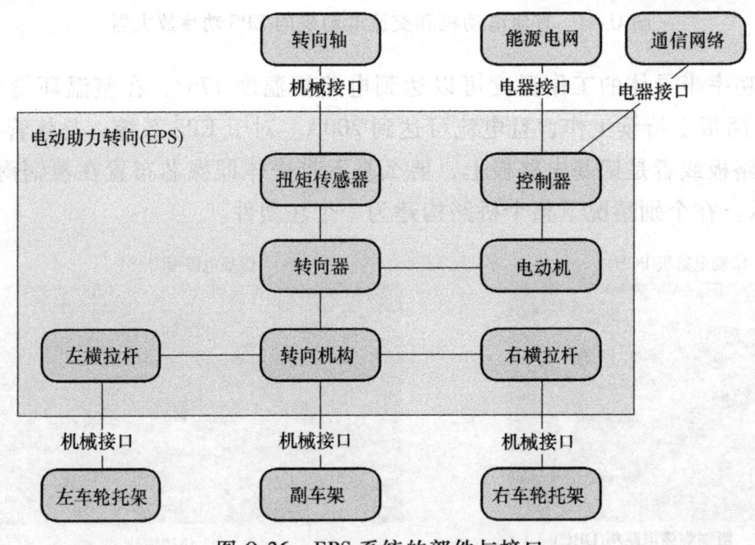

图 O-36 EPS 系统的部件与接口

电器接口

转向系统通过大电流插头与车辆的能源电网相连。现在的转向系统另外还要和车辆的通信网络连接。同样控制器还需要一个硬件输入来激活转向（接线柱 15），也可以通过通信网络（唤醒软件）来实现激活。供给电压和最大电流必须由车辆生产者详细说明。

功率要求

EPS 系统的输出功率通常分为多种工况。每种工况中都应该确定转向横拉杆的合力、转向速度，以及转向力矩。通常至少要详细核查三种工况（泊车、慢速行驶、快速变道），如

图 O-37 所示。功率要求中重要的是边界条件，如设计温度、设计电压以及疲劳寿命次数。

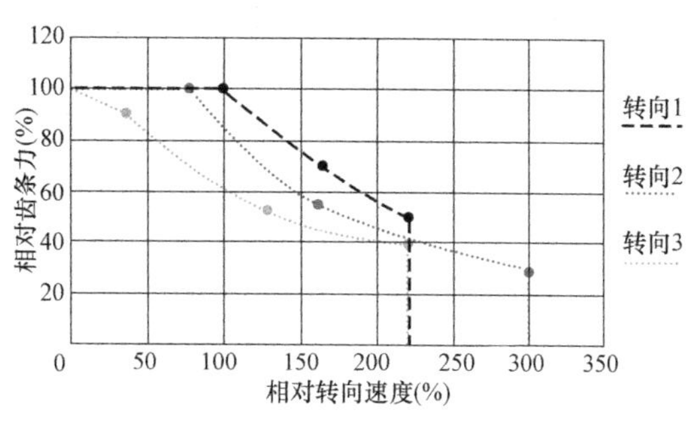

图 O-37 当今 EPS 系统的功率要求

功能要求

EPS 系统的根本任务是提供所需要的转向助力，EPS 系统要求摘录见表 O-4。其细节在第 O 章第 6 节中描述。

安全要求

在电动伺服助力转向设计中，必须排除转向工作过程中任何威胁安全的紧急状况出现。所谓的紧急状况是指汽车性能偏离正常状态，驾驶人控制车辆变得困难，存在人身和财物伤害的危险（参见第 O 章第 5 节—系统安全）。

环保要求

环保要求包括转向系统工作时在机械、电子、热、化学、声学等方面的要求。

表 O-4 EPS 系统要求摘录

	数值范围
转向盘转角范围/(°)	±450～±650
转向盘力矩范围(带助力转向)/N·m	±3～±8
转向器传动比(转向盘转动一周的齿条移动量)/(mm/r)	44～60
泊车时最大转向横拉杆力/kN	±3～±16
泊车时最小转向盘角速度/(°/s)	100～360
供给电压/V	9～16
最大电流/A	<120
温度范围/℃	车内：-40～85 发动机舱内：-40～125
疲劳寿命	15～20 年 5000～12000h 工作 200000～300000km 车辆里程
声学	在试验台上主观评价声音很轻 试验方法须由整车厂与生产商协定

4.2 设计参数

电动助力转向的功率设计是沿着能量传递路径进行的。出发点是所需要的输出功率以及可以支配的安装空间，由此倒推转向部件（例如，齿条、转向器、电动机、控制器和扭矩传感器）的技术要求。EPS 的助力是布置在转向管柱上还是在转向器齿条上，设计的侧重点和运动学关系会有所不同。所有设计和关系都是从静态工况（稳定无加速的运动）并且部件不产生损耗时开始进行的。

EPS 系统的输出功率（P_Z）由所需要的横拉杆力，即齿条力（F_Z）与齿条速度（v_Z）得出，见表 O-5 中式（1）与式（1）′。而汽车厂家在实际中应用的不是齿条速度，而是转向盘的转向角速度（n_{Lenk}），以及转向系统传动比（i_{Lenk}），见表 O-5 中式（2）与式（2）′。分开的公式便于确定不同驾驶工况的功率需求。

表 O-5　不同 EPS 系统的运动学关系

转向管柱助力（EPSc, EPSp）	齿条助力（EPSdp, EPSapa, EPSrack）
M_{Motor}, n_{Motor}, G, M, i_{ServO}, G, i_{Lenk}, F_Z, v_Z	M_{Lenk}, n_{Lenk}, 伺服传动, M, M_{Motor}, n_{Motor}, G, G, i_{Lenk}, i_{ServO}, F_Z, v_Z
$P_Z = F_Z v_Z$　(1)	$P_Z = F_Z v_Z$　(1)′
$v_Z = i_{Lenk} n_{Lenk}$　(2)	$v_Z = i_{Lenk} n_{Lenk}$　(2)′
$F_Z = 2\pi \frac{M_{Lenk} + i_{Servo} M_{Motor}}{i_{Lenk}}$　(3)	$F_Z = 2\pi \frac{M_{Lenk}}{i_{Lenk}} + i_{Servo} M_{Motor}$　(3)′
$n_{Motor} = i_{Servo} n_{Lenk}$　(4)	$n_{Motor} = i_{Servo} v_Z$　(4)′

转向器传动比的选择

转向器传动比定义为齿条位移和转向盘转角的比值。这个传动比须由车辆生产商来确定，因为这个值要由车桥运动学和转向运动学一起确定（参见第 D 章）。直接的转向器传动比，例如 58mm/r（即转向盘转动一周齿条位移量 58mm），会节省驾驶人的转向盘转角输入。要产生相同的齿条位移，对于 44mm/r 的转向系统需要输入 1.3 倍的转向盘输入角。为了在泊车时减小转向盘转角输入以及获得很灵敏的转向特性，常常采用直接的转向器传动比。但是直接转向传动比会造成：在车速较高时，即使较小的转向盘转角也会产生较大的车辆横向加速度。由于这个原因，有时候会采用变化的传动器传动比，既能保证高速行驶稳定性，又能保证在泊车时转向盘转角较小。

助力传动比的选择

从驾驶人的输入功率转换到齿条（F_Z，v_Z）上的输出功率是由电动机的伺服变速机构通过表 O-5 中的式（2）、式（3）、式（4）[式（2）′、式（3）′、式（4）′] 来确定的。符号 M 表示力矩，符号 n 表示转速。

助力传动比必须在电动机力矩（M_{Motor}）和电动机转速（n_{Motor}）之间的电位场中进行选择。通过变化助力传动比可以得到最优的调节力或者调节速度，如图 O-38 所示，例如，对于给定的电动机（M_{Motor}，n_{Motor}），假如助力传动比变小，则会获得较小的齿条力 [表O-5 中式（3）或式（3）′]，但是能够获得较大的转向速度 [表 O-5 中式（4）或式（4）′]。

电动机和功率元件的设计

电动机设计是以要求的工作点（$M_{Motor\ x}$，$n_{Motor\ x}$）为基点，首先要根据功率要求确定采

用直流电动机还是交流电动机（第 O 章第 3.2 节），这直接影响功率元件（第 O 章第 3.4.3 节）和控制技术（第 O 章第 6 节）。接着进行电动机的电磁和绕组设计，从中可以确定电动机的结构尺寸和功率大小。其设计框图如图 O-39 所示。

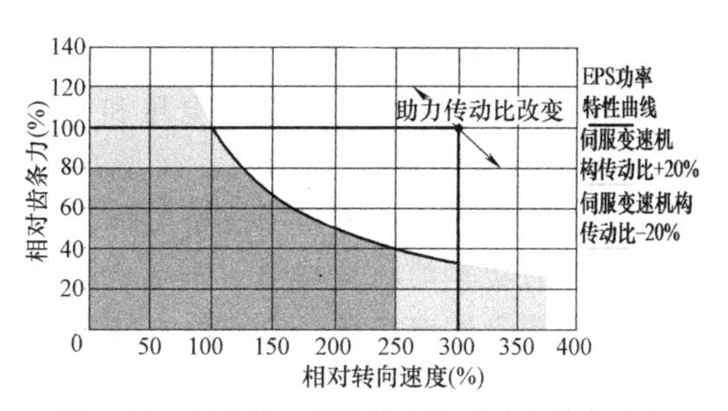

图 O-38 EPS 的工作区助力传动比会发生改变

功率元件最根本的设计准则是所需要的电流承载能力和散热能力。选择好功率半导体元件和辅助电路元件后，与不同的结构形式和连接技术一起进行评判。这里可以借助开关和热力学模拟分析，来对不同转向工况下的功率元件的电流、电压以及散热进行评价。同样也可以对车辆电网的电流进行校验。

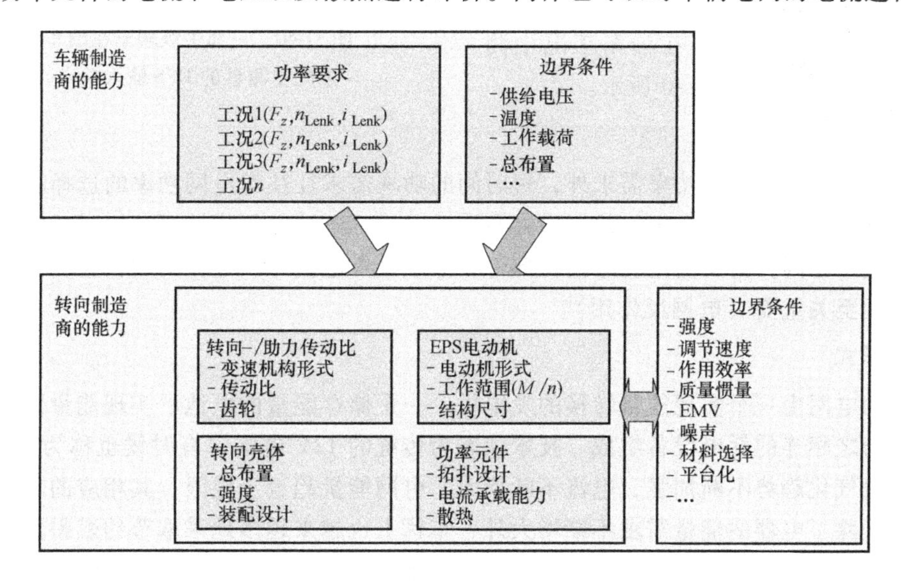

图 O-39 EPS 系统的功率设计框图

系统设计的边界条件

确定了助力传动比后，就确定了需要的电动机的力矩和转速。助力传动比在这里只能在一定的范围内进行选择。例如，所允许的最大力受限于机械部件的强度，也就是机械强度决定了助力传动比的最小值。另外，伺服传动比也不能任意大，因为随着传动比的增大电动机的转速也必须增大。大的调节速度会在机械部件中带来更大的噪声，例如伺服传动中的齿轮啮合噪声。

同样，在系统设计中必须考虑部件上不可避免的功率损耗，这种功率损耗取决于工况。除了考虑整个系统的总作用效率外，还必须考虑其他的技术要求，如安装空间、质量惯量和 EMV，以及与经济学相关的材料选择、平台化等。

4.3 对电网的要求

车辆电器的整车电网中最为重要的参数是功率需求的平均值和峰值。

功率需求的平均值和最大值

功率需求是指从电网中获得电压和电流的部件所需要的电功率。和按需供电系统（Power-On-Demand-System）相比，传统的持续耗电设备如点火系统和燃油喷射系统表现为很高的功率消耗平均值。而电动助力转向属于按需供电系统。电动助力转向在行驶工况中的功率消耗平均值不到10W，主要为信号元件的电流消耗。但是在泊车工况和掉头工况，功率消耗峰值有时会在很短时间内达到1000W以上。

因此EPS对于电网需求来说重要的是最大功率需求。中级轿车在泊车工况中测量的EPS输入功率如图O-40所示。

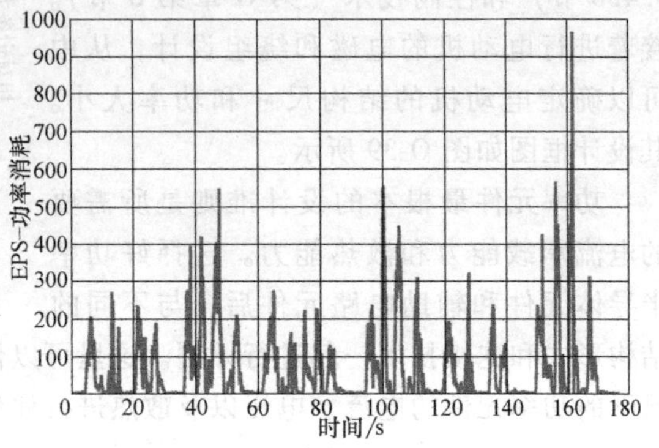

图O-40 一部中级轿车在泊车工况中测量的EPS输入功率

动态功率需求

除了已经介绍的绝对功率需求外，短时间的功率需求往往对电网功率的选择起着决定性的作用。因此必须考虑在发电机控制中存在滞后时间，电池必须能够覆盖短时间内的功率峰值。由于这个原因，对于高电功率消耗部件，除了最大电流外，电流的增长速度对于电网电压的稳定性至关重要（电网反作用）。

电网结构形式

车辆的电网由一个实现能量转换的发电机、一个储存能量的电池、实现能量传递分配的线路以及与之相连的耗电设备组成。技术状态为传统的12V电网，有时候也称为14V电网。随着车辆电气化趋势不断加强，电流不断增大，电网能量趋近于极限，其相应的功率损失也不断增大。除了电器的能量需求不断增大外，车辆上也越来越多地采取节约燃料消耗、减少排放的措施，这会另外增大电网的能量负载。例如采用Start/Stop功能和制动能量回收功能会增大电网的电压波动，增大电网的电流负荷。

纯粹的42V电网早就标准化了（ISO 21848），但是至今还没有进入量产应用，其原因是必须付出巨大的投入费用，才能把所有的电网元件和耗电部件更换过来。例如除了熟知的电网部件，如发电机、电池外，还有所有的车辆控制元件，包括传感器、执行器等，所有这些都必须进行更改来适应新的电网电压。

能量管理系统

在最糟糕的情况下，即多个电器同时需要短时最大能量，而电池处于非充满电的状态或者发电机的转速较低时，也必须能够保证电器的正常运行。例如，电动助力转向的车辆变道，并且ESP功能介入，在短时间内需要很大的电能。因此在当代车辆上越来越多地采用智慧的能量管理系统，通过这个系统来对参与电网的部件进行协调管理。能量管理系统的根本任务是对能量需求和能量供给进行比较，寻找一个折中的平衡点。除了按照需求的优先次序进行能量分配外，还必须监控电池的充电状态。例如，在车辆未行驶并且电池部分充电的状态下，会关闭一些静止状态的能耗电器，来保证车辆能够再次起动。

5 系统安全

5.1 标准法规

5.1.1 IEC 61508

标准 IEC 61508 是开发电、电子以及可编程的电子(E/E/PE)系统的国际标准。这个标准由技术方式和机械结构组成,但并不是专门针对某个特定的应用范围,而是开发安全相关的系统所应该遵循的常规要求。这个标准由标题“电/电子/可编程的电子的安全相关的系统的安全功能”组成,并划分为 7 个部分。

它包含了车辆整个生命周期中的安全,由方案、规划、开发、实施、验收、维护、更改和清理/报废组成。

只有一个系统的失效会导致人员或者环境危险,才能够算作安全性系统。安全性要求等级 SIL(Safety Integrity Level)必须进行归类,级别分为 SIL 1~SIL 4,SIL 4 为安全性要求最高。在汽车工业中不涉及 SIL 4,只有 SIL 3。在车辆量产前必须验收这个产品是否满足 SIL 要求。

5.1.2 ISO 26262

标准 ISO 26262(道路车辆-功能安全)为电/电子系统的安全性要求法规,尤其适用于车辆。

这个标准是必须实施的,因为 IEC 61508 是针对量产的,而大多数产品是以极小的批量试制开始的,其对人和环境造成危害的可能性更大,必须采取一些特别的安全措施,例如防护玻璃、应急开关(俗称蘑菇头)等,来减小危害。因此对于汽车工业的特殊要求常常没有具体的规定参数。

车辆的安全必须通过具体的功能结构来保证,也就是安全本身就是产品功能的组成部分。对于安全必须考虑一些特殊性,例如大批量生产的安全性、分包开发的安全性等。法规 ISO 26262 是以 IEC 61508 为基础编制的。ISO 26262 的草案在 2011 年才公布。从那时起它就成为轿车机电系统开发的技术标准。

在这个法规中,安全要求等级分为 ASIL A~ASIL D(Automotive Safety Integrity Level)。ASIL D 为最高要求,相当于 IEC 61508 中的 SIL 3。非安全性要求用字母 QM 标记,不是法规 ISO 26262 所关注的焦点,但是必须通过质保流程来进行控制。

5.2 EPS 应用中的安全

5.2.1 安全设计的任务

安全系统设计必须确保错误被消除。下面这些选择可以考虑:

- 通过技术手段来消除错误,例如采用机械设计方案。
- 验证:即使错误发生对驾驶人也没有或者几乎没有影响。
- 通过设计实现错误识别,并及时使系统切换到安全状态(失效-安全-原则)。

首先不考虑安全措施,通过风险分析来确定系统风险即安全要求等级。然后进行安全设计来降低系统风险,如图 O-41 所示。安全设计的任务是把存在的系统风险下降到可控的最

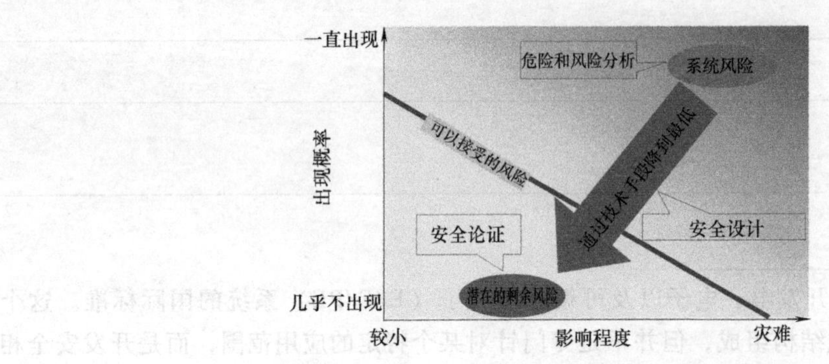

图 O-41　降低系统风险的安全策略

低程度。安全设计的效果必须通过一个安全论证来进行，并文档记录。

5.2.2　EPS 系统的风险分级

在评价系统风险时，要考虑 EPS 的应用范围和功率等级。对于中级和高级轿车，按照以下标准进行分级（风险现象取自标准 ISO/DIS 26262-3，版本 28.06.2009）：

- 不期望出现的助力　　→ ASIL D。
- 转向沉重，例如伺服电机的控制出现错误（不是指机械故障）　　→ ASIL D。
- 突然出现转向助力，例如助力意料之外地重新介入　　→ ASIL A。
- 助力失灵　　→ QM。

按照上面的分级，通常把 EPS 系统划分为 ASIL D。由此可以引申出相应的保护目标：

- 转向系统必须能够识别那些属于 ASIL D 级别的不期望出现的助力，并且切换到安全模式的状态。
- 转向系统必须能够识别那些属于 ASIL D 级别的转向沉重，并且切换到安全模式的状态。
- 转向系统必须能够避免出现属于 ASIL A 级别的并不期望出现的助力重新介入。

因为对于机械部件来说不可能集成安全功能件，机械部件设计必须确保不会出现错误，这点是通过机械部件的开发流程来保证的。

例如必须通过结构设计保证排除：

- 转向盘到车轮的机械运动传动比发生衰减。
- 因为机械原因导致转向沉重。

5.2.3　安全模式的特点

EPS 系统的安全模式必须有以下特点：

- 转向不应该由助力转向来实现。
- 要离开安全模式状态，只能通过开关或者 ECU 初始化才能进行，如图 O-42 所示。
- 电动机不允许产生超过安全范围（取决于车辆/转向的设计）的力矩。
- 机械的转向性能必须保证满足法规 ECE R79。

只有在初始化成功没有错误的前提下，才可能进行助力转向。假如出现“严重错误”，将立即进入“EPS 系统错误”状态。在“EPS 退出”和“EPS 系统错误”状态下，转向系统即进入所谓的“安全模式状态”。关闭回路（参见第 O 章第 5.2.4 节）是用来保证系统可靠地进入安全模式状态。

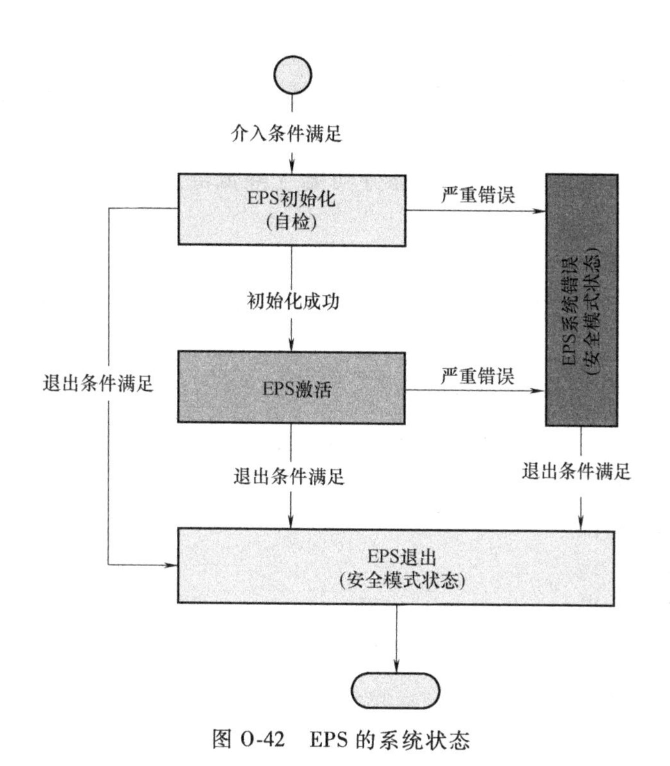

图 O-42 EPS 的系统状态

5.2.4 断开支路

在识别到危及安全的错误以后，系统必须在一定的错误允许时间范围内转入安全模式状态。这个错误允许时间范围是指一段时间，在这个时间内系统中加载的是错误的信号，但是车辆还未进入危险状态。这个时间是用于错误识别以及紧接着的错误反应时间，是必需的，其大小取决于车辆和转向的设计。

为了能够可靠地反应，断开支路必须能够通过多重的独立的支路来进行操作。因此断开支路不仅通过微处理器单元操作，而且通过另外的硬件单元操作。这个硬件必须能够保证一直受到监控，这样始终保证系统能够转入到安全模式状态。在 EPS 应用中，功率元件被当作断开支路。功率元件的断开控制可以在图 O-44 中看到。

在操作断开支路时为了排除出现睡眠错误，在转向功能激活之前必须单独检测断开支路的功能，由此在初始化阶段将运行检测程序。只有检测结果正常，系统才会开放，进入到 EPS 激活状态（比较图 O-42）。

因此，控制器（ECU）必须这样设计，在无电状态下 EPS 处于安全模式状态。

安全技术要求系统在出现错误时必须立即关闭，并转入安全模式状态，这种安全性要求必须和质量要求保持一致。最为重要的质量指标之一就是伺服助力的可用性，也就是转向助力存在的时间相对于整个寿命周期中运行时间的比例。

$$v=\frac{(n-a)}{n}\times 100 \tag{O.5}$$

式中 v——可用性，%；

a——失效时间，单位为 h；

n——整个寿命周期中的运行时间，单位为 h。

这意味着，从质量的观点来看，所有的错误情况下系统都立即进入安全模式状态是没有意义的，因为不是所有的错误都危及安全。因此通常会把错误进行分级，系统会针对性地进行反应。这里举例列出通常的错误反应策略：

- EPS 功能受到限制，例如，关闭部分功能（降低舒适性）；再如，减小 EPS 的助力大小。
- 采用信号替代值。
- 很柔和地转入到安全模式状态，例如，很缓慢地减小助力，随后转入到安全模式状态。

5.2.5 系统的零件安全措施

把系统进一步拆分，分析零件存在的潜在错误，这非常有意义。下面的子系统错误会导致电动机不期望的控制：

- 外部信号中的错误。
- 传感器的错误。
- 微处理器中的错误。
- 控制器（包括功率元件和软件）中的错误。
- 发动机控制中的错误。

下面的子系统错误会导致转向沉重：

- 电动机中的错误（比如短路）。
- 控制器中的错误（包括功率元件和软件）。
- 发动机控制中的错误。

错误导致的“不期望的电动机控制”和“转向沉重”归类于 ASIL D，因此子系统的要求也很高，也就是安全措施必须在很大程度上可以被诊断。

5.2.5.1 外部信号的监控

外部信号的安全性取决于整车生产厂家和车辆配置。那些被车辆总线读入并影响安全的信号必须经过系统分析评价。

如果可能，我们要求 EPS 中所有接收的信号都不能对安全产生影响。如果这不能实现，那么必须由转向生产厂家对于涉及的信号提出相应的安全要求。

对于外部信号，下面单个或者多个安全措施常常被采用：

- 监控间歇时间。
- 监控通信计数。
- 监控检测总量。
- 监控数值范围。
- 监控幅值波动量。

为了提高伺服助力的可用程度（参见第 O 章第 5.2.4 节），可以一旦识别到错误，就用一个替代信号来代替错误信号。这虽然会降低舒适性，例如，转向盘力矩会升高，但是不会带来安全性影响。

5.2.5.2 传感器监控

为了计算所需要的助力大小和对电动机进行控制，必须采用传感器（参见第 O 章第 3.2.5 节和第 O 章第 3.3 节）。传感器的错误会直接导致伺服助力计算错误，如果不增加安

全措施消除这种错误，那么安全目标（参见第 O 章第 5.2.2 节）就不能实现。这种安全措施必须可以被诊断，这在很大程度上取决于传感器原理和信号传递。

5.2.5.3 计算系统的监控

通常 EPS 功能是在微处理器中的计算核心进行计算的，SIL 等级要求其必须能够被诊断，为了实现微处理器可诊断，监控采用三层方案。这种方案在电子节气门（E-Gas）和 EPS 系统中得到应用。对此还需要有智能的硬件单元，也就是后面所说的“安全计算器”来进行监控。软件功能分成三层（图 O-43）。

在层 1 中有以下结构：

- 转向功能（例如，读入传感器、计算输出数值、控制转向作动器）。
- 转向方面的诊断功能（监控系统输入和系统输出、传感器和作动器）。
- 比较层 1 和层 2 的结果（输出数值必须在允许的公差范围内）。

在层 2 中有以下结构：

- 多重的运算（与输出数值计算明显不同的算法）来监控层 1 与安全相关的转向功能。
- 比较层 1 和层 2 的计算结果（输出数值必须在允许的公差范围内）。

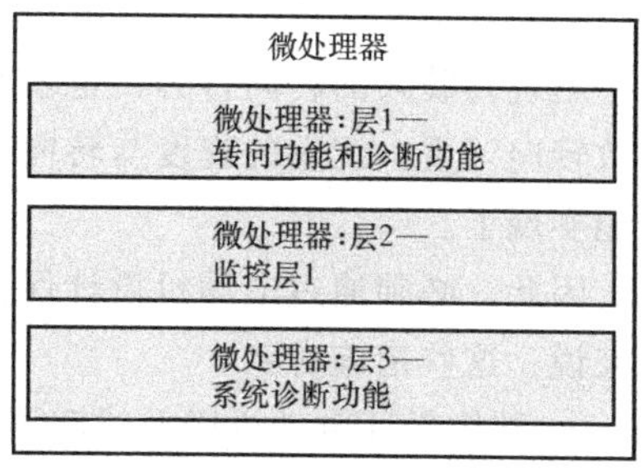

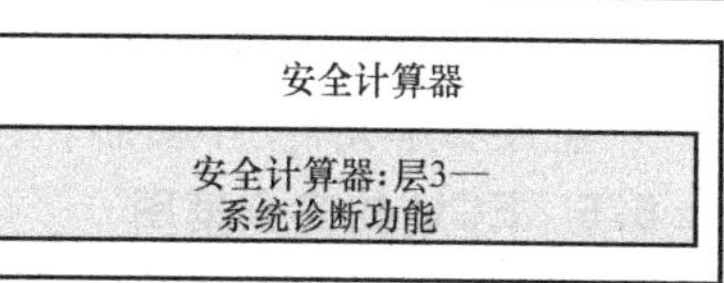

图 O-43 三层方案

层 1 和层 2 在微处理器中，这些层的软件可以利用微处理器中的计算资源（集成单元、浮点单元）。

层 1 和层 2 的结果的允许范围取决于整车和转向设计，必须通过目标车辆的整车试验来确定。对此可以故意接入错误，来鉴别层 2 功能的有效性。由层 1 计算出的最大偏差值，在经过层 2 检验后的输出数值产生的车辆转向性能还能够保证驾驶人能够控制车辆。

层 3 是用来计算系统诊断功能。这个安全措施是用来确保系统的完好，包含以下内容：

- 监控存储器。
- 操作安全计算器。
- 间断监控程序运行。
- 监控系统运行。
- 监控比较算法软件（比较层 1 和层 2 的结果）。
- 检测微处理器。
- 监控微处理器和安全计算器。
- 通过“问-答”来监控微处理器和安全计算器。

层 3 分成两部分，一部分在微处理器中，另外一部分在单独的安全计算器中。微处理器的结果和安全计算器的结果通过一个接口进行交换。

三个层中只要一个层识别出影响安全的错误，系统就会切换到安全模式状态。

5.2.5.4 功率元件和作动器的监控

在 EPS 应用中，产生助力的电动机根据功率和成本的要求具有不同的结构形式（见第 O 章第 3.2 节）。

电动机的错误会直接导致系统风险，因此其监控措施必须在很大程度上要能够进行诊断。

为了把电动机异常影响控制在一定范围内，系统必须能够在很短的时间内关闭功率元件。因此必须设计断开支路来断开功率放大器。

所有的电动机的设计必须保证能够实现转入安全模式状态的要求（参见第 O 章第 5.2.3 节），避免转向沉重的状况出现。

因此单靠电动机的设计来关闭功率放大器是不够的。例如在电动机或者功率元件中出现短路时会产生不期望的电压，这个电压会产生电流，这个电流会产生电动机力矩，而这个力矩会阻挠驾驶人的转向行为，也就是产生了不期望的电动机阻力矩，阻力矩传递到转向盘上导致转向沉重，沉重的程度与转向器的传动比相关。如果没有安全措施，机械转向的功能就不能实现了。

因此，必须通过电动机设计保证排除不期望的电流出现，或者通过其他措施来排除。举例来说，这些措施有：

- 结构保证电动机以及线路不会短路。
- 避免其他部件（电动机/功率元件）在错误状况下产生电流。
- 监控功率元件/作动器。

5.2.5.5 ECU 的安全框图

控制器（ECU）负责转向功能和所有的 EPS 安全功能，其框图如图 O-44 所示。其需要以下部件：

- 微处理器，控制器的核心。
- 安全计算器，用来监控微处理器（“看门狗”功能）和供给电压。
- 非挥发的 RAM，用来储存非挥发数据。
- 石英产生用于微处理器的脉冲。
- 末级激励器，用来控制功率放大器。
- 功率元件，用来控制电动机相位。

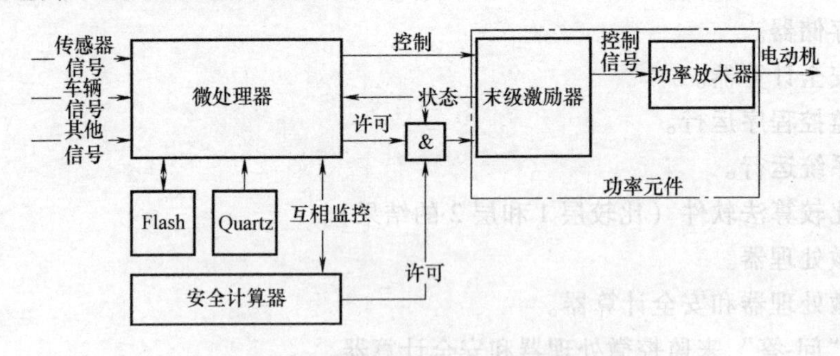

图 O-44 带断开支路的 EPS 的控制器框图

从安全方面来看，硬件系统是一个由微处理器控制的稳定的单通道系统。整个单元由一个独立的安全计算器进行监控，可以在很大程度上实现诊断功能。对错误进行反应是由对断开支路（功率元件的许可信号）进行控制来实现，末级激励器、微处理器和安全计算器都可以对断开支路进行操控。

6 转向功能和控制

如前面章节介绍的，EPS通过一个电动机产生机械能量并传入到转向系统，辅助转向。现在转向功能的任务是，给予系统的能量要按需供给。按需供给意味着，能量的供给必须能够辅助驾驶人最好地完成对于车辆的控制。为了完成这种要求，转向功能要按照驾驶人的意愿进行反应，并且转向系统的运动状态要适当。驾驶人的意愿在这里是由扭矩传感器来获知，扭矩传感器测量由驾驶人施加到转向器的输入轴上的扭矩（参见第O章第3.3节中的“扭矩传感器”）。转向系统的运动状态通过一个角度传感器来获得，这个信号可以通过转向管柱上的角度传感器测量得到，或者是通过转向中的动子位置传感器计算得到。这样这个信号表示的是绝对转向盘转角。

转向功能的任务在按需供给机械能方面可分成以下几部分：

- 基本的转向功能。
- 转向感觉的控制。
- 电动机的控制。

基本的转向功能是指驾驶人必须保持或者施加一个力矩来操控转向盘。此外，转向盘脱手时的车辆性能也可以通过转向功能来影响。

控制是指提供转向所需要的机械能量。如上所述，这里的控制进一步分成两个方面，一方面是转向感觉的控制，另一方面是电动机的控制。转向感觉控制的根本任务是操控稳定性，转向功能所需要的力矩不会产生不希望的振动和其他干扰。

电动机控制的任务是敏捷准确地提供所需的机械能。这样车辆操控稳定性和敏捷性通过触觉和听觉与转向系统连接在一起。控制方面的不足会很大程度地降低系统性能。例如发动机控制敏捷性太差，驾驶人的感受为转向性能迟钝，整个车辆的性能也会变得迟钝。转向盘上的轻微颤动以及转向系统异样的声音都会让人产生整车操控稳定性差的印象。很多专业文献都对电动机的控制策略进行了研究，例如Schroeder在2009年以及Stoelting和Kallenbach在2006年的文献。

6.1 转向功能

构建在转向控制策略上的任务是转向功能，转向功能决定了驾驶人在操控转向盘时所需要施加的力。这包含直线行驶中的静态把持转向盘以及在转入和转出弯道的弯道行驶中的动态操控转向盘。此外，转向功能还包含转向盘脱手的自由状态下的性能，以及自动泊车时的转向性能。

也就是说，转向功能必须考虑许多种工况，让驾驶人感觉转向系统“善解人意”。这分成以下几个方面：

- 基本的转向功能。
- 扩展的转向功能。
- 整车层级的功能。

基本的转向功能是指在EPS系统中实现液压助力转向系统中那些必需的转向性能。这些性能可以通过扩展转向功能进一步扩展补充，这种扩展只有在EPS系统中才能够实现。

整车层级的功能则是指进一步与整车联系，例如 EPS 利用停车位间隙测量传感器或者道路行车线摄像头来实现整车层级的功能。

6.1.1 基本的转向功能

基本的转向功能包括四个方面：

- 伺服助力转向。
- 摩擦补偿。
- 惯性补偿。
- 产生阻尼。

基本的转向功能可以实现与车辆速度相关，即速度参数化。下面介绍这种功能的作用方式，说明如何与速度相关。

6.1.1.1 伺服助力转向

最基本也是最重要的基本功能就是伺服助力转向。伺服助力转向的任务是，作用在齿条上的转向力不必完全由驾驶人施加在转向盘上的力来产生，而是大部分由 EPS 电动机来产生。这个任务实现的不同方式以及不同的参数化强烈影响着齿条上的作用力与转向盘上驾驶人施加力的比值，最终表现在驾驶人的转向感觉上。

为了更好理解，可以想象，在准静态情况下齿条的力平衡可以有下面的近似关系：

$$\text{齿条力} = i_{\text{转向}} \times \text{扭杆力矩} + i_{\text{伺服}} \times \text{电动机力矩}$$

有关参数如图 O-45 所示。扭杆力矩到齿条力的传动比用 $i_{\text{转向}}$ 表示，电动机力矩的传动比用 $i_{\text{伺服}}$ 表示。

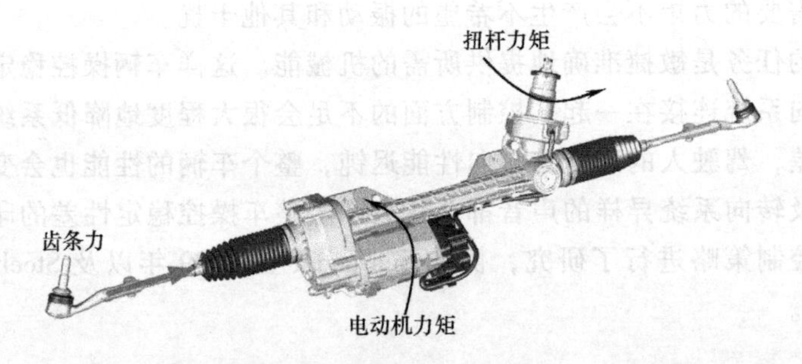

图 O-45 EPS 转向系统上作用的力，在准静态下这些力保持平衡

这里，扭杆力矩必须由驾驶人施加在转向盘上的力来产生，电动机力矩则是属于伺服转向的助力部分。

也就是说，齿条上一定大小的力可以由扭杆力矩和电动机力矩组合起来进行平衡（见图 O-46）。

电动机力矩和扭杆力矩之间的比例分配对于驾驶人的转向感觉起着决定性作用，并且影响着驾驶人对于齿条力变化的感知。图 O-47 所示为一种典型特性曲线，图 O-47 描述的是电动机力矩与扭杆力矩间的关系，这种曲线为大家熟知的液压助力中的助力转向特性曲线。

当驾驶人由于齿条力而承受扭杆力矩时，驾驶人可以获得反馈信息。在这里，斜率很大意味着齿条力小的变化会导致扭杆力矩很大的变化，对于驾驶人而言，这样可以很好地感知路面的粗糙度和不平度。

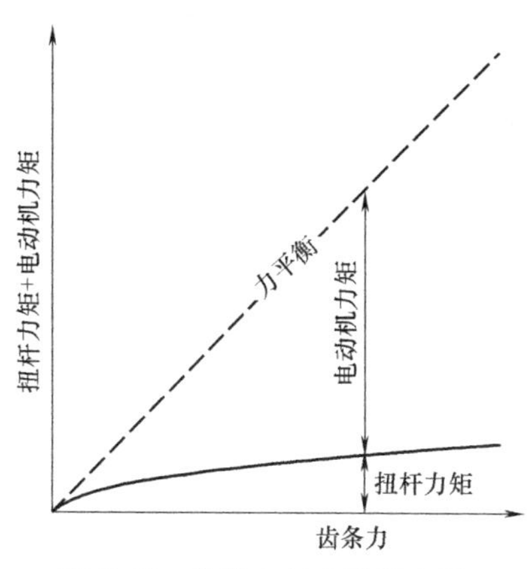

图 O-46 齿条力与电动机力矩、扭杆力矩的和保持力平衡

注：这里的扭杆力矩为了便于表达夸大了

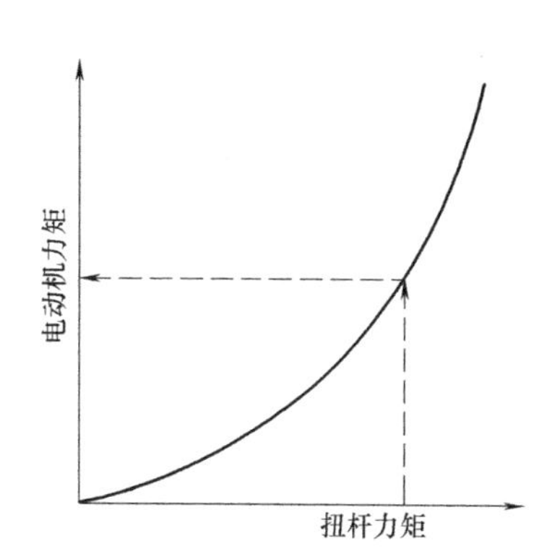

图 O-47 电动机力矩与扭杆力矩关系曲线

在车辆速度较低的情况下，特别是原地静止状态下，齿条力达到最大值。在这种情况下，驾驶人不需要通过路面不同的反馈来获知路面状况，这时伺服助力转向可以这样设计，整个转向过程从一端到另外一端都保证转向舒适性。较低速度范围的上限取决于横向加速度以及齿条力。在这个速度范围内，伺服助力转向的特性必须明显不同。所要面临的挑战是，如何在不同的速度范围之间进行匹配，实现和谐过渡。

再来考察上面介绍的力平衡。可以确定，这个平衡只有在假设转向系统没有摩擦也没有惯性的前提下才会成立。但是转向系统中相互运动的部件的连接部位都有摩擦，每个运动部件都有惯性，特别是 EPS 电动机的转子，而平衡方程中都没有考虑。为了能够满足假设，那么必须尽可能减小摩擦和惯性。

6.1.1.2 摩擦补偿

减小摩擦的目的是减小摩擦力的影响，使前面介绍的力平衡关系成立。可以这样来实现，即产生一个与运动状态和伺服助力大小相关的补偿力矩。

最简单的摩擦补偿为在整个转向过程中补偿力矩为一个定值。这个补偿力矩永远施加在运动方向上，在静止状态则施加在与助力相同的方向上。

这种简单的摩擦补偿只在某些条件下符合实际。一方面这个补偿力矩本身就很不稳定，另外一方面实际的摩擦也是变化的，未加考虑。摩擦变化的首要原因是时效老化，并且温度变化会让摩擦力在很大范围内波动。

由于转向系统内部摩擦的物理因素，摩擦力补偿对速度进行参数化看起来没有什么意义。

6.1.1.3 惯性补偿

考虑 EPS 中传递到齿条的传动比典型值，在转向系统中运动部件的质量可达几百千克。前面列出的力平衡公式并没有考虑这些质量的惯性作用。产生的结果是，齿条上的动态激励没有对扭杆力矩产生影响，也就是驾驶人在起动转向时总是必须先克服惯性力。惯性补偿功能的任务就是减小惯性对转向感觉的影响。

在这里也只是考虑简单的惯性补偿。首先测量 EPS 电动机的转子位置或者转子速度，

可以通过求导得到即时的转子加速度。根据转子加速度以及总的惯量可以算出需要的补偿力矩，于是 EPS 电动机会在助力力矩和摩擦补偿力矩的基础上，另外增加一个补偿力矩来抵消惯性影响。这种简单的惯性补偿非常敏感，难以在实际中应用。

同样，考虑惯性影响的物理因素，惯性补偿进行速度参数化没有意义。

6.1.1.4 阻尼

考虑摩擦力和惯性补偿的转向系统对于力平衡中的干扰反应非常敏感。路面激励会立刻引起很大的系统加速度，驾驶人感受到的是冲击。即使驾驶人把持转向盘时稍微改变力矩，就会引起系统强烈的运动，整个转向系统显得非常敏感。

为了减小这种不希望出现的特性，必须给转向系统增加阻尼。在 EPS 系统中有相应的功能来实现阻尼的增加。

实现阻尼功能的简单方式是，让 EPS 电动机产生一个阻止转向运动的力矩，这个阻止力矩正比于转向速度。产生这种阻尼和我们的观念是相矛盾的，我们的观念是电动机应该帮助驾驶人进行转向运动，要实现这种恰到好处的阻尼要花费大量精力。

阻尼功能的速度参数化是有意义的。在静止状态，只需抑制转向盘的限位撞击和余振，在高速时则需要产生适当的阻尼，来阻止在弯道行驶中放开转向盘时转向盘的过大振动所造成的车辆左右摇晃。

6.1.2 扩展的转向功能

在已经介绍的伺服助力转向基本功能、摩擦补偿、惯性补偿和阻尼功能方面，EPS 的转向性能并不比传统的 HPS 展现出更多的优势，这些功能并不需要利用 EPS 的扩展功能。

6.1.2.1 主动回正

现代车辆的前桥结构决定了车辆在直线行驶时回正性能常常不令人满意，特别是车速较低时。部分原因是，车桥结构就是这样设计的，在到达几何限位位置之前力就已经改变，转向会更快进入到限位位置。

主动回正功能的任务是来改善这种现象。其基本思想是，EPS 电动机产生一个力矩，这个力矩大小与转向盘转角以及转向运动相关，方向是让车辆保持直线行驶。这种功能必须能够实现转向盘在脱手自由状态下车辆依然能够保持直线行驶，就像是手把持着转向盘保持直线行驶一样。

一种非常有用的扩展形式是，自动回正功能与转向盘角速度相关。在这种形式中，转向速度的目标值是转向盘转角和车速的函数。这种功能产生的最大力矩会根据手上施加的力矩而减小，因此能够很好地从转向盘脱手状态过渡到转向盘手持状态。

6.1.2.2 直线行驶校正

特别是在一直向一侧倾斜的路面上直线行驶时，转向盘上会一直产生一个力矩。驾驶人必须主动反打转向盘，避免车辆向倾斜侧行驶。也就是说车辆在直线行驶，但是转向盘转过了一个较小的角度。为了减轻驾驶人在这种工况下的负担，可以应用所谓的直线行驶校正功能。

如果已经存在主动回正功能，则可以移动车辆的直线行驶方向，这里是通过一个偏移角度来改变车辆的直线行驶方向。因此，关键的是偏移角度必须准确。要注意的是偏移角度也是动态变化的，例如，随着路面倾斜角度的变化偏移角也必须改变。

6.1.3 整车层级的功能

通过基本转向功能和扩展转向功能，EPS 系统可以实现独特的转向感觉，为客户群量身定做汽车行驶性能。此外，EPS 还可以在整车层级上成为一个智能的集成驱动器。下面介绍转向在整车层级上的一些功能。

6.1.3.1 泊车辅助

泊车功能是指在车辆倒车停泊在道路边缘（平行泊车）时，不需要驾驶人自己转动转向盘。驾驶人的任务是在车辆转向的过程中踩加速踏板和踩制动踏板。为了确定转向运动，车辆必须有环境传感器，例如超声波传感器，来感知车位间隙，以及确定车辆与车位间隙之间的相对位置，并且感知其他障碍物。

EPS 现在的任务是按照要求进行转向运动。这种转向运动可以通过例如转向系统内部的转向角控制器这样的部件来实现。在 EPS 中要控制的量不仅仅是转向角，还必须在功能接入时确定接入条件。接入条件和控制必须通过大量的监控传感器来监控。例如在高速公路行驶时接入条件将不反应，当转向盘自由转动时必须避免转向盘伤害驾驶人。这里只是举了两个例子，接入条件有很多种。

6.1.3.2 驾驶人警示/车道报警

当今高速公路上的大量事故是由于车辆无意偏离车道引起的。原因是驾驶人疲劳或者注意力分散。当车辆无意偏离车道时，EPS 可以在转向盘上产生抖动来提醒驾驶人注意力重新保持集中。这就是驾驶人警示。

在这种功能中，集成在车辆上的照相机始终在测量车辆本身与车道线之间的相对位置。快要偏离车道线时，EPS 会收到信号，激活驾驶人警示功能，附加力矩以一定的频率和振幅作用在转向盘上。

6.1.3.3 车道保持

驾驶人警示功能的进一步发展就是持续的车道保持功能。车道保持的目标是，不仅仅是提醒驾驶人，而且是主动施加转向使车辆保持在车道上。

此外，必须考虑当前的法规还不允许自动的车道保持，因此这里的车道保持功能的前提条件是驾驶人的手还把持着转向盘。

更为重要的是如何构建附加转向力矩。必须对实际情况加以计算，要保证这种功能让驾驶人产生信任感，相信车辆会保持在车道上，但是同时又不能让驾驶人感觉受到干扰或者受到操纵。为了让车道保持能够被接受，EPS 必须有一个接口，通过这个接口主动影响转向力矩。最理想的方式是，通过这个接口在转向盘上直接施加附加力矩。

因为附加力矩的介入会影响车辆的安全，因此这个力矩必须很小，并且受到监控。这个力矩必须小到驾驶人在任何时候都能够克服车道保持所施加的附加力矩。

6.1.3.4 稳定性转向提醒

转向系统的稳定性转向提醒是通过施加附加力矩来激励驾驶人进行适当的转向运动。例如在对开路面上制动时，驾驶人获得一个激励，比如一个短时间的力矩脉冲，提醒驾驶人及时打转向盘，纠正行驶方向。力矩脉冲的量值当然必须限制在一定范围内，就像车道保持中的附加力矩一样。这个力矩脉冲的大小在任何时候都应该能够被驾驶人克服，不允许出现危及安全的情况出现。

6.2 转向感觉的控制策略

在前面章节中介绍了不同的转向功能，它们全部都是以一个转向感觉控制为基础，根据各种功能所要求的转向力矩来进行调节。接下来将在两个章节中介绍转向的基本控制策略。在第O章第6.2.1节中介绍“传统的控制策略”，它是液压伺服转向中的转向控制策略沿用到EPS中的。在第O章第6.2.2节中的“驾驶人力矩控制策略”则是摆脱这种传统策略，考虑将EPS作为一个机电的整体系统，它可以直接调节力矩，让驾驶人感觉到。

6.2.1 传统的控制策略

EPS中的传统控制策略是一样的，EPS的目标保持和液压伺服转向中一样的功能。这种基础的功能在HPS中可以这样来描述：根据驾驶人施加的力，转向系统会产生相应的转向助力。驾驶人施加的力与转向助力之间的关系中，最典型的联系并不是线性关系，而是一种非线性关系（参见图O-47）。驾驶人施加的力与扭杆力矩相对应。

从控制技术来看，这种结构可以看成是一个放大系数可变的P环节控制回路（图O-48），目标值为0N·m。基于传统的转向助力特性曲线为非线性，在这里放大系数随着控制偏差的增大而增大。

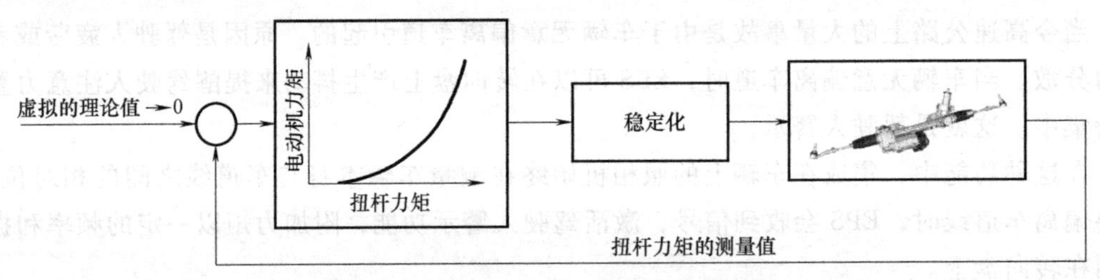

图O-48 传统EPS控制策略的控制回路

现在进行一个稳定性分析，可以看到封闭的控制回路并不稳定。结论是，P环节必须围绕一个稳定的部件进一步扩展。这个稳定化如何进行、参数如何，这些都是转向生产商的Know-how（技术诀窍）。对此有两个原则性的方面必须考虑。第一个原则的理念是，稳定化要设计得非常可靠，转向助力特性能够抵消变化的放大系数。第二个原则是利用当前放大系数是已知的这一点，通过放大系数表格查出稳定化的参数。这个控制回路的过程如图O-48所示。

人们感兴趣的是转向感觉，不是控制回路中规定的目标值，而是P环节控制回路中总的剩下的控制偏差，也就是转向助力特性曲线。转向控制以及转向稳定性在这种控制回路中与转向感觉是紧密联系的。转向感觉的匹配常常意味着转向控制的干预。可以参考在整车层级上的转向功能，它们在转向盘上施加一个附加力矩。显然在传统的控制策略范围内还没有办法实现施加这个附加力矩。传统控制策略的这两个特点导致了新的控制策略的产生，在新的控制策略中把驾驶人力矩规定为目标值。

6.2.2 驾驶人力矩控制策略

要以转向感觉作为控制目标，人们马上就可以知道：由驾驶人感知的力矩大小也就是扭杆力矩，是需要被控制的量，EPS电动机力矩为调节量。那些通过转向横拉杆/齿条传到转向的力为干扰量，如同驾驶人施加到转向盘上的力一样。

转向控制的任务在这里可以分成两个部分。第一部分任务是确定扭杆力矩的目标值，也就是匹配转向感觉。第二部分任务则是确定 EPS 电动机力矩。为了达到扭杆力矩的目标值，必须确定电动机力矩，也就是调节电动机力矩，获得扭杆的控制力矩。在转向感觉和转向控制之间存在明显的区分，因此要让它们的相互作用尽量小。这种明确的任务分工以及控制回路结构如图 O-49 所示。

这个结构中还很明确的是，转向盘的附加力矩可以直接加到扭杆力矩的目标值上（图 O-49），然后再一起进行控制。

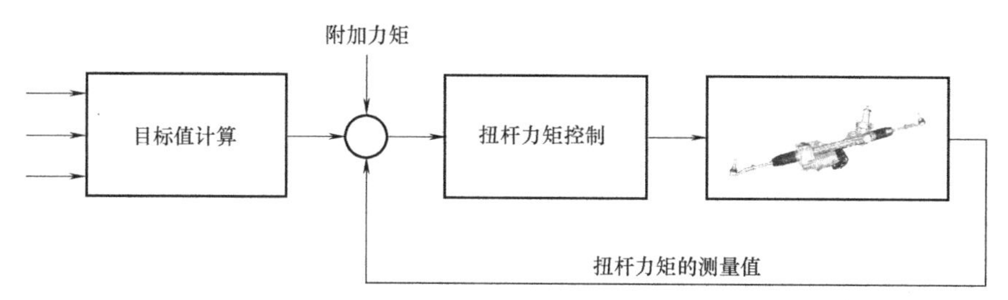

图 O-49　现代 EPS 控制回路，以控制驾驶人力矩为目标

扭杆力矩控制的策略我们可以利用所有成熟的控制方法，例如 Henrichfreise 和 Jusseit 命名的 LQG/LTR 控制方法。除了必要的多模式工作方式以外，控制中最为重要的要求是具有足够高的可靠性。可靠性的确定还必须考虑大批量生产的离散性、老化和环境影响，例如环境温度等。

目标值计算中的核心问题是，如何在这个新的控制策略框架中搭建伺服助力转向的基本转向功能。这个问题部分地可以通过转向中基本的力平衡方程来回答。在传统的控制策略中通过转向助力特性曲线来确定，齿条力应该如何分配到电动机力矩和扭杆力矩。现在我们可以直接确定在某一确定的齿条力中应该有多大的扭杆力矩。但是，回答并不完全，因为还有下一个问题，例如齿条力是怎样计算的。

如果以基本的力平衡来简单地计算齿条力，在这里是不够准确的，不能够加以应用，因为在方程的合力中一直包含摩擦力和惯性力，这些力会让齿条力计算值一会儿过大一会儿过小。Grassmann 在 2003 年给出了一种可行的直接计算方法。其他的方法是把齿条力与侧向力以及侧向加速度联系起来，也就是在动力学上进行计算。

对于基本转向功能来说，必要的摩擦补偿和惯性补偿不再必要，因为控制中直接把扭杆力矩作为目标值进行控制，因此其中的摩擦和惯性会自动进行补偿。其他的转向功能可以根据本章节的阐述通过转向功能来实现。但是在有电动机力矩的地方现在也有扭杆力矩，所以这些功能在一定程度上更加贴近驾驶人，以驾驶人为目标。

参考文献 O

BEIERLEIN, T. und HAGENBRUCH, O. (2004): Taschenbuch Mikroprozessortechnik, Fachbuchverlag: Leipzig 2004

BONFIG, K. W. (1991): Sensoren und Sensorsysteme. Expert Verlag

DIETMAYER, K. und WESER, M. (2000): Contactless Angle Measurement using KMZ41 and UZZ9000. Philips Application Note AN00023

FISCHER, R. (2006): Elektrische Maschinen. Hanser Verlag: München 2006

GAEDT, L. et al. (2005): Impact of the micro-Hybrid Functions on Voltage Quality and Customer Acceptance. VDI Berichte Nr. 1907, 2005

GIERUT, J. und LOHR, R. (2005): Automotive Powertrain & Chassis Torque Sensor Technology. Honeywell, Transense

GRASSMANN, O., HENRICHFREISE, H., NIESSEN, H. und HAMMEL, K. von (2003): Variable Lenkunterstützung für eine elektromechanische Servolenkung. 23. Tagung „Elektronik im Kfz", Haus der Technik, Liederhalle Stuttgart, 17.–18. Juni 2003

HELLA KGaA Hueck & Co: Elektronik – Sensoren zur Positionserfassung. Technische Information

HENRICHFREISE, H. und JUSSEIT, J. (2003): Optimale Regelung einer elektromechanischen Servolenkung. 5. VDI Mechatronik Tagung 2003, Innovative Produktentwicklung. Fulda, 07.–08. Mai 2003

IEC 61508 International Electrotechnical Commission: Functional safety of electrical/electronic/programmable electronic safety-related systems, Part 1 – Part 7

ISO 26262 International Organisation for Standardization: Road vehicles – Functional safety, Part 1 – Part 10

LINDNER, H., BRAUER, H. und LEHMANN, C. (1999): Taschenbuch der Elektrotechnik und Elektronik. Fachbuchverlag: Leipzig 1999

MISRA (2004): MISRA-C (2004): „Guidelines for the use of the C language in critical systems"

NAGEL, T. (2008): Zahnriemengetriebe: Eigenschaften, Normung, Berechnung, Gestaltung. Hanser Verlag: München 2008

NEUGEBAUER, S., DWAIK, F. und HOCKGEIGER, E. (2007): Die Auto-Start-Stopp Funktion (ASSF) und die Bremsenergie-Rückgewinnung (BER) als intelligente Beiträge zur effizienten Dynamik der BMW-Flotte. VDI Berichte, Nr. 2000, 2007

NIEMANN, G. und WINTER, H. (2004): Maschinenelemente: Band 3: Schraubrad-, Kegelrad-, Schneckenrad-, Ketten-, Riemen-, Reibradgetriebe, Kupplungen, Bremsen, Freiläufe, 2. Auflage. Springer Verlag: Berlin, Heidelberg, New York 2004

NORM DIN 69051-1 (1989): Kugelgewindetriebe – Teil 1: Begriffe, Bezeichnungssystem

NORM ISO 5295 (1987): Synchronous belts – Calculation of power rating and drive centre distance

PFEFFER, P. E. und HARRER, M. (2007): Optimaler Lenkradmomentenverlauf bei stationärer Kurvenfahrt. VDI Berichte Nr. 2014, 2007

PRÖBSTLE, H. et al. (2009): Bordnetzerweiterung zur Energieversorgung CO_2 – optimierter Funktionen bei BMW. 9. Internationales Stuttgarter Symposium „Automobil- und Motorentechnik"

REIF, K. (2006): Automobilelektronik. Vieweg Verlag: Wiesbaden 2006

ROBERT BOSCH GmbH (2002): Autoelektrik Autoelektronik. Vieweg Verlag: Wiesbaden 2002

SCHANZ, G. W. (1986): Sensoren – Fühler der Messtechnik. Hüthig Verlag

SCHRÖDER, D. (2009): Elektrische Antriebe – Regelung von Antriebssystemen. Springer: Berlin, Heidelberg, New York 2009

STEINHILPER, w. und SAUER, B. (2006): Konstruktionselemente des Maschinenbaus: Grundlagen der Berechnung und Gestaltung von Maschinenelementen. Springer Verlag: Berlin, Heidelberg, New York 2006

STOLL, H. und REIMPELL, J. (Hrsg.): Fahrwerktechnik: Lenkanlagen und Hilfskraftlenkungen: Auslegungs- und Beurteilungskriterien, Sicherheit, Lenkkinematik, Lenkübersetzung, Lenkgetriebebauarten, Bauteile der Lenkanlage, hydraulische, elektrische, pneumatische und geschwindigkeitsabhängige Hilfskraftlenkungen. 1. Auflage, Vogel Buchverlag: Würzburg 1992 – 291 Seiten – ISBN 3-8023-0431-4

STÖLTING, H.-D. und KALLENBACH, E. (2006): Handbuch Elektrische Kleinantriebe. Hanser Verlag: München 2006

TRÄNKLER, H.-R. und OBERMEIER, E. (1998): Sensortechnik – Handbuch für Praxis und Wissenschaft. Springer Verlag: Berlin 1998

O

United Nations Economic Commission for Europe (UNECE): Regulation 79, Steering Equipment

WALLENTOWITZ, H. und REIF, K. (2006): Handbuch Kraftfahrzeugelektronik. Vieweg Verlag: Wiesbaden 2006

WINKLER, J. und ESCH, S. (2005): Mikrohybrid mit den Funktionen Rekuperation und Schnellheizung. VDI Berichte Nr. 1907, 2005

ZABLER, E. et al. (2001): Sensoren im Kraftfahrzeug. Bosch Gelbe Reihe

叠加转向

1 导言

随着机电一体化在转向系统中进一步应用，人们开拓了一些新的转向功能，其中之一就是叠加转向。在叠加转向中，驾驶人输入的转向角和一个转向叠加角相累加，进行补充。由此可以获得一些新的转向功能，例如，可变转向传动比、转向灵敏性与稳定性功能；还可以与转向叠加力矩联系起来；或者与线控转向的一些功能联系起来，例如可以自由编程的转向功能。

2 历史

关于转向系统的转向叠加角，第一个申请的专利是1972年Ford公司在美国申请的专利（图P-1）。

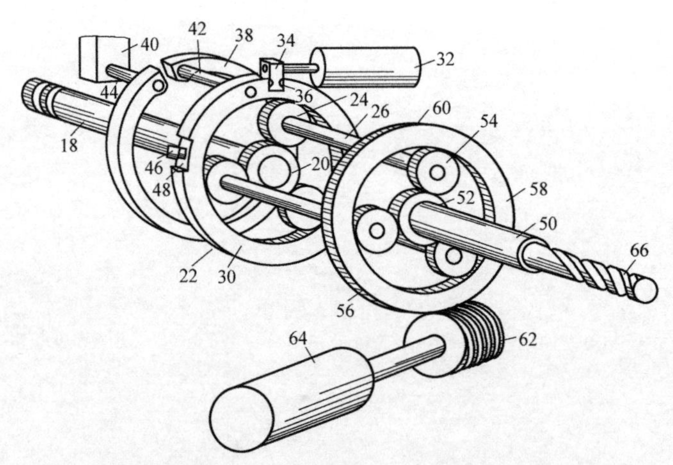

图P-1　专利简图，福特1972，专利号US 3831701

这个专利的结构中已经实现通过一个持续转动的机械传动机构得到变化的转向叠加角。这种结构能够实现一些新的转向功能（如专利中提及的平衡侧向风）。后来BMW和ZFLS公司进一步利用这种原理形成了主动转向，如图P-2所示。图P-1中一个内齿轮（60）、两个行星齿轮传动（24、26、54）通过行星轮齿轮架连接在一起，它们转动时，在输入轴（转向轴18）和输出轴（转向杆50）产生转向叠加角。

尽管专利申请在20世纪70年代就有了，但是由于技术上难以实施以及成本高昂，直到几十年后叠加转向才在量产车上得以应用。某些功能（随转向角和转向速度变化的转向传

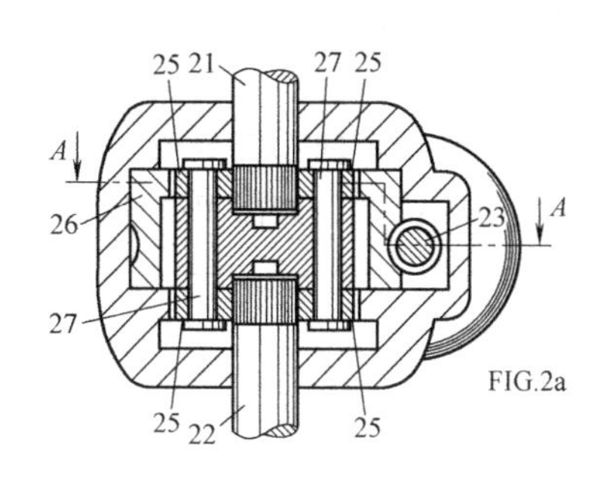

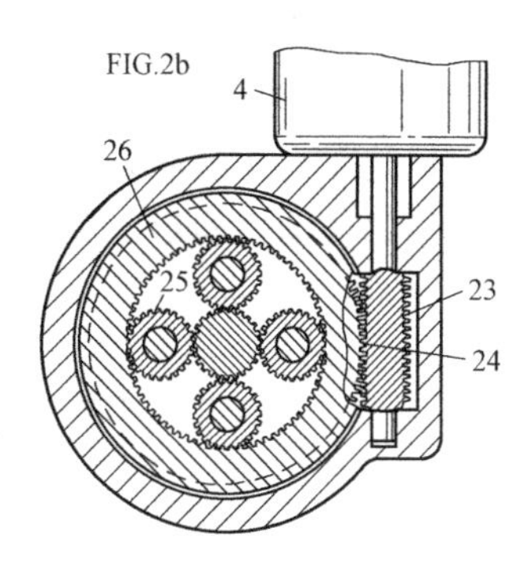

图 P-2 专利简图，Robert Bosch 1990，专利号 DE 4031316C2

动比）虽然在 2000 年由 Honda 公司在 S2000 车型中通过纯机械结构 VGS（variable Gear-Ratio Steering System）实现，但是它不能称为真正意义上的叠加转向。真正的叠加转向是在 2002 年由 Toyoda Machinery Work（现在为 JTEKT）公司和 Lexus 以及 ZF 转向公司（ZFLS）和 BMW 公司开发并大批量应用的。

3 作用原理

叠加转向可以通过不同的原理来实现。例如，可以考虑移动转向器或者是在齿条和转向横拉杆之间产生一个相对移动。但是到目前为止在实践中得以应用的是，在转向管柱中或者是在转向器中集成一个角度叠加传动机构。

图 P-3 角度叠加原理

δ_M—转向叠加角度 δ_H—驾驶人转向角度

δ_{H^*}—总转向角度

如图 P-3 所示，叠加角传动机构可以在电动机上施加一个叠加转角（δ_M），并且这个叠加转角完全不影响驾驶人转向盘转角（δ_H）。这给转向系统构造新的功能提供了自由空间。

这种叠加转向最显著的特点是，转向盘和车轮之间依然是机械连接，并没有分开，这一点与线控转向不同。这种机械联系可以简单地表示成方程：

$$\delta_{H^*}=\delta_H+\delta_M \tag{P.1}$$

尽管叠加转向通过机械连接来保持力矩平衡，但是在稳定性功能和车道保持功能中驾驶人还是必须手持转向盘施加一定的力矩，另外为了转向反馈而产生的附加叠加力矩也要求驾驶人手持转向盘来感知。

4 结构

直到今天，所有的叠加转向的执行器都有：一个电子整流的电动机（无刷 DC，无刷

DC 的知识可以参见第 O 章第 3.2.4 节)，该电动机带有位置传感器；一个叠加传动机构；一个安全锁止销，在无电的状态，该安全锁止销闭合，从而锁止传动机构的运动。这样转向盘和转向器之间可以建立直接的联系。目前市场上的叠加转向系统分成三种形式，它们之间的主要区别在于所用的传动机构形式和在转向系统中的位置，如图 P-4 所示。

叠加类型	安装位置		
	转向器	转向中间轴	转向管柱上端
① 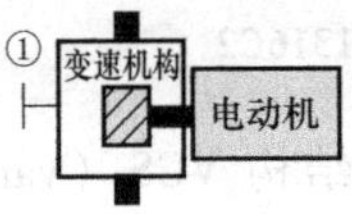 变速机构 电动机			
② 变速机构 电动机 			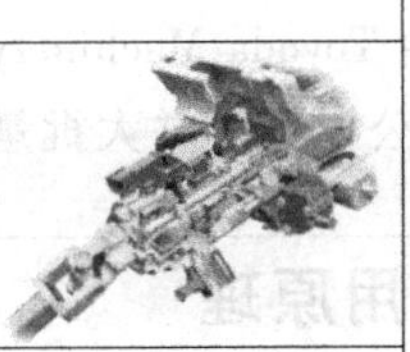
③ 变速机构 电动机 		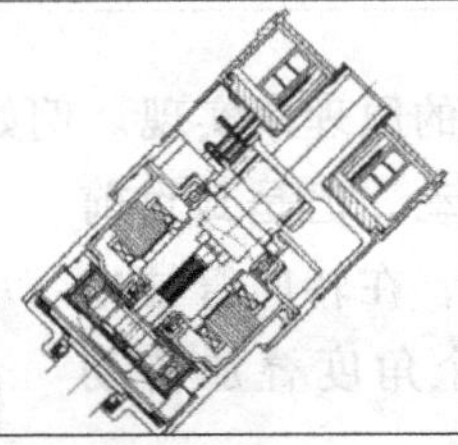	

图 P-4　叠加转向类型

注：从上至下：主动转向（BMW-ZFLS）、动态转向（Audi-ZFLS）、变速比转向（Lexus-JTEKT）

为了能够产生转向叠加角，不管是哪种结构形式都需要一个变速机构，这个变速机构中转向叠加角（δ_M）到输入轴（δ_H）的传动比与转向叠加角到输出轴（δ_{H^*}）的传动比是不相等的。电动机通过这种不相等的传动比可以在输入轴和输出轴之间产生角度差。这个角度差是其他一些扩展功能的基础。

4.1　常规的系统结构

P

完整的叠加转向除了叠加作动器以外还需要有其他部件，以及相应的系统匹配和联网。图 P-5 中展示了这些部件，其中一些部件的变形将在后面的章节中介绍。

4.2　作动器及其变形

4.2.1　Audi/ZFLS 动态转向

在这种系统中，电动机集成在转向管柱上，与转向管柱同轴，电动机为电子换向器永磁同步直流电动机，带位置传感器；叠加角变速机构为谐波齿轮变速；锁紧机构在无电状态下把叠加机构和电动机锁紧在一起，如图 P-6 所示。

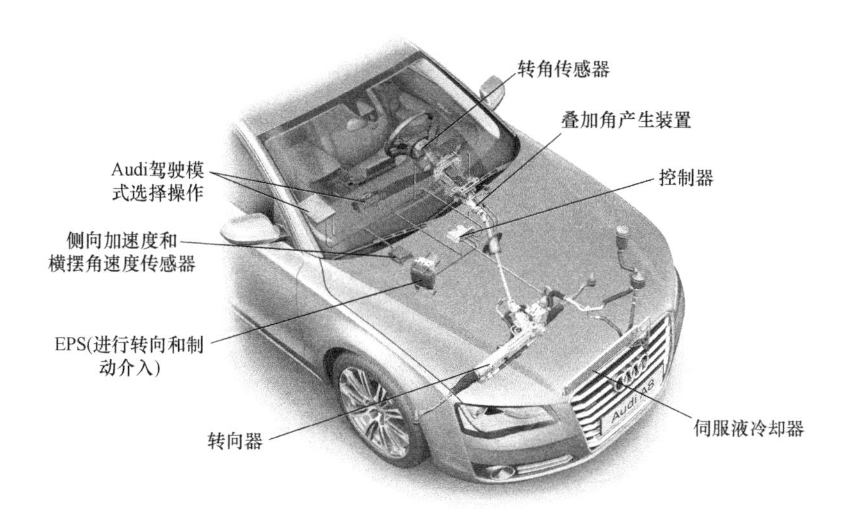

图 P-5 Audi 叠加转向示例

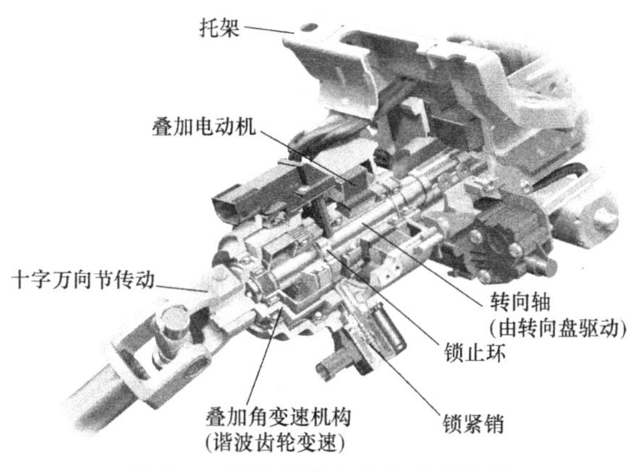

图 P-6 转向管柱中作动器剖视图

通过同轴布置，所有的旋转部件（转向轴、变速机构、电动机、锁紧环）都可以定位在一个固定的壳体中，这样就能够直接与转向管柱上端连接，如图P-7所示。这种布置也可以实现模块化结构，因为它布置在车辆内部，与发动机舱毫无关联。同时，其安装的位置受环境影响也很小（特别是湿度和温度），这一点对于作动器非常有利，当然作动器的噪声和碰撞性能要求必须提高。

Audi 叠加转向的叠加角是由谐波齿轮变速产生的，其传动比可达到 1∶50，结构紧凑，结构的扭转刚度很高，能够承受很大的力矩。为了产生叠加角，电动机转动椭圆

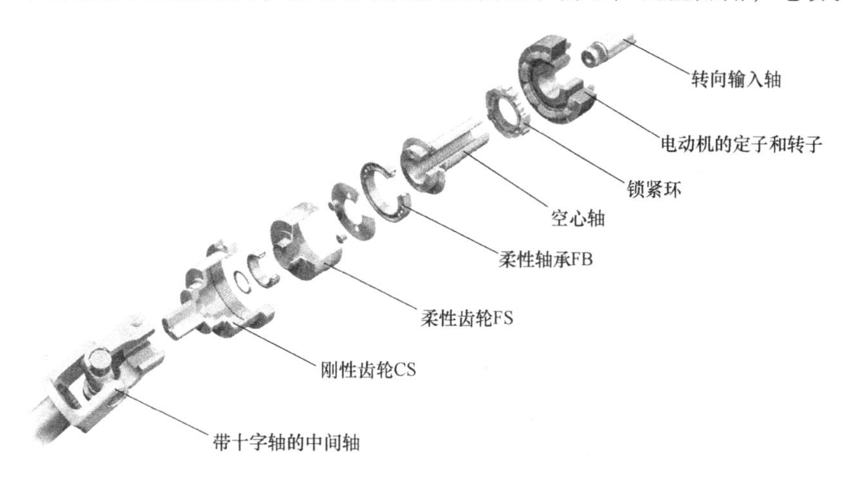

图 P-7 作动器的零件分解图，同轴布置结构

P

形的内转子即波发生器 WG，WG 通过柔性薄环球轴承（柔性轴承 FB）驱动与转向输入轴（转向盘侧）相连的薄壁太阳轮（柔性齿轮 FS），如图 P-8 所示。太阳轮处于内转子的驱动椭圆的竖轴上，和空心轮（刚性齿轮 CS）通过齿轮啮合连接，空心轮与转向输出轴连接。

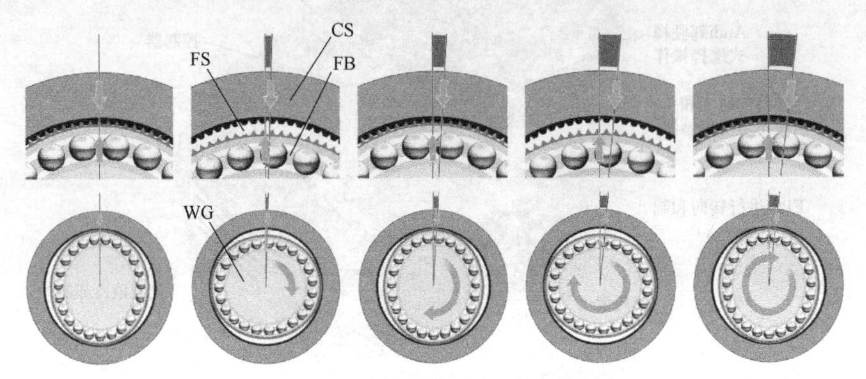

图 P-8 谐波齿轮传动的原理示意图

因为太阳轮和空心轮（转向器侧）的齿轮数不同，当驱动椭圆转动时就会产生一个叠加角。在驱动椭圆一个完整的转动中产生的齿数差为 100/102 个齿，也就是叠加角为 7.2°。

锁紧装置安全设计就是当系统出现严重错误时，锁紧装置会把系统切换到初始模式。锁紧装置锁紧电动机轴，这样消除了谐波齿轮传动中增加的自由度，输入轴和输出轴之间的传动又恢复了持续的机械连接。

作动器布置在转向管柱内的缺点是，作动器产生的干扰（例如，摩擦、反作用以及动态起动影响）不能通过液压转向阀或者 EPS 的转向力矩传感器来衰减。这种缺点存在于所有的叠加转向系统中，假如叠加系统布置在转向阀或者转向力矩传感器之前。因此必须通过控制技术手段将这种影响减小到最低。

4.2.2 BMW/ZFLS 主动转向

这种叠加转向中的作动器的基础是集成在转向器中的双行星齿轮传动，行星齿轮机构布置在转向阀和转向小齿轮之间。无刷永磁同步电动机和叠加传动机构之间采用蜗杆传动连接，这样可以得到所需要的总传动比。当没有电源时，锁止销会锁止蜗杆传动，如图 P-9 所示。

产生叠加角的基础是不同行星轮的传动比差异。蜗杆驱动行星架转动，行星轮 1 在输入轴太阳轮上滚动，其传动比为 i_1（例如 $i_1 = 15/12$）。这种转动会通过刚性连接传给转向小齿轮侧的行星轮 2，若运动传递到转向阀的输入轴，其传动比为 i_2（例如 $i_2 = 13/14$），如图 P-10 所示。

也就是说，包括行星架的转动在内，输出小齿轮轴相对于输入小齿轮轴共转动了 1.34 圈。为了尽可能减小行星齿轮传动中的间隙，行星

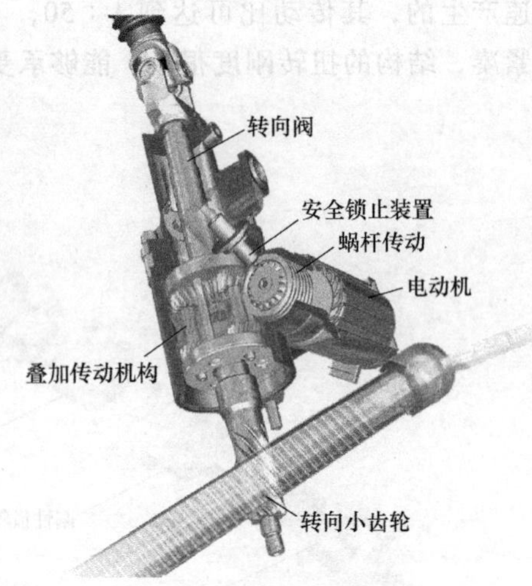

图 P-9 主动转向系统中作动器的剖视图（来源：ZFLS）

轮必须有弹簧预紧，当然这会增大传动摩擦力。

通过蜗杆传动本身的自锁就可以明显减小在失效状况下不希望出现的回转，保证安全。尽管如此，还是有一个锁止销在出现异常情况时锁止蜗杆，保证转向阀和转向小齿轮之间的传动。

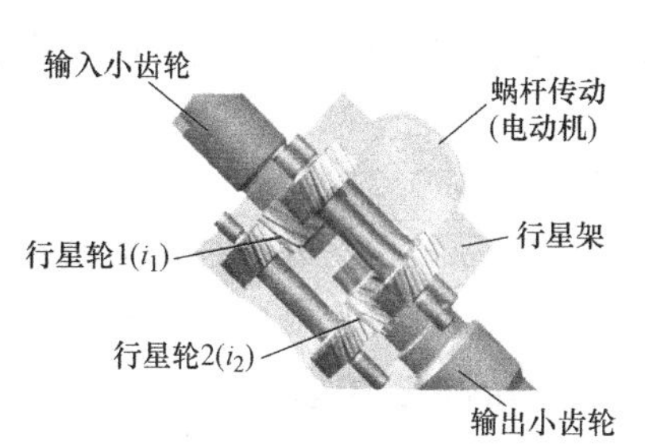

图 P-10　叠加传动的作用原理

作动器布置在转向器内（指作动器布置在 HPS 转向阀的后面，或者 EPS 转向力矩传感器的后面），可以通过转向系统的助力转向来抑制作动器的干扰（例如，摩擦、反作用以及动态起动干扰），至少可以把作动器对转向感觉的干扰降到很小。行星齿轮传动的缺点是，有太多的齿轮啮合，转向反馈和路面反馈会由于摩擦太大而减小。

4.2.3　Lexus/JTEKT VGRS

VGRS 系统（VGRS = Variable Gear Ratio System，变速比系统）和动态转向类似，是以谐波齿轮传动产生转向叠加角为基础。但是在这里谐波齿轮传动中的刚性齿轮 CS 有两个，驾驶人侧的刚性齿轮 CS-D 有 100 个齿，转向器侧的刚性齿轮 CS-S 有 102 个齿，与波发生器 WG 相连的电动机转动完整的一圈就会在驾驶人侧和转向器侧产生 2 个齿的偏差，也就是电动机转角和叠加角之间的传动比为 1：50，如图 P-11 所示。

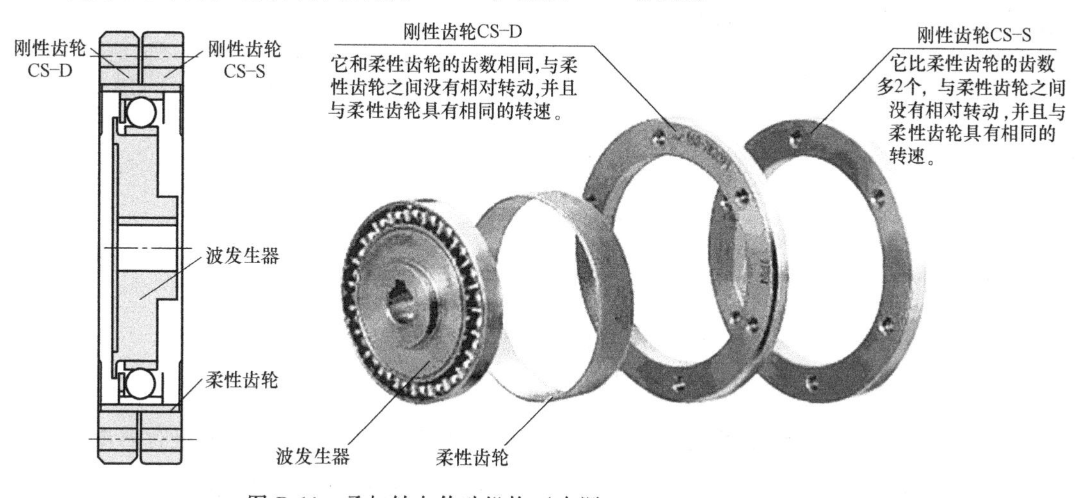

图 P-11　叠加转向传动机构（来源：Harmonic Drive GmbH）

内部结构与 Audi 的叠加转向略有不同，电动机和锁止机构不是空心轴结构，而是布置在整个转动壳体的中心。

由于力是通过壳体传递的，在这种系统中整个壳体是随着转向运动一起转动的，如图 P-12 所示。这就要求在整车布置时留出足够的自由空间。

由于作动器布置在转向阀或者是转向力矩传感器之前，因此这种结构中同样要考虑采取一些措施来减小对

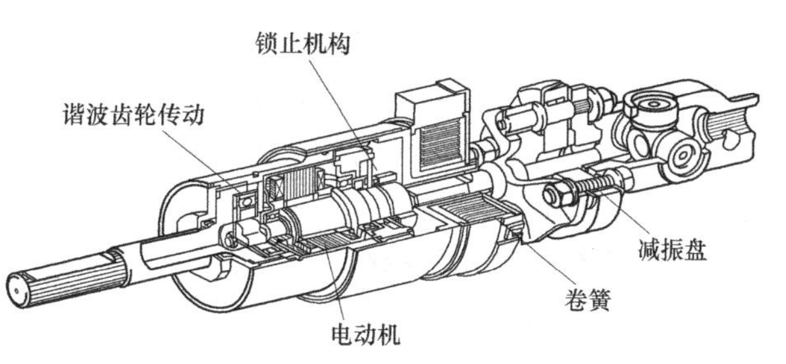

图 P-12　转向管柱中的作动器剖视图（来源：Toyota）

转向感觉的影响。和其他结构形式不同的是，在这种形式中，作动器和转向盘之间集成了一个减振盘。这个减振盘除了可以减小触觉反馈外，也能减小转向器中的固体声音传播，参见第 P 章第 4.3.2 节。

这种系统的另外一种结构形式是，系统可以集成在转向器中，与 BMW-ZFLS 系统类似。当然，尽管在转向器中，但是作动器还是布置在转向力矩传感器前、驾驶人附近。

4.3 转向系统匹配

在叠加转向的泊车工况或者变道工况中转向小齿轮的转速会较高，另外在行驶过程中转向主动介入可以保证车辆的动态稳定性，因此对于叠加转向系统在设计上会提出更高的要求。这种高要求使得液压助力转向系统的伺服泵更大，以保证更大的流量需求。泵变大也意味着能量消耗更大，通常这种泵中采用所谓的 ECO 控制（ECO=Electrically Controlled Orifice，电子控制流量阀），可以参见第 M 章第 1.2.1 节中带旁路阀的叶片泵。在转向系统流量需求较小时（例如高速公路上行驶），这种泵会减小总的流动压力，来达到减小能量消耗的目的，在中速和低速时（例如乡村路面），流量进行动态变化以满足可能出现的最大转向需求。

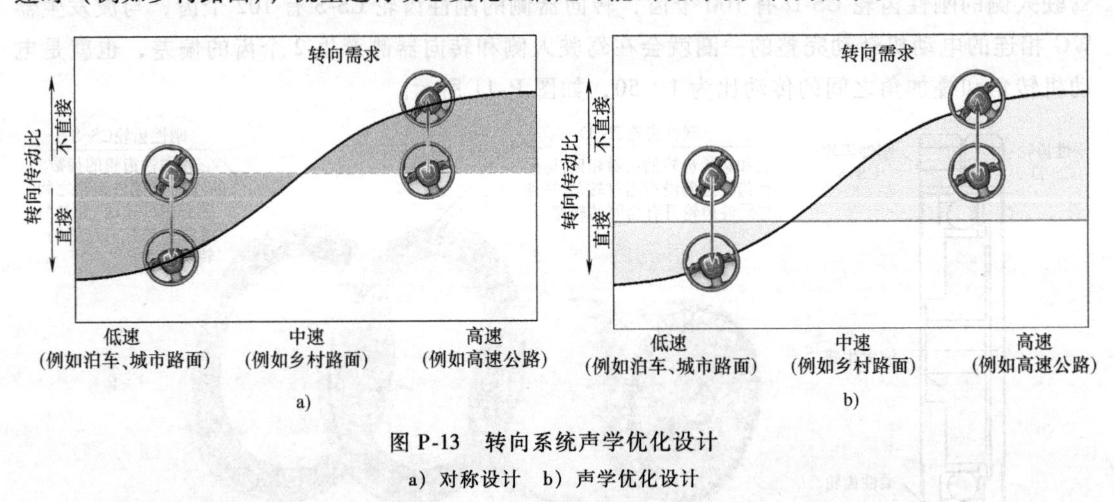

图 P-13　转向系统声学优化设计

a）对称设计　b）声学优化设计

由于动态性能和液压流量都提高了，通常管路和油液冷却装置需要另外进行匹配设计。

对于电动助力转向系统也是一样，上述情况下都会提高转向的功率需求。

4.3.1 转向传动比

为了减小叠加转向在泊车或者车速较低工况下的噪声，所采用的转向器应该设计成尽可能直接的转向传动比。相比于对称设计的传动比（图 P-13a），其声学会明显改善，因为随着叠加角的减小噪声会相应减小。

但是转向器传动比的设计还必须考虑，当叠加转向出现故障返回到故障模式时，驾驶人能够在整个车辆速度范围内驾驭车辆。也就是必须考虑在故障模式中转向传动比的突变以及整个传动比范围内的操控性。

4.3.2 满足声学要求的优化

为了进一步降低叠加转向的噪声，有时候会在转向管柱内增加减振结构，或者把车辆中的作动器整个罩起来，如图 P-14 所示。

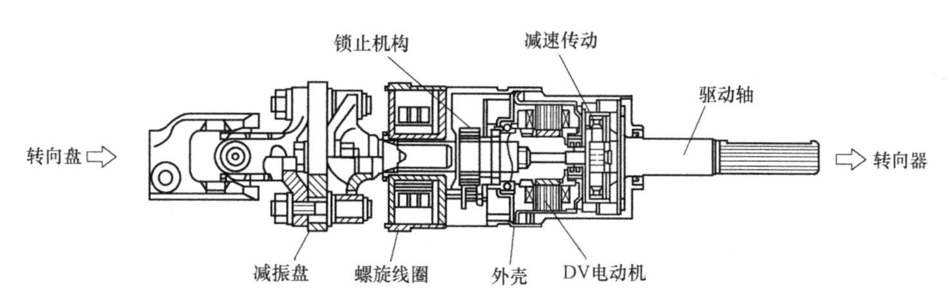

图 P-14　在转向管柱中通过减振盘来降低噪声（JTEKT-系统，来源：Lexus）

这样做的根本目的是，通过减振结构减小固体传播噪声，通过罩盖减小空气传播噪声。

减振结构的缺点是会降低转向传动机构的整体刚度，从而影响转向感觉、转向响应和转向精确性。隔音罩结构没有这些缺点，但是会给空间布置带来困难。因此这两种声学优化措施必须结合整车要求来进行考虑。

4.3.3　转向稳定性的匹配

因为转向稳定性功能中转向响应很快，对于错误持续时间要求很短。在拓展转向稳定性功能时，必须和稳定性控制系统进行匹配。

例如在 Audi 的叠加转向系统中，转向角、车辆速度和车辆横向加速度这些量都设置了传感器加以测量，即冗余设计。只有这样测量很多的参数才能保证即使在发生错误时也能保证很短的反应时间。只是对一个测量参数进行监控，从当今的技术来说还不能保证足够的精度，也不能保证在很短的时间内识别错误。

4.3.4　系统网络化

要使用叠加转向的功能，车辆的多个不同的子系统必须相互连接，形成一个复杂的网络系统。

图 P-15 所示为 Audi 的叠加转向网络系统。这里把整个功能分配到不同的控制器中，多个数据系统通过网络相互连接。在转向控制器（SCU）控制作动器进行动态转向时，转向稳定性的功能是由 ESP 来完成的。这两个控制器通过传感器和仪表/底盘 CAN 进行网络连接，这样可以保证交换信号的完整性，如图 P-15 所示。

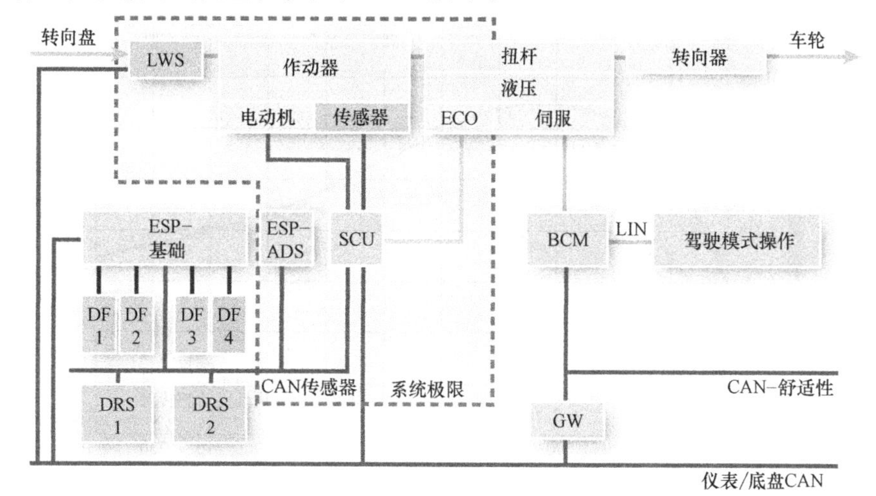

图 P-15　Audi 叠加转向的网络系统

5　叠加转向的功能

5.1　可变转向传动比

由于叠加转向系统可以自由施加角度，实现转向传动比随着转向角以及车速明显改变的转向特性。在固定转向传动比中，必须在转向灵敏（直接的转向传动比）和转向稳定性（不直接的传动比）之间采取折中的妥协方案。有了叠加转向就可以彻底摆脱这种妥协，也就是可以实现在某一速度范围和要求范围内采取最合适的转向传动比。原则上，转向传动比可以根据车辆速度分成三段，即泊车和低速工况、中等速度工况（例如乡村工况）、高速工况（例如高速公路工况），如图 P-16 所示。

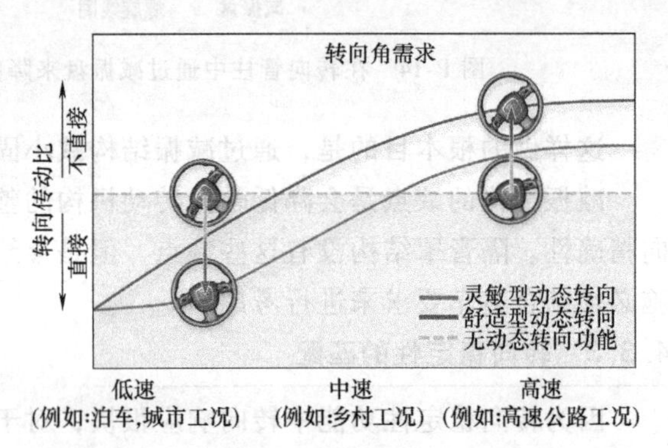

图 P-16　转向传动比随速度变化的原则

5.1.1　低速

为了减轻驾驶人在泊车、掉头等工况下的负担，应该尽可能减小驾驶人转动转向盘的角度。驾驶人要能够控制车辆，但是不需要用两个手去操作转向盘。也就是说，在这种工况下，转向传动比要设计得很直接，当然也必须考虑驾驶人是否适应以及噪声情况（参见第 P 章第 4.3.1 节）。

在整个传动比变化曲线中，低速区域原则上要采用直接的传动比来减小驾驶人的转向角度需求。

5.1.2　中速

在中等速度范围可以通过变化的传动比来实现所期望的转向性能，转向感觉是舒适还是灵敏。转向灵敏性的特征参数为横摆角速度增益。和传统的机械转向相比，叠加转向的横摆角速度增益的建立明显要快一些，如图 P-17 所示。可以看出在中速以下车辆的操控性和灵

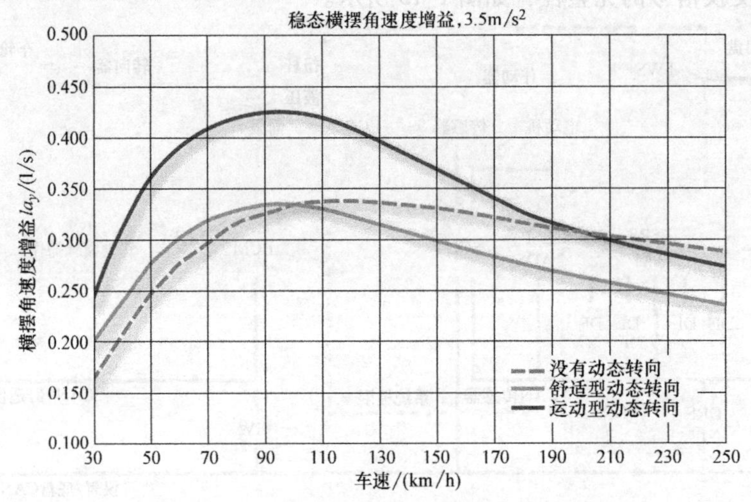

图 P-17　有和没有叠加转向的横摆角速度增益

P

敏性明显提高，并且在一个很宽的速度范围内保持恒定。

5.1.3 高速时的稳定性

对于中速以上的速度行驶以及弯道半径很大时，转向传动比必须能够实现车辆得到稳定可靠的控制，并且充分获得路感。这就要求此时的转向传动比比低速时的传动比明显变得不直接。

对此性能进行描述的最重要的车辆参数为高速时的横向加速度增益，如图 P-18 所示。

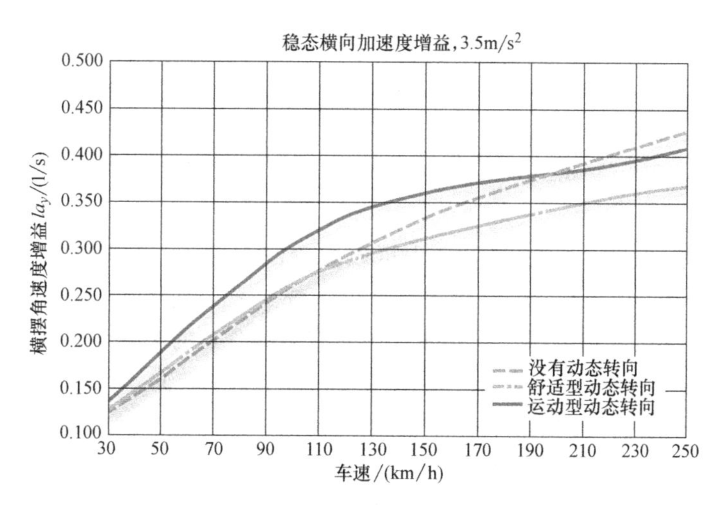

图 P-18 有和没有叠加转向的横向加速度增益

横向加速度增益可以看成是车辆高速变道性能定量的评价参数。较小且稳定的横向加速度增益可以实现对于车辆柔顺可靠地控制，从而获得更为稳健的行驶性能。不同速度对于转向传动比的要求不同，但是不同要求之间的过渡必须保证传动比变化平缓，减轻驾驶人应对传动比变化的操作负担。

5.1.4 个性化的转向特性

因为叠加转向的特性曲线（转向传动比与助力力矩的关系）可以自由决定，因此可以设置一个合适的操作元件，让驾驶人选择满足自己驾驶愿望的转向特性。如前所述，这些特性曲线都有不同的特点以及不同的侧重点，可以明显改变车辆的横摆角速度增益和横向加速度增益，如图 P-17 和图 P-18 所示。

6 转向稳定性

叠加转向系统可以更主动、更不依赖驾驶人地对车辆的转向进行修正。也就是说，假如车辆处于行驶动力学极限范围的工况中，不仅仅是通过 ESP 对车轮进行制动介入，而且还可以通过叠加转向对车轮进行转向介入，使车辆保持稳定。这种介入主要有两个优点：

- 整车稳定性通过制动和转向同时介入而得到明显改善，这一点尤其表现在车辆高速行驶中（>100km/h），因为车辆对于转向的响应时间明显优于制动的响应时间，如图 P-19 所示。

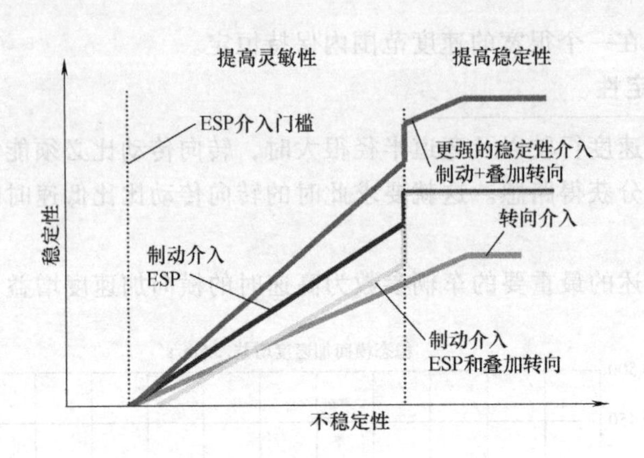

图 P-19　有和没有叠加转向的车辆稳定性

• 在少数危险工况下，通过转向介入可以减少制动介入，甚至完全不需要制动介入，这样车辆的稳定性会更加顺畅，舒适性提高。由于减少了制动干预，车辆在低附着系数的路面（例如冰雪路）上会保持直行，同时相比于只有制动介入的车辆会更加灵敏。

转向稳定性介入的效果通常取决于转向模式。对于叠加转向，稳定性的叠加转向角梯度可以看作是转向模式的评价参数。如图 P-20 所示，可以看出，通过提高叠加转向角梯度可以明显降低在不稳定工况中驾驶人施加的转向角。

同样也可以看到，如果不稳定性程度严重，制动介入是必要的，来降低车辆的横摆角速度和车速。为了达到最优车辆灵敏性，同时保证车辆稳定，需要制定一个控制策略来对制动和转向的稳定力矩进行最优分配。

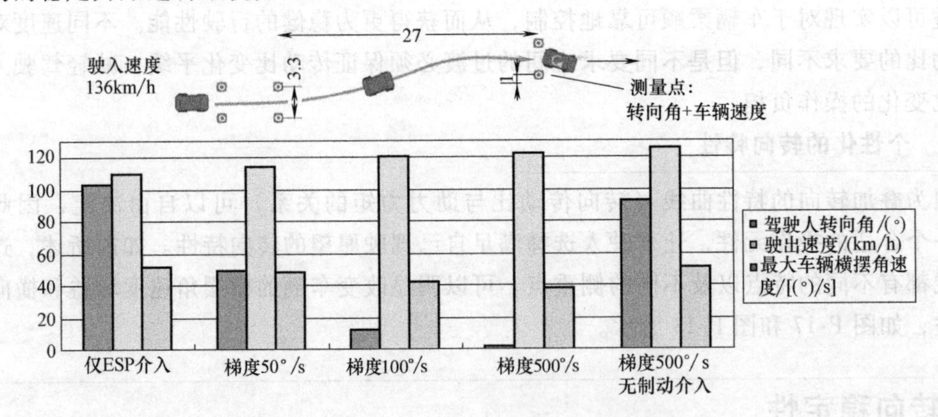

图 P-20　一次变道的转向稳定性

6.1　过多转向的转向稳定性

在过多转向的车辆上，叠加转向系统可以主动、迅速、精准地施加一个反转向来降低甚至是完全抑制车辆甩尾。车辆横摆转动惯量较小，高速行驶中若转向角改变，车辆会很快恢复到稳定状态，如图 P-21 所示。驾驶人所需要施加的稳定转向角会因此明显减小。另外一个优点是，制动介入也会明显减少，这样整个稳定过程会很顺畅平和。

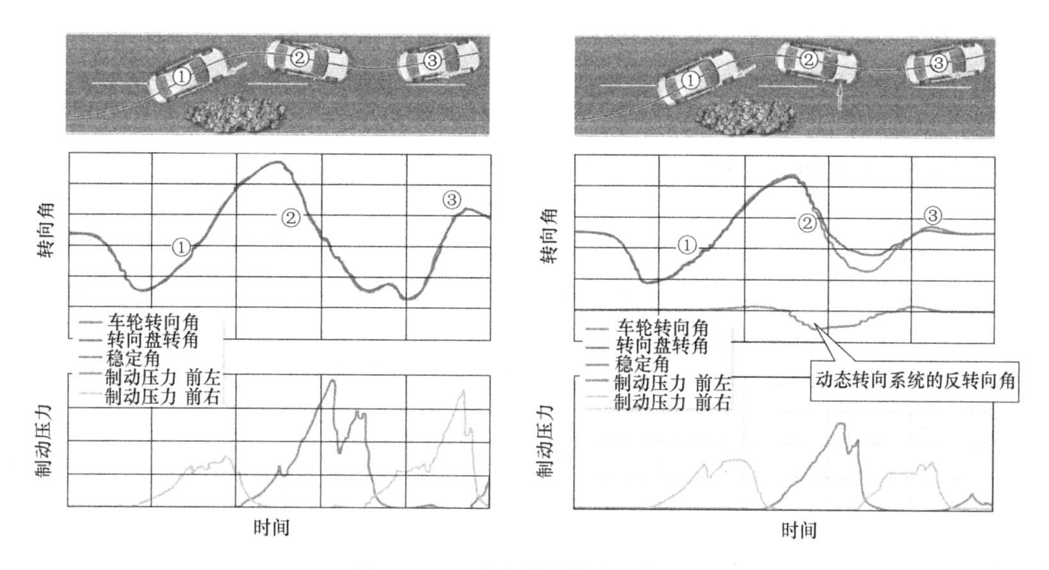

图 P-21 一次变道的转向稳定性

6.2 不足转向的转向稳定性

对于不足转向的前桥转向车辆，原则上来说叠加转向介入的效果是有限的，因为在这种情况下车辆已经超过了前桥所能提供的最大侧向附着范围，即使再增大转向轮转向角也不能获得更大的侧向力。但是可以充分利用这个侧向附着力的最大值。典型的应用是，在不足转向中，驾驶人过多施加转向角，叠加转向在这种情况下会施加一个反转向，从而使驾驶人施加的过多转向角减小，让车辆获得最大的侧向附着力，保持稳定。但是，为了让驾驶人获得真实的转向感觉，感知前桥的极限状态，叠加转向系统施加的反向转角应该较小，只是部分补偿驾驶人过多的转向角，这样更有意义。这种功能可以看成是转向传动比根据需要变得不直接。

图 P-22 所示为不足转向的作用原理。对于没有转向稳定功能的车辆，相对于最大附着

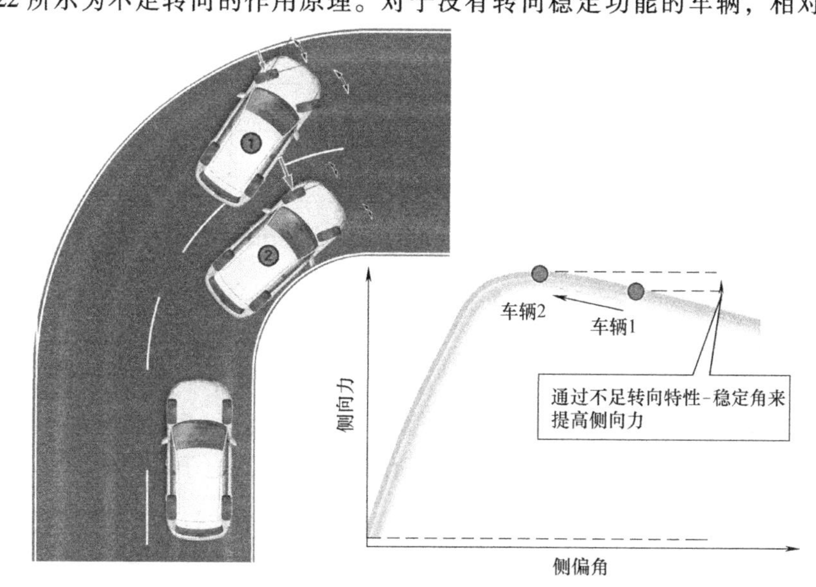

图 P-22 不足转向特性车辆的叠加转向

力的转向角度，驾驶人给予了太大的转向角，车辆的前桥会滑出弯道。对于有转向稳定功能的车辆，车辆的不足转向特性会被识别，转向传动比会改变，从而减少驾驶人过多的转向角度。

6.3 对开路面制动时的转向稳定性

对开路面（μ-split 路面）的特征是路面一侧为高附着系数（例如沥青路面），另一侧为低附着系数（例如冰雪路面）。在这种路面上制动时，高附着系数侧的较大制动力会产生横摆力矩，车辆会沿着这个方向跑偏。为了保证直线行驶，在没有叠加转向的车辆上，驾驶人必须施加一个转向盘转角，来抑制横摆干扰力矩，减少车辆跑偏。

如果车辆有转向稳定功能，稳定系统会自动施加一个转向角，这样驾驶人依旧保持转向盘竖直位置，即转向盘保持在驾驶人所期望的行驶方向的位置上。抑制横摆力矩，在最开始就能减少车辆跑偏，并提高整个制动压力，还能缩短制动距离，如图 P-23 所示。

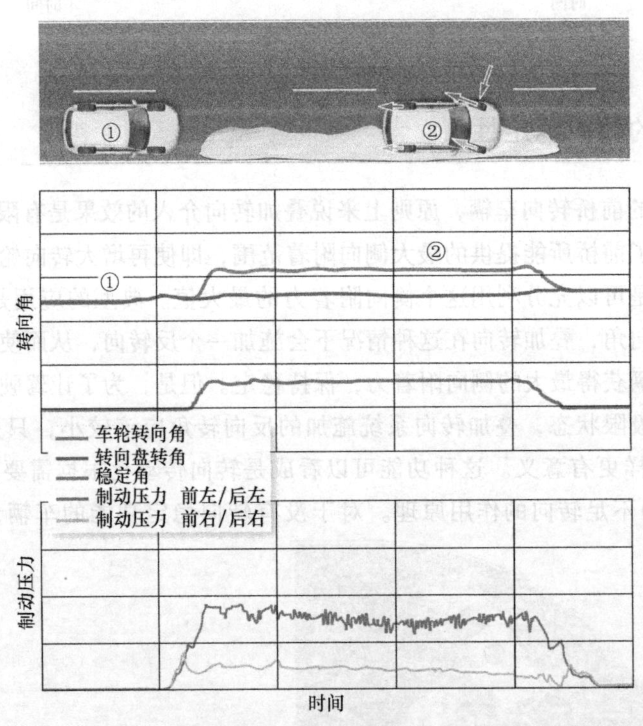

图 P-23 带有转向稳定性功能的车辆在对开路面上的稳定性

P

7 系统安全

叠加转向系统的控制器必须能够完成功能要求，例如，施加叠加转向角、控制转向传动比变化以及控制稳定叠加转向角的大小，还必须确保避免出现电子功能错误。由此推导出叠加转向系统控制器的安全功能要求如下：

- 避免可逆和不可逆的调节错误，例如，由 ECU、电动机或者电动机位置传感器产生的错误。

● 监控稳定性功能介入的计算值，避免出现很大的调节错误。
● 确保在错误情况下传动比的变化也不会超过许可范围的最大值。
● 避免转向盘脱手工况（即驾驶人没有或者只是很轻微地施加转向盘转角）。

VDA 对叠加转向的某些错误给出了评估方法和要求，进一步的信息可以参看主动转向系统中的失效-安全性能评价。

为了保证叠加转向系统中这些错误的可控性，叠加转向的安全设计以及整个开发过程必须符合法规 IEC 61508/ISO 26262。在章节 O5 中介绍了安全法规基本要求的细节。

安全设计要求必须有可靠的监控系统，保证必要的错误反应时间，最大程度上避免可能出现的错误。图 P-24 所示为 Audi 公司叠加转向系统 ECU 的监控策略层级。

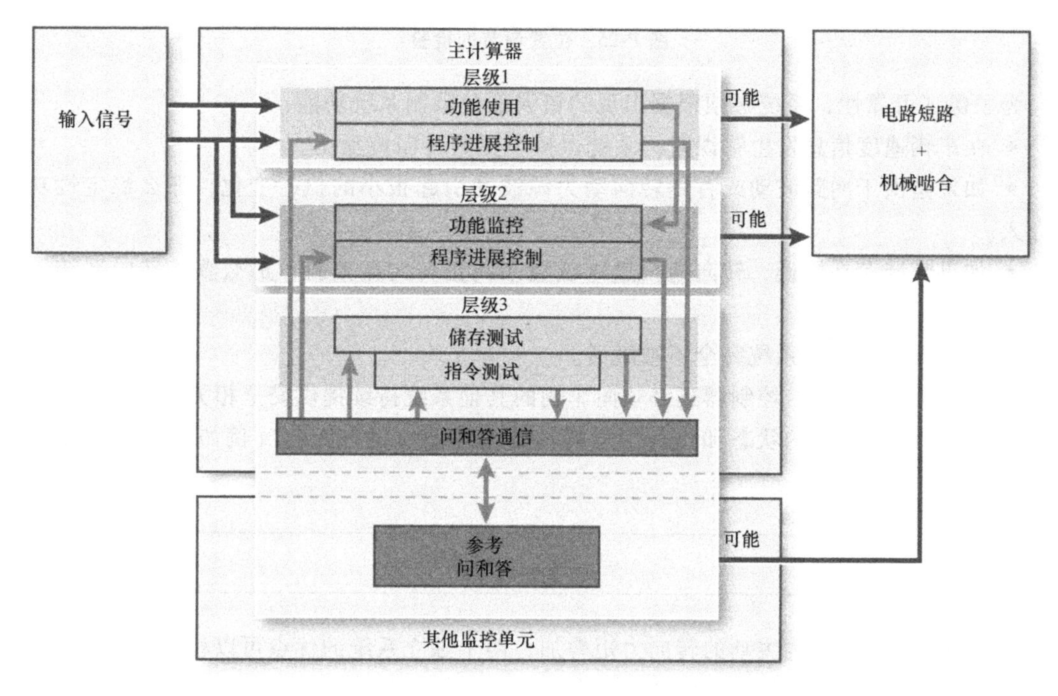

图 P-24 Audi 叠加转向系统的三层安全设计系统

在层级 1 中，从功能上来看所有软件模块应该集成在一起，包括信号可靠性和错误应对策略。所有可能导致错误的路径都将在层级 2 中进行多重计算。这样来保证系统性的错误（例如编程错误）和偶然的 RAM 错误都不会导致功能错误。层级 3 确保程序进程，并保证命令指令是正确的。

多重计算的任务是用不同的算法得到和主算法相同的结果。这一点可以用两个例子来说明：

在变转向传动比功能中，在没有错误的状态下，主功能和多重计算功能得到相同的结果，并且没有时间差，因为这种状况不是反馈控制，而是预先控制。这种情况的多重计算的偏差也应该较小，因为这两种功能尽管计算途径不一样，但是不存在其他的干扰量。

第二个例子是位置监控，包括传感器评估。在层级 2 中通过回读和控制电动机位置信号来与应该的角度值进行比较，如图 P-25 所示。正常路径和错误路径得到的中间值和最终值之间允许存在一定的偏差量，因为它们的算法和获得的反馈量是不一样的。

P

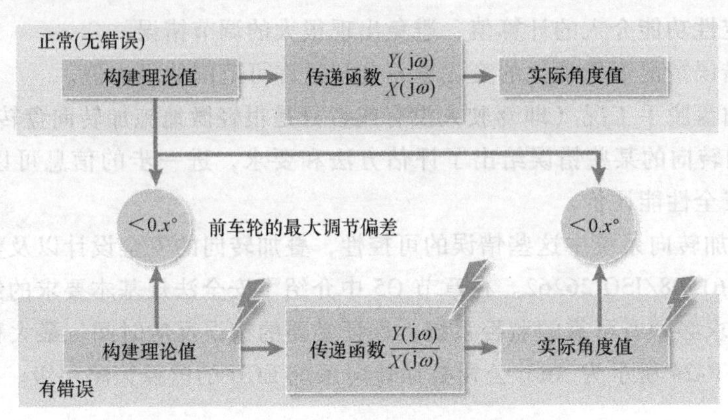

图 P-25 位置调节的检验

为了保证可靠性，系统必须根据出现的错误部分限制系统功能：

- 在车辆速度信息发生错误时，系统保持不变的转向传动比。
- 如果是由于网路波动或者是转向动力源波动引起很小的执行变化，那么稳定性功能不介入。
- 如果怀疑存在错误，转向角扫过零位置来纠正转向盘偏斜，那么叠加转向系统不被激活。
- 在严重错误下，系统完全不被激活。

除了要避免错误外，控制器还必须向车辆的其他系统持续提供安全相关的信号，这些系统必须在获知叠加转向的状态和位置信息的基础上才能够进行控制（例如 ESP 和其他底盘控制系统）。

8 展望

通过叠加转向给予的主动的转向力矩叠加，两个独立系统的优点可以相互补充，开创出一些新的功能。例如，施加一定的叠加转向力矩来减弱或者是加强反馈作用。

叠加转向和 EPS（图 P-26，BMW 5 系，2010 生产）或者其他主动的力矩作动器（图 P-27，JTEKT）共同作用可以实现一些新的功能。

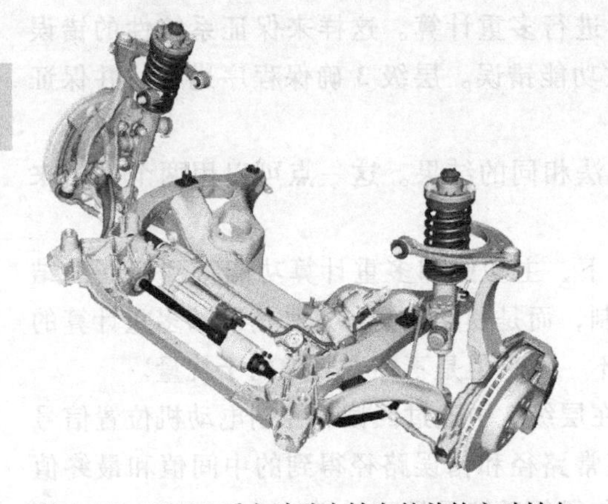

图 P-26 BMW 5 系电动助力转向的前轮主动转向　图 P-27 带主动力矩控制单元的前轮主动转向（来源：JTEKT）

通过两个系统的联合，可以实现类似线控转向的一些功能，这种系统中转向角和转向力矩之间实现部分解耦，在当今能够带来全新的转向功能（参看第 R 章第 3 节线控转向，转向功能）。

这种系统的一个优点是，系统的机械重置和错误状况下的关闭时间很短。和完全的线控转向不同的是，由于控制精度和系统反馈的原因，线控转向这种系统只能限制在不需要反馈的表演中。但是线控转向如同叠加转向一样是未来转向的一个重要发展阶段。特别是两者结合在一起会产生一些新的转向功能。

参考文献 P

ECKRICH, M., BARTZ, R. (2006): Das Sicherheitskonzept der BMW-Aktivlenkung, VKU Verkehrsunfall und Fahrzeugtechnik, Ausgabe 11/2006

ISHIHARA, A., KAWAHARA, S. und NAKANO, S. (2008): Development of active-front-steering systems

KÖHN P., PAULY, A., FLECK, R., PISCHINGER, M., RICHTER, T., SCHNABEL, M., BARTZ, R., WACHINGER, M. UND SCHOTT, S. (2003): Die Aktivlenkung – Das fahrdynamische Lenksystem des neuen 5er; Automobiltechnische Zeitschrift, Sonderausgabe BMW 5er, Band 105, 2003.

KURZ, G. (2010): Das Fahrwerk des neuen 5er BMW, geprägt durch moderne, Chassis Tech 2010

NEUKUM, A., UFER, E., PAULIG, J. und KRÜGER, P. (2007): Bewertung des Fail-Safe-Verhaltens von Überlagerungslenkungen (VDA-Abschlussbericht)

REUTER, M. (2008): Mechatronical system development of the Audi dynamic steering system, Steering Tech 2008

SCHÖPFEL, A., STINGL, H., SCHWARZ, R., DICK, W. und BIESALSKI, A. (2007): Audi drive select. ATZ und MTZ Sonderausgabe – Der neue Audi A4. Vieweg+Teubner Verlag: Wiesbaden 2007

SCHULLER, J., SAGEFKA, M., ULLMANN, S. (2010): Funktionale Sicherheit für vernetzte mechatronische Fahrwerkregelsysteme, Aachener Kolloquium Fahrzeug- und Motorentechnik 2010

SHIMIZU, Y., KAWAI, T. und YUZURIHA, J. (1999): Improvement in Driver-Vehicle System Performance by Varying Steering Gain with Vehicle Speed and Steering Angle: VGS (Variable Gear-Ratio Steering System), Steering an Suspension Technology Symposium 1999

四轮转向

1 引言、历史、基础、目标

前面章节介绍了不同形式的转向系统，它们都是在前轮上施加一个转向角来完成转向功能。这里的四轮转向除了在前桥上进行转向外，还可以在后桥车轮上进行转向。

单纯的后轮转向目前只应用在装载机、割草机或者类似车辆上。在这种车辆中，车辆的工作任务要求其后轮转向，并且转向角度往往还特别大。

如果在道路交通中的乘用车采用单纯的后轮转向会有一些缺点：

• 车辆行驶性能从某一车速开始变得不稳定。这会明显增加转向任务，增加驾驶人的负担，在速度较高时，驾驶人几乎无法控制车辆。

• 法规 ECE R79 要求，在任何速度下车辆的转向系统都应该保证转向车轮能够主动回到中间位置，即回正。但是单纯的后轮转向没有回正力矩。

• 向前驶出两车之间的停车位时会碰到台阶。

因此单纯的后轮转向不适合用在轿车和货车上，后轮转向总是和前轮转向组合在一起应用。

第一部四轮转向车型在 20 世纪 30 年代中期就出现了。Mercedes-Benz 公司在 1936 年就已经在敞篷式军用吉普车 107VL（W139）（图 Q-1）上采用了机械式的四轮转向。但是这个车型的产量很小，总共只向军方提供了 42 辆。

图 Q-1 Mercedes-Benz 车型 107VL，W139（1936）
（来源：www. autoevolution. com）

在最近几十年，四轮转向更多地应用在车辆中。Nissan 公司第一次在 20 世纪 80 年代生产了数量可观的四轮转向车。四轮转向有不同的形式，在技术上有很多种实现方式。本章将介绍四轮转向的结构概况、技术特点和作用原理。

2 结构形式

后轮转向有三种基本结构形式：机械式、液压式和电动式（又称机电式）。表 Q-1 给出了一个概况，表明哪些公司在哪些车型上采用了哪种四轮转向。

表 Q-1 四轮转向概览

制造商	结构形式	结构	功能目的	转向角度/(°)	车型
Toyota	机械式	连接到前轮转向,变速机构	WKR	4	Celica(1990),Carina(1989)
	电液式	液压泵,液压阀,从动液压缸	WKR	15	Mega Cruiser(1995)
	电液式	液压泵,液压阀,从动液压缸	WKR, FS(FDR)	5	Soarer(1991),Crown(1992)
	电动式	电动机,变速机构,蜗杆传动	FS(FDR)	2	Aristo(1997),Majesta(1997)
Nissan	液压式	液压泵,液压阀,从动液压缸	FS(VS)	1	Skyline (1985), Silvia (1988), 180SX (1989), Fairlady Z (1989), Cefiro (1992), Laurel(1993)
Nissan	电动式	电动机,变速机构,蜗杆传动	FS(FDR)	1	Skyline(1993), Silvia(1993), Fairlady Z(1993), Laurel(1997), Cedric(1994), Stagea(1998)
	电动式	电动机,变速机构,蜗杆传动	FS(VS) FS(FDR)	约 1.5	Infinity FX50 (2008), Silvia (1993), Fairlady Z(1993), Laurel (1997), Cedric(1994), Stagea(1998)
Honda	机械式	连接到前轮转向,变速机构	WKR	5	Prelude (1987), Accord (1990)
	电动式	电动机,蜗杆传动	WKR FS(VS)	8	Prelude(1991)
Mazda	液压式	液压泵,电动机,变速机构	FS(FDR)	5	626(1981),MX-6(1987)
	液压式	液压泵,电动机,变速机构	FS(FDR)	7	Eunos800 (1992), RX-7 (1985)
Mitsubishi	电液式	液压泵,液压阀,从动液压缸	FS(VS)	1.5	Galant(1988), Lancer/Eterna (1988),GTO/3000GT(1991)
	电液式	液压泵,液压阀,从动液压缸	FS(VS)	0.8	Galant (1993), Emeraude (1994),Lancer/Eterna(1994)
Subaru	电动式	电动机,变速机构	FS(VS)	1.5	Alcyone(1991)
Daihatsu	机械式	连接到前转向轮,变速机构	WKR	7	Mira(1992)
BMW	电液式	液压泵,液压阀,从动液压缸	FS(VS)	1.7	850i, 850csi(1992)
	电动式	电动机,蜗杆传动	WKR, FS(VS), FS(FDR)	3 2.5	7er(2008), 5er GT(2009), 5er(2010)

（续）

制造商	结构形式	结构	功能目的	转向角度/(°)	车型
Renault	电动式	电动机，变速机构，蜗杆传动	WKR，FS(VS)，FS(FDR)	3.5	Laguna GT(2008)，Laguna Coupe(2008)
GM	电动式	电动机，变速机构，蜗杆传动	WKR，FS(VS)	12	GMC Sierra(2002)，Silverado(2002)

注：1. WKR：减小转弯半径。
2. FS（VS）：行驶稳定性（预先控制）。
3. FS（FDR）：行驶稳定性（行驶动力学反馈控制）。

2.1 机械式系统

在机械四轮转向中，前轮转向和后轮转向之间存在机械连接，即有一根连接轴连接前后转向器。通过这种机械连接，前轮的转向角直接决定了后轮转向角，即前轮的任何一个转向角都对应了后轮一定的转向角。

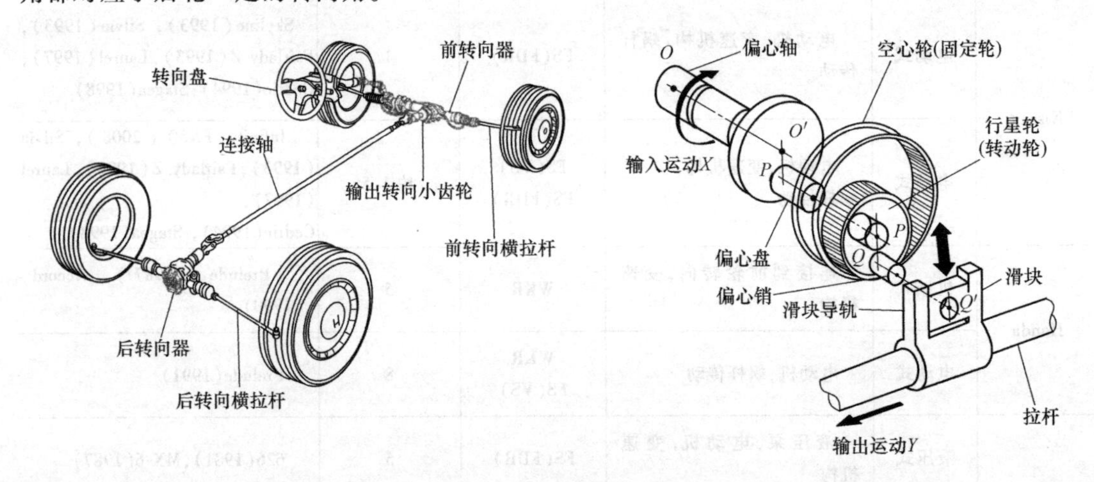

图 Q-2 Honda Prelude 的机械四轮转向

Honda Prelude 的机械四轮转向（图 Q-2）是这样设计的，当前轮转向角较小时，后轮朝相同方向转向。这样，在高速行驶时可以带来更多的行驶稳定性，因为车辆横摆角速度的变化变小了。在前轮转向角较大时（转向盘转角大于 127°），如图 Q-3 所示，这时后轮朝着相反的方向进行转向，这样在低速时可以增加转弯通过性。当转向盘转角约为 450°时，后轮转向角达到最大值 5.3°。

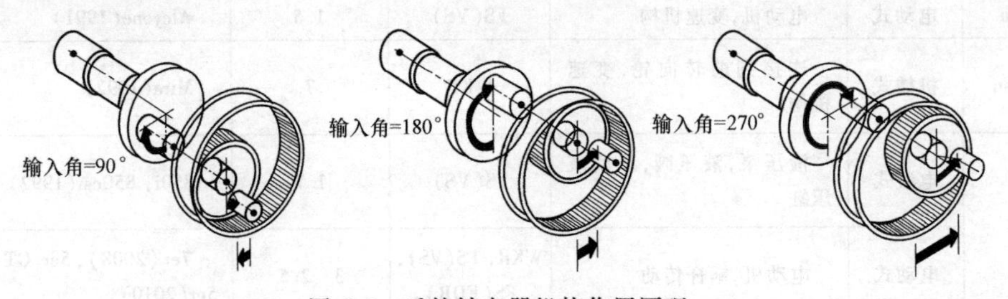

图 Q-3 后轮转向器机构作用原理

这种前后转向轮刚性连接的缺点是，在大的转向角的车轮反转向时，首先必须克服小转向角车轮的跟转向效应（降低了机动性）。假如在高速行驶时也需要大的转向角，那么后轮必须经历从跟转向变到反转向的变换过程，并且产生过多转向行驶性能。

在20世纪90年代，Honda在Prelude后继车型上采用了电动四轮转向系统，从而终止了先前的前后转向轮的刚性机械连接（参见第Q章第2.3节电动式系统）。

2.2 液压式系统

液压式四轮转向的量产车型，例如Nissan Skyline“HICAS”、Mitsubishi Galant等，在以前有很多种不同的结果方案，但是它们的共同点是，在一个由液压缸和活塞组成的作动器中液压油产生一定的力并作用在后转向轮上。液压作动器可以产生很大的作用力，较重的车辆在原地也能实现转向。但是液压管路回路中的管路、泵、储能器和作动器的要求很高，因此液压系统非常复杂。液压四轮转向系统可以仅由液压来控制，也可通过电子来控制。

典型的电子控制四轮转向为AHK主动后轮转向，从1992年起应用在BMW 8系列上。AHK的目的是提高整车主动行驶安全性。高速时通过后轮主动转向来影响作用在后桥上的侧向力的幅值大小和相位。

从图Q-4所示的AHK结构中可以看到，整个系统可以分成三个子系统：包含能源和作动器的液压子系统、控制子系统和可以转动的后桥子系统。液压系统中有一个径向柱塞泵，该径向柱塞泵与前桥液压助力转向的叶片泵机械相连。三联泵同样也是一个径向柱塞泵，用来调节整车水平高度。压力供给单元包含压力储存器、阀门和压力传感器，使执行单元的液压系统处于一定的工作压力范围内。

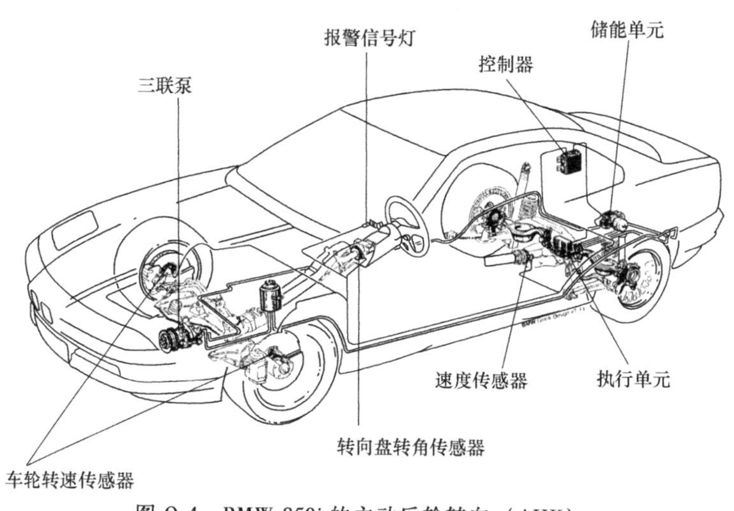

图Q-4 BMW 850i的主动后轮转向（AHK）

控制器通过输入参数车速和转向盘转角计算出后轮的转向角。车速、转向盘转角和后轮转向角度的传感器以及控制器中微处理器的结构要求很高，从而保证安全。

液压执行单元布置在后桥横梁后的中间位置，如图Q-5所示。从动液压缸通过一个双内球节把直线运动传递到一个中间节臂，承载摆臂的内支承点在节臂上，车轮载荷传递到后桥车架上。中间节臂、双内球节以及承载摆臂连接点的位置，确定了从动液压缸运动与承载摆臂运动之间的传动比。

2.3 电动式系统

液压式后轮转向系统中的液压系统太过复杂，并且其机械系统的功能也受到限制，随着技术的进步，产生了电动式系统。电动式系统的优点是：

- 与转向盘转角无关，可以在后桥任意施加转向角。
- 结构简单。
- 重量下降。
- 可靠性高。

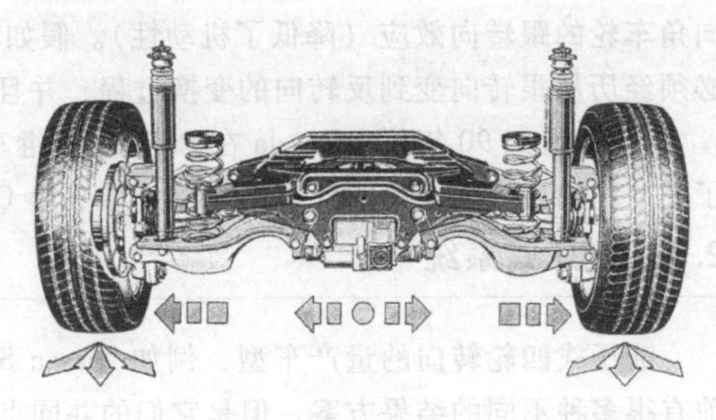

图 Q-5 主动后轮转向（AHK）

在电动式后轮转向中，后轮是通过一个电动作动器来进行转向的。控制器通过几个输入量计算出调节量，该调节量接着去控制电动机。现在通常采用无刷电动机，因为有刷电动机的电刷磨损会降低可靠性。传感器监控电动机运动到规定位置，电动机的旋转运动通过变速机构（例如循环球变速或者螺杆变速）转换成直线运动。这个直线运动进一步传递到摆臂带动车轮转动。后轮转向采用电动式为改善车辆动力学提供了很多的可能性。输入参数通常为：车速、转向盘转角、横摆角速度、横向角速度等。通过这些输入量不仅可以实现前面介绍的后轮跟转向和反转向这些与速度相关的简单功能，还能够实现复杂的车辆运动学控制。

如前所述，在 1991 年 Honda 就开发出了电动式后轮转向系统。图 Q-6 展示的是一个较为复杂的系统。一个电动机把运动传递给循环球机构，循环球机构把旋转运动转换成转向心轴的直线运动。出于安全考虑，电动式后轮转向的转向角传感器结构复杂。当系统出现故障时，后轮通过复位弹簧重新回到中间位置。

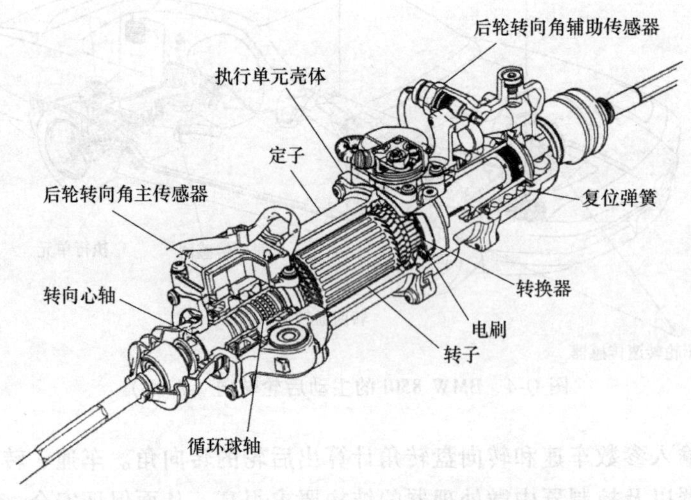

图 Q-6 Honda Prelude 1991 车型的后轮转向

1993 年 Kayaba 公司开发了电动式后轮转向，大批量用于 Nissan Skyline 等车型。图 Q-7 所示为把电动机的旋转运动转换成后轮转向运动的结构的工作原理。

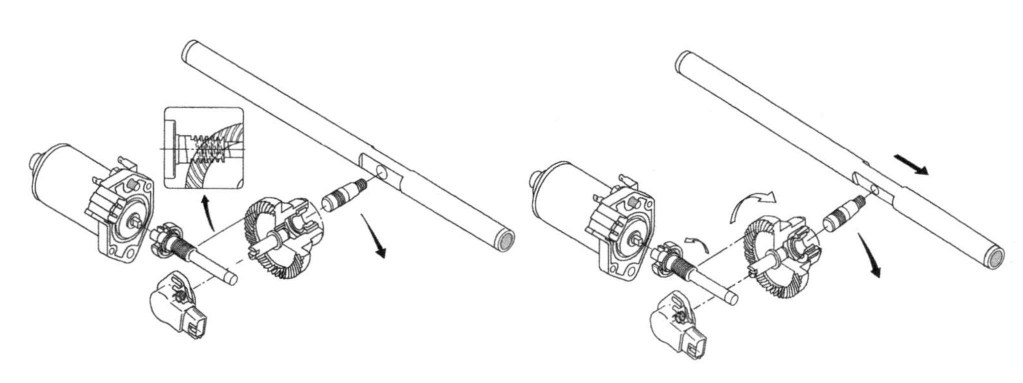

图 Q-7 Nissan 后轮转向的工作原理（1993 年后）

电动机的旋转运动通过一个准双曲面齿轮驱动传递到冠状齿轮上。一个指轴偏心支撑在冠状齿轮的球状支承中。指轴的另一端支撑在转向横拉杆中，驱动横拉杆直线运动，这样通过转向横拉杆和车轮托架的运动产生后轮转向。

四轮转向鼎盛期的 20 世纪 90 年代过后，似乎所有的四轮转向系统都从市场上消失了。其原因是，成本过高以及在行驶动力学上存在问题。这将在第 Q 章第 3 节中详细讨论。还有一个原因是，随着制动控制系统的持续开发，实用性越来越强，例如 ESP，在车辆极限状态下，ESP 能够明显改善行驶稳定性，而成本却低得多。只有一个例外，如前所述，在日本本土市场的轻便货车上还存在四轮转向系统。

到 2010 年 3 月，全世界只有三家厂家在轿车上采用电动式四轮转向系统，为 Renault Languna GT（2008）、BMW 7 系（2008）、BMW 5 系（2009），以及 Nissan Infinity FX50 和 G37。从图 Q-8 和图 Q-9 中可以看出后轮转向如何集成在 BMW 7 系和 BMW 5 系的整体式 V 形后桥中。

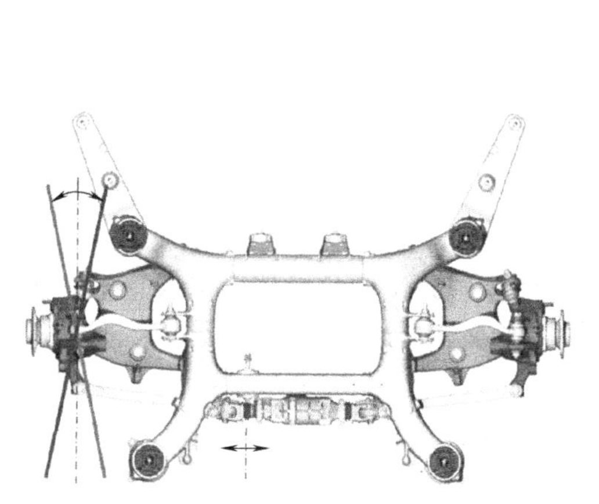

图 Q-8 BMW 7 系的后桥转向布置

图 Q-9 BMW 5 系的后桥转向布置

2.4 单轮作动器和中央作动器的比较

在 Nissan Infinity、BMW 和 Renault 的车型中，后轮转向的作动器都是布置在后桥中间。

一个中央作动器通过刚性连接转动两个车轮，这样两个车轮会转过相同的角度。中央作动器的布置要求后桥从左到右要有贯通的空间，在某些车型上这样的要求并不能被满足。在这样的车型中就必须用单轮作动器布置来代替中央作动器布置，如 ZF Lemföder、Schäffler 和 Continental 公司生产的主动后轮转向。

图 Q-10 所示为单轮作动器布置，每个车轮都有独自的作动器。单轮作动器布置可以实现不同的车轮前束，这可以给后桥预装带来便利，并且也能够实现运动学控制功能。

图 Q-10　单轮作动器设计，ZF Lemföder 公司的测试样件

单轮作动器布置除了上述一些优势外，也有其缺点：它的后桥比中央作动器布置的后桥要复杂得多，有两个作动器需要安装，还有相应的两套传感器、控制电子件需要安装。

此外，单轮作动器布置还必须保证两个调节角度相互协调同步，当一个作动器出现故障时，另外一个作动器的功能必须受到限制。

单轮作动器布置由于各个硬件都是双份，因此生产成本也接近中央作动器布置的两倍。另外在运行中出现系统错误的可能性也增加了，这会导致质量控制成本增加。

单轮作动器布置和中央作动器布置在重量上没有大的区别。单轮作动器布置中第二个作动器的重量和中央作动器布置中那些必需的机械部分（例如节臂和摆臂）的重量相当。

3　四轮转向对行驶性能的影响

如前所述，四轮转向的目的是改善车辆的横向动力学性能。在 20 世纪 30 年代首次应用四轮转向的主要目的是提高车辆的机动性，随后发展到开发目的主要为改善转向响应和增加行驶稳定性。在机械式四轮转向系统中，把后轮转向角记为 δ_h，前轮转向角为 δ_v，转向盘转角为 δ_H：

$$\delta_h = f(\delta_v)$$

在电控四轮转向中，后轮转向角 δ_h 与车辆的速度（纵向 x）以及前轮转向角 δ_v 相关；

$$\delta_h = f(v_x, \delta_v)$$

随着技术的发展，近些年来通过利用车辆动力学控制系统的传感器可以获得横摆角速度、纵向和横向加速度等参数，后轮转向从预先控制发展到反馈控制：

$$\delta_h = f(v_x, \delta_v, \Delta\delta_v, \delta_h, a_x, a_y, \psi, \beta, \cdots)$$

本章将讨论反馈控制的四轮转向对车辆运动学的影响。

3.1　四轮转向的运动学特性

四轮转向系统的前后轮转向比 k_p 表示后轮转向角和前轮转向角的比值：

$$k_p = \frac{\delta_h}{\delta_v}$$

四轮转向总的来说有两种不同的工作方式，即前后轮同向转向和前后轮反向转向，如图Q-11所示。

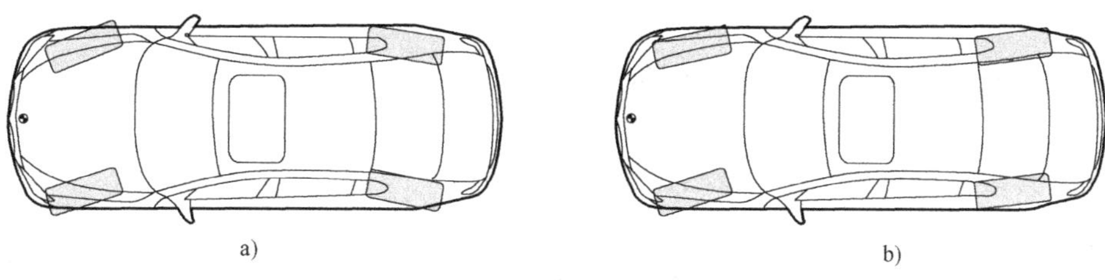

图 Q-11 四轮转向的两种工作方式

a）反向转向：$k_p<0$ b）同向转向：$k_p>0$

$k_p<0$：反向转向，后轮朝前轮相反的方向转动。车辆的瞬心往前移，这相当于轴距减小了。转弯半径也会减小，车辆的后桥沿着另外一条轨迹移动，车辆会变得灵敏，机动性好（图 Q-12a）。

$k_p>0$：同向转向，后轮朝与前轮相同的方向转动。车辆的瞬心往后移，这相当于轴距加长了，车辆变得稳定（图 Q-12b）。

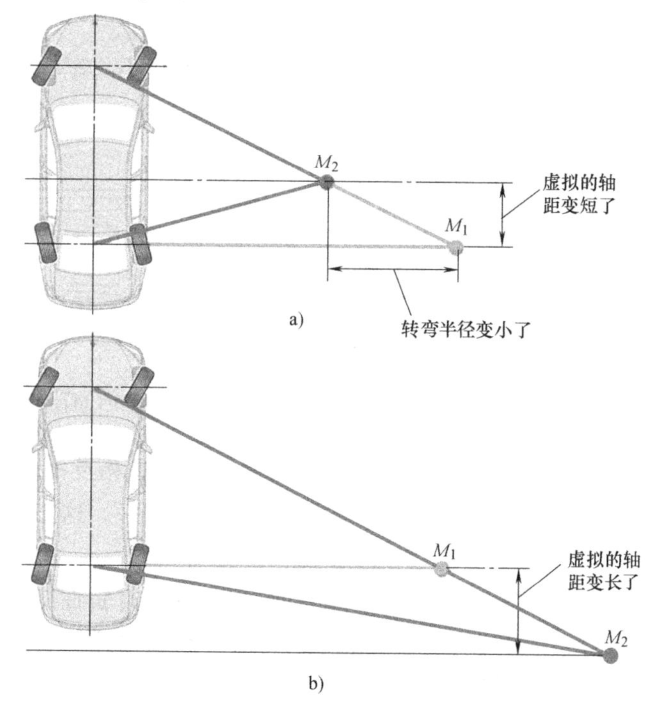

图 Q-12 转弯半径和轴距的变化（简化示意图）

3.2 四轮转向对于稳态行驶性能的影响

为了考察四轮转向对稳态特性的影响，必须详细研究稳态圆周行驶。当车辆的横向加速度达到很大值时，带四轮转向和不带四轮转向的车辆的质心侧偏角明显不同，如图 Q-13 所示。

当 $k_p>0$ 时，车辆质心侧偏角会因为后轮的转向角而减小。在以前的某些车型上，设计

目标就是让车辆质心侧偏角始终保持在零附近，因为车辆质心侧偏角为零时车辆处于稳定可控的状态。

但这里没有考虑车辆的稳定状态还与载荷转移性能、从线性区域过渡到非线性区域的性能相关。

通过在后轮施加转向，质心侧偏角明显减小，甚至在车速很高横向加速度很大时，会产生负的质心侧偏角，其结果是，车辆行驶虽然保持稳定，但是不足转向过于明显，驾驶人感觉不习惯。

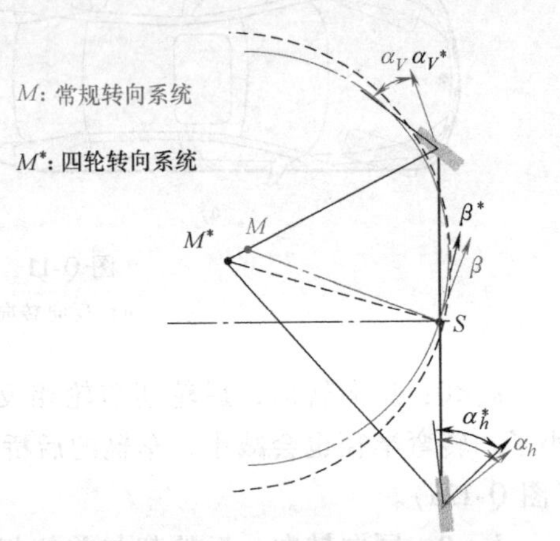

图 Q-13 四轮转向车辆的质心侧偏角的变化（横向加速度范围为中到大）

3.3 四轮转向对非稳态行驶性能的影响

考察四轮转向对非稳态行驶性能的影响，应该仔细研究转向角阶跃输入下的过渡特性以及 ISO 变道工况中的行驶性能。

对于动态转向角输入，例如转向角阶跃输入，如图 Q-14a 所示，后轮同向转向角输入可以在前后轮处迅速均匀地建立起侧向力，这样车辆横摆会比较小，横摆角速度缓慢建立；而横向加速度却相反，会迅速建立。转向角到横向加速度的传递函数的相位差很小。车辆的高速行驶性能对于驾驶人来说更加容易控制。

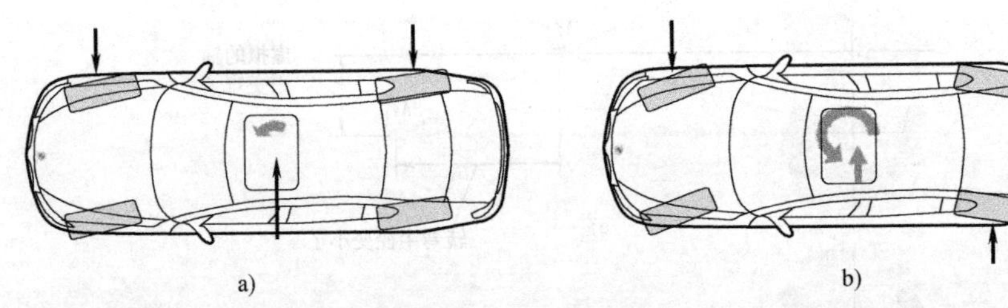

图 Q-14 在非稳态转向角输入下车辆的反应，左图 $k_p>0$，右图 $k_p<0$

对于后轮反向转向，开始时在前轮和后轮的侧向力方向是相反的，这会加剧车辆的摆动，开始时的横向加速度较小。这样车辆会变得灵敏，机动性好，这正是车辆低速时所希望得到的行驶性能。

在 ISO 变道试验的模拟计算中可以看到，四轮转向车辆的行驶性能得到改善，质心的侧偏角明显减小（图 Q-15），最重要的第三峰值明显下降。横摆角速度和横向加速度相对于转向盘转角输入的相位差也明显下降。

3.4 后轮转向和前轮叠加转向的组合

在四轮转向中，可以自由施加给后轮一个转向角，这个转向角度大多数是既和车辆速度相关，又和前轮转向角相关：

$$\delta_h=f(v_x,\delta_v)\text{，以及 }k_p=f(v_x)$$

假如选择 k_p 来减小质心侧偏角，使质心侧偏角为零，其后果是车辆会表现出很明显的

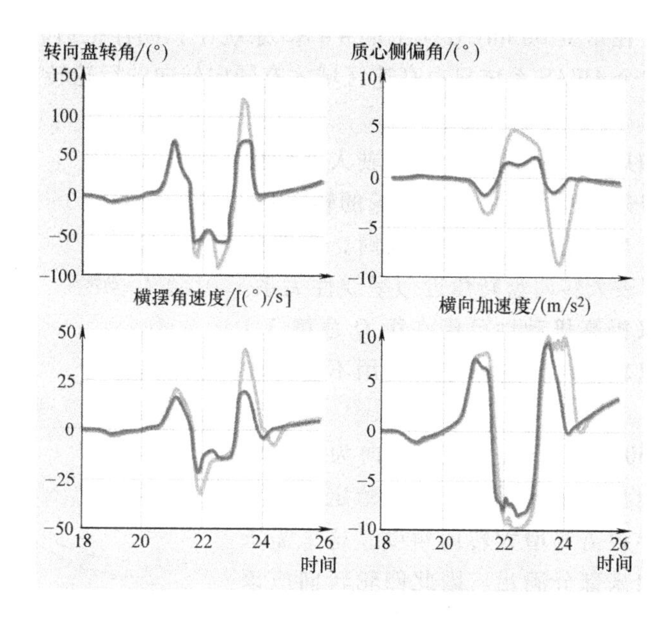

图 Q-15 ISO 变道试验模拟（$k_p > 0$），黑色：四轮转向，灰色：常规转向

不足转向特性。在所有四轮转向车辆上都表现出明显的不足转向特性，原因是在高速时四轮转向都匹配为后轮同向转向。因此，在优化四轮转向的行驶性能时，不仅要关注非稳态的行驶性能，而且要关注稳态的行驶性能。如果要保持稳态行驶性能，以及转向特性不随速度而改变，那么前轮转向传动比必须随着速度而改变。

BMW 在 2008 年首次在量产中使用整体主动转向 IAS（Intergral Aktivlenkung）的四轮转向系统，这个系统可以实现前面提出的要求。图 Q-16 所示为在 BMW 5 系的 IAS 组件。在前桥上是带叠加转向的电动伺服转向系统，后桥上可以看到电动转向系统以及车轮托架上的转动点。图 Q-16 中没有画出集成在底盘管理系统中的控制器模块。

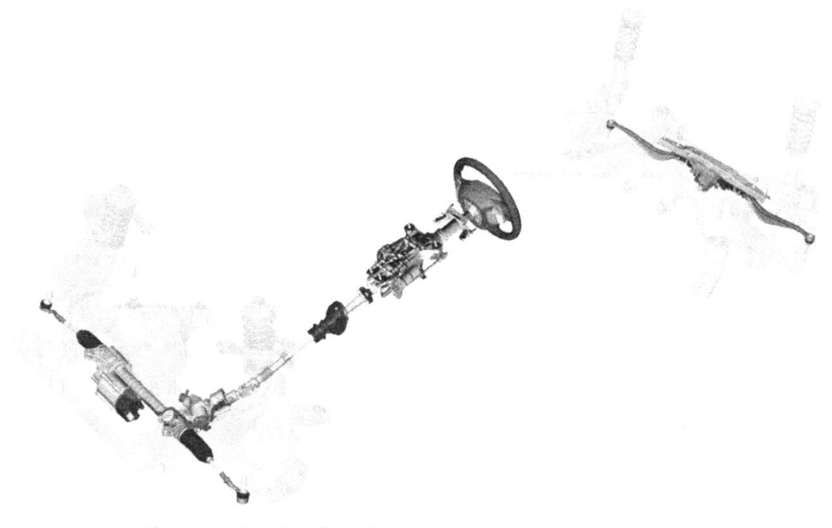

图 Q-16 BMW 5 系上的整体主动转向系统 IAS（2010）

Q

2007年，Nissan在车型Infinity G37上的4WAS系统中，同样把后轮转向同叠加转向组合在一起。但是，这个4WAS系统只在高速区域才有同向转向的后轮转向，在车速较低时后轮不参与转向。

通过叠加转向和后轮转向的组合，驾驶人在转向盘上输入的转向盘转角不再决定前轮和后轮的转向角。这种组合可以实现，当后轮转向角度变大时，车辆的横摆角速度增量与驾驶人转向盘转角近似呈线性关系。通过缩短虚拟轴距来提高机动性已经在第Q章第3.1节中介绍过。当车速较低时，过急弯道就用不着驾驶人满打转向盘了。

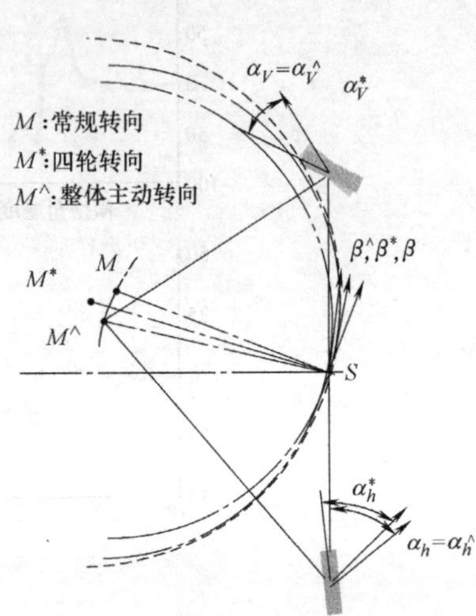

图 Q-17　整体主动转向系统稳定的横摆特性

从车速大约为50km/h开始，后轮转向为同向转向。随着车速和转向盘转角的增大，车轮稳定转向角随之持续增大。这导致需要增大转向角度，这个需求将由前轮的叠加转向来部分满足。因此四轮转向应该这样匹配，在相同的车速下，常规转向车辆质心处的曲率半径要与整体主动转向车辆质心处的曲率半径相同，如图Q-17所示。也就是不变的横摆特性：

$$\psi=\frac{v}{r}$$

这个特性同样体现在“准稳态转向”工况中，即在开环中车辆速度保持不变 v_x = 定值，转向盘转角缓慢均匀增大到最大值。如图Q-18所示，后轮转向和前桥叠加转向的组合这样匹配，装备整体主动转向系统和常规转向系统的车型在横摆角速度随着横向加速度的变化上没有区别。

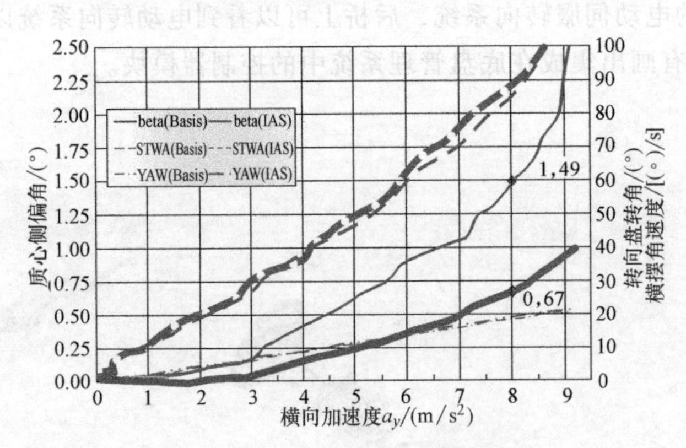

图 Q-18　BMW 750整体主动转向，准稳态转向 v_x = 100km/h

beta（Basis）—常规转向系统车辆的质心侧偏角 β　STWA（Basis）— 常规转向系统车辆的转向盘转角 δ_H　YAW（Basis）—常规转向系统车辆的横摆角速度 Ψ　beta（IAS）—整体主动转向系统车辆的质心侧偏角 β—STWA（IAS）—整体主动转向系统车辆的转向盘转角 δ_H　YAW（IAS）—整体主动转向系统车辆的横摆角速度 Ψ

但是，在第Q章第3.1节中介绍的那些提高行驶稳定性的优点又必须完全保留。当横向加速度达到8m/s^{2}时，整体主动转向车辆的质心侧偏角下降了一半多，而且随着加速度继续增大，质心侧偏角依然保持线性增大，和常规转向系统完全不同。Zamotor 在 1991 年的专著中描述的四轮转向系统行驶稳定性与不足转向特性之间的矛盾在这里完全得到了解决。

参考文献 Q

OSWALD, W. (1987): Mercedes-Benz Personenwagen 1886–1986. Motorbuch Verlag: Stuttgart 1987

BMW AG (2005): BMW interne Recherche über Anbieter von Hinterradlenkungen

BMW AG (1991), (2008): interne Grafikdokumente, BMW Grafik Design VT-13

Honda Accord Forum (2009): www.accordforum.de, TechArea 4WS-Four Wheel Steering Korbmacher Archiv, Karl-Heinz Korbmacher

ZOMOTOR, A. und REIMPEL J. (1991): Fachbuch Fahrwerkstechnik, Fahrverhalten. 2. Auflage, Vogel Buchverlag: Würzburg 1991

WALLENTOWITZ, H., DONGES, E. und WIMBERGER, J. (1992): Die Aktive-Hinterachs-Kinematik (AHK) des BMW 850Ci, 850CSi. ATZ Automobiltechnische Zeitschrift 94

KAYABA (2005): Unterlagen Kayaba Industry Co. Ltd.

Zeitschrift Auto-Motor-Sport (2009): www.auto-motor-sport.de Techniklexikon, Allradlenkung

WIESENTHAL, M., COLLENBERG, H. und KRIMMEL, H. (2008): Aktive Hinterachs-Kinematik AKC – Ein Beitrag zu Fahrdynamik, Sicherheit und Komfort. 17. Aachener Kolloquium Fahrzeug- und Motorentechnik 2008

HEROLD, P., THALHAMMER, T. und GIETL, S. (2008): Der neue BMW 7er. Die Integral Aktivlenkung – Das neue Lenksystem von BMW. ATZ Automobiltechnische Zeitschrift 2008-08

HEROLD, P., SCHUSTER, M., THALHAMMER, T. und WALLBRECHER, M. (2008): The new Steering System of BMW – Integral Active Steering, Synthesis of Agility and Sovereignty. FISITA 2008 World Automotive Congress

SANO, S., MIYOSHI, T., FURUKAWA, Y. (1987): Operational and design features of the steer angle dependent four wheel steering system. 11th International Technical Conference on Experimental Safety Vehicles

Q

R 线控转向

1 导言

线控转向又称电转向，是指下面这样的转向技术：转向指令由操作元件（转向盘）发出，电信号经过控制器传递给作动器，作动器转动转向轮。在线控转向系统中，转向盘和转向轮之间没有机械连接。为了获得手感，一个主动操作元件把行驶状态信息通过触觉反馈给驾驶人。

线控转向最大的困难是，在允许的成本下满足安全性要求和可靠性要求。在本章节将介绍线控转向当前的技术状态以及其优缺点，接着将介绍其组件，重点是操作元件的特性。最后将介绍一种线控转向的结构，并关注在安全性和可靠性上所做的工作。

技术状态

线控技术在当今很多领域都得到了应用。在20世纪70年代，协和式飞机就实现了线控飞行系统在民航上的应用，1987年空中客车公司在A320机型上采用了线控飞行系统，取消了机械备用系统。

线控驾驶系统（电子加速踏板）在汽车工业中应用非常广泛，它大幅提高了发动机对于加速踏板角度变化命令的响应速度，在驱动滑转率较高时可以实现精确的驱动控制。

而线控转向至今仅应用在特殊样车中，例如Toyota的概念车Fine-X，四个车轮独立转向，如图R-1所示。

图R-1 Toyota概念车Fine-X，四轮独立线控转向（2005）

优点和缺点

表R-1列举了线控转向相对于传统转向的优缺点。线控转向最根本的优点是易于实现转向的扩展功能，如行驶稳定性、变传动比、变转向感觉，甚至自动驾驶（例如自动泊车）。另外一个优点就是车头空间布置更加自由。由于取消了转向管柱以及中间轴，动力总成布置以及左驾驶车型与右驾驶的通用性更加容易实现。被动安全性要求（例如碰撞）也更加容易实现。

表R-1 线控转向的优缺点

优点	缺点
功能容易扩展	成本高
安装空间小	重量大

（续）

优点	缺点
被动安全性容易实现	复杂性高
种类会减少	
车桥形状简单	
反馈可以设计	
造型可以更加自由	
驾驶人辅助系统容易实现	

通过把输入和反馈分开，可以实现前桥结构简单化，因为只需要软件就能实现不同的车辆反馈，并且外界干扰可以完全被消除。输入元件不再局限于转向盘，可以是与驾驶舱造型相匹配的手柄等，如图 R-2 所示。另外，线控转向还可以用来实现驾驶人辅助驾驶系统，例如无人驾驶车队，这样可以减少燃料消耗，保护环境。

由于高安全性要求和用户能够接受的可靠性要求，线控转向系统设计的安全系数必须很高，这样会导致成本和重量的增加。这个成本增加首先是由于纯电传导所要求的偏差范围导致的。在行驶过程中，无论电系统中出现任何错误，驾驶人都还能够掌控车辆。这要求很复杂的安全设计。

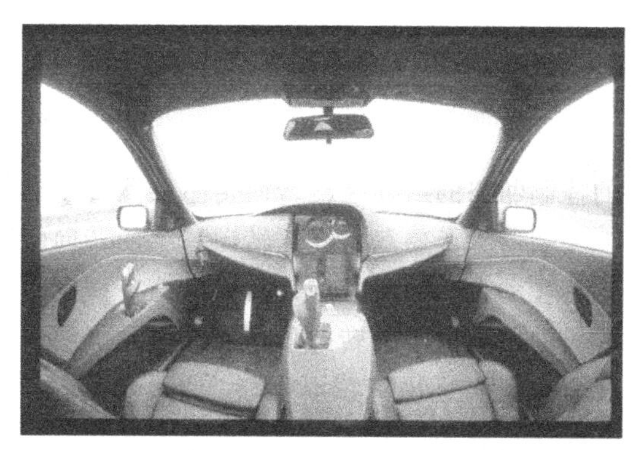

图 R-2 手柄操控的驾驶舱造型（BMW 研发）

除了容错性强外，系统在失效时还应该可以机械地恢复到初始状态。和电器元件不同的是，机械系统可以按照经验和专业知识来进行设计，在规定的使用寿命以及特定的载荷范围内不会失效。而电子元件在发生错误前没有任何征兆，即 fail silent units—“沉默的失效结构”，一旦识别到错误出现，必须保证系统能够重新恢复机械转向功能。例如在某些车型上的叠加转向就是带有机械转向的线控转向系统。这种主动转向可以实现纯线控转向系统的大多数功能，但是在空间安装上没有优点。除了作为机械转向的转向管柱必须保留外，机械转向的液压部分也必须保留。欧盟法规 ECE-R 79 中汇总了转向系统应该满足的条件。

2 部件

图 R-3 所示为线控转向的结构模块示意图。输入模块（操作元件，例如转向盘、操控手柄）、反馈电机和转向传感器负责感知驾驶人意图和构造转向感觉。转向器模块由转向器、转向角作动器和车轮传感器组成，负责实施驾驶人的横向动力学意图。这两个模块由一个纯电控制器来进行控制。

反馈电机通常是施加力矩抵抗驾驶人操作，这个力矩可达约 10N · m。在滥用工况下，例如驾驶人在转向盘转到底后依然用很大的力转动转向盘，带减速机构的电动机几乎不能抵抗这个滥用施加的力矩，在这种情况下那些被动部件如限位块、减振器就显得很重要了。理

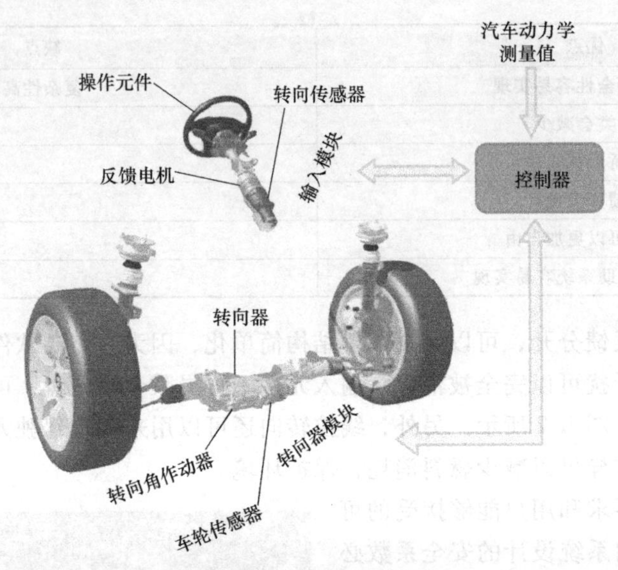

图 R-3 线控转向结构图

想的控制回路的前提是，转向传感器测量得到位移、角度以及力和力矩这些参数。

控制器除了要获得线控转向系统的转向传感器和车轮传感器提供的参数外，还必须能够获得行驶动力学的常规参数，如车速、横摆角速度和横向加速度。

转向器模块上的转向角作动器必须能够产生所要求的力，还必须满足电助力转向的动力学要求。也就是说，在原地转向时，转向角作动器必须能够保证驾驶人以转向盘角速度500°/s 进行转向。

在四轮独立转向上，两个前轮的连接可以分开，从而取消转向器。其极端情况为所谓的“角模块”，即在每个车轮上满足底盘功能（转向、驱动、制动、减振）。其优点是功能多并且安装空间小，如图 R-4 所示。

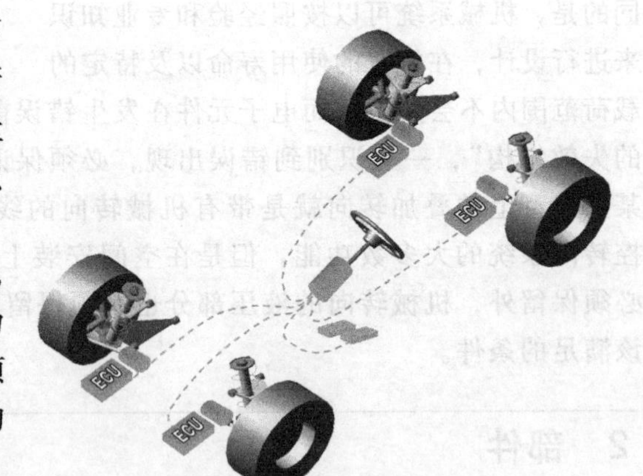

图 R-4 线控转向车辆的“角模块”

这种“角模块”设计的缺点是成本高，转向角作动器必须能够产生很大的力，因为必须支撑由于车轮前束、外倾角和主销内倾角持续产生的侧向力。现在通过适当的结构设计可以把这个侧向力降到很小。

操作元件的特性

线控转向系统为设计驾驶人和车辆之间的关联提供了广阔的自由空间。接下来我们详细考察操作元件作为人机界面的环节应该具有哪些特性。

传递驾驶人意图最简单经济的元件为被动操作元件，图 R-5 所示为不同的被动操作元件原理对比图。

人通过视觉以及听觉来感知车辆运动和操作元件特性，在操作元件上施加一个力或者位

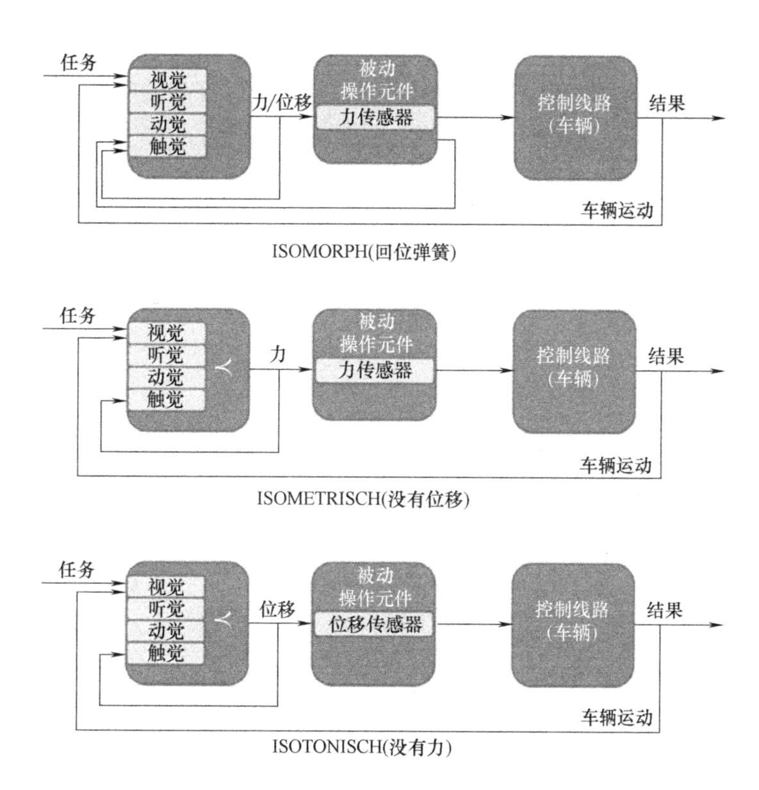

图 R-5 不同的被动操作元件方案对比

移。驾驶人的触觉反馈完全来自于被动操作元件的特性，例如有些为 isomorph（回位弹簧）。假如弹簧刚度很大，我们称之为 isometriesch 操作元件（不产生位移）。假如弹簧刚度为零，称之为 isotonisch 操作元件（不产生力）。

纯粹的被动操作元件来输入驾驶人意图是不合适的，因为车辆状态是非线性的，并且环境影响会对车辆产生很大干扰。一个能够安全可靠引导车辆的操作元件的本质特点是能够在操作元件上反馈车辆状态，尤其是车辆处于运动学极限状况中。为了产生这种反馈必须应用主动操作元件。

主动操作元件在出现干扰和控制线路发生变化的情况下可以明显改善手动控制效果。在出现干扰时，驾驶人可以简单握住主动操作元件，干扰会明显减小。图 R-6 阐明了人-车-操作在主动操作元件中的关联。

和被动操控元件的区别是，力输入/位置反馈的主动操作元件中施加在操作元件上的是力，并且车辆性能会以位移的形式反馈给驾驶人。在位置输入/力反馈的主动操作元件中施加在操作元件上的是位移，车辆的反应（弯道曲率、横摆角速度以及横向加速度）以力的形式反馈给驾驶人。在理论上看，力输入/位置反馈和位置输入/力反馈这两种方案是等效的，但是在实际应用中，特别是在车辆横向动力学极限状态中，这两者还是有区别的，在后面的第 R 章第 3 节中将进行分析。

驾驶人施加的力换算成作动器的位置输入，并且作动器的力转换成操作元件的位置；与之相反的，在操作元件上的位置输入换算成作动器的力输入，并且作动器上的位置转换成操作元件上的力。这种方案都是“相互控制”，并不合适。

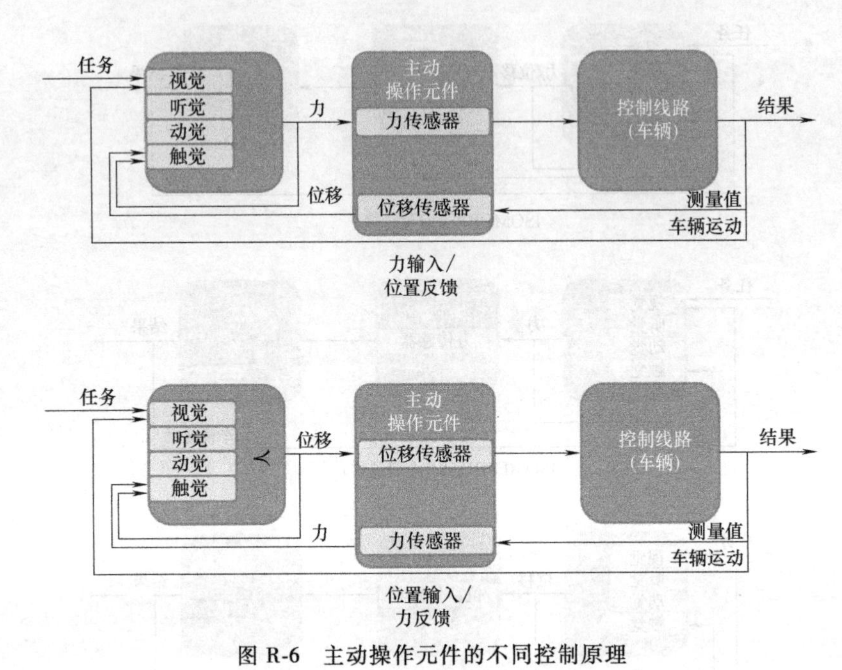

图 R-6 主动操作元件的不同控制原理

3 转向功能

传统转向系统的刚度要求在线控转向系统中可以通过选择合适的传感器和作动器来达到。为了让系统的响应不是特别敏感，功能软件应该模拟轻微的转向间隙效果。线控转向尽管没有机械连接，但是，理论上来说完全可以实现和电动助力转向系统一样好的转向感觉，甚至超过电动助力转向系统。其原因是，整个转向系统的摩擦性能可以随着开发者的意愿任意匹配。线控转向的另外一个优点是转向横拉杆力的测量，但是要得到好的测量结果需要较高成本。线控转向系统的转向感觉可以和传统的助力转向相同。耐环境因素影响的控制可以提高车辆在横向极限区域的行驶动态性能。为了达到驾驶人所期望的最优横向行驶动态性能，往往必须利用单个车轮上的力的极限值。

接下来将介绍驾驶人与操作元件在车辆稳定行驶工况以及侧向极限工况中的相互作用。由此可以了解到操作元件性能在干扰抑制中的影响以及与纵向导向的共同作用。

图 R-7 所示为车辆操作元件（手柄）控制线控转向车辆的过程。驾驶人给操作元件一个力 F_h，或者角度 α，在转向器模块中得到转向器上的力 F_G，以及车轮上的转向角 δ，从而产生一定的动力学参数值，如车辆横向加速度 a_Y 和车辆横摆角速度 $\dot{\psi}$。

在开发线控转向系统时自然会产生一个问题，驾驶人如何控制车辆？哪些参数在起作用？

在车速较低时，驾驶人可以预测到车辆的行驶路线以及车辆运动的曲率。驾驶人施加一个所期望的横摆角速度，并通过曲率变化（反馈）来调节这个横摆角速度。在中高车速时，驾驶人通过一个横摆角速度控制器来减小横摆角偏差。驾驶人预定一个横向加速度期望值，通过反馈的横摆角速度来进行控制，见表 R-2。

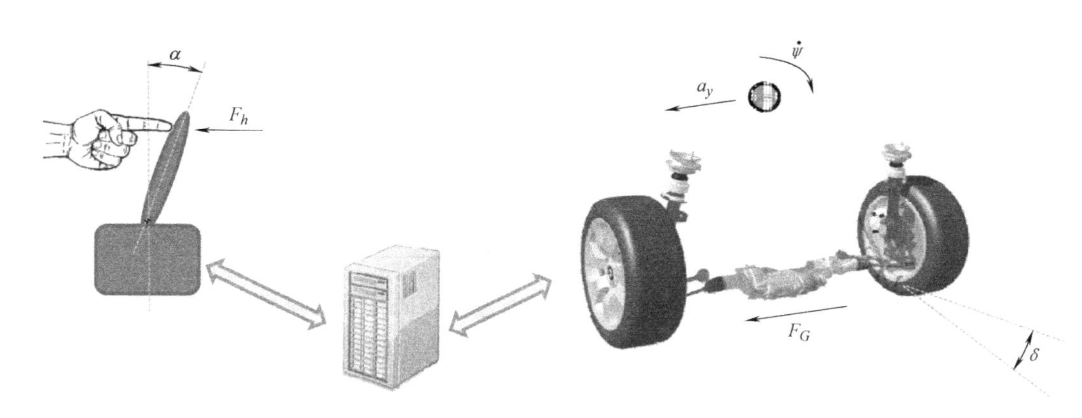

图 R-7 线控转向控制过程

表 R-2 不同车速的目标量和反馈量

车速范围	目标量	反馈量
低速（<25km/h）	横摆角速度 $\dot{\psi}_{期望}$	曲率 $\kappa_{实际}$
中高速(>45km/h)	横向加速度 $a_{y期望}$	横摆角速度 $\dot{\psi}_{实际}$

在速度范围为 25~45km/h 的过渡区域，驾驶人同时利用曲率和横摆角偏差来进行控制。在过渡区域可以通过加权来确定目标量和反馈量。

考察常规行驶工况

图 R-6 介绍了不同的输入/反馈控制方案在常规行驶工况中的工作方式，可以借助在一定半径的弯道中加速行驶来进行考察。

方案“力输入/位置反馈”在低速时随着转向力矩的增加（因为横摆角速度随着车速的升高而升高），转向角的输入是不变的（因为弯道曲率不变）。在中高速时，转向力矩随着横向加速度变化而变化，转向角需求线性增加（横摆角速度=车速×曲率）。因此，设计应该是，在低速时采用直接的转向传动比，满足舒适性；在高速时采用不直接的转向传动比来保证安全性。

方案“位置输入/力反馈”在低速时，在弯道加速工况中，转向力矩保持不变，需要增大转向角。在中高速时，转向力矩线性增加，转向角需求随着横向加速度的变化而变化。“位置输入/力反馈”这种设计方案已经实现了在低速时转向传动比随车速变化，在高速时转向传动比急剧增大。考虑到转向力矩随着横摆角速度成比例增大，在常规行驶工况的中高速区域并不建议“位置输入/力反馈”这种方案。

考察极限行驶工况

考察的横向动力学极限工况为车速恒定，质心侧偏角较小，质心侧偏角速度较小。在这种假定下，表 R-2 中的曲率 κ 可以看成是横摆角速度和车速的商，横向加速度为横摆角速度和车速的乘积。表 R-3 中展示了输入和反馈之间的换算关系。在所有速度范围内输入都是和横摆角速度期望值呈线性关系，反馈与横摆角速度实际值呈线性关系。

表 R-3　把目标量和反馈量简化到横摆角速度上

车速范围	目标量	反馈量
低速（<25km/h）	横摆角速度 $\dot{\psi}_{期望}$	曲率 $\kappa_{实际} \approx \dot{\psi}_{实际}/v$
中高速（>45km/h）	横向加速度 $a_{y期望} \approx \dot{\psi}_{期望} v$	横摆角速度 $\dot{\psi}_{实际}$

对于“力输入/位置反馈”设计方案来说，对于过多转向特性的车辆，其操作元件会变得“轻便”。也就是，把持在操作元件上的力要减小一些，横摆角速度期望值也会相应减小，这样稳定性才能保持不变。驾驶人不需要做出反应，通过操作元件上的力变小感知车辆处于横向动力学极限状态。因为期望的横向加速度已经存在，驾驶人不需要继续转向。在不足转向特性的车辆上（横摆角速度的实际值比期望值小），把握操作元件的力变大。驾驶人通过操作元件上的力变大感知车辆在横向动力学上处于极限状态。力虽然增大了转向角度却反而减小了。

在“位置输入/力反馈”的设计方案中，过多转向特性车辆上的操作元件上的力是增大的，如果要保持位置不变。为了在车辆进入极限状况时做出反应，驾驶人必须减小输入角度（应对增大的力），这种反应驾驶人需要进行一定的练习才能够掌握。在不足转向特性车辆上在操作元件上的力将减小。驾驶人凭直觉会增加角度输入，来应对变小的力（因为横向加速度的期望值没有达到）。在这种情况下这种操作并不能实现目的。

总的来说，“力输入/位置反馈”的设计方案能在车辆动力学极限区域带来好处，而“位置输入/力反馈”的方案不能。当然这里没有考虑更为复杂的稳定性工况，例如同时还有制动介入时。

干扰抑制

高频干扰可以通过电子系统来抑制。频率为 0.2~0.4 Hz 的低频干扰驾驶人可以很好地通过操作元件感知到，并且很好地加以控制。这样驾驶人可以通过操作元件感知环境变化，并在提供行驶舒适性的同时保证行驶稳定性。

例如，车辆在直线行驶时遇到侧向风或者路面摩擦因数变化，车辆会产生横摆运动。对于以横向加速度为力输入、以横摆角速度为位置反馈的设计方案来说，操作元件的位置会因为干扰而改变。在这个时候驾驶人掌握着操作元件，会自动产生一个力输入，这个力正好用来抵抗干扰，从而让驾驶人自然而然地抑制了干扰。

在横向加速度为位置输入、横摆角速度为力反馈的方案中，干扰同样会在操作元件上产生一个力。在这种情况下，驾驶人必须减小这个力的增加，“反打”操作元件来抑制干扰。这种驾驶人操作方式并不能像前面介绍的“力输入/位置反馈”那样自然而然地完成。

纵向和横向导向联合

在纵向动力学的车距保持系统中，驾驶人-车辆控制系统的截止频率约为 0.05Hz。对于主动操作元件来说这么低的频率没有好处。

在类似手柄结构的、纵向和横向同时导向的操作元件上必须考虑它们之间的相互影响，例如在很大的减速度时横向导向会发生改变。没有位移的被动操作元件系统适合于纵向导向。这种力输入可以和横向导向的力输入很好地组合在一起。纵向导向力输入和横向导向位

置输入组合在一个操作元件上的方案不被推荐。

4 安全设计

顾客购买产品是期望产品有可靠的功能。可靠性是指产品在一定的条件下、在一定的时间内能够完成要求的功能（DIN EN 50129）。也就是产品不仅要安全还要有用。图 R-8 表明了一个系统的安全、功能和成本之间的关系。一个高功能的系统往往就意味着功能出现错误的风险，也就不再安全。总的来说，高功能和高安全会导致高成本的缺点。

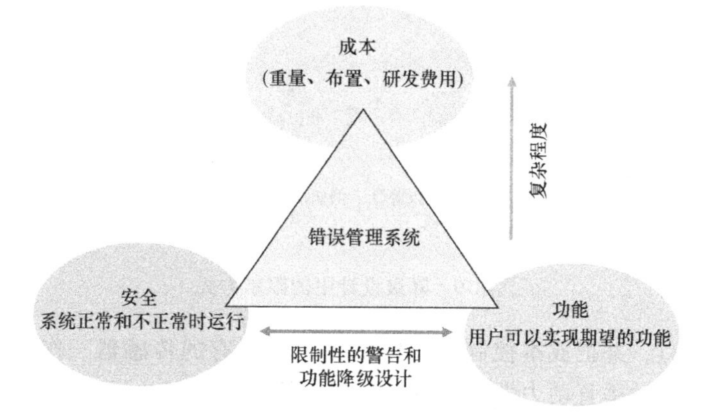

图 R-8 安全、功能和成本关系图

线控转向应用的基本前提是系统的容错能力必须很强。除了即使发生事故也能供给电压外，控制器必须有容错能力，例如设计两个相同的“沉默的失效结构”。一旦控制器的自检发现错误，这个控制器必须尽快关闭，并且由第二个控制器引导车辆进入到安全状态（例如车辆静止状态）。为了能够隔离错误的传感器信号，相关的传感器必须设置三套（两个相同的传感器来替代错误的第三个）。作动器的容错设计要求作动器必须至少有两套结构。一旦识别到错误，这个作动器的力必须能够调节为零。正确的数据传递必须按照特别的、实时的协议进行开发，例如 FlexRay 车载网络标准。

为了减小重复设计产生的高成本，同时又要保证出现错误时车辆的功能依然得到保证，必须对重复管理、错误管理以及预警或降级设计进行明确定义。图 R-9 所示为降级设计的例子。

例如，如果车轮转速传感器失效，车轮总是可以转向，驾驶人通过报警等获知故障，并且和速度相关的转向功能不再有效。当主动反馈电动机失效时，转向功能由于单纯的被动操作元件而受到限制，这种情况下减小最大车速可以保证车辆能够一直处于安全状态。假如转向作动器失效，只有一个作动器正常，将切换到应急功能，即车辆只能以很低的速度行驶（跛行回家）。如果其他的作动器也失效，车辆将进行制动介入，使车辆进入静止状态。

5 展望

线控转向所能实现的功能大部分都可以通过“叠加转向”来实现。为了进一步利用单

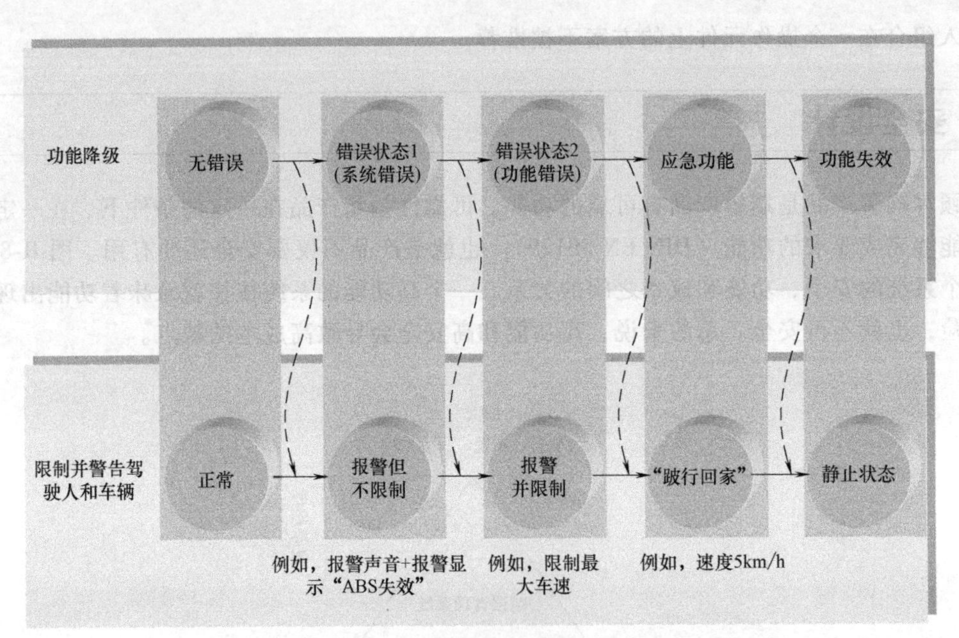

图 R-9　降级设计中的限制方式

纯的线控转向的优点，并把成本控制在一定范围内，所有的传感器、作动器（前转向、后转向、制动介入、主动垂直动力学等）以及能量供给单元（低电压储存器、高电压储存器、发电机等），在正常情况下的运行和在失效情况下的运行必须相互协同。市场上出现了越来越多的电动车，并且人们对转向功能以及驾驶人辅助系统的期望越来越高，这些都有利于线控转向技术的推广应用。但是在今天的量产车型上还没有电控转向，这表明电控转向在各个方面的协同作用还没有达到足够好。

参考文献 R

BOLLER, H. E und KRÜGER, W. (1978): Untersuchung eines Bedienelements mit Krafteingabe und Wegrückmeldung bei der manuellen Lenkung von Unterwasserfahrzeugen. Zeitschrift für Arbeitswissenschaften Nr. 32, S. 254–260

BÜNTE, T., ODENTHAL, D, AKSUN-GÜVENÇ, B. und GÜVENÇ, L. (2002): Robust vehicle steering control design based on the disturbance observer. Annual reviews in control 26, S. 139–149

DONGES, E. (1982): Aspekte der Aktiven Sicherheit bei der Führung von Personenkraftwagen. Automobil-Industrie 2/82, S. 183–190

ECE-R 79: http://www.bmvbs.de/static/ECE/R-79-Lenkanlagen.pdf

ECKSTEIN, L. (2001): Entwicklung und Überprüfung eines Bedienkonzepts und von Algorithmen zum Fahren eines Kraftfahrzeugs mit aktiven Sidesticks. Fortschr.-Ber. VDI, Reihe 12, Nr. 471. VDI Verlag: Düsseldorf 2001

FLECK, R. (2003): Methodische Entwicklung mechatronischer Lenksysteme mit Steer-by-Wire Funktionalität, Tagung „fahrwerk.tech“, Garching

GOMBERT, B. (2007): X-by-Wire im Automobil: von der elektronischen Keilbremse zum e-Corner, Innovationsforum Fahrwerk Elektronik 2007, Institut für Kraftfahrwesen Aachen

HEITZER, H.-D. und SEEWALD, A. (2000): Technische Lösungen für Steer-by-Wire Lenksysteme. Aachener Kolloquium, Oktober 2000

HEITZER, H.-D. und SEEWALD, A. (2004): Development of a Fault Tolerant, Steer-by-Wire Steering System. SAE Nr. 2004-21-0046

HUANG, P. (2004): Regelkonzepte zur Fahrzeugführung unter Einbeziehung der Bedienelementeigenschaften. Dissertation, Fakultät für Maschinenwesen, TU München

KILGENSTEIN, P. (2002): Heutige und zukünftige Lenksysteme. Tag des Fahrwerks, Institut für Kraftfahrwesen Aachen

KOCH, T. (2009): Bewertung des Lenkgefühls in einem Sportfahrzeug mit Steer-by-Wire Lenksystem, Aachener Kolloquium 2009

ODENTHAL, D., BÜNTE, T., HEITZER, H.-D. und EIVKER, CH. (2003): Übertragung des Lenkgefühls einer Servo-Lenkung auf Steer-by-Wire.at – Automatisierungstechnik 51, 2003

SEEWALD, A. (2008): Auf dem Weg zur elektronischen Deichsel. AUTOMOBIL-ELEKTRONIK, Dezember 2008

TOYOTA: http://www.toyota.co.jp/en/autoshows/2005/tokyo/toyota/index.html, 2005

WALLBRECHER, M., SCHUSTER, M. und HEROLD, P. (2008): Das neue Lenksystem von BMW – Die Integral Aktivlenkung. Eine Synthese aus Agilität und Souveränität, Aachener Kolloquium

WINNER, H., ISERMANN, R., HANSELKA, H. und SCHÜRR, A. (2004): Wann kommt By-Wire auch für Bremse und Lenkung?, VDI-Bericht 1828, Autoreg 2004

S 驾驶人辅助系统功能概况

和转向相关的驾驶人辅助系统概况

不断增长的汽车交通流量和对驾驶人不断增多的要求，促进了驾驶人辅助系统的广泛应用。驾驶人辅助系统可以帮助驾驶人更好地完成驾驶任务。在车道保持辅助系统中，系统控制制动系统或者驱动系统，当然为了保持车道这个目的必须把转向系统也一并考虑进来。

转向介入并不是只能在线控转向系统中才能实现，事实上在电动助力转向系统（EPS）以及叠加转向系统中就已经存在转向介入。这两种转向系统中的转向助力都是通过电动机产生的。在电动助力转向系统中，通过控制电动机可以在转向盘上产生一个附加转向盘力矩，让驾驶人感知，并根据行驶情况调整转向角。由于在转向盘和前轮之间存在机械连接，驾驶人在任何时候都能够在转向意愿与转向提醒之间进行协同。这个附加转向盘力矩的大小必须是既能够保证最优功能又尽可能保证最大安全性的。在叠加转向（主动转向）中可以不依赖驾驶人输入施加附加转向角。

开发的重点是系统和驾驶人之间的相互影响。假如在危险情况下，完全由驾驶人通过控制转向盘力矩或者转向盘转角来控制车辆，这是极具挑战性的。另外，和其他的车辆动力学系统之间的相互协同作用以及改善舒适性和操控性，这些都是驾驶人辅助系统开发的中心任务。

总的来说，非驾驶人输入的转向介入可以分成两类不同的目的：行驶稳定性介入（第S章第1节）和导向介入。后者又可以细分为车道保持辅助（第S章第2节）和泊车辅助（第S章第3节）。

1 行驶稳定性介入

行驶稳定性介入功能的基础参数是转向角、转向力矩、横向加速度、横摆角速度，以及ESP系统计算得到的一些参数。通过车辆行驶的这些参数可以计算得到一个最优的转向角。按照安全性和人机工程学要求，也就是驾驶人和辅助功能的相互作用，可以计算出转向盘力矩值信号，并叠加在转向盘上。这会提醒驾驶人，使驾驶人自己调整转向盘转角以达到最优。这种在电动助力转向系统中通过叠加转向盘力矩的方式来进行行驶稳定性介入，可以帮助驾驶人在非正常状况下正确控制车辆，提高了ESP/ABS系统的作用效率。在随后介绍的工况中（横摆和对开路面μ-Split）同样也可以通过叠加转向来施加一个附加转向角，帮助驾驶人控制车辆。

1.1 转向提醒功能

转向提醒以及自动的转向介入可以在对开路面以及弯道行驶中帮助驾驶人更好地控制车

辆。改善操控性并减小制动距离，并让驾驶人有很高的接受程度，正是转向提醒功能最重要的目的。

1.1.1 车辆横摆中的“转向提醒”

如果车辆具有过多转向固有特性，车辆在弯道行驶中车尾会向弯道外侧甩，车辆向弯道内行驶。在这种情况下驾驶人必须通过反打转向盘来纠正车辆摆动，如图 S-1 所示。

在这样的情况下，对于一个没有受过训练的驾驶人来说做出正确的操作是很困难的：太多、太迟或者太少反打转向盘都会使车辆摆动更加剧烈。为了牢靠地掌控车辆，“转向提醒”会提供给驾驶人一个叠加转向盘力矩，引导驾驶人应该如何转向。驾驶人的反打转向盘会变得合理，ESP 的介入程度会减弱甚至不介入。

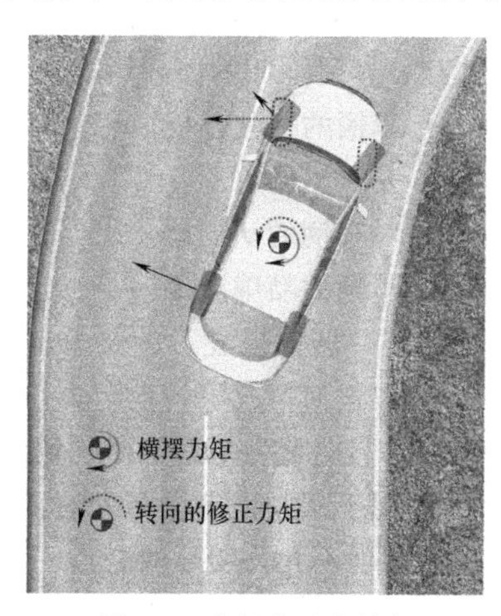

图 S-1 车辆的过多转向

1.1.2 对开路面上的“转向提醒”

驾驶人在不同摩擦因数的对开路面上制动车辆，车辆行驶方向会偏向于摩擦因数高的一侧。驾驶人必须向摩擦因数低的一侧打转向盘，来纠正向高摩擦因数侧偏转的车头，如图 S-2 所示。通过车辆横摆角速度和前轮的制动压力差，车辆的“转向提醒”功能可以对车辆状况进行判别，并计算确定是否需要修正转向盘转角。在叠加转向系统中是通过叠加转向盘力矩来提醒驾驶人进行转向盘转角修正的。负的主销偏移距可以产生与修正转向盘转角相同的有利效果，但是反应会迟缓一些，效果也弱一些。当车辆摆动很小时，“转向提醒”就会提醒驾驶人注意，从而改善行驶性能，此外“转向提醒”还可以缩短制动距离，因为横摆减弱了，ABS 允许左右轮有更大的制动压差。

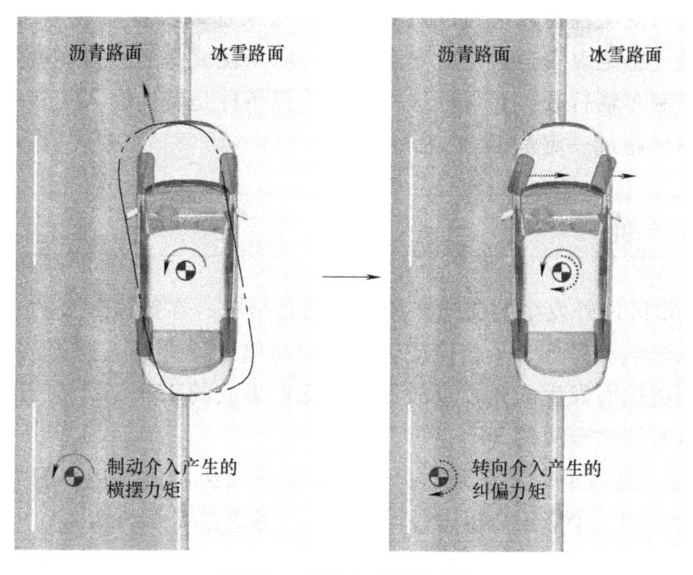

图 S-2 车辆在对开路面上

1.2 人机工程学要求

转向的人机学工程要求主要取决于人的触觉器官特性。通过触觉传导驾驶人的反应时间约为0.1s，这是人体传导最快的感觉器官。人接收触觉信息是下意识的，并会下意识地进行处理。比下意识更快的只有条件反射。

电动助力转向中转向轮是直接和转向盘连接的，驾驶人会很快就感知到转向盘上叠加的力矩，因此对转向盘上的附加力矩的大小必须很仔细地进行匹配。转向感觉是在下意识层面上构建，并受下面的因素影响：

- 车辆的行驶性能。
- 安全感印象。
- 对车辆的认同感。
- 车辆的品牌形象。

对于“转向提醒”的要求也有所不同：

- 在任何情况下转向盘力矩介入都不应该让驾驶人感到突然。

——转向盘力矩介入必须始终持续，也就是不允许以脉冲方式出现。

- 对于驾驶人来说介入的转向盘力矩的变化必须和正确转向的经验相一致。换句话说，车辆的特性不允许明显改变。

——因此在开发中必须实现，车辆的转向特性可以通过参数来改变。

- 此外，驾驶人在任何时候都能够控制转向盘力矩，也就是任何时候都必须保持驾驶人对车辆的主导权。

——这就限制了转向盘力矩介入的最大值。假如驾驶人并不按照提醒操作，系统必须能够识别，如果需要，则解除“转向提醒”功能。

1.3 安全性要求

转向介入系统的安全性可以通过成熟的开发方法来加以保证（第O章）。不仅是系统，信号接口也必须设计得绝对安全。绝对安全对于转向来说就是驾驶人在叠加转向力矩介入的任何时刻都能够控制车辆行驶。要保证这一点，前提条件是转向介入力矩的大小以及变化率必须受到监控并不得超过一定范围。

2 车道辅助系统

图S-3所示为市区以外发生的交通事故中的死亡情况。在德国，大约三分之二的死亡事故发生在道路上的车辆和另外一个物体或者车辆的碰撞中。和行人碰撞的约为8%，偏离车道与迎面而来车辆碰撞而发生的死亡事故占所有死亡事故的15%~21%。由于偏离车道而发生的死亡事故占所有死亡事故的34%。

当驾驶人无意中偏离了行驶车道时，车道辅助系统会做出反应。例如在车道保持系统（Lane Assist）中会施加一个修正力矩进行转向介入（参见第S章第2.1节），从而避免车辆偏离车道。考察上图S-3中列出的事故原因，可以相信车道辅助系统能够大量避免事故发生。

在车道辅助系统中有许多种不同的方式来提醒或者辅助驾驶人。在本章节中介绍的车道

辅助系统是借助转向系统来辅助驾驶人。

车道偏离预警系统（Lane Departure Warning-Systems，LDW）在车辆偏离车道时只是通过光、声音或者触觉来提醒驾驶人，系统本身并不去改变车辆运动。车道保持辅助系统（Lan Keeping Support-Systems，LKS）在车辆偏离车道时会施加一个转向盘修正力矩，帮助驾驶人把车辆保持在车道内。因此LKS是LDW的功能扩展。

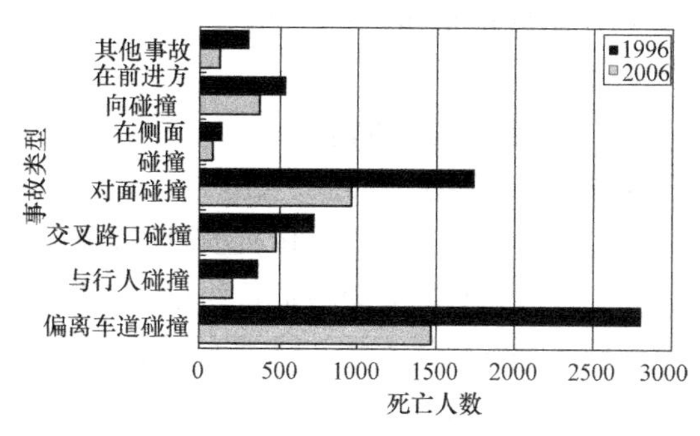

图 S-3 市区以外交通事故死亡情况

2.1 车道保持辅助系统（LKS）

本章节将介绍德国大众汽车公司的车道辅助系统中的车道保持辅助系统，德国大众称之为“Lane-Assist”。最后将对市场上的车道辅助系统进行比较，其安全性和人机工程学要求可以参见前面的第S章第1.2节和第S章第1.3节。

2.1.1 技术方案

车道保持辅助系统的基本前提是车辆要有合适的转向系统。电动助力转向系统中就有合适的作动器，通过这个作动器可以很方便地在转向盘上叠加一个力矩。在第K章的对比中可以看到，液压助力转向只有在一定条件下才可以应用驾驶人辅助系统。

通过高效的照相技术和图像处理，可以开发出很实用的车道识别系统。图S-4展示了车道保持辅助系统的组成元件。

- 摄像机和控制器1。
- 电动助力转向装置2。
- 多功能转向盘3。
- 组合仪表4。

车道保持辅助系统可以通过转向管柱开关来打开或关闭。车道保持辅助系统是否打开会在多功能显示屏的“辅助系统”菜单中显示。当车道保持辅助系统打开时，组合仪表中的控制灯会显示（黄色为激活待命，绿色为激活投入）。

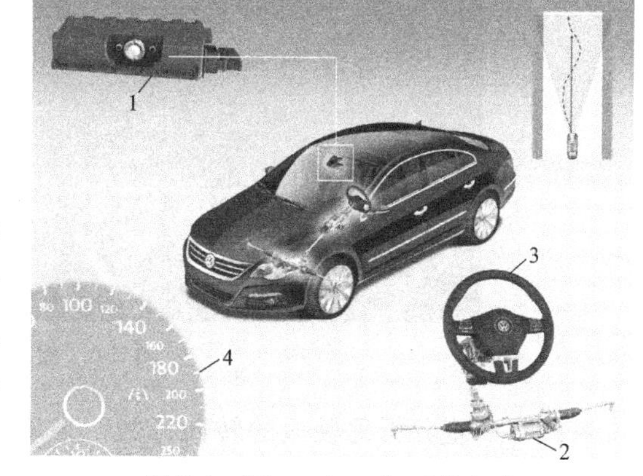

图 S-4 “Lane-Assist”系统组成

车道标记是通过后视镜附近的摄像机来感知的，并通过内在的控制器进行信号处理和评判。

在电动助力转向中，当车辆偏离车道，会施加一个附加的转向盘力矩提醒驾驶人。这种转向提醒在任何时候都可以被驾驶人克服（和前面介绍的“转向提醒”功能的安全性一样的要求）。

2.1.2 作用方式

车道保持辅助系统是为较好的乡村路面以及高速公路设计的。只有在以下条件满足的前提下，车道保持辅助系统才会被激活。

- 可以识别车道。

- 车道宽度足够。
- 车道的曲率足够小。
- 车辆处于车道以内。
- 车速高于 65km/h。

通过内后视镜区域的摄像机模块可以获知车道印迹线，并计算车辆位置。假如车辆偏向一侧，车道保持辅助系统会进行纠正，如图 S-5 所示。如果为了保持车道，系统施加的转向力矩达到了最大值还不够，或者速度下降到 60 km/h 以下，Lane-Assist 会通过转向盘抖动来提醒驾驶人，让驾驶人知道辅助系统已经达到极限范围，驾驶人必须接管转向盘。

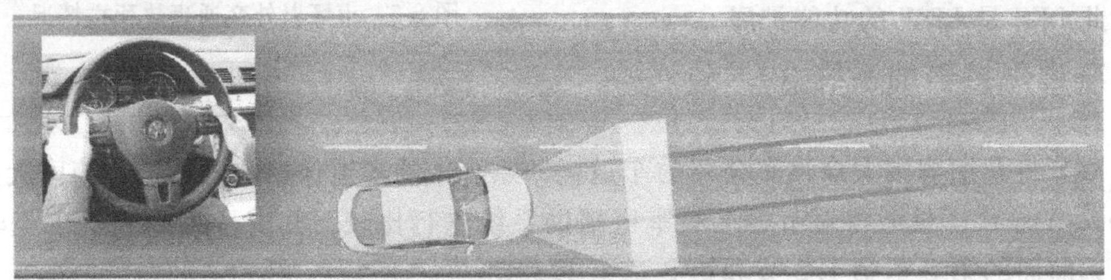

图 S-5　车道保持辅助系统的功能

2.1.3　实际应用

当车道保持辅助系统激活时，车道形状的控制标记呈现黄色。当摄像机捕捉到路面车道印迹线，控制标记转换成绿色，如图 S-6 所示。这时系统完全激活。只要车辆偏离了理想线，车道保持辅助系统会柔和持续地纠正车辆运动。

图 S-6　组合仪表显示

系统将一直分析驾驶人的转向行为，来确定驾驶人是否还在主动控制车辆或者是车辆应该由系统来控制。假如车辆是在由系统控制行驶，在多功能显示屏上会给出明确显示，如图 S-7 所示。

图 S-7　要求驾驶人掌控转向盘

如果驾驶人不掌控转向盘，系统即刻转换到消极模式，驾驶人不再得到转向辅助。只有当驾驶人重新施加转向行为时系统才会激活。

2.2　车道偏离预警系统（LDW）

车道偏离预警系统，Audi 称之为“Audi lane assist”，通过光学传感器（摄像机）感知车道印迹线，当车辆偏离车道时，

车辆会发出声音和抖动信号，驾驶人通过转向盘抖动就可以知道车辆偏离了车道，如图S-8所示。

在Audi车型中，转向盘抖动是通过转向盘的振动电机来产生的，这个振动声音就像是车辆经过减速带时发出的隆隆声。也可以借助电动助力转向系统来产生振动。转向盘抖动的强弱必须适合驾驶人的需要。

LDW和LKS一样，是针对良好的乡村路面和高速公路设计的，也和LKS一样有速度限制，并通过两种颜色在组合仪表中显示。

图 S-8 “Audi Lane Assist”车道偏离预警功能

2.3 市场上的典型系统

下面罗列了车道保持辅助系统LKS和车道偏离预警系统LDW的一些主要应用，排列按照生产商的字母顺序。

LDW：“Audi lane assist”，Audi公司（A4，A5，A6，A8，Q5，Q7）

—基于摄像机（位置在内后视镜脚）

—靠近和触碰车道印迹线→转向盘抖动预警（车速大于65 km/h）

—时间和强度可以调节

LDW：“车道偏离预警”，BMW公司（5系，6系，7系）

—基于摄像机（位置在内后视镜脚）

—偏离车道→转向盘抖动预警（车速大于70 km/h）

LKS：“Lane Keeping Assist System”（LKAS），Honda公司（Accord）

—基于摄像机（位置在内后视镜区域）

—车辆靠近车道印迹线时主动保持车道

LDW：“Lane Departure Warning”/“Lane Departure Prevention”（LDP），Infinity公司（M，EX，FX-NAR）

—基于摄像机（位置在内后视镜脚）

—在偏离车道时用声音和灯光来预警（车速约大于70km/h）

—主动LDP：在偏离车道时通过ESP介入来让车辆保持在车道内

LKS：“Driving Advisor”，Lancia公司（Delta）

—基于摄像机（近红外线，位置在内后视镜上面）

—在偏离车道时→短时间反打转向盘（车速在65~180km/h之间）

LKS：“Lane Keeping Assist”，Lexus公司（LS460）

—基于摄像机（近红外线，位置在内后视镜上面）

—车辆靠近车道印迹线时主动保持车道（车速大于70 km/h）

—分析驾驶人转向行为，必要时关闭系统

LKS：“Lane Assist”，VW公司（Passat CC，Passat）

—基于摄像机（单目摄像机，位置在内后视镜上面）

—车辆靠近车道印迹线时主动保持车道（车速大于65km/h）

—分析驾驶人转向行为，在发现驾驶人不作为时关闭系统（第S章第2.1.3节）

2.4 车道保持辅助展望

通过对电动助力转向系统进行功能扩展，很容易实现对转向进行干预，从而影响驾驶人和行驶性能。自动驾驶即无人驾驶，也就是驾驶人完全从控制回路中脱离出来，技术上很容易实现，但是大批量用于现在这种复杂的交通环境中显然还不成熟。感知环境的技术还必须完善，在法律上也必须进行明确规范。无人驾驶的第一步应该是把车辆的横向辅助系统和纵向辅助系统结合起来。

在BMWi车型的主动项目中把纵向辅助和横向辅助结合起来，车辆在纵向和横向两个方向共同进行考察评判。在复杂的交通环境中如何精确控制这两个方向的运动是自动驾驶的重点。为此车辆上要有不同的传感器来感知车辆周围的交通环境，然后由系统将所有传感器获得的各个信息构建一个可信的全貌。

当一个较宽的货车经过旁边车道时，辅助系统能够保持足够的间距。如果经过工地，则速度必须能够下降到合适大小，驾驶人感受必须舒适和安全，纵向和横向的组合还必须考虑不同的交通状况以及不同的驾驶人反应。

3 泊车辅助系统

前面章节中介绍的转向相关的辅助系统只是给驾驶人一个转向盘力矩提醒。而泊车辅助系统中不仅仅是提醒，而是驾驶人可以通过系统自主完成车位泊车。自动泊车的前提是车辆能够准确感知环境，应用得最为广泛的传感器为超声波传感器。图S-9所示为超声波测量车辆旁边的车位大小。车辆的前面、左面、右面和侧面都装有传感器，可以测量道路两边的车位。当然也可以考虑用摄像机通过“运动恢复结构 Structure from Motion”算法来测量车位大小。

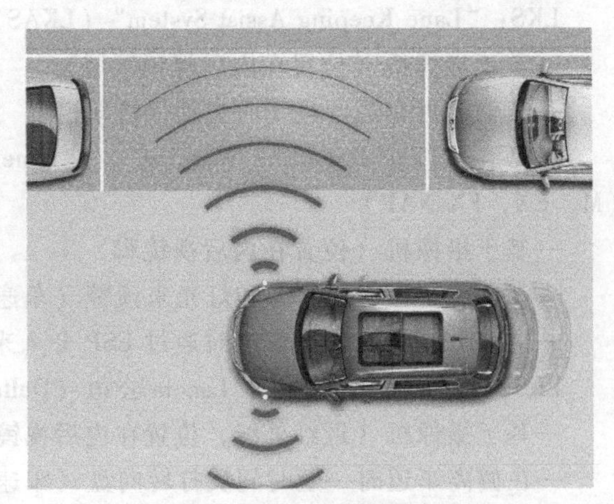

图S-9 通过超声波传感器感知车位大小

通过主动转向来实现自动泊车（半自动）在量产中分成以下不同系统。

- 告知系统是通过声音和/或者屏幕告诉驾驶人车辆离车道内的障碍物还有多少距离。

- 半自动泊车系统是告诉驾驶人具体操作建议。这种半自动泊车系统中，车辆的横向导向（即转向）完全交给系统来完成。

全自动泊车系统目前还处在研发阶段，只要在车位识别后驾驶人给出泊车指令，车辆就会完全自动泊入停车位。

3.1 泊车辅助系统的要求

根据泊车辅助系统的形式以及系统辅助程度，对于环境识别的要求也不同，对传感器和计算器的要求也不同。

对泊车系统的传感器有这些要求：整个系统必须耐环境影响（潮湿、污物），并且对于车位的位置必须有高分辨率和精确度。信息传递到控制器必须迅速。系统成本要低，安装空间要小，才能进行量产应用。另外给使用者的界面必须容易理解。系统测量车位时，不能要求车辆经过车位的车速太低。

对于半自动泊车系统还有另外的要求必须注意。为了让系统的接受程度较高，泊车系统应该和驾驶人自己泊车的过程类似。也就是说，车辆最终停在车位合适的位置上，并且泊车时间要尽可能短。车辆不允许有碰撞，否则应该提醒驾驶人进行人工操作。操作越简单明了，系统的接受程度也会越高。

3.2 技术方案

在前面章节中介绍了不同泊车系统的特点。只有在半自动和全自动泊车系统中才由系统直接转向。本章节介绍半自动泊车系统。

半自动泊车系统的特点是系统完全接收某一功能—通常为转向功能。泊车转向辅助系统（半自动泊车系统）帮助驾驶人自动且最优地进行转向运动，让车辆一次性倒车进入马路边的停车位中，如图 S-10 所示。车位测量和转向运动都是由车辆自动完成的，驾驶人负责操作离合器踏板、加速踏板和制动踏板。另外系统在车辆前后都有超声波传感器，在接近障碍物时会发出报警声。如果手动干预转向或者刹停车辆，泊车系统会立即终止转向辅助。

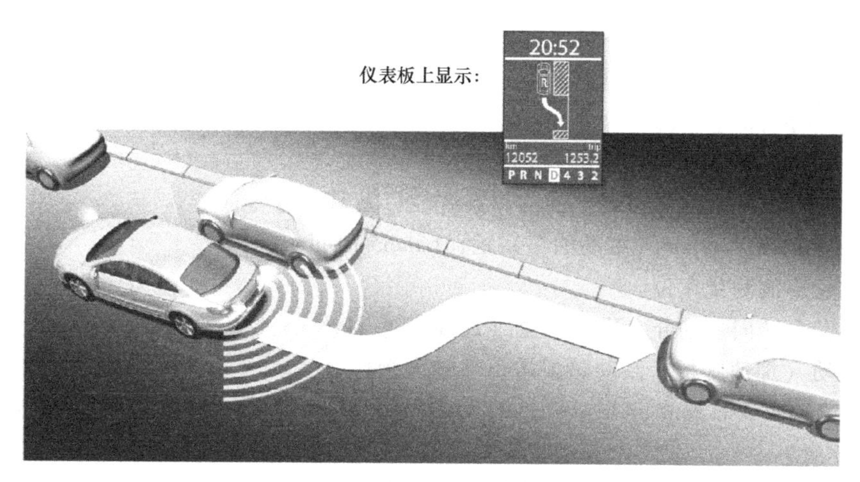

图 S-10 “Park Assist” 功能

法规 ECE 79 对于转向介入进行了明确的规定：

“它（指驾驶人辅助系统—转向）必须在结构上保证驾驶人在任何时候都能够通过一个有意的转向来接管转向功能。必须告知驾驶人辅助系统准备接管转向，当车辆速度超过限定值 10 km/h 的 20%时，或者系统接收不到信号时，系统必须自动关闭。每

S

次系统关闭时，都必须有短促明显的光信号，或者是声音，或者是转向盘上的抖动来提醒驾驶人。”

为了满足ECE法规，系统必须向驾驶人展示转向介入的状态。这里没有要求泊车系统的转向盘转角大小必须向驾驶人显示。图S-11所示为一个例子，说明了如何满足ECE法规要求。因为车辆的转向完全由系统自动操控，驾驶人要能够对整个过程进行观察和监控。

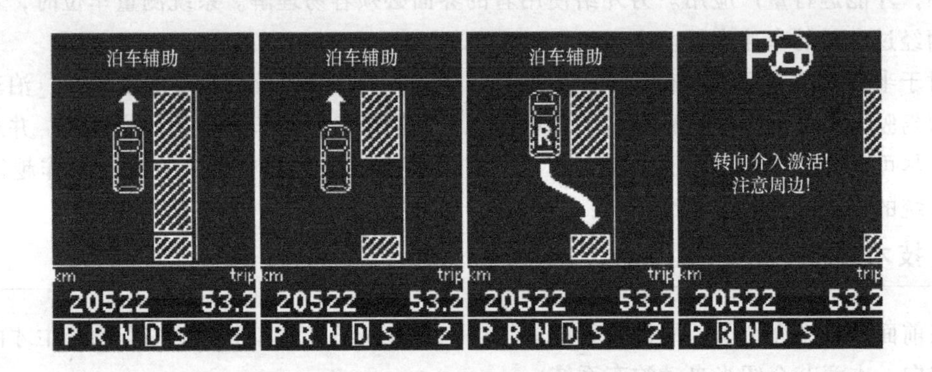

图S-11 半自动泊车系统的用户界面实例

半自动泊车系统需要很多部件通过网络连接起来。这就要求要有高效的通信，目前大多数是采用CAN-Bus进行通信。在德国大众公司的“Park Assist”系统中，相关部件为一个泊车控制器（功能）、激活按钮、发动机转速传感器、横向加速度传感器、纵向加速度传感器、转向角传感器、侧面超声波传感器（测量车位大小）、前后超声波传感器（确定障碍物间距）、一个选择停车侧的闪灯开关、挂车识别控制器、报警数字、制动控制器提供的速度信息，当然还有进行转向的电动助力转向系统。

半自动泊车系统首次用于量产车型是在2003年。下面的章节将列举4种泊车系统。

3.3 市场上的典型系统

下面以字母顺序来列举市场上的泊车系统，以及其关键特征。

“Active Parking System”主动泊车系统，Lancia（Delta）

—通过超声波测量车位。

—电动助力转向主动介入进入车位（最高车速7km/h）。

—半自动（加速踏板、制动踏板需要驾驶人操作）。

“Aktiver Park-Assistant inklusive PARKTRONIC（PDC）”主动泊车辅助包含半自动泊车，Benz（A、B级）

—通过超声波来测量车位（最大车速35 km/h）。

—电动助力转向主动介入进入车位。

—半自动（加速踏板、制动踏板需要驾驶人操作）。

“Intelligent Park Assistant”智能泊车系统，Toyota/Lexus（LS460，LS600h，Pirus）。

—通过超声波测量车位，通过导航屏幕选择停车侧。

—可以选择顺车停车和垂直停车。

—通过松开制动实现全自动泊车。

—转动转向盘或者踩加速踏板会终止泊车系统。

“Park Assist”泊车辅助，VW（Touran，Golf，Passat CC，Passat，Tiguan）。

—通过超声波来测量车位。

—电动助力转向主动介入进入车位。

—半自动（加速踏板、制动踏板需要驾驶人操作）。

—手打转向盘终止泊车系统。

3.4 泊车辅助展望

在当今车辆的部件上（电动机、制动、转向）实现完全自动泊车从技术上看是完全可能的。早在1990年就有车辆（Walzer和Grove，1990）展示了完全自动泊车，但是到目前为止还没有量产车辆配备完全自动泊车系统，只是有些研究项目展示了技术上的可能性。从法规方面来看，完全自动泊车系统进入量产还很困难。在完全自动泊车系统中驾驶人完全与车辆失去关联，车辆对于没有预见到的情况必须能够迅速做出反应。例如在顺车泊车中车辆倒车进入车位必须关注交通状况，因为车辆是向外摆动的。现在的传感器只有在一定条件下才能感知交通状况，比人的感觉器官差远了。可以考虑这样的系统，驾驶人对于泊车过程进行主动监控：有一个安全开关（例如，在遥控钥匙上，或者在车辆上），当车辆泊车时要求驾驶人必须一直按住按键，只要松开按键泊车过程就会中断。也就是说车辆泊车的责任还是在驾驶人身上，他必须在车外或者车内一直观察周围的状况，如图S-12所示。

图S-12 通过遥控钥匙完成完全自动泊车

从半自动泊车到全自动泊车，在技术上还有很长的路要走。在顺车泊车和垂直泊车中通过多次倒车实现泊车，这个泊车功能可以扩展为驶出车位功能。在泊车中的自动测量障碍物可以用在纵向控制中。

参考文献S

AKTIV-Büro, Ansprechpartner; WES-Office, Scholl, W.E. (2008): Aktive Sicherheit – AS (Projekt gefördert durch Bundesministerium für Wirtschaft und Technologie), Juni 2008

BLUMENSTOCK, K. U. (2007): Platz da? Vergleich von fünf Einpark-Assistenten. In: Auto, Motor und Sport, 13, 2007

BRANDENBURGER, S. (2007): Semiautomatische Parkassistenten – Einparken in allen Lebenslagen. In: Tagungsband zum 8. Braunschweiger Symposium Automatisierungs-, Assistenz- und eingebettete Systeme für Transportmittel, S. 154–159, GZVB: Braunschweig 2007

BROSIG, S. (2006): Volkswagen AG; Elektromechanische Lenkung mit dynamischer Lenkempfehlung, Patent DE 102004041413 A1; März 2006

DREYER, D., SCHWERTMANN, T. und BROSIG, S. (2007): Volkswagen AG; Elektromechanische Lenkung mit Lenkempfehlung; Patent DE 102006025254 A1; Dez. 2007

ECE-REGELUNG 79 Rev. 2, 20. Januar 2006, Einheitliche Bedingungen für die Genehmigung der Fahrzeuge hinsichtlich der Lenkanlage, S. 20

EIGEL, T. (2010): Integrierte Längs- und Querführung von Personenkraftwagen mittels Sliding-Mode-Regelung, AutoUni-Schriftenreihe, Band 12, Logos Verlag Berlin, herausgegeben von Volkswagen Aktiengesellschaft AutoUni, 2010

FAUSTEN, M. und FOLKE, R. (2004): Bosch Engineering GmbH, Kopplung von Bremssystemen und elektrischer Servolenkung zur Darstellung von Fahrerassistenzsystemen, Tagung „Aktive Sicherheit durch Fahrerassistenz“, München, März 2004

KNOLL, P. (2005): Prädiktive Fahrerassistenz – Vom Komfortsystem zur aktiven Unfallvermeidung. In: Automobiltechnische Zeitung, 107, S. 230–237, 2005

LAUMANNS, N. (2007): Integrale Reglerstruktur zur effektiven Abstimmung von Fahrdynamiksystemen, Schriftenreihe Automobiltechnik, Institut für Kraftfahrwesen Aachen, Okt. 2007

LEE, W., UHLER, W. und BERTRAM, T. (2004): Analyse des Parkverhaltens und Auslegung eines semiautonomen Parkassistenzsystems. In: Tagungsband zur 21. Internationale VDI/VW-Gemeinschaftstagung Integrierte Sicherheit und Fahrerassistenzsysteme, Wolfsburg 2004

NEUKUM, A., PAULIG, J., FRÖMMIG, L. und HENZE, R. (2009): Untersuchung zur Wahrnehmung von Lenkmomenten bei Pkw; Forschungsvereinigung Automobiltechnik e.V., FAT-Schriftenreihe Nr. 222, 2009

NUNN, P. (2003): Toyota Prius mit Einpark-Automatik. In: Auto, Motor und Sport, 21, 2003

PRUCKNER, A., GENSLER, F., MEITINGER, K.-H., GRÄF, H., SPANNHEIMER, H. und GRESSER, K. (2003): Der Parkassistent. In: Fortschritt-Berichte VDI Reihe 12, 525. VDI Verlag: Düsseldorf 2003

ROHLFS, M., BROSIG, S., BUSCHHARDT, B. und SCHMIDT, G. (2009): Volkswagen AG; Verfahren und Vorrichtung zum aktiven Halten einer Fahrspur; Patent WO2009/071210 A1, Juli 2009

ROHLFS, M., SCHIEBE, S., MÜLLER, J. und KAYSER, T. (2008): Volkswagen AG-Carmeq GmbH; „Lane Assist“. Das neue aktive Spurhaltesystem von Volkswagen, 17. Aachener Kolloquium Fahrzeug- und Motorentechnik 2008, Okt. 2008

SCHANZ, A. (2005): Fahrerassistenz zum automatischen Einparken, Fortschritt-Berichte VDI Reihe 12, 607, VDI Verlag: Düsseldorf 2005

SCHMIDT, G. (2009): Haptische Signale in der Lenkung: Controllability zusätzlicher Lenkmomente, Berichte aus dem DLS-Institut für Verkehrstechnik, Band 7, Deutsches Zentrum für Luft- und Raumfahrt e.V., Institut für Verkehrstechnik, Braunschweig, Okt. 2009

SCHÖNING, V., KATZWINKEL, R., WUTTKE, U., SCHWITTERS, F., ROHLFS, M. und SCHULER, T. (2006): Der Parklenkassistent „Park Assist“ von Volkswagen. In: Tagungsband zur 22. Internationale VDI/VW-Gemeinschaftstagung Integrierte Sicherheit und Fahrerassistenzsysteme. Wolfsburg 2006

SCHULZE, K., SACHSE, M. und WEHNER, U. (2007): Automatisierte Parkraumerkennung mit einer Rückfahrkamera. In: Tagungsband zur Elektronik im Kraftfahrzeug. Baden-Baden 2007

VUKOTICH, A., POPKEN, M., ROSENOW, A. und LÜBKE, M. (2008): Fahrrerassistenzsysteme, Atz extra „Der neue Audi Q5“, Juni 2008

WALZER, P. und GROVE, H.-W. (1990): IRVW Futura – The Volkswagen Research Car. SAE Technical Paper Series, 901751, 1990

WINNER, H., HAKULI, S. und WOLF, G. (2009): Handbuch Fahrerassistenzsysteme. Vieweg+ Teubner Verlag: Wiesbaden 2009

WOOK, P., PAGEL, F., GRINBERG, M. und WILLERSINN, D. (2007): Fraunhofer IITB; Odometry-Based Structure from Motion; Proceedings of the 2007 IEEE Intelligent Vehivles Symposium, Juni 2007

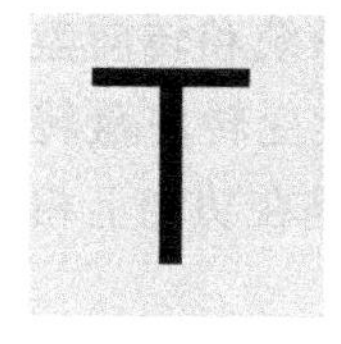

展望——汽车转向的未来

我们坚信，到2025年汽车的使用环境会越来越苛刻，汽车会越来越具有个性，但是驾驶乐趣的体验还是车辆的重要指标。因此，今天我们熟知的转向系统、转向工艺和转向功能将来依然是整车和转向系统开发者关注的焦点，开发者依然期望通过转向性能来向驾驶人以及顾客展示独特的品牌特性。下面我们来展望一些和转向系统以及转向功能相关的车辆发展趋势。

1 自动驾驶

越来越多的车辆传感器、作动器和运算器为驾驶人辅助系统提供了更多的可能性，让车辆行驶更加安全和舒适。车辆环境识别技术的进步，使自动驾驶在近期成为可能。自动驾驶可以减轻驾驶人的负担，提高交通安全水平，改善交通流量，但是现在的驾驶辅助系统仅限于辅助驾驶人，聚焦于根据相对简单获得的车辆信息来进行有规则的变化。复杂的感知和执行需要车辆环境的信息，而道路状况的感知则是车辆环境感知的基础。除了车辆运动学外，还必须对直接参与交通和被动参与交通的对象进行预测。自动驾驶感知环境的能力必须胜过人的感知能力，现在的环境感知技术可以达到人的能力，但是远高于人的能力还没有达到。所以在最近的将来驾驶人还只能通过不同的辅助系统来获得信息或者操作提醒，这些辅助系统尽管有很高的可靠性，但是还不能完全独立负责驾驶安全。车辆在横向运动上的辅助系统往往借助于电动助力转向系统，例如车道偏离预警系统、车道辅助保持系统，以及在极限状况下的稳定性转向提醒系统，这些辅助系统会进一步广泛应用，提高行驶安全性。辅助系统最终会发展为自动驾驶系统，但是在看得见的未来辅助系统还会继续存在。

2 线控转向

直到今天，所有的轿车转向系统中转向盘和车轮之间还是机械连接，也就是驾驶人在任何情况下都可以直接转动转向车轮，即使在转向系统出现故障时也能够通过转动转向盘而改变行驶方向。

近几年，甚至是近几十年，所有的转向系统开发都是围绕着进一步改善转向助力和转向盘转角。其基础是在转向系统失效状况下的机械传动机构，特别是电动助力转向系统中的“失效-安全模式”，电动助力转向作动器会在故障出现时把系统切换到“初始模式”，即驾驶人的转向指令在这种特殊状况下依然可以传递到车轮上。

线控转向系统中取消了机械的“初始模式”，驾驶人的转向意愿是通过电路在转向系统中传递的。线控转向即使失效也不允许关闭转向系统，因此必须应用冗余设计来控制转向。线控转向系统为了运行可靠性而进行的冗余设计就与线控转向中省去转向中间轴、节约安装空间、统一左右驾驶这些降低成本的优点相矛盾。在今天，线控转向系统和已经量产的带“初始模式”的电动助力转向系统相比几乎没有功能优点可言。电动助力转向系统和转向盘转角叠加结合可以实现和线控转向一样的功能，既可以改变转向盘力矩也可改变转向盘转角。这样在中期，甚至是较长时间内，轿车上的线控转向无论是在零部件上还是在功能上相比于现在量产应用的电动助力转向系统都无优势可言。

3 四轮转向

往往只有革命性的技术进步才会影响底盘（包括轮胎）的发展。轿车行驶动力学性能显著提升的前提是电动助力转向系统的应用。采用后轮转向可以提高车辆横向动力学性能，即车辆的灵敏性和稳定性。

后轮转向在车辆低速时可以带来减小转弯半径的优点，另外还可以根据车辆速度来影响车辆的质心侧偏角以及车轮的侧向力。目前日本和欧洲汽车制造商都应用了中央机电作动器。

我们相信，汽车制造商会进一步开发后轮转向电动作动器，通过影响后轮运动学来进一步提高车辆行驶动力学性能。在今天的中高级别轿车上已经越来越多地采用后轮转向。

4 行驶动力学控制系统的集成

在最近十多年，产生了许多新的车辆行驶动力学控制系统，并且成功应用到量产车型中。这些系统的特征是，它们不仅仅在车辆动力学的极限区域发挥作用，而且有很多作动器一直处于激活状态来改善常规行驶过程中的行驶性能。行驶动力学控制系统可以明显提高车辆功能。

在大多数车辆上，不管有多少个行驶动力学控制系统，它们相互之间必须“和平共处”。这表现在，相互独立的控制系统，尽管它们的控制目标部分重叠，但是依然可以并存。但是随着控制系统数量的增加，在系统的极限区域它们会相互冲突。在这些方面会产生困难：一方面，每种系统的行驶期望也就是控制目标都具有各自的特点；另外一方面，一部车辆的性能取决于众多系统的相互匹配，单个控制器的控制目标设计会变得更困难。单个系统的功能在目前的系统架构中并不能充分利用，通过系统之间灵巧的相互作用来提高车辆功能在目前这种系统架构中不能够实现。也就是说，完全利用某个作动器的潜能而不影响其他性能，目前来说是做不到的。

越来越多的动力学控制系统要求系统之间必须最大程度地协同作用，系统之间的网络化使之成为可能。特别是横向动力学控制系统的设计需要进行大量的匹配工作，原因是前桥或者后桥的转向运动对车辆的横向动力学会产生直接影响，每个车轮的制动力、驱动力矩和车轮接地点力除了直接影响车辆的纵向动力学外，对车辆的横向动力学也会产生巨大的影响。

电动助力转向系统在将来会从现存的信号接口中获得第三控制器发出的指令，产生附加的转向力矩。这个附加力矩让驾驶人通过触觉反馈获知车辆行驶状态，例如，前车轮达到附着力极限范围时，降低转向盘力矩让驾驶人获知。这种力矩变化大小必须视行驶状况而定，可以由一个车辆状况监控器进行计算。

5 转向系统的标准化和模块化

经过几十年的发展，液压助力转向系统已经形成了标准化工艺，现在大多数车型上还是液压助力转向系统。标准化的叶片泵和液压助力转向器每年都是数以百万计地进行生产，它们在技术上高度成熟，成本进一步降低的空间几乎没有。

所有 OEM 厂家面临的挑战就是必须转型到电动助力转向系统。而高功率的电动助力转向系统比成熟的液压助力转向系统的成本要高。成本升高主要来源于无刷直流电机、控制器、传感器，以及必需的减速传动机构。

最为重要的欧洲转向系统生产商越来越多地开发电动助力转向系统模块，在转向系统分级中实现高度的灵活性。成本高的部件在不同的产品开发中保持不变，或者只是稍微更改，这就要求几何尺寸以及电子接口必须统一。另外还可以看到，转向系统中那些和车型品牌特性无关的标准保持不变，这样可以降低开发和制造中的一次性投入费用，当然折算到每个转向系统上的成本也会下降。

需要说明的是，转向管柱、转向中间轴、转向盘以及转向盘上的一些附件的发展同样也表现出模块化的趋势，即转向系统生产商和整车生产商都在致力于部件统一战略来降低一次性投入费用和生产费用。

6 新兴销售市场

不能不提的是，在未来的新兴市场，即所谓的 BRIC 国家（巴西、俄罗斯、印度和中国），开发成本低廉的部件和系统具有特别重要的意义。这些新兴市场的产品主要集中在小型、紧凑型和中型车上。这些车型的毛利率较低，整车生产厂和转向系统生产厂必须对产品和制造进一步优化或者简化，来满足用户不断增长的功能需求。在这些新兴市场，由于成本压力以及用户对于车辆的要求不是那么苛刻，在较长一段时间内主要的市场份额还会是液压助力转向系统。

7 转向技术中的工艺转变

电动助力转向系统应用到轿车上大约已经有 20 年了，在应用初期关注的焦点是减轻泊车过程中驾驶人的转向负担，提高转向舒适性。第一代电动助力转向系统的功率不大，因此电动助力转向系统局限于小型车上，在 20 世纪末电动助力转向系统的只占全世界市场份额的 2%左右。在 21 世纪初产生的第二代电动助力转向系统明显提高了机械输出功率，电动助力转向系统开始扩展到紧凑型车和中级车上。在 2008 年电动助力转向系统已经超过全世界市场份额的 30%。随着整车油耗法规变得更加严格，整车厂进一步拓宽了电动助力转向的应用范围，因为电动助力转向系统消耗的能量比液压助力转向系统消耗的能量少。在欧洲和日本，近几年来电动助力转向的占有率明显升高。随着平行轴式电动助力转向系统和同轴式电动助力转向系统的研发，电动助力转向系统的应用已经拓展到中级车和高级车。如果把电流增大到 100A，电压提高到 36V，电动助力转向系统的应用还会进一步扩展。所有的生产技术目前都已经成熟，不管是在轿车还是轻型商用车上使用电动助力转向系统。以下因素会加快电动助力转向系统的扩展，并进一步缩减传统液压助力转向系统的应用：

• 用户对于车辆技术越来越敏感，气候保护的意识越来越强，燃油价格越来越高。

• 用户越来越多地关注车辆的舒适性和安全性，需要越来越多的辅助系统。实现横向动力学辅助功能的前提条件是电动助力转向系统（例如泊车辅助、转向提醒等）。

• 驱动系统的电化会导致电动驱动的续航里程比例不断提高，这要求转向系统的助力不能够依赖于内燃机。

这些因素都会加快电动助力转向系统的应用。随着规模经济的发展，电动助力转向系统的成本会进一步得到优化，我们可以期待在 2020 年 EPS 会超过全世界市场份额的 50%。

8 转向盘开发

人们总是期待在新一代的车型上舒适性会进一步提高。这种期待导致整车要求和零部件要求进一步提高。对于转向盘来说，这意味着在怠速时转向盘抖动要更小一些，也就是转向盘的固有频率和连接刚度必须进一步提高。

车辆的个性化设计趋势还会持续，转向盘会有更多个性化的颜色和材料。转向盘系列从物美价廉的基本型到带多功能开关、加热等的舒适型，类型会进一步增多。这种个性化无疑会增加产品成本，只有通过模块化控制才能够让个性化得以实现。

在车辆安全性上，转向盘的发展趋势是安全气囊的气袋容积保持不变，但是整个部件越来越小、越来越紧凑。另外，安全气囊会越来越多地和一级或者二级气体发生器自适应结合在一起。

在车辆发展的初期，转向盘只是用来控制行驶路线，它只是一个操作元件，执行驾驶人的意愿。由其他操作元件，例如操作杆来代替转向盘，目前还看不到这种趋势。但是，在转向盘上给驾驶人显示更多信息的趋势肯定还会加强。例如，在目前的某些车型上驾驶人可以选择将车辆参数显示在转向盘上，越来越多运动型车辆的转向盘上可以显示换档信息，比如将这些信息显示在转向盘轮缘上。总的来说，转向盘已经成为越来越重要的操作元件和信息元件。

9 转向管柱的发展

在新一代车型上，开发者总是致力于整车质量不要比上一代大太多，甚至还要小一些，因此转向管柱的重量就是一个需要严格控制的目标。为了满足要求，不得不使用轻金属材料，如铝合金、镁合金和复合材料。

转向管柱在人机工程学的要求也会越来越高。这些要求包括转向管柱的调节范围和调节性能，如调节力和调节噪声等。转向管柱和转向中间轴的结构刚度、固有频率方面的要求也会越来越高。另外一个很明显的趋势是，随着整车开发效率的提高，开发时间缩短，CAE 虚拟仿真技术变得越来越重要。转向管柱碰撞模型的要求也会提高，首先是在模拟转向管柱动态碰撞过程时必须考虑纵向力和横向力，并且考虑部件公差和生产误差。前面提及的零部件模块化同样也体现在转向管柱的开发上。

参考文献 T

BRAESS, H.-H. und SEIFFERT, U. (2007): Handbuch Kraftfahrzeugtechnik, Vieweg+Teubner Verlag: Wiesbaden 2007

GAEDKE, A., HEGER, M. und VÄHNING, A. (2010): Electric Power Steering in all vehicle classes – state of the art, 1st International Munich Chassis Symposium, 2010

HEISSING, B. und ERSOY, M. (2007): Fahrwerkhandbuch, Vieweg+Teubner Verlag: Wiesbaden 2007

SCHÄFER, P., HARRER, M. und HÖLL, M. (2010): Die Synthese aus Fahrdynamik und Fahrkomfort durch den Einsatz mechatronischer Fahrwerksysteme, 1st International Munich Chassis Symposium, 2010

WALLENTOWITZ, H., FREIALDENHOVEN, A. und OLSCHEWSKI, I. (2008): Strategien in der Automobilindustrie, Vieweg+Teubner Verlag: Wiesbaden 2008